Tortilla Española, Pan Frito, Boquerónes en Vinagre, Chipirónes a la Catalana, Coliflor Rebozada, Pollo al Ajillo, Berenjenas Rebozadas, Mejillónes en Escabeche, Patatas con Anchoas, Guiso de Pulpo con Patatas, Ensaladilla Rusa, Pan con Tomate y Ajo, Ostras con Salsa de Gazpacho, Langostinos al Alioli, Cebollitas al Vinagre de Jerez, Pincho Cantábrico, Paté de Rinoñés, Brandada de Bacalao, Croquetas Marineras, Cocos Farcits, Filloas, Empanadillas de Bonito, Pastel de Verduras, Morteruelo, Pan con Ajo, Sardinas a la Parrilla, Escalibada, Almejas a la Marinera, Pulpo Campesino, Vieiras en su Concha, Pimientos en Adobados, Broqueta de Champiñés, Tortilla de Sardinas, Pipirrana con Huevas, Pisto Manchego, Berenjenas de Almagro, Bocaditos de Cabrales, Cazuelita de Setas, Cerdo en Salsa de Naranja, Ensalada de Zanahoria, Pechuga de Pollo con Aceitunas, Pimientos con Salsa de Tomate, Pescado Frito, Calamares Fritos, Pinchos Morunos
ブルーガイド
わがまま歩き……17
スペイン
バルに集う陽気な人たち
この国では
楽しむために人生がある
JN011578

ブルーガイド
わがまま歩き……⑰ **スペイン** Spain

CONTENTS

アンダルシア

銀の道とエストレマドゥラ

スペイン北部

トラベルインフォメーション 日本編

トラベルインフォメーション スペイン編

とっておき情報

本音でガイド

この本の使い方

●通貨記号

€はユーロ。€ 1 =125円（2020年2月現在）

●地図記号

- H…ホテル
- R…レストラン
- ☕…カフェ
- S…ショップ
- N…ナイトライフ
- 〒…郵便局
- 文…学校
- ✈…空港
- ✚…病院
- ⛪…教会
- ℹ…観光案内所
- 🚏…バスターミナル
- ☒…警察
- ……地下鉄
- ――鉄道
- Ⓜ…地下鉄駅出入口

●この色の建物はホテル
●この色の建物はショップ
●この色の建物は主な見どころ

◎交通機関の各種情報、営業時間・定休日・電話番号・料金など、見どころや店の各種情報、商品の価格などは、取材時のものです。取材後に変動している場合がありますので、あらかじめご承知おきください。
◎国内線航空便、長距離列車、長距離バスの運賃は、乗車日や乗車時刻、予約日によって大きく変動します。掲載している料金は参考料金です。ウェブサイトなどを利用して、実際に利用する日、便の料金をご確認ください。
◎レストランページで「予算」とあるのは、前菜、メイン、デザートに飲物をつけた場合の目安です。注文する品により、料金は変わります。
◎ホテルページに掲載した料金は、シングル（S）、ツイン（T）とも各ホテルでの一泊分の室料です。料金に「～」とあるのは、その料金から部屋があるとの意味で、常にその室料で予約ができることを意味しません。繁忙期や、そのホテルの空室率により料金は変動します。HHPについてはp.346をご参照ください。

カンタブリア海
Mar Cantábrico
リアス・アルタス
Rías Altas
コスタ・ベルデ
Costa Verde
ア・コルーニャ
A Coruña
サンチャゴ・デ・コンポステラ
Santiago de Compostela
リアス・バハス
Rías Bajas
オビエド
Oviedo
ヒホン
Gijón
サンタンデル
Santander
サンティリャーナ・デル・マル
Santillana del Mar
Lugo
ビリャ フランカ・デル・ビエルソ
Villafranca del Bierzo
ポンフェラーダ
Ponferrada
A
B
レオン
León
Astorga
Ourense
ビゴ
Vigo
カリオン・デ・ロス・コンデス
Carrión de los Condes
サアグン
Sahagún
ブルゴス
Burgos
Viana
Bragança
Palencia
Braga
Toro
Zamora
Tordesillas
バリャドリード
Valladolid
ドゥエロ川
Río Duero
Vila Real
ポルト
Porto
ポルトガル
PORTUGAL
Arévalo
セゴビア
Segovia
ラ・グランハ
La Granja
サラマンカ
Salamanca
アベイロ
Aveiro
Viseu
Guarda
Ciudad Rodrigo
アビラ
Ávila
エル・エスコリアル
El Escorial
Guadalajara
コインブラ
Coimbra
Covilhã
Béjar
グレドス山脈
Sierra de Gredos
マドリッド
Madrid
E
F
Plasencia
Talavera de la Reina
アランフェス
Aranjuez
Nazaré
ファティマ
Fatima
Río Tejo
タホ川
Río Tajo
トレド
Toledo
カセレス
Cáceres
トルヒーリョ
Trujillo
チンチョン
Chinchón
Portalegre
Valencia
グアダルーペ
Guadalupe
アルカサール・デ・サン・ファン
Alcázar de San Juan
ロカ岬
Cabo da Roca
リスボン
Lisbon
Estremoz
Elvas
メリダ
Mérida
Ciudad Real
Barreiro
バダホス
Badajoz
Almadén
Valdepeñas
Setúbal
Évora
サフラ
Zafra
Ferreira
Beja
シエラ・モレナ山脈
Sierra Morena
Linares
Úbeda
Baeza
コルドバ
Córdoba
Jaén
セビーリャ
Sevilla
グアダルキビル川
Río Guadalquivir
Ecija
I
J
Sagres
サン・ビセンテ岬
Cabo de São Vicente
ラゴス
Lagos
ファロ
Faro
ウエルバ
Huelva
Osna
アンテケーラ
Antequera
グラナダ
Granada
シエラ・ネバ
Sierra
フエンヒローラ
Fuengirola
マラガ
Málaga
ヘレス・デ・ラ・フロンテラ
Jerez de la Frontera
ロンダ
Ronda
ネルハ
Nerja
マルベーリャ
Marbella
トレモリーノス
Torremolinos
N
カディス
Cádiz
エステポナ
Estepona
ミハス
Mijas
コスタ・デル・ソル
Costa del Sol
スペイン
España
0
100km
アルヘシラス
Algeciras
ジブラルタル
Gibraltar
ジブラルタル海峡
Estrecho de Gibraltar
タンジール（タンジェ）
Tanger
セウタ
Ceuta

フランス
FRANCE
Marmande
Cahors
Rodez
Agen
Alès
Millau
Mont-de-Marsan
Montauban
Albi
ニーム
Nîmes
Bayonne
トゥールーズ
Toulouse
Castres
モンペリエ
Montpellier
ゲルニカ
Gernika
サン・セバスチャン
San Sebastián
Pau
Béziers
ビルバオ
Bilbao
Tarbes
Narbonne
エステーリャ
Estella
カルカッソンヌ
Carcassonne
ピレネー山脈
Montes Pirineos
Foix
ビトリア・ガステイス
Vitoria-Gasteiz
パンプローナ
Pamplona
ペルピニャン
Perpignan
Jaca
Ainsa
アンドラ
ANDORRA
プエンテ・ラ・レイナ
Puente la Reina
アンドラ・ラ・ベリャ
Andorra la Vella
カダケス
Cadaqués
エブロ川
Río Ebro
ログローニョ
Logroño
パラドール・デ・カルドナ
フィゲラス
Figueras
Tudela
Huesca
Barbastro
カルドナ
Cardona
サント・ドミンゴ・デ・ラ・カルサダ
St. Domingo de la Calzada
ジローナ
Girona
ソリア
Soria
モンセラート
Montserrat
グアダラマ山脈
Sierra de Guadarrama
サラゴサ
Zaragoza
Lerida
コスタ・ブラバ
Costa Brava
バルセロナ
Barcelona
Calatayud
タラゴナ
Tarragona
Daroca
シッチェス
Sitges
Tortosa
エブロ・デルタ
Delta de l'Ebro
Morella
地中海
Mar Mediterráneo
アルカラ・デ・エナレス
Alcalá de Henares
Albarracin
テルエル
Teruel
コスタ・デル・アサール
Costa del Azahar
H
G
7
メノルカ島
Menorca
クエンカ
Cuenca
バルデモーサ
Valldemossa
マヨルカ島
Mallorca
マヨルカ
パルマ・デ・マヨルカ
Palma de Mallorca
Motilla
Requena
バレンシア
Valencia
フカール川
Río Júcar
デニア
Denia
イビサ島
Ibiza
Albacete
Almansa
ハベア
Javea
イビサ
Eivissa
カルペ
Calpe
ベニドルム
Benidorm
Alcaraz
ラ・ビリャ・ホイオサ
La Villa Jojosa
アルテア
Altea
Hellin
アリカンテ
Alicante
ムルシア
Murcia
コスタ・ブランカ
Costa Blanca
Lorca
カルタヘナ
Cartagena
Vera
K
アルメリア
Almería
アルジェリア
ALGERIA
ロンドン
アムステルダム
ベルリン
パリ
ウィーン
ベルン
ローマ
マドリッド
リスボン

まずは知りたい

スペイン旅行基本情報

スペインの基本データ

■正式国名：エスパーニャ(España)。エスタド・エスパニョール(Estado español)とも。

■首都：マドリッド

■面積：50万5986㎢。ヨーロッパではロシア、フランスに次ぐ大きさ。日本は約38万㎢。

■人口：4700万人。人口密度は日本の約1/4程度。

■政治・元首：立憲君主制で、国王フェリペ６世。首相はペドロ・サンチェス（2018年６月〜）

■言語：カスティーリャ語のほか、カタルーニャ語、ガリシア語、バスク語が地方の公用語となっている。通常「スペイン語」とよばれるのはカスティーリャ語。

■宗教：キリスト教のカソリックが大多数。他にユダヤ教、イスラム教など。

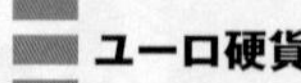

ユーロ硬貨

ユーロのコインは1、2、5、10、20、50セントと、1、2ユーロの8種類ある。

国旗は「血と金の旗」と呼ばれ、中段のやや左よりに王国の紋章が入る。紋章の王冠は王室を、盾に描かれた徽章はカスティーリャやカタルーニャなどスペイン王国を構成する諸王国を示している。金は豊かさ、赤は血を象徴している。

スペインあれこれ

■世界ランキング（2018年）

オリーブ油の生産量：世界第1位（2位イタリア、3位ギリシャ）
ワインの生産量：世界第3位（1位イタリア、2位フランス）
GDP（国内総生産）：世界第13位（1位アメリカ、2位中国）

■あの人もスペイン人

フランシスコ・ザビエル（宣教師）
プラシード・ドミンゴ（世界三大テノール）
ホセ・カレーラス（世界三大テノール）
アントニ・ガウディ（建築家）
サルバドール・ダリ（芸術家）
パブロ・ピカソ（芸術家）
ペネロペ・クルス（女優）

日本と比べて

■蛇口の「C」は水にあらず

スペインの水道の蛇口はラテン語式に「C」と「F」と表示されていて、「C」をひねるとお湯が出る。英語式にC＝Coldと思っているとお湯が出るのでご用心。

■１階は１階にあらず

日本の1階はスペインではPlanta Bajaといい、いわば地下室扱い。日本式の2階が、スペインでは1階と呼ばれる。

■英語は通じない

スペインでは日本以上に英語は通じないと思った方がいい。大きなホテルや、観光地でも英語をまったく理解しないスタッフが少なくない。

通貨

通貨単位：ユーロ（€）　補助通貨：ユーロセント（¢）
1ユーロ＝100セント＝約125円（2020年2月現在）

スペインではEU統一通貨のユーロが使用されている。紙幣の種類は7つ、硬貨は8種類ある。

ユーロ換算レート

€1……125円	円	€20……2,500円	円
€3……337円	円	€30……3,750円	円
€5……625円	円	€40……5,000円	円
€7……875円	円	€50……6,250円	円
€10……1,250円	円	€70……8,750円	円
€15……1,875円	円	€100……12,500円	円

旅行の際のレートを空欄に書き込むと便利です。

チップ

チップのことをPropinaという。言葉があるからにはスペインにもチップが存在するが、半強制的なものではなく、心付け的な意味合いが強い。気持ちのよいサービスを受けたときなどに、感謝の気持ちを込めて支払えばよいだろう。スペイン人は、レストランやタクシーを利用したときなど、お釣りの小銭をチップに置いていくことが多いようだ。目安としては、レストランで食事をしたときはひとり€1程度、ホテルでポーターやコンシェルジュに用事を頼んだときは€1、有料公衆トイレでは係員に0.50€程度渡す。ファストフード店はもちろん、バルでもチップは必要ない。

スペインの物価の目安

ドイツやフランスに比べて安いといわれてきたスペインの物価。経済成長とユーロ導入で、すっかり高くなったといわれていたが、経済危機で物価も下り気味。マドリッドやバルセロナなど都市部でも東京と同じか、それ以下と思っていい。

品　物	値　段	解　説
ミネラルウォーター 500ml	€0.40〜1	スーパーでの値段
缶ビール 330ml	€1	ホテルのミニバーだと値段は3〜4倍
バルのコーヒー	€1.20〜1.50	立ち飲みの値段
バルのビール	€1.50〜4	おまけにおつまみがつくことも
サンドウィッチ	€3	バルやファストフード店で
ビッグマック	€4.20	マクドナルド単品で
地下鉄1回券	€1.50〜2.00くらい	10回券は€12.20(マドリッド)
ランチの目安	€9〜15くらい	店の格によって変わるが、総じて日本より高め
ディナーの目安	€20〜	
ホテル1泊	€80〜120くらい	ビジネスホテルクラスのツイン室料

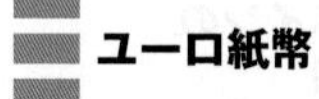

ユーロ紙幣

€5

€10

€20

€50

€100

€200

€500

スペインの祝日

1月1日　新年
1月6日　公現祭(主顕節)
4月10日　聖金曜日
5月1日　メーデー
8月15日　聖母被昇天
10月12日　イスパニア・デー
11月1日　諸聖人の日
12月6日　憲法記念日
12月8日　聖母受胎告知の日
12月25日　クリスマス

祝日には国全体のものと、地方ごとに特別に設けているものとがあり、上記は2020年の国全体が休みとなる日。聖金曜日は、年により異なる移動祝日（2020年は4月10日、2021年は4月2日）。また木曜日が祝日にあたる場合、土・日曜日との間の金曜日も休みになる。(出発日検討カレンダー参照→p.340)

スペインへのフライト時間

日本からスペインへの直行便は、イベリア航空（日本航空のコードシェア便）が、東京成田ーマドリッド間で週5便（月・火・金・土・日曜）運行している。所要時間は往路14時間10分、復路13時間25分。(→p.344)

スペインのコンセント

プラグはCとSEタイプ。海外オールマイティのプラグもある

ビジネスアワー

シエスタ（昼寝）のため長い昼休みがある。一般に午前は10:00～14:00、午後は16:30～20:00頃の営業。土曜は午前中のみ、日曜・祝日は商店、銀行とも休みが多い。レストランの夜の営業は、遅めの20:00～23:00頃の店が多い。

気候

大きな国なので、地方によって傾向が異なる。北部は緑が多く、雨も多いが、暖流の影響で気候は穏やか。マドリッドのある中央部は年間降水量が300～600ミリと少なく、乾いた、寒暖の差が厳しい気候。春先などは1日の間でも、朝晩の冷え込みが厳しい一方で日中はかなり暖かくなるなど、変化が激しい。カタルーニャからアンダルシアにかけての東部・南部は地中海性気候で、冬も比較的温暖。ただし夏のアンダルシアは酷暑。

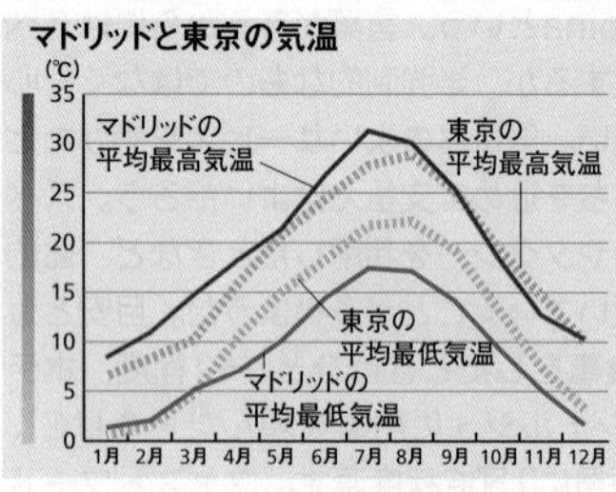

マドリッドと東京の降水量

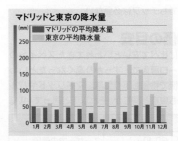

(mm)　マドリッドの平均降水量　東京の平均降水量

250 200 150 100 50 0

1月 2月 3月 4月 5月 6月 7月 8月 9月 10月 11月 12月

飲料水

スペインの水事情は地方によって異なる。バルセロナやマラガなど、海に近い地域では水質は良くないといわれる。一方、その名がラテン語の湧き水matriceからきているマドリッドや、グラナダなどは水質が良いとされている。こうした地域では地元の人は水道水を飲んでいるが、日本よりもマグネシウムが多く含まれた硬水なので、慣れないとお腹を壊すことがある。旅行者はミネラルウォーターを飲用するのが無難だろう。

電圧とプラグ

電圧は220V。コンセントのプラグの形状はCタイプとSEタイプ。ドライヤーなどの電化製品を日本から持っていく場合は、変圧器とコンセントのアダプターが必要。

電話のかけ方

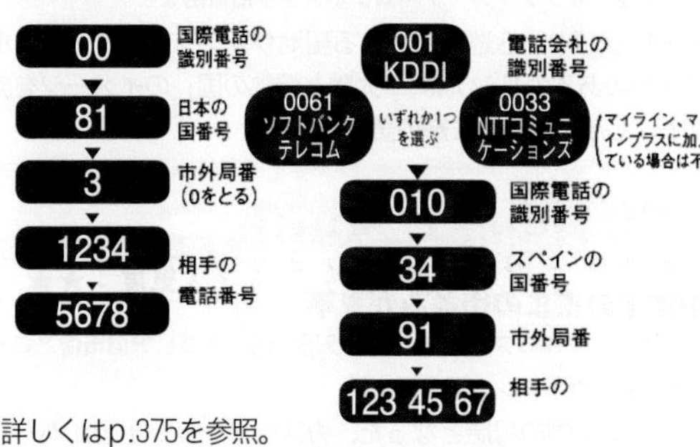

詳しくはp.375を参照。

ケータイ&Wifi事情

■ケータイ事情

日本で使っているスマホや携帯電話が国際ローミングに対応していれば、スペインでも音声通話やデータ通信が可能。ただしデータ通信（海外パケット通信）はとても高額になるので、データローミングはオフにして、無料Wi-Fiを使うのが無難。データローミングオフでもSMSは可能（受信は無料、送信は100円/通）だ。

■Wi-Fi環境

多くのバルやレストランなどで無料で利用できる。スペインの街中には必ずあるバル(p373参照)でも、その多くで対応環境を整えている。ただし店によっては、店員にパスワードを聞かなければならない。

ほとんどのホテルでWi-Fi環境は整っているが、ホテルによっては1時間あたりの料金を請求することもあるので要確認。普通は無料で利用できる。

スペインとの時差は8時間

日本は、スペインの時刻
+8時間（標準時間）
+7時間（夏時間）
日本の朝6時はスペインの前夜10時（夏時間の夜11時）
日本の午後1時はスペインの朝5時（夏時間の朝6時）
夏時間は、3月の最終日曜から10月の最終土曜まで。

スペインでは屋内禁煙

スペインでは、法律により飲食店、ホテル、駅や空港、公共施設、職場など、屋内での喫煙は禁止されている。ただし、屋外ではOKなので、カフェのテラス席などでは喫煙できる。

サイズ比較表

●女性

	日本	スペイン	イタリア	フランス
服	7	36	38	36
	9	38	40	38
	11	40	42	40
	13	42	44	42
靴	22	35	35	34 1/2
	22.5	36	35 1/2	35
	23	37	36	35 1/2
	23.5	37	36 1/2	36
	24	38	37	36 1/2
	24.5	38	37 1/2	37
	25	39	38	37 1/2

●男性

	日本	スペイン	イタリア	フランス
ワイシャツ	36	36	38	36
	38	38	40	38
	40	40	42	40
	42	42	44	42
靴	24	38	38	36 1/2
	24.5	39	39	37
	25	40	40	37 1/2
	25.5	41	41	38
	26	41	42	38 1/2
	26.5	42	43	39
	27	43	44	39 1/2

地方色も豊か
スペインのどこに何がある

■スペインの地方気質

マドリッドとカスティーリャ

中世のカスティーリャ王国以来、常にスペインの政治の中心であり続けただけに、自尊心は高く、考え方は保守的。一方で、金離れがよく、人をもてなすことが好き、との評も。マドリッド周辺のカスティーリャ地方の人は、堅実・保守的で、めったに無駄遣いをしないといわれる。

バルセロナとカタルーニャ

カタルーニャの気質は、悪くいえばケチ。換言すれば堅実でよく倹約する、計画的な性格ともいえる。実際この地方は、マドリッドと比べて、早くから経済・産業が発展した。かつては独立した王国であったこともあり、バルセロナのマドリッドへの対抗心は今も強烈。

アンダルシア

陽気でお祭り好き、人生を楽しむことに長けた気質の人が多く、日本人がイメージする「スペイン人」にぴったり。一方で地域の経済は不振で、言葉尻が不明瞭になるアンダルシア訛りを他の地方の人が揶揄して「食い詰めて言葉尻まで食っちまったからさ」といわれるほど。

ガリシア

ヨーロッパ中から巡礼が集まる聖地があるせいか、はたまた温暖でしっとりした気候のせいか、穏やかで勤勉、素朴で素直な人が多いと評される地方。言葉も含めて、スペイン中央部よりも、お隣のポルトガルに似ていてのんびり。

バスク

スペインの他の地方とは、民族も言語も異なる地方。実はスペインでも指折りの裕福な地方で、鉱工業が発達。稼いだお金で美味しいものを食べるのが大好きで、グルメ垂涎のレストランが多い。

GALICIA
ガリシア　人気度：★★

緑したたる巡礼の古都

世界遺産：サンチャゴ・デ・コンポステラ旧市街など

ヨーロッパ中から巡礼が集まる聖地サンチャゴ・デ・コンポステラのあるガリシアは、「太陽と情熱の国」のイメージを裏切る、しっとりとして緑の美しい地方。

CASTILLA y León
カスティーリャ・イ・レオン　人気度：★★

中世そのままの街並みが見事

世界遺産：ブルゴス大聖堂、アビラ旧市街、セゴビア旧市街とローマ水道橋、サラマンカ旧市街など

スペイン王国の母胎となった、カスティーリャ王国があった地方なので、歴史好きにも、それほどでもない人にも見応えのある観光ポイントが多い。

MADRID
マドリッド　人気度：★★★

見どころは意外に少ない!?

世界遺産：エル・エスコリアル修道院

ツアーでも個人旅行でも必ずといってよいほど立ち寄るマドリッド。その割りに見どころは少ないともいわれるが、世界三大美術館のひとつ、プラド美術館は必見。

EXTREMADURA
エストレマドゥラ　人気度：★

名物料理はパン屑炒め!?

世界遺産：カセレス旧市街、グアダルーペ修道院、メリダのローマ遺跡

貧しさを逃れるために新大陸に出稼ぎせざるをえなかった征服者コンキスタドーレスたちの故郷。古代には半島北部で採れる銀の輸送ルート、銀の道Ruta de la Plataが通っていたので、メリダなど、古い遺跡も見られる。

ANDALUCIA
アンダルシア　人気度：★★★

スペイン旅行のハイライト

世界遺産：グラナダのアルハンブラ宮殿、コルドバ歴史地区、セビーリャの大聖堂とアルカサルなど

コルドバ、グラナダ、セビーリャの人気の3都市に加え、深い峡谷にかかる石橋が印象的なロンダ、ピカソの生誕地マラガ、シェリー酒で有名なヘレスなど見どころが目白押し。フラメンコや闘牛の本場としても名高い。

ASTURIAS
アストゥリアス
スペイン建国の地
人気度：★

世界遺産：オビエド歴史地区とサンタ・マリア・デル・ナランコ

8世紀にイスラム教徒が侵入すると、キリスト教徒の王国は半島の最北端に押し込められることに。ここから国土回復戦争が始まった。

VASCONGADAS
バスク
実はグルメで有名
人気度：★

独特の民俗・習慣や、ピカソの大作「ゲルニカ」制作の契機になったゲルニカ大空襲、独立を求めての闘争で知られる一方、経済的に豊かで、おいしいレストランが多いことでも知られる。

NAVARRA
ナバラ
牛追い（追われ？）祭で有名
人気度：★

テレビでおなじみ、古い街並みの中を、闘牛と人間が追いつ追われつするサン・フェルミン祭が行われるのが、この地方の中心都市パンプローナ。町は美術館でも有名。

CATALUÑA
カタルーニャ
サグラダ・ファミリアは今も建築中
人気度：★★★

世界遺産：バルセロナのグエル公園・グエル邸・カサミラ、カタルーニャ音楽堂とサンパウ病院、タラゴナの遺跡群など

マドリッド、アンダルシアと並んで、スペインへの旅行の目的地人気御三家の一角を占めるのが、カタルーニャとバルセロナ。スペイン経済をリードするバルセロナは、マドリッドが東京だとすれば、いわば大阪。

Balearic
バレアレス
セレブ御用達のリゾート
人気度：★

世界遺産：イビサ島の生物と文化

マヨルカ島とイビサ島を中心とし、一年を通して温暖な気候から、リゾート地として賑わう。

CASTILLA LA MANCHA
カスティーリャ・イ・ラ・マンチャ
ドン・キホーテの舞台
人気度：★★

世界遺産：古都トレド、クエンカ旧市街、アルカラ・デ・エナレス、アランフェス

ドン・キホーテが突撃した風車の群れや、エル・グレコで知られる古都トレド、深い谷にそびえるクエンカの町、大学で知られるアルカラ・デ・エナレス、王家の離宮があるアランフェスなど、見どころの多い地方。

ARAGON
アラゴン
スペイン版ロミオとジュリエットの物語が伝わる
人気度：★

世界遺産：テルエルのムデハル建築

聖母信仰の聖地、サラゴサを中心とした地方。イスラム教徒の作ったムデハル様式の建築物が世界遺産に指定されている。

VALENCIA
バレンシア
マドリが東京、バルセロナが大阪なら、ここは名古屋!?
人気度：★★

世界遺産：バレンシアのラ・ロンハ

スペイン第3の都市、バレンシアを中心とする地方。スペイン料理といって真っ先に思い浮かぶパエリアの発祥の地で、スペインきっての米どころでもある。

Souvenir of Spain Souvenir of Spain Souvenir of Spain Souvenir of Spain

ちょっと変わった

スペインみやげを見つけよう

世界中から観光客を集めるだけに、スペインのおみやげは多種多彩。リヤドロの陶磁器やコルドバ名物の象嵌細工など、高価な逸品もいいが、数を揃えるとなると、予算の面でも持ち運びの面でも大変。そんな時、足を運んでみたいのがおみやげ屋さん以外のおみやげスポットだ。

◀パック入りのガスパチョなど、スペインらしい食品がある

おみやげスポット その1 スーパーで手頃でお得に

料理好きの人へのおみやげなら、スーパーマーケットが強い味方。観光客が出入りする旧市街には少ないのが難点だが、たくさんの商品を手に取って比べられる魅力は大きい。スペインのチェーンスーパーはエル・コルテ・イングレス（地下部分）、ディア、メルカドーナ、スーペルソル、エロスキなど。各スーパーともプライベートブランドを手がけているので、チョコなどの食べ比べも一興だ。

格安スーパーといえば ディア

Dia

→ミルク感が強いクラッシュアーモンドミルクチョコ(左)とクランチヘーゼルナッツミルクチョコ(中)、パンダのイラストがかわいいホワイトチョコ(右)はお得な2枚組み各€1.04

←スペインではポピュラーだが、日本ではほとんど食べられていない、ベルベレーチョ（ザル貝）の缶詰€2.89

→リラックスティーと名前がついたハーブティー€0.85

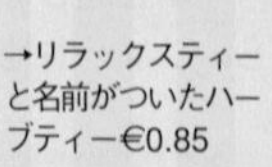

←種をくりぬいた中にアンチョビを詰めたオリーブ、1つで€0.69

マドリッド MAP p.53-D 住C/Infantas,21
営月～土曜9:15～21:30、日曜・祝日10:00～14:30
バルセロナ MAP p.157-K 住Av. Francesc Cambó, 14 営月～土曜9:00～21:00 休日曜・祝日

プライベートブランドが豊富 メルカドーナ

Mercadona

→細かく砕いたカカオが入ったブラックチョコ(左)€1.20と、カカオ分85％のブラックチョコ(右)€1.81

←左からミント、オレンジ、イチゴのフレーバークリームの入ったチョコ　各€1.00

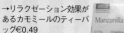

→リラクゼーション効果があるカモミールのティーバッグ€0.49

↑焼きパプリカとなすを酢漬けにした、カタルーニャ地方の郷土料理エスカリバーダのパック詰め€2.47

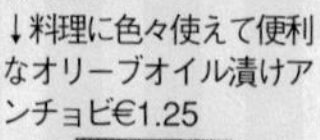

↓料理に色々使えて便利なオリーブオイル漬けアンチョビ€1.25

マドリッド MAP p.51-G 住C/Serrano,61
営月～土曜9:15～21:15 休日曜・祝日
バルセロナ MAP p.159-G 住C/Aribau,230 Y 240 営月～土曜9:15～21:15 休日曜・祝日

デパートチェーンのスーパー部門

エル・コルテ・イングレス

El Corte Inglés

→ゆでたタコにパプリカと塩をふるだけのシンプルなタコ料理、プルポアラガリシアの缶詰 €6.29

←うなぎの稚魚は高級品なので、代用品が多い。日本のカニカマのようなもの? うなぎの稚魚もどきの缶詰 €2.48

→エスプレッソで飲まれることが多いためか、粉末状になっているコーヒー€3.38

→さっぱりした甘さが特徴のはちみつは、採取花ごとに種類が豊富。オレンジ€2.79

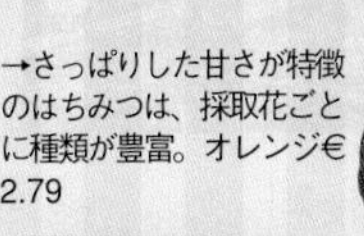

←飲んだ後すっきりさわやかな気分になれるミントティー€0.97

↓サラダにスープに何かと重宝するパプリカの粉末€5.77

↓トゥロンはアーモンドを練り固めたクリスマス用のお菓子€4.95

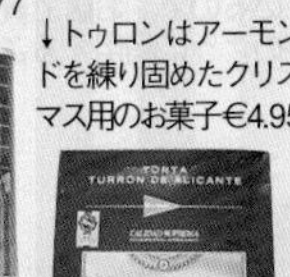

↑スペインのお酒、シェリー酒から作られたバルサミコ風味のお酢€4.05

←オリジナルのブラックチョコレート（左）€0.89とアーモンド入りミルクチョコレート（右）€1.04

→ブラックオリーブの缶詰 €1.10

←ばらまき土産にぴったりなミニミニサイズのオリーブオイル5本セット€2.29

→シナモン、ジンジャー、カルダモンなどが入ったバイオスパイスティー€3.15

エル・コルテ・イングレス MAP p.52-B 住Preciados,3 営10:00～22:00 日曜・祝日11:00～21:00
バルセロナ MAP p.157-G 住Plaça de Catalunya, 14 営9:30～21:30 休日曜 ▶p.97、196も参照

郊外の大型店舗が多い

エロスキ

Eroski

→スペインでは腹痛の時にも飲まれるカモミールティ€0.49

←なめらかなホワイトチョコレート（下）はやさしい甘さ€0.45 アーモンド入りのミルクチョコは€0.92

→スイスの有名チョコレートメーカー、リンツのカカオ分70%のダークチョコレート€2.29。

←パエリャやスープ、サフランライスに。サフラン€4.09

↑オイルサーディン（イワシ）の缶詰 €0.93

→ツナのひまわりオイル漬け €0.94

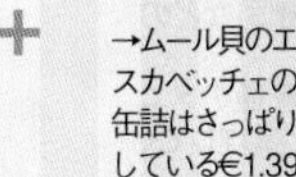

→ムール貝のエスカベッチェの缶詰はさっぱりしている€1.39と€1.46の2種類

マドリッド MAP p.50-E 住Diaz Porlier,50 営9:00～22:00

スーパーではエコバッグにも注目！

昨今はスペインでも、スーパーのポリ袋はほとんどが有料（だいたい€0.05くらい）になり、各店ともエコバッグを販売するようになっている。どのスーパーのものも€0.50と低価格ながら、作りは割にしっかりしている。食品と違って日持ちの心配がないのがうれしい。

❶エル・コルテ・イングレス　€0.50　唯一折りたたみできるもの。ティッシュケースのような袋に収納できるようになっている。❷メルカドーナ　€0.50　野菜とフルーツの写真でフレッシュ感あふれるデザイン。持ち手が長短ついた2WAYタイプ。❸エロスキ　€0.50　ナチュラルカラーの写真を多用した、ちょっとアーティスティックなテイスト。❹スーペルソル　€0.50　「繰り返し使ってね!」「プラスチックが減ると人生が豊かになるよ」と書かれ、リサイクル感が前面に。

おみやげスポット その2

見てよし!買ってよし! 食べてよし! マドリッドの2つのメルカド

マドリッドの中心部にあるサン・ミゲルとサン・アントン、2つのメルカド（市場）は、観光客にもうれしいニュータイプのメルカド。その大きな特徴は2つ。普通の市場だけでなく、その場でつまめるタパスも提供している店が豊富なことと、年中無休(店によるが、市場全体の休みはない）でシエスタもないことだ。

モダンでクールな

サン・アントン市場

Mercado de San Antón

4階建てのモダンな建物内にあり、1階はいわゆる市場、2階がフードコート、3階はテラスもあるレストランになっている。フードコートにはバルのほか、フォアグラやバカラオ（干し鱈）、フルーツジュースや寿司などの専門コーナーがある。

また、4階のレストランでは、普通のメニューのほか、市場で買った素材を調理してくれるサービスもある。

市場とは思えないおしゃれなレンガ造りの建物

1階は新鮮な食材が並ぶ市場

2階のフードコートではお寿司のコーナーも

MAP p.47-G　交 Ⓜ地下鉄5号線Chueca駅から徒歩1分　住 Augusuto Figu-eroa,24　☎91 330 0730　営 1階　月～土曜10:00～22:00、日曜・祝日休み／2階　10:00～22:00、無休／3階　10:00～24:00、無休／4階10:00～24:00（金・土曜～翌1:30)、無休

観光地に近くて便利

サン・ミゲル市場

Mercado de San Miguel

こちらもマドリッドの中心部、マヨール広場や王宮の近くにある市場。各種の食料品店やバルなどが集結。市場の中央部分にテーブル席が設けられているので、お店で買ったものをフードコートのように利用することもできる。

マヨール広場のそばにあるガラス張りの建物

買ったものは中央部にあるテーブルで食べられる

MAP p.46-J
交 Ⓜ地下鉄2/5/R号線Opera駅から徒歩3分
住 Plaza de San Miguel s/n　☎91 542 49 36
営 10:00～24:00（金・土曜は～翌2:00)
休 無休

おみやげスポット その3

やっぱり人気！ サッカーグッズ

スペインは世界に名だたるサッカー大国。日本でもスペイン・リーグの熱狂的なファンが多く、レアル・マドリードとFCバルセロナの2大チームは、スペインでもとりわけ人気が高い。マドリッドとバルセロナにはそれぞれのオフィシャルショップがあり、たくさんの関連グッズが並ぶ。サッカーグッズの定番のTシャツも揃っているが、ここでは、小物中心に手軽なものをセレクト。

年中無休が嬉しい

レアルマドリード ベルナベウ・ストア

Realmadrid Tienda Bernabéu

→マグネット栓抜き €9.50 冷蔵庫に貼り付けておけるので便利

←ボールペン €4.00 字がうまく書けそう？なボールペン

→キーチェーン €9.28 メタリック感が重厚なキーホルダー

←ペンケース €10 円筒形でたっぷり入る大きめサイズ

地下1階はペンケースなどグッズ、1階はユニフォームなどを販売

レアル・マドリード オフィシャルショップ
MAP p.41-B 交Ⓜ地下鉄10号線Santiago Bernabéu駅から徒歩5分 住C/Pedro Damian, Gate 57 サンティアゴ・ベルナベウスタジアム3階 ☎91 458 72 59 営10:00～21:00（日曜11:00～19:30） 休無休

メガと名がつく巨大ショップ

バルサ ボディーガ・メガストア

FC BOTIGA Megastore

→ポテトチップ ミニ €1.30 食べるのがもったいない？ ポテトチップス

←ポストカード1枚€0.90 お気に入りの選手を選ぶのが楽しい

→マグネット €2.90 赤と青の配色が目だつシンボルマークのマグネット

←ペンケース €6.50 フックがついたちょっと珍しいペンケース

↓ストラップ €7.90 ケータイや社員証などに

↑小銭入れ €2.90 ハードケースなので薬やアクセサリー入れにしても

スタジアム内ショップだけあり、品揃えは一番

FCバルセロナ オフィシャルショップ
MAP p.154-I 交Ⓜ地下鉄5号線Collblanc駅から徒歩10分 住AV.Arístí des Maillol,S/N カンプノウ内 ☎93 409 02 71 営10:00～19:00、日曜・祝日10:00～15:00 休1月1・6日、12月25・26日

フライドポテトと生ハム
Patatas con Jamón

イカリング揚げ
Calamares
a la Romana

スペイン 食の魅力
TAPAS
タパスカタログ

バルのカウンターのショーケースに並ぶ、色とりどりのタパス。店ごと、地方ごとに少しずつ味も種類も違うタパスを味わうことはスペイン旅行中の大いなる楽しみだ。ここでは、代表的なタパスを紹介。お目あてのものがあれば、指差しながら「?tiene esto? ティエネエスト（これ ある?）」と尋ねてみよう。

エビのニンニク風味
Langostino ajillo

焼きサラダ
Ensarada asada

タパスにもなるパエリャ
Paella

Oliva
オリーブ

チョリソーソーセージ
Chorizo

カツオ、赤ピーマン、ネギ、唐辛子の串刺し
Banderilla

エビの鉄板焼き
Gambas a la plancha

豚肉のサラミ
Lomo de cerdo

オムレツ
Tortilla

マッシュルームの鉄板焼
Champiñon a la plancha

クロケッタ（コロッケ）
Croqueta

ゆでじゃがいもとピーマン・チョリソの炒めもの
Papas a lo pobre

オリーブオイルに浸したアンチョビとイワシの酢漬け
Anchoas y boquerónes en aceite

鶏肉とオリーブの炒めもの
Pollo con Aceite

小エビのニンニク風味
Gambas al ajillo

アサリの漁師風
Almejas a la marinera

ジャガイモのアリオリソース
Patatas en salsa alioli

カタクチイワシのフライ Boquerónes fritos

赤ピーマンとタラの煮込み
Pimientos con bacalao

ピーマンの肉詰め
Pimientos rellenos

ロシア風サラダ
Ensaladilla rusa

生ハムのせトースト
Jamón con tostado

スペイン 食の魅力

スペインの郷土の味

地方食 あれこれ

パエリャはバレンシアの郷土料理。全国で食べられるが、現地ならではのバラエティがある。

ガリシア地方

メルルーサ・エン・カルデイラーダ
Merluza en caldeirada

ゆで魚のガリシア風。メルルーサ（タラの一種）はスペインでよく使われる素材。この料理にもパプリカが効果的に使われている。

プルポ・ア・ラ・ガリェーガ
Pulpo a la gallega

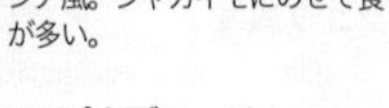

タコをゆでて、塩とオリーブオイルをかけたもの。パプリカを振るのがガリシア風。ジャガイモにのせて食すことが多い。

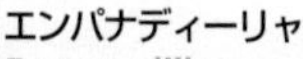

エンパナディーリャ
Empanadillas

魚介や豚肉などを包んで揚げたガリシア風のパイ。

●サンチャゴ・デ・コンポステラ

オビエド●

マドリッド●

●トレド

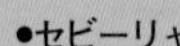

●セビーリャ

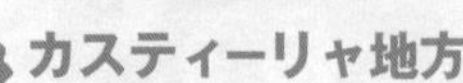

カスティーリャ地方

コシード
Cocido

肉と野菜の煮込み。スープと具を別に盛ると、これで1番目と2番目の皿ができるという、経済的な家庭料理。量がとても多い。

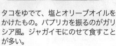

カリョス・マドリレーニョス
Callos madrileños

マドリッド風モツ煮込み。

ペルディス・トレダーノ
Perdiz toledano

トレド風山ウズラの煮込み。赤ワインで煮込んである。

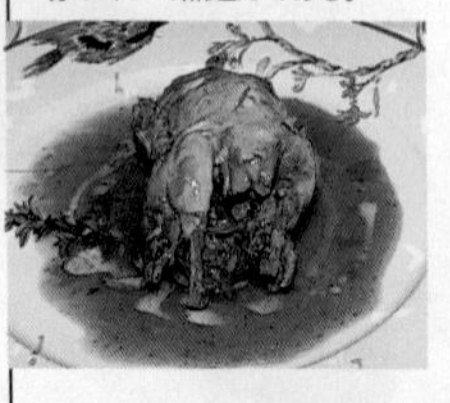

アンダルシア地方

ガスパチョ・アンダルース
Gazpacho andaluz

トマトをベースにした冷たいスープ。今では全国的に食べられているが、本場のアンダルシアでは、アーモンドを使った白いガスパチョ AJO BLANCO などのバリエも。

カラマレス・ロマーノ
Calamares romanos

イカフライ。衣に泡立てた卵白を用いるのでふんわりとした口あたり。

バスク地方

バカラオ・エン・サルサ・ベルデ
Bacalao en salsa verde
タラのグリーンソース煮込み。刻みパセリとニンニクを用いた緑色のソースで煮込む。

カラマレス・エン・ス・ティンタ
Calamares en su tinta
イカの墨煮。スペインではイカやタコをよく食べる。墨とトマトで煮込まれたイカは柔らかく、甘味がある。

アラゴン地方

若鶏のチリンドロンソース
Pollo al chirindron
赤ピーマンの風味が鶏肉によくあう。トマトが少なめの赤みの強くないソースのこともあり、また鶏肉以外にも、羊肉もよく使われる。

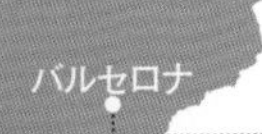

カタルーニャ地方

パン・コン・トマテ
Pan con tomate（pan tomaket）
カタルーニャ地方の代表料理。田舎パンにトマトをこすりつけ、オリーブオイル、塩をふりかけて食べる。

ボケロネス・ア・ラ・ビナグレッタ
Boquerones a la vinagreta
カタクチイワシの酢漬け。バルセロナより少し北の、コスタ・ブラバ地方の料理。

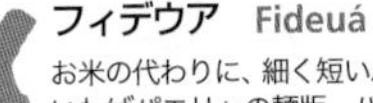

サルスエラ
Zarzuela
魚介のたっぷり入ったカタルーニャ風ブイヤベース。

アロス・ネグロ
Arroz negro
イカ墨のパエリャ。見た目はちょっとグロテスクだが、ほのかな甘味と独特の香りがあって美味。一度食べたらやみつきになる。

バレンシア

バレンシア地方

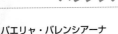

フィデウア　Fideuá
お米の代わりに、細く短いパスタを使ったもの。いわばパエリャの麺版。バレンシアの南、ガンディアの名物で、魚のスープで炊いてある。

パエリャ・バレンシアーナ
Paella valenciana
鶏肉にウサギとカタツムリ、インゲン豆が入っているのが本来の姿。でも今どきのレストランではカタツムリが入っているのはまれ。

パエリャ・ミスタ
Paella mixta
日本人に人気の高いオーソドックスなパエリャ。

パエリャ・マリネラ
Paella marinela
海の幸のパエリャ。見た目も味もボリュームたっぷりで食べごたえ充分。

スペイン 食の魅力

スペインの定番メニュー

Desayuno
朝食

チョコラーテとチューロ
Chocolate y Churros

ドーナッツ店でおなじみのチューロはスペイン原産。とろりと濃い目にいれたココア、チョコラーテにひたしてかじるのが伝統の朝ごはん。

マグロのトマト煮
Atun con tomate

マグロも人気の食材。トマトソースで煮込んだり、フライパンで焼いたりAtun a la planchaする。カツオBonitoも同様に調理することが多い。

ムール貝のマスタードソース
Mejillones al mostaza

貝類ではムール貝がポピュラー

Alimento
軽食

サンドウィッチ
Bocadillo

スペインのサンドウィッチは小ぶりのバゲット風のパンで。中身はスペイン風オムレツや、生ハム、チーズなどをお好みで。

テール煮
Rabo de toro

牛テールをじっくり煮込んだ一品。

Carne
肉

ヒレ肉のウィスキー風味焼き
Solomillo con wisky

ステーキEntrecot a la p lanchaや、お酒で風味をつけてフライパン焼きにするのもよくある調理法

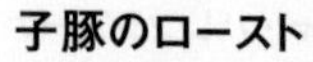

子豚のロースト
Cochinillo asado

子豚、子羊corderoなど、ローストはスペイン人好み。ローストには他に鶏polloなども。

Arroz
ごはん

パエーリャ
Paella a la Valenciana

もともとはバレンシア地方の郷土料理だが、今では無節操なくらいどこでも出てくる(そういう店は観光客用との説もあるが…)。

イカ墨ごはん
Arroz negro

見た目は悪いが、イカ墨のコクと甘みがじんわりと口に広がり、美味。イカ墨料理では、イカの墨煮Caramares en su tint a も美味しい。

スペイン料理にあきてしまったら？

いくら美味しくても、連日スペイン料理が続けばあきてしまうもの。大きな町であれば日本、中国、韓国料理の店を、中規模の町でも中国料理店なら見つけられる可能性が高い。マクドナルドなど、ファストフードを利用する手もある。

プリン
Flan

セットメニューのデザートで、たぶん一番多いのがフラン。

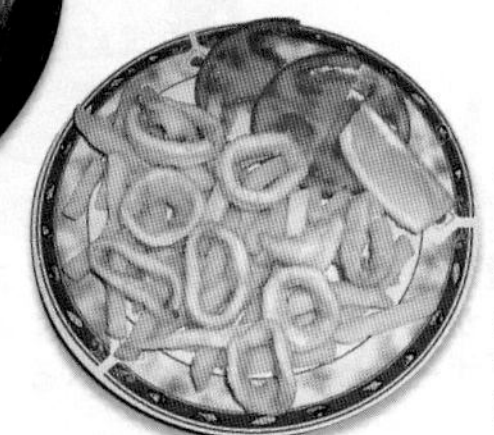

イカのフライ
Calamares romanos

イカに衣をつけてオリーブオイルでからりと揚げる。もともとアンダルシアの料理だが、今では全国区。

チョコレートタルト
Torta de chocolate

チョコレートのタルトもよく出される一品。新大陸からカカオをヨーロッパに持ち込んだ国だけに、侮れない味。

ニンニクスープ
Sopa de Ajo

たっぷりのニンニクにパン、卵でつくるスープ。寒い冬でも足の先から温まってくる味。

サルモレホ
Salmorejo

ガスパチョのもとになったといわれる、トマト味の冷たいスープ。上にゆで卵をあしらうのがお約束。コルドバが有名。

Sopa

スープ

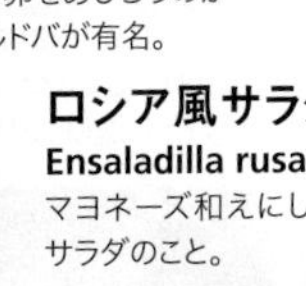

ロシア風サラダ
Ensaladilla rusa

マヨネーズ和えにしたサラダのこと。

スペイン風オムレツ
Tortilla española

ジャガイモやパプリカ、生ハムなどいれて厚く焼き上げるのがスペイン流。

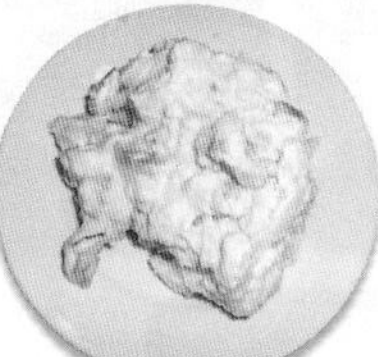

ガスパチョ
Gazpacho

たっぷり野菜を程よい酸味でもりもり食べられる、夏向きの冷たいスープ。

ツナサラダ
Ensalada de atun

サラダにトッピングする食材としてもマグロは人気。

エビサラダ
Ensaladilla de gambas

エビもサラダによく使う食材だが、カニカマに目が行ってしまう…。

スペイン 食の魅力

チーズ・生ハム・ワイン

日本ではまだまだ割高な生ハムにナチュラルチーズやワイン。スペインを訪れたからには、思う存分味わいたい。手軽に楽しむならバルやレストランで、安くあげたい人はスーパーや小売店で購入することも可能だ。

QUESO チーズ

お隣のフランスには種類の豊富さで一歩譲るが、スペインチーズもなかなかのもの。前菜、酒のつまみとしてはもちろん、デザートとしてもよく食べる。

代表的なチーズの種類

マンチェゴ　Manchego
ラマンチャ地方産、スペインを代表するチーズ。熟成期間により味わいが異なる。

イディアサバル　Idiazabal
バスク地方のナバーラ産。生羊乳から作られ、スモーキーな香りとコクがある。

ティティージャ　Titilla
乳という名の、円錐形をしたチーズ。ミルキーでマイルド。

ブルゴス　Burgos
脱脂乳から作る。サラダに混ぜて食べるほか、ハチミツをかけデザートに食す。

マオン　Mahon
バレアレス諸島のメノルカ島が産地。豊かな潮の香りとやや強めの塩味が特徴。

カブラレス　Cabrales
アストゥリアス産。ブルーチーズの代表。口に入れると、ピリッとした刺激のあとにまろやかさが広がる。

トルタ・デ・カサール
Torta de casar
チューラ種という羊乳から作られるチーズで、黄色くクリーミー。スプーンですくって食べる。

❶Titilla　ティティージャ
❷Ideazabal　イディアサバル
❸Manchego　マンチェゴ

01　Cabrales　カブラレス
02　Tradicional Manchego　トラディショナル・マンチェゴ
03　Manchego aceite　マンチェゴ・アセイテ
04　Titilla　ティティージャ
05　Manchego tierno　マンチェゴ・ティエルノ
06　Mahon　マオン
07　Cabra hidalgo　カブラ・イダルゴ
08　Ideazabal　イディアサバル
09　Manchego tierno superseco　マンチェゴ・ティエルノ・スーペルセコ
10　Torta de casar　トルタ・デ・カサール

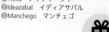

ここで食べられる！

Cheese Me
チーズ・ミー
→p.191

10種類のスペイン産チーズの盛り合わせが食べられる。内容はその日の市場の仕入れにより変わる。

おみやげにもぴったり！ここで買える！

El Corte Inglés
エル・コルテ・イングレス
→p.97

4～5種類のチーズをパックにしたものが手に入る

JAMON 生ハム

世界一の生産量を誇るスペインの生ハム。豚の種類、産地などによりいくつかに分類される。どこのバルやレストランにも置いてあるが、たいていは1種類か2種類。

豚の種類に白豚とイベリコ豚があり、前者をJamón serrano ハモン・セラーノ、後者をJamón ibérico ハモン・イベリコと呼ぶ。イベリコ種の中でも、放牧され、どんぐりの実をえさとして育てられたものはJamón ibérico de bellota ハモン・イベリコ・デ・ベジョータと呼ばれる。スペインで年間に生産される3000万本の生ハムのうちの、わずか2%という最高級品だ。産地ではウエルバ県のハブーゴ、サラマンカ近郊のギフエロ、グラナダはアルプハラ地方のトレベレス(白豚)が有名。ちなみに、パタは筋肉が多く、脂も乗った後ろ脚。前脚はパレータといい、ハモンよりも淡白な味わい。当然値段も安い。

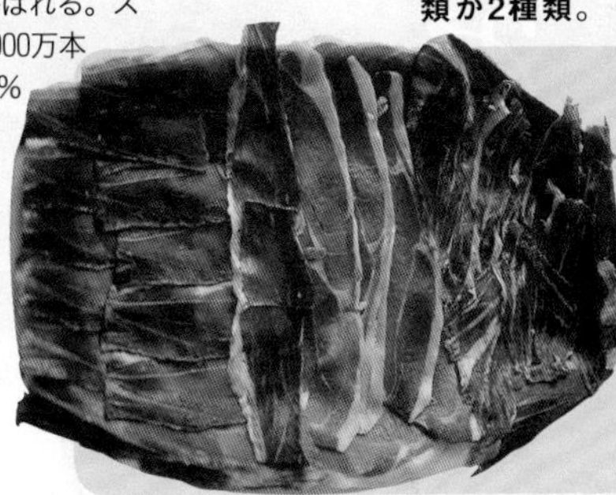

ここで食べられる!

ムセオ・デル・ハモン
Museo del Jamón
→P.86

イベリコ生ハムのプレートは€20ぐらい。チョリソー盛り合わせ、3種のマンチェゴとブルゴスのチーズ盛り合わせプレートなども楽しめる。

VINO ワイン

スペインはイタリア、フランスに並ぶ世界三大ワイン産出国のひとつ。ブドウの耕作面積世界一、ワイン生産量は世界第3位を誇る。レストランやバルでワインを気軽に楽しもう。

数あるワインの中でも、リオハRioja、リベラ・デル・ドゥエロRibera del Dueroの赤、ガリシアGaliciaの白、ナバラNavarraのロゼが有名だ。またカタルーニャ地方では、シャンパンと同じ製法の発泡ワイン、カバCavaも楽しみたい。

ワインを購入する場合はラベルに「Denominacion de Origen」という表記を探せばいい。これは「原産地呼称ワイン(DO)」という制度の厳しい条件をクリアしたワインにのみ表示される。なお、DOの上に「DOC (Denominacion de Origen Calificada=特選原産地呼称ワイン)」というのがあり、これはDOよりもさらに厳しい条件をクリアしたワインにだけ与えられる呼称だ。リオハRiojaとプリオラートPrioratoのみに与えられている。

おみやげにもぴったり! ここで買える

ビラ・ビニテカ
VILA VINITECA

バルセロナのサンタ・マリア・デル・マル教会近くにあるワインショップ。気軽に買えるワインからビンテージワインまで、3000本以上のワインが並ぶ。歴史地区散策のついでに寄ってみるのもいい。

MAP p.157-K
交通 Ⓜ4号線Barceloneta駅から徒歩5分
住所 C/ Agullers 7, Barcelona
TEL 902 32 77 77
営業 月〜土曜8:30〜20:30(7・8月の土曜は〜14:30)
休 日曜・祝日

フラメンコを満喫する

**光と影、明と暗が織りなす
アンダルシアの魂。
スペインに来たからには、
やはりはずすことのできない
アトラクションだ。**

HISTORIA フラメンコの歴史

フラメンコが誕生したのは15～16世紀のアンダルシア地方だといわれている。ユダヤ、キリスト、イスラムの3宗教が入れ替わり支配したこの地に、ロマ（スペイン語でヒターノ、英語でジプシーとも呼ばれるが、現在では好ましい呼称ではない）が流入し独自の文化を形成した。その象徴がフラメンコだった。

初期のフラメンコは生活のつらさ、恋愛といった日常を題材に歌い、伴奏はパルマ＝手拍子だけだった。今ではフラメンコにかかせないギターもカスタネットもなく、踊り子は裸足だったからサパテアード＝靴音を鳴らすこともなかったらしい。

現代のスタイルになったのは19世紀頃。世紀末にカフェ・カンタンテと呼ばれるフラメンコ酒場が登場すると、その人気は海外にまで広がり、舞台公演を行うなど黄金期を迎えた。しかし繁栄は長くは続かず、ラジオや映画などの新しい娯楽の普及、20年代末の世界恐慌、30年代の内戦などが原因で衰退してゆく。

再び回復のきざしが見えたのは1950年代。国民生活が安定し、海外からの観光客が再び増え始めると、タブラオと呼ばれるシアター・レストランが登場し、世界各地に愛好者が増えていった。

現在ではスペインきってのアイドルで世界的な人気を誇っているホアキンコルテスJoaquín Cortésの活躍により、フラメンコ人気はますます高まりを見せている。

F L A M E N C O

鑑賞のポイント

バイレ＝踊りだけでなく、
カンテ＝歌やトーケ＝ギターにも注目。
3つが一体となって初めてフラメンコが完成する

フラメンコといえば、色鮮やかな衣装をまとい、エキゾチックな美貌の女性が情熱的に踊るシーンをイメージする人も多いだろう。それは確かにフラメンコの重要な部分ではあるが、あくまでも部分にすぎない。スペインでフラメンコを見るなら、ぜひとも男性の官能的なまでの踊りに注目してほしいし、ギターはもちろん、カンテ＝歌にも耳を傾けてほしい。

しわがれ声で歌い上げる、ヨーロッパ音楽とはまったく異なる伝統的なフラメンコの歌＝カンテは、スペインでは踊り以上に重視され、愛好されるフラメンコの真髄。ひと口にフラメンコといってもそこにはバイレ・フラメンコ＝踊り、カンテ・フラメンコ＝歌、トーケ・フラメンコ＝ギターがあり、この3つが一体となって初めてフラメンコが完成するのだ。

とりわけカンテはフラメンコの成立時からフラメンコと共にある、いわば根っこにあたるもの。スペインではカンテだけのコンテストも盛んで、太い地声、かすれ具合、ときには胸が張り裂けるような歌い方が評価される。最初は戸惑うかもしれないが、歌詞の良し悪しではなく、いかに感情が込められているかがポイントになるだけに、スペイン語がわからなくても引き込まれてしまうだろう。もっとも日本人には、演歌に聞こえてしまうかも。

モダンなフラメンコを見せる店では、男女のカップルの踊りもあり、タンゴを思い浮かべる人もいるだろう。フラメンコを初めて見るのであれば、地元度の高い店にこだわらなくても、充分楽しめる。観光客向けの店だからといって、一概にレベルが低いとはいえないし、逆に地元のコアなファンを対象にした店では、内容が玄人向け過ぎておもしろくないかもしれない。あまり深く考えず、機会があったときに、予約できた店で楽しめばよい。

鑑賞にあたっては、踊り、伴奏、歌それぞれに注意を傾けて楽しみたいが、興にのっても手拍子や掛け声＝オレ！　は遠慮しておいたほうがいい。絶妙のタイミングでできればいいが、間を外すとかえってじゃまになってしまう。もちろん、周りの皆が始めたり、舞台上から求められたならばこの限りではない。

楽

F L A M E N C O

どこで楽しむか

タブラオ、ライブ・ハウス、フェスティバル…
旅行者にはいつでも見られるタブラオが手軽

旅行者がフラメンコを見るなら、手っ取り早いのはタブラオに足を運ぶことだろう。タブラオとはスペイン語で「板張り」を意味するtabladoからきた言葉で、その名の通り板張りの舞台を備えたレストラン・バーだ。

マドリッド、バルセロナの主要二大都市のほか、セビーリャやグラナダなど本場アンダルシアの各都市にもタブラオは多い。

情報を得るには、ツーリストインフォメーションや宿泊しているホテルで尋ねてみよう。パンフレットや開演情報を置いてあるホテルは多く、予約の手続きを代行してくれる場合もある。グラナダでは宿泊ホテルへの送迎サービスを行っているタブラオも多い。下記に掲載した各店では、ホームページからの予約も受け付けている。

営業時間は店にもよるが、だいたい午後9〜10時頃から始まり、深夜1〜2時頃に終了となる。1回の公演は1時間程度で、休憩をはさんで1日に2〜3回行われる。1

MADRID MAP:p.46-E、p.52-A

カフェ・デ・チニータス
Café de Chinitas

交 Ⓜ2号線Santo Domingo駅から徒歩3分
住 Torija,7
☎ 915 47 15 01
営 19:00〜24:00(予約受付12:00〜)
休 日曜
URL www.chinitas.com/

メインダンサーは月ごとに替わり、ショーの半ばに登場する。ショーのレベルは高いと評判。ショーは€36、食事またはドリンクの注文が必須。ショーの開始は20:15〜。

MADRID MAP:p.52-B

トーレス・ベルメハス
Torres Bermejas

交 Ⓜ1/2/3号線Sol駅から徒歩5分
住 Messonero Romonos,11
☎ 915 32 33 22
営 18:30〜24:00
休 無休
URL www.torresbermejas.com/

アルハンブラ宮殿を意識したアラブ調の内装。ソルの中心部に近い。要予約。食事は18:30〜、ショーは19:00〜20:00と21:00〜22:00の2部制。ディナー込み€50〜。

MADRID MAP:p.46-I

コラル・デ・ラ・モレリア
Corral de La Moreria

交 Ⓜ2/5号線Opera駅から徒歩10分
住 Moreria,17
☎ 91 365 84 46
営 18:30〜翌2:00 休 無休
URL www.corraldelamoreria.com/ (日本語あり)

ショーは20:00〜、22:00/22:30の2部制。ディナーは18:30〜22:00で、料金はショー€47.95＋ディナー料金。20:00からは1ドリンク付き€49.95もある。

BARCELONA MAP:p.156-J

コルドベス
Cordobes

交 Ⓜ3号線Liceu駅から徒歩5分
住 La Ramblas,35
☎ 933 17 57 11
営 18:00〜翌0:45
休 無休
URL www.tablaocordobes.com/ (日本語あり)

1970年創業で、洞窟風の内装。ショーは冬期が20:15、22:00、23:00、夏期が19:15、21:00、22:30、23:45。ディナー込み€79.50、1ドリンク込み€44。

回目は観光客向けのわかりやすい構成で、夜が深まるごとにうまい踊り手が登場する。ただし、旅行者が深夜に町を歩くのは危険。ほどほどで切り上げたほうが無難だ。帰りはお店の人にタクシーを呼んでもらおう。

料金はショーチャージ＋１ドリンク、または＋ディナーで組まれていることが多く、だいたい€25〜60。追加ドリンクを頼む場合の料金は高め。料理の味も特別おいしいという話も聞かないので、食事は済ませて行ったほうがいいだろう。

観客の席は舞台を囲むように配置されている。店によっては常連や団体ツアー客を優先したり、単価の高いディナーを頼んだ客を前方正面に案内するところもあるが、はっきりとした規則性はないし、込み具合や予約時の交渉能力などによっても席は変わるだろう。要は運次第ということだ。

タブラオのほかにフラメンコを楽しめる場所としては、各地で開かれるフラメンコ・フェスティバル、ライブハウス、同好会の発表会などがあるが、旅行者の場合、利用は難しいかもしれない。フェスティバルなどの情報は、インターネットやスペイン政府観光局などで入手できることもある。

SEVILLA　MAP:p.281-H

ロス・ガリョス
Los Gallos

交 カテドラルから徒歩7分
住 Plaza de Santa Cruz,11
☎ 954 21 69 81
営 20:00〜23:30、ショーは20:00〜と22:00〜
休 無休
URL www.tablaolosgallos.com/

サンタクルス広場に面した老舗タブラオ。レベルの高いフラメンコを間近で見ることができる。1ドリンク付き€35。それほど大きくないので予約したほうがいい。

SEVILLA　MAP:p.280-F

エル・パティオ・セビリャーノ
El Patio Sevillano

交 カテドラルから徒歩10分
住 Paseo Cristóbal Colón,11-A
☎ 954 21 41 20
営 19:00〜23:30、ショーは19:00〜と21:30〜　休 無休
URL www.elpatiosevillano.com/（日本語あり）

闘牛場の横にある大型タブラオ。アナ・マリア・ブエノなど本格的なフラメンコからクラシック・エスパニョールまで幅広く見ごたえ充分。料金は1ドリンク付き€38。

SEVILLA　MAP:p.281-G

エル・アレナル
El Arenal

交 カテドラルから徒歩8分
住 Rodo,7　☎ 954 21 64 92
営 18:00〜23:30、ショーは19:15〜と22:00〜（11月〜3月30日19:30〜23:00）
休 無休
URL www.tablaoelarenal.com/

17世紀の建物を改装した200人収容のタブラオ。レベルの高いショーは迫力満点。1ドリンク付き€39、タパス付き€62、ディナー付き€75。

GRANADA　MAP:p.247-E

アルバイシン
Albayzin

交 送迎付き
カテドラルから徒歩25分
住 Mirador de San Cristobal Ctra.de Murcia,s/n
☎ 958 80 46 46
営 21:15〜23:45　休 無休
URL www.flamencoalbayzin.com

情熱がほとばしる、典型的なジプシーフラメンコが楽しめる。ショーは1回目21:15〜、2回目22:30〜（11〜2月は21:30のみ）。食事と送迎付きで€55。

パラドール セレクト

旅の気分を盛り上げるおすすめパラドール

「パラドール」とは、かつての宮殿や城、修道院、領主の館など、歴史的に価値の高い建築物を管理・保存するために運営されている国営のホテル。現在、スペインには94ヵ所のパラドールが点在している。重厚な建築物、みごとな眺望は、スペインの旅を一気に盛り上げてくれるだろう。

TOLEDO

トレド MAP:p.109-L

客室からの展望がすばらしい

マドリッドから近いこともあり、大変人気の高いパラドールのひとつ。カスティーリャ地方の伝統的な建築様式を取り入れた、貴族の邸宅を模した建物は高台に位置し、ほとんどの客室は世界遺産にも登録された美しい旧市街に面している。ベランダからの景観がすばらしいのはもちろんだが、最も感嘆するのは客室内から窓外を見るとき。あたかも一幅の風景画が掛かっているかのようだ。トレド

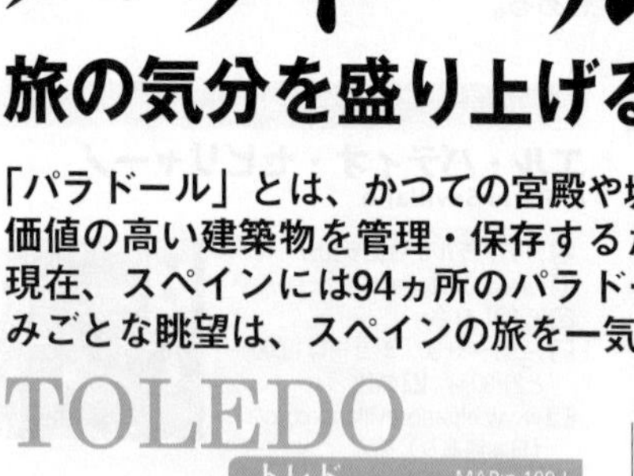

パラドールのエントランス

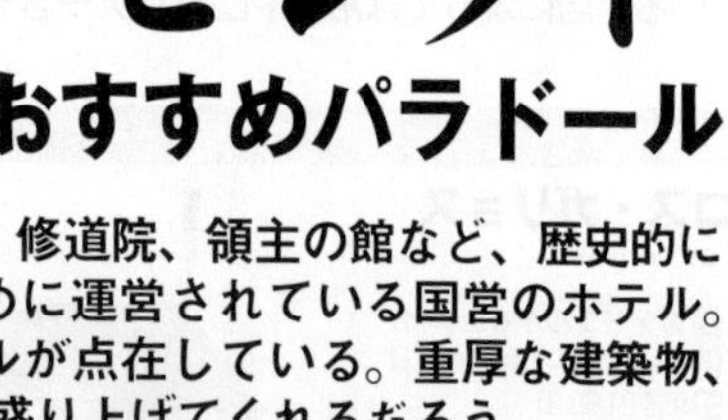

ツインルームの室内

のパラドールに泊まるからには、やはりこの眺めを堪能しなければ意味がないだろう。希望する場合、予約時にcon vistaコン・ビスタ（眺めの良い、英語ではwith a view）というひと言を忘れずに。館内にはスイートルームが4室あり、ジャクジーまで付いている。満室で泊まれない可能性は高いが、コン・ビスタのツインと金額はいくらも変わらないので、予約時に尋ねてみてはどうだろう。

交 マドリッドからAVEまたはバスでトレドへ。タクシーで10分
住 Cerro del Emperador, s/n,45002,Toledo
☎ 925 22 18 50　FAX 925 22 51 66
部 79部屋　英 常駐
料 S €239.00〜　T €258.00〜

H ★★★★

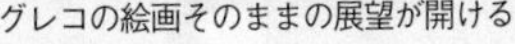

グレコの絵画そのままの展望が開ける

AVILA

アビラ　MAP:p.129-A

世界遺産の町に建つ重厚な建物

古い城壁が旧市街地を取り囲む世界遺産の町、アビラ。カルメンの門近くの旧ピエドラス・アルバス邸を利用したパラドールは老舗旅館を思わせる落ち着いた雰囲気。レストランでは特産のアビラ牛を堪能したい。

交 アビラ駅からタクシーで5分
住 Marqués Canales de Chozas,2. 05001.Avila
☎ 920 21 13 40　FAX 920 22 61 66
部 61部屋　英 常駐
料 S €186.00〜　T €202.00〜

H ★★★★

レストランでは野菜と豚肉のシチュー、仔牛のステーキがおすすめ

■パラドールを利用するには

1.申し込み（イベロ・ジャパンの場合）

ホームページ上の申し込みフォームから申し込む。または電話、FAXで申込書を請求

Eメールまたは郵便、FAXで申込書が送られてくる

申込書に記入し、Eメールまたは郵便、FAXで送付

2.予約確認
予約状況確認後、結果がEメールまたは電話、FAXで連絡される（3日前後）

3.支払い
予約完了後、請求書兼予約確認書がEメールまたは郵便、FAXで送付されてくる。期日（通常日本出発3週間前）までに料金を指定口座に振り込む

4.バウチャー送付
入金確認後、出発の２週間前までにバウチャーがEメールまたは郵送で送付されてくる

5.宿泊
チェックインの際にフロントへバウチャーを渡す（昼・夕食代、チップ、ルームサービス料などは別途）

■日本での予約先
イベロ・ジャパン
東京都新宿区岩戸町17
文英堂ビル4階
TEL：03-6228-1734
FAX：03-3268-8537
URL：www.iberotour.jp/

■マドリッドにある予約センター
Paradores de Turismo de España
Calle José Abascal,2-4 28003Madrid.España
TEL：915 16 67 00
営 8:30〜14:00、15:00〜18:00
URL：www.parador.es/

※料金はイベロ・ジャパン2018年のもので客室はスタンダード・ルーム。同社で予約する場合は、予約時のレートで円に換算となる。

宿泊客専用のパティオでゆったりくつろげる

調度品のひとつひとつにも独特の雰囲気があふれる

GRANADA

グラナダ

MAP:p.247-B

幻想的な雰囲気で人気のパラドール

アラブとキリスト教文化が融合した、アルハンブラ宮殿内にある。古い修道院を改造したパラドールで、宿泊客しか足を踏み入れることができないパティオなどがあり、贅沢なひと時を楽しめる。パラドールの中でも1、2の人気。レストランにはガスパチョなど、アンダルシアらしいメニューがそろう。

交 グラナダ駅からタクシーで20分
住 Real de la Alhambra,s/n,18009, Granada
☎ 958 22 14 40　FAX 958 22 22 64
部 40部屋　英 常駐
料 S €421.00～　T €442.00～

CARDONA

カルドナ

MAP:p.7-D

悲しい王女伝説が残る中世の古城

9世紀に建てられた古城を利用したパラドール。中世の城砦の雰囲気たっぷりの建物内は広く入り組んでおり、7階のバルからバルコニーへ出て、小さな塔に登れば、モンセラートの山並みが一望できる。レストランではカタルーニャの郷土料理が楽しめる。

交 マンレサ駅からタクシーで30分
住 Castell de Cardona, s/n, 08261, Cardona,Barcelona
☎ 93 869 12 75　FAX 93 869 16 36
部 54部屋　英 常駐
料 S €209.00～　T €228.00～

キリスト教徒のお姫さまが幽閉されていたといわれる「乙女の塔」

館内は高い天井、落ち着いたインテリアで、風格ある造りになっている

プラテレスコ様式の美しい外観

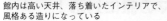

LEÓN レオン

MAP:p.328

芸術的建物で感動的なひと時を味わう

16世紀から約200年かけて建造された建物は、全パラドールの中で最も荘厳なたたずまい。中でも幅100mに及ぶ外観は圧巻で、夜にはサン・マルコ広場とともに美しくライトアップさる。2017年10月1日～2020年2月28日は休館。

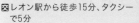

H ★★★★★

交 レオン駅から徒歩15分、タクシーで5分
住 Pza.de San Marcos,7,24001,León
☎ 987 23 73 00 FAX 987 23 34 58
部 184部屋 英 常駐 ※2019年11月現在休業中

SANTIAGO DE COMPOSTELA サンチャゴ・デ・コンポステラ

MAP:p.320

聖地に建つ荘厳なパラドール

サンチャゴ大聖堂の向かい、オブラドイロ広場に面して建つ、かつての王立病院兼宿泊施設。ゴシック、ルネッサンス、バロックの各様式に彩られた建物は、5つ星にふさわしい風格あるたたずまいを見せる。

H ★★★★★

交 サンチャゴ・デ・コンポステラ駅からタクシーで10分
住 Pza.Do Obradoiro,1,15705, Santiago de Compostela,A Coruña
☎ 981 58 22 00 FAX 981 56 30 94
部 137部屋 英 常駐
料 S €301.00～ T €322.00～

重厚な雰囲気のレストランでガリシア料理を

シックでエレガントな室内

マドリッドのアルムデナ大聖堂

Madrid España Central

マドリッド・スペイン中央部

マドリッド
トレド
エル・エスコリアル
アランフェス
アルカラ・デ・エナレス
セゴビア
アビラ
バリャドリード
チンチョン
クエンカ
テルエル
サラゴサ

ドン・キホーテとラ・マンチャの景観を特徴づける風車

マドリッド・スペイン中央部の概観

マドリッドを中心とするスペインの中央部は、標高600～750mほどのメセタといわれる台地にある。エル・エスコリアルの周辺には山林もあるが、マドリッドを少し離れると荒涼とした平原が広がっている。

マドリッドを中心とした地方は、広い意味でカスティーリャ地方といわれる。カスティーリャがスペイン統一の母体となったことから、カスティーリャ語はスペインの公用語とされている。

この地方の特徴は、なんといっても変化に富んだ自然。そしてそれにともなう、けっして温和とはいえない気候だ。ある意味では、太陽と情熱の国スペインのイメージを裏切る地域だが、古き良き時代のスペインの光と影を一度に体験できるエリアでもある。

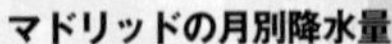

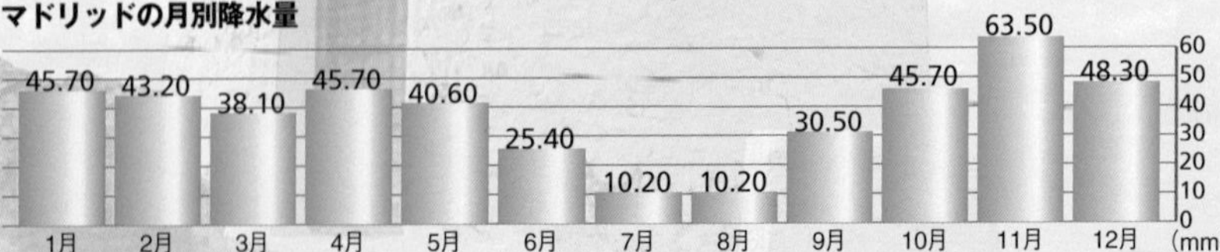

マドリッドと東京の平均気温の比較（単位：℃）

	1月	2月	3月	4月	5月	6月	7月	8月	9月	10月	11月	12月
マドリッド	5.5	7.0	9.5	11.5	15.5	20.5	24.0	24.0	20.5	14.0	9.0	6.5
東京	5.2	5.7	8.7	13.9	18.2	21.4	25.0	26.4	22.8	17.5	12.1	7.6

寒暖差が大きい大陸性気候

この地方の気候は、夏と冬、昼と夜の寒暖の差が大きく、雨の少ない乾燥した典型的な大陸性気候。このため冬はかなり冷え込み、北部では雪が降ることもある。冬に訪れる場合は、防寒の準備には万全を期したい。ただ、冬は夏に比べると湿潤になるので、夏の乾燥で枯れた草花が緑の芽を出し、花を咲かせる季節でもある。日本とは少し違う、緑の多い冬の景色を楽しんでみるのもいい。

夏、特に7・8月はほとんど雨が降らず湿度が低いので、日本よりも暑さをしのぎやすく、観光には適した季節になる。ただし夏の昼間は、気温が30℃を超える日が続くので、Tシャツなどのラフな格好のほうが過ごしやすい。真昼は避けて、朝や夕方の時間を有効に使ったほうが、快適に観光できる。逆に夜遅くなると、気温がぐんと下がるので注意しよう。深夜から早朝におよぶイベントに参加する場合などは、上着や厚手の靴下を用意しておいたほうがいい。

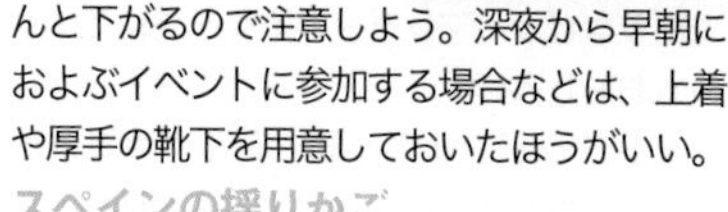

タホ川畔の古都トレド

スペインの揺りかご

トレドのかたわらを、イベリア半島を南北に分断して流れるタホ川。711年にモーロ人が半島に侵入して以来、川はイスラム教徒とキリスト教徒の勢力圏を分け、周辺では幾度となく再征服「レコンキスタ」をすすめるキリスト教徒と、守るイスラム教徒とが戦いを繰り広げた。多くの城＝Castilloが築かれ、そこからこの地方の名前カスティーリャCastillaが生まれた。

レコンキスタの中心となったのが、今も2つの州の名前に名を残すカスティーリャ王国だ。はじめはレオン王国支配下の伯国としてブルゴスに都したカスティーリャは、1037年にレオンを併合、1085年にはトレドを占領し、イスラム側の猛反撃に耐えてこれを確保。さらにフェルナンド3世(➔p.107)の治世下に領土を大きく広げた。アラゴン王国のフェルナンド2世(➔p.255)と結婚し、キリスト教勢力の統一を果たした女王イザベルは、最後のイスラム王国グラナダを滅亡させ、宿願のレコンキスタを達成。スペインに新時代をもたらした。

政治・経済の中心地マドリッド

ここで紹介するのは、首都マドリッドとトレド、アランフェス、エル・エスコリアル、アルカラ・デ・エナレス、チンチョンといった近郊都市や村。そして、カスティーリャ・イ・レオン地方の南東部に位置するバリャドリード、セゴビア、アビラといった中世の面影を残した町。さらに、ドン・キホーテでおなじみのカスティーリャ・ラ・マンチャ地方のクエンカ、アラゴン地方にあるサラゴサ、テルエルといった町だ。

マドリッドはイベリア半島のほぼ中央に位置する。人口327万を擁し、スペインの首都として政治・経済の中心地となっている。

首都マドリッドの街並み

地下鉄、バスなどの市内交通も発達しており、スペインのほぼ中央にあるので、ほかの地方へ移動する拠点としても便利な位置にある。

マドリッド周辺に点在する魅力的な古都

マドリッドの南にあるトレドは、イスラム文化と西洋文化が融合してしっとりとした雰囲気を醸し出している古都。トレドはまた、スペイン美術界の巨匠エル・グレコが愛し、暮らした「エル・グレコの町」としても知られている。マドリッドの東にあるアルカラ・デ・エナレスは、人口19万人を擁するマドリッド自治州第2の都市。大学を中心に発展してきた文化の香り高い美しい町だ。

宮廷文化にひかれる人なら、エル・エスコリアルの王宮やラ・グランハ、アランフェスにぜひ行ってみたい。広大な土地に建つ旧跡の絢爛豪華さには、ただ圧倒されるばかりだ。

カスティーリャ地方の古風で美しい田舎の風景を楽しみたいなら、チンチョンがおすすめ。アニス酒とチンチョン伯爵夫人で有名な、マドリッドの南南東にある小さな村だ。

悠久のときが流れる中世の城塞都市

マドリッドの西北には、カスティーリャ・イ・レオン地方の中心都市であるバリャドリードのほかに、セゴビア、アビラといった城塞都市がある。旧市街は城壁によって周囲の町からさえぎられるように囲まれており、数百年の年月をかけたレコンキスタの戦いに想いがめぐる。まさにダイナミックな歴史の息吹が、今も漂う町だ。セゴビアのローマ水道橋は、ローマ時代の遺跡がほぼそのままの形で残されており、当時の土木技術の水準の高さには驚かされる。

セゴビアのアルカサル

ドン・キホーテが現れてきそうなラ・マンチャの大地

トレドの南東方向がラ・マンチャ地方。乾燥した大地にブドウ畑が広がっている。その埃っぽい風景は、まさにセルバンテスの「ドン・キホーテ」の舞台そのものだ。実際、スペインでもドン・キホーテは超有名人。彼の足跡をたどって、カンポ・デ・クリプターナ、エル・トボーソ、プエルト・ラピセ、コンスエグラなどラ・マンチャの町々を訪ねて歩くのもおもしろい。

マドリッドの北東方面にあるアラゴン地方は、フランス・バルセロナ・マドリッドを結ぶ交通の要所として古くから栄えてきた。アラゴン王国時代の遺物も数多く残っている。特にアラゴン自治州の州都であるサラゴサは、人口約66万の大きな都市だ。マドリッドとバルセロナのほぼ中間に位置し、マドリッドからは鉄道で1時間30分で行ける。

断崖絶壁の高台に築かれた町、クエンカの景観

マドリッド・スペイン中央部の交通

本書が取り上げた観光ポイントやエリアのうち、ラ・マンチャ（➔p.122、コンスエグラを除く）とチンチョン（➔p.134）以外は鉄道、バスともにマドリッドからの便がある。個別の町への情報はそれぞれページの冒頭に掲載してある。各地方都市間の移動は、ローカル線のため運行が1日数本程度なので、鉄道・バスを使って複数の町を1日で見て回るのは難しいだろう。

路線がマドリッド中心の放射線状になっているのも特徴で、トレドなど一部の町からほかの地方都市への移動は、いったんマドリッドに戻ったほうが早い（特にアンダルシア方面）こともある。

エリア外への移動はサラゴサ～バルセロナ、クエンカ～バレンシア、アビラ～サラマンカ、バリャドリード～ブルゴス・レオンなどが幹線のため移動しやすい。

マドリッド・スペイン中央部の祭りと祝日

2月初め※　悪魔の祭（クエンカ）
2月上旬～中旬※　カーニバル（全国）
3月または4月※　セマナ・サンタ（全国）
5月11～15日　サン・イシドロ祭（マドリッド）
5月または6月※　聖体祭（全国）
6月24～29日　守護聖人祭（セゴビア）
8月15～22日　守護聖人祭（トレド）
9月中旬※　守護聖人祭（バリャドリード）
10月12～18日　サンタ・テレサ祭（アビラ）
10月12日前後　ピラール祭（サラゴサ）
10月最終金・土・日曜※　サフラン祭り（コンスエグラ）

※の祭りは、年によって変動する
全国共通の祝日はp.10参照

セゴビアのカーニバル

マドリッド・スペイン中央部の世界文化遺産

- **マドリッドのエル・エスコリアル修道院とその遺跡**
- **セゴビア旧市街とローマ水道橋**
- **アビラ旧市街と城壁外の教会群**
- **アラゴンのムデハル様式建造物**
- **アルカラ・デ・エナレスの大学と歴史地区**
- **古都トレド**
- **歴史的城壁都市クエンカ**
- **アランフェスの文化的景観**
- **水銀関連遺産：アルマデンとイドリア**

アルカラ・デ・エナレスの大学

マドリッド・スペイン中央部の料理

夏暑く冬寒い中央部では、スタミナ源となる肉料理を好んで食べる傾向にある。

首都マドリッドではスペイン各地の料理が味わえるが、マドリッド料理といえば、コシード・マドリレーニョCocido Madrileñoと呼ばれるポトフに似た料理が有名。大鍋で肉と野菜と豆を煮込み、最初にそのスープ、次に野菜、最後に肉類を別々の皿に盛って食べるというもの。

カスティーリャ・イ・レオン地方では、豆を使った料理が多い。また仔豚、仔羊などを使ったローストやソーセージ、山羊や羊の乳から作られるチーズも種類が豊富で美味だ。窯で焼く仔豚の丸焼き、コチニーリョ・アサードCochinillo Asadoは、ぜひ一度は味わってみたい。

ラ・マンチャ地方はサフランの産地として有名だが、ドン・キホーテの舞台らしく、かつての羊飼い料理の名残りをとどめる豚レバーを使った料理などが食べられる。

▲豊富な食材が並ぶ市場。このエリアの郷土料理は、質実剛健といったイメージだ

マドリッド風ポトフ、コシード▶

MEMO マドリッド・スペイン中央部のおみやげには、ラ・マンチャのチーズやサフラン、アーモンドを使ったトレドの郷土菓子マサパンMazapan、時計や小皿などに金で象嵌を施したダマスキナードがある。

MADRID

マドリッドの概観

イベリア半島のほぼ中央部に位置するマドリッドは、人口317万人のスペインの首都。政治・経済の中心都市であるだけでなく、スペインを代表する近代的な文化都市だ。

マドリッドの歴史は比較的新しく、1561年にフェリペ2世(➔p.112)がスペイン王国の首都にしたことから本格的に始まる。「情熱の国、スペイン」の首都というイメージとは異なり、マドリッドの標高は646mと、ヨーロッパの国々の首都の中では最も高地に位置している。現在に続くマドリッドの発展は、19世紀後半になってからで、20世紀になって近代的な首都機能が充実しはじめた。

魅力的なマドリッ子たちと町の活気

スペインのほかの古都に比べ、その歴史は浅いとはいっても、マドリッドには豊富な観光資源がある。その代表は、王宮。18世紀ブルボン朝の威光を反映した建物と内部の収蔵品は、圧倒的な存在感で迫ってくる。また、プラド美術館をはじめとする数々の美術館や教会には、その鑑賞に数日を要する作品が数多く収められ、美術愛好家でなくとも、一見の価値がある。

町の中心部、プエルタ・デル・ソルを要に、西に王宮やマヨール広場、東にプラド美術館やアトーチャ駅までを囲む旧市街の一帯では、無数のバルやレストラン、タブラオなどがひしめき、夜ごとマドリッ子たちの熱気を肌で感じることができる。

昼間のマドリッドは、グラン・ビアやセラーノ通りでのショッピング、シベーレス広場からパセオ・デル・プラドにかけての散策など、夜とは違う落ち着いた街の顔が楽しめる。また、地下鉄グラン・ビア駅から市立博物館へ通じるフエンカラール通り周辺は、マドリッドの流行をリードするショッピング街。

主要な観光スポットは、ほとんど歩いて回ることができるが、地下鉄を利用すれば、より広範囲にマドリッドの魅力に触れることができるだろう。

闘牛!サッカー!!フラメンコ!!!

魅力は観光物件や街並みにとどまらない。闘牛、サッカー、フラメンコ(➔p.26)といったスペインを代表するアトラクションはマドリッドでも楽しめる。ただ、マドリッドの治安は決して良くはないので、大都会という気安さで無防備に歩き回ることは慎みたい。

とっておき情報

マドリッドのツーリストインフォメーションとお得なカード

ⓘツーリストインフォメーション

▶マヨール広場　MAP p. 52-F
開 9:30〜20:30　Tel 915 78 78 10
▶バラハス空港　Terminal 4到着ロビー　MAP p.55
開 9:30〜20:30　Tel　915 78 78 10
▶レイナ・ソフィア　国立ソフィア王妃芸術センター　MAP p.48-J
開 9:30〜20:30
▶CentroCentro 市役所(シベーレス宮殿)内　MAP p.47-H
開 9:30〜20:30　Tel　914　54 44 10

パセオ・デル・アルテ (Abono Paseo del Arte)

プラド美術館、ティッセン・ボルネミッサ美術館、国立ソフィア王妃芸術センター(レイナ・ソフィア美術館)の３館に、一度ずつ入場できる共通パスで、個別に購入するより約２割得になる。このパスを持っていると、列に並ばずに提示するだけで入館できる。€30.40(最初の入館から１年間有効)

マドリッド
Madrid
0
1km
N
チャマルティン駅
Estación de Chamartín
カスティーリャ
CASTILLA
カスティーリャ広場
Pl. de Castilla
ペニャ・グランデ
PEÑA GRANDE
ベルーゲテ
BERRUGUETE
ヌエバ・エスパーニャ
NUEVA ESPAÑA
C. del Capitán Blanco Argibay
C. de Francos Rodríguez
Paseo de la Castellana
Av. de Alberto Alcocer
C. Costa Rica
レアルマドリード・ベルナベウ・ストア（オフィシャルショップ）
サンチャゴ・ベルナベウ・スタジアム
Estadio Santiago Bernabeu
メディテラネオ
Avda. de Concha Espina
大学都市
Ciudad Universitaria
Avda. de Pablo Iglesias
エル・ビソ
EL VISO
地下鉄6号線
新政府
Nuevos Ministerios
自然科学博物館
Museo de Ciencias Naturales
リオス・ロサス
RÍOS ROSAS
日本大使館
アメリカ博物館
Museo de América
モンクロア駅バスターミナル
ソローリャ美術館
Museo Sorolla
ラサロ・ガルディアーノ美術館
Museo Lázaro Galdiano
P.50～51
ベンタス闘牛場
Plaza de Toros Monumental
カステリャーナ
CASTELLANA
エステ公園
カサ・デ・カンポ
CASA DE CAMPO
P.46～47
コロン広場
Pl. de Colón
サラマンカ
SALAMANCA
国立考古学博物館
Museo Arqueológico
ノボテル・マドリッド・センター
イビサ
IBIZA
プリンシペ・ピオ（ノルテ）駅
Estación Príncipe Pío(Norte)
グラン・ビア
Gran Vía
アルカラ門
Puerta de Alcalá
王宮
Palacio Real
プエルタ・デル・ソル
SOL
レティーロ公園
Parque del Retiro
マヨール広場
Pl. Mayor
カンポ・デル・モーロ
Campo del Moro
市庁舎
セントロ
CENTRO
プラド美術館
Museo del Prado
エストレリャ
ESTRELLA
P.54
サン・フランシスコ・エル・グランデ教会
Real Basílica de San Francisco el Grande
ラストロ
国立ソフィア王妃芸術センター
Museo Nacional Centro de Arte Reina Sofía
国立文化人類学博物館
Museo Nacional de Etnología
パシフィコ
PACÍFICO
トレド門
Puerta de Toledo
P.48～49
アトーチャ駅
Estación de Atocha
インペリアル
Imperial
プエルタ・デ・トレド
王立タペストリー工場
Real Fábrica de Tapices
アトーチャ
ATOCHA
国立鉄道博物館
Museo Nacional Ferroviario
南バスターミナル
Estación Sur de Autobuses
トレドへ
レガスピ駅へ
バラハス空港へ

マドリッドを楽しむ10のキーワード

アート
ART

本書に掲載しているだけでも、マドリッドにある美術館・博物館は10を超える。加えて世界レベルの美術品は、教会や修道院にも収蔵されているので、アート好きにはたまらない。中でも世界三大美術館のひとつに数えられるプラド美術館には、ベラスケス、グレコ、ゴヤ、ラファエロ、ルーベンス…と、美術史を彩る大家の作品が多数並ぶ。国立ソフィア王妃芸術センターには有名なピカソの「ゲルニカ」が展示されているので、ぜひ足を運びたいが、現代アートの美術館なので、他の作品は好みにあうかどうか…。

おすすめ美術館ランキング

1位：プラド美術館（p.65）
2位：国立ソフィア王妃芸術センター（p.78）
3位：ティッセン・ボルネミッサ美術館（p.76）
4位：王立サン・フェルナンド美術アカデミー（p.74）
5位：王宮（p.70）

1

王宮
PALACIO REAL

「太陽の没することのない大帝国」と呼ばれたスペイン王国の宮殿だけに、絢爛豪華で巨大。30年をかけて造られた宮殿には、2800もの部屋があり、歩いて見て回るだけでも疲れてしまう。宮殿内の装飾、絵画やタペストリーなどのコレクションも見応えがある。

2

街歩き
CITY WALKING

街歩きもマドリッドの楽しみ方のひとつ。マドリッドの中心プエルタ・デル・ソル(p.73)からマヨール広場(p.73)、ビリャ広場(p.72)へと、時に脇道にそれながら歩けば、いかにもヨーロッパらしい街角に出合えるだろう。目抜き通りのグランビアや、ソル広場の周辺も、賑やかで楽しい。のんびりしたい時には、プラド美術館周辺もおすすめ。緑の並木が続く遊歩道は公園のようで快適だが、スリなどにはご注意を！

3

観光案内所
TOURIST INFORMATION

ガイドブックとスマホがあれば現地の案内所は不要、と思いがちだが、地元ならではの最新情報が手に入ることが多いのも事実。やりとりが英語になってしまうので心理的なハードルを感じてしまう人もいるだろうが、40ページで紹介した観光案内所の近くに行ったら、のぞいて見てみよう。場合によっては日本語の観光パンフレットを置いていることもあるのでチェックしてみよう。

4

5 グルメ GOURMET

スペインの中心だけに「食」の楽しみもさまざま。文豪ヘミングウェイが愛した、子豚のローストが名物のボティン(p.82)や、スペインの郷土料理、たとえばアストゥリアス料理のオルバヨ(p.85)、ガリシア料理のカサ・ガリェーガ(p.84)、アンダルシア料理のヒラルダIV、(p.83)なども楽しめる。街角には地元で愛される食堂が隠れているし、日本では高価な生ハムを気軽に味わえるムセオ・デル・ハモン(p.86)や、ペルー料理のエル・インティ・デ・オロ(p.85)など、日本ではあまり見かけない珍しい国の料理も。　**レストランカタログ→p.82**

6 ショッピング SHOPPING

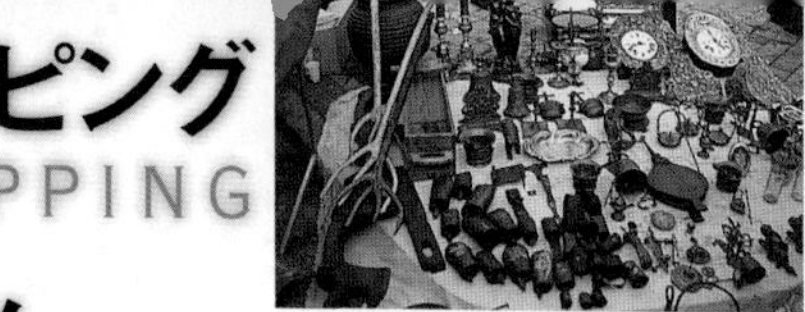

ブランドショップはセラーノ通り(p.91)、オルテガ・イ・ガセット通り周辺に集中。ヨーロッパの有名ブランドからスペインの人気ブランドまで揃う。日曜雑貨や食料品、その他のアイテムならプエルタ・デル・ソル(p.73)周辺や、グラン・ビア近くに多くの店が集まっている。**ショップカタログ→p.90**

7 フラメンコ FLAMENCO

フラメンコの本場はアンダルシア地方なのだが、首都だけにマドリッドでもクオリティの高いフラメンコを見ることができる。観光客の利用が多いだけに、いわゆる「通」の評価はそれほどでもないようだが、それだけに判りやすく、楽しめる。料金は€36〜くらい。詳しくはp.26を参照。

8 サッカー FUTBOL

世界各国の代表選手も多く所属する、世界一流のレベルを誇るリーガ・エスパニョーラの試合も、マドリッドで見ることができる。サッカーのシーズンは例年9月から5月下旬まで、隔週にサンチャゴ・ベルナベウ・スタジアムで試合がある。スペインで大人気のスポーツだけに、直前に好カードのチケットを入手するのは難しいが、レアルマドリード対FCバルセロナなど、ビッグクラブ同士の対戦でなければ、試合当日でもスタジアムで購入可能なことが多い。チケットの一般向け販売は1週間前から、値段は試合によって異なり、同じ席でもいつも同じ値段とは限らないが、安い席で€50〜60くらい。

サンチャゴ・ベルナベウ・スタジアム

交通：Ⓜ10号線Santiago Bernabeu駅から徒歩1分
MAP：p.41-B
レアルマドリードのHP：www.realmadrid.com/

9 闘牛 CORRIDA DE TOROS

これまたアンダルシアが本場とされるが、マドリッドのラス・ベンタス闘牛場(MAP:p.41-D、Ⓜ2または5号線Ventas下車)は、スペインきっての格式を誇る「御三家」闘牛場のひとつ。シーズンは3月下旬〜10月上旬の日曜・祝日(4月中旬〜6月中旬には平日にも)で、チケットは€5.20くらいからある。

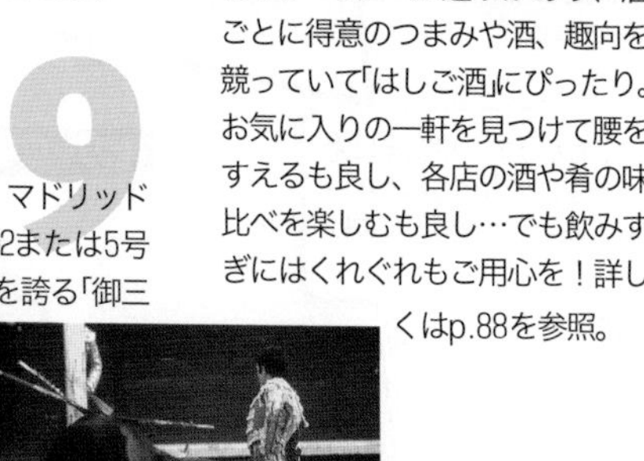

10 はしご酒 MESON

マヨール広場(p.73)の近くには、居酒屋（メソン）が軒を連ねているサン・ミゲール通りがあり、店ごとに得意のつまみや酒、趣向を競っていて「はしご酒」にぴったり。お気に入りの一軒を見つけて腰をすえるも良し、各店の酒や肴の味比べを楽しむも良し…でも飲みすぎにはくれぐれもご用心を！詳しくはp.88を参照。

マドリッドのまわり方
楽しみ方いろいろ、見どころたくさんのマドリッド。さて、どこを見てまわったものだか悩ましく思う人も多いのでは。そこで「わがまま歩き流」に、マドリッドの主要ポイントをとりあえず押さえたコースをご提案。自分の好みもプラスしてアレンジすれば、大満足のモデルコースに。
ゴール
Goal!
プラド美術館と並ぶ、マドリッドの見どころの双璧のひとつ。あんまり豪華で大きすぎて、ちょっと食傷気味になってしまうかも…。
王宮 p.70
アルムデーナ大聖堂 p.71
100年以上もかけて、1993年に完成した大聖堂。ピカピカにきれいなだけに、ちょっと有難みに欠けるかも…。
エンカルナシオン修道院
p.72
Plaza de España
C. de la Luna
グラン・ビア
Gran Via
Flor Baja
C. Torija
C. de la Bola
Cta. Santo Domingo
Santo Domingo
ソル広場とグラン・ビアに挟まれたエリアも賑やか。デパートのエル・コルテ・イングレスp.97がある。ただしスリには注意。
Opera
C. del Arenal
5階建ての建物がぐるりと四方をぴったり囲んでいる広場。1階はアーケードになっていて、レストランやカフェ、みやげ屋などさまざま。車が入ってこないのでのんびりできる。
小さな市場だが、見て食べて楽しい話題のスポット。P.72参照。
歴史的な名建築に囲まれた広場。17世紀に建てられた市庁舎が立派。
C. de Bailén
マヨール通り C. Mayor
マヨール広場 p.73
ビリャ広場 p.72
サンミゲル市場
ボティン
C. Sacramento
個性的な居酒屋（メソン）が集まるのがサンミゲール通り。お昼から開いている店も4軒ほど。P.88参照。
C. de Segovia
バイレン通り
C. Cava Baja
C. Cava Alta
サンイシドロ教会 p.73
44

アート好きなら

ここに紹介したコースに加えて、**プラド美術館**を訪れたい。王宮からなら、徒歩5分のオペラ駅から地下鉄2号線で3駅のバンコ・デ・エスパーニャ駅下車、徒歩5分。世界三大美術館といわれるだけに、じっくり見るならいくらでも時間がかかる。ざっと見るだけでも2〜3時間。夜8時まで開館、休館日は、月曜（詳しくはp.65と77参照）。

プラド美術館の近くには、ピカソの「ゲルニカ」を収蔵する**国立ソフィア王妃芸術センター**（P.78）があり、こちらの休館日は火曜。開館時間は夜9時まで。

周辺には他に、企画展をおトクに見られるカイシャ フォーラム（P.74）や、ヨーロッパの美術史をたどることができ**ティッセン・ボルネミッサ美術館**(p.76)、スペイン絵画の優品が揃う**王立サン・フェルナンド美術アカデミー**（p.74）がある。

ショッピング好きなら

王宮から徒歩5分のオペラ駅から地下鉄5号線で6駅のヌニェス・デ・バルボア駅下車、徒歩1分の**セラーノ通り**(p.91)、オルテガ・イ・ガセット通り周辺に、ヨーロッパやスペインの一流ブランドショップが集まっている。

ブランド物より気軽な雑貨や、スペイン人の暮らしが感じられる品物が見たいなら、地下鉄2号線でソルに戻り、周辺を歩いてみよう。セラーノ通りに比べずっとくだけた雰囲気で賑やかだが、それだけに身の回りの品にはご注意を。高価な買い物をしたら、帰り道はケチらずにタクシーを利用しよう。

お手軽にまわりたいなら

広い範囲を楽チンにまわりたければ、2階建ての**観光バス**MADRID City Tourの利用も。歴史・現代をテーマに、市内を周回する2コースがある。料金は€21で、1日乗り降り自由。詳しくはp.62へ。

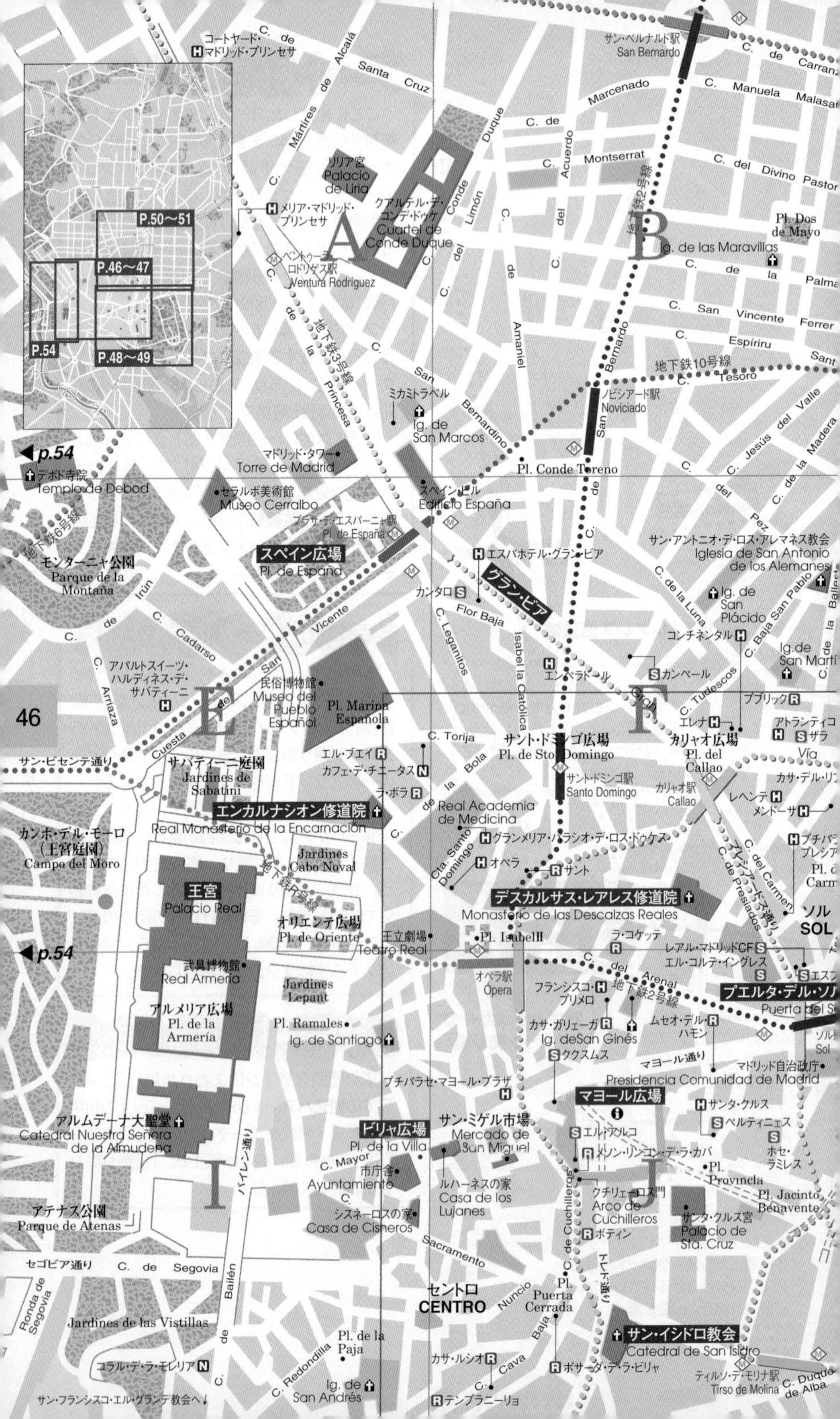

46
コートヤード・マドリッド・プリンセサ
C. de Santa Cruz
Alcalá
Mártires de
C. Marcenado
サン・ベルナルド駅
San Bernardo
C. de Carranza
C. Manuela Malasaña
C. de Acuerdo
C. Montserrat
C. del Divino Pastor
地下鉄2号線
Pl. Dos de Mayo
リリア宮
Palacio de Liria
クアルテル・デ・コンデ・ドゥケ
Cuartel de Conde Duque
Conde Duque
C. del Limón
C. de Amaniel
メリア・マドリッド・プリンセサ
ベントゥーラ・ロドリゲス駅
Ventura Rodríguez
C. de la Princesa
地下鉄3号線
Ig. de las Maravillas
C. de la Palma
C. San Vincente Ferrer
C. Espíriru Santo
C. San Bernardino
C. de San Bernardo
地下鉄10号線
C. Tesoro
ノビシアード駅
Noviciado
ミカミトラベル
Ig. de San Marcos
C. Jesús del Valle
C. de la Madera
P.50～51
P.46～47
P.54
P.48～49
p.54
デボド寺院
Templo de Debod
マドリッド・タワー
Torre de Madrid
Pl. Conde Toreno
C. del Pez
セラルボ美術館
Museo Cerralbo
スペイン・ビル
Edificio España
地下鉄6号線
プラサ・デ・エスパーニャ駅
Pl. de España
サン・アントニオ・デ・ロス・アレマネス教会
Iglesia de San Antonio de los Alemanes
スペイン広場
Pl. de España
モンターニャ公園
Parque de la Montaña
エスパホテル・グラン・ビア
グラン・ビア
カンタロ
C. Leganitos
Flor Baja
C. de la Luna
Ig. de San Plácido
C. Baja San Pablo
C. de la Ballesta
C. de Irún
C. Cadarso
C. de Arriaza
Cuesta de San Vicente
アパルトスイーツ・ハルディネス・デ・サバティーニ
民俗博物館
Museo del Pueblo Español
Pl. Marina Española
Isabel la Católica
エンペラドール
コンチネンタル
カンペール
Ig. de San Martín
C. Tudescos
ブブリック
Gran Vía
アトランティコ
ザラ
エレナ
C. Torija
サント・ドミンゴ広場
Pl. de Sto. Domingo
カリャオ広場
Pl. del Callao
サン・ビセンテ通り
サバティーニ庭園
Jardines de Sabatini
エル・ブエイ
カフェ・デ・チニータス
C. de la Bola
サント・ドミンゴ駅
Santo Domingo
カリャオ駅
Callao
カサ・デル・リ
ラ・ボラ
レヘンテ
メンドーサ
エンカルナシオン修道院
Real Monasterio de la Encarnación
Real Academia de Medicina
グランメリア・パラシオ・デ・ロス・ドゥケス
カンポ・デル・モーロ（王宮庭園）
Campo del Moro
Jardines Cabo Noval
Cta. Santo Domingo
オペラ
サント
プレシアードス通り
C. de Preciados
C. del Carmen
プチパ
プレシア
Pl. del Carmen
王宮
Palacio Real
地下鉄R号線
デスカルサス・レアレス修道院
Monasterio de las Descalzas Reales
ソル
SOL
オリエンテ広場
Pl. de Oriente
王立劇場
Teatro Real
Pl. IsabelII
ラ・コケッテ
レアル・マドリッドCF
エル・コルテ・イングレス
エスプ
武具博物館
Real Armería
オペラ駅
Ópera
C. del Arenal
地下鉄2号線
プエルタ・デル・ソル
Puerta del Sol
フランシスコ・プリメロ
Jardines Lepant
アルメリア広場
Pl. de la Armería
Pl. Ramales
Ig. de Santiago
カサ・ガリェーガ
Ig. deSan Ginés
ムセオ・デル・ハモン
ソル
Sol
ククスムス
マヨール通り
マドリッド自治政府
Presidencia Comunidad de Madrid
プチパラセ・マヨール・プラザ
マヨール広場
サンタ・クルス
ペルティニェス
アルムデーナ大聖堂
Catedral Nuestra Señora de la Almudena
バイレン通り
ビリャ広場
Pl. de la Villa
サン・ミゲル市場
Mercado de San Miguel
エル・アルコ
メソン・リンコン・デ・ラ・カバ
ホセ・ラミレス
C. Mayor
市庁舎
Ayuntamiento
ルハーネスの家
Casa de los Lujanes
Pl. Provincia
C. de Cuchilleros
クチリェーロス門
Arco de Cuchilleros
Pl. Jacinto Benavente
アテナス公園
Parque de Atenas
シスネーロスの家
Casa de Cisneros
ボティン
サンタ・クルス宮
Palacio de Sta. Cruz
C. Sacramento
トレド通り
セゴビア通り
C. de Segovia
C. de Bailén
Ronda de Segovia
セントロ
CENTRO
C. Nuncio
Pl. Puerta Cerrada
Cava Baja
Jardines de las Vistillas
Pl. de la Paja
C. Redondilla
サン・イシドロ教会
Catedral de San Isidro
コラル・デ・ラ・モレリア
カサ・ルシオ
ボサーダ・デ・ラ・ビリャ
ティルソ・デ・モリナ駅
Tirso de Molina
C. Duque de Alba
Ig. de San Andrés
C. Cava
テンプラニーリョ
サン・フランシスコ・エル・グランデ教会へ↓
A
B
E
F
I
J

王宮～シベーレス広場
Palacio Real / Plaza de la Cibeles
0
300m
アルマグロ
ALMAGRO
ビルバオ広場
Glorieta de Bilbao
ビルバオ駅
Bilbao
アロンソ・マルティネス広場
Pl. Alonso Martínez
アロンソ・マルティネス駅
Alonso Martínez
Pl. Santa Bárbara
Jardines Arquitecto Rivera
ロマン派美術館
Museo del Romanticismo
トリブナル駅
Tribunal
Ministerio Administractíons Pubrícas
コロン広場
Pl. de Colón
コロン駅
Colón
コロンブス記念像
デスクブリミエント庭園
Jardines del Descubrimient
裁判所
Pal. de Justicia
サン・アントン教会
Ig. de San Antón
国立図書館
Biblioteca Nacional
レコレトス駅
Estación de Recoletos
国立考古学博物館
Museo Arqueológico Nacional
B&Bホテル・フェンカラル52
チュエカ駅
Chueca
ドブレ・ア
サン・アントン市場
Mercado de San Anton
ガウディ
バザール
P.52～53
ブエナビスタ宮殿
Palacio de Buenavista
Ministerio de Defensa
インデペンデンシア広場
Pl. de la Independencia
47
プチパラセ・チュエカ
グラン・ビア駅
Gran Vía
メルカード・デ・ラ・レイナ
花友
Pl. Rey
アベニダ
サン・ホセ教会
Iglesia de San José
シベーレス広場
Pl. de la Cibeles
シベーレスの噴水
Fuente de la Cibeles
アルカラ門
Puerta de Alcalá
バンコ・デ・エスパーニャ駅
Banco de España
マドリッド・グラン・ビア
グラッシー
Ig. de las Calatravas
インターネットカフェ
王立サン・フェルナンド美術アカデミー
Real Academia de Bellas Artes de San Fernando
市役所
(シベーレス宮殿)
スペイン銀行
Banco de España
レヒナ
アルカラ通り
ティッセン・ボルネミッサ美術館
Museo Thyssen Bornemisza
セビーリャ駅
Sevilla
サルスエラ劇場
Teatro de la Zarzuela
海事博物館
Museo Naval
装飾美術館
Museo de Artes Decorativas
ラ・タウリーナ
セントロ・ソル
イコー美術館
Museo Colecciones I. C. O.
アポロの噴水
Fuente de Apolo
カナレハス広場
Pl. Canalejas
ラルディ
エスメラルダ
アストリア
国会議事堂
Congreso de los Diputados
レアルター広場
Pl. de la Lealtad
サン・ヘロニモ通り
どん底
イロギ
ウルバン
エル・インティ・デ・オロ
ビリャ・レアール
ウエスティン・パラセ
カノバス・デル・カスティーリョ広場
Pl. Cánovas del Castillo
リッツ
ティミール
リスボア
ネプトゥーノの噴水
Fuente de Neptuno
王立言語アカデミー
Real Academia de la Lengua
カソン・デル・ブエン・レティーロ
(プラド美術館別館)
Casón del Buen Retiro
マドリッド・レイナ・ビクトリア
サンタ・アナ広場
Pl. Santa Ana
エスカダ
コインランドリーOnda blu
カサ・デ・ロペ・デ・ベガ
Casa de Lope de Vega
アルファロ
Pl. del Ángel
エル・カルデロ
ビー・クール
コルテス
CORTES
サン・ヘロニモス・エル・レアル教会
Iglesia de San Jerónimos el Real
プラド美術館
Museo del Prado
Convento de las Trinitarias
プラドの散歩道
ラ・サナブレサ
ペドロ・デ・ミゲル
ムリーリョ広場
Pl. de Murillo
アントン・マルティン駅
Antón Martín
p.50
p.48
地下鉄4号線
地下鉄5号線
地下鉄1号線
カステリャーナ通り
Paseo de la Castellana
レコレトス通り
Paseo de Recoletos
Paseo del Prado

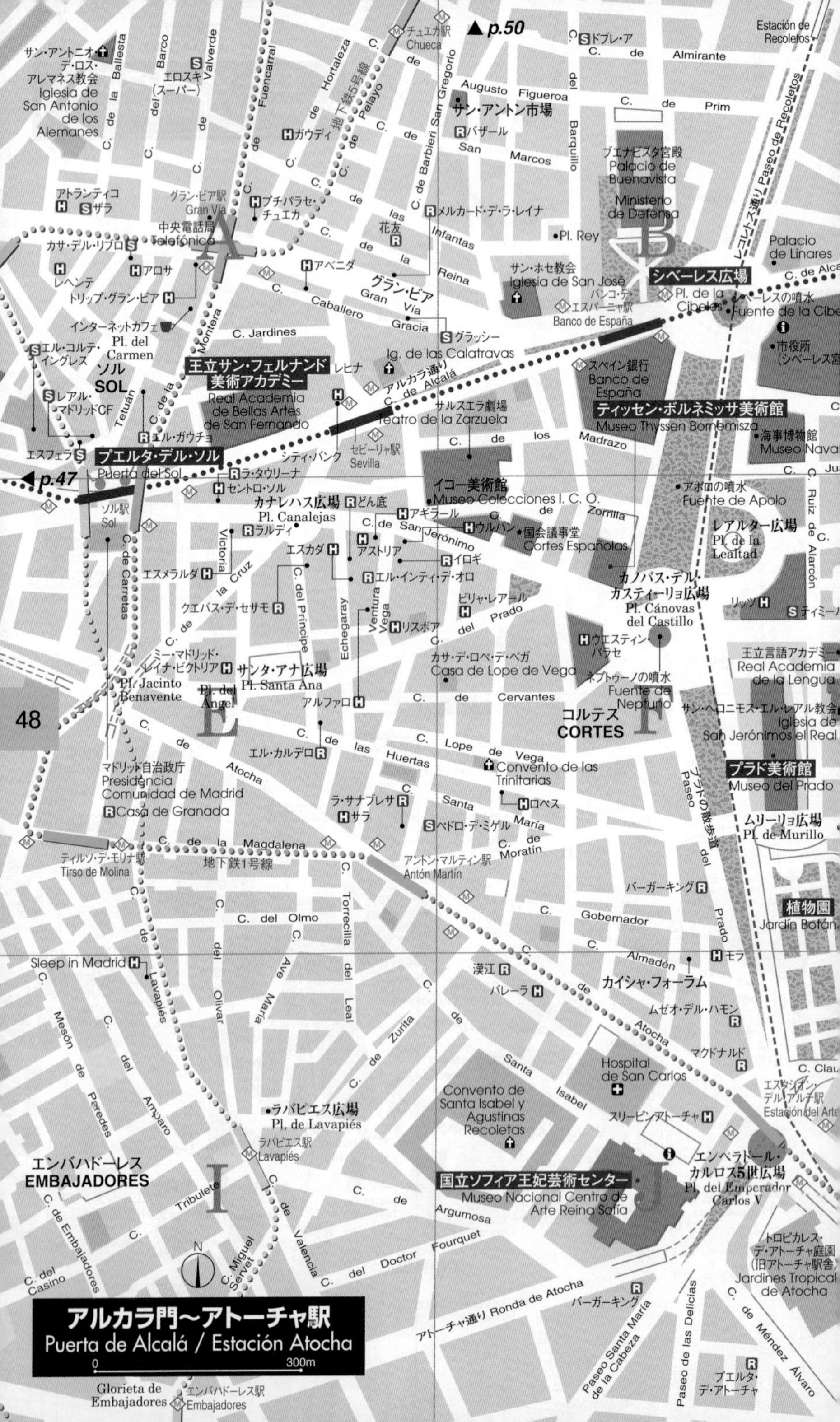
アルカラ門〜アトーチャ駅
Puerta de Alcalá / Estación Atocha
0
300m
p.50
p.47
サン・アントン市場
ブエナビスタ宮殿
Palacio de Buenavista
Ministerio de Defensa
シベーレス広場
Pl. de la Cibeles
グラン・ビア
王立サン・フェルナンド美術アカデミー
Real Academia de Bellas Artes de San Fernando
プエルタ・デル・ソル
Puerta del Sol
ソル
SOL
ティッセン・ボルネミッサ美術館
Museo Thyssen Bornemisza
イコー美術館
Museo Colecciones I. C. O.
カナレハス広場
Pl. Canalejas
レアルター広場
Pl. de la Lealtad
カノバス・デル・カスティーリョ広場
Pl. Cánovas del Castillo
サンタ・アナ広場
Pl. Santa Ana
コルテス
CORTES
プラド美術館
Museo del Prado
ムリーリョ広場
Pl. de Murillo
植物園
カイシャ・フォーラム
ラバピエス広場
Pl. de Lavapiés
エンバハドーレス
EMBAJADORES
国立ソフィア王妃芸術センター
Museo Nacional Centro de Arte Reina Sofía
エンペラドール・カルロス5世広場
Pl. del Emperador Carlos V
トロピカレス・デ・アトーチャ庭園（旧アトーチャ駅舎）
Jardines Tropical de Atocha
Glorieta de Embajadores
エンバハドーレス駅
Embajadores
地下鉄1号線
地下鉄5号線

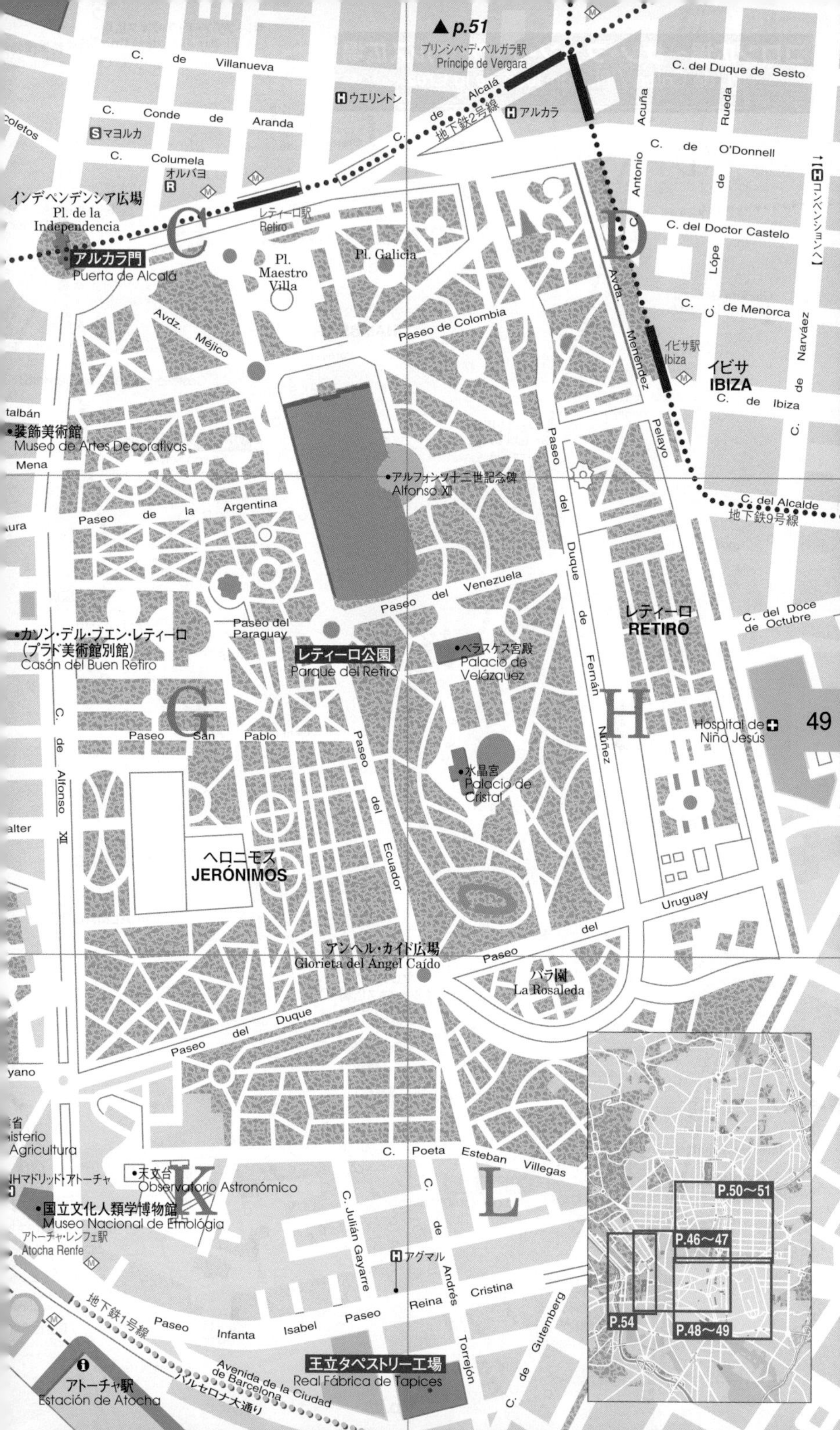
▲p.51
プリンシペ・デ・ベルガラ駅
Príncipe de Vergara
C. de Villanueva
C. del Duque de Sesto
ウエリントン
アルカラ
C. de Alcalá
地下鉄2号線
C. Conde de Aranda
マヨルカ
C. Columela
オルバヨ
Acuña
Rueda
C. de O'Donnell
Antonio
Lope de Vega
インデペンデンシア広場
Pl. de la Independencia
レティーロ駅
Retiro
C. del Doctor Castelo
→【H コンベンション へ】
アルカラ門
Puerta de Alcalá
Pl. Maestro Villa
Pl. Galicia
Avda. Menéndez Pelayo
C. de Menorca
C. de Narváez
Avdz. Méjico
Paseo de Colombia
イビサ駅
Ibiza
イビサ
IBIZA
C. de Ibiza
装飾美術館
Museo de Artes Decorativas
Mena
アルフォンソ十二世記念碑
Alfonso XII
Paseo del Duque de Fernán Núñez
C. del Alcalde
地下鉄9号線
Paseo de la Argentina
Paseo del Venezuela
レティーロ
RETIRO
C. del Doce de Octubre
カソン・デル・ブエン・レティーロ
(プラド美術館別館)
Casón del Buen Retiro
Paseo del Paraguay
レティーロ公園
Parque del Retiro
ベラスケス宮殿
Palacio de Velázquez
Hospital de Niño Jesús
49
Paseo San Pablo
C. de Alfonso XII
Paseo del Ecuador
水晶宮
Palacio de Cristal
ヘロニモス
JERÓNIMOS
Paseo del Uruguay
アンヘル・カイド広場
Glorieta del Ángel Caído
バラ園
La Rosaleda
Paseo del Duque
C. Poeta Esteban Villegas
NHマドリッド・アトーチャ
天文台
Observatorio Astronómico
国立文化人類学博物館
Museo Nacional de Etnología
アトーチャ・レンフェ駅
Atocha Renfe
C. Julián Gayarre
C. de Andrés Torrejón
アグマル
P.50～51
P.46～47
P.48～49
P.54
地下鉄1号線
Paseo Infanta Isabel
Paseo Reina Cristina
C. de Gutemberg
アトーチャ駅
Estación de Atocha
王立タペストリー工場
Real Fábrica de Tapices
Avenida de la Ciudad de Barcelona
バルセロナ大通り

コロン広場〜サン・ファン・デ・ラ・クルス広場
Pl. de Colón / Pl. San Juan de la Cruz
0
500m
N
サン・フアン・デ・ラ・クルス広場
Pl. San Juan de la Cruz
自然科学博物館
Museo de Ciencias Naturales
C. de Espronceda
C. Bretón de los Herreros
C. de Hoz
C. de Santa Engracia
C. de Ponzano
C. de Alonso Cano
C. de Modesto Lafuente
C. de José Abascal
ドクトル・マラニョン広場
Pl. del Doctor Marañón
グレゴリオ・マラニョン駅
Gregorio Marañón
A
B
Glorieta General Álvarez de Castro
チャンベリ
CHAMBERÍ
C. de García de Paredes
C. de Zurbano
C. de Fernández de la Hoz
C. de Miguel Ángel
Castellana Inter-Continental
C. de Viriato
ソローリャ広場
Glorieta Pintor Sorolla
イグレシア駅
Iglesia
ソローリャ美術館
Museo Sorolla
C. del General Martínez Campos
C. Eloy Gonzalo
C. de Juan de Austria
C. de Rafael Calvo
C. Fortuny
ルーベン・ダリオ広場
Glorieta de Rubén Darío
C. Cardenal Cisneros
オラビデ広場
Pl. de Olavide
チャンベリ広場
Pl. de Chamberí
C. de Eduardo Dato
ルーベン・ダリオ駅
Rubén Darío
E
F
Trafalgar
C. de Jenner
サンタ・エングラシア通り
C. del General Arrando
C. de Covarrubias
C. de Fuencarral
トラファルガル
TRAFALGAR
地下鉄1号線
C. de Luchana
ACサント・マウロ
C. de Almagro
アルマグロ
ALMAGRO
C. de Zurbarán
アルマグロ
ALMAGRO
ビルバオ広場
Glorieta de Bilbao
ビルバオ駅
Bilbao
ディア
(スーパー)
C. de Carranza
C. Manuela Malasaña
C. de Sagasta
アロンソ・マルティネス広場
Pl. Alonso Martínez
C. de Fernando El Santo
C. de Monte Esquinza
アロンソ・マルティネス駅
Alonso Martínez
C. del Divino Pastor
C. Apodaca
C. Mejía Lequerica
Pl. Santa Bárbara
ヘノバ通り C. de Génova
Hard Rock Cafe
◀p.47
フェンカラール通り
C. Barceló
Jardines Arquitecto Rivera
C. Beneficencia
C. de Campoamor
C. de Argensola
C. de Castaños
Ministerio Administractions Pubricas
市立博物館
Museo Municipal
ロマン派美術館
Museo del Romanticismo
J
コロン広場
Pl. de Colón
トリブナル駅
Tribunal
サン・マテオ通り
C. San Mateo
C. Fernando VI
C. del General
コロン駅
Colón
コロンブス記念像
カステリャーナ通り
Paseo
地下鉄10号線
デスクブリミエント
Jardines Descubrimiento
C. de la Madera
C. del Barco
C. de Fuencarral
サン・アントン教会
Ig. de San Antón
C. de Hortaleza
C. de Pelayo
地下鉄5号線
裁判所
Pal. de Justicia
国立図書館
Biblioteca Nacional
レコレトス通り
Estación de Recoletos
C. Bárbara de Braganza
チュエカ駅
Chueca
▼p.48

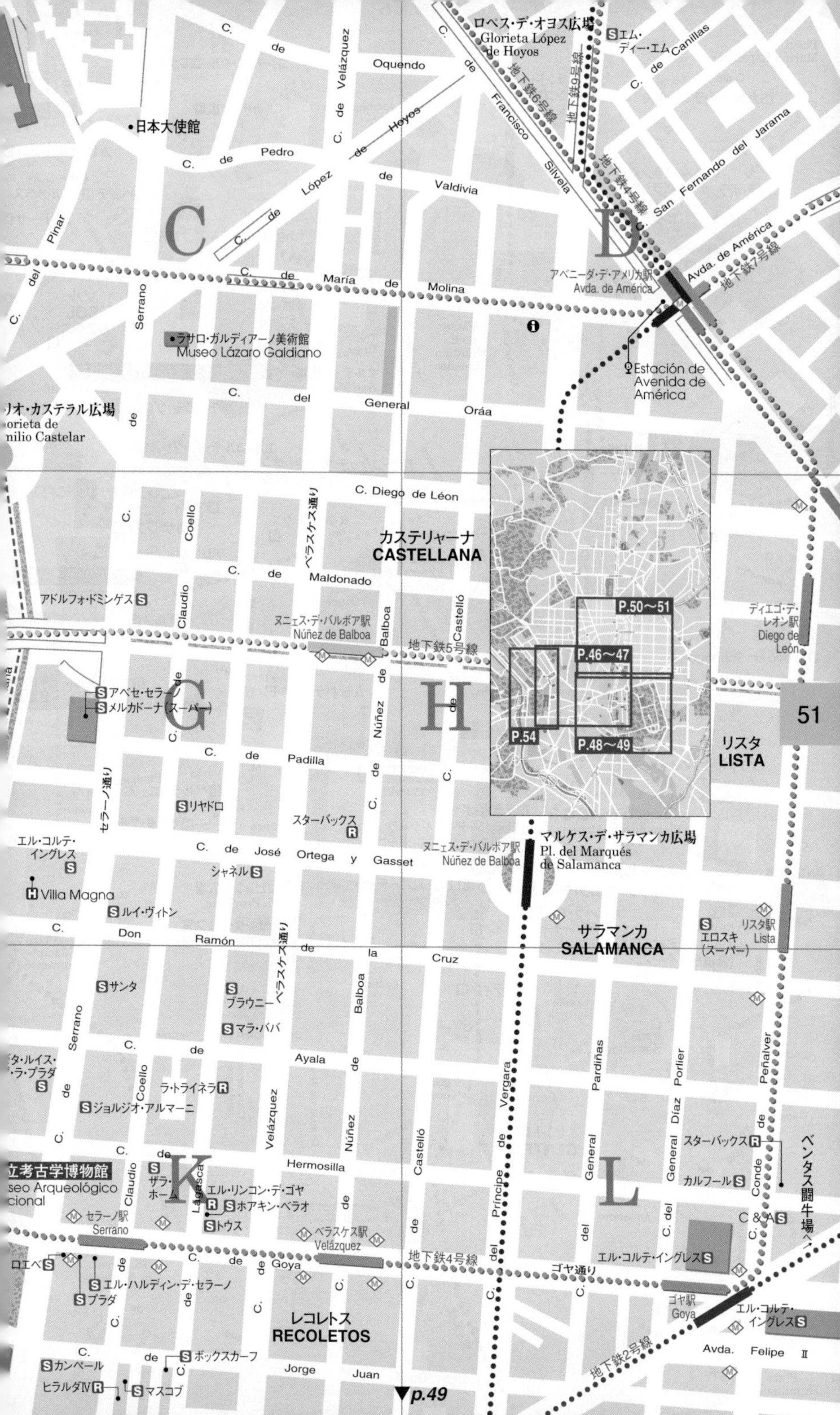

ロペス・デ・オヨス広場
Glorieta López de Hoyos
エム・ディー・エム
C. de Canillas
C. de Oquendo
C. de Velázquez
日本大使館
C. de López de Hoyos
C. de Pedro de Valdivia
C. de Francisco Silvela
地下鉄6号線
地下鉄9号線
地下鉄4号線
C. San Fernando del Jarama
C
D
C. del Pinar
C. de María de Molina
Avda. de América
地下鉄7号線
アベニーダ・デ・アメリカ駅
Avda. de América
C. Serrano
ラサロ・ガルディアーノ美術館
Museo Lázaro Galdiano
Estación de Avenida de América
C. del General Oráa
リオ・カステラル広場
orieta de milio Castelar
C. Diego de Léon
カステリャーナ
CASTELLANA
C. Coello
ベラスケス通り
C. de Maldonado
アドルフォ・ドミンゲス
C. Claudio
ヌニェス・デ・バルボア駅
Núñez de Balboa
Balboa
Castelló
地下鉄5号線
P.50～51
P.46～47
P.54
P.48～49
ディエゴ・デ・レオン駅
Diego de León
アベセ・セラーノ
メルカドーナ(スーパー)
G
H
51
リスタ
LISTA
C. de Padilla
セラーノ通り
リヤドロ
スターバックス
マルケス・デ・サラマンカ広場
Pl. del Marqués de Salamanca
エル・コルテ・イングレス
C. de José Ortega y Gasset
シャネル
Villa Magna
ルイ・ヴィトン
C. Don Ramón de la Cruz
サラマンカ
SALAMANCA
エロスキ(スーパー)
リスタ駅
Lista
サンタ
ブラウニー
マラ・ババ
C. de Ayala
タ・ルイス・デ・ラ・プラダ
ラ・トライネラ
ジョルジオ・アルマーニ
C. Príncipe de Vergara
C. Pardiñas
C. General Díaz Porlier
C. Conde de Peñalver
スターバックス
ベンタス闘牛場へ
C. de Hermosilla
立考古学博物館
seo Arqueológico cional
ザラ・ホーム
エル・リンコン・デ・ゴヤ
ホアキン・ベラオ
Lagasca
トウス
K
L
カルフール
セラーノ駅
Serrano
ベラスケス駅
Velázquez
C&A
ロエベ
エル・ハルディン・デ・セラーノ
プラダ
C. de Goya
地下鉄4号線
ゴヤ通り
エル・コルテ・イングレス
ゴヤ駅
Goya
エル・コルテ・イングレス
レコレトス
RECOLETOS
地下鉄2号線
Avda. Felipe II
カンペール
ボックスカーフ
C. de Jorge Juan
ヒラルダIV
マスコブ
▼p.49

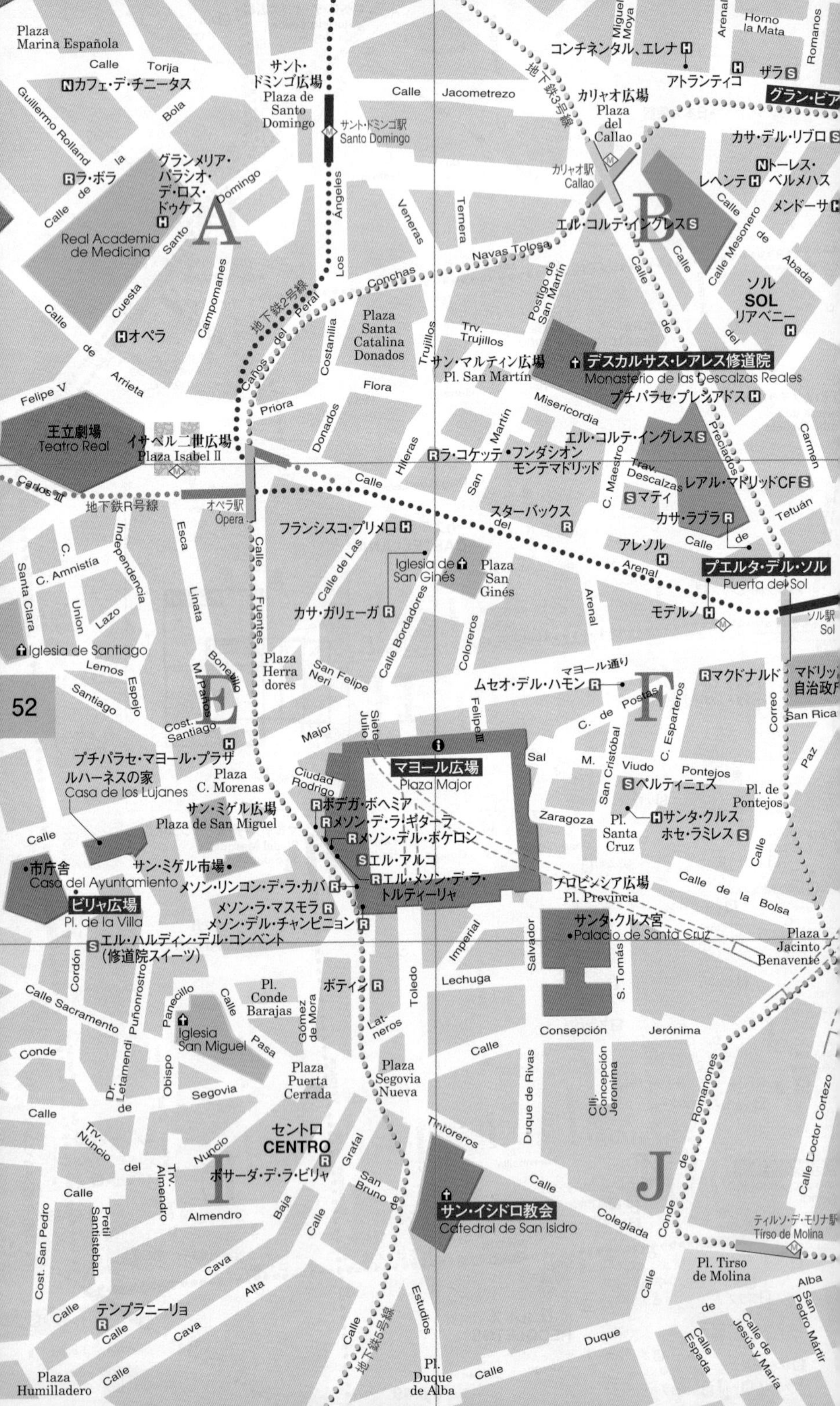

52
Plaza Marina Española
カフェ・デ・チニータス
サント・ドミンゴ広場
Plaza de Santo Domingo
サント・ドミンゴ駅
Santo Domingo
コンチネンタル、エレナ
アトランティコ
ザラ
グラン・ビア
カリャオ広場
Plaza del Callao
カリャオ駅
Callao
カサ・デル・リブロ
トーレス・ベルメハス
レヘンテ
メンドーサ
エル・コルテ・イングレス
ソル
SOL
リアベニー
ラ・ボラ
グランメリア・パラシオ・デ・ロス・ドゥケス
Real Academia de Medicina
オペラ
デスカルサス・レアレス修道院
Monasterio de las Descalzas Reales
プチパラセ・プレシアドス
サン・マルティン広場
Pl. San Martín
Plaza Santa Catalina Donados
王立劇場
Teatro Real
イサベル二世広場
Plaza Isabel II
地下鉄R号線
オペラ駅
Ópera
地下鉄2号線
地下鉄3号線
ラ・コケッテ
フンダシオン モンテマドリッド
エル・コルテ・イングレス
マティ
レアル・マドリッドCF
カサ・ラブラ
スターバックス
フランシスコ・プリメロ
アレソル
プエルタ・デル・ソル
Puerta del Sol
Iglesia de San Ginés
Plaza San Ginés
カサ・ガリェーガ
モデルノ
ソル駅
Sol
Iglesia de Santiago
マヨール通り
ムセオ・デル・ハモン
マクドナルド
マドリッド自治政府
プチパラセ・マヨール・プラザ
ルハーネスの家
Casa de los Lujanes
Plaza C. Morenas
サン・ミゲル広場
Plaza de San Miguel
マヨール広場
Plaza Major
ボデガ・ボヘミア
メソン・デ・ラ・ギターラ
メソン・デル・ボケロン
エル・アルコ
エル・メソン・デ・ラ・トルティーリャ
ペルティニェス
Pl. Santa Cruz
サンタ・クルス
ホセ・ラミレス
Pl. de Pontejos
市庁舎
Casa del Ayuntamiento
サン・ミゲル市場
メソン・リンコン・デ・ラ・カバ
ビリャ広場
Pl. de la Villa
メソン・ラ・マスモラ
メソン・デル・チャンピニョン
エル・ハルディン・デル・コンベント(修道院スイーツ)
プロビンシア広場
Pl. Provincia
サンタ・クルス宮
Palacio de Santa Cruz
Plaza Jacinto Benavente
ボティン
Pl. Conde Barajas
Iglesia San Miguel
Plaza Puerta Cerrada
Plaza Segovia Nueva
セントロ
CENTRO
ポサーダ・デ・ラ・ビリャ
サン・イシドロ教会
Catedral de San Isidro
ティルソ・デ・モリナ
Tirso de Molina
Pl. Tirso de Molina
テンプラニーリョ
地下鉄5号線
Pl. Duque de Alba
Plaza Humilladero
A
B
E
F
I
J

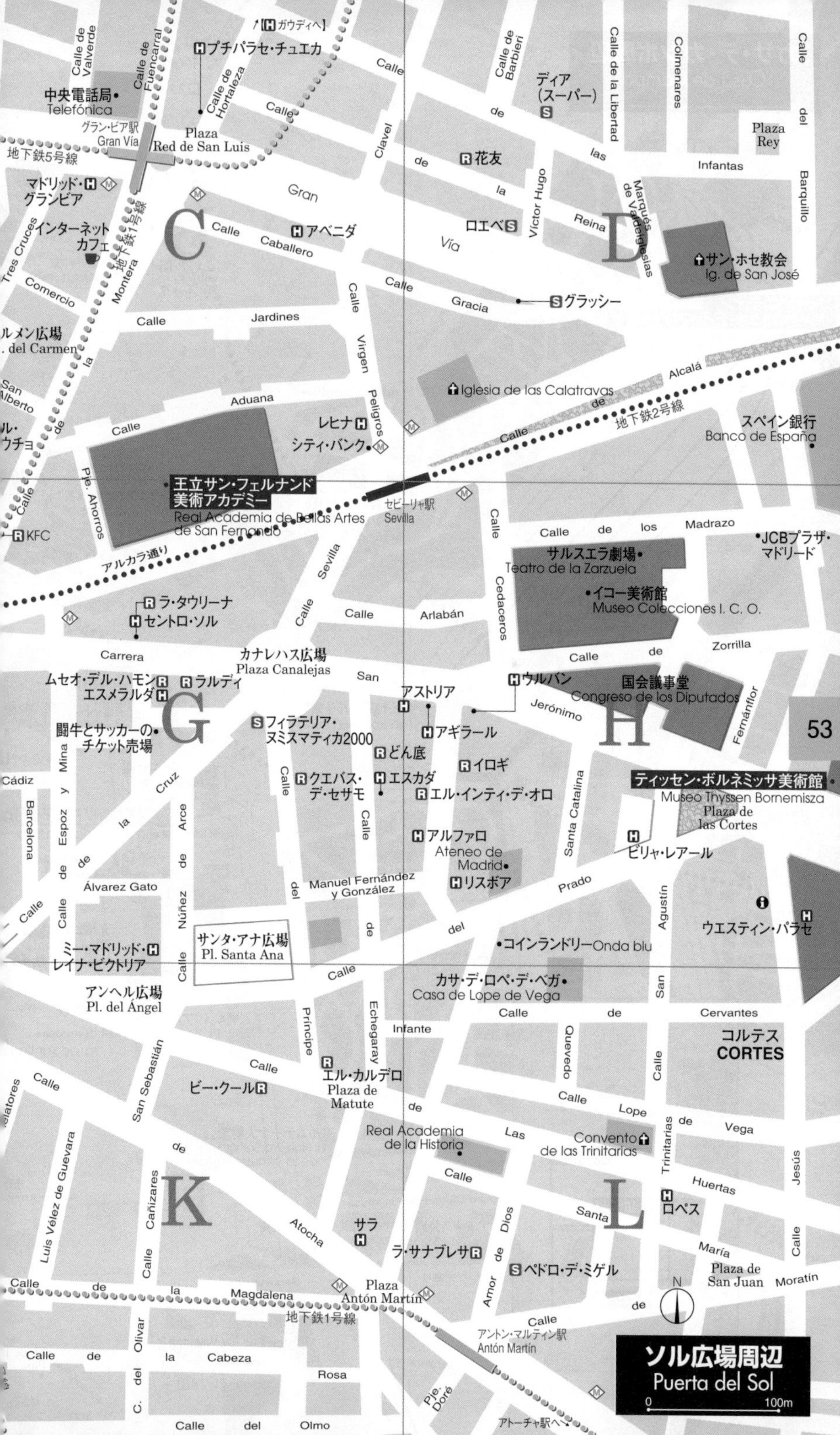
ソル広場周辺
Puerta del Sol
0
100m
N
53
C
D
G
H
K
L
ガウディへ
プチパラセ・チュエカ
中央電話局
Telefónica
グラン・ビア駅
Gran Vía
地下鉄5号線
Plaza
Red de San Luis
マドリッド・グランビア
インターネットカフェ
地下鉄1号線
Calle de Valverde
Calle de Fuencarral
Calle de Hortaleza
Calle Clavel
Calle de Barbieri
ディア（スーパー）
Calle de la Libertad
Colmenares
Calle del Barquillo
Plaza Rey
Infantas
花友
Calle de las Infantas
Calle de la Reina
Víctor Hugo
ロエベ
Marqués de Valdeiglesias
サン・ホセ教会
Ig. de San José
Gran Vía
アベニダ
Calle Caballero de Gracia
グラッシー
Tres Cruces
Comercio
Montera
Calle Jardines
カルメン広場
Pl. del Carmen
San Alberto
Calle Virgen de los Peligros
Iglesia de las Calatravas
Calle de Alcalá
地下鉄2号線
レヒナ
シティ・バンク
Calle Aduana
スペイン銀行
Banco de España
王立サン・フェルナンド美術アカデミー
Real Academia de Bellas Artes de San Fernando
Pje. Ahorros
セビーリャ駅
Sevilla
KFC
アルカラ通り
Calle Cedaceros
Calle de los Madrazo
JCBプラザ・マドリード
サルスエラ劇場
Teatro de la Zarzuela
イコー美術館
Museo Colecciones I. C. O.
Calle Sevilla
ラ・タウリーナ
セントロ・ソル
Calle Arlabán
Calle de Zorrilla
Carrera de San Jerónimo
カナレハス広場
Plaza Canalejas
ムセオ・デル・ハモン
エスメラルダ
ラルディ
アストリア
ウルバン
国会議事堂
Congreso de los Diputados
Fernanflor
闘牛とサッカーのチケット売場
フィラテリア・ヌミスマティカ2000
アギラール
どん底
イロギ
クエバス・デ・セサモ
エスカダ
エル・インティ・デ・オロ
ティッセン・ボルネミッサ美術館
Museo Thyssen Bornemisza
Plaza de las Cortes
Cádiz
Barcelona
Espoz y Mina
Calle de la Cruz
Calle de Arce
Núñez de Arce
Calle del Príncipe
Santa Catalina
アルファロ
Ateneo de Madrid
リスボア
ビリャ・レアール
Álvarez Gato
Manuel Fernández y González
Calle del Prado
Agustín
ウエスティン・パラセ
ミー・マドリッド・レイナ・ビクトリア
サンタ・アナ広場
Pl. Santa Ana
コインランドリーOnda blu
カサ・デ・ロペ・デ・ベガ
Casa de Lope de Vega
San Agustín
アンヘル広場
Pl. del Ángel
Calle de Cervantes
コルテス
CORTES
Echegaray
Infante
Quevedo
Calle de las Huertas
エル・カルデロ
Plaza de Matute
ビー・クール
San Sebastián
Calle de Lope de Vega
Real Academia de la Historia
Convento de las Trinitarias
Trinitarias
Jesús
ロペス
Calle de Atocha
Luis Vélez de Guevara
Cañizares
サラ
ラ・サナブレサ
Amor de Dios
ペドロ・デ・ミゲル
Calle Santa María
Plaza de San Juan
Calle de Moratín
Calle de la Magdalena
Plaza Antón Martín
地下鉄1号線
アントン・マルティン駅
Antón Martín
Olivar
Calle de la Cabeza
Rosa
C. del Olivar
Pje. Doré
Calle del Olmo
アトーチャ駅へ

カサ・デ・カンポ周辺
Casa de Campo
0
300m
バラ園
Rosaleda
ゴヤのパンテオン／
サン・アントニオ・デ・ラ・フロリダ聖堂
Panteón de Goya /
Ermita de San Antonio de la Florida
カサ・ミンゴ
ロープウェイ
Teleférico
メリア・マドリッド・プリンセサ
ウサ・プリンセサ
スターバックス
リリア宮
Palacio de Liria
クアルテル・コンデ・ドゥケ
Cuartel Conde Duque
ベントゥーラ・ロドリゲス駅
Ventura Rodríguez
地下鉄3号線
Pl. Marqués Cerralbo
マクドナルド
マドリッド・タワー
Torre de Madrid
デボド寺院
Templo de Debod
セラルボ美術館(休館中)
Museo Cerralbo
モンターニャ公園
Parque de la Montaña
スペイン広場
Pl. de España
ショッピングモール・プリンシペピオ
地下鉄6号線
プリンシペ・ピオ バスターミナル
バーガーキング
マクドナルド
プリンシペ・ピオ駅(ノルテ駅)
Estación Príncipe Pío(Norte)
フロリダ・ノルテ
プリンシペ・ピオ駅
Príncipe Pío (Norte)
Glorieta San Vicente
サン・ビセンテ通り
フロリダ通り
マンサナーレス川
Río Manzanares
民俗博物館
Museo del Pueblo Español
Pl. Marina Española
エル・ブエイ
サバティーニ庭園
Jardines de Sabatini
エンカルナシオン修道院
Real Monasterio de la Encarnación
カサ・デ・カンポ
Casa de Campo
地下鉄10号線
Paseo del Embarcadero
レイ橋
Puente del Rey
カンポ・デル・モーロ
(王宮庭園)
Campo del Moro
地下鉄2号線
Jardines Cabo Noval
王宮
Palacio Real
オリエンテ広場
Pl. de Oriente
馬車博物館
Museo de Carruajes
武具博物館
Real Armería
Jardines Lepant
アルメリア広場
Pl. de la Armería
Pl. Ramales
Ig. de Santiago
Avda. de Portugal
アルムデーナ大聖堂
Catedral Nuestra Senora de la Almudena
市庁
Ayuntamiento
P.50〜51
P.46〜47
P.54
P.48〜49
Paseo Ciudad de Plasencia
アテナス公園
Parque de Atenas
セゴビア通り
C. de Segovia
Jardines de las Vistillas
バイレン通り
コラル・デ・モレリア
Pl. de la Paja
Ig. de San Andrés
C. Redondilla
Ronda de Segovia
C. de Juan Duque
C. de Manzanares
Avenida del Manzanares
Paseo de la Ermita del Santo
C. de Bailén
Cuesta de San Vicente
C. de Irún
C. de Cadarso
C. Arriaza
Paseo del Marqués de Monistrol
C. de Aniceto Marinas
Paseo de la Florida
Paseo del Rey
C. de Francisco
Paseo Pintor Rosales
C. de Marqués de Urquijo
C. Buen Suceso
C. de Quintana
C. de Rey Francisco
C. de Juan Álvarez Mendizábal
C. de Ferraz
C. de Martín de los Heros
C. de la Princesa
C. Ventura Rodríguez
C. Tutor
C. Serrano Jover
C. de Santa Cruz
C. Mártires de Alcalá
p.46
p.46

バラハス国際空港

空路でマドリッドに入るとき、到着するのがアドルフォ・スアレス・マドリッド・バラハス国際空港。マドリッドの中心部から東へ15kmのところにある。入国手続きを済ませて出てくるのは1階の到着Llegadaロビー。帰国の際に利用する出発Salidaロビーは2～3階にある。到着ロビーには観光案内所や両替所などがあるので、空港で必要な用事を済ませてから市内へ向おう。

空港内の施設

イベリア航空の日本からの直行便はT4またはT4Sに到着する。入国手続き（➔p.361）を終え、自分の荷物を受け取ってから、税関の前を通って到着ロビーに出てくる。出国するときは出発ロビーでチェックインを済ませ、搭乗券または構内の掲示板に記されたゲートを通り、税関へ進む。ヨーロッパで乗り継いでスペインに入る際は、パスポートのチェックはない。

国内線への乗り継ぎで、T1～T３ターミナルへ移動するには、ターミナル間の無料シャトルバスを利用する。５分間隔の運行で、所要時間は6～7分。T1～T3ターミナル間は同じビルなので徒歩で移動できるが、広いので15～20分かかる。T4からは、イベリア航空とブエリング航空のバルセロナへの便が出ている。いずれにしても、乗り継ぎには2時間以上の余裕が必要だ。

観光案内所が空港の到着ロビーにある。

必要な情報が集められる案内所INFORMACIÓN

空港のコインロッカー

バラハス空港には、国際線ターミナルから国内線ターミナルに向う途中に荷物預りがある。利用は荷物のX線検査をしてもらってから、ロッカーに入れる。

バラハス国際空港　全体図

バラハス国際空港T4　1階到着ターミナル

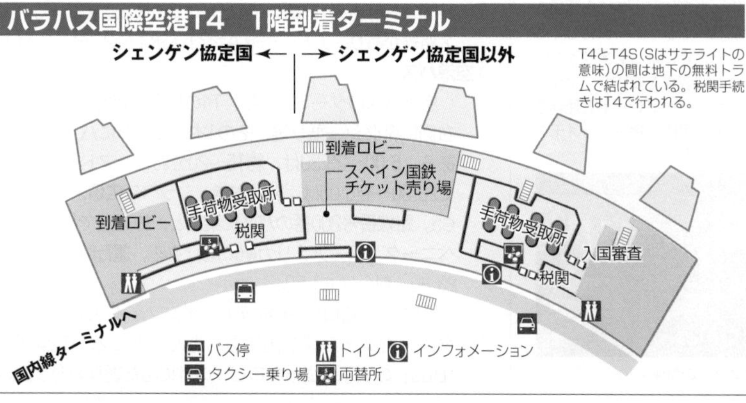

T4とT4S（Sはサテライトの意味）の間は地下の無料トラムで結ばれている。税関手続きはT4で行われる。

●空港から何に乗るか？

▶安さで選ぶなら地下鉄や空港バスになる。ただし早朝・深夜や荷物が多いとき、家族連れの場合はやはりタクシーが快適。ホテルの玄関まで運んでくれるメリットは、時間の限られる旅先では重要だ。

200番の空港バスに乗るとアベニーダ・デ・アメリカ駅まで行ける

必要な分のユーロを換金しておく

マドリッドから鉄道でほかの都市へ行くなら、国鉄Renfe営業所で切符の手配や予約を済ませたほうがいい。駅のRenfe営業所よりもすいている。営業は5:20～23:30。

泊まるホテルが決まっていないときには、T1とT4にデパートのエル・コルテ・イングレスが運営している旅行会社Viajes El Corte Inglésがあり、ホテルの紹介をしている。営業は月～金曜8:00～20:00、土曜9:30～15:00、日曜休。

ユーロへの両替は、市内に出る前に銀行か両替所で。国際線のロビーには、24時間開いている両替所もある。ただし両替所のレートはよいとはいえないので、銀行の両替窓口を利用するほうがいい。ほかにATMもあり、24時間稼働している。

レンタカーはエイビス、ハーツ、ユーロップカーなど大手の営業所があり、予約や手配ができる。日本で予約をするときに、空港で車を受け取れるようにしておけば、空港の営業所で手続きをして、その場でレンタカーが利用できる。

空港から市内へ

空港から市内へは、タクシー、鉄道、空港バスを利用する。

①タクシー

タクシー乗り場は、空港バスの乗り場の手前にある。市内までの所要時間は20～30分。料金は、環状M30号線内（例えばプエルタ・デル・ソルまでなら）は€30の固定運賃。ただし、空港発着追加料金€5.50が加算される。

②地下鉄／国鉄Renfe

地下鉄は、地下鉄８号線の始発駅、T4Aeropuerto駅と、２つ目のAeropuertoT1/T2/T3駅の２つの駅がある。市内へは終点のヌエボス・ミニステリオスNuevos Ministerios駅まで行き、そこで6・10号線に乗り換えてマドリッド市内へ。同駅での乗り換えでは、歩く距離が割と長い。料金は市内まで€5。

国鉄Renfe近郊線はT4だけに駅がある。C1、C10の２路線があり、アトーチャAtocha駅まで27分、€2.60。

③空港バス

空港バスのターミナルは、T4の場合、到着ロビーを出た右側にタクシー乗り場、その1本先の通りにバス乗り場がある。6:00～23:30は、約15～20分おき、アトーチャ駅まで23:30～翌6:00は、35分おき、シラベス広場まで約40分、€5。路線番号200番のバスに乗ると、約15分で地下鉄のアベニーダ・デ・アメリカ駅に直行する。運行時間は5:10～23:30。料金は€1.50。

T1では到着ロビーのホテル・インフォメーションとレンタカー営業所の間を出て右へ進んだところ。T2の場合「Bus」の表示に従ってロビーの外に出た通りの向う側。

タクシーのトラブル

タクシー乗り場に並んでいると、白タクがよく声をかけてくる。白タクの運転手は悪質な場合も多いので、決して利用しないこと。また、正規のタクシーに乗ったのに、不幸にも悪質なタクシードライバーにあってしまったときには、必ずサインの入った領収書を要求し、タクシのナンバープレートと運転手の名前（車内に掲示）をメモしておくこと。

タクシーで市内へ

マドリッドの市内交通／地下鉄

マドリッドはスペインで最も大きな都市。それだけに市内の交通手段も発達している。主役は地下鉄とバス。これらをうまく使えれば市内のどこへでも自由に行くことができるはず。時間や距離によってはタクシーが便利な場合もある。タクシーの料金は日本に比べてはるかに安い。また、アランフェスやアルカラ・デ・エナレスなど近郊の町へ行くならマドリッド近郊鉄道Cercanias Trenが便利だ。

地下鉄　Metro

市内観光のための移動手段で、最も使いやすいのが地下鉄Metro。市内の主要な観光スポットをくまなくカバーしている。地下鉄は13路線（近郊路線を含めると16）あり、運行時間は朝6:00〜深夜1:30。16路線のうち、6号線は環状線になっている。（路線図➔P.59）

マドリッドの地下鉄の入口のサインは、赤く縁取られた菱形の真ん中にMetroの文字が入ったもの。その下には駅名の看板が組み合わされている。

乗車券を買う

地下鉄に乗るにはムルティMultiというICカードを使うので、まずMultiの購入が必要となる。最初に乗るときに同時に購入できる（€2.50）。Multiや乗車券の購入にはすべて自動券売機を使用し、窓口での販売なはい。

乗車券の購入といっても、紙のチケットが出てくるのではなく、ICカードにチャージするイメージに近い。券売機ではクレジットカードも使える。券売機は英語表示にも切り替えられるが、慣れるまでは手順が複雑なので、わからなかったら遠慮なく駅のスタッフに聞くとよい。

乗車券には以下の３種類があり、すべて初めて購入するときにはICカードMultiの料金€2.50が加算される。

1回券（Sencillo）

料金は4駅まで€1.50で5駅目から加算され、10駅目からは€2。1回券は購入当日のみ有効。1回券のみ、降車駅の指定が必要となる。

10回券（Abono 10 Viajes）

10回分の回数券で、€12.20。市バスにも利用でき、複数人数でも使うことができる。

ツーリストカード（Tarjeta Turistica）

市バスや市内のRenfeにも乗れて、Multiの料金や空港サプリ（追加料金）も含まれるお得なカード。1日券€8.40、2日券€14.20、3日券€18.40、4日券€22.60、5日券€28.80、7日券€35.40の6種類ある。期限が切れたあとは、ICカードMultiとして使える。

カードタイプのチケット「ムルティMulti」

ムルティの自動発売機

改札口

改札は自動改札機で、緑の円形の部分にムルティMultiをタッチすると、ガラスのゲートが開く仕組み。出るときにはタッチの必要はなく、自動ドアのように通過するだけでよい。

ドアは半自動式

●油断禁物の地上への出口

▶地下の階段を上り地上への出口に向かう。実はこの瞬間、さまざまなトラブルに見舞われるケースが多い。地上の様子に精通していない場合、出口付近では意識して歩を緩めるくらいの慎重さが必要だ。

地下鉄の車内アナウンス

地下鉄車内のアナウンスは次の停車駅を男性の声で、乗り換えのある場合の路線番号などは女性の声で案内してくれる。例えば次がソル駅だったら、アナウンスの内容は下記の通りなので、耳をすませていれば聞き取れるはず。アナウンスの聞き取りをきっかけに、スペイン語になじんでいくかもしれない。

（例）

男性：Proxima Estación…（プロクシマ エスタシオン）
（次の駅は…）

女性：Sol
（ソウル駅です。）

男性：Correspondencia con…（コレスポンデンシア コン）
（乗り換えは…）

女性：línea 1 , 2（リネアウノ ドス）
（1、2号線です）

地下鉄での注意

無用のトラブルを招かないためにも、早朝、深夜の利用を避けるのはもちろん、昼間でもスリには注意。車内では席が空いていれば座ろう。立つときもなるべく中央に。扉付近や連結部近くはすられやすいので避けよう。用もないのに近づいてくる集団がいたら、すぐに車両を移ったほうがいい。エスカレーターでもわざと転んで、列が乱れたスキに仲間がスリをはたらくことがある。地下鉄内では常に周りに注意を払うことが必要。

ホームへ

改札を通ったら、自分の乗る路線番号を確認してホーム（Andén）へ。通路には路線番号と、そのホームから出る電車の向かう終着駅が書かれた案内板がある。通路やホームには路線ごとのシンボルカラーが使われている。ここで、自分の目的の駅が電車の終着駅と同じ方向にあるかを確認する。ホームに行く前に必ず、1番と2番（Andén1・Andén2）のどちらに行けばいいのか、目的の駅がいくつ目なのかを路線図を見て確認しよう。

乗るときに注意するのは、ほとんどの場合、ドアが半自動式であること。電車が停止したら開閉ボタンを押す。レバー式の場合は、レバーを矢印の方向へ回して手動でドアを開ける。最初はほかの乗客のやり方を見るといいだろう。

車内で

車内には地下鉄の路線図が掲示されている。気を付けたいのは、ひとつの車両にほとんどすべての地下鉄の路線図が個別に掲示されていることだ。東京でいえば、東西線の車両内に有楽町線・日比谷線・銀座線など東京メトロのすべての各路線図が、同じ大きさと形式で個別・ランダムに掲示されていると考えればいい。慣れると便利だが、初めて乗ったときには、肝心の自分の乗った電車の路線図を見つけにくい場合もある。有人の切符売り場には、手軽な大きさの地下鉄路線図が置いてあるので、手に入れておくと重宝する（無料）。

車内のアナウンスでは、次の停車駅を男性の声で、乗り換えのある場合の路線番号などは女性の声で案内してくれる。もちろんスペイン語だが、男性の声に注意していれば、停車駅名くらいは聞き取れる。次に停車する駅が車内の電光掲示板に表示される場合もあるが、慣れないとやはり見つけにくい。

ボタン式のドア。ボタンを押すとドアが開く

乗り換えるときも、終着駅と路線図の書かれた案内板をしっかり確認すれば、それほど迷うことはないだろう。

電車を降りるときも、ドアはほとんどの場合、半自動式だ。

出口へ

駅に着いて電車を降りたら、出口Salidaと書かれた緑の案内板を見ながら改札を出る。改札を出るときも入ったときと同じ方法で出るが、改札機に乗車券を入れる必要はない。乗車券無しでは構内に入れないためだ。

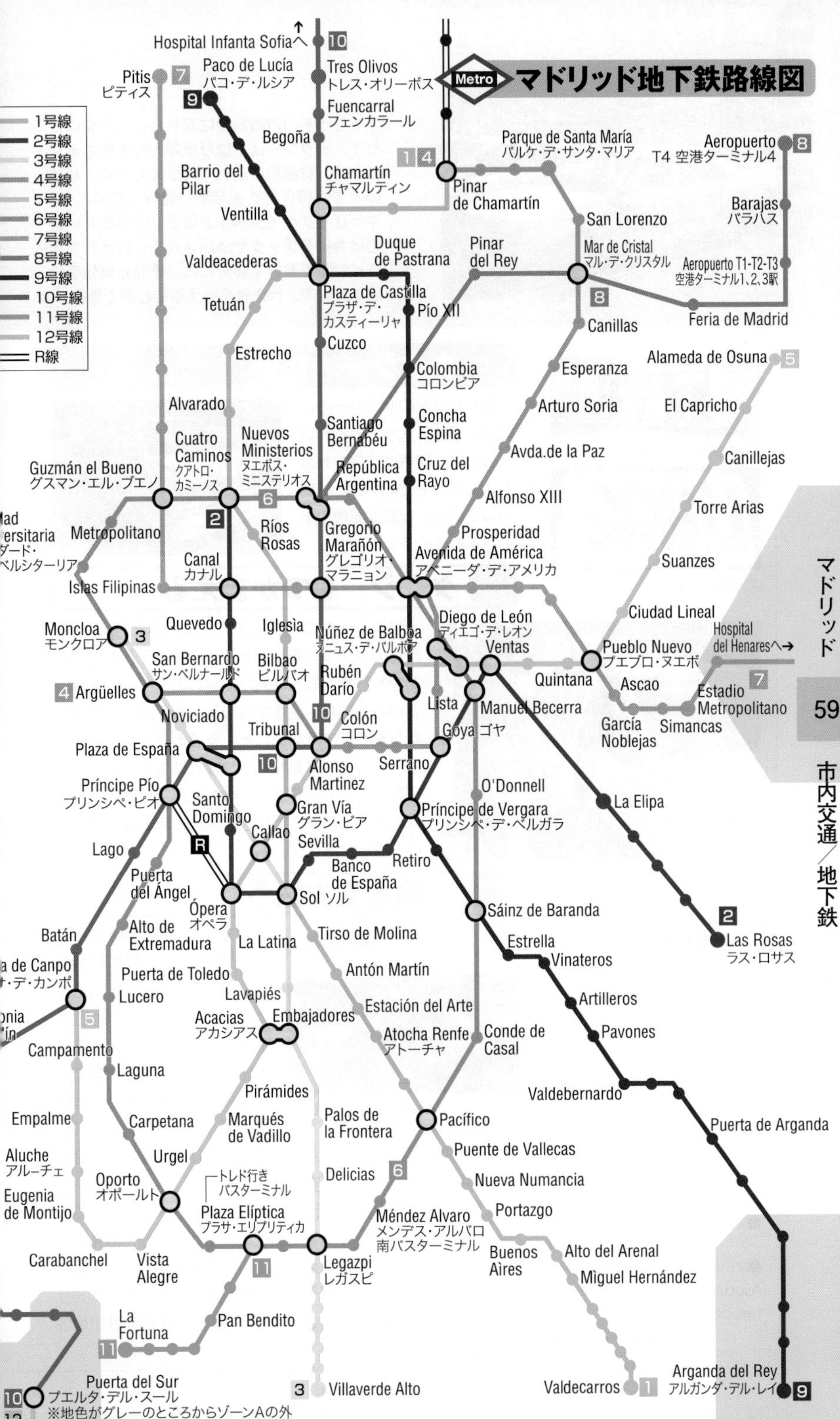
Metro
マドリッド地下鉄路線図
1号線
2号線
3号線
4号線
5号線
6号線
7号線
8号線
9号線
10号線
11号線
12号線
R線
Hospital Infanta Sofía へ
10
Pitis
ピティス
7
Paco de Lucía
パコ・デ・ルシア
9
Tres Olivos
トレス・オリーボス
Fuencarral
フェンカラール
Begoña
Barrio del Pilar
Ventilla
Chamartín
チャマルティン
1
4
Pinar de Chamartín
Parque de Santa María
パルケ・デ・サンタ・マリア
Aeropuerto T4 空港ターミナル4
8
Barajas
バラハス
San Lorenzo
Mar de Cristal
マル・デ・クリスタル
Aeropuerto T1-T2-T3
空港ターミナル1、2、3駅
Feria de Madrid
Canillas
Valdeacederas
Duque de Pastrana
Pinar del Rey
Plaza de Castilla
プラザ・デ・カスティーリャ
Pío XII
Tetuán
Estrecho
Cuzco
Colombia
コロンビア
Esperanza
Alameda de Osuna
5
Arturo Soria
El Capricho
Alvarado
Santiago Bernabéu
Concha Espina
Avda.de la Paz
Canillejas
Cuatro Caminos
クアトロ・カミーノス
Nuevos Ministerios
ヌエボス・ミニステリオス
República Argentina
Cruz del Rayo
Alfonso XIII
Guzmán el Bueno
グスマン・エル・ブエノ
6
Torre Arias
Metropolitano
2
Ríos Rosas
Gregorio Marañón
グレゴリオ・マラニョン
Prosperidad
Avenida de América
アベニーダ・デ・アメリカ
Suanzes
Canal
カナル
Islas Filipinas
Ciudad Lineal
Moncloa
モンクロア
3
Quevedo
Iglesia
Núñez de Balboa
ヌニュス・デ・バルボア
Diego de León
ディエゴ・デ・レオン
Ventas
Pueblo Nuevo
プエブロ・ヌエボ
Hospital del Henares へ
San Bernardo
サン・ベルナールド
Bilbao
ビルバオ
Rubén Darío
Quintana
Ascao
Estadio Metropolitano
4
Argüelles
Lista
Manuel Becerra
García Noblejas
Simancas
Noviciado
10
Colón
コロン
Tribunal
Goya ゴヤ
Plaza de España
Serrano
Alonso Martínez
O'Donnell
Príncipe Pío
プリンシペ・ピオ
Santo Domingo
Gran Vía
グラン・ビア
Príncipe de Vergara
プリンシペ・デ・ベルガラ
La Elipa
Lago
R
Callao
Sevilla
Retiro
Banco de España
Puerta del Ángel
Ópera
オペラ
Sol ソル
Sáinz de Baranda
Batán
Alto de Extremadura
La Latina
Tirso de Molina
Estrella
Vinateros
Las Rosas
ラス・ロサス
Puerta de Toledo
Antón Martín
Artilleros
Lucero
Lavapiés
Estación del Arte
Acacias
アカシアス
Embajadores
Atocha Renfe
アトーチャ
Conde de Casal
Pavones
Campamento
Laguna
Pirámides
Valdebernardo
Empalme
Carpetana
Marqués de Vadillo
Palos de la Frontera
Pacífico
Puerta de Arganda
Aluche
アルーチェ
Urgel
Puente de Vallecas
Delicias
Nueva Numancia
Eugenia de Montijo
Oporto
オポールト
トレド行き
バスターミナル
Plaza Elíptica
プラザ・エリプティカ
Méndez Alvaro
メンデス・アルバロ
南バスターミナル
Portazgo
Carabanchel
Vista Alegre
11
Legazpi
レガスピ
Buenos Aires
Alto del Arenal
Miguel Hernández
La Fortuna
Pan Bendito
Puerta del Sur
プエルタ・デル・スール
※地色がグレーのところからゾーンAの外
12
Villaverde Alto
Valdecarros
Arganda del Rey
アルガンダ・デル・レイ

マドリッドの市内交通／タクシー

マドリッドの町の地理に慣れない旅行者にとって、タクシーはやはり便利。行き先さえ告げれば、自動的に連れて行ってくれる。とはいっても行き先を運転手に告げるためには、やっぱりスペイン語が必要だ。いちばんいいのはガイドブックや地図を見て、行き先をスペイン語で書いておくこと。それを運転手に渡すだけで、行き先を伝えることができる。

屋根のタクシーマーク

空車を表す表示

タクシー　Taxi

マドリッドのタクシーの目印は、車体に入っている赤い斜めの線。空車はフロントガラスにLIBREと書かれた札を出している。夜間は屋根の上にある緑色のランプがつく。

タクシーをつかまえる

乗るときにドアは自分で開ける

タクシーをつかまえる方法は日本とほぼ同じ。町角のタクシー乗り場を使うか、ホテルなどで呼んでもらう。あとは通りで流しのタクシーを拾うという方法だ。注意するのは、ドアが日本のような自動ドアではないこと。乗るときも降りるときも、自分でドアを開閉しなければならない。後部座席に座るのが普通で、乗り込んだらあとは行き先を告げるだけ。ただし、英語はほとんど通じないと思ったほうがいい。

料金を支払う

料金はメーター料金に割増料金、チップをプラスして支払う

タクシーの料金はメーターで示される。基本料金は€2.40で、深夜（21:00～7:00）は平日、土・休日とも€2.90。このほか、空港から、あるいは空港までタクシーを利用する場合は特別料金€5.50が、駅やバスターミナルの場合も€3.00が加算される。こうした追加料金があっても、日本に比べれば安く感じるだろう。

降車時に追加料金を合計した金額がメーターに示されるので、それにチップをプラスして支払う。チップは5～10%といわれるが、あまり厳密に考えず、お釣りをチップ分として渡すくらいでもかまわない。バラハス国際空港のT1～4からマドリッド中心部まで乗って、€30の固定運賃と空港発着追加料金€5.50。

マドリッドの無線タクシー

早朝や深夜にタクシーを利用するときは、24時間稼働している無線タクシーが便利。電話を受けたオペレーターが、いちばん近くにいるタクシーを差し向けてくれるので、送迎分を含めても料金はさほど高くはならない。ただし、特に早朝などはお釣りの準備ができていない場合が多いので、€5、€10の小額紙幣やコインを用意しておこう。

●無線タクシーRadio Teléfono Taxi ☎915 47 82 00

●マドリッド・タクシー同業組合協会 Asociacion Gremial de Auto-taxi de Madrid ☎914 45 32 81

マドリッドの市内交通／バス

MADRID

地下鉄と並ぶ市内交通のもうひとつの主役がバス。路線数、経路などが細かく設定されているので、旅行者が完璧に使いこなすのは難しいかもしれないが、バスをうまく使うことで、さらに便利で自由な時間を手に入れることができるだろう。マドリッドの町に少し慣れてきたら、ぜひ一度は利用してみたい。

市内バス　Autobús

路線バスには3種類ある。ひとつは赤いバスで、市内をくまなくカバーしている。路線数でいえば150路線以上。

料金は、地下鉄と同じで均一の€1.50。地下鉄と共通で使える10回の回数券もあり、こちらも同じく€12.20。回数券はEMT（マドリッド交通公社）のキオスコKIOSCO、たばこ屋などで買うことができる。

黄色と緑のバスは、行き先によって料金が変わる。黄色は急行バス。緑色のバスは近郊行きのバスだ。

まずは路線図を手に入れる

バスを利用するためには路線図が必需品。路線図はEMTや観光案内所などに置いてある。

バス停で

バス停には路線番号、バス停の名前のほか、全体の路線図も掲示されているので、乗る前によく確認しておく。

乗車する

路線番号と行き先を確認してバスに乗り込む。乗車口はバスの前方。入口で運転手に料金を支払い、乗車券（兼領収書）をもらう。お釣りがないときもあるので、できるだけ小銭を用意しておくか、あらかじめ共通回数券を買っておこう。共通回数券の場合は、バスの乗車口にある刻印機に差し込んで刻印してから乗る。

降車する

バスに慣れるまでは、自分の降りたいバス停で降りるためにけっこう気を使う。景色を見ながら地図と路線図をチェックして、今どのあたりを走っているのか確認しておく。どうしても自分が今どこを走っているかわからなくなったら、近くの人に路線図を見せて聞こう。スペイン語はわからなくても、バス停の名前さえ言えれば、身ぶり手ぶりで降りる場所を教えてくれるだろう。

降りるバス停が近づいたら、近くの降車ボタンを押す。降車はバスの中ほど、または後方の扉から。

乗車口はバスの前方

行き先を確かめてから乗る

市内のバス停

●手軽に利用できる観光バス

▶マドリッドには、市内や近郊の観光スポットをめぐる観光バスがある。セゴビア半日コース（５時間）やトレド半日（５時間）、市内観光のあと闘牛観戦というような、なかなか充実したコースが多数ある。市内の旅行会社やホテルのフロントに尋ねてみるといい。

近郊バスは緑色

近郊バス　Líneas Interurbanas

緑色のバスは、マドリッド市街地とチンチョン、アランフェス、アルカラ、エル・エスコリアルなど郊外の町とを結んでいる。チンチョンなど鉄道の通っていない地域に行くときは、この緑色のバスを利用する。近郊バスの料金は距離によって変わる。切符は基本的に窓口で購入するが、乗車するとき、運転席にいる運転手に支払うのでもいい。行き先を告げれば金額を教えてくれるので、いわれた金額を支払えば切符をくれる。

近郊バスの主要なターミナル

●地下鉄モンクロアMoncloa駅（MAP:p.41-C）
エル・エスコリアルなどマドリッドの北西方面へ

●プリンシペ・ピオ バスターミナル Intercambiador de Príncipe Pío（MAP:p.54-C）
セゴビアやマドリッドの西および南西方面へ

●プラサ・エリプティカ バスターミナル Intercambiador de Plaza Elíptica（MAP:p.41-E外）　トレドへ（地下鉄6号線の駅直結）

●地下鉄レガスピLegazpi駅近く（MAP:p.41-F外）
マドリッドの南および南南西方面へ

●南バスターミナルEstacion Sur（MAP:p.41-F）
アランフェスなどマドリッドの南のほか、スペイン全国へ

●地下鉄アベニーダ・デ・アメリカAvda. de América駅
アルカラ・デ・エナレスなどマドリッドの東へ。（MAP:p.51-D）

●地下鉄プラサ・デ・カスティーリャPlaza de Castilla駅近く　マドリッドの北および北東方面へ（MAP:p.41-B）

そのほかの乗り物

テレフェリコ
Teleférico

マドリッド市民の憩いの場カサ・デ・カンポCasa de Campoと、バラ園のあるオエステ公園のロサレスRosales駅を、川をはさんで結ぶロープウェイ。

運行時間は季節・集客状況によって変動するのでwww.teleferico.com（英語あり）で確認を。

料金：片道€4.20、往復€5.90
問合せ：☎902 345 002

とっておき情報　マドリッド観光の強い味方

MADRID City Tourの停留所

マドリッド市内を走っている2階建ての観光バスがMADRID City Tour。市内の観光スポットを①80分②60分周回している。周回コースは2コースある。合計50の停留所が設けられ、どの停留所からでも乗車できる。自分の乗ったバス停を始発点として、コースを1周すればいいわけだ。観光バスの運行時間は11月～2月が10:00～18:00、3月～10月が9:00～22:00で、停留所に11月～2月は14～15分間隔、3月～10月は8～9分間隔でバスが来る。料金は1日有効のチケットで大人が€21、子供と65歳以上€10（2日券はそれぞれ€25と€13）。1日有効なので時間さえあれば、2つのコースすべてに乗れる。コロンブス広場、ソル広場、アルカラ門、シベーレス広場の4つのバス停は2コース共通で乗り換えに便利だ。チケットはバスの中で買える。1月1日、9月19日以外は無休。

快適な乗り心地のMADRID City Tour

MADRID マドリッドから各都市へ

マドリッドはスペインの政治の中心であるだけではなく、地理的にもスペインのほぼ中央に位置する。空路（→p.366）をのぞけば移動の主役はやはり鉄道とバス。ともにスペイン各地への便が多数用意されている。地方へ行くのに利用する鉄道駅は2つ、主要なバスターミナルもいくつかあり、行くエリアによって発着駅が違うのであらかじめ調べておこう。

鉄道　レンフェ Renfe

マドリッドには、チャマルティンChamartín、アトーチャAtochaという2つの主要な鉄道駅があり、ここから各都市へも列車が出ている。

この2駅は地下鉄でも結ばれているが、チャマルティン駅からアトーチャ駅までの移動や、アルカラ・デ・エナレスなどの近隣都市へはマドリッド近郊鉄道Cercanias Trenが便利。

●チャマルティン Chamartín駅（MAP:p.41-B）

マドリッド市街の北側にあり、スペイン各地（おもに北部）行きの列車のほか、ヨーロッパの主要都市からの国際列車や、国内の夜行列車も発着するマドリッドの陸の玄関口。駅構内には銀行、観光案内所、ホテル・インフォメーション、レンタカーの営業所などもある。プエルタ・デル・ソルからは地下鉄1号線または近郊鉄道に乗り、チャマルティンで下車。

構内の各施設の営業時間は以下の通り。

観光案内所：8:00〜20:00（日曜・祝日9:00〜14:00）
ホテル案内：Viajes El Corte Inglésでホテルを案内

チャマルティン駅の案内所

●アトーチャ Atocha駅（MAP:p.41-F）

市の南部、レティーロ公園の南にあり、トレド、アランフェスなどの近郊都市のほか、バレンシアや、コルドバなどアンダルシア地方など、おもに南部の各都市への列車が発着している。

また、スペイン版新幹線アベAVE（中距離のものはAVANTと呼ばれる）も、この駅から出ている。現在アベ（及びAVANT）は、マドリッド〜コルドバ〜セビーリャ、マドリッド〜コルドバ〜マラガ、マドリッド〜サラゴサ〜バルセロナ、マドリッド〜サラゴサ〜ウエスカ、マドリッド〜セゴビア〜バリャドリード、マドリッド〜バレンシア間などを運行。

さらにフィゲラスを経由してフランスのマルセイユやアヴィニョン、バダホスを経由してポルトガルのリスボンへ到る国際線も計画（レンフェのHPで確認できる）されている。

アトーチャ駅構内

アトーチャ駅のAVE乗車券売り場

アトーチャ駅の外観

南バスターミナルの切符売場

長距離バス

各地の主要都市のほとんどに向けてバスが出ている。マドリッドには主要なバスターミナルがいくつかあり、行き先によってバスターミナルを選ばなければならない。

●南バスターミナル　Estación Sur de Autobúses

アトーチャ駅の南西、地下鉄6号線メンデス・アルバロ駅前にある、マドリッドで最大のバスターミナル。国際線のバスをはじめ、ほとんどの中・長距離バスの発着ターミナルになっている。構内には、路線ごとの到着・発着を示す大きな電光掲示板があるが、慣れないと目的の路線を見つけにくい。乗車券売り場も行き先（バス会社）ごとに分かれている。そこで便利なのが案内所。目的地だけいえば、その切符売り場を教えてくれる。対応はとても親切なので、わからないときは聞いたほうが早い。プエルタ・デル・ソルからは地下鉄3号線でレガスピへ、ここで6号線に乗り換えて2つめのメンデス・アルバロ駅で下車。案内板に沿って行けばターミナルに出られる。

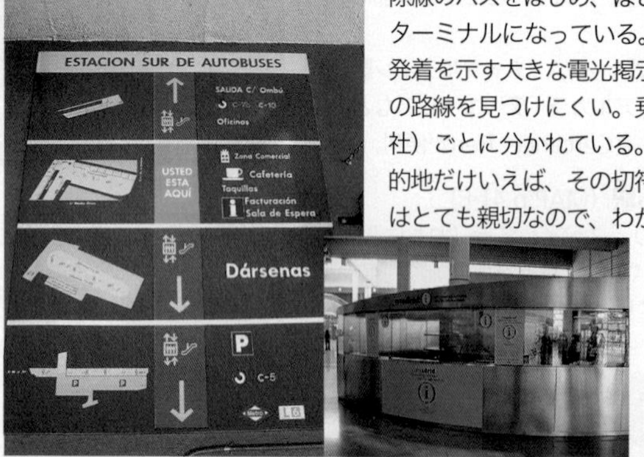

南バスターミナルの案内板

●プラサ・エリプティカ バスターミナル
Intercambiador de Plaza Elíptica

地下3階で地下鉄6号線の駅と直結し、地下1、2階がバス乗り場。トレド行きの直行便は地下1階の5、6、7番乗り場から出るが、乗車券は地下3階のALSA社のチケット売り場で買う。地下鉄の改札を出て左前方、柱に遮られて見つけにくい場所にあるので注意。

●プリンシペ・ピオ バスターミナル
Intercambiador de Príncipe Pío

セプルベダーナSepulvedanaとアバンサAvanza社のバスが出ている。プエルタ・デル・ソルからは地下鉄2号線に乗り、オペラ駅でR線に乗り換えてプリンシペ・ピオで下車。Metro、Renfeとバスターミナルは通路で結ばれている。ターミナルの地上階と地下1階の間に半地階があり、そこがMetroとRenfeの乗り換え通路。ターミナルは地下1、2階。地下1階にチケット売り場がある。セゴビア行きは同じ階の6,7番乗り場から出発する。

●アベニーダ・デ・アメリカ　Avda.de América

バルセロナ、グラナダ、ビルバオ、ブルゴス、パンプローナ行きのALSA社の長距離バスや、空港行きバスが発着する大きなターミナル。地下鉄4/6/7/9号線アベニーダ・デ・アメリカ駅下車、連絡通路あり。

マドリッドと近郊の町を結ぶバス（プリンシペ・ピオ）

主なバス会社のURL

Avanza社
www.avanzabus.com/web
ALSA社
www.alsa.es/
La Sepulvedana社
www.lasepulvedana.es

Museo Nacional del PRADO

プラド美術館探訪

8000点を超す美術作品を所蔵するプラド美術館。コレクションの豊富さと質の高さから、ルーヴル美術館、エルミタージュ美術館と並んで世界の三大美術館のひとつともいわれている。

スペイン王室が所蔵したコレクションがベース

プラド美術館は1785年、カルロス3世によって建設が始まったが、当初は自然科学博物館になるはずだった。設計者は当時のスペインの代表的建築家、ファン・デ・ビリャヌエバ。しかし、ナポレオンとの戦争によって工事は中断され、戦後にフェルナンド7世によってスペイン王家の美術品を所蔵する美術館に計画が変更された。当時のスペイン王家の莫大なコレクションをベースに、国立の美術館となった現在でも貴重な美術品の収集は続いている。

作品の構成としてはやはりスペイン絵画が充実。スペイン絵画の巨匠といわれる**エル・グレコ**El Greco、**ゴヤ**Francisco José de Goya y Lucientes、**ベラスケス**Diego Velázquezをはじめ、16～17世紀に活躍したスペイン絵画の黄金時代の画家たちの作品が並ぶ。

スペイン王室と関係の深かったオランダ・フランドル派の作品も多く、ルネサンス時代の巨匠**ラファエロ**Raffaello Santiや**ボッティチェリ**Sandro Botticelliなどイタリア絵画も充実している。そのほか、ドイツ、フランスなどのヨーロッパ絵画の傑作、古代の彫刻作品郡などが展示されており、ゆっくり見て回るとたっぷり1日はかかってしまう。収蔵数が多いため、展示作品の入れかえが時々行われる。

プラド美術館には4つの門があり、それぞれにゴヤ、ベラスケス、ムリーリョ、サン・ヘロニモの像が入場者を出迎えるように立っている。メインゲートはゴヤ門。常設展には地上階から入場できる。セキュリティチェックのため、入場には時間がかかることがある。館内は撮影不可。大きな荷物はクロークへ預ける。

開館時間等のデータはp.77を参照。

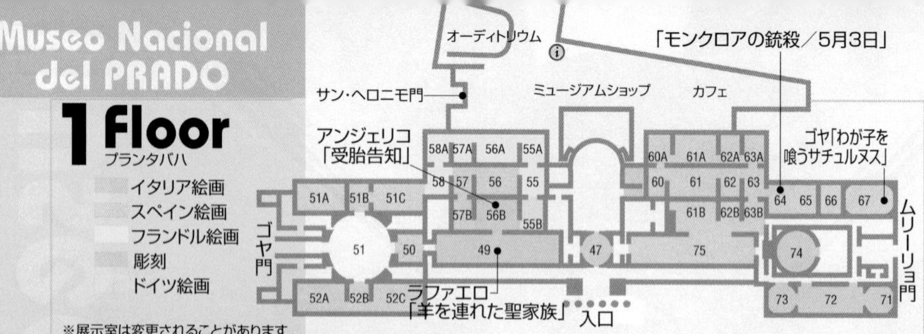

エル・グレコ「受胎告知」
天使が聖母マリアに神の子キリストが宿ったことを伝える場面。倉敷の大原美術館にも同じ絵がある

エル・グレコと多彩な画家たち

Museo Nacional del PRADO

プラド美術館の1階フロア（スペインではプランタバハ）には、**エル・グレコ**（1541〜1614／➔p.112）の作品をはじめ、15〜16世紀にかけてのスペイン国内外の画家たちの作品が並ぶ。グレコは1541年、ギリシャのクレタ島で生まれたギリシャ人で、本名はドメニコス・テオトコプロスという。エル・グレコというのは、スペイン語で「あのギリシャ人」という意味のあだ名で、生涯彼はこのあだ名で呼ばれていたが、自身の作品には必ず、ギリシャ語で本名をサインしていた。

グレコの作品の特徴のひとつは、登場する人物が、小さな顔と引き伸ばされたような長い体を持っていること。独創的で、幻想と写実主義を調和させた宗教画が多い。ゴヤ、ベラスケスと並んでスペイン三大巨匠のひとりに数えられているだけでなく、「最も純粋なスペインの魂」を表現しているとさえいわれている。

プラド美術館には、グレコの作品は**「聖三位一体Trinidad」**、**「受胎告知La anunciación」**、**「羊飼いたちの礼拝」**など、全部で39作品が展示されているが、中でも**「胸に手を置く騎士の肖像El Caballero de la Mano en el Pecho」**はエル・グレコの傑作のひとつといわれており、これは見のがせない。騎士の深みのある眼差しには、思わず引き込まれるような魅力が感じられる。

15〜16世紀のスペイン絵画で注目されるのは、**クエンティン・マサイス**の**「この人を見よEcco Homo」**などもある。こちらも注目したい。

エル・グレコ「聖三位一体」
中央のキリストの姿はミケランジェロの「ピエタ」を参考にして描かれたという。派手な色使いも特徴

MEMO **フェルナンド7世（1784〜1833）カルロス4世（➔p.119）の子。ナポレオンのいいなりの父に反乱を起こし即位。絶対主義君主として行動し、自由主義者を弾圧したものの、南米植民地の独立の阻止に失敗。**

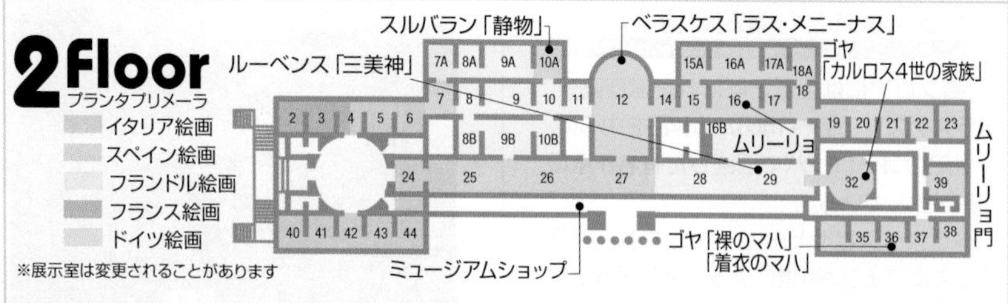

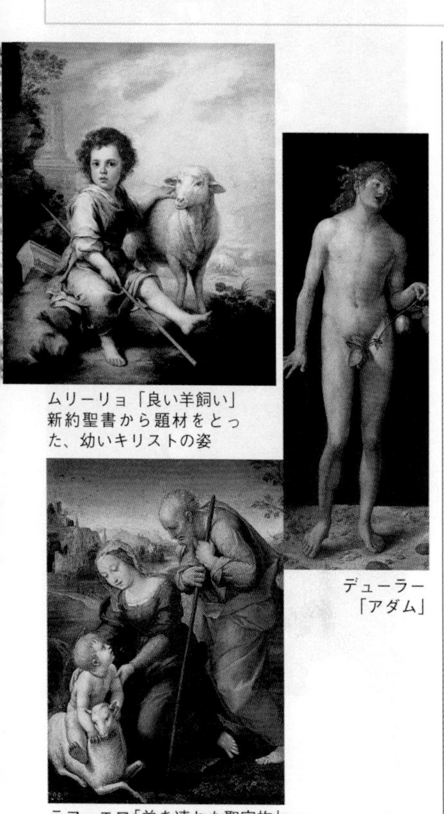

ムリーリョ「良い羊飼い」
新約聖書から題材をとった、幼いキリストの姿

デューラー「アダム」

ラファエロ「羊を連れた聖家族」

アンジェリコ「受胎告知」

15〜16世紀のフランドル派絵画の代表としては、**ヒエロニムス・ボシュ**Hieronymus Boschの「快楽の園El Jardín de las Delicias」や、**ブリューゲル**Pieter Brueghel El Viejoの「死の勝利El Triunfo de la Muerte」が展示されている。ボシュは初期のフランドル派の画家で、後のシュール・レアリスムの画家たちにも大きな影響を与えた。その想像力にあふれたファンタジックな世界は、見る者の目を引きつけずにはおかない。

「快楽の園」はボシュの代表作で、3枚のパネルが観音開きで開閉するような形で作られている。扉には「世界の創造」が、そしてパネルを開くと左側に「地上の楽園」、中央に「快楽の園」、右側に「地獄」をモチーフにして描かれた絵が配置されている。

15〜16世紀のイタリア絵画では、ルネッサンスを支えた**ラファエロ**Raffaello Sanzioの「羊を連れた聖家族Sagrada Familia del Cordero」、**ボッティチェリ**Sandro Botticelliの「ナスタジオ・デリ・オネスティの歴史Historia de Nastagio degli Onesti」、**アンジェリコ**Fra Angelicoの「受胎告知Anunciación」など、宗教画の大作が展示されている。

また、16世紀のヴェネチア派の絵画も多く、**ティツィアーノ**Tiziano Vecellioの「ミュールベルクのカルロス5世El Emperador Carlos V en Mühlberg」、**ティントレット**Tintorettoの「弟子の足を洗うキリストEl Lavatorio」、**ヴェロネーゼ**Paolo Veroneseの「神殿で博士たちと議論するキリストDisputa de Jesús con las Doctores en el Templo」などの作品に注目したい。

このほかのドイツ絵画では、**アルベルト・デューラー**Alberto Dureroの「アダムAdán」と「イブEve」が目を引く。

MEMO 美術館には不気味な画題の絵もある。矢がぶすぶす刺さっているのは、3世紀後半に殉教した聖セバスティアヌス。ローマ皇帝ディオクレティアヌスの近衛兵だったが、キリスト教信仰を理由に処刑された。

ベラスケスと17世紀の画家たち

Museo Nacional del PRADO

2階フロアには巨匠と呼ばれた宮廷画家、**ベラスケス**（1599～1660）の作品を中心に、17世紀のヨーロッパで活躍した有名作家の作品が並んでいる。

ベラスケスはセビーリャで生まれ、24歳のときにフェリペ4世によって宮廷画家として抜擢される。以後、宮廷画家として、「フェリペ4世Felipe IV」、「オーストリア王女マルガリータLa Infanta Doña Margarita de Austria」など、王家の肖像画をはじめとする数多くの作品を残した。

作品のほとんどは宮廷画家時代のもので、代表作には**「ラス・メニナスLas Meninas」**、**「ブレダの開城La Rendición de Breda o Las Lanzas」**がある。

17世紀のスペイン絵画ではベラスケスのほか、**スルバラン**Francisco de Zurbarán（1598～1664）、**ムリーリョ**Murillo（1617～1682）といった大家の作品が並ぶ。

スルバランは、絵の中に音を感じさせない落ち着いた画風を持ち、**「静物Bodegón」**は光と立体感の描き方に特徴を持つ傑作といわれている。

ムリーリョはベラスケスと同様、セビーリャの出身で、ベラスケスやスルバランと比べて柔らかなタッチで、「無原罪の御宿り」を題材にした作品を数多く残している。

17世紀のフランドル派絵画としては、**ルーベンス**Paulus Rubensの**「聖家族Sagrada Familia」「愛の園El Jardín del Amor」**などの傑作を数多く見ることができる。ルーベンスの代表作は「三美神Las Tres Gracias」といわれるが、そこに描かれている豊満な女性の裸身にはファンも多いはず。

オランダ絵画ではオランダの代表的画家、**レンブラント**Rembrandt Harmenszoon van Rijnの「自画像Autorretrato」が神秘的な雰囲気を漂わせている。

スルバラン「静物」

ベラスケス「ラス・メニナス」
題名は「官女たち」の意味。中央の少女は官女を従えた幼い王女。奥の鏡に国王夫妻が映る。見る者は国王と同じ位置に立つことに

入場者を出迎えるベラスケスの像

ルーベンス「三美神」
ビーナス（美の神）に仕える三人の娘。豊満な女性は17世紀の美の理想像でもあった

MEMO フェリペ4世（1605～65、在位1621～65）帝国の再興を求めて積極的に対外政策を進め、国内では強引に中央集権化をはかったがポルトガル、オランダが独立しスペインを列強の地位から転落させた。

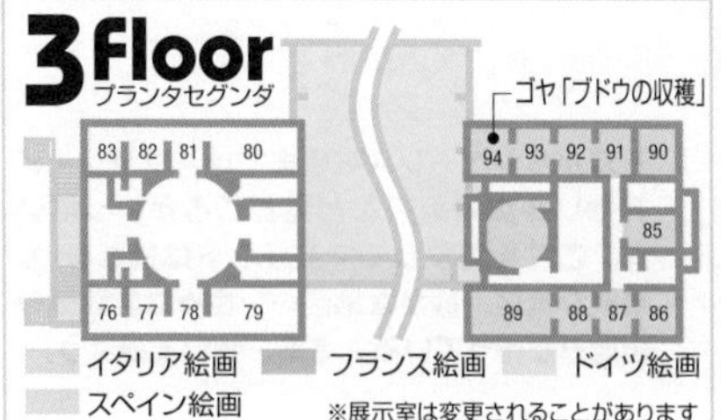

ゴヤ「モンクロアの銃殺／5月3日」

ゴヤ「カルロス4世の家族」

ゴヤと18世紀の名画たち

Museo Nacional del PRADO

スペイン絵画の宝、**ゴヤ**（1746～1828）の作品は、2・3階に展示されている。特に展示面積の小さな3階は、ゴヤの専用展示室のようだ。

ゴヤはスペインのアラゴン地方に生まれ、30歳を過ぎた頃にタペストリーの下絵を書くことから画家としての道を歩みはじめた。「マドリッドの祭り」、「目隠し遊び」など、プラド美術館には初期の作品も残されており、スペインの日常の風景を描いた明るい作品が多い。

その後、ゴヤはカルロス4世の宮廷画家となり、宮廷画家時代に**「カルロス4世の家族La Familia de Carlos IV」**、**「裸のマハLa Maja Desnuda」**、**「着衣のマハLa Maja Vestida」**といった、日本人なら誰でも目にしたことのある多くの傑作を描いている。

しかし、年齢を重ねるにしたがってゴヤの作風は変化していく。フランス軍に対する蜂起とナポレオンによる残虐な弾圧を題材にした「5月2日El Dos de Mayo」、「モンクロアの銃殺Los Fusilamientos de la Moncloa（5月3日El Tres de Mayo）」を経て、晩年には黒の時代といわれる作品を発表するようになる。「サン・イシドロの巡礼」、「二人の修道士」、**「わが子を喰うサチュルヌスSaturno Devorando a un Hijo」**など、この時代の作品には人間の内面の苦悩や心の葛藤を感じさせる作品が多い。50歳の時に大病で聴覚を失ったことも、これらの作品に大きな影響を与えたのではないだろうか。

▲ゴヤ「裸のマハ」

▲ゴヤ「着衣のマハ」

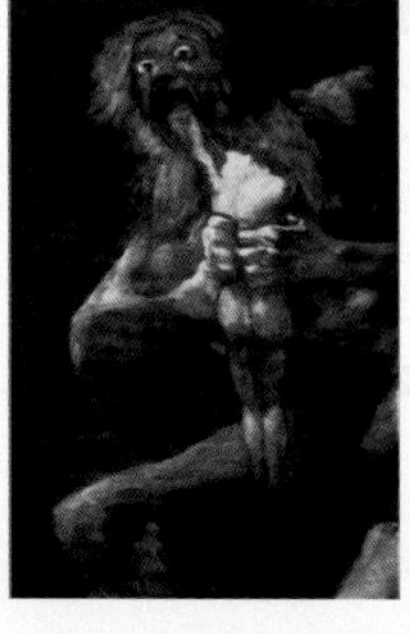

ゴヤ「わが子を喰うサチュルヌス」（左）▶
ゴヤ「ぶどうの収穫期」（右）▶

マドリッドの見どころ

王宮から シベーレス広場

王宮からシベーレス広場までは、グラン・ビアやソル広場周辺など見どころがいっぱいだ。ここを見ずしてマドリッドは語れない。陽気な地区、静かな地区……色々な雰囲気の街並みが待っている。さあ、歩いてみよう。

贅を尽くした王宮の周りには、アルムデーナ大聖堂、オリエンテ広場Plaza de Oriente、エンカルナシオン修道院などの観光スポットが集まっている。

マドリッドを代表する通り「グラン・ビア」

王宮前のバイレン通りCalle de Bailénを、左側にサバティーニ庭園Jardines de Sabatiniを見ながら北へ行けば、スペイン広場に出る。スペイン広場からバイレン通りをさらに少し進むと、右側にセラルボ美術館がある。マドリッド旧市街のメインストリートであるグラン・ビアGran Víaは、スペイン広場からサン・ホセ教会Iglesia de San José前までのおよそ1,300m。1910年に周辺の道路や建物を壊して造られたもので、「大通り」を意味する名にふさわしい。

王宮前のバイレン通りを南へ行けば、巨大な丸天井を持つサン・フランシスコ・エル・グランデ教会の前に出る。途中、セゴビア通りCalle de Segoviaと交差する陸橋は眺めがよく、王宮や旧市街などを一望できる。

アルムデーナ大聖堂の南東角は、バイレン通りとマヨール通りCalle Mayorの交差点。ここからマヨール通りを東へ進むと、右側にマドリッド市庁舎をはじめ趣のある建物が並ぶビリャ広場がある。マヨール通りをさらに進むとトレド通りCalle de Toledoとの交差点に出る。この交差点の南東角が、バルコニーが連なる建物に囲まれたマヨール広場。交差点からトレド通りを南へ進むと、左側にサン・イシドロ教会が見えてくる。

町並みを楽しみながらシベーレス広場へ

マヨール広場からマヨール通りを東へ進むと、マドリッドの中心地プエルタ・デル・ソルに着く。ソル広場からカリャオ広場Plaza del Callaoへ向かうプレシアードス通りCalle de Presiadosを北西へ進み、200mほど先を左の道へ入るとデスカルサス・レアレス修道院に出る。

ソル広場からアルカラ通りCalle de Alcaláを東へ進むと、左側にフェルナンド3世（→p.107）を記念して建てられた王立サン・フェルナンド美術アカデミーがある。また、サン・ヘロニモ通りCarrera de San Jerónimoを東へ進むと国会議事堂Congreso de los Diptadosがあり、向かいがイコー美術館になる。

王立サン・フェルナンド美術アカデミーを過ぎ、アルカラ通りをさらに東へ進むと交差点でグラン・ビアに合流する。左側にサン・ホセ教会、右側にスペイン銀行Banco de Españaを見ながらアルカラ通りを東へ進むと、噴水の美しいシベーレス広場にたどり着く。

●見どころ

王宮
Palacio Real

MAP：p.46-E
交通：地下鉄2/5/R号線Ópera駅から徒歩5分
開館：夏 期10:00～20:00、冬 期10:00～18:00／1月1日・6日、5月1日、12月25日休
料金：€12（4～8月は€13）

●豪華さに思わずうっとり

現在王宮がある場所には、1083年にキリスト教徒がマドリッドを奪回するまでイスラム教徒の城塞があった。その後、城塞は国王の居城となっていたが、1734年のクリスマスに火災に遭い、多くの美術品とともに焼失してしまった。新宮殿の設計にはイタリアの建築家ユバーラが招かれたが、着工前に死んでしまったため弟子のサケッティが受け継ぎ、サバティーニやベンツーラ・ロドリゲスなども参加して、1764年に完成した。

建築様式は古典主義趣味のバロック様式がメイン。現国王一家は郊外のサルスエラ宮に住んでいるので、公式行事などに使用されるとき以外は一般に公開されている。

アルムデーナ大聖堂

150m四方の建物には3400もの部屋があり、そのうち約50室が見学可能だ。ベルサイユ宮殿の鏡の間を模して造られた玉座の間やガスパリーニの大広間、晩餐会場として使用される大食堂など、どれも贅を尽くしたものばかり。飾られている陶器や金細工品、シャンデリアなどは代々伝わる王室のコレクションで、ゴヤ、ボッシュ、ベラスケスらの絵画や2,500枚ものタペストリーも見のがせない。

王宮周辺は貴族の居住区として都市計画が立てられただけあって、ゆったりと緑多い空間となっている。南側のアルメリア広場Plaza de la Armeríaにはカルロス1世の甲冑や英雄エル・シッド(➔p.332)の刀ティソーナTizonaなどを展示する**武具博物館**Real Armeríaがある。

アルムデーナ大聖堂Catedral Nuestra Señora de la Almudenaは、礼拝堂が未完成ながらも、100年以上かけて1993年に竣工。711年にイベリア半島にイスラム教徒が侵入し、マドリッドが占領されたとき、破壊を恐れて城壁(アラビア語でアルムダイナ)に隠された聖母像がおよそ370年後に奇跡的に見つかり、その城壁の跡地に建てられたことが大聖堂の名前の由来。また、王宮北側にはサバティーニ庭園、東側にはオリエンテ広場がある。オリエンテ広場は王宮からの見晴らしをよくするために造られたもので、中央にはフェリペ4世(➔p.68)の騎馬像がある。これはベラスケスの描いた肖像画をもとに造られたもの。歴代の国王の像が広場を取り囲むように置かれている。なお、入館の際にかなり厳重なセキュリティチェックがある。

堂々たる風格の王宮

スペイン広場
Plaza de España

MAP:p.46-E
交通:地下鉄3/10号線Plaza de España駅から徒歩1分

●セルバンテスの像が立つ

グラン・ビアの始発点、スペイン広場は写真撮影をする観光客が絶えない。広場の中央には小説「ドン・キホーテ」の作者セルバンテスの記念碑が立ち、セルバンテスの足元にロシナンテに乗ったドン・キホーテと、ロバにまたがるサンチョ・パンサがひかえている。

これらはセルバンテスの没後300年を記念して造られたもの。記念碑の後ろにそびえるのがスペインビルEdificio España。左手の高い建物はマドリッド・タワーTorre de Madridで、住宅やオフィスとなっている。

スペイン広場とスペインビル

セルバンテスやドン・キホーテの像もある

サン・ミゲル市場
Mercado de San Miguel

MAP：p.46-J、52-E
交通：地下鉄2/5/R号線Ópera駅から徒歩5分
住所：Plaza de San Miguel s/n
営業：10:00～24:00（金・土曜、祝前日～翌1:00）／無休

●まるでフードコートのような楽しい市場

マヨール広場のすぐそばにある市場。肉・魚・野菜のほか、オリーブ、ワイン、チーズ、カキ、バカラオ（干し鱈）、ジェラート、ケーキなどの専門店とバル、コロッケやピンチョなどのワゴンがたくさん並ぶ。中央部分に設けられたテーブル席で食事ができるのはもちろん、別の店から買ったタパスを、ドリンクを頼んだバルに持ち込んで食べるのも自由だ。p.16の記事も参照。

年中無休で観光客にも利用価値は大きい

エンカルナシオン修道院
Real Monasterio de la Encarnación

MAP：p.46-E
交通：地下鉄2/5/R号線Ópera駅から徒歩5分
開館：火～土曜10:00～14:00、16:00～18:30、日曜・祝日10:00～15:00／月曜と1月1日・6日、聖週間、5月1日、12月24日・25日・31日休
料金：€6.00

●豊富な美術品を擁する

フェリペ3世の妃によって設立された、アウグスティヌス会女子修道院。1611年の創設から５年で建物は完成した。多くの王家の女性がここで暮らしていたため、修道院に寄進された美術品も数多い。絵画や彫刻、聖遺物、典礼用具コレクションなどは付属博物館に展示。

多彩な芸術品を収蔵するエンカルナシオン修道院

サン・フランシスコ・エル・グランデ教会
Real Basílica de San Francisco el Grande

MAP：p.41-E
交通：地下鉄5号線La Latina駅から徒歩8分
開館：火～土曜10:30～12:30、16:00～18:00／日・月曜・祝日休。7～9月は火～日曜10:30～12:30、17:00～19:00
料金：€5

●3つの塔が建つ丸天井

13世紀の初め、アッシジのサン・フランシスコが巡礼の途中に建てた聖堂の跡に、フランシスコ・カベサス修道士の設計で1784年に造られた円形の教会堂。典型的な新古典主義様式で、直径33mの巨大な丸天井は建築家・サバティーニが実現したもの。丸天井の円堂の周りを6つの礼拝堂が囲むように配置されている。

礼拝堂にはそれぞれ絵画やフレスコ画が飾られているが、その中にはスルバラン（→p.301）の作品やゴヤの「サン・ベルナルディーノ・デ・シエナ」など、著名な画家の手になる作品がある。また、サン・フランシスコの生涯を描いた絵画などがギャラリー風に展示されている。

教会内部にはスルバランやゴヤの作品を収蔵

ビリャ広場
Plaza de la Villa

MAP：p.46-I
交通：地下鉄2/5/R号線Ópera駅から徒歩8分

●ハプスブルク時代をとどめる広場

広場西側の市庁舎の建物は、1617年、マヨール広場と同じファン・ゴメス・デ・モラを設計者として造られた。赤いレンガが積み重ねられた外観は17世紀ハプスブルク時代の特

徴だ。マヨール通りに面するバルコニーは、貴族が聖体祭の行列を見るために増築させたもの。大階段のタペストリー、ステンドグラスの天井など内部の豪華な装飾で知られる。

また、この不規則な形の広場には歴史的名建築が並ぶ。最も古いものは、広場の東側に位置する15世紀に建てられたルハーネスの家Casa de los Lujanes。改修の繰り返しで、本来の姿はとどめていない。広場の南にあるシスネーロスの家Casa de Cisnerosは16世紀の建物。現在は市長公舎として使われている。

17世紀に建てられた市庁舎

マヨール広場
Plaza Mayor

MAP：p.46-J
交通：地下鉄1/2/3号線Sol駅から徒歩5分

●歴史を刻むマドリッ子憩いの広場

縦94m、横122mの四角い広場を4階建ての建物がぐるりと囲んでいる。フェリペ3世の命で1619年に造営され、以後3度の火災を経て1953年に現在の姿となった。1階はカフェなどの店舗で、2～4階が住居となっている。広場中央にはフェリペ3世の騎馬像がある。広場には外へ出る9ヵ所のアーチがあるが、その中のクチリェーロス門から石段を降りるとバルが集まるクチリェーロス通り。飲んで食べて歌って楽しい通りだ。

バルやみやげ物屋、観光案内所もあるマヨール広場

サン・イシドロ教会
Catedral de San Isidro

MAP：p.46-J
交通：地下鉄5号線La Latina駅から徒歩3分
開館：7:30～13:00、18:00～21:00（夏期は19:00～）、ミサの時間を除く

●市の守護聖人を祀る

17世紀前半にスペイン初のイエズス会の教会として建てられたが、18世紀後半にスペインからイエズス会が追放になり、マドリッドの守護聖人イシドロを祀る教会に改められた。1885年からアルムデーナ大聖堂ができる1993年まで、マドリッドの大聖堂としても使用された。2つの塔を持ち、壮大な円柱を列置したルネッサンス風の正面中央にはサン・イシドロの像がある。

プエルタ・デル・ソル
Puerta del Sol

MAP：p.46J、p.48-A
交通：地下鉄1/2/3号線Sol駅下車すぐ

●9本の道が延びる0km地点

「太陽の門」という意味を持つマドリッ子に愛されている広場で、略称ソル。親しみやすい下町の雰囲気が漂い、待ち合わせやお茶をする人などで常に賑わっている。ここからはスペイン各地へ9本の道路が延びており、マドリッド自治政庁前の歩道には、スペインの国道の起点を示す0kmの標識が埋め込まれている。時計台の建物を背にすると、正面には便利なデパート、エル・コルテ・イングレスEl Corte Inglésがあり、プレシアードス通りCalle Preciadosを進むとグラン・ビアに出る。ソルの東にはプラド美術館、西には王宮があり、どちらも徒歩圏内だ。

ソル広場には騎馬像が立つ

MEMO　フェリペ3世（1578～1621、在位1598～1621）国内安定のため1609年にネーデルランドの独立派と12年間の休戦をした。

国道の起点・0kmの標識

王立サン・フェルナンド美術アカデミー
Real Academia de Bellas Artes de San Fernando

MAP：p.47-G、p.48-A
交通：地下鉄1/2/3号線Sol駅から徒歩3分
開館：火～日曜10:00～15:00／月曜、8月休（特別展は1月1・6日、5月1・30日、11月9日、12月24・25・31日休）
料金：€8
TEL：91 524 08 64

●ゴヤの作品が特に充実

1752年にフェルナンド6世によって設立された。ゴヤ、スルバランをはじめスペインの作家の作品が充実している。特にゴヤの作品だけを集めた展示室があり、「イワシの埋葬」、「異端審問」、2点の「自画像」など、ゴヤの13点の作品が展示されている。

そのほか、ムリーリョの「マグダラのマリア」、スルバランの修道僧を扱った5点の連作、ベラスケスの「フェリペ4世」などスペイン絵画の黄金期の傑作が数多く収蔵されている。

王立サン・フェルナンド美術アカデミー

スペイン以外では、ルーベンスの「スザーナと長老たち」やヴァン・ダイク、セーヘルスのフランドル派、ルイス・デ・モラーレスの「ピエタ」、ジョヴァンニ・ベリーニの「救世主キリスト」、コレッジオの「聖ヒエロニムス」などイタリアの宗教画も数多い。

デスカルサス・レアレス修道院
Monasterio de las Descalzas Reales

MAP：p.46-F
交通：地下鉄1/2/3号線Sol駅から徒歩5分
開館：火～土曜10:00～14:00、16:00～18:30、日曜・祝日10:00～15:00／月曜と1月1日・6日、聖週間、5月1日、12月24日・25日・31日休
料金：€6

●大階段のフレスコ画が圧巻

エル・コルテ・イングレスの裏にある。カルロス5世の娘フアナ（➔p.254）の命で16世紀に創建されてから、王家の女性たちがここで隠棲の日々を過してきた。外観はエスコリアル宮殿（➔p.117）に似て簡素で力強い姿だが、内部はうって変わって華麗な装飾が施されている。特にフレスコ画が天井や壁に描かれた大階段は圧巻。王家の女性が暮らしていただけに、一級の美術品も多く、ルーベンスの下絵によるタペストリーや、ブリューゲル、スルバランなどの作品を見られる。

とっておき情報

運が良ければ大家の作品がタダで楽しめる！ マドリッドのおトクな文化施設

マドリッド市内には、銀行などの企業が設立した文化施設がいくつかあり、年に何回か企画展を開催、ダリやピカソなど有名どころの作品が展示されることもある。情報はHPで入手できるが、スペイン語のみ。どこも市内中心部にあるので、近くを通ることがあればチェックしてみては。

カイシャ フォーラム　CAIXA FORUM
MAP p48-J
交通：Ⓜ1号線Estación del Arte駅から徒歩5分
開館：10:00 ～ 20:00、1月1日・6日、12月25日休
TEL：913 30 73 00
URL:caixaforum.es/es/madrid
企画展示室は2、3階。ほかに、2階にブックショップ、4階にカフェレストランがあり、誰でも利用できる。入館料€5。

**フンダシオン・モンテマドリッド
FUNDACION MONTE MADRID**
MAP p52-B
交通：Ⓜ1/2/3号線Sol駅から徒歩5分
開館：月～金曜8:15～14:00、木曜は17:00～19:00も開館：☎902 00 17 02または913 68 59 98
URL:www.fundacionmontemadrid.es/

MEMO フェルナンド6世（1713～59、在位1746～59）衰退した国力の回復に努める一方、美術アカデミーを創設するなどの文教政策にも注力。ヨーロッパの戦争には中立を固守し、平穏な治世を招来した。

マドリッドの見どころ

アルカラ門から アトーチャ駅

意匠を凝らした壮大なアルカラ門は、代表的な観光スポットのひとつ。ここからアトーチャ駅まで南下する地域にはプラド美術館ほか多くの文化施設や、市民の憩いの場であるレティーロ公園があり、散策に適している。

アルカラ門のある広場の南東角から広がるのが、周囲4kmの広大なレティーロ公園。さまざまなイベントが行われる、市民の憩いの場だ。

アルカラ門からアルカラ通りCalle de Alcaláを西に向かうと、シベーレス広場Plaza de Cibelesに着く。ここから南へ、プラドの散歩道Paseo del Pradoを歩いてみよう。この通りは18世紀末にカルロス３世が、科学・文化地区を造ろうと計画したもの。当時の啓蒙思想を象徴する存在で、国家機関や美術館、博物館が集まっている。

プラドの散歩道でゆっくり散策を

プラドの散歩道は四季折々に美しく、美術館へ向かう旅行者やのんびり散歩を楽しむ市民が行き交う。5分ほど歩くと、ネプトゥーノの噴水Fuente de Neptunoがあるカノバス・デル・カスティーリョ広場Plaza Cánovas del Castilloだ。広場の北西には**ティッセン・ボルネミッサ美術館**、西にはホテル・ウエスティンパラセがある。東側には最高級ホテルのリッツRitz、その奥には**王立言語アカデミーReal Academia de la Lengua**、即位式や結婚式など王族の式典が行われてきた**サン・ヘロニモス・エル・レアル教会Iglesia de San Jerónimos el Real**などがある。教会はゴシック様式の古めかしい建物で、16世紀初めに建立されてから何度も改修されている。

さらに南へ歩くと、左側に**プラド美術館**が見えてくる。プラド美術館の南隣には**植物園**が広がる。散歩道もエンペラドール・カルロス5世広場Plaza del Emperador Carlos Ⅴで終わりだ。広場の向こうは大きな植物園が広がり、国鉄のアトーチャ駅Estación de Atochaが見える。

ここで道は二手に分かれ、アトーチャ大通りRonda de Atochaを南西に少し進めば、ピカソの「ゲルニカ」がある**国立ソフィア王妃芸術センター**へ着く。バルセロナ大通りAvenida de la Ciudad de Barcelonaの方へ東に向かうと、左側には**国立文化人類学博物館Museo Nacional de Etnología**があり、右側は国鉄アトーチャ駅。さらに先に進むと、左側に**王立タペストリー工場**がある。

レティーロ広場でくつろぐマドリッド市民

● 見どころ

アルカラ門
Puerta de Alcalá

MAP：p.47-H,p.49-C
交通：地下鉄2号線Retiro駅から徒歩2分

●18世紀に造られた市門

シベーレス広場から見えるこの門は、マドリッド市の入口を管理するために建てられたもの。19世紀末まではここが市の東の境界だったのだ。

「ローマの凱旋門風に」というカルロス3世の希望を受けて、イタリア人建築家サバティーニが設計した。この意匠を凝らした壮大な門には、御影石とコルメナル（マドリッド近郊の町）産の白い石が使用されている。

門には通路が5つあり、両端の2つの上部には装飾が施され、残りの3つは半円アーチを描いている。この3つの通路は同じ高さだが、装飾壁のせいで中央が高く感じられる。

周辺はスペイン独立戦争（1808～1814）の勝利を記念して、独立広場Plaza de la Independenciaと名づけられている。

MEMO カルロス3世（1716～88、在位1759～88）もとはナポリ王であったが、異母兄の死によりスペイン帝国を継承。啓蒙的な専制君主で各種改革を推進し、名君と評されたが、植民地の独立運動を招いた。

市の東入口に位置するアルカラ門

レティーロ公園
Parque del Retiro

MAP：p.49
交通：地下鉄2号線Retiro駅から徒歩1分

●周囲4kmの大公園

この広大な公園は、スペイン黄金時代にフェリペ2世（➔p.112）が造ったブエンレティーロ離宮（別荘）の庭園だったもの。建物はナポレオン戦争で一部を残して破壊された（現在、その残部はプラド美術館別館として利用されている）。

元来は王室のサマーハウスだったが、19世紀半ばからは一般に開放された。家族連れやパントマイムなどの大道芸人、屋台などで賑わう土・日曜日が楽しい。午前中には市民音楽隊の演奏があり、夏には野外音楽堂でクラシックのミニコンサートも行われる。

公園の北側には野外音楽堂やボート遊びができる人工の池があり、アルフォンソ12世の騎馬像が憩う人々を静かに見守っている。また池の周囲にはカフェテリアが並び、南側にはバラ園La Rosaledaがあり、初夏には花が咲き競う。

ティッセン・ボルネミッサ美術館
Museo Thyssen-Bornemisza

MAP：p.47H、p.48-B
交通：地下鉄2号線Banco de España駅から徒歩5分
開館：月曜12:00～16:00、火～日曜10:00～19:00／1月1日、5月1日、12月25日休
料金：€13（月曜無料）　TEL：91 791 13 70

●ヨーロッパの美術史をたどる

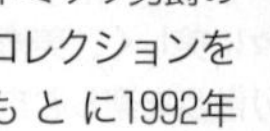

クリスチャン・シャッドの「ハウステイン博士の肖像」

イギリスのエリザベス女王に次ぐ、個人としては世界第2位のコレクターとして知られるティッセン・ボルネミッサ男爵のコレクションをもとに1992年にオープンした美術館。建物は18世紀末頃のネオ・クラシック様式の傑作、ビリャエルモサ宮殿をスペインの代表的建築家、ラファエル・モネオが改装したもの。

作品は13～14世紀のイタリア絵画から現代絵画まで、約800点。3階から1階まで年代順に展示されており、わかりやすく美術史をたどることができる。

3階はイタリアとフランドルのルネッサンス期の作品から始まる。ドゥッチョ・デ・ブ

日曜の昼間の散策にはもってこいのレティーロ公園

オニセーニャの「キリストとサマリア人」、ファン・アイクの「受胎告知」はぜひ見ておきたい。

宗教画と並んで、特に第5展示室以降は肖像画のコレクションが多い。アントネロ・メッシーナの「男性の肖像」、カルパッチョ「騎士の肖像」、ハンス・ホルバイン「ヘンリー8世」などの傑作が続く。3階の後半はファン・ダイク、ルーベンスなどの17世紀フランドル派の作品が展示されている。

2階は17世紀のオランダ絵画から始まり、18世紀のイギリス、フランス絵画、19世紀のヨーロッパロマン派の作品と続く。第32展示室以降にはモネ、ルノアール、ゴッホ、ロートレック、セザンヌなど、印象主義、後期印象主義の巨匠たちの傑作が並ぶ。

1階は未来派、キュビズムからポップアートまで、近・現代の作品が中心。

ピカソの「鏡を持つピエロ」、ジョアン・ミロの「ギターを持つカタルーニャの農夫」は第45展示室にある。1階にはカフェテリアもあるので、疲れたらここで休憩を。

プラド美術館
Museo del Prado

MAP：p.47-L、48-F
交通：地下鉄2号線Banco de España駅から徒歩7分
開館：月～土曜10:00～20:00、日曜・祝日10:00～19:00／1月1日、5月1日、12月25日休（1月6日、12月24日・31日は10:00～14:00）
料金：€15（月～土曜18:00～、日曜17:00～は無料）
TEL：91 330 28 00

●世界の三大美術館のひとつ

プラド美術館は8,000点以上の美術作品を所蔵し、パリのルーヴル美術館、サンクトペテルブルクのエルミタージュ美術館と並ぶ世界の三大美術館のひとつといわれる。もとはスペイン王家の美術品を所蔵する私的ギャラリーとして造られたもので、後に国立美術館となった。スペイン王家の莫大なコレクションをベースに、貴重な美術品の収集が続けられている。作品の構成としては、やはりスペインの絵画部門が充実している。詳しくはp.65～69の「プラド美術館探訪」を参照。

プラド美術館のムリーリョ門

植物園
Real Jardín Botánico

MAP：p.48-F
交通：地下鉄1号線Estación del Arte駅から徒歩5分
開園：5～8月10:00～21:00、11～2月～18:00、3・10月～19:00、4・9月～20:00／12月25日・1月1日休
料金：€6

●3万種以上の植物を集めた

プラド美術館の南側にあるムリーリョ広場Plaza de Murilloに面したところに入口がある、広大な植物園。緑豊かな公園は、プラドの散歩道と同様に、プラド地区の文教施設群のひとつとして、カルロス3世（➔p.75）の命によって造られた。

円や四角の幾何学模様を描く段丘があり、テーマ別に植物が植えられている。例えば、人間に有用な植物ばかりを集めたり、原始的なものから進化の順を追って並べるなど、当時のスペイン王室の植物への関心の高さがうかがえる。世界中から集められた植物は、現在では3万種類以上にも及んでいる。

また、植物園の南側にある農林水産省へ続くモヤーノ坂Cuesta de Moyanoには、古書店が軒を連ねているので、散歩の途中にのぞいてみるのも楽しい。

プラド美術館に面して広がる植物園

ピカソの「ゲルニカ」

国立ソフィア王妃芸術センター
Museo Nacional Centro de Arte Reina Sofía

MAP：p.48-J
交通：地下鉄1号線Estación del Arte駅から徒歩3分
開館：10:00〜21:00（日曜・10:00〜19:00）／火曜、1月1・6日、5月1・15日、11月9日、12月24・25・31日休
料金：€10（月・水〜土曜19:00〜、日曜13:30〜は無料）
TEL：91 774 10 00

●ピカソのゲルニカを展示

建物は歴史的建造物として文化財に指定されたかつてのサン・カルロス病院で、1980年から改修工事が始まり、1986年にオープン。8万㎡を超す広大な敷地を持ち、正面入口のガラス張りのエレベーターが目をひく。

作品は現代美術館が所蔵していたコレクションをベースに、スペインの近代及び現代美術を中心に集められており、その数は1万点以上に及ぶ。常設展示スペースは2階と4階にあり、3階と1階の一部は企画展示フロア。

2階にはキュービズム、シュールレアリスム、写実主義など、今世紀初頭から1970年代にかけてのスペイン美術の流れを概観できるような作品が多く展示されている。ピカソ、ダリ、ミロなどの有名作家の作品のほか、ルイス・ブニュエルやラモン・カサスなどの作品がある。4階にはビデオ・アートを含むスペイン現代美術の最新作が展示され、多大な影響を与えたアントニ・タピエスやルイス・ゴルディーリョ、アントニオ・サウラ、エドアルド・アロヨなどの作品も見ることができる。

ここの常設展でぜひ見ておきたいのが、2階に展示されているピカソの「ゲルニカ」。この作品はピカソが、スペイン内戦時のゲルニカへの無差別爆撃に憤激して描いたもので、その迫力には圧倒される。ピカソの作品の中でも最も有名な作品のひとつといえるだろう。

また、併設されている図書館には5万点におよぶ現代美術に関する貴重な資料が所蔵されている。ミュージアムショップとカフェレストランは館外にあるが、入場券を持っていれば再入場できる。じっくり楽しむにはかなりの時間が必要になりそうだ。

王立タペストリー工場
Real Fábrica de Tapices

MAP：p.49-L
交通：地下鉄1号線Atocha Renfe駅から徒歩7分
開館：ガイドツアー10:00／11:00／12:00／13:00の4回／土・日曜、祝日、8月休
料金：€5（ガイド付き）TEL：91 434 05 50

●王室御用達のタペストリー工場

1721年に設立され、スペイン王家で使用するタペストリーのほとんどはここで織られている由緒正しい名門工場。ゴヤが描いた下絵が残っていることでも知られている。完成したタペストリーだけではなく、昔ながらの作業工程も見学できる。また、製品の販売コーナーもあり、いいおみやげになる。

作業工程の見学も可能

マドリッドの見どころ

コロン広場からサン・ファン・デ・ラ・クルス広場

コロン広場付近は18世紀に整備された文教地区。美術館や博物館が集まる。広場の東には、高級ショッピング街・セラーノ通りもある。

　コロン広場から南へ向かうレコレトス通りPaseo de Recoletosは、プラドの散歩道Paseo del Pradoと同じく18世紀末に、カルロス3世(➔p.75)が科学、文教地区を造ろうと計画してできた道で、国家機関や美術館、博物館が集まったエリア。デスクブリミエント庭園の南隣には国立図書館Biblioteca Nacional、**国立考古学博物館**がある。ここには十数万点にもおよぶ資料が収蔵されており、アルタミラ洞窟壁画のレプリカは必見だ。

　コロン広場からヘノバ通りCalle de Génovaを西へ向かうとアロンソ・マルティネス広場Plaza Alonso Martínezに着く。この広場から左に曲がり、サン・マテオ通りCalle San Mateóを歩いて行くと、右側に**ロマン派美術館**がある。

　サン・マテオ通りをさらに進むと、フェンカラール通りCalle de Fuencarralと交差する。この交差点からフェンカラール通りを少し北へ歩けば、右側に**市立博物館Museo Municipal**が見える。フェンカラール通りは以前に比べて治安が良くなり、最近では若者向けのお店も新しくできて、注目スポットになってきた。

　コロン広場からカステリャーナ通りPaseo de la Castellanaを北へしばらく歩くと、美しいレンガ造りのアベセ・セラーノABC Serranoが右側に見え、さらに進めばエミリオ・カステラル広場Glorieta de Emilio Castelarに着く。広場から西へ曲がり少し歩くと、外光派の画家、ソローリャの作品を展示した**ソローリャ美術館**がある。

　エミリオ・カステラル広場からさらに北へ行けば、ドクトル・マラニョン広場Plaza del Doctor Marañónを通って、サン・ファン・デ・ラ・クルス広場Plaza San Juan de la Cruzにたどり着く。広場の近くには**自然科学博物館Museo de Ciencias Naturales**、その東側に日本大使館がある。

見どころ

コロン広場
Plaza de Colón/Jardines del Descubrimiento

MAP：p.47-D、p.50-J
交通：地下鉄4号線Colón駅またはSerrano駅から徒歩1分

●コロンブスの記念像がある

　カスティリャーナ通りとゴヤ通りの交差点に広がるのが、コロン広場。東側のデスクブリミエント庭園との間、Paseo de la Castellana通りの真ん中には、新大陸を発見したコロンブスの功績をたたえる巨大な石のモニュメントがある。庭園の地下には市立文化センターがあり、展示室や劇場などを備えている。隣にアントニオ・ラメラが設計した双子ビル、Torres de Colónが建つ。

ロータリーにコロンブスの記念像が立つ

規模の大きな考古学博物館

国立考古学博物館
Museo Arqueológico Nacional

MAP：p.47-H、p.51-K
交通：地下鉄4号線Serrano駅またはColón駅から徒歩5分
開館：9:30～20:00、日曜・祝日9:30～15:00／月曜、1月1・6日、5月9日、11月9日、12月24・25・31日休
料金：€3　TEL:91 577 79 12

●アルタミラの洞窟の壁画を再現

考古学をベースに先史時代から現代までのスペインの歴史を、時代を追う形で分かりやすく見せてくれる博物館。

第1～18室は先史時代。人類の起源から、石器時代、青銅器・鉄器時代の出土品や美術品が展示されている。

第19～26室は古代イベリアとその周辺の出土品。ここでは古代イベリアがフェニキア、ギリシャ、ローマ、カルタゴなどから大きな影響を受けていたことをはっきり見ることができる。特にカルタゴの影響が強く出ている石像「エルチェの婦人像」は、古代イベリア芸術の代表作といわれている。

第27～35室には中世・ルネッサンスの装飾、美術品が展示されている。ここで注目されるのが西ゴート王レセスビントが奉納したといわれる「グアラーサルの奉納冠」と、ドン・フェルナンドとドニャ・サンチャの象牙製の十字架。この時代の美術品には、イスラム文化の影響を大きく受けながらも、独自の発達を遂げたスペイン美術の原型を見ることができる。

第36室以降には近代に発達した陶器やガラスの装飾美術品が多く展示されている。

ロマン派美術館
Museo del Romanticismo

MAP：p.47-C、p.50-I
交通：地下鉄4/5/10号線Alonso Martínez駅から徒歩5分
開館：火～土曜9:30～20:30（11～4月は～18:30）、日曜・祝日10:00～15:00
料金：€3
TEL：91 448 10 45

●ロマン派の作品を数多く展示

ベガ・クライン公爵のコレクションが寄贈されたのをもとに、1924年にオープンした美術館。その名の通り、ゴヤなどのロマン派の作品が中心。絵画だけでなく、内装のインテリア、家具などの調度品もロマン派の作品といえるほど、豪華な雰囲気を持つ品で統一されている。

ソローリャ美術館
Museo Sorolla

MAP：p.50-B
交通：地下鉄5号線Rubén Darío駅から徒歩7分
開館：9:30～20:00、日曜・祝日10:00～15:00／月曜、1月1・6日、5月1日、11月9日、12月24・25・31日休
料金：€3（土曜14:30～と日曜無料）
TEL：91 310 15 84

●著名な外光派画家の作品を展示

光と空気の織りなす美しさを、そのまま表現しようという外光派の画家として知られたホアキン・ソローリャ（➔p.220）のアトリエ兼邸宅を利用した美術館。彼とその妻の死後、国に遺贈され、1932年に美術館として公開された。「アビラの人々」、「セゴビアの人々」、「バレンシアの漁夫」など、ソローリャの作品には、スペインに暮らしている人たちをいきいきと、しかも愛情を持って描いているものが多い。

ソローリャのアトリエ

マドリッドの見どころ

カサ・デ・カンポ周辺

カサ・デ・カンポは、東西約5km・南北約7kmの最大長を持つ、とてつもなく広い公園。東京・山手線内のエリアの約半分が入る大きさだ。手つかずの自然が残されているだけではなく、動物園や遊園地もあり、マドリッド市民の憩いの場として愛されている。

マドリッ子たちの一大レジャーゾーン

王宮の奥には、素晴らしい噴水がある**カンポ・デル・モーロCampo del Moro**や、さらにマンサナーレス川を隔てて**カサ・デ・カンポ**が広がる。また、プリンシペ・ピオ駅前を通るフロリダ通りPaseo de la Florida沿いにまっすぐ行くと、**サン・アントニオ・デ・ラ・フロリダ聖堂(ゴヤのパンテオンPanteón de Goya)**がある。

マドリッド市民の憩いの場カサ・デ・カンポ

●見どころ

カサ・デ・カンポ
Casa de Campo

MAP：p.41-C、p.54-C
交通：地下鉄10号線Lago駅から徒歩1分、動物園・遊園地へは地下鉄10号線Batán 駅下車、ロープウェイの運行時間は季節や集客状況に応じて変更される。最新情報はwww.telefericomadrid.esで確認できる。(英語あり)
料金：片道€4.50、往復€6
開園：動物園・遊園地など一部エリアは深夜1:00〜6:00まで閉まる／無休

●マドリッド最大の公園

カサ・デ・カンポはスペイン語で「野の家」という意味で、1,747haというスペインで最大の敷地面積を持つ公園。その昔、マドリッドに都を移したフェリペ2世（➔p.112）が狩猟場として買い上げげたところで、ほとんど手つかずの丘陵地帯に、主にスペインの在来種の植物が育ち、リスやウサギなどの野生動物も姿を見せてくれる。

園内にはレッサーパンダのいる動物園Zoo lógicoや、遊園地Parque de Atraccionesのほかに、ボートが浮かぶ人工湖・ラゴ池、多目的ホール、野外劇場、カフェなどがある。

サン・アントニオ・デ・ラ・フロリダ聖堂
Ermita de San Antonio de la Florida

MAP：p.54-A
交通：地下鉄6/10/R号線Prícipe Pío駅から徒歩7分
開館：9:30〜20:00／月曜、1月1日、5月1日、12月24・25・31日休
料金：無料　TEL：91 542 07 22

●18世紀のマドリッドを映す天井画

プリンシペ・ピオ駅から、フロリダ通りをマンサナーレス川に沿ってまっすぐ北西に歩いて行くと、この聖堂が見えてくる。1792年、カルロス4世（➔p.119）がサン・アントニオに捧げるために建てたもので、川を背にして右側の建物がいわゆるゴヤの霊廟。この霊廟に、首を盗まれてしまったゴヤの遺体が眠る。

聖堂にはゴヤが描いた天井画「サン・アントニオの奇跡」があり、モチーフは自分の父が殺人の罪に問われたとき、死人に語らせることで、無罪を証明したというもの。人物の服装などに18世紀マドリッドの風俗が見てとれる天井画は、ゴヤの宗教画の中でも最も有名なもののひとつ。

また、6月13日のサン・アントニオの日には、恋の成就を願う女の子たちが訪れ、伝統のお針子の針で恋を占う。

サン・アントニオ・デ・ラ・フロリダ聖堂

RESTAURANT

食べる

マドリッドのレストラン

首都マドリッドは、スペインの豊かな食文化を存分に満喫できる町だ。ワインを傾け、お気に入りのタパスと、なによりお喋りを最高の肴に長い夜を慰めてくれるバル、最上の食材と最高の技でもてなしてくれる高級レストラン、人情を味付けに素ぼくで温かい料理を守り通す下町のレストランなど、バラエティ豊かな食事が楽しめる。

ポサーダ・デ・ラ・ビリャ

POSADA DE LA VILLA

MAP p.46-J、p.52-I

仔羊の丸焼きをじっくり堪能

1642年創業のホテルを改装した店で、古き良き時代の雰囲気をそのまま残している。2階客席の大きな暖炉に素焼きの壺が並べられ、コシード（➔p.39）がじっくりと煮込まれている。

交 Ⓜ5号線La Latina駅から徒歩7分
住 Cava Baja,9
☎ 91 366 18 60
予算 €45～
営 13:00～16:00、20:00～24:00（日曜13:00～16:00）
休 日曜夜
URL www.posadadelavilla.com/

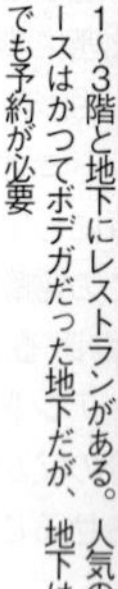
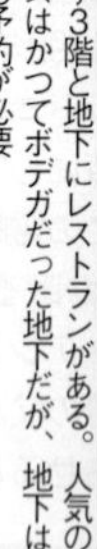

1～3階と地下にレストランがある。人気のスペースはかつてボデガだった地下だが、地下は昼間でも予約が必要

交 Ⓜ1/2/3号線Sol駅から徒歩10分
住 Cuchilleros,17
☎ 91 366 42 17
予算 €40～50
営 13:00～16:00、20:00～24:00
休 無し
URL www.botin.es/

風格のある店の外観

ボティン

BOTIN

MAP p.46-J、p.52-I

豪快に焼かれた仔豚。これで6人前

ヘミングウェイが愛したレストラン

1725年創業以来、300年近く続くこの店は、かつてヘミングウェイが通ったことで有名な、マドリッドを代表する老舗のレストラン。ここの名物は、なんといっても仔豚の丸焼きCochinillo Asado。使われるのは生まれて21日目の、乳しか飲んでいない仔豚。カラリと焼かれた皮の食感と香ばしさ、そして肉汁のジューシーな味わいは、ぜひ一度試してみたい。店には日本語のメニューも置かれ、昼間だと予約なしでも大丈夫だが、夜の場合、1日前には予約しておいたほうが無難。

切り分けられた仔豚の丸焼き。夏ならガスパチョ（右上）、冬場ならソパ・デ・アホ（左上）がおすすめ

※予算は前菜、メイン、デザートに飲み物を付けた場合の1人分の目安です。

カサ・ミンゴ
CASA MINGO

MAP p.54-A

マドリードっ子で知らない人はいない店

名物はローストチキンとシドラ（リンゴ酒）風チョリソー、それにシドラ。ローストチキン、チョリソーとミックスサラダにシドラが定番。週末はいつも混んでいるので早めに行きたい。

交 Ⓜ6/10/R号線Principe Pio駅から徒歩７分
住 Paseo de la Florida, 34
☎ 91 547 79 18
予算 20€～（テーブル席の場合）
営 11:00～24:00 休 なし
URL www.casamingo.es/

ラ・トライネラ
LA TRAINERA

MAP p.51-K

船室のようなシーフードレストラン

前菜の生ハム以外、肉類はいっさい置いていないというレストラン。400人以上も入る店内は船室のような造りになっている。おすすめは食材の旨味を活かした網焼きなど。

交 Ⓜ4号線Serrano駅から徒歩5分
住 Lagasca,60
☎ 91 576 80 35
予算 €50～60
営 13:00～16:00、20:00～24:00
休 日曜・8月
URL latrainera.es/

ヒラルダ Ⅳ
GIRALDA Ⅳ

MAP p.51-K

店内はまさにアンダルシア

南部のアンダルシア料理を基本にしている。おすすめはガスパチョ、アサリの炊き込みご飯など。人気がある店なのでテーブルを事前に予約してから訪れたい。

交 Ⓜ4号線Serrano駅から徒歩3分
住 Claudio Coello,24
☎ 91 576 40 69
予算 €70～ 80
営 13:00～16:00、21:00～24:00
休 日曜夜
URL www.restauranteslagiralda.com/

メディテラネオ
MEDITERRANEO

MAP p.41-B

パエリャは10種類以上

白を基調とした店内。10種類以上のパエリャがあり、おすすめは魚介のパエリャ、イカ墨を使ったアロス・ネグロ、イセエビを豪華に使ったパエリャなど。パエリャは€18.50～(2人前～)。

交 Ⓜ10号線Santiago Bernabéu駅から徒歩10分
住 Paseo de la Havana,33
☎ 91 435 23 61
予算 €40～
営 13:00～23:00（日曜～17:00）
休 日曜夜
URL www.arroceriasmediterraneo.com

ラルディ
LHARDY

MAP p.47-K、p.53-G

老舗で味わう気軽なスペイン料理

1839年創業。1階はアルコール類とプチサンド、ケーキなどの軽食が気軽に楽しめる。スープ類は€3.20～。レストランは2階で、典型的なスペイン料理が食べられる。

交 Ⓜ1/2/3号線Sol駅から徒歩2分
住 Carrera de San Jeronimo,8
☎ 91 521 33 85
予算 €60～70（レストラン）
営 レストランは13:00～15:30、20:30～23:00
休 日曜・祝日の夜、8月
URL lhardy.com/

カサ・ラブラ
CASA LABRA

MAP p.52-F

1860年オープンの老舗有名店

名物はタラの切り身の揚げ物。バルでは€1.65で食べることができる。バルの右手のレジで先に料金を払う。飲み物は奥のカウンターで注文する。レストラン（要予約）も併設。

交 Ⓜ1/2/3号線Sol駅から徒歩１分
住 Tetuán, 12
☎ 91 531 00 81
予算 バルは5€～、レストランは€35程度～
営 11:00～15:30、18:00～23:00
休 1月1日
URL www.casalabra.es/

カサ・ガリェーガ
CASA GALLEGA

MAP p.46-J、p.52-E

ガリシア料理の老舗
1915年からの伝統を誇るガリシア料理店。おすすめはタコのガリシア風、エンパナーダスEmpanadas（➔p.315、魚や肉のパイ）など。€50～75の5種類の定食は夜も食べられる。

交 Ⓜ2/5/R号線Ópera駅から徒歩3分
住 Bordadores,11
☎ 91 541 90 55
予算 €34～
営 12:00～24:00
休 12月24・31日の夜
URL www.lacasagallega.com

バザール
BAZAAR

MAP p.47-G、p.48-B

モダンでおしゃれなレストラン
地中海料理にアジアのテイストを効かせた味がマドリっ子に受け、オープン以来、行列が絶えない人気店。予約は受けないので開店時に訪れよう。平日の昼は定食が€11.65。

交 Ⓜ5号線Chueca駅から徒歩3分
住 Libertad,21
☎ 91 523 39 05
予算 €16～
営 13:00～23:30（木～土曜～24:00）
休 1月1日、12月25日と12月24日・31日の夜
URL www.grupandilana.com/es/restaurantes/bazaar/

エル・ブエイ
EL BUEY

MAP p.46-E

肉の石焼きならここ
地元で評判の店。料理はいたってシンプルだが味の良さで人気を集めている。サービスも良く、リラックスして食事が楽しめる。場所柄、スペインの国会議員たちもよく訪れる。

交 Ⓜ2号線Santo Domingo駅から徒歩5分
住 Marina Española,1
☎ 91 541 30 41
予算 €30～
営 13:00～16:00、21:00～24:00
休 日曜夜
URL restauranteelbuey.com/

ラ・ボラ
LA BOLA

MAP p.46-E、p.52-A

コシード・マドレリーニョといえばここ
マドリッドの郷土料理、コシード・マドレリーニョ（➔p.39）を1870年から提供し続ける伝統ある店。昼も夜も人でいっぱい。カスティーリャ地方の料理が豊富。日本語メニューあり。

交 Ⓜ2/5/R号線Ópera駅から徒歩5分
住 Bola,5
☎ 91 547 69 30
予算 €30～
営 13:00～16:00、20:30～23:00
休 日曜夜・12月24日
URL labola.es/

エル・カルデロ
EL CALDERO

MAP p.47-K、p.53-K

パエリャの豊富なムルシア料理店
常時10種類のパエリャがある。店内はカジュアルな雰囲気でカップル向き。金・土曜の夜は要予約。おすすめは魚のスープを使ったエビ入りパエリャ、鳥肉のパエリャなど。

交 Ⓜ1号線Antón Martín駅から徒歩7分
住 Huertas,15　☎ 91 429 50 44
予算 €35～
営 13:00～16:30、20:00～24:00（土曜夜～24:30、日曜13:00～16:30）
休 日・月曜の夜
URL elcaldero.com/

カサ・ルシオ
CASA LUCIO

MAP p.46-J

ルシオおじさんの店として知られる
昔ながらのマドリードの雰囲気を残す賑やかな通りの中ほどにある。名物はHuevos Estrellados（フライドポテトの半熟目玉焼き乗せ）。店内には来店した有名人の写真が飾ってある。要予約。

交 Ⓜ5号線La Latina駅から徒歩5分
住 Cava Baja, 35
☎ 91 365 32 52
予算 €45～
営 13:00～16:00、20:30～24:00
休 8月
URL casalucio.es/es/

※予算は前菜、メイン、デザートに飲み物を付けた場合の1人分の目安です。

エル・ガウチョ
EL GAUCHO

MAP p.48-A、p.53-C

肉にこだわる専門店
チョリソとモルシーリャ（豚の血のソーセージ）で有名な店。アルゼンチンから直輸入しているという牛肉のステーキもおすすめで、1枚1枚じっくり丁寧に焼いてくれる。

交 Ⓜ1/2/3号線Sol駅から徒歩3分
住 Tetuan,34
☎ 91 522 47 93
予算 €30〜
営 12:00〜翌1:00
休 無し
URL parrillaelgaucho.es/

メルカード・デ・ラ・レイナ
MERCADO DE LA REINA

MAP p.47-G、p.48-A

▲入口はグラン・ビアぞいにある

▲1Fのバルは明るい雰囲気

朝からタパスを試したい人におすすめ
典型的なスペイン料理を今風にアレンジして提供し地元で人気の高い店。1階がバル、2階がレストランになっていて、ゆったり食事したいなら2階へ。バルは朝9:00〜翌2:00のオープンなので、朝から深夜までタパスが食べられるのも旅行者には嬉しい。おすすめはハモンイベリコの自家製コロッケ€8.50。平日昼は€13の定食がある。夜は行列ができるのでオープンとともに入るとよい。

交 1/5号線Gran Via駅から徒歩4分
住 Gran Via,12
☎ 91 521 31 98
予算 €30〜
営 9:00〜翌2:00（金曜は〜翌2:30、土曜10:00〜翌2:30、日曜10:00〜）
休 無し
URL www.mercadodelareina.es

オルバヨ
ORBAYO

MAP p.49-C

肉の網焼き専門店
アストゥリアス地方の高級牛肉の網焼きを得意とする店。ほかにもファバダ（白インゲンを使った料理）など、北部の郷土料理をそろえる。店内は落ち着いた雰囲気。

交 Ⓜ2号線Retiro駅から徒歩2分
住 Claudio Coello,4
☎ 91 576 41 86
予算 €35〜
営 13:00〜16:00、20:30〜24:00
休 無し
URL www.restauranteorbayo.com

イロギ
HYLOGUI

MAP p.47-K、p.53-H

食材にこだわる良心的な店
手頃な値段で本格的なスペイン料理が楽しめる。すべての料理に炭火を使用し、冷凍肉・魚はいっさい使わないというこだわり。気さくな従業員の対応も気持ちいい。

交 Ⓜ2号線Sevilla駅から徒歩4分
住 Ventura de la Vega,3
☎ 91 429 73 57
予算 €20〜（定食）
営 13:00〜16:00、21:00〜23:30（日曜13:00〜16:00）
休 8月
URL restaurantehylogui.com

エル・インティ・デ・オロ
EL INTI DE ORO

MAP p.47-K、p.53-H

バル街の中にあるペルー料理店
珍しいペルー料理店。ペルーの食前酒「ピスコサワー」も試したい。魚介のマリネのセビチェなど、料理はどれも日本人の口に合う。席数が多くないので夜は予約がおすすめ。

交 Ⓜ2号線Sevilla駅から徒歩4分
住 Ventura de la Vega,12
☎ 91 429 67 03
予算 €22〜
営 13:30〜16:00、20:30〜24:00
休 無し
URL intideoro.com/

ラ・タウリーナ
LA TAURINA

MAP p.47-K、p.53-G

闘牛好きにはたまらない店
店内には牡牛の剥製やポスターがずらり。闘牛士を模したコスチュームを着たボーイの中には、かつてマタドールだった人もいる。料理は一皿€10前後から、デザートは€5.20から。

交 Ⓜ1/2/3号線Sol駅から徒歩3分
住 Carrera de San Jeronimo,5
☎ 91 531 39 69
予算 €11.50～
営 11:00～翌1:00(金・土曜～翌1:30)
休 無し
URL www.lataurina.com/

漢江

HAN GANG

MAP p.48-J

なじみのメニューが並ぶ韓国料理の店
冷麺や石焼ビビンバ、ユッケジャンなど、日本人にもおなじみのメニューが並ぶ、本格的な韓国料理が味わえる店。メニュー選びに苦労しないのが嬉しい。

交 Ⓜ1号線Estación del Arte駅から徒歩6分
住 Atocha,94
☎ 91 528 12 01
予算 €25～
営 13:00～16:00、20:00～24:00
休 無し

ビー・クール
VI COOL

MAP p.47-K、p.53-K

クールな空間でハンバーガーやコカ・ピザを
今はなき伝説のレストラン、「エル・ブジ」出身シェフ、セルジ・アロラがプロデュースする軽食レストラン。ひとひねり加えた料理は洗練された味わいだ。平日昼の定食は€13.90とお値打ち。

交 Ⓜ1号線Anton Martínから徒歩4分
住 Huertas,12
☎ 91 429 49 13
予算 €17～
営 13:00～16:00、20:00～24:00
休 無し
URL vi-cool.com

プエルタ・デ・アトーチャ
PUERTA DE ATOCHA

MAP p.48-J

1人前から注文可能なパエリャが14種類
パエリャの種類が豊富なアロセリア。18種類あるうちカルドッソ、アロスアバンダ以外の14種類は1人前から注文できるのが嬉しい。おすすめはロブスターのパエリャ€22.50、ただし2人分から。

交 Ⓜ1号線Estación del Arte駅から徒歩5分
住 Tortosa,10
☎ 91 530 11 94
予算 €25～
営 6:00～翌1:00
休 1月1日、12月25日
URL puertadeatocha.com

ムセオ・デル・ハモン
MUSEO DEL JAMON

MAP p.46-J、p.52-F

天井から吊られた生ハムは圧巻
1階のバルでは立ったまま手軽に。ゆっくり食事を楽しみたければ2階のサロンで。夜でも注文できる定食やコンビネーションプレートの種類も豊富だ。料金は1階と2階で異なる。

交 Ⓜ1/2/3号線Sol駅から徒歩2分
住 Mayor,7
☎ 91 531 45 50
予算 €8.10～（2階定食）
営 7:00～24:30（金・土曜～翌1:00、日曜10:00～）
休 無し
URL www.museodeljamon.com/

どん底
DONZOKO

MAP p.47-K、p.53-G

マドリッ子にも人気の和食の店
スペイン人にも人気の歴史の古い日本料理店。ちらし寿司やすき焼き（2人前から）が人気。東京の新宿にある店の支店だが、文化人や王室関係の地元の有名人にも愛されている。

交 Ⓜ2号線Sevilla駅から徒歩3分
住 Echegaray,3
☎ 91 429 57 20
予算 €15～
営 13:00～15:30、20:00～23:30
休 日曜
URL donzoko.es

※予算は前菜、メイン、デザートに飲み物を付けた場合の1人分の目安です。

ラ・サナブレサ
LA SANABRESA

MAP p.47-K、p.53-L

味自慢の下町のレストラン

40年近く、地元の人々に愛され続けてきた下町のレストラン。観光客は少ないものの、料理の味も良く、値段も安い穴場的な店。おすすめはナスのフライBerenjenas Rebozadas。

交 Ⓜ1号線Antón Martín駅から徒歩2分
住 Amor de Dios,12
☎ 91 429 03 38
営 13:00～16:30、20:30～23:30
休 日曜、8月

プブリック
PUBLIC

MAP p.46-F

味良し値段良しの地中海レストラン

雰囲気、味、ボリューム、三拍子揃っていながら値段は手頃とあって、店内は常に満席。平日の昼は€11.65の定食あり。予約は受けていないので開店と同時に入るのがベスト。

交 Ⓜ3/5号線Callao駅から徒歩2分
住 Desengano,11
☎ 91 522 06 70
予算 昼€10.35～、夜€20～
営 13:15～23:30（木～土曜13:00～24:00）
休 12月24日の夜、12月25日、12月31日の夜、1月1日

テンプラニーリョ
TEMPRANILLO

MAP p.46-J、p.52-I

スペインワインの奥深さを知る

ワインの種類が豊富なワインバー。軽いつまみもあり。その日のおすすめのワインとつまみが黒板に書いてある。ワインは€2.80～くらい。ボトル、グラスともにお手頃な値段。

交 Ⓜ5号線La Latina駅から徒歩4分
住 Cava Baja,38
☎ 91 364 15 32
営 13:00～16:00、20:00～24:00
休 月曜夜、8月

エル・リンコン・デ・ゴヤ
EL RINCON DE GOYA

MAP p.51-K

ショッピング中に気軽に立ち寄る

タイル張りの店内は典型的なスペインのバル。タパスはおいしいうえに格安。いつ行ってもスペイン人で混み合っている。スペイン風オムレツなどおすすめ。

交 Ⓜ4号線Serrano駅から徒歩3分
住 Lagasca,46
☎ 91 576 38 89
営 10:00～24:00（日曜13:00～16:00）
休 無し
URL www.latabernarincondegoya.com/

クエバス・デ・セサモ
CUEVAS DE SESAMO

MAP p.48-E、p.53-G

洞窟のような雰囲気でサングリアを

サングリアの店。店内にはピアノの生演奏が流れ、壁には哲学者たちの言葉が書かれている。言葉がわかれば興味深い。サングリアは1ℓでも€11、500mlで€6.50とリーズナブル。

交 Ⓜ2号線Sevilla駅から徒歩3分
住 Príncipe,7
☎ 91 429 65 24
営 18:30～翌2:00(金・土曜～翌2:30)
休 無し
URL www.cuevassesamo.es

ラ・コケッテ
LA COQUETTE

MAP p.46-F、p.52-B

隠れ家のようなブルースバー

地下への階段を降りると、若者のひしめき合う狭い店内。夜にはジャズの生演奏も行われる（開始は22:15～22:45くらい）。バルの賑わいとはひと味違う、スペインの夜が楽しめる。

交 Ⓜ2/5/R号線Ópera駅から徒歩3分
住 Las Hileras,14
☎ 91 530 80 95
営 20:00～翌3:00(金・土曜～翌3:30)
休 月曜、8月

メソンでマドリッドの夜は更けて

地下鉄ソル駅から歩いて5分。マヨール広場を横切り、サン・ミゲール通りという小道に下ると、道の両側に築500年ほどの建物が並び、その1階部分にメソンMesón（居酒屋）と名の付く店が集まっている。昼間、閑散としているこの一帯は、夕刻、7時を過ぎる頃ともなると、にわかに活気づく。各店から流れ来るギターやアコーディオンの陽気な音色、その音色に負けないほどの陽気な笑い声。通り全体が独特の優しい熱気に包まれる。マドリッドの、いやスペインの、果てしなく愛すべき夜の時間を、このメソン街でじっくり味わってみては。

Plaza de
San Miguel
①Bodega Bohemia
②Guitarra
③Boqueron
④Tortilla
⑤Rincon
⑥Champiñón
サン・ミゲル
市場
Calle Cava San Miguel
マヨール
広場
⑦Mazmorra
Plaza Majorへ
Street Map

ボデガ・ボヘミア

BODEGA BOHEMIA

MAP p.52-E

今宵のつまみとうまい酒で スペインの夜は更ける

ボデガとは酒蔵の意味。入口のメニューにはカリョス・マドリレーニャ、パタタ・ブラバ（フライドポテトのソースがけ）、自家製コロッケなど、今宵のつまみが掲げられ、€5.50〜8程度の手頃な値段で楽しめる。

住 Cava de San Miguel,7
☎ 91 129 46 16
営 19:00〜翌2:00（土・日曜は13:00〜16:00も営業
休 無し

Street Map ①

メソン・デ・ラ・ギターラ

MESÓN DE LA GUITARRA

MAP p.52-E

ホロ酔い気分で聴く 生ギターの即興演奏

夜9時を過ぎると、店内にギターの生演奏が響きわたる。リクエストに応えてフラメンコの曲も弾いてくれる。チップは€1ほどで充分。1皿€9程度からの料理を楽しみながら、愉快な時間が送れる。

住 Cava de San Miguel,13
☎ 91 559 95 31
営 19:00〜翌2:00（金〜日曜は13:00〜16:00も営業）
休 無し

Street Map ②

メソン・デル・ボケロン

MESÓN DEL BOQUERON

MAP p.52-E

日本と同じやり方で イワシを肴に軽く一杯

店名の通り、1皿€9.50のボケロネス（イワシの酢漬け）が自慢の店。店は小ぶりだが、日本の居酒屋気分で一杯やるには手頃な広さ。この手の店には珍しく、英語を話すカマレロ（ボーイ）がいるのも心強い。

住 Cava de San Miguel,13
☎ 91 548 26 16
営 13:00〜17:00、19:00〜翌2:00（土・日曜〜翌1:00）
休 火曜

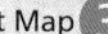
Street Map ③

エル・メソン・デ・ラ・トルティーリャ
EL MESÓN DE LA TORTILLA

MAP p.52-E

キャリア40年のおじさんのアコーディオンもまた楽し

トルティーリャの専門店。1皿€6.50が基本だが、チョリソや玉ネギをミックスしてもらうと€7.50～。テーブル席が45席と、外観からは想像できないほど店内は広い。ハシゴ酒に疲れたらここで一服。

住 Cava de San Miguel,15
☎ 91 547 10 08
営 19:00～翌1:30（土・日曜は13:00～17:00も営業）
休 無し

Street Map 4

メソン・リンコン・デ・ラ・カバ
MESÓN RINCON DE LA CAVA

MAP p.46-J,p.52-E

地下の酒蔵の中で心安まる時間を過ごす

店内はかなり広く、しかもまるで地下の酒蔵にでも入ったような雰囲気で、なんとなく落ち着くから不思議。軽くつまむなら、エビをオリーブオイルとニンニクで炒めたガンバス・アル・アヒーリョ1人前€16（タパは€8）がおすすめ。

住 Cava de San Miguel,17
☎ 91 366 58 30
営 12:00～翌2:00
休 無し

Street Map 5

メソン・デル・チャンピニョン
MESÓN DEL CHAMPIÑÓN

MAP p.52-I

伝統のオルガン演奏は2代目に継がれ今も健在

マッシュルームの鉄板焼き専門店。チャンピニョン（カウンター€6.20、テーブル€7.30）は、味はもちろん、量もなかなかのもの。店内には陽気な笑い声や手拍子が絶えない、スペインならではの酒場の雰囲気が漂う。

住 Cava de San Miguel,17
☎ 91 559 67 90
営 11:00～翌2:00（日曜12:00～）
休 無し

Street Map 6

メソン・ラ・マスモラ
MESÓN LA MAZMORRA

MAP p.52-E

石造りの地下店内でうまい肴とお酒を楽しむ

城の門を潜るように入口から入ると、店内はまるで地下牢（マスモラ）の雰囲気。何やら怪しげだが、酒好きには落ち着ける空間だ。イベリコ豚の生ハム€13、スペイン風オムレツ€5.50がおすすめとのこと。

住 Cava de San Miguel,6
☎ 617 990 229
営 19:00～翌1:00（木・金曜～翌2:00）
休 無し

Street Map 7

マヨール広場からバル街へ向かう

SHOPPING

買う

マドリッドのショップ

マドリッドのショッピングゾーンは、高級ブランド品を中心にハイセンスな店が建ち並ぶセラーノ通りと、スペインのメインストリートであるグラン・ビアからソル広場にかけての旧市街に大別できる。首都だけあって、スペインをはじめヨーロッパの一流品からスペインならではのおみやげ品まで、種類、量とも豊富にそろっている。

Fashion ファッション

スペインを代表するブランドからヨーロッパ各国のブランド品まで、日本より割安に購入できる。特にセラーノ通りとベラスケス通り周辺には高級ブランド品を扱う店が集中している。

ロエベ

LOEWE

MAP p.51-K

幅広い商品がそろう王室御用達の皮革ブランド

「カサ ロエベ マドリッド」と名付けられた旗艦店。大理石の床、明るく広い店内には、カジュアルウェアからフォーマルウェア、さらに革製品に至るまで幅広くそろっている。

交 Ⓜ4号線Serrano駅から徒歩1分
住 Serrano,34
☎ 91 577 60 56
営 10:00～20:30（日曜11:00～20:00）
休 無し
URL www.loewe.com/

ザラ・ホーム

ZARA HOME

MAP p.51-K

おしゃれで値段も手頃なZARAのインテリア雑貨店

日本でも知名度の高い人気ブランド、ZARAのインテリア雑貨店。ベッド周りから、リビング・ダイニング用品まで豊富にそろう。石鹸やインセンスなどは、おみやげにいい。

交 Ⓜ4号線Serrano駅から徒歩2分
住 Hermosilla,18
☎ 91 577 64 45
営 10:00～21:30（土・日曜12:00～21:00）
休 1月1、6日、5月1日、12月25日
URL www.zarahome.com

トウス

TOUS

MAP p.51-K

くまのモチーフのジュエリーが人気

愛らしい「トウス・ベア」のデザイン・ジュエリーで有名なブランド。マドリッド市内に21店舗あり、服飾から食器、家具まで扱っている。シルバーなら指輪が値段も手頃。

交 Ⓜ4号線Serrano駅から徒歩5分
住 Goya,27
☎ 91 575 51 71
営 10:00～20:30（日曜12:00～20:00）
休 無し
URL www.tous.com/

アドルフォ・ドミンゲス

ADOLFO DOMINGUEZ

MAP p.51-G

ハイセンスでシックな紳士服がそろう

紳士服、婦人服のコレクションを扱っている。メンズはスーツや落ち着いたシックな感じの服が多い。20代後半から30代のビジネスマンにおすすめのネクタイもそろう。

交 Ⓜ5号線Núñez de Balboa駅から徒歩5分
住 Serrano,96
☎ 91 576 70 53
営 10:00～21:00
休 日曜・祝日
URL www.adolfodominguez.com/

※「ザラ」はスペインでは「サラ」と発音されます。

アドルフォ・ドミンゲス p.90

ルベン・ダリオ駅
RUBÉN DARÍO

ヌニェス・デ・バルボア駅
NUÑEZ DE BALBOA

セラーノ通り周辺は落ち着いたビジネス街でもある。治安は比較的良いほうだが、買物袋を下げて無防備に歩くのは避けたほうがいい。

ザラ・ホーム

ファブリシア

アベセ・セラーノ p.96

セラーノ通りから東西に延びる路地や隣の路地にも個性的な店が並ぶ レストランやカフェなども点在しているので、街歩きに疲れたら、ちょっとひと休み

ベラスケス通り Calle de Velázquez

この通り一帯にブランド店やブティック、アクセサリー店が軒を連ねる

オペラ駅方面へ

リヤドロ p.95

グッチ

カルティエ

クスト

ホセ・オルテガ・イ・ガセット通り Calle de José Ortega y Gasset

エルメス

シャネル p.92

カスティリャーナ通り Paseo. de la Castellana

ルイ・ヴィトン p.92

サンタ p.97

ブラウニー p.93

マラ・ババ p.92

アヤラ通り Calle de Ayala

セラーノ通り C. de Serrano

アガタ・ルイス・デ・ラ・プラダ

ジョルジオ・アルマーニ p.93

バリー

エルモシーシャ通り Calle de Hermosilla

マンゴ

ザラ・ホーム p.90

ホアキン・ベラオ p.94

トウス p.90

コロン駅
COLÓN

コロンブス像

コロン広場

セラーノ駅
SERRANO

マックス・マーラ

ゴヤ通り Calle de Goya

ベラスケス駅
VELÁZQUEZ

ロエベ p.90

エル・ハルディン・デ・セラーノ p.97

プラダ p.92

イヴ・サンローラン

国立国会図書館

カンペール p.93

ボックスカーフ p.93

マスコブ p.92

レコレトス駅
RECOLETOS

国立考古学博物館

ムスゴ

アドルフォ・ドミンゲス

ベラスケス通り Calle de Velázquez

マヨルカ p.97

アルカラ門へ

マラ・ババ
MALA BABA

MAP p.51-K

スペイン王室もご用達 注目のアクセ&バッグブランド

アクセサリー&レザー製品の店。マドリードに工房があり、ひとつひとつ手作りされている。品質の高さとデザインのフェミニンさでスペイン王室のレティシア妃などセレブにもファンが多い。

交 Ⓜ4号線Serrano駅から徒歩6分
住 Lagasca,68
☎ 91 203 59 90
営 10:30～20:30(金・土曜～21:00)
休 日曜・祝日
URL www.malababa.com

マスコブ
MASSCOB

MAP p.51-K

ガリシア生まれの ハイソサエティブランド

ア・コルーニャ生まれのシックなレディースブランド。最高級品質の天然素材を用いて、国内の工場で作られるシャツは値段は少し高めだが、満足のいく一着に出会えるはず。

交 Ⓜ4号線Serrano駅から徒歩4分
住 Puigcerdá,2
☎ 91 435 85 96
営 10:30～20:30
休 日曜・祝日
URL masscob.com

プラダ
PRADA

MAP p.51-K

あのプラダの「服」を 手に入れたい人におすすめ

バッグ類に人気が集まるブランドだが、この店では洋服の品ぞろえに着目したい。店内はゆったりとして高級感が漂い、店員の対応も良く、落ち着いて買い物が楽しめる。

交 Ⓜ4号線Serrano駅から徒歩1分
住 Goya,4
☎ 91 436 42 12
営 10:00～20:30(日曜11:00～20:00)
休 無し
URL www.prada.com/

エスフェラ
SFERA

MAP p.46-J、48-A

手頃な値段が嬉しい カジュアルブランド

デパートチェーンのエルコルテイングレスのプライベートブランド。Tシャツが€5～と値段が手頃。1階がメンズ&レディース、地下が子供服と、家族で買い物が楽しめるのも嬉しい。

交 Ⓜ1/5/3号線Sol駅から徒歩2分
住 Preciados, 4
☎ 91 523 83 70
営 10:00～22:00(日曜11:00～21:00)
休 1月1日、12月6・25日
URL www.sfera.com/

ルイ・ヴィトン
LOUIS VUITTON

MAP p.51-G

人気ブランドの各モデルが 品数豊富にそろう店

クラシックなモノグラム、あざやかな色使いのエピに加え、たばこ入れや携帯電話入れのダミエが人気。サイフ、バケットなど、日本で買うよりはお得かも。

交 Ⓜ4号線Serrano駅から徒歩7分
住 Serrano, 66
☎ 91 575 13 08
営 10:30～20:30（金・土曜～21:00、日曜12:00～20:00)
休 無し
URL www.louisvuitton.com/

シャネル
CHANEL

MAP p.51-G

高級店でありながら 気兼ねなく買物できる雰囲気

シックで華やかな雰囲気の店内にはバッグから化粧品、洋服までトータルなラインがそろう。店員が親切なのもいい。スカーフ€400～。シャネルスーツは€5,000～。

交 Ⓜ5/9号線Núñez de Balboa駅から徒歩5分
住 Ortega Y Gasset,16
☎ 91 431 30 36
営 10:00～20:00
休 日曜
URL www.chanel.com/

カンペール
CAMPER

MAP p.51-K

©Rafa Suñen

日本の若者にも人気のカラフルに足元を装う靴

左右非対称などのユニークなデザインとカラフルな色使いで、日本でも若者に人気のカンペールの靴。だいたい€85～140の価格帯で、日本国内よりかなりお得な値段で買える。

交 Ⓜ4号線Serrano駅から徒歩3分
住 Serrano, 24
☎ 91 578 2560
営 10:00～21:00（日曜12:00～20:00）
休 無し
URL www.camper.es

アガタ・ルイス・デ・ラ・プラダ
AGATHA RUIZ DE LA PRADA

MAP p.51-K

遊び心あふれる色とフォルム

日本でも人気のスペインのブランド。色とりどりの小さな丸い缶に入ったワセリンは大人気。他にもカラフルな色遣いの小物やレディースのシャツ、バッグなど“カワイイ”商品がたくさん。

交 Ⓜメトロ4号線Serrano駅から徒歩3分
住 Serrano,27　☎ 91 319 0501
営 10:00～20:30
休 日曜
URL www.agatharuizdelaprada.com/

ボックスカーフ
BOXCALF

MAP p.51-K

ハイセンスな革製品ならこの店がおすすめ

オリジナルの革製品は皮質の高さと発色に加えて、センスがすばらしい。ほかの革専門店に比べるとジャケット€500ぐらいから€3000と少々高めだが、納得のいくものが必ずある。

交 Ⓜ4号線Serrano駅から徒歩4分
住 Jorge Juan,14
☎ 91 435 34 29
営 10:00～20:30（日曜12:00～19:00）
休 無し
URL www.boxcalf.es/

ジョルジオ・アルマーニ
GIORGIO ARMANI

MAP p.51-K

落ち着いたアダルトな服に根強い人気のブランド

大人のイメージで定評のあるイタリアンブランド。3フロアにジョルジオとエンポリオの男女アイテムを展開。ともに充実した品ぞろえだ。紳士用ネクタイ€150前後。

交 Ⓜ4号線Serrano駅から徒歩3分
住 Serrano, 44
☎ 91 576 14 95
営 11:00～20:30
休 日曜・祝日
URL www.armani.com/

ブラウニー
BROWNIE

MAP p.51-K

ナチュラルでやさしいデザインが人気

バルセロナ生まれのブランド。ベーシックなデザインとソフトな色使いで在住日本人にも人気。綿や麻、カシミアなどの天然素材で作られた洋服は着心地がいい。

交 Ⓜ4号線Serrano駅から徒歩6分
住 Lagasca,72
☎ 91 435 44 98
営 10:00～20:30
休 日曜・祝日、12月25日、1月1・6日、8月第2,3週、聖週間の木・金曜
URL grassy.es/

グラッシー
GRASSY

MAP p.47-G、p.53-D

確かな品質を誇る安心の高級宝飾品店

ウィンドーの大時計が目印。品質の高い貴金属をそろえる店で、その品ぞろえと品質の高さには定評がある。サラマンカ地区のオルテガ・イ・ガゼット通りにも姉妹店がある。

交 Ⓜ2号線Sevilla駅から徒歩4分
住 Gran Vía,1
☎ 91 532 10 07
営 10:00～20:00、土曜10:30～14:00
休 日曜
URL grassy.es/

ザラ
ZARA

MAP p.48-A、p.52-B

日本にも進出している世界的ブランド

スペイン国内に100店舗以上の店を展開し、広い支持を集めるファッションブランド。センスの良さに比べ、価格が驚くほどリーズナブル。シャツやパンツが€25前後からとお得。

交 Ⓜ1/5号線Gran Vía駅から徒歩3分
住 Gran Vía,34
☎ 91 521 12 83
営 10:00～22:00
休 無し
URL www.zara.com/

ドブレ・ア
DOBLE Aa

MAP p.47-H、p.48-B

おしゃれなスペイン人に人気の最新ファッションがそろう店

スペインの女優やテレビ関係の業界人など、おしゃれに敏感な人々がよく利用する、マドリッドのファッションをリードする店。ヨーロッパ各国のブランドがそろっている。

交 Ⓜ1/5号線Chueca駅から徒歩3分
住 Barguillo 28
☎ 91 138 45 34
営 10:30～21:00
休 日曜・祝日

ホアキン・ベラオ
JOAQUIN BERAO

MAP p.51-K

東京にも支店がある新感覚のジュエリー専門店

東京・青山にも支店があるスペインの新進デザイナー、ホアキン・ベラオのジュエリーショップ。カタツムリをイメージした流線型のネックレスやブレスレットが人気。

交 Ⓜ4号線Serrano駅から徒歩3分
住 Lagasca, 44
☎ 91 577 28 28
営 10:00～20:30
休 日曜・祝日
URL www.joaquinberao.com/

ティミール
TIMYR

MAP p.47-L、p.48-F

日本語で安心して楽しめる手頃なショッピング

スペインやヨーロッパのブランドがそろった、日本人が経営するお店。店内では日本語が通じるので、安心して買い物ができる。オリジナルデザインの革製財布など、値段も手頃。

交 Ⓜ2号線Banco de España駅から徒歩7分
住 Felipe IV,3
☎ 91 531 65 96
営 9:30～13:30、16:00～19:30（日曜・祝日9:30～13:00） 休 無し
URL timyr.com/

とっておき情報

ラストロ マドリッドのノミの市探検 MAP p.41-E

日曜の朝は少し早起きして、マドリッド名物のノミの市、ラストロに出かけよう。約500年の歴史があるという市は、マヨール広場から徒歩10分、地下鉄Latina駅近くのRibera de Curtidores通りを中心に、左右に延びる細い道が舞台だ。露店に並ぶのはスペイン名産の革製品や陶器、サッカーグッズなどの実用品から、いったい何に使うのか首を傾げるようなものまでさまざまだが、時にはアンティークの掘り出し物に出会うこともあるとか。ラストロは9:00～15:00頃の開催で、ピークを迎えるのは午後1時前後。比較的ゆっくり見て歩きたいという人は、9～10時頃の時間帯がおすすめ。時間帯にかかわらずスリが多いことでも有名なので、懐にはご用心。

※「ザラ」はスペインでは「サラ」と発音されます。

Books, Art, Craft&Goods

本・工芸品・雑貨

旅のおみやげに、あるいは記念に、その国ならではの小物類は最適。スペインらしいデザインの切手やフラメンコ衣裳など、楽しいショッピングができる。

リヤドロ

LLADRO

MAP p.51-G

世界に名だたるリヤドロの直営店

スペインの陶磁器人形の最高峰「リヤドロ」。ずらりとそろった人形は、指先に至るまで繊細な造りが施され、その微妙な色合いや表情がすばらしい。天使の人形は€100ぐらいから。

交 Ⓜ5/9号線Núñez de Balboa駅から徒歩5分
住 Serrano,76
☎ 91 435 51 12
営 10:00～20:00
休 日曜・祝日
URL www.lladro.com/

ホセ・ラミレス

JOSE RAMIREZ

MAP p.46-J、p.52-F

4代目が継承するフラメンコギターの老舗店

プロの顧客も多いギター専門店。初級者用クラシックギターは€185～、フランメンコギター€410～。手作りのフランメンコギターは€4665～(プロ用€8779～)。工房も見学できる。

交 Ⓜ1/2/3号線Sol駅から徒歩4分
住 La Paz,8
☎ 91 531 42 29
営 10:00～14:00、16:30～20:00(日曜・祝日10:30～14:00)
休 日曜・祝日
URL guitarrasramirez.com/

ペドロ・デ・ミゲル

PEDRO DE MIGUEL

MAP p.47-K、p.53-L

製作から修理までこなすフラメンコギター専門店

店の奥の工房で製作や修理を行っているフラメンコギター専門店。練習用フラメンコギター€410前後。プロ用€4500～7500までそろう。日本人の購入者も多い。

交 Ⓜ1号線Antón Martín駅から徒歩2分
住 Amor de Dios,13
☎ 91 429 47 93
営 10:30～14:00、17:00～20:00（土曜～13:30)
休 日曜・祝日

マティ

MATY

MAP p.52-F

半世紀以上の歴史を持つフラメンコ衣裳の名店

フランメンコやバレエ、カーニバル用の衣裳がそろう50年以上の歴史を誇る名店。フラメンコ衣裳は€450くらい、フランメンコ用のマント€37～。衣裳のオーダーも可能だ。

交 Ⓜ1/2/3号線Sol駅から徒歩3分
住 Maestro Victoria,2
☎ 91 531 32 91
営 10:00～13:45（土曜～14:00)、16:30～20:00
休 日曜・祝日
URL www.maty.es/

ペルティニェス

PERTIÑEZ

MAP p.46-J、p.52-F

手頃な値段でそろうフラメンコ用品の店

衣裳から靴、小物、マント、アバニコ（扇子）などフランメンコ関連商品をそろえた専門店。フラメンコ衣裳€180～、練習用のスカート€30～、カスタネット€6.95～など。

交 Ⓜ1/2/3号線Sol駅から徒歩5分
住 Calle Esparteros,12
☎ 91 521 03 31
営 10:00～13:30、17:00～20:30（土曜は10:00～13:00、17:00～20:00)
休 日曜・祝日
URL www.pertinez.com

エル・アルコ
EL ARCO

MAP p.46-J、p.52-F

旅の記念に オリジナリティあふれる品々

マヨール広場に面した工芸品店。段ボール製のユニークな形の人形やスペインの若手陶芸家の作品、モダンなデザインのアクセサリーなど、平均価格帯は€15〜45。

交 Ⓜ2/5/R号線Opera駅から徒歩7分
住 Plaza Mayor,9
☎ 91 365 26 80
営 11:00〜21:00（日曜12:00〜20:00）
休 無し

フィラテリア・ヌミスマティカ2000
FILATELIA NUMISMATICA2000

MAP p.53-G

切手やコインなど スペインみやげに最適

1850年からの切手などを収集している切手・コイン専門店。スペインの歴史をモチーフにした切手や、今ではなかなか手に入らない古いヨーロッパのコインなど、おみやげに最適。

交 Ⓜ1/2/3号線Sol駅から徒歩3分
住 Calle de la Cruz,1
☎ 91 521 31 85
営 10:30〜13:30、17:30〜20:00（土曜は午前のみ）
休 日曜

カンタロ
CANTARO

MAP p.46-F

日本人観光客に人気の スペインの陶器がそろう店

セビーリャやコルドバ、トレドなど陶器で有名なスペイン各地の商品が集められている。タラベラ焼の小皿など、手頃な値段で買えるので日本人観光客にも人気。

交 Ⓜ3/10号線Plaza de España駅から徒歩2分
住 Flor Baja,8　☎ 91 547 95 14
営 10:00〜14:00、17:00〜21:00（土曜〜20:00）
休 日曜・祝日、8月
URL www.ceramicacantaro.com/

カサ・デル・リブロ
CASA DEL LIBRO

MAP p.46-F、p.52-B

地階から4階まで あらゆる本が並ぶ本のデパート

地上4階、地下1階の大型ブックストア。1階フロアに小説・文学関係、2階に料理・旅行ガイド、3階に美術・歴史、4階に社会科学関係、地下には洋書・語学書の本が並べられている。

交 Ⓜ1/5号線Gran Vía駅から徒歩3分
住 Gran Vía,29
☎ 90 202 64 02
営 9:30〜21:30、日曜・祝日11:00〜21:00
休 1月1日、1月6日、12月25日
URL www.casadellibro.com/

Department Store & Shopping Center

デパート・ショッピングセンター

ショッピングセンターやデパートはセラーノ通りやソルにある。日用品からブランド品、おみやげまで品ぞろえは豊富。時間がないときのショッピングには、やはり便利だ。

アベセ・セラーノ
ABC SERRANO

MAP p.51-G

歴史ある建物も美しい 豊富な品ぞろえの店

19世紀に建てられたレンガ造りの建物が美しい、マドリッドでも有名なショッピングセンター。衣料品、家具、インテリア用品などが豊富で、ケーキ店やカフェテリアもある。

交 Ⓜ5/9号線Núñes de Balboa駅から徒歩5分
住 Serrano,61　☎ 91 577 50 31
営 10:00〜21:00（スーパーは9:00〜21:30）
休 日曜・祝日
URL www.abcserrano.com/

エル・コルテ・イングレス
EL CORTE INGLÉS

MAP p.46-J、p.52-B

スペインを代表するデパート・チェーン
日用品から衣服、食品、文房具、おみやげまで幅広い品ぞろえのデパート。ソル店の地下には郵便局もある。また、Argüelles駅近くには本と電化製品の別館もある。

交 Ⓜ1/2/3号線Sol駅から徒歩1分
住 Preciados,3
☎ 91 379 80 00
営 10:00～22:00（日曜11:00～21:00）
休 12月25日
URL www.elcorteingles.es/

ショッピングモール・プリンシペピオ
C.C.PRINCIPE PIO

MAP p.54-C

メトロのプリンシペ・ピオ駅に直結
ZARA、MANGO、H&M、その他のスペインおよび外国ブランドからスポーツ用品、キッズ用品など110店舗、さらにレストラン、バル、映画館、スーパーまで何でもそろう。

交 Ⓜ6/10/R号線Principe Pio駅から徒歩1分
住 Paseo de la Florida, 2
☎ 91 758 0040
営 10:00～22:00（日曜11:00～）
休 無し
URL principe-pio.klepierre.es

マドリッドの市街

Cake& Chocolate
ケーキ・チョコレート
甘いものに目のないスペイン人。それだけに、ケーキやチョコレートなど種類も豊富で目移りするほど。アーモンドの粉と砂糖を練った郷土菓子のマザパンなど、甘いものは徹底的に甘いというスペインの味覚にふれてみては。

マヨルカ
MALLORCA

MAP p.49-C

ティータイムにも利用できるマドリッド有数のお菓子専門店
豊富な種類のお菓子が買えるのはもちろん、店内はティーサロンにもなっている。ドーナツ形の甘いパン、トルテル€2.30～をはじめ、徹底的に甘い、スペインのお菓子がそろっている。

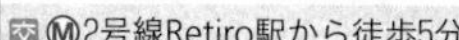

交 Ⓜ2号線Retiro駅から徒歩5分
住 Serrano,6
☎ 91 577 18 59
営 9:00～21:00
休 無し
URL www.pasteleria-mallorca.com/

サンタ
SANTA

MAP p.51-K

特製チョコが並ぶ甘い香り漂うチョコ専門店
小さな店内にビターな味わいの特製チョコレートがズラリと並ぶ人気店。クリスマスの時期にはマサパンmazapanなどスペインならではのお菓子も扱う。チョコは何を選んでも量り売り。

交 Ⓜ4号線Serrano駅から徒歩7分
住 Serrano,56
☎ 91 576 86 46
営 10:00～14:00、17:00～20:30（土曜は10:00～14:00のみ）
休 日曜・祝日

HOTEL

泊まる

マドリッドのホテル

スペインの首都だけあって、マドリッド市内にはハイクラスのホテルから、若い個人旅行者向けの手頃なレベルのオスタルまで、さまざまなクラスのホテルが数多くそろっている。季節によって値段が変動したり、ホテルによってはネット予約や、週末に大幅な割引き料金を設定しているところもあるので、予約の際、確認してみるといい。

リッツ

RITZ

MAP p.47-L、P.48-F

最高級の格式を持つホテル

プラド美術館の隣に、1910年に建てられたマドリッドの最高級ホテルのひとつ。クラシックな雰囲気が漂うサロンは宿泊者以外も利用できるので、ティータイムを過ごすのも楽しい。

H ★★★★★

交 Ⓜ2号線Banco de España駅から徒歩7分
住 Plaza de la Lealtad,5
☎ 91 701 67 67
部 167部屋
英 常駐
料 S€265～　T€265～
URL www.mandarinoriental.com/

ウルバン

URBAN

MAP p.47-K、p.53-H

シックでモダンな5つ星ホテル

黒と木目調でまとめられたシックな客室には、カンボジアやパプアニューギニアなどのアンティークが飾られ、各部屋で調度品が異なる。衛星放送、DVD、インターネットが利用可能な薄型テレビを全室に設置。また、外からは見えないマジックミラー窓と強固な防音設備でプライバシーも完璧だ。屋上のテラスバーは夏期の夜間のみの営業で、都心とは思えないほど静かで優雅なひと時が過ごせる。

H ★★★★★

交 Ⓜ2号線Sevilla駅から徒歩4分
住 Carrera de San Jerónimo,34
☎ 91 787 77 70
部 96部屋　英 常駐
料 S€178～　T€178～
URL www.hotelurban.com/

ジュニアスイート、スイートにはジャクジーも

※料金は1泊分の室料です。朝食はホテルにより含まれている場合と別料金の場合があります。

ウエスティン・パラセ
WESTIN PALACE

MAP p.47-K、p.53-H

優雅で豪華な老舗ホテル

1912年創業。パラセ（宮殿）の名にふさわしいクラシックな造りで、サロンの天井は豪華なステンドグラスのアーチで飾られている。客室もロビーも優雅な雰囲気が漂っている。

交 Ⓜ2号線Banco de España駅から徒歩7分
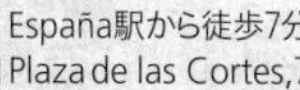
H ★★★★★
住 Plaza de las Cortes,7
☎ 91 360 80 00　FAX 91 360 81 00
部 470部屋
英 常駐
料 S€265～　T€265～
URL www.marriotto.co.jp

ビリャ・レアール
VILLA REAL

MAP p.47-K、p.53-H

美術館近くのクラシカルホテル

外観はモダンな建物だが、内部はタペストリー、彫像、絵画が至るところに飾られていて、豪華でクラシックな感じがする。客室はコンパクトだが、セミロフトなど面白い造りの部屋も。

交 Ⓜ2号線Sevilla駅から徒歩7分
H ★★★★★
住 Plaza de las Cortes, 10
☎ 91 420 37 67　FAX 91 420 25 47
部 115部屋
英 常駐
料 S€140～　T€140～
URL www.hotelvillareal.com/

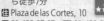

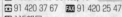

ウエリントン
WELLINGTON

MAP p.49-C

高級住宅地の中に建つ

レティーロ公園の北側にあるマドリッドでも屈指のホテル。高級ショッピング街がこのホテルの前から始まる。外観から内装、家具まですべて格式ある雰囲気であふれている。

交 Ⓜ2号線Retiro駅から徒歩3分
H ★★★★★
住 Velázquez,8
☎ 91 575 44 00　FAX 91 576 41 64
部 250部屋
英 常駐
料 S€234～　T€234～
URL www.hotel-wellington.com/

コートヤード・マドリッド・プリンセサ
COURTYARD MADRID PRINCESA

MAP p.46-A

くつろいだ時間を過ごせる

ロビーは広く、サロンにはクラシック音楽が静かに流れている。客室の設備も内装も文句なし。プールの付いたフィットネスセンターは宿泊客なら無料で利用できる。

交 Ⓜ3/4/6号線Argüelles駅から徒歩2分
H ★★★★
住 Princesa,40
☎ 91 542 21 00
部 423部屋
英 常駐
料 S€183～　T€183～
URL www.marriott.co.jp/

メリア・カスティーリャ
MELIÁ CASTILLA

MAP p.41-B

規模は大きいがリラックスできる

大規模なホテルだが、ホテル内には観葉植物も多く、ゆったりとした気分で過ごすことができる。ホテル周辺にはナイトクラブなども多い。ビジネスマンの利用も多い。

交 Ⓜ10号線　Cuzco駅から徒歩5分
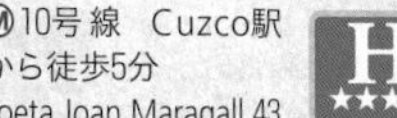
H ★★★★
住 Poeta Joan Maragall,43
☎ 91 567 50 00　FAX 91 567 50 51
部 911部屋
英 常駐
料 S€176～　T€176～
URL www.melia.com/

メリア・マドリッド・プリンセサ
MELIA MADRID PRINCESA

MAP p.46-A

ビジネスにも観光にも適する

日本人ツアー客がよく利用するホテルで、品のある、落ち着いた雰囲気を持っている。海外の新聞・雑誌、パソコンやファックスも備えており、ビジネスユースにも対応する。

交 Ⓜ3号線Ventura Rodriguez駅から徒歩1分

H ★★★★★
住 Princesa,27
☎ 91 541 82 00　FAX 91 541 19 88
部 273部屋
英 常駐
料 S€122～　T€122～
URL www.melia.com/

※ホテルのカテゴリーについてはp.346を参照してください。

ACサント・マウロ
AC SANTO MAURO

MAP p.50-F

国賓も利用する最高級ホテル
大使館の多い地域が近いこともあり、国賓級の利用客も多い。予約は必要。部屋数が少ないのは、サービスがすべての客に行き届くようにというポリシーのためだという。

交 Ⓜ5号線Rubén Dario駅から徒歩5分
住 Zurbano,36
☎ 91 319 69 00　FAX 91 308 54 77
部 49部屋
英 常駐
料 S€382～　T€382～
URL www.marriott.co.jp

NHマドリッド・アトーチャ
NH Madrid Atocha

MAP p.49-K

アトーチャ駅そば、観光に適したロケーション
マドリッドの交通の中心であるアトーチャ駅に近く、ソフィア王妃芸術センターやプラド美術館も徒歩圏。フロントなどスタッフも親切で気持ちよく過ごせる。

交 Ⓜ1号線Atocha Renfe駅から徒歩3分
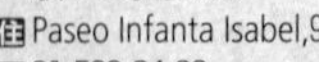
住 Paseo Infanta Isabel,9
☎ 91 539 94 00
部 68部屋
英 常駐
料 S€117～　T€136
URL www.nh-hotels.com/

グランメリア・パラシオ・デ・ロス・ドゥケス
Gran Meliá Palacio de los Duques

MAP p.46-F、p.52-A

19世紀の宮殿だった高級ホテル
王立劇場、王宮、グランビアから近く、まわりにはバルやレストラン、タブラオも多いとても便利なロケーション。部屋はすべて清潔で宿泊客の満足度も非常に高い。

交 Ⓜ2/5/R号線Opera駅から徒歩3分
住 Cuesta de Santo Domingo 5 y 7
☎ 91 541 67 00　FAX 91 559 10 40
部 180部屋　英 常駐
料 S€282～　T€309～
URL www.melia.com

エンペラドール
EMPERADOR

MAP p.46-F

1948年創業の老舗ホテル
歴史のある老舗ホテルだが、清潔でモダンな雰囲気を持つ。サロンは広くゆったりとしていて気持ちがいい。会議室、ジム、プールなどの設備のほか、みやげもの店もある。

交 Ⓜ2号線Santo Domingo駅から徒歩3分
住 Gran Vía,53
☎ 91 547 28 00　FAX 91 547 28 17
部 232部屋
英 常駐
料 S€93～　T€102～
URL www.emperadorhotel.com/

アルカラ
ALCALÁ

MAP p.49-D

レティーロ公園の緑を望むホテル
マドリッドのほかの有名ホテルとはひと味違う、近代的でユニークなホテル。サロンの家具や各部屋の造りも凝っていて、さしずめ若者向けの高級ホテルといった印象。

交 Ⓜ2/9号線Principe del Vergara駅から徒歩2分
住 Alcalá,66
☎ 91 435 10 60　FAX 91 435 11 05
部 138部屋　英 常駐
料 S€110～　T€127～
URL www.h10hotels.com/

ウィーアー・チャマルティン
WE ARE CHAMARTÍN

MAP p.41-B

チャマルティン駅の真上のホテル
マドリッド市内の北にあるチャマルティン駅からそのまま入ることができる。駅ビルに入っているので鉄道の利用には便利で、どちらかというとビジネスマンの利用が多い。

交 Ⓜ1/10号線Chamartín駅ビル内
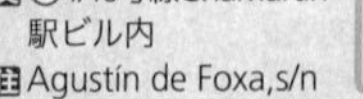
住 Agustín de Foxa,s/n
☎ 91 334 49 00　FAX 91 733 02 14
部 378部屋
英 常駐
料 S€80～　T€80～
URL www.weare-chamartin.com/

ノボテル・マドリード・センター
Novotel Madrid Center

MAP p.41-D

Hotel Convenciónをリニューアル
レティーロ公園にもプラド美術館にも徒歩圏。セラーノ通りにも近く部屋も清潔でスタッフもてきぱきと対応してくれる。日本人観光客も多く日本人の対応にも慣れている。

交 Ⓜ6号線O'Donnell駅から徒歩3分
住 O'Donnell, 53
☎ 91 221 40 60
部 790部屋
英 常駐
料 T・W€188〜
URL www.novotelmadridcenter.com

HR ★★★★

リアベニー
LIABENY

MAP p.52-B

豪華な内装とプロの応対に好感
外観とは違い、内部は豪華。客室も明るくて気持ちがいい。清潔なレストランやバーもあり、サービスにも好感が持てる。ソル広場やグランビアにも近い、便利な場所にある。

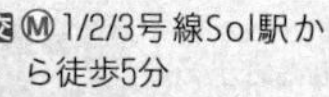

交 Ⓜ1/2/3号線Sol駅から徒歩5分
住 Salud,3
☎ 91 531 90 00
部 220部屋
英 常駐
料 S€90〜 T€120〜
URL www.liabeny.es/

H ★★★★

トリップ・グラン・ビア
TRYP GRAN VÍA

MAP p.47-G、p.53-C

どこに行くにも便利な立地
ワシントン、メンフィスなどと同じTRYPグループのホテルのひとつ。客室は広めで、サービス、設備、セキュリティのいずれも満足できる。グランビアに面し、交通が便利。

交 Ⓜ1/5号線Gran Vía駅から徒歩1分
住 Gran Vía,25
☎ 91 522 11 21 FAX 91 521 24 24
部 175部屋
英 常駐
料 S€116〜 T€125〜
URL www.melia.com/

H ★★★

アグマル
AGUMAR

MAP p.49-K

見どころに近く、市内観光に便利
レティーロ公園の南に位置し、アトーチャ駅やプラド美術館にも近い。入口のホールはやや暗いが、客室はブルーを基調としたインテリアで清潔感があり、心地よい。

交 Ⓜ1号線Atocha Renfe駅から徒歩7分
住 Paseo de la Reina Cristina,7
☎ 91 552 69 00
部 245部屋 英 常駐
料 S€110〜 T€110〜
URL www.hotelmadridagumar.com/

H ★★★★

アトランティコ
ÁTLANTICO

MAP p.46-F、p.52-B

清潔感あふれるおしゃれなホテル
マドリッドの目ぬき通りグラン・ビアに面した便利なロケーション。階段を上った2階の左手がレセプション。白い壁や客室に施された花柄の装飾で、明るいイメージだ。

交 Ⓜ3/5号線Callao駅から徒歩2分
住 Gran Vía,38
☎ 91 522 64 80
部 109部屋
英 常駐
料 S€153〜 T€153〜
URL www.hotelatlantico.es/

H ★★★★

ミー・マドリッド・レイナ・ビクトリア
ME MADRID REINA VICTORIA

MAP p.47-K、p.53-G

闘牛士の定宿として有名
マドリッドの中心部にあり、ロビーや1階のバルには数々の闘牛士の写真や、闘牛で闘った牛の剥製などが飾ってある。近くには有名なバル街があり、週末の夜は賑やかだ。

交 Ⓜ1/2/3号線Sol駅から徒歩5分
住 Plaza de Santa Ana,14
☎ 91 701 60 00 FAX 91 522 03 07
部 192部屋
英 常駐
料 S€145〜 W€145〜
URL www.melia.com/

H ★★★★

レヒナ
REGINA

MAP p.47-G、p.53-C

ソル広場近くの落ち着いたホテル
ソル広場からシベレス広場へ延びる大通りに面して建つ。通り側の部屋は少しうるさいが、観光の拠点にするなら立地条件は最高。バスルームは清潔でドライヤーも付いている。

交 Ⓜ2号線Sevilla駅から徒歩1分
住 Alcalá,19
☎ 91 521 47 25
部 180部屋
英 常駐
料 S€105～　T€105～
URL www.hotelreginamadrid.com/

H ★★★

プエルタ・デ・トレド
PUERTA DE TOLEDO

MAP p.41-E

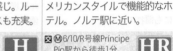

トレド門に面する3つ星ホテル
文字通り、トレド門Puerta de Toledoに面している。客室は新しくはないが、落ち着いた雰囲気を持っており、ひと昔前の高級ホテルといった感じ。ルームサービス等サービスも充実。

交 Ⓜ5号線Puerta de Toledo駅から徒歩1分
住 Puerta de Toledo,4
☎ 91 474 71 00
部 169部屋
英 常駐
料 S€58～　T€80～
URL www.hotelpuertadetoledo.com/

H ★★★

フロリダ・ノルテ
FLORIDA NORTE

MAP p.54-C

日本人には安心のホテル
日本人の団体客も多く、はじめての人には心強い。公園のカサ・デ・カンポや王宮に近い静かな環境。外観、内装、客室ともアメリカンスタイルで機能的なホテル。ノルテ駅に近い。

交 Ⓜ6/10/R号線Príncipe Pío駅から徒歩1分
住 Paseo de la Florida,5
☎ 91 542 83 00
部 399部屋
英 常駐
料 S€76～　T€76～
URL www.hotelfloridanorte.com/

HR ★★★★

プチパラセ・マヨール・プラザ
PETIT PALACE MAYOR PLAZA

MAP 46-J、p.52-E

飲んべえにも嬉しい立地の機能的ホテル
マヨール広場そばに位置し、メソンが固まるサンミゲール通り(→p100)も近い。部屋はコンパクトだがパソコン、ミニバー、金庫等設備は整っている。4人で利用できる部屋もある。

交 Ⓜ2/5/R号線Ópera駅から徒歩3分
住 Mayor,46
☎ 91 542 69 99
部 64部屋
英 常駐
料 S€99～　T€99～
URL www.petitpalaceplazamayor.com/

H ★★★★

アパルトスイーツ・ハルディネス・デ・サバティーニ
Apartosuites Jardines de Sabatini

MAP p.46-E

窓から眺める夜景が素晴らしい
ゆったりとしたスタジオタイプのスイートにはキッチンも備わりベッドやバスタブも大きく快適。屋上のバル&レストランからはライトアップされた王宮を眺めることができる。

交 Ⓜ3/10号線Plaza de España駅から徒歩5分
住 Cuesta de San Vicente, 16
☎ 91 542 59 00
部 32部屋
英 常駐
料 S€72～　T€72～
URL www.jardinesdesabatini.com

H ★★★

モデルノ
MODERNO

MAP p.52-F

ソル広場に最も近いホテル
地下鉄ソル駅からわずか50mほどの場所にあるホテル。必要な設備はほとんど付いており、部屋も清潔。場所柄、治安の心配もあまりなく、食事や買い物をするにも便利。

交 Ⓜ1/2/3号線Sol駅から徒歩1分
住 Arenal,2
☎ 91 531 09 00
部 97部屋
英 常駐
料 S€76～　T€88～
URL www.hotel-moderno.com/

オペラ
ÓPERA

MAP p.46-F、p.52-A

レストランでアリアが聴けるホテル
全部屋にテレビ、冷蔵庫が付いている。レストランでは金曜と土曜の夜に歌手が生で歌うアリアやサルスエラを聴くことができる。ホテルの前に王立歌劇場があり、王宮やソル広場にも近い。

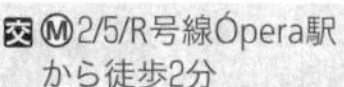
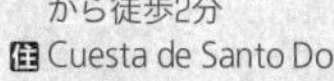

H ★★★★

交 Ⓜ2/5/R号線Ópera駅から徒歩2分
住 Cuesta de Santo Domingo,2
☎ 91 541 28 00　FAX 91 541 69 23
部 79部屋　英 常駐
料 S€68～　T€88～
URL www.hotelopera.com/

エスパホテル・グランビア
ESPAHOTEL GRAN VIA

MAP p.46-F

一泊から宿泊可能なアパートホテル
部屋はすべてツインなので1人で泊まる場合も広々。各部屋にはキッチン、一口コンロ、電子レンジがついている。また、周りには飲食店も多く、食事には困らない。

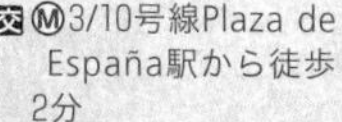

H ★★★

交 Ⓜ3/10号線Plaza de España駅から徒歩2分
住 Gran Via,65
☎ 91 541 31 70　FAX 91 541 73 28
部 84部屋　英 常駐
料 S€79～　T€79～
URL www.apartamentos-granvia.com/

レヘンテ
REGENTE

MAP p.46-F、p.52-B

ソル広場に近く、観光に便利
フナックやエル・コルテ・イングレスがすぐ目の前。あまり広くはないが、内部は清潔でスタッフの対応もいい。すぐそばにフラメンコのショーをやっているタブラオもある。

H ★★★

交 Ⓜ3/5号線Callao駅から徒歩2分
住 Mesonero Romanos,9
☎ 91 521 29 41
部 153部屋
英 常駐
料 S€68～　T€70～
URL www.hotelregente.com/

モラ
MORA

MAP p.48-J

便利でリーズナブルなオスタル
プラド美術館に隣接する植物園の向かい側にある2つ星オスタル。低料金の割にロビーや部屋に豪華さが感じられる。客室には衛星放送を受信するテレビがある。

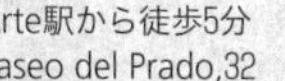

HS ★★

交 Ⓜ1号線Estación del Arte駅から徒歩5分
住 Paseo del Prado,32
☎ 91 420 15 69
部 62部屋
英 常駐
料 S€80～　T€135～
URL hotelmora.com/

フランシスコ・プリメロ
FRANCISCO I

MAP p.46-J、p.52-E

ソルの近くのリーズナブルなホテル
ソル駅とオペラ駅のちょうど中間に位置する。建物自体は少し古い印象だが、内部は清潔で安全面への気配りも行き届いている。フロントの対応もよく、英語も充分に通じる。

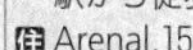

H ★★

交 Ⓜ2/5/R号線Ópera駅から徒歩3分
住 Arenal,15
☎ 91 548 02 04　FAX 91 542 28 99
部 79部屋
英 常駐
料 S€69～　T€78～
URL www.hotelfrancisco.com/

プチパラセ・チュエカ
PETIT PALACE CHUECA

MAP p.47-G、p.53-C

交通至便なプチホテル
市内中心部に位置し、観光に便利。室内は白と黒ですっきりとまとめられている。シャワーのみでバスタブはないが、全室に金庫、ミニバー、無料WiFi、衛星放送テレビ付き。

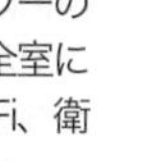

H ★★★

交 Ⓜ1/5号線Gran Vía駅から徒歩1分
住 Hortaleza,3
☎ 91 521 10 43
部 58部屋　英 常駐
料 S€87～　T€87～
URL www.petitpalace.com/

セントロ・ソル
CENTRO SOL

MAP p.47-K、p.53-G

清潔で快適なおすすめオスタル

各部屋ともミニバーや衛星放送受信のテレビ、電話、エアコンを完備。バスルームも広く、清潔感にあふれている。若いスタッフの対応も申し分なく、気軽で快適。

HS ★★

交 Ⓜ1/2/3号線Sol駅から徒歩3分
住 Carrera de San Jeró-nimo,5
☎ 91 522 15 82 FAX 91 522 57 78
部 30部屋 英 常駐
料 S€45〜 T€54〜
URL hostalcentrosol.com/

プチパラセ・プレシアドス
PETIT PALACE PRECIADOS

MAP p.46-F、p.52-B

中心部ながら静かな環境に建つ

ソル広場からカリャオに向かう途中にあり、立地は申し分ない。入口は小さいが、中は改装されていてきれい。全室にパソコンがついている。バスタブはなくシャワーのみ。

H ★★★

交 Ⓜ1/2/3号線Sol駅から徒歩3分
住 Galdo,2
☎ 91 531 41 05
部 57部屋
英 常駐
料 S€83〜 T€87〜
URL www.petitpalace.com/

ビーアンドビー・ホテル・フエンカラル 52
B&B Hotel Madrid Fuencarral 52

MAP p.47-G

グランビアやソル広場にも徒歩で

ファッションの中心地フエンカラル通りにあるB&B(ベッド&朝食)タイプのホテル。部屋もモダンで清潔。スタッフのきびきびとした仕事ぶりも気持ちいい。スペイン10都市に20軒を展開。

交 Ⓜ5号線Chueca駅から徒歩4分
住 Fuencarral, 52
☎ 91 278 7962
部 44部屋
英 常駐
料 S€77〜 T€85〜

リスボア
LISBOA

MAP p.47-K、p.53-H

夜を賑やかに過ごせるオスタル

コンシェルジュは英語・フランス語など4ヵ国語に対応。各部屋には電話、バスが付いている。ホテル前はそれほど人通りは多くないが、近くにバルやディスコが多い。

HS ★★★

交 Ⓜ2号線Sevilla駅から徒歩6分
住 Ventura de la Vega, 17
☎ 91 429 46 76
部 22部屋 英 常駐
料 S€72〜 T€72〜
URL www.hostallisboa.com/

アストリア
ASTORIA

MAP p.48-E、p.53-H

設備充実の手頃なオスタル

各部屋にはバス、ドライヤー、エアコン、テレビ、電話など、必要な設備は付いている。希望すれば、パソコンも使える。付近はあまり治安が良くないので、夜は気をつけたい。

HS ★★

交 Ⓜ1/2/3号線Sol駅から徒歩4分
住 Carrera de San Jeró nimo, 30 y 32-5°
☎ 91 429 11 88 FAX 91 429 20 23
部 26部屋 英 常駐
料 S€62〜 T€72〜
URL www.hostal-astoria.com/

アレソル
ARESOL

MAP p.52-F

女性も満足のリーズナブルな宿

値段に比べ部屋は清潔で、インテリアもかわいい。部屋にはテレビ、エアコンが付いており、ダブルの部屋のバスは足をのばしてゆっくりできる。スタッフも優しく、英語も可。

HS ★★

交 Ⓜ1/2/3号線Sol駅から徒歩2分
住 Arenal,6
☎ 91 521 58 67
部 12部屋
英 常駐
料 S€54〜 T€73〜
URL www.hostalaresol.com/

エスメラルダ
ESMERALDA

MAP p.47-K、p.53-G

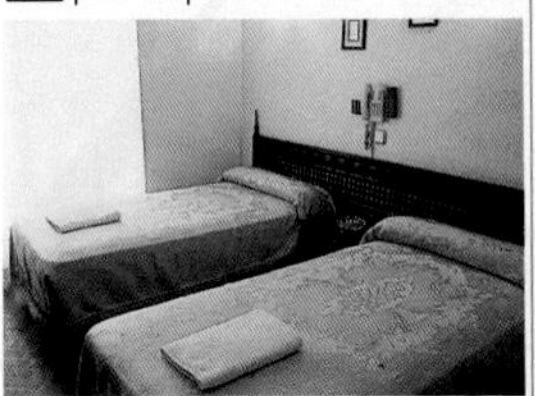

家庭的な雰囲気の便利なオスタル

ロビーは家庭的な雰囲気で、大型テレビが置いてある。マドリッドの中心ソル広場近くに位置し、観光にも便利だ。隣は生ハムで有名なバル、ムセオ・デル・ハモン。

HS ★★

交 Ⓜ1/2/3号線Sol駅から徒歩3分
住 Calle de la Victoria, 1.2°piso
☎ 91 521 00 77
部 19部屋　英 常駐
料 S€67～　T€121～
URL hresmeralda.net

アギラール
AGUILAR

MAP p.47-K、p.53-H

トリプルでも€90のオスタル

全室テレビ、エアコン、電話付きと値段の割に設備の整っているオスタル。ソル広場にも近く、交通の便もいい。シングル、ダブルのほかに、€90のトリプルの部屋もある。

HS ★★

交 Ⓜ1/2/3号線Sol駅から徒歩4分
住 Carrera de San Jerónimo,32
☎ 91 429 59 26　FAX 91 429 36 61
部 30部屋　英 常駐
料 S€44～　T€70～
URL www.hostalaguilar.com/

バレーラ
BARRERA

MAP p.48-J

清潔感あふれるプチホテル

客室にはバス付きとシャワーのみの2タイプがある。インテリアが各部屋ごとに違い、とてもおしゃれ。オーナーをはじめ、スタッフの対応も親切。全室にエアコン付き。

HS ★★

交 Ⓜ1号線Estación del Atre駅から徒歩5分
住 Atocha,96,2°
☎ 91 527 53 81　FAX 91 527 39 50
部 14部屋
英 常駐
料 S€48～　T€67～
URL www.hostalbarrera.es/

名称	ランク	住所・交通・部屋数	電話・URL	料金
アベニダ Avenida MAP:p.47-G	HS ★★	住 Gran Vía,15 -4°A 交 Ⓜ1/5号線Gran Vía駅から徒歩2分 部 14	☎91 521 27 28 www.hostalavenidamadrid.com	S€47～ T€78～
コンチネンタル Continental MAP:p.46-F	HS ★★	住 Gran Vía,44 交 Ⓜ3/5号線Callao駅から徒歩1分 部 30	☎91 521 46 40 www.hostalcontinental.com	S€23～ T€50～
メンドーサ Mendoza MAP:p.46-F、p.52-B	H ★	住 Chinchilla, 4 交 Ⓜ メトロ1/5号線Gran Vía駅から徒歩2分 部 12　英 常駐	☎91 531 39 50 www.hostalmendoza.es	S€69～ T€79～
サンタ・クルス Santa Cruz MAP:p.46-J	HS ★★	住 Plaza de Santa Cruz,6 交 Ⓜ1/2/3号線Sol駅から徒歩5分 部 16	☎91 522 24 41 www.hostalsantacruz.com	S€85～ T€123～
スリーピンアトーチャ Sleepe'n Atocha MAP:p.48-J	HS ★★	住 Doctor Drumen,4 交 Ⓜ地下鉄1号線Estación del Arte駅から徒歩2分 部 85	☎91 539 98 07 www.sleepnatocha.com	S€64 T€74
ガウディ Gaudi MAP:p.47-G	HS ★★	住 Hortaleza,17 交 Ⓜ1/5号線Gran Vía駅から徒歩3分 部 15	☎91 521 99 56 www.hostalgaudi.net	S€38 T€48
エレナ Helena MAP:p.46-F	HS ★★	住 Gran Vía,44 交 Ⓜ3/5号線Callao駅から徒歩1分 部 6	☎91 523 26 48 www.hostalhelena.com	S€38 T€38

TOLEDO
トレド

マドリッドから南に約70km。中世の面影を残し、タホ川に囲まれるように建つ町トレドはまた、スペインの代表的画家であるエル・グレコの町でもある。

鉄道 マドリッドのアトーチャ駅から33分、€11.09〜13.90、1日15本。駅から市街までは歩いて20分、ソコドベール広場までの直行バスは€2.50。

バス マドリッドのプラサ・エリプティカバスターミナルからALSA社で約1時間、30分に1本程度、€5.55。バスターミナルから旧市街までは歩いて15分。観光客向けの直行バス（€2.50）と市バスも利用できる。

町歩き　市内をざっと見て所要半日。1泊して、夜の表情も楽しみたい。

観光案内所 ビサグラ新門前▶月〜金曜9:00〜18:00、土曜9:00〜19:00、日曜9:00〜15:00　カテドラル前▶10:00〜18:00　鉄道駅▶月〜金曜9:30〜15:00、無休

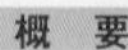
トレドの街並みとアルカサル

概　要

ローマ時代には一城塞都市だったトレドは、6世紀に西ゴート王国の首都となって大きな発展の道を歩み始める。711年にはイスラム教徒によって征服され、さらにレコンキスタの流れの中で1085年、アルフォンソ6世によって再征服される。この間キリスト教徒、イスラム教徒、1492年に国外追放令が出されるまではユダヤ教徒がこの町に共存して暮らしていた。トレドの文化はキリスト、イスラム、ユダヤ、それぞれの文化を融合させることで形作られ、特に建築物に与えたイスラム文化の影響の大きさははかり知れないものがある。

中世の面影を残す街並み

トレドの中心となっているのは**ソコドベール広場Plaza de Zocodover**。広場の一帯はカフェやバルで賑わうトレドいちばんの繁華街だ。トレドの町は迷路のように細かい道が入り組んでおり、ちょっと歩くとすぐに迷いそうだが、このソコドベール広場と町のあちこちから見えるカテドラルが目印になる。

旧市街への入口、太陽の門

1561年の遷都以来、政治、経済の中心はマドリッドに移ったが、トレドはスペイン・カトリックの首座大司教座として、宗教の一大中心地という位置を保ち続けている。カテドラルは首座大司教座としての地位にふさわしい荘厳さと規模を誇り、そのほかにも教会や修道院など宗教関連の施設の数は多い。

トレドを愛したエル・グレコ

もうひとつ、トレドといえば忘れられないのがエル・グレコ。ベラスケス、ゴヤと並んでスペイン絵画の三大巨匠のひとりといわれるギリシャ人の画家だ。彼はトレドを愛し、1576年頃にトレドにやってきてから40年近く、死ぬまでトレドを離れようとはしなかった。最高傑作といわれる「オルガス伯の埋葬」をはじめ、**カテドラル、タベラ病院、サンタ・クルス美術館**など、トレドの街には多くのエル・グレコの作品が所蔵されている。トレドの街は北側の環状道路からも一望することができるが、特にタホ川南側のパラドールから見る町の姿はすばらしい。この景色を見たとき、多くの人はエル・グレコの家に展示されている彼の傑作のひとつ「トレドの景観と地図」を思い浮かべるに違いない。

MEMO アルフォンソ6世（1040〜1109、在位1065〜1109）兄のサンチョ2世に追われトレドのイスラム領主の下に亡命。兄の死後レオン王となり、前王の功臣エル・シッド（→p.332）を追放、1085年にトレドを征服。

カテドラル
Catedral

MAP p.109-G

交通：太陽の門から徒歩6分
開館：10:00～18:00、日曜・祝日14:00～／無休
料金：€12.50

●首座大司教座らしい荘厳さを誇る

スペインのキリスト教首座大司教座であり、スペイン・カトリックの総本山といわれるだけに、各地のカテドラルの中でも最も大きな規模を誇る。1227年、フェルナンド3世によって着工され、完成したのは1493年。フランス・ゴシック様式を基調にした壮大な聖堂の中には、彫刻、絵画など、宗教芸術が数多く展示されており、優れた美術館としての価値も持っている。

周囲には、大時計門Puerta del Reloj、免罪の門Puerta del Perdón、ライオンの門Puerta de las Leonesなど、5つの門があり、その門ごとに施された重厚な彫刻、彫像にまず圧倒される。

聖堂の内部は、内陣Capilla Mayor、共唱祈祷席Coro、教会参事会会議場Sala Capitular、聖具室Sacristía、宝物庫Tesoro、礼拝堂Capilla、回廊Claustroからなる。格子に囲まれた右手中央の共唱祈祷席の小祭壇には内陣聖職者席があり、その下部に描かれているのはグラナダ征服にまつわる54のエピソード。上部は左側がアロンソ・ベルゲーテ（➔p.130）、右側がフェリーペ・ビガルニによって、旧約聖書に登場するさまざまな人物が描かれている。

共唱祈祷席の後ろには、華やかな雰囲気を持った内陣がある。ここではまず、キリストの生涯を描いた巨大なレターブル（祭壇装飾衝立）に目を奪われる。枢機卿メンドーサの大理石の棺も美しい。内陣の奥にあるトランスパレンテ（透明という意味）には窓を通して光が降り注ぎ、そこに描かれている聖母像や天使像を浮き立たせている。左奥の聖具室はまさに一大美術館。エル・グレコの「聖衣剥奪」、ヴァン・ダイクの「聖家族」、ゴヤの「キリストの逮捕」、モラレスの「悲しみの聖母」など、巨匠たちの大作であふれている。また、隣接する衣装室には中世の聖職者が着用していた典礼用の祭服などが展示されている。

カテドラル

鐘楼の下に位置する小礼拝堂が宝物庫。重さ180kg、高さ3mの金、銀および宝石で作られた聖体顕示台が展示されている。キリストの聖体の祝日には、この聖体顕示台をおみこしのようにかついで町を練り歩くという。

教会参事会会議場に入ると、ムデハル様式の天井の美しさに驚かされる。壁に掛けられた肖像画の中にはゴヤの作品も2点ある。そのほか、サン・イルデフォンソ礼拝堂、サンチャゴ礼拝堂、モサラベ様式の礼拝堂など、全部で22の礼拝堂が配置されている。カテドラルのチケット売場は、カテドラル入口の正面にあるショップの中。

MEMO フェルナンド3世（1201～52、在位1217～52、➔p.278）カスティーリャ王。レオンとカスティーリャの2王国を統合し、レコンキスタの功により列聖され、サン・フェルナンドと呼ばれた。

トレド
Toledo
0
100m
N
古代ローマ円形競技場跡へ
アルフォンVI世広場
Plaza Alfonso VI
ビサグラ旧門
Puerta Antigua de Bisagra
シルコ・ロマーノ通り
Paseo del Circo Romano
Paseo del Cristo de la Vega
アラブ城壁
Murallas Árabes
カルデナル
カルデナル
Paseo de la Cava
Av. Puente de la Cava
Paseo de Recaredo
クリスト・デ・ラ・ベガ教会
Crist de la Vega
A
B
Cuesta de la Granja
カバ橋通り
レカレド通り
Cjón la Merced
Sto.Dom
C. Real
サンタ・レオカディア教会
Ig. de Santa Leocadia
Santa Leocadia
サント・ドミンゴ・エル・アンティーゴ教会
Ig. de Santo Domingo el Antig
カセレスへ
カンブロン門
Puerta del Cambrón
Plaza Padilla
Pintor Matías Moreno
Colegio de Doncellas
サン・クレメンテ修道院
Convento de San Clemente
Cerro de la Virgen de Gracia
サン・ロマン教会
Ig. de San Román
サン・ファン・デ・ロス・レイエス修道院
Monasterio San Juan de los Reyes
ロス・レイエス・カトリコス通り
Los Reyes Católicos
サン・イルデフォンソ教会
Ig. de San Ildefonso
Plaza Juan de Mariana
Las Bulas
Pl. de Valdecaballeros
Alfonso XII
108
E
C. Ángel
サント・トメ
F
サンタ・マリア・ラ・ブランカ教会
Santa María la Blanca
トリニダ通り
C. de la Trin
サン・マルティン橋
Puente de San Martín
フリアン・オリバ
サン・サルバドール通り
San Salvador
デエーサ・デ・マハスル・ラ・ベルディス
セラーノ
S.Juan de Dios
サント・トメ教会
Ig. de Santo Tomé
コンデ広場
Pl. del Conde
シミアン
ユダヤ博物館
トランシト教会
Sinagoga del Tránsito
エル・グレコの家
Casa y Museo de El Greco
ピントール・エル・グレコ
Juego
サン・ファン・デ・ディオス通り
San Juan de Dios
トランシト通り
Paseo del Tránsito
La Emperatriz
トランシト公園
Paseo del Tránsito
デスカルソス通り
Los Descalzos
サン・クリストバル広場
Pl. de San Cristóbal
San Cipriano
Plaza de Sta.Cata
Calvario
サン・セバスチャン
Ig. de San Sebas
Ermita Virgen de la Cabeza
Pl. de las Melojas
Carreras
クエルバへ
I
J
タホ川
Río Tajo

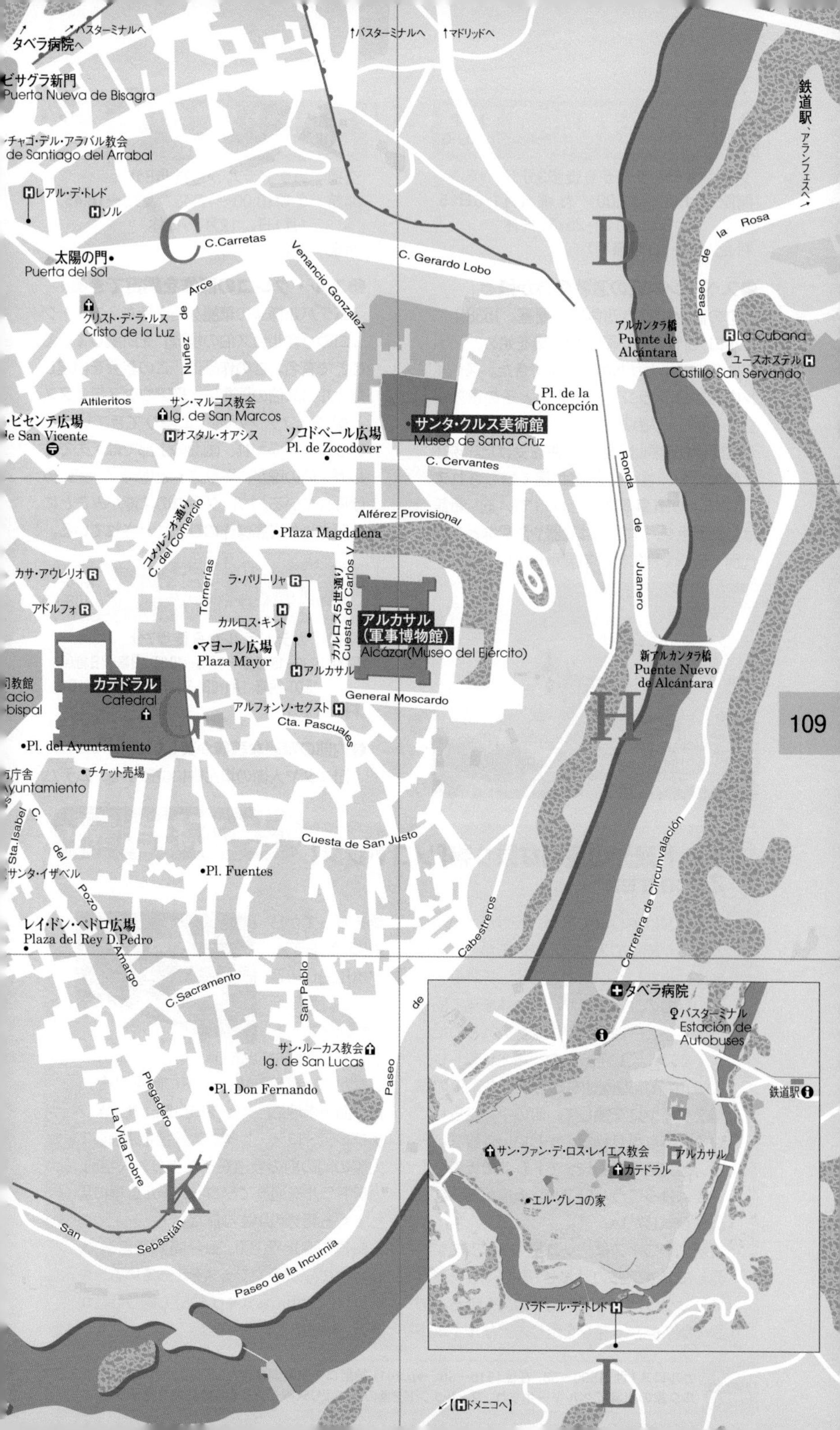

タベラ病院へ
バスターミナルへ
バスターミナルへ
マドリッドへ
ビサグラ新門
Puerta Nueva de Bisagra
チャゴ・デル・アラバル教会
de Santiago del Arrabal
レアル・デ・トレド
ソル
C
C.Carretas
太陽の門
Puerta del Sol
クリスト・デ・ラ・ルス
Cristo de la Luz
Nuñez de Arce
Venancio Gonzalez
C. Gerardo Lobo
D
鉄道駅、アランフェスへ
Paseo de la Rosa
アルカンタラ橋
Puente de Alcántara
La Cubana
ユースホステル
Castillo San Servando
Pl. de la Concepción
Altileritos
サン・マルコス教会
Ig. de San Marcos
・ビセンテ広場
e San Vicente
オスタル・オアシス
ソコドベール広場
Pl. de Zocodover
サンタ・クルス美術館
Museo de Santa Cruz
C. Cervantes
Ronda de Juanero
Alférez Provisional
Plaza Magdalena
コメルシオ通り
C. del Comercio
カサ・アウレリオ
アドルフォ
Tornerías
ラ・パリーリャ
カルロス・キント
カルロス5世通り
Cuesta de Carlos V
アルカサル
(軍事博物館)
Alcázar(Museo del Ejército)
マヨール広場
Plaza Mayor
アルカサル
新アルカンタラ橋
Puente Nuevo de Alcántara
司教館
acio
bispal
カテドラル
Catedral
G
General Moscardo
アルフォンソ・セクスト
Cta. Pascuales
H
109
Pl. del Ayuntamiento
チケット売場
市庁舎
Ayuntamiento
Sta.Isabel
C. del Pozo Amargo
Cuesta de San Justo
Carretera de Circunvalación
サンタ・イザベル
Pl. Fuentes
Cabestreros
レイ・ドン・ペドロ広場
Plaza del Rey D.Pedro
C.Sacramento
San Pablo
Paseo de
タベラ病院
バスターミナル
Estación de Autobuses
サン・ルーカス教会
Ig. de San Lucas
鉄道駅
Pl. Don Fernando
Plegadero
La Vida Pobre
サン・ファン・デ・ロス・レイエス教会
アルカサル
カテドラル
エル・グレコの家
K
San Sebastián
Paseo de la Incurnia
パラドール・デ・トレド
L
ドメニコへ

アルカサル(軍事博物館) Alcázar(Museo del Ejército)

MAP p.109-G

交通：カテドラルから徒歩3分
開館：11:00～17:00／月曜、1月1・6日、5月1日、12月24・25・31日休
料金：€5（日曜無料）

●スペイン内戦の激戦の跡が残る

町の高台に建つ四角形の要塞。1538年にカルロス1世が古い要塞の改築を始め、1551年に今のアルカサルの原型ができた。スペイン内戦ではフランコ派の軍人とその家族が立てこもり、人民戦線側との間で激しい戦闘が展開され建物は大きな被害を受けた。現在は修復され、さらに新館が建て増しされて2010年より軍事博物館となっている。新館は企画展示を、本館では武器や防具などを時代別・テーマ別に分けて展示している。

サント・トメ教会 Iglesia de Santo Tome

MAP p.108-F

交通：カテドラルから徒歩5分
開館：冬期10:00～17:45、夏期～18:45／1月1日、12月25日休
料金：€3

●エル・グレコの傑作を鑑賞できる

ムデハル様式の華麗な塔を持ち、エル・グレコの「オルガス伯の埋葬」を所蔵していることで有名。この作品は、この教会を再建したオルガス伯の埋葬に、聖アウグスティヌスと聖ステファノが地上に降りてきているという奇蹟が描かれ、画面の上部では天国でオルガス伯の魂が、キリストと聖母マリアに捧げられている。エル・グレコの才能がみごとに発揮された最高傑作のひとつとされている。

トランシト教会 Sinagoga del Transito

MAP p.108-F

交通：カテドラルから徒歩7分
開館：9:30～18:00（3～10月は～19:30）、日曜・祝日10:00～15:00／月曜、1月1・6日、5月1日、12月24・25・31日休
料金：€3

●内部の華麗な装飾が美しい

旧ユダヤ人街の真ん中に位置する、ムデハ

とっておき情報

トレド観光の便利な乗り物「ソコトレン」 Zocotren

トレドは美しい町だが、坂道が多い。しかも道が細くて入り組んでいるから、旅行者には歩きにくい町でもある。それもトレドの魅力のひとつだが、町全体を見て回ろうとすると、なかなかに骨が折れるのだ。

そこで、楽しそうなのがこのソコトレンZocotren。遊園地を走る小さな電車の車輪をタイヤに交換して、町の中を走らせているような乗り物だ。かわいい外観ながらも、観光客を大勢乗せてトレドの坂道を上る姿はけっこうパワフル。坂道が苦手な人はぜひ試したい。

観光のコースは、ソコドベール広場を出発してまずアルカサルを1周し、坂を下ってビサグラ門から旧市街地の外へ出る。国鉄の駅へ向かう通りを走り、アサルキエル橋を渡ってから南に進路を変え、タホ川沿いの道に入る。展望所や観光スポットをいくつか経由しながら、時計回りにトレドの町を1周して再び旧市街地に。カンブロン門、サン・ファン・デ・ロス・レイエス教会を通過して太陽の門の前の坂道をまた上り、大学前、カテドラルを通ってソコドベール広場に戻ってくる45分の小さな旅だ。

坂道をゆっくり上るソコトレン

毎日10:00～20:00、30分間隔の営業で、料金は€7。アランフェスを走っているチキトレンChiquitren（➔p.118）も同じ会社が運行。外観までそっくりだ。

MEMO カルロス1世（1500～58、在位1516～56、➔p.241）神聖ローマ帝国皇帝としてはカール5世。ハプスブルク家の出身でベルギー生まれ。フェルナンド2世の死によりスペインとその植民地を継承した。

ル様式の装飾が施されたユダヤ教会。14世紀にユダヤ教の教会として建立されたが、1492年にキリスト教会となった。木製の格子の天井や、壁の上部のアーチ形の装飾が美しい。また、そこにはユダヤ教の栄光をたたえるヘブライ語の聖句が刻まれている。

隣接する別館はユダヤ博物館Museo Sefardíになっており、ユダヤの石像、衣装、書物など、ユダヤ文化をかいま見ることができる資料が多数展示されている。

サンタ・マリア・ラ・ブランカ教会
Sinagoga de Santa María la Blanca

MAP p.108-F

交通：カテドラルから徒歩8分
開館：10:00～17:45（夏期～18:45）／1月1日、12月25日休
料金：€3

アーチ形の身廊も美しいサンタ・マリア・ラ・ブランカ教会

●ムデハル様式建築の傑作

教会が集まる一画、ロス・レイエス・カトリコス通りに面して建つ教会。ユダヤ教が栄えた13世紀のトレドにあった10のユダヤ教会の中でも、このサンタ・マリア・ラ・ブランカ教会は最大の規模を持つ代表的なユダヤ教寺院だった。

現在残っているユダヤ教寺院は、ほかにはトランシト教会だけだ。1492年のユダヤ人追放のあと、キリスト教会に変わったが、馬蹄形のアーチに区切られた段差のある5つの身廊、松かさ飾りの柱頭など、内部のムデハル様式の装飾はユダヤ教寺院としての雰囲気を色濃く残している。

サン・ファン・デ・ロス・レイエス修道院
Monasterio San Juan de los Reyes

MAP p.108-E

交通：カテドラルから徒歩10分
開館：10:00～17:45（夏期は～18:45）／1月1日、12月25日休
料金：€3

●イサベル女王様式で建てられた教会

1476年にポルトガルとの間に起きたトロの戦いでの勝利を記念して建立が開始され、17世紀初頭になって完成した建物。内部は女王の名前をとって「イサベル女王様式」といわれ、ゴシックを基調にムデハル、ルネッサンスが混在した様式となっている。壁には鉄製の鎖が吊り下げられているが、これは1492年グラナダで解放されたキリスト教徒の捕虜がつながれていたものといわれている。

タベラ病院
Hospital de Tavera

MAP p.109-L

交通：ビサグラ新門から徒歩3分
開館：10:00～14:30、15:00～18:30、日曜は10:00～14:30のみ／無休
料金：€6

●多くの貴重な美術品を所蔵

1541年に枢機卿タベラによって着工され、スペイン内戦後には付属の美術館が増設されている。この美術館には多数の書物や家具のほか、エル・グレコ最後の作品といわれる「洗礼を受けるキリスト」をはじめ、「聖家族」、「枢機卿タベラの肖像」、ティントレットの「メシア生誕」、リベラの「哲学者」、アントニオ・モロの「デ・ラス・ナバス侯爵」などの貴重な絵画、彫刻が展示されている。

貴重な美術品が収蔵されているタベラ病院

MEMO トロの戦いはカスティーリャ王エンリケ4世の死後、王の異母妹イサベルにアラゴン王国が、王の娘フェンナにポルトガルがついて内乱に発展したもの。イサベルが戦いに勝利しカスティーリャ女王となった。

サンタ・クルス美術館
Museo de Santa Cruz

MAP p.109-D

交通：カテドラルから徒歩5分
開館：月～土曜9:30～18:30、日曜・祝日10:00～14:00／1月1・6・23日、5月1日、12月24・25日・31日
料金：€4（水曜16:00以降と日曜無料）

●先史時代の歴史的遺物も見られる

枢機卿メンドーサの遺志を継いだイサベル女王によって建てられた貧者、孤児のための慈善病院だった建物。美しい門を持つプラテレスコ様式で、内部では壮大な天井に目を奪われる。

展示品では、エル・グレコの作品をはじめとする16世紀から17世紀の絵画コレクションが特に充実している。これにはエル・グレコの「聖母被昇天の祭壇画」、リベラの「ナザレの聖家族」、ゴヤの「磔刑台上のキリスト」などの傑作も含まれている。また、独創的な構図と色使いが特徴の16世紀フランドル派のきれいなタペストリーやトレドの歴史的遺物なども数多く展示されている。

美しい門を持つサンタ・クルス美術館

トレドとエル・グレコ

●スペイン絵画の三大巨匠のひとり

1541年、ギリシャのクレタ島生まれで、本名はドメニコス・テオトコプロス。エル・グレコというのは、スペイン語で「あのギリシャ人」という意味のあだ名である。彼は生涯、スペイン人がつけたこのあだ名で呼ばれていたが、作品には必ず、ギリシャ語で本名のサインをいれていた。

グレコの作品の特徴のひとつは、登場する人物が小さな顔と引き伸ばされたような長い体を持っていること。そしてその作品は独創的な手法・構図を駆使しながら、幻想と写実主義をみごとに調和させた宗教画が多い。現在ではベラスケス、ゴヤと並んでスペイン三大巨匠のひとりに数えられているだけではなく、「もっとも純粋なスペインの魂」を表現しているとさえいわれている。

エル・グレコがスペインへ来たのは、35歳の頃。当時エル・エスコリアル宮殿の造営が行われており、多くの画家たちがこの宮殿兼修道院を飾る絵画の制作に参加していた。エル・グレコもフェリペ2世の注文を受けて作品を完成させたが、これがフェリペ2世には気に入られず、地下の倉庫にそのまま放り込まれてしまったというエピソードが残っている。この作品が「聖マウリシオの殉教」で、現在ではエスコリアル宮殿の宝となっている。

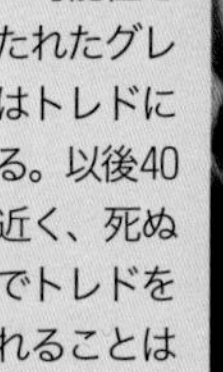

エル・グレコ「聖家族」

フェリペ2世に嫌われ、宮廷画家としての可能性を絶たれたグレコはトレドに移る。以後40年近く、死ぬまでトレドを離れることはなかった。当時グレコが住んでいたといわれる邸宅を改装し、そのアトリエに作品を展示した「エル・グレコの家」は、現在ではトレドの観光ポイントのひとつになっている。

作品数は多く、スペインの多くの美術館でその作品を見ることができるが、傑作といわれている作品は「オルガス伯の埋葬」（サント・トメ教会）、「トレドの景観と地図」（エル・グレコの家）、「聖衣剥奪」（カテドラル）などトレドに多い。

●エル・グレコの家
Museo del Greco

MAP:p.108F

開館：9:30～19:30（11～2月～18:00）、日曜・祝日10:00～15:00／月曜、1月1・6日、5月1日、12月24・25・31日休
料金：€3（土曜14時以降と日曜無料）

MEMO フェリペ2世（1527～98、在位1556～98）カルロス1世（→p.110）の子。ポルトガル併合を成功させ、スペインに空前の繁栄をもたらしたが、ネーデルランドの独立運動に苦しみ、晩年には国家財政が破綻。

食べる

トレドのレストラン

トレドのレストランで食事するなら、ペルディスPerdiz（山ウズラ／シャコ）料理がおすすめ。日本では見かけない野鳥の料理だが、トレドではポピュラーな郷土料理。赤ワインで煮込んだ、味わい深く体の暖まる一品だ。古い町だけに、料理とともに古き良きスペインの雰囲気をも楽しみながら食事ができる。

14世紀に建てられた重厚な建物に入る

アドルフォ
ADOLFO

MAP p.109-G

重厚感あふれる高級レストラン

トレドを代表する高級レストラン。建物は14世紀のもので、味もさることながら重厚な内装が魅力的。おすすめ料理は、やはりペルディス。€69のコース料理で楽しみたい。

交 カテドラルから徒歩2分
住 Hombre de Paro,7
☎ 925 22 73 21
予算 €76～（飲物含まず）
営 13:00～16:00、20:00～24:00
休 日曜夜、月曜、夏休みあり

ペルディスがおすすめの一品

若い料理人が腕を振るう

カルデナル
CARDENAL

MAP p.108B

ペルディスとコチニーリョが名物

城壁そば、静かなホテルに併設のレストラン。店の真ん中にはオルノと呼ばれる釜があり、名物のペルディスとコチニーリョCochinillo（仔豚）が焼かれている。コチニーリョ€26。

交 ビサグラ新門から徒歩2分
住 Paseo de Recaredo,24
☎ 925 22 08 62
予算 €35～
営 13:00～16:00、20:30～23:30
休 無し

カサ・アウレリオ
CASA AURELIO

MAP p.109-G

ワインのストックが充実

1953年創業の落ち着いた雰囲気の店。ここのおすすめはトレド名物のペルディス料理とワイン。ワインはボデガ（穴蔵）に常時数百本がストックされているという。

交 カテドラルから徒歩3分
住 Calle Sinagoga,6
☎ 925 22 20 97
予算 €30～
営 月・水曜・日曜9:30～18:00、金・土曜10:30～18:00、20:00～24:00
休 火曜

デエーサ・デ・マハスル・ラ・ペルディス
LA PERDIZ

MAP p.108-E

野鳥料理が食べられる

サンタ・マリア・ラ・ブランカ教会の前にある店。この店は名前が示すとおり、野鳥のペルディスの料理が有名で、ランチも気軽に楽しめる。庶民的な、観光客も安心して利用できる店だ。

交 カテドラルから徒歩15分
住 Calle Reyes Católicos,7
☎ 925 22 99 05
予算 €25～30
営 9:00～24:00
休 日曜夜、月曜

※予算は前菜、メイン、デザートに飲み物を付けた場合の１人分の目安です。

買う トレドのショップ

SHOPPING

職人技が作り出す金銀象嵌細工や陶磁器、かわいらしいお菓子マサパンなど、トレドには名物と呼ばれるおみやげが数多くそろっている。

ラ・パリーリャ
LA PARRILLA

MAP p.109-G

郷土料理を気軽に楽しむ

ペルディスと仔豚の網焼きがメイン。手頃な値段で地元の人々に愛されている、この地方の料理が味わえる店。コルデロCordero（仔羊）料理もあり、ぜひ試してみたい。

交 アルカサルから徒歩1分
住 Horno de los Bizcochos,8
☎ 925 21 22 45
預 €30～（ランチは€10.90～）
営 13:00～16:00、20:00～22:00
休 日曜夜

シミアン
SIMIAN

MAP p.108-F

トレドに伝わる金銀細工の職人技を見学

トレドの伝統工芸の金銀象嵌細工はダマスキナード・トレダーノDamazquinadoToledanoと呼ばれて、なんにでも金や銀の細工をしてしまう。この店ではダマスキナードの職人の仕事が見学できる。

交 カテドラルから徒歩5分
住 Santa Ursula,6
☎ 925 25 10 54
営 9:30～20:00
休 無し
URL www.artesaniasimian.com

フリアン・オリバ
JULIAN OLIVA

MAP p.108-F

気軽に立ち寄れるみやげもの店

金銀象嵌細工トレダーノを中心としたみやげもの店。店の主人が店頭で「ちょっと寄って下さい」「1割引」などと日本語で話しかけてくる。その愛敬の良さに思わずドアをくぐってしまう。

交 カテドラルから徒歩6分
住 San Juan de Dios,1 y 4
☎ 925 22 25 06
営 9:30～19:30、日曜・祝日10:00～18:30
休 無し
URL julianoliva.com

ア・セラーノ
A SERRANO

MAP p.108-F

実用品から鑑賞用まで陶磁器専門の店

陶磁器がところ狭しと置かれている。観光客にも手頃な値段のものからバロッカBarroccaと呼ばれる、15～16世紀に作られた高価な壺なども置いてある。18世紀のコーヒーカップは€25～。

交 カテドラルから徒歩7分
住 San Juan de Dios,16
☎ 925 22 75 35
営 10:30～19:30（日曜～15:00）
休 無し

サント・トメ
SANTO TOMÉ

MAP p.108-F

トレド銘菓といえばここ

餃子の形に似たトレド名物のお菓子、マサパンMazapánの店。マサパンは1個からでも購入でき、おみやげ用の1箱200gは€7～で買える。マサパンのほかにもかわいい手作りのお菓子がところ狭しと並んでいる。

交 カテドラルから徒歩5分
住 Santo Tomé,3
☎ 925 22 37 63
営 9:00～21:00
休 無し
URL mazapan.com/

HOTEL

泊まる

トレドのホテル

スペイン有数の観光地だけあって、宿泊施設はかなり充実している。高級ホテルから格安な宿まで、さほど広くない地域に点在しているので、ホテル探しの苦労はない。

パラドール・デ・トレド
PARADOR DE TOLEDO

MAP p.109-L

エル・グレコの作品を思い出す

このパラドールのすばらしさは、なんといっても古都トレドの町全体を見渡せる大パノラマにある。その景色はエル・グレコの傑作「トレドの景観と地図」そのまま。

H ★★★★

交 鉄道駅から車で10分
住 Cerro del Emperador,s/n.
☎ 925 22 18 50
部 79部屋　英 常駐
料 S€105～　T€105～
URL www.parador.es/

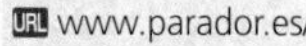

アルフォンソ・セクスト
ALFONSO VI

MAP p.109-G

歴史を感じさせるインテリア

トレドで最も格式のあるホテル。中世の館を思わせるようなレンガ造りの柱や大きな暖炉。インテリアの一部として飾られている鎧や甲冑が、トレドの歴史を感じさせる。

H ★★★★

交 アルカサルの斜め前
住 Cuesta de los Capuchinos,2
☎ 925 22 26 00　FAX 925 21 44 58
部 83部屋　英 常駐
料 S€40～　T€60～
URL www.hotelalfonsovi.com/

ピントール・エル・グレコ
PINTOR EL GRECO

MAP p.108-F

エル・グレコの家のすぐ近く

雰囲気のあるサロンは静かできれい。部屋にはテレビがあり、ドライヤーもついている。グレコの家のほか、サント・トメ教会も近くにあり、旧市街の雰囲気を満喫できる。

H ★★★★

交 エル・グレコの家から徒歩1分
住 Alamillos del Tránsito,13
☎ 925 28 51 91
部 56部屋　英 常駐
料 S€70～　T€70～
URL www.hotelpintorelgreco.com/

カルロス・キント
CARLOS V

MAP p.109-G

日本人の観光客も多い

旧市街のアルカサルにほど近い、67室のホテル。全室エアコンなどの設備が整っており、部屋によっては旧市街の眺めも楽しめる。1階はムデハル様式の内装が美しいレストラン。

H ★★★

交 アルカサルから徒歩2分
住 Plaza Horno Magdalena,s/n
☎ 925 22 21 00
部 67部屋　英 常駐
料 S€53～　T€62～
URL www.carlosv.com/

市街から見えるトレド大聖堂

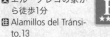

※料金は1泊分の室料です。朝食はホテルにより含まれている場合と、別料金の場合とがあります。

カルデナル
CARDENAL

MAP p.108-B

トレドらしい雰囲気を持つ宿
静かな場所にあり、古都トレドの雰囲気が味わえるホテル。きれいに手入れされた庭はすばらしく、部屋からは城壁も一望できる。お風呂も大きくゆったりして気持ちがいい。

交ビサグラ新門から徒歩2分
住Paseo de Recaredo, 24
☎925 22 49 00　FAX925 22 29 91
部27部屋　英常駐
料S€52～　T€70～
URL www.haciendadelcardenal.com

H★★★

レアル・デ・トレド
REAL DE TOLEDO

MAP p.109-C

サービスの行き届いた3つ星ホテル
バスターミナルから旧市街に向う途中にある。落ち着いた雰囲気の室内にはテレビ、エアコン、電話が完備している。カフェテリアもあるので朝食もとれる。また、サービスの面でも感じが良い。

交ビサグラ新門から徒歩2分
住Real del Arrabal,4
☎925 22 93 00
部53部屋　英常駐
料S€44～　T€44～
URL www.hotelrealdetoledo.es/

H★★★

ソル
SOL

MAP p.109-C

リーズナブルで近代的なオスタル
1つ星だがカードキーを使う近代的な設備のオスタル。各部屋にはテレビ、エアコンが付いている。眺めもすばらしく、北向きの部屋からは城壁の外の街並みを一望できる。

交ビサグラ新門から徒歩3分
住Calle Azacanes,15
☎925 21 36 50
部15部屋　英常駐
料S€28～　T€35～
URL www.hotelyhostalsol.com/

HS★★

サンタ・イザベル
SANTA ISABEL

MAP p.109-G

交通の便が良く、値段も手ごろ
部屋にはテレビ、エアコン、電話が付いている。床がフローリングなので落ち着け、ここまでそろってこの値段はおすすめ。フロントで英語が通じるのも安心できる。

交カテドラルから徒歩2分
住Calle Santa Isabel,24
☎925 25 31 20
部41部屋　英常駐
料S€27～　T€43～
URL www.hotelsantaisabeltoledo.es

H★★

アルカサル
ALCAZAR

MAP p.109-G

部屋は明るくてきれい
町なかの狭く入り組んだ路地の、奥まった場所にある。あまり目立たないものの、建物は新しく、料金も安い。部屋は明るくきれいなので、ひとりで利用するにはおすすめ。

交アルカサルから徒歩2分
住Calle Juan Labrador,10
☎925 22 26 20　FAX925 22 62 78
部12部屋
料S€30～　T€42～
URL www.hostalalcazartoledo.es/

HS★★

オスタル・オアシス
HOSTAL OASIS

MAP p.109-C

従業員が親切で気持ちがいい
英語を話せるスタッフもいて、対応も親切。各部屋にテレビ、エアコンが付いているほか、1階にはカフェテリアもあり、食事もできる。ホームページには日本語もある。

交カテドラルから徒歩4分
住Calle Cadenas,5
☎925 22 76 50
部21部屋　英常駐
料T€65～
URL www.oasistoledo.com/

EL ESCORIAL

エル・エスコリアル

マドリッドから約50km離れた小さな美しい町。町の正式名称はSan Lorenzo del Escorial。巨大な複合建築物、エスコリアル修道院と宮殿は世界遺産。優雅で荘厳な雰囲気には圧倒される。

エル・エスコリアルの全景

鉄道　マドリッドのアトーチャ駅から約1時間5分、1時間に約1～2本、€4.20。

バス　マドリッドの地下鉄Moncloa地下のバスターミナルから約1時間、1時間3～4本(土・日曜減便)、€4.20。

観光案内所　エル・エスコリアル修道院前▶月～土曜10:00～14:00、15:00～18:00、日曜10:00～14:00
TEL：91 890 53 13

概　要

1557年、サン・キンティンの戦いでフランス軍を破ったフェリペ2世（➔ p.112）はその勝利を記念して、この巨大な宮殿兼修道院の建設を命じた。着工は1563年。約2,600の窓、1,200の扉、16の中庭を持つこの大工事は、ファン・バウティスタ・デ・トレドと彼の死後、あとを継いだファン・デ・エレーラによって、わずか21年で完成をみている。高さ95mのドームを持つ聖堂を中心に右手が修道院、左手が王宮となっている。

優雅で荘厳なエスコリアル宮殿

入口を入ると、まず**諸王のパティオ**Patio de los Reyesという中庭がある。その奥が**聖堂**Basílica。聖堂の中は広く、天井はルーカ・ジョルダーノによって描かれたフレスコ画で飾られている。中央には高さが30mもある大きな祭壇飾りがあるが、これはエレーラの作。

王宮では各部屋のタペストリーの飾りが美しい。ゴヤが下絵を描いたものもある。外観の簡素さに比べると内装は華麗で、特に王宮4階の**ブルボン王家の居室**Palacio de los Barbonesは家具など調度品の豪華さに目を見張る。

巨大なエスコリアル宮殿

その中で**フェリペ2世の居室**Habitaciónes de Felipe II は驚くほど質素な感じがする。また、地下には**王廟**Panteonesがあり、カルロス1世（➔p.110）以降のほとんどのスペイン国王がここに埋葬されている。

美術館Museoはヴェロネーゼ、ティントレット、リベラなどの宗教画が中心だが、注目はエル・グレコの「聖マウリシオの殉教El Martirio de San Mauricio」。この絵はフェリペ2世には好まれず、グレコは宮廷画家になりそこねたといわれる。美術館だけではなく、修道院部分の聖具室や参事会会議室にもエル・グレコ、ベラスケス、ティツィアーノなどの傑作が多く展示されている。**図書室**Bibliotecaの内部もまた天井のフレスコ画など、豪華な装飾が施されている。ここには4万冊以上の蔵書があり、2,700点に及ぶ芸術的な写本を見ることができる。

●エスコリアル修道院&宮殿 Monasteio de Escorial

交通：エル・エスコリアル駅から徒歩20分、バスで約5分。
開館：10:00 ～ 20:00（10 ～ 3月 ～ 18:00）／月曜休　料金：€12
※世界文化遺産：マドリッドのエル・エスコリアルの修道院と王室用地

MEMO　サン・キンティンの戦いはイタリアの支配権をめぐりフランスとの間に発生。フェリペ2世がアンリ2世を破り、1559年カトー・カンブレジの和約でナポリを獲得した。

ARANJUEZ

アランフェス

タホ川畔に穏やかに広がるアランフェスは、かつての王家の夏の保養地。緑深い自然に包まれたこの小さな街の散策は、心を落ち着かせ和らげてくれる。

静かな雰囲気の漂うアランフェスの町

鉄道　マドリッドのアトーチャ駅から約45分、1時間に2～3本、€4.20

バス　マドリッドの南バスターミナルから約50分、平日は10～30分おき、土・日曜・祝日は30～45分おき、€4.20

町歩き　駅から王宮まで徒歩で約10分。主な観光名所は王宮から徒歩30分圏内にあり、ゆっくりでも半日で充分に回れる。

i　観光案内所　サン・アントニオ広場▶10:00～14:00、16:00～18:00（火～木曜のみオープン。ハイシーズンは土・日曜、祝日もオープン）　TEL：91 891 04 27

概　要

緑に恵まれたロマンチックな街並み

この地で王宮の建設が始まったのは16世紀中頃、フェリペ２世（➔p.112）の時代。その後数度の火災にあいながらも建設は続き、18世紀後半のカルロス３世（➔p.75）の時代になってようやく完成した。アランフェスは、町全体が王家の離宮といったたたずまいだ。

アランフェスの町歩きは、王宮を起点にして島の庭園、船乗りの家、王子の庭園、農夫の家をゆっくりと徒歩でめぐるのが基本だ。

●チキトレンで回る

チキトレンChiquitrenは蒸気機関車を模した観光用の乗り物で、王宮前から出発して、船乗りの家・王子の庭園・農夫の家を回り、市街地の観光スポットをめぐる約50分の小さな旅が楽しめる。途中下車可能。

営業：11:00～17:30（夏期～19:00）／冬期は月曜休

料金：€6

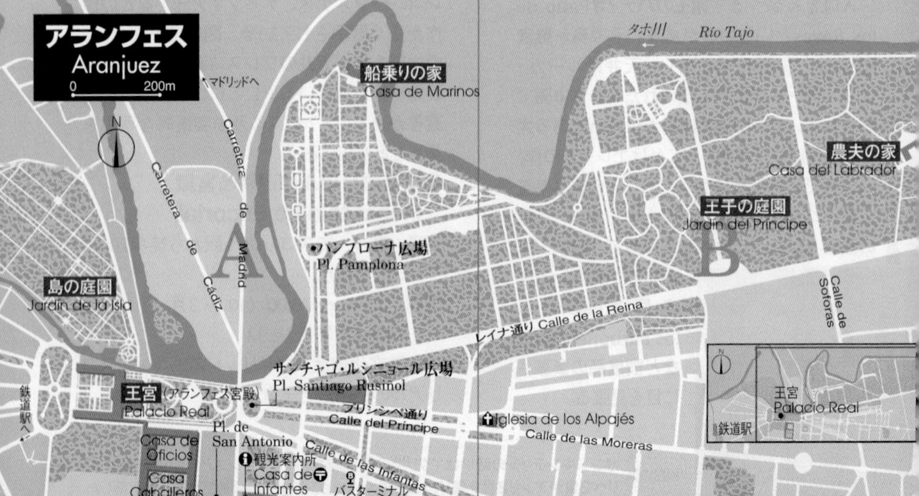

中庭から見た王宮

王宮(アランフェス宮殿) Palacio Real

MAP p.118-A

交通：鉄道駅から徒歩10分
開館：10:00〜18:00(4〜9月〜20:00)／月曜、1月1·6日、5月1日、9月5日、12月24·25·31日休
料金：€9（船乗りの家、農夫の家と共通）

●広大な敷地に建つ豪華な宮殿

広大な中庭を持つ王宮は、現在27の部屋を見学できる。中でも磁器の間Sala de Porcelanaは、白い磁器タイルに植物や動物、生活風景などが描かれ、その豊かな色彩に驚かされる。グラナダのアルハンブラ宮殿の二姉妹の間を複製した喫煙の間Salón de Arabeも必見ポイント。ぜひ足を運びたい楽しい部屋だ。

島の庭園 Jardín de la Isla

MAP p.118-A

交通：王宮から徒歩2分

タホ川の流れを利用して造られた人工の島。フランス庭園で、美しい花や木々の間にいくつもの泉が散在している。

船乗りの家 Museo de Falúas

MAP p.118-A

交通：王宮から徒歩15分
開館：10:00〜18:00(4〜9月〜20:00)／月曜、1月1·6日、5月1日、9月5日、12月24·25·31日休
料金：€9

王子の庭園からタホ川の流れに沿うように歩くと、かつて王家の人々が舟遊びに興じたという船乗りの家がある。現在は「王家の小舟博物館Museo de Faluas Reales」になっており、6隻の王家の船が展示されている。

王子の庭園 Jardín del Principe

MAP p.118-B

交通：王宮から徒歩5分

カルロス4世が1763年に、フランス人ブールトーに造らせた、総面積が150万㎡もある広大な庭園。入り口もレイナ通り沿いに3つある。バランスよく配置された豊富な緑と、美しい噴水を見ながら歩く庭園の散策には、心が洗われる。

農夫の家 Casa del Labrador

MAP p.118-B

交通：王宮から徒歩20分
開館：10:00〜18:00(4〜9月〜20:00)／月曜、1月1·6日、5月1日、9月5日、12月24·25·31日休
料金：€5

●小さくても内部は贅沢な小宮殿

王子の庭園からレイナ通りに出て、左手に豊かな緑を見ながら15分ほど歩くと、農夫の家Casa del Labradorに着く。レイナ通りに出なくても、庭園内の案内板に従って歩けばやはり15分ほど。

カルロス4世が狩りや保養を目的にして建てた離宮だが、名前はこの土地がもともと裕福な農夫のものであったことに由来する。名前こそ「農夫の」と素朴だが、時計・家具などの調度品、絹の刺繍、壁掛けなど、内部の装飾の豪華さには目を奪われる。王宮に負けないほどの贅を尽くしたこの小宮殿、一見の価値がある。

内部の見学は一定の人数ずつまとめて入る。なお、入場券は王宮か船乗りの家でしか買えないので注意のこと。

豪華な農夫の家は王家の離宮

MEMO カルロス4世（1748〜1819、在位1788〜1808） フランス革命と戦乱の時代を乗り切る才覚に欠け、ナポレオンの干渉と実の息子フェルナンドの反乱を招き失脚。フランス、ついでイタリアに亡命し客死。

ALCALÁ DE HENARES

アルカラ・デ・エナレス

マドリッド州第2の都市アルカラ・デ・エナレスは、大学を中心に発展してきた学問の町。文豪セルバンテスが生まれた町でもある。

MADRID
ALCALÁ DE HENARES

鉄道　マドリッドのアトーチャ駅から約35分、月～金曜は5～10分に1本、土・日曜、祝日は10～12分に1本、€3.40。

バス　マドリッドのアベニーダ・デ・アメリカから約45分、平日5～15分間隔、土・日曜・祝日15～30分間隔、€3.60。

町歩き　鉄道駅からセルバンテス広場まで徒歩10分。観光スポットはセルバンテス広場とマヨール通りの周辺に集中しており、半日でゆっくり散策できる。

観光案内所　セルバンテス広場の南端▶10:00～14:00、16:00～19:00（6月1日～10月15日は17:00～20:00）／TEL:91 889 26 94

旧市街地の中心になるセルバンテス広場

概　要

アルカラ・デ・エナレスの都市としての歴史は、紀元前1世紀、先住民族イベリア人の定住地をもとに、ローマ人がコンプルトゥムComplutumと呼ばれる都市を築いたことに始まる。８世紀から12世紀にかけてはアラブ人の支配を受け、現在の都市名アルカラ・デ・エナレスは、このアラブ人が支配した時代に由来するものだ。その後は、トレド大司教区の所領となり、要塞と城壁が築かれた。

歴史と文化の香り漂う大学都市

豪華な大司教館Palacio Arzobispalは、13世紀に建設が始まり、16世紀に完成した。ここはしばしば国王の住まいとしても使用され、1486年にコロンブスにカスティーリャのイサベル女王（➔p.335）が初めて謁見したのもこの館。イギリスのヘンリー８世の妻となったアラゴンのカタリーナ女王や、フアナ（➔p.254）の息子で後のフェルディナンド・ドイツ皇帝もここで生まれた。

アルカラ・デ・エナレスが最も繁栄したのは15世紀末から。1495年トレド大司教に任命されたシスネロス枢機卿Cardenal Cisnerosが、1499年に大学を創設した。以後、町は大学都市として発展を続け、17世紀には学院は40校を数えた。

18～19世紀には大学がマドリッドへ移転するなど衰退期を迎えたが、1977年に大学が再び開校し、1998年には大学と旧市街地が世界文化遺産に登録されるなど、新たな発展の時期を迎えている。

サン・イルデフォンソ学院 Colegio Mayor de San Ildefonso

MAP p.120

交通：セルバンテス広場から徒歩1分
開館：見学はガイド付き。11:00、12:00、13:00、16:00、17:00、18:00、19:00、土・日曜、祝日は14:00からもあり
料金：€4.50　TEL：91 885 64 87

●歴史の重みを実感する重厚な校舎

大学が所有する40の学院の中で最も重要な学院で、現在は大学の本部が置かれている。建物の正面にあるプラテレスコ様式のファサードは、ロドリゴ・ヒル・デ・オンタニョンが1553年に制作した3部分の構成を持つ傑作。さらに学院の中へと進めば、17世紀半ばのエレーラ様式の聖トマス・デ・アキノのパティオ、建築家ファン・ゴメス・デ・モラ作のビリャヌエバ回廊など、さまざまな建築様式で造られた校舎が次々に現れる。

マヒストラル大聖堂 Igresia Magistral-Catedral

MAP p.120

交通：セルバンテス広場から徒歩4分
開館：礼拝のみ。9:00〜13:00、17:00〜20:30、日曜・祝日10:00〜13:30、18:00〜20:30
料金：€1

●マヒストラルの名を持つ大聖堂

シスネロス枢機卿によって建てられた大聖堂はゴシック後期様式の建物で、3つの身廊と16世紀のエレーラ様式の鐘楼で構成。マヒストラルの名称を持つ教会は世界で、ベルギーの聖ペドロ・デ・ロバイナ教会とこの教会の2つしかない。フランシスコ会士アルカラの聖ディエゴの遺体などの聖遺物や、聖少年たちの聖遺骨壺が内部に保存されている。

美しいマヒストラル大聖堂

セルバンテスの家博物館 Museo Casa Natal de Cervantes

MAP p.120

交通：セルバンテス広場から徒歩2分
開館：10:00〜18:00（土・日曜、祝日〜19:00）／月曜、1月1・6日、5月1日、12月24・25・31休
料金：無料　TEL：91 889 96 54

●セルバンテスの時代を再現

セルバンテスの家博物館

セルバンテスが生まれた時代、16世紀のブルジョア階級の家を再現した博物館。台所、食堂、裁縫室、書斎、寝室、居間などがあり、当時の家具や台所用品、陶器、絵画・版画などが飾られている。2階にはセルバンテスに関する資料の展示室もある。柱廊に囲まれたパティオ（中庭）もあり、当時の雰囲気を伝えている。

サン・ベルナルド修道院 Convento de San Bernardo

MAP p.120

交通：セルバンテス広場から徒歩5分
開館：11:00〜13:00、17:00〜18:30、土・日曜12:00〜13:00
料金：€3

●芸術的価値の高い修道院

アルカラ・デ・エナレスにある多くの修道院の中で、最も芸術的価値が高いのがこのサン・ベルナルド修道院。ベルナルド・デ・サンドバル枢機卿によって、1618年にシトー会修道女のために建てられた。正面ファサードの壁穴のひとつに聖ベルナルドの聖像が飾られ、中へ進むとスペインで最大の楕円形ドームを見ることができる。6ヵ所の小聖堂にはフェリペ3世（➔p.73）の宮廷画家・イタリア人のナルディの絵が飾られている。

MEMO　シスネロス（1436〜1517）サラマンカ大学で学び、学識と人柄を評価されて貴族出身ではないにもかかわらずイサベル女王の贖罪司祭、トレド大司教を歴任。イスラム教徒には強硬で、1502年に追放令を実現。

騎士道物語を読み過ぎて自分を騎士と思い込んだ主人公ドン・キホーテが、悪を成敗しようと遍歴の旅に出るという、世界中の人々に親しまれているお話『ドン・キホーテ』。舞台の中心となるのはマドリッドの南部、荒涼たる大地が広がるラ・マンチャ地方だ。ドン・キホーテが巨人と間違えて戦いを挑んだ風車や、従士サンチョ・パンサを引き連れ歩いた土地には、今も彼らが立ち寄ったとされる村々が点在する。日本では目にすることができないような大自然の中を、400年前の物語を訪ねて歩いてみよう。

ラ・マンチャ

ドン・キホーテの道

Don Quijote

ドン・キホーテの道の最初のスポット、ベンタ・デ・ドン・キホーテ。大きな甕が印象的だが、今は旅籠としては機能していない

カンポ・デ・クリプターナ *Don Quijote*

ドン・キホーテが挑んだ風車の町

ラ・マンチャ地方はマドリッドからトレドをめぐり、アンダルシア方面へ向かう観光ツアーの途中に位置することから、多くのツアーに、ドン・キホーテゆかりの町や風景を訪ねるコースが設定されている。

中でも最もポピュラーなのが、カンポ・デ・クリプターナCampo de Criptanaの小高い丘に建つ、約10基の風車。

物語の中で、ドン・キホーテが戦いを挑んだとされる、白い円筒状の建物に黒い三角屋根が印象的な風車だ。ツアーの多くは、マドリッドからこの風車をめざす。カンポ・デ・クリプターナの町そのものは、けっして大きくはない。

エル・トボソ *Don Quijote*

ドン・キホーテの「思い姫」の町

マドリッドから幹線道路4号線を使い、オカーニャOcañaを経由して、国道301号線を走り、カンポ・デ・クリプターナへ向かう場合、途中、ベンタ・デ・ドン・キホーテVenta de Don Quijoteという町を経由することになる。マドリッドから約1時間半。「ドン・キホーテの旅籠（はたご）」という意味の場所だが、今は、旅籠とおぼしき建物が残っているだけだ。

ここからカンポ・デ・クリプターナへ向か

“ラ・マンチャ”を印象づける風車の群れ

う途中にあるのが、エル・トボソEl Tobosoという町だ。この小さな町は、ドン・キホーテをテーマにした町起こしが盛んで、ドン・キホーテが思いを寄せたドゥルシネアが住んでいたことになっている町である。

ここには「ドゥルシネアの館」と呼ばれる「ドゥルシネア生家博物館」（開館：10:00〜14:00、15:00〜18:30、日曜・祝日10:00〜14:00、月曜休、料金：€3）があり、館の内部にはドン・キホーテの時代のものと称される古い家具などが展示されている。また、「ドン・キホーテ図書館」もあり、世界各国で翻訳出版された『ドン・キホーテ』が寄贈されている。

エル・トボソの町に立つ、ドン・キホーテとドゥルシネアの像

（上）ドゥルシネアの館（下）プエルト・ラピセにあるレストラン「ベンタ・デル・ドン・キホーテ」。この店で、食事や買い物ができる

コンスエグラ　*Don Quijote*

風車の丘から見下ろすラ・マンチャの平原

カンポ・デ・クリプターナから向かうのは、コンスエグラConsuegraの町。その途中には、プエルト・ラピセPuerto Lapiceという町がある。ここにベンタ・デル・ドン・キホーテ（ドン・キホーテ亭）というレストラン兼みやげもの屋があり、多くのツアーは、ここを食事を兼ねた休憩場所にしている。レストランでは、物語の中に出てくる食べ物を再現したメニューがあり、みやげもの屋にはドン・キホーテに関連付けた小物やチーズなどが並べられている。時期によっては、レストラン前の駐車場に、日本人観光客を乗せたツアーバスが、ずらりと並ぶこともある。

この町から、さほど遠くないところに、コンスエグラの町がある。町に近づくにつれ、小高い丘の上に整然と並ぶ風車が見えてくる。丘には9基の風車と並んでアラブの古城が建っている。風車は、カンポ・デ・クリプターナをしのぐスケールの大きさ。風車内の見学も可能で、みやげものを売っている店もある。そして、この丘から見下ろす、ラ・マンチャの風景。眼下に広がる平原は、まさに雄大そのものだ。

コンスエグラは、この風車と古城のほかに、スペインの名物料理、パエリャに欠かせないサフランazafránで有名だ。毎年10月最終日曜日の前後3日間、この町では「サフラン祭り」が開催され、「サフランの女王」を決めるサフラン摘み競争が行われる。

コンスエグラで、このコースの「ドン・キホーテの道」は終わる。車での帰路は、再び幹線道路4号線に向かい、約1時間20分、ひたすら北上するとマドリッドに着く。マドリッドへ戻らず、トレドへ立ち寄るなら、国道400号線を北上。約50分で到着する。

小高い丘から眺めたラ・マンチャ地方の風景

ドンキホーテの道への車以外の交通手段 Medios de Transporte excepto Automóvil

カンポ・デ・クリスターナの風車だけを見るなら、マドリッドのアトーチャ駅から比較的本数の多いマンサナレスManzanares方面行きに乗り、アルカサル・デ・サン・ファンAlcazar de San Juan駅で下車。所要時間は約1時間30分。ここからタクシーでカンポ・デ・クリスターナの風車まで約10分。カンポ・デ・クリスターナやアルカサル・デ・サンファンの町にはオスタルやホテルもあるので、1泊することも可能。町でタクシーをチャーターし、周辺のドン・キホーテゆかりの地をめぐる方法もある。

カンポ・デ・クリスターナ駅への直通電車は少ない Acceso a Campo de Criptana

アトーチャ駅からアルバセテ方面行きの電車に乗れば、カンポ・デ・クリスターナ駅まで直通で約1時間30分。ただし、直通電車は1日1～2本で、しかも午後～夕方発のみしかない。午前中にマドリッドを出発するなら、途中のアルカサル・デ・サンファン駅で下車し、同駅発のアルバセテ方面行きの電車に乗り換える必要がある（所要約2時間）。

ドン・キホーテとセルバンテス

『ドン・キホーテ』は騎士道物語にのめりこんだ主人公が巻き起こす波乱万丈、荒唐無稽な冒険物語。作者のセルバンテス(本名ミゲル・セルバンテス・サーベドラ Miguel de Cervantes Saavedra)（1547～1616）は医者の息子としてアルカラ・デ・エナレス(→p.120）に生まれたが、軍人を志したために波乱の人生を送ることとなった。その体験が物語に生きているのかもしれない。

スペイン海軍の軍人としてキリスト教国とオスマントルコ帝国が激突したレパントの海戦にも参加したセルバンテスは、海戦で負傷して左腕が不自由に。さらにスペインへの帰国の途中で海賊に捕えられ、5年もの抑留生活を送っている。やっと帰国した後も職に恵まれず、トラブルから投獄もされ、「ドン・キホーテ」は牢獄の中で構想を練ったともいわれる。

SEGOVIA

セゴビア

古代ローマ時代からの歴史を持ち、かつてはカスティーリャ地方の中心だった城塞都市。ローマ時代の水道橋、白雪姫の城のモデルになったアルカサルなど、見どころが多い。

長く美しいローマ水道橋

SEGOVIA
MADRID

鉄道 マドリッドのチャマルティン駅から約30分、ほぼ30分おき、€13.90〜24.40。

バス マドリッドのモンクレア駅バスターミナルから約1時間20分、1時間に2〜3本、€5。

町歩き バスターミナルからローマ水道橋まで徒歩で約10分。そこから旧市街の中心マヨール広場までも約10分。ざっと見て回るだけなら、マドリッドからの日帰りも可能。

観光案内所 マヨール広場から徒歩10分、アソゲホ広場前▶10:00〜18:30（日曜は10:00〜17:00）／無休　TEL：921 46 67 20

概要

ローマ水道橋に代表されるように、セゴビアの歴史は古い。また、中世に築かれた城壁が今でも旧市街を囲むように残っている。現在は**ローマ水道橋**をはじめ、白雪姫のお城のモデルになったといわれる**アルカサル**、郊外の**ラ・グランハ**など観光地として人気が高い。

魅力的なスポットを持つ観光地

AVANTや急行利用の場合は、市中心部から約５㎞離れたセゴビアギオマール駅に着く。駅から11番のバスがローマ水道橋近くの停留所に停まる。所要20分。

バスでセゴビア入りする場合は、バスターミナルから水道橋までは徒歩10分ほど。

旧市街の中心地はマヨール広場。ここにも観光案内所があり、目の前にはカテドラル。

ロマンチックな外観のアルカサルを角度を変えて見たいなら、城壁の外を囲むように走っている南側のクエスタ・デ・ロス・オヨス通りか、北側のサント・ドミンゴ・デ・グスマン通りまで行ってみるといい。影絵のように浮かぶ美しい姿が印象的だ。

町の中で目立つのはロマネスク様式の優雅な教会。**サン・ミリャン教会**や**サン・エステバン教会**などは典型的なロマネスク教会として、セゴビアのシンボルともなっている。郊外の**ラ・グランハ**へはバスで15分。

セゴビアの名物料理は仔豚の丸焼きCochinillo Asado。せっかく訪れたのだから、ぜひ一度は味わってみたい。

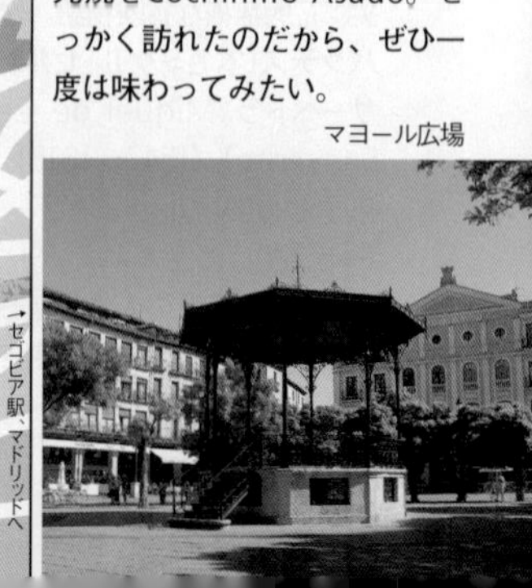
マヨール広場

後期ゴシック様式のカテドラル

カテドラル
Catedral

MAP p.126

交通：マヨール広場から徒歩1分
開館：9:00～21:30（11～3月9:30～18:30）／無休
料金：€3

●繊細で優雅なカテドラル

1521年のコムネロスの反乱によって破壊されたこの聖堂は、1525年カルロス1世によって再建が開始され1577年に完成した。後期ゴシックの様式を持ち、その繊細さと優雅な雰囲気から、カテドラルの「貴婦人」という愛称を持っている。内部は明るく、格子模様、ステンドグラスが美しい。礼拝堂ではきれいなレターブルが目に入るが、これはファン・デ・フニ（➔p.133）の作品「キリストの埋葬」。

カテドラルに付属の美術館にはペトロ・ベルゲール、ヴァン・ダイクなどの絵画、彫刻が数多く展示されている。

ローマ水道橋
Acueducto Romano

MAP p.126

交通：マヨール広場から徒歩12分

●ローマの技術、文明の高さに感服

ヨーロッパ各地に残るローマ水道橋の中でも最も美しい橋のひとつといわれている。全長728mで、高さは28m。モルタルなどの接着剤をいっさい使わず、花崗岩のブロックを積み重ねただけで、2段アーチの形で構成されている。

造られたのは紀元1世紀頃のトラヤヌス帝治世期とみられ、当時のローマの文明、技術の水準の高さには驚かされる。橋を流れるのは遠くフエンフリア山脈から発するアセベタ川の水をセゴビアまで引いたもので、現在でも水路として利用されている。

優雅に建つアルカサル

アルカサル
Alcázar

MAP p.126

交通：マヨール広場から徒歩15分
開館：10:00～20:00（11月～3月～18:00）／無休
料金：€5.50、ドン・ジュアンの塔€2.50

●「白雪姫」のお城のモデル

エレスマ川とクラモレス川が合流する地点にそびえる岩山の上に建つ。その優雅な外観から、ディズニーの「白雪姫」のお城のモデルになったといわれている。

もともとは王家の居城であった城で、イサベル女王（➔p.335）の即位式やフェリペ2世（➔p.112）の結婚式もここで行われた。

ドン・ジュアンの塔からはセゴビアの町からアダラーマ山脈までを一望にできる。

サン・エステバン教会
Iglesia de San Esteban

MAP p.126

交通：マヨール広場から徒歩5分
開館：外観見学のみ

●鐘楼がそびえ立つ美しいロマネスク教会

建てられたのは13世紀と比較的遅いが、最も美しいロマネスク様式の教会のひとつといわれている。特にそびえ立つ鐘楼が有名。6層に積み上げられ、壁面

ロマネスク様式の美しい教会

MEMO コムネロスの反乱は1519年から21年にかけて、トレドなどカスティーリャの諸都市が、多額の上納金を課してきた新国王カルロス1世（➔p.110）に対して起こしたもの。諸都市側の敗北で乱は終結した。

はアーチ形の開口部で飾られている。高さは53mあり、ひときわ目を引くそのスタイルから、「塔の女王」ともいわれる。1896年からは国の重要文化財になっている。

内部の祭壇では、釘を抜かれて右手を垂れ下げたキリスト像を見ることができる。

ラ・グランハ
La Granja de San Ildefonso

MAP p.126外

交通：ローマ水道橋からタクシーで約10分
開館：10:00～20:00（10～3月～18:00）／月曜、1月1日、12月24・25・31日休
料金：€9

●小ベルサイユといった趣き

フランス国王ルイ14世の孫、フェリペ5世が故郷フランスをしのんで、1731年にペニャララ山の麓に建設した宮殿。そのため、宮殿、庭園ともにフランス色が強く、ベルサイユ宮殿を彷彿とさせる。

宮殿の内部には大理石やビロードが豊富に使われ、天井のフレスコ画、大きなシャンデリアとともに豪華な雰囲気を醸し出している。また、2階にはタペストリー美術館があり、ラファエロの下絵から織られた「聖ヒエロニムスのタペストリー」をはじめ、貴重な作品が数多く展示されている。

庭園は145haにも及び、その広大さに驚かされる。木々が多く、さまざまな噴水や人工の滝を見ながら並木道を散歩するのは気持ちがいい。なお、セゴビアとグランハのバスでの往復はやや不便。ローマ水道橋前からタクシー（€10～12くらい）利用がいいだろう。

美しい庭園が広がるラ・グランハ

サン・ミリャン教会
Iglesia de San Millan

MAP p.126

交通：マヨール広場から徒歩15分
開館：ミサの時だけ入場可

●柱頭に施された彫刻がみごと

12世紀初頭に建てられたセゴビアでも最も古い教会のひとつで、初期ロマネスク様式の代表的な教会といわれる。美しい柱頭を持つ、彫刻を施された柱の並ぶ柱廊がすばらしい。内部ではきれいなアーケードと柱頭の彫刻、洗礼堂の壁画がひときわ目を引く。

食

メソン・デ・カンディド
MESÓN DE CÁNDIDO

MAP p.126

交 ローマ水道橋前
住 Plaza Azoguejo,5
☎ 921 42 81 03　予算 €40～
営 12:00～16:30、20:00～23:00
休 無休　URL www.mesondecandido.es/

泊

パラドール・デ・セゴビア
PARADOR DE SEGOVIA

MAP p.126外

交 ローマ水道橋から車で5分
住 Carretera de Valladolid,s/n
☎ 921 44 37 37
部 113部屋　料 S€85～　T€85～
URL www.parador.es/

インファンタ・イサベル
INFANTA ISABEL

MAP p.126

交 マヨール広場から徒歩1分
住 Plaza Mayor,12
☎ 921 46 13 00　FAX 921 46 22 17
部 40部屋　料 S€40～　T€50～
URL www.hotelinfantaisabel.com/

レアル・セゴビア
REAL SEGOVIA

MAP p.126

交 マヨール広場から徒歩4分
住 Juan Bravo,30
☎ 921 46 26 63　FAX 921 46 26 57
部 37部屋　料 S€44～　T€48～
URL www.hotelrealsegovia.com

MEMO フェリペ5世（1683～1746、在位1700～46）ブルボン朝スペイン初代国王。ルイ14世の孫。ハプスブルク家最後の王カルロス2世の遺言により即位したが、即位をめぐってスペイン継承戦争が発生した。

ÁVILA

アビラ

イスラム教徒との戦いを象徴する城壁が、今も旧市街を守るように立ちはだかる。カトリックの聖女サンタ・テレサ生誕の地でもある。

AVILA
MADRID

鉄道	マドリッドのチャマルティンまたはアトーチャ駅から1時間30分～2時間、1時間1本程度、€12.70～22.42。
町歩き	駅からバスターミナルまで徒歩5分。そこから旧市街まで徒歩7～8分。旧市街の中は2時間くらいでひと通り回れる。
観光案内所	カテドラルから徒歩1分▶9:00～20:00(夏期)、～18:00(冬期) TEL:920 35 00 00

城壁に囲まれたアビラ

概要

11世紀にイスラム教徒の反撃から町を守るため建設された城壁の中の旧市街は、まるで中世の町のよう。石畳の町を歩くだけで、落ち着いた町の雰囲気を味わうことができる。

サンタ・テレサゆかりの修道院も

また、アビラは修道院改革に尽力したサンタ・テレサ(1515～82)の生誕の地。このため、16世紀のアビラは「聖者たちの町」といわれ、修道院の改革の中心地となった。現在でも**サンタ・テレサ修道院、サン・ホセ修道院、エンカルナシオン修道院**など、彼女にゆかりの修道院が多く残っている。

駅から旧市街まで歩いて15分ほど。さらに、城壁の外、西側の橋の門からアダハ川を渡り、サラマンカ街道を少し行くと、ロス・クアトロ・ポステスLos Cuatro Postesという展望台があり、アビラの町を一望できる。

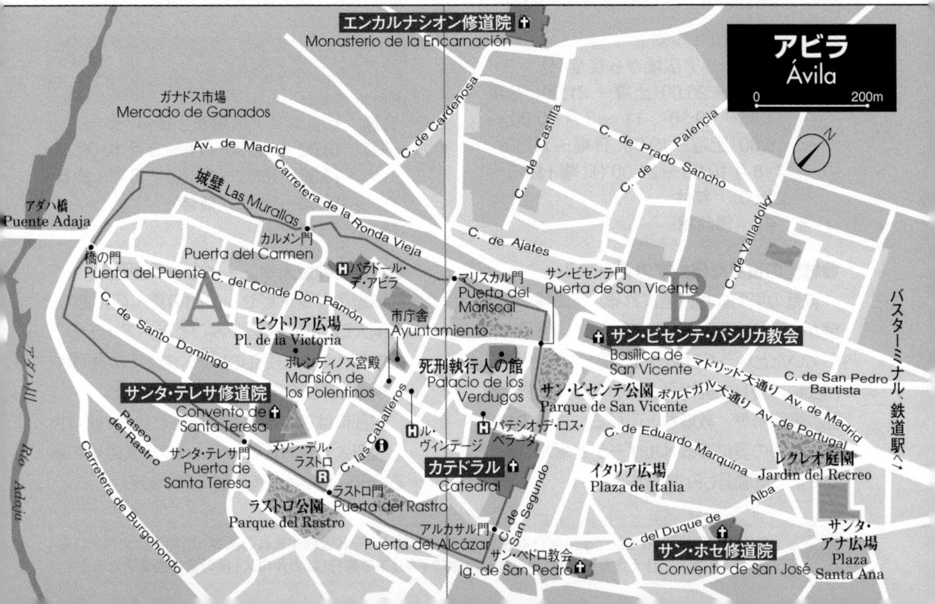

城壁
Las Murallas

MAP p.129

交通：鉄道駅から徒歩13分
開館：10:00〜18:00、夏期〜20:00（7・8月〜21:00／月曜（夏期はオープン）、1月1日、12月24・25・31日休
料金：€5

●旧市街をすっぽりと囲んでいる

アビラの町の中心部は城壁によってすっぽり囲まれている。建設されたのは11世紀半ば。この町を攻略したキリスト教徒がイスラム教徒の反撃に備えて築いたもので、高さ12m、厚さは平均3m、周囲は2,526mに及ぶ。8つの門を持ち、防御のための塔も88基設けられている。8つの門の中でも、特に東側にある威風堂々たるサン・ビセンテ門とアルカサル門はぜひ見ておきたい。

アビラの象徴、城壁の夕景

カテドラル
Catedral

MAP p.129-B

交通：ビクトリア広場から徒歩4分
開館：10:00〜20:00（土曜〜21:00、日曜11:45〜19:30）、11〜3月10:00〜18:00（土曜〜19:00、日曜〜17:30）、7・8月10:00〜21:00（日曜11:45〜21:00）／無休
料金：€6（博物館）

●城壁の役目を果たすカテドラル

城壁の東側に組み込まれるように建つ。城壁から張り出した部分は砦としての役目を担っていたというだけあって、勇壮な雰囲気だ。内部には優れた美術品ともいえる聖歌隊席背面、聖職者席、教壇など、見るべきものも多い。後陣の奥にあるベルゲーテとボルゴーニャによる祭壇画もみごとだ。

勇壮な雰囲気を醸し出すカテドラル

サンタ・テレサ修道院
Convento de Santa Teresa

MAP p.129-A

交通：ビクトリア広場から徒歩4分
開館：4月〜10月10:00〜14:00、16:00〜19:00　11〜3月10:00〜13:30、15:30〜17:30／月曜休
料金：無料（美術館€2）

●サンタ・テレサの生家に建つ

アビラが生んだ最大の歴史的有名人が聖女テレサ。アビラの町の中には彼女にちなんだ遺跡が数多く残っている。聖女テレサの生家があった場所に建てられたゴシック様式の修道院には、遺品なども収められている。

サン・ビセンテ・バシリカ教会
Basilica de San Vicente

MAP p.129-B

交通：ビクトリア広場から徒歩7分
開館：10:00〜18:30（11〜3月10:00〜13:30、16:00〜18:30）、日曜・祝日16:00〜18:00／無休
料金：€2.50

●4世紀の聖人サン・ビセンテが眠る

城壁のサン・ビセンテ門の真ん前にあり、西側入口の門の装飾がみごとだ。アーチの下に描かれた十二使徒のいきいきとした彫像や花模様の彫刻の美しさには魅了される。

内部にはこの地で殉教したといわれる4世紀の聖人サン・ビセンテとその2人の妹の眠る石棺が置かれた殉教者の墓がある。

MEMO　ベルゲーテAlonso Berruguete（1488〜1561）　バリャドリード近郊生まれの画家・彫刻家。父ペドロもカトリック両王に仕えた宮廷画家。1504〜21年にイタリアで修行し、カルロス1世の宮廷画家となる。

殉教者たちが眠るサン・ビセンテ・バシリカ教会

エンカルナシオン修道院 Convento de la Encarnación

MAP p.129-B

交通：ビクトリア広場から徒歩15分
開館：9:30～13:00、16:00～19:00（10～4月9:30～13:30、15:30～18:00）、土・日曜、祝日10:00～13:00、16:00～19:00／無休
料金：€2

●聖女テレサが20年間過ごした修道院

サンタ・テレサが修道院改革に乗り出す出発点は、17歳の時に経験した神秘体験だといわれている。18歳のときにカルメリータ修道会に入り、その年から20年にわたって、このエンカルナシオン修道院で過ごした。この修道院で、彼女はより厳格な規律を持つ「裸足のカルメリータ派」を設立している。

簡素な建物の館内には、彼女の遺品が当時のままの状態を保って残されている。

サン・ホセ修道院 Convento de San Jose

MAP p.129-B

交通：カテドラルから徒歩6分
開館：10:00～13:30、16:00～19:00／無休
料金：€1.40

●サンタ・テレサが設立した修道院

サンタ・テレサは、当時失われつつあった厳格な規律をカトリック教会に取り戻し、霊魂の完全な救済をめざして、修道院の改革を実行しようとした。このため、自らを厳しい規律に律するとともに、その実現のために多くの修道院を設立した。サン・ホセ修道院はそうした彼女が初めて設立した修道院として有名である。

サンタ・テレサが初めて設立した修道院

メソン・デル・ラストロ MESÓN DEL RASTRO

MAP p.129-A

交 カテドラルから徒歩6分
住 Plaza del Rastro,s/n
☎ 920 21 12 18　予算 €35～40
営 13:00～16:00、20:30～23:00
休 無休

泊

パラドール・デ・アビラ PARADOR DE ÁVILA

MAP p.129-A

交 カテドラルから徒歩7分
住 Marques de Canales y Chozas,2
☎ 920 21 13 40
部 61部屋　料 S€85～　T€85～
URL www.parador.es/

パラシオ・デ・ロス・ベラーダ PALACIO DE LOS VELADA

MAP p.129-B

交 カテドラルから徒歩1分
住 Plaza de la Catedral,10
☎ 920 25 51 00
部 145部屋　料 S€53～　T€53～
URL www.hotelpalaciodelosvelada.com/

ル・ヴィンテージ HOSTAL LE VINTAGE

MAP p.129-A

交 カテドラルから徒歩4分
住 Comuneros de Castilla,3
☎ 920 25 14 75
部 13部屋　料 S€35～　T€50～
URL www.levintagehostal.com

MEMO ボルゴーニャJuan de Borgona（1470～1536）　アビラのほか主にトレドで活躍したブルゴーニュ生まれの画家。ゴシックからルネッサンスへの過渡期の絵画を代表する画家の一人で多くの弟子を持った。

VALLADOLID

バリャドリード

カトリック両王の結婚式が行われた町としても有名だが、現在は活気に満ちた工業・商業都市。

VALLADOLID
MADRID

鉄道	マドリッドのチャマルティン駅から約1時間、1時間に1～4本、€31.10～37.30。アビラから約1時間20分、1日10本、€10.80～19.30。
バス	マドリッドの南バスターミナルから2時間15分～3時間、1日26本、€11.68～20.03。
町歩き	駅を出てカンポ・グランデを左手に見ながら5分ほどで、ソルリーリャ広場。ざっと回るなら、所要は約2時間。
観光案内所	ソルリーリャ広場そば▶9:30～14:00、16:00～19:00（7月～9月15日は17:00～20:00）、日曜9:30～15:00／無休　TEL：983 21 93 10

マヨール広場

概　要

かつてはスペインの首都

イスラム勢力に対するレコンキスタの本拠地として、またスペイン統一の母体ともなったかつてのカスティーリャ王国の中心として、フェリペ２世(➔p.112)の時代にはスペインの首都でもあった。イサベル女王(➔p.335)とフェルナンド２世(➔p.255)のカトリック両王が結婚式をあげた町でもある。また、コロンブスが亡くなった町、『ドン・キホーテ』の作者、セルバンテスが晩年を過ごした町としても知られており、**コロンブス博物館**、**セルバンテスの家**などの観光スポットがある。

町なかは道が複雑に入り組んでいる。駅からコロン広場を通ってまっすぐ行くと、ソルリーリャ広場に出る。ここからマヨール広場を結ぶサンチャゴ通りはデパートやレストランが並ぶ繁華街。スペイン彫刻の傑作が数多く所蔵されている**国立聖グレゴリオ学校美術館**へはマヨール広場から歩いて約10分。そのほか美術館に隣接する**サン・パブロ教会**Iglesia de San pabro、**バリャドリード博物館**Museo de Valladoliaなど芸術的建造物も見ておきたい。

セルバンテスが晩年を過ごした家

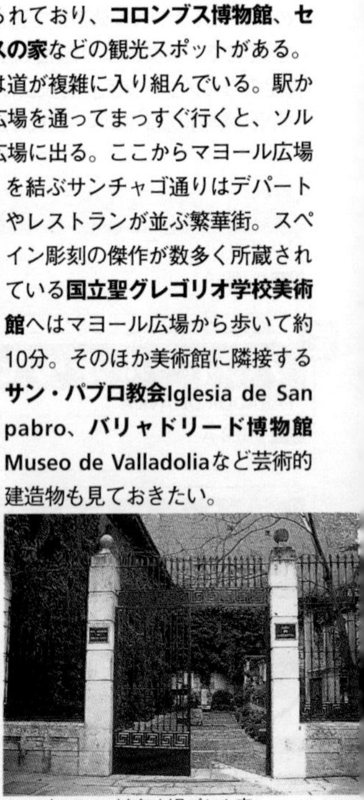

カテドラルの内部は見るべきものが多い

カテドラル Catedral

MAP p.132

交通：ソルリーリャ広場から徒歩8分
開館：10:00〜13:30、16:30〜19:00、土・日曜・祝日10:00〜14:00／月曜休
料金：無料（博物館は€3）

●未完のままのカテドラル

16世紀にフェリペ2世の命によって宮廷建築家エレーラが建設を始めたが、あまりに壮大な計画だったため、未完のまま終わっている。とはいえ、内部にはファン・デ・フニのレタブルやベラスケスの「聖母被昇天」など、見る価値のあるものも多いので、ぜひ中に入って鑑賞したい。

国立彫刻美術館 Museo Nacional de Escultura

MAP p.132

交通：カテドラルから徒歩5分
開館：10:00〜14:00、16:00〜19:30、日曜・祝日10:00〜14:00／月曜、1月1・6日、5月1日、9月8日、12月24・25・31日休
料金：€3

国立彫刻美術館入口の彫刻

●宗教彫像の傑作を数多く所蔵

15世紀から17世紀にかけて、バリャドリードはスペイン彫刻の中心地でもあった。その当時の面影をしのばせるこの国立彫刻美術館の建物は、イサベル女王の聴罪司祭であったブルゴス師によって15世紀に設立された、コレヒオ・デ・サン・グレゴリオ・カレッジ（神学校）である。建物の外壁の装飾がみごとだが、特にファサード上部にも注目したい。

収められた作品には彩色木彫の宗教彫像の傑作が多い。中でもアロンソ・ベルゲーテ（➔p.130）の「聖セバスティアヌス（➔p.67）の殉教」、ファン・デ・フニの「キリストの埋葬」、グレゴリオ・フェルナンデスの「横たわるキリスト」などの大作は見ておきたい。

セルバンテスの家 Casa de Cervantes

MAP p.132

交通：ソルリーリャ広場から徒歩2分
開館：9:30〜15:00（日曜・祝日10:00〜15:00）／月曜、1月1・6日、5月1日、9月8日、12月24・25・31日休
料金：€3（日曜無料）

●セルバンテスの面影をしのぶ

「ドン・キホーテ」の作者として有名なセルバンテスが晩年住んでいた家が、記念館としてそのまま保存されている。部屋の中にはセルバンテスが実際に使ったといわれる机や家具が展示されている。

オリド
OLID

MAP p.132

交 カテドラルから徒歩4分
住 Plaza de San Miguel,10
☎ 983 35 72 00　FAX 983 33 68 28
部 210部屋　料 S€56〜　T€59〜
URL www.hotelolid.com/

ゼニット・インペリアル
ZENIT IMPERIAL

MAP p.132

交 マヨール広場から徒歩1分
住 Del Peso,4
☎ 983 33 03 00　FAX 983 33 08 13
部 63部屋　料 S€66〜　T€69〜
URL imperial.zenithoteles.com/

MEMO ファン・デ・フニ（Juan de Juni　1570-77）　16世紀スペインを代表する彫刻家。フランス生まれ。30歳を過ぎてスペインを訪れバリャドリードで没する。人間の苦悩を表現した宗教彫刻を数多く残す。

CHINCHÓN
チンチョン

アニス酒Anísで有名なチンチョンは、マドリッドの南東約45kmにある小さな町。手頃な地図が1枚あればそれで充分。静かで美しいスペインの田舎町を、ゆっくり散策しよう。

チンチョンは静かな田舎町

バス マドリッドの地下鉄コンデ・デ・カサール駅近く、メディテラネオ大通りAvda. Mediter-ráneoにあるバス停からLaVelozのバルデラグナ行で約1時間、月～金曜30分に1本、土曜1時間に1本、日曜・祝日13本、料金€4.50。

町歩き バス停から少し坂になっているヘネラリシモ大通りを5分ほど歩くと、マヨール広場に着く。小さな町なので、半日あればじっくり楽しめる。

i マヨール広場内▶10:00～19:00（土・日曜、祝日は～16:00）

134

概　要

バス停のすぐ近くに、**コンベント・デ・ラス・クラリサスConvento de las Clarisas**（聖クララ会修道女の修道院）が見える。ヘネラリシモ大通りAvenida del Generalisimoのゆるやかな坂道を、バス停からマヨール広場へと少し歩くと、右側に**エルミータ・デ・サン・ロケErmita de San Roque**（聖ロケの礼拝堂）がある。さらに坂を登って行くと、やはり右側に**パラドール・デ・チンチョンParador de Chinchón**が見える。通りをはさんで、パラドールの門のはす向かいがマヨール広場の入口。**マヨール広場**の近くにある**カサ・デ・ラ・カデーナ**Casa de la Cadenaは、王位継承戦争の際にフェリペ5世（➔p.128）が滞在した、貴族の館だ。

古き良きスペインを楽しむ

マヨール広場を抜けて、ホセ・アントニオ通りCalle de José Antonioの坂道を少し上ると、教区教会Igresia Parroquial de la Asuncionへ通じるイグレシア通りCalle de la Iglesiaと交差する。左へ折れてイグレシア通りを進むと、教区教会に着く。教区教会の建つ丘は絶好のビュー・ポイントで、マヨール広場が真下に見える。教会の隣に建っているのが、**ロペ・デ・ベガ劇場Teatro Lope de Vega**。ロペ・デ・ベガ劇場から西へ1～2分歩けば、**聖アントンの礼拝堂Ermita de San Antón**がある。

ホセ・アントニオ通りを教区教会の方へ曲がらずにまっすぐ歩けば、やがて左側に郵便局、右側に**エルミータ・ヌエストラ・セニョ**

ーラ・デ・ラ・ミセリコルディアErmita Nuestra Señora de la Misericordia（慈悲の聖母マリアの礼拝堂）が見えてくる。これで町の中はほぼひと通り回ったことになり、あとは、町の外に城壁と塔の一部が残る**チンチョン城Castillo de Chinchón**を残すのみ。

チンチョンの観光スポットといえば、マヨール広場とパラドール、そして教区教会など少数で、決して派手なものではない。しかしその魅力は、古き良きスペインの田舎町をじっくり味わい、雰囲気を楽しめることだ。何気なく歩いている通りから見える建物や、足を踏み入れた店、通りを行き交う人々との出会いを大切にしたい。

マヨール広場
Plaza Mayor

MAP p.134

交通：チンチョンのバス停から徒歩5分

●散策の拠点に便利な広場

町のほぼ中心にあるマヨール広場は、周囲を木造3階建ての建物に囲まれている。建物の2階と3階には、それぞれ端から端までつながったバルコニーが設けられ、ここにテーブルを出しているレストランやカフェテリアもある。1階は柱廊になっており、いろいろな店をのぞきながら広場をひと回りしてみるのも楽しい。

マヨール広場のカフェテリア

また祭日などには、この広場で闘牛が行われる。広場が闘牛場となるときは、周りの建物のバルコニーが絶好の見物席となり、見物客であふれる。闘牛が行われるのは、7月25日のサンチャゴ・アポストルSantiago Apostol（十二使徒の聖ヤコブ）の祭日、8月13日から18日までの恵みの聖母マリアと聖ロ　ケNuestra Señora de Gracia y San Roqueの祭り、そして10月7日・慈悲の聖母マリアとロザリオの聖母マリアla Virgen de la Misericor-dia y Nuestra Señora del Rosarioの祭日など。普段は静かなチンチョンの町も、これらの日には人々の熱気が満ち、大いににぎわう。

とっておき情報

チンチョンの名物を楽しむ

チンチョンの名物といえば、忘れてはならないのが**アニス酒Anís**。アニス(茴香)は、南ヨーロッパ原産のセリ科の植物で、特有の香りを持つ。お酒は独特の香りととろりとした甘味が特徴だ。強い酒なので飲み過ぎには注意。水で割ると白く濁り、味も落ちる。別のコップに水を用意してもらって、ストレートで楽しみたい。また、お酒とは別にアニス入りのパンもお店で売っている。

町の名前の由来ともなったチンチョン伯爵（女性）は、マラリアの特効薬キニーネの発見に貢献している。ペルーの副王（植民地総督の一種）の妻でもあった彼女は、インディオたちがキンキナの樹皮から抽出した薬で病から回復するのを見て、それをヨーロッパに持ち帰った。その後、1820年にペルティエとカヴァントゥによってキニーネが分離された。スウェーデンの博物学者リンネは、キンキナに伯爵への敬意を込めて「チンチョナChinchona」という学名を付けている。

●おすすめレストラン
メソン・クエーバス・デル・ビノ
Mesón Cuevas del Vino

MAP：p.134

店の名前のとおり、ワインの醸造・貯蔵用の古い建物を利用したメソン。世界各地から有名人が訪れ、ワインの樽にサインを残している。小さな店の入口は、表示がなければとてもこの奥にメソンがあるとは思えず、まるで隠れ家のよう。古い建物だが天井は高く、独特の雰囲気がある。アニス酒を飲みながら、ゆっくり昼食を楽しみたい店だ。

交通：マヨール広場から徒歩8分
住所：Benito Horterano,13
営業:12:00～16:30、20:00～23:00、土曜12:00～24:00、日曜12:00～18:00／火曜休
TEL:91 894 09 40
予算：€30～35

SECO（辛口）とDULCE（甘口）があるアニス酒

CUENCA
クエンカ

２本の川に挟まれた断崖絶壁の高台に築かれた町で、「歴史的城塞都市クエンカ」として世界遺産に登録されている。幻想的な景観は見応えがある。

狭い台地の上にある町

鉄道 マドリッドのアトーチャ駅から55分、1日19本、€19.00～35.20。バレンシアから52～57分、1日6～8本、€16.90～29.95。AVE、Alviaなどの高速列車は、市街地から4km近く離れた新駅のクエンカ・フェルナンド・ソーベル駅に着く。駅前からバスでマヨール広場まで約30分、30分に１本、€1.25。

バス マドリッドの南バスターミナルから2時間～2時間30分、1日9本、€13。

町歩き マヨール広場を起点に2～3時間もあれば充分に回れる。●近くの街へ　アランフェスへ鉄道で2時間、€10.65。

i マヨール広場▶9:00～14:00、16:00～18:30（土・日曜は9:00～20:00）／無休　TEL：969 24 10 51

概　要

峻険で狭小な台地に築かれた町

クエンカの町は、ウエカル川Río Huecarとフカール川Río Júcarにはさまれた台地の上にあり、家々はその狭い土地の上にしがみつくようにびっしりと建ち並んでいる。その中で有名なのが**宙吊りの家Casas Colgadas**。14世紀の建築で、垂直な崖の上にバルコニーが飛び出している。あやういバランスを保っているような外観が目を引く。

道は狭い路地が多く、建物の間を縫うように延びている。駅とバスターミナルは斜め向かいに建つ。旧市街へは約２kmと少し距離があるうえ、登りのため、行きはタクシー利用がおすすめだ。修道院の建物を改装したパラドール手前の吊り橋Puente San Pabloまで€8くらい。ここは、対岸に宙吊りの家を望む絶好のシャッターポイントだ。

吊り橋を渡るとすぐ左手に宙吊りの家がある。内部はレストランと**抽象美術館**になっている。その先には、ローマ時代の遺物を展示する**クエンカ博物館**と、路地を挟んで宗教美術を収蔵する**教区博物館Museo Diocesano**が建つ。まっすぐ進むとマヨール広場。右手の**カテドラル**は、12世紀の終わりから13世紀にかけて建立されたゴシック様式の建物で、内部の装飾は一見の価値がある。観光案内所はカテドラルを出て左に少し下ったマヨール広場内にある。なお、美術館をはじめとするモニュメントは月曜日が休みのところが多いので注意しよう。

シウダー・エンカンターダへ↑
サン・ペドロ教会 Ig. de San Pedro
サン・ペドロ通り San Pedro
カテドラル Catedral
ポサダ・デ・サン・ホセ
パラドール・デ・クエンカ
教区博物館 Museo Diocesano
マヨール広場 Pl. Mayor
フカール川 Río Júcar
サン・ミゲル教会 Ig. de San Miguel
Puente de San Pablo
市庁舎 Ayuntamiento
宙吊りの家／抽象美術館 Casas Colgadas
マンガーナ塔 Torre de Mangana
音楽堂 Auditorio de Musica
カルメン広場 Pl. del Carmen
ウエカル川 Río Huécar
クエンカ博物館 Museo de Cuenca
サン・フリアン公園 Parque de San Julián
C. Cervantes
電話局
ラモン・イ・カハル通り Ramón y Cajal
コルテス
中心部へ行くバス停
クエンカ・フェルナンド・ソーベル駅へ
クエンカ駅
バスターミナル Estación de Autobuses
バレンシアへ
テルエルへ
N
クエンカ Cuenca
0　300m

その名の通りバルコニーが完全に宙に浮いている「宙吊りの家」

宙吊りの家／抽象美術館
Museo de Arte Abstracto Español

MAP p.136

交通：クエンカ駅からタクシーで約5分
開館：11:00〜14:00、16:00〜18:00（土曜〜20:00）、日曜・祝日11:00〜14:30／月曜、1月1日、聖週間の木・金曜、9月18〜21日、12月24・25・31日休
料金：無料　TEL：969 21 29 83

●断崖の上に建つ美術館

14世紀頃に建てられた民家で、1966年からは抽象美術館として利用されている。ミロやタピエスなど、収蔵されている作品はもちろん、窓からの眺望も楽しみたい。また、建物の一部はレストランになっていて、バルコニーからの景色を眺めながら食事が楽しめる。

カテドラル
Catedral

MAP p.136

交通：マヨール広場から徒歩1分
開館：10:00〜17:30（7〜10月〜19:30、4〜6月〜18:30）、土曜・祝日〜19:30／無休
料金：大聖堂€4.80、美術館€3.50

●ゴシック様式を残すカテドラル

マヨール広場に面して建つ。正面のファサードは20世紀になって再建されたものだが、後部は13世紀に建てられたゴシック様式で、装飾はルネッサンス様式。礼拝堂の柵や歩廊など、内部も見るべきものが多い。

クエンカ博物館
Museo de Cuenca

MAP p.136

交通：マヨール広場から徒歩3分
開館：10:00〜14:00、16:00〜19:00（日曜・祝日10:00〜14:00）、7/16〜9/15は10:00〜14:00、17:00〜19:00（日曜10:00〜14:00）／月曜、1月1・6日、9月21日、聖金曜日、12月24・25・31日休
料金：€3　TEL：969 21 30 69

●興味深いローマ時代の遺物

2階に先史時代の発掘物、3階にローマ時代の遺跡で発掘された彫刻や陶磁器などが展示されている。宗教儀礼で使われたという祭具の複製など、興味深い展示物も多い。

パラドール・デ・クエンカ
PARADOR DE CUENCA

MAP p.136

交 マヨール広場から徒歩7分
住 Subida a San Pablo s/n
☎ 969 23 23 20
部 63室　料 S€110〜　T€110〜
URL www.parador.es/

ポサダ・デ・サン・ホセ
POSADA DE SAN JOSÉ

MAP p.136

交 マヨール広場から徒歩2分
住 Julián Romero,4
☎ 969 21 13 00
部 29室　料 S€69〜　T€69〜
URL www.posadasanjose.com/

TERUEL

テルエル

アラゴン地方南部に位置し、トゥリア川Río Turiaに隔てられ孤立した高台にあるテルエルは、ムデハル建築で有名な町。

MADRID TERUEL

テルエルの町の中にある独特の階段

- **鉄道** バレンシアから2時間30分、1日3本、€18.70。サラゴサから2時間20分～2時間40分、1日4本、€15.30～20.80
- **バス** サラゴサから2時間、1日3本、€11。
- 町歩き 狭い町なので、2～3時間もあれば充分見て回ることができる。
- **観光案内所** サン・ペドロ教会近く▶10:00～14:00、16:00～20:00 TEL：978 62 41 05

概要

ムデハルの建物が点在するエキゾチックな町

テルエルは、緑と白のアクセントがきいたムデハルの建物が点在する町だ。ムデハルとは「残留者」の意味で、キリスト教徒に再征服された町にそのまま被支配者として居残り続けたイスラム人のこと。サルバドールの塔、サン・マルティンの塔Torre de San Martín、テルエルの恋人たちの伝説で有名なサン・ペドロ教会Iglesia de San Pedroなど、この町の主な見どころはすべてムデハル建築だ。

列車で訪れた場合、町の南西にある駅に着く。正面に見える階段を登りきると、左ななめ前方に見えるのが**サルバドールの塔**。上まで登れ、ここからの眺めはなかなかのもの。塔をくぐってさらに進むとトリコ広場Plaza del Toricoに出る。中央噴水の上に載っている牛はテルエルのシンボルだ。広場を左に曲がると**カテドラル**、右に進むと**サン・ペドロ教会**。18世紀に改修されたものの、塔と後陣にムデハル様式の特徴が見られる。サン・ペドロ教会横の、**テルエルの恋人たちが眠る霊廟**には、アラバスター製のみごとなふたりの棺がある。

バスの場合は、町の東側にあるターミナルに着く。ターミナルを背にして右に進み、最初の分かれ道を左に折れるとサン・ペドロ教会の裏手に出る。**サン・マルティンの塔**は町の北のはずれだ。

サルバドールの塔

テルエル
Teruel
0 200m

Calle La Jardinera
C. San Antonio
Rambla San Julián
Calle del Rosario
Julián
バスターミナル
Ronda de San
Ronda Dámaso Torrán
Plaza Domingo Gascon
サン・ペドロ教会
Iglesia de San Pedro
恋人たちの霊廟
ホテル・テルエル・プラザ
県立博物館
Museo Provincial
トリコ広場
Pl. del Torico
Plaza San Juan
Calle Ramón y Cajal
Ambeles
Carretera
カテドラル
Catedral
サルバドールの塔
Torre del Salvador
レイーナ・クリスティーナ
C. Temprado
Calle de los Amantes
Calle Yagüe de Salas
サン・マルティンの塔
Torre de San Martín
Calle Bajo los Arcos
Calle San Francisco
Carretera de Villaespesa
Camino de la Estación
テルエル駅
Río Turia
バレンシアへ
サラゴサへ

カテドラル
Catedral

MAP p.138

交通：バスターミナルから徒歩10分
開館：11:00～14:00、16:00～19:00（夏期～20:00）／無休　料金：€3

●13世紀の格天井はムデハルの傑作

13世紀に建てられたムデハル様式の重厚な建物。現在は取り外して展示されているが、ムデハル工芸の傑作といわれる格天井には、宮廷人や狩猟の様子などが描かれている。

13世紀、ムデハル様式のカテドラル

サルバドールの塔
Torre del Salvador

MAP p.138

交通：テルエル駅から徒歩6分
開館：10:00～14:00、16:30～19:30（8月は10:00～14:00、16:00～20:00、11～1月は～18:30）／月曜午後（8月除く）、1月1・6日、12月24・25・31日休
料金：€2.50

●テルエルの町を見渡す

イスラム人とキリスト教徒による戦乱期には見張りのためにも利用された高い鐘楼で、14世紀初め頃の建築。テルエルでいちばん美しいといわれる塔で、上まで登ることができる。建築様式はやはり典型的なムデハル様式だ。

テルエルの恋人たちの伝説
Mausoleo de Los Amantes de Teruel

ときは13世紀。この町に住んでいたディエゴ・デ・マルシーリャとイサベル・デ・セグーラは恋人同士だったが、金持ちの男に嫁がせて裕福な暮らしをさせてやりたいと願うイサベルの父親によって仲を裂かれる。5年後、軍人となって富と名誉を手に入れ、町に戻ってきたディエゴが見たものは、ほかの男に嫁ぐイサベルの花嫁姿であった。悲しみのあまりかつての恋人の前で息を引きとるディエゴ。翌日、イサベルもそのあとを追い、自らの命を断ったという。

ふたりの悲恋は、伝説として今も語りつがれている。

●恋人たちの霊廟　MAP：p.138
開館：10:00～14:00、16:00～20:00／1月1日、12月25日休　料金：€4

テルエルの恋人たちの棺

泊

レイーナ・クリスティーナ
REINA CRISTINA

MAP p.138

交 テルエル駅から徒歩5分
住 Paseo del Ovalo,1
☎ 978 60 68 60　FAX 978 60 53 63
部 101室　料 S€53～　T€67～
URL www.hotelreinacristinateruel.com/

ホテル・テルエル・プラザ
HOTEL TERUEL PLAZA

MAP p.138

交 バスターミナルから徒歩5分
住 Plaza del Tremedal,3
☎ 978 60 88 17
部 18室　料 S€39～　T€50～
URL www.hotelteruelplaza.com

アラバスターは縞目大理石、または雪花石膏と呼ばれる石膏の一種で、スペインではおおむね後者が用いられる。固まりで採掘され、柔らかく美しく磨き上げるのに適するが、反面傷つきやすいのが欠点。

ZARAGOZA
サラゴサ

かつてのアラゴン王国の首都だった落ち着いた古都。聖母降臨の伝説を持つスペイン宗教界の一大中心地でもある。

ピラル聖母教会

ZARAGOZA
MADRID

鉄道 マドリッドのアトーチャ駅からAVEで1時間20分、1日17本、€34.15～55.10。バルセロナから1時間30分～1時間50分、1日30本、€30.10～60.20。駅は市中心からバスで数分のサラゴサ・デリシアス駅。

バス マドリッドのアベニーダ・デ・アメリカのバスターミナルからALSA社バスで3時間30分～4時間、1日32本、€20.68。バラハス空港T4からの直行便、3時間45分、€20.68。バルセロナの北バスターミナルから3時間45分、1日約30本、€15.45～26.56。バスターミナルはAVEの駅に併設。

観光案内所 ピラール広場▶10:00～20:00／無休
TEL：976 20 12 00
スダの塔前Torreón de la Zuda▶10:00～14:00、16:30～20:00／無休
TEL：976 20 12 00

概　要

ピレネーにもほど近い、アラゴン地方の中心都市、サラゴサ。その歴史はローマ時代以前のイベロ人の集落、サルドゥバにまでさかのぼることができる。紀元前25年にはローマの植民市になり、３世紀頃には町に住むキリスト教徒がローマ帝国の迫害を受け、多くの犠牲者を出すことになる。その後、714年にイスラム教徒の侵入を受け、400年におよぶ占領時代を経験する。

レコンキスタが始まると、イスラム教徒から解放されたサラゴサはアラゴン王国の首都となり、農業だけでなく、商業都市として大きな発展を遂げた。その後、アラゴン王国はレコンキスタのひとつの大きな核となっていった。

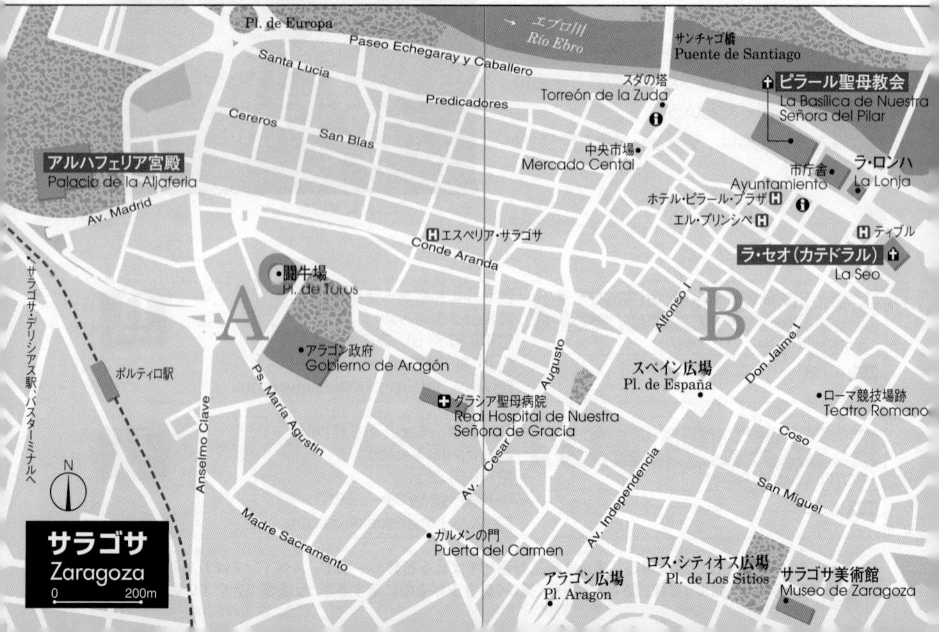

聖母信仰の聖地でもある古都

そんなサラゴサの人々にとって、1月2日と10月12日という日は特別な意味を持っている。紀元40年のこの日、この地を訪れた聖ヤコブの前に聖母が現われて1本の柱（ピラール）を手渡し、ここに教会を建てるようにいったという奇蹟が伝えられている。聖母顕現の奇蹟はサラゴサの「ピラールの聖母信仰」のもととなり、スペイン宗教界の中心地のひとつとなっている。また、10月12日はスペインの国家の祝日、イスパニア・デーに合わせて、前後の約1週間にわたって聖母顕現の奇蹟を祝う**「ピラール祭」**が行われる。水晶のロザリオの行列、ホタ（民俗舞踊）のコンクール、闘牛など、サラゴサらしさを見せながら町中が爆発的に盛り上がる。

ラ・セオ（カテドラル）
La Seo

MAP p.140-B

交通：スペイン広場から徒歩5分
開館：10:00～14:00、16:00～18:30（土曜10:00～12:30、16:00～18:30、日曜10:00～12:00、16:00～18:30。夏期は10:00～21:00、金曜～19:30、土曜10:00～12:30、15:00～20:00、日曜10:00～12:00、14:00～20:00。ミサの際は入場できない）
料金：€4（タペストリー美術館入場料込み）

●ゴシック、ムデハル両様式のカテドラル

スペインでカテドラルを持つ都市は多いが、ここサラゴサのカテドラルはラ・セオと呼ばれている（セオはアラゴン語でカテドラルという意味）。建物全体はゴシック様式だが、入口はバロック様式、後陣はムデハル様式で

サラゴサのカテドラルは、ラ・セオ

装飾されている。中に入ると、まず主祭壇の上の豪華なレターブルに目を奪われる。中央の彫刻「キリストの昇天」「キリストの変容」はドイツ人ハンス・デ・スアービアの作。

内部にはふたつの美術館がある。参事会美術館は聖具室の中にあり、絵画や金銀細工の装飾品などを展示。また、「鹿の壁掛け」「キリスト磔刑図」など、アラスやブリュッセルで織られた貴重なタペストリーを多く所蔵しており、その一部をタペストリー美術館Museo de Tapicesで見られる。

サラゴサ第2の聖堂、聖母教会

ピラール聖母教会
La Basílica de Nuestra Señora del Pilar

MAP p.140-B

交通：ラ・セオから徒歩3分
開館：6:45～20:30（日曜・祝日～21:30、美術館10:00～14:00、16:00～20:00、塔10:00～14:00、16:00～18:00（夏期～20:00）／無休（美術館は日曜・祝日休）
料金：無料（美術館€2、塔€3）

●若きゴヤの作品を飾るカテドラル

聖母から渡された柱を収めるために建てられたサラゴサ第2の聖堂がこのピラール聖母教会。彩色タイルで飾られた中央の大きなドームが目を引く。教会内の天井にはいくつものフレスコ画が描かれているが、この内の何点かはゴヤの若い頃の作品だ。聖母の礼拝堂はベントゥーラ・ロドリゲスの作で、ここには木彫りの聖母像が収められている。

また、主祭壇のダミアン・フォルメント作のレターブルもぜひ見ておきたい。教会内部にはピラール美術館Museo Pilaristaもある。聖母像がまとう宝石や装飾品のほか、ゴヤやベラスケス、バイユーらのフレスコ画制作のためのデッサンなどが興味深い。

カトリック両王の居城としても使われた宮殿

アルハフェリア宮殿
Palacio de la Aljaferia

MAP p.140-A

交通：スペイン広場から徒歩15分
開館：10:00〜14:00、16:30〜20:00、11〜3月10:00〜14:00、16:00〜18:30／11〜3月の日曜午後、1月1日、12月25日休
料金：€5

●カトリック両王の華麗な宮殿

イスラムとカトリックが共存する宮殿。イスラム教徒の王朝によって造営されたアラブ風の宮殿だったが、アラゴン王によって占領・改築され、さらにカトリック両王（結婚したアラゴン王フェルナンド2世とカスティーリャ女王イサベル1世）の居城として使われていたこともあり、両者が共存するスタイルとなった。

イスラム宮殿は優雅なパティオを囲むように構成されている。中央階段から2階に上がると、カトリック両王が居城として使っていた華麗な宮殿。松の飾り玉で飾られた格天井が美しい。

ラ・ロンハ
La Lonja

MAP p.140-B

交通：ラ・セオから徒歩1分
開館：10:00〜14:00、17:00〜21:00、日曜・祝日10:00〜14:30／月曜、1月1日、12月25日休
料金：無料

●王国当時の商品取引所

サラゴサはかつてアラゴン王国の経済の中心地として栄えた。市庁舎横に建つラ・ロンハは、その当時建てられた商品取引所。レンガ造りの堂々とした建物で、現在は展示場などに使われている。

現在は展示場に使われている商品取引所ラ・ロンハ

泊

エスペリア・サラゴサ
HESPERÍA ZARAGOZA

MAP p.140-A

交 ラ・セオから徒歩10分
住 Conde de Aranda,48
☎ 976 28 45 00
部 86部屋　料 S€62〜 T€62〜
URL www.hesperia.com

ティブル
TIBUR

MAP p.140-B

交 ラ・セオから徒歩1分
住 Plaza de la Seo,2y3
☎ 976 20 20 00　FAX 976 20 20 02
部 66部屋　料 S€40〜 T€40〜
URL www.hoteltibur.com/

エル・プリンシペ
EL PRINCIPE

MAP p.140-B

交 ラ・セオから徒歩3分
住 Calle Santiago,12
☎ 976 29 41 01　FAX 976 29 90 47
部 45部屋　料 S€34〜 T€34〜
URL www.hotelelprincipezaragoza.es

ホテル・ピラール・プラザ
HOTEL PILAL PLAZA

MAP p.140-B

交 ラ・セオから徒歩3分
住 Plaza Nuestra Sra.del Pilar,11
☎ 976 39 42 50
部 51部屋　料 S€54〜 W€57〜
URL www.hotelpilarplaza.es

※料金は1泊分の室料です。朝食はホテルにより含まれている場合と、別料金の場合とがあります。

Cataluña y Levante Islas Baleares

カタルーニャとレバンテ、バレアレス諸島

バルセロナ
モンセラート
ジローナ
フィゲラス
カダケス
シッチェス
タラゴナ
バレンシア
アリカンテ
マヨルカ
イビサ

天を突くサグラダ・ファミリアの塔

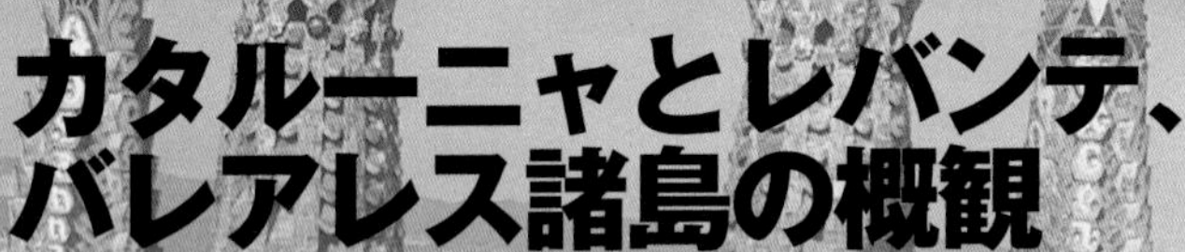

カタルーニャとレバンテ、バレアレス諸島の概観

　スペイン東北部に位置するカタルーニャは、北はフランスと国境を接し、地中海に沿って南へと広がる地域。古くから独自の文化や言語を持ち、そこに住む人々はとりわけ独立精神・民族意識が強い。

　カタルーニャに隣接するバレンシアとその南にあるムルシアが、レバンテ地方。ともに地中海に面しており、地中海に浮かぶ島々がバレアレス諸島だ。

　カタルーニャ、レバンテ両地方は、スペインの明るいイメージ通り、雨が少なく1年中温暖な地中海性気候。真冬でも、晴れた日には半袖姿の人を見かけるし、南岸あたりでは泳ぐ人もいるほど快適だ。世界各地から夏は避暑、冬は避寒のために多くの人が訪れるのもうなずける。

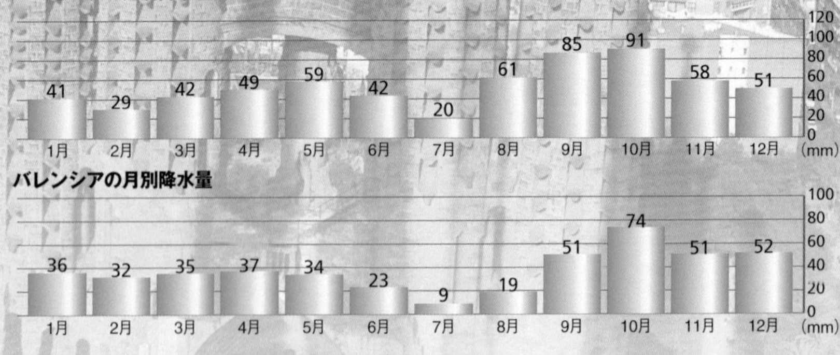

バルセロナ、バレンシアと東京の平均気温の比較（単位：℃）

	1月	2月	3月	4月	5月	6月	7月	8月	9月	10月	11月	12月
バルセロナ	7.4	8.9	10.6	14.6	17.5	20.9	23.8	24.9	21.8	17.7	12.9	11.2
バレンシア	11.6	12.6	13.9	15.5	18.4	22.1	25.0	25.5	23.1	19.1	14.95	12.5
東　　京	5.2	5.7	8.7	13.9	18.2	21.4	25.0	26.4	22.8	17.5	12.1	7.6

洗練されたバルセロナの街角

栄光の地中海帝国

カタルーニャとレバンテは、かつてバルセロナ伯国、アラゴン王国、バレンシア王国として、中央部のカスティーリャから独立していた。バルセロナ伯国は別名をカタルーニャ伯国ともいい、カール大帝のフランク王国辺境伯領として801年に成立した歴史を持つ。アラゴンは1118年にイスラム教徒からサラゴサを奪って発展。バレンシアはエル・シッド（➔p.332）が治めた1094〜1102年の間を除いて、長くイスラム支配下にあった町だ。

1137年にカタルーニャとアラゴンが連合王国となり、1238年にバレンシアを併合すると王国は勢力を増し、最盛期にはイタリアのナポリ、シチリア、サルデーニャをも領有。カタルーニャ人は地中海を「われわれの海」と呼ぶほど繁栄する。しかし中央のカスティーリャ王国が躍進するにつれ、相対的にカタルーニャの地位は低下し、スペイン帝国に吸収されていった。20世紀のフランコの独裁時代には、固有の言語と文化を否定・弾圧されるが、現在ではカタルーニャの公用語には、カスティーリャ語（スペイン語）と並んで、この地方独自の言語であるカタルーニャ語が用いられている。1977年スペインが民主制に移行すると、バスク地方、ガリシア地方とともに最初に自治権を獲得した地域でもある。

独自の文化を育むカタルーニャ地方

こうした風土がミロ、ダリ、カサルスなどの多くの芸術家を生み出してきた源かもしれない。特に南部のアンダルシア地方からこの地に足を踏み入れると、雰囲気ががらりと変わるのに驚くだろう。

モンジュイック

カサ・バトリョ。ガウディに関連した見どころが多い

レバンテ地方はスペイン有数のリゾート地

実際、カタルーニャ人の気質は勤勉・質素であり、一般的にいわれるようなスペイン人のイメージとは、およそかけ離れている。

カタルーニャは、バルセロナ、ジローナ（ヘローナはカスティーリャ語による呼称）、リェイダ（レリダ）、タラゴナの4県からなるが、中心はなんといってもバルセロナ。

バルセロナはスペイン第2の都市でもあり、スペインが世界に誇る建築家ガウディの作品や美術館、博物館が多い。中世の建築が残るゴシック地区、ランブラス通りの街並みなど、見どころは数え切れない。

バルセロナの北にあるジローナは、中世の香りが色濃く残る町。モンセラートはその名の通り「のこぎりの歯のような山」（モンテ＝山・アセラード＝のこぎりの歯状の）のところだが、カタルーニャの守護聖母として人々の信仰を集める「黒いマリア」でも有名だ。

マヨルカ島には、世界各国から観光客が集まる

南にあるタラゴナは、紀元前にはこの地方の首都として栄えた古都で、ローマ時代の遺跡が数多く残る町でもある。

青い海と緑豊かな田園が広がるレバンテ地方

カタルーニャの南、スペイン第3の都市であるバレンシアから、南のムルシアまでがレバンテ地方。年間晴天日数が300日以上で、コスタ・デル・アサールCosta del Azahar、コスタ・ブランカCosta Blancaなどの美しい海岸に恵まれ、夏期にはバカンス客で賑わっている。

人口約80万人のバレンシアは、青い空にオレンジの木が映える美しい町。スペインの三大祭りのひとつ「バレンシアの火祭り」で有名で、スペインを代表する料理、パエリャの故郷でもある。コスタ・ブランカの中心地、アリカンテは、ローマ時代には「光の都」と呼ばれた海沿いの町。温暖な気候と快適なビーチが大きな魅力だ。

国際リゾート地のバレアレス諸島

スペイン東部の地中海に浮かぶバレアレス諸島は、スペイン屈指のリゾートアイランド。マヨルカ、イビサ、メノルカ、フォルメンテーラの4つの島からなる。マヨルカ島は、他国からの飛行機もひっきりなしに到着する国際的なリゾート地で、ホテルの数も多い。ここはまた、ショパンがひと冬を過ごしたことでも知られている。また、イビサ島は、青い空と、海に映える白い壁の家々のたたずまいが魅力的な島だ。

全土でよく見かけるオズボーン・ブルの看板

MEMO カタルーニャ地方のおみやげなら郷土出身のピカソ、ミロ、ダリのミュージアムグッズ、レバンテ地方なら各種サイズがそろうパエリャ鍋、マヨルカ島はインカの皮革製品がおすすめ。

カタルーニャ・レバンテ・バレアレス諸島の交通

地中海沿岸に主要都市が並ぶこのエリアでは鉄道とバスが各地を結んでおり、本書で取り上げるうちカダケス（➔p.213）とシッチェス（➔p.214）以外、どちらの交通機関も利用できる。マドリッドを中心に路線が放射状に広がる中央部と異なり、このエリアは主要都市が直線上に並び、特に鉄道の本数が多く、移動はしやすい方だ。

エリア外への移動ではバルセロナ～サラゴサ～マドリッド、バレンシア～クエンカ～マドリッドが幹線となる。エリア南端のアリカンテは、バルセロナよりむしろマドリッドの方が近い。バルセロナからはサラゴサ経由で北部のパンプローナへも出られる。

バレアレス諸島への交通は、飛行機がマドリッド、バルセロナ、バレンシアから、フェリーがバルセロナとバレンシアから出ている。フェリー会社のWebサイトを参照。

www.transmediterranea.es/
www.balearia.com/

カタルーニャ・レバンテ・バレアレス諸島の祭りと祝日

1月6日	主顕節（全市町村）
1月20日	サン・セバスチャンの太鼓祭り（マヨルカ）
2月上旬～中旬※	カーニバル
3月12～19日	サン・ホセの火祭り（バレンシア）
3月または4月※	セマナ・サンタ（全国）
4月23日	サン・ジョルディ祭（全市町村）
6月20日～24日	サン・ファンの火祭り（アリカンテ）
7月中～下旬※	7月祭（バレンシア）

※の祭りは、年によって変動する。全国共通の祝日はp.10参照。

カタルーニャ・レバンテの世界文化遺産

- アントニ・ガウディの作品群（グエル邸、サクラダ・ファミリア、カサミラなど）
- バルセロナのカタルーニャ音楽堂とサン・パウ病院
- バレンシアのラ・ロンハ・デ・ラ・セダ（商品取引所）
- ポブレー修道院
- イベリア半島の地中海沿岸の岩絵
- タラゴナの考古遺産群
- エルチェの椰子園
- バル・デ・ボイのカタルーニャロマネスク様式教会群
- イビサの生物多様性と文化

カタルーニャ・レバンテ・バレアレス諸島の料理

海、山、そして平野部を持つカタルーニャ地方の料理は、素材にも恵まれ、洗練された料理が多い。海岸沿いではアンコウ、エビ、イカ、ムール貝などの地中海の海の幸を煮込んだサルスエラZarzuela、内陸部ではパスタ入りの肉のスープや、肉のロースト料理、カタルーニャ地方独特のフランクフルトのようなソーセージ、ブティファラButifarraが有名だ。飲み物ではシャンパン風の発泡ワイン、カバCavaの産地でもある。

ヨーロッパでも有数の米の産地であるレバンテ（バレンシア）地方。ここのパエリャはあまりにも有名だ。その種類も具材も豊富で、毎日食べても飽きないほどのバリエーションがあり、小型のパスタで作るフィデウアFideuaもある。このほか、地中海の海の幸を多用したさまざまな料理は、日本人にもなじみやすい。

バレアレス諸島もまた食材は豊富だが、この地方で最も有名なのは、料理ではなくマヨネーズ。ここはマヨネーズ発祥の地とされる。マヨルカの名物は、甘い菓子パン、エンサイマーダEnsaimada。朝食として、あるいはおやつとして、よく食べられている。

◀カタルーニャ風ブイヤベースのサルスエラ
▼大鍋で作るほどおいしいパエリャ

バルセロナの概観

バルセロナは、人口約160万人、スペイン第2の都市である。地域は、旧市街と新市街とに大別されるが、さらにその中で、いくつかのブロックに分けられる。

バルセロナはとにかく見どころが多い町なので、人気スポットをざっと見るだけでも3日、くまなく歩き回るなら、最低1週間は滞在期間をみておきたい。

もし、どうしても1日でこの町ならではの見どころを押さえるとすれば、サグラダ・ファミリアとグエル公園を見て、グラシア通りにある2つのガウディ建築、ゴシック地区のカテドラルとその街並みを楽しんだあと、ピカソ美術館、ランブラス通りを歩き、モンジュイックの丘へ、というコースがおすすめ。

これはほんの一例にすぎないが、ほかにも美術館・博物館をくまなく回る、ショッピングとカタルーニャ料理を堪能する、ガウディの全作品を見るなど、自分なりのテーマを持って回ると、いっそう思い出深い旅になるに違いない。

歴史が息づくゴシック地区

まず、中心となるのが旧市街の中央に位置するゴシック地区Barri Gòtic。13〜15世紀の建造物が今もそのままのかたちで残る。カタルーニャ自治政庁Palau de la Generalitatや市庁舎Ajuntamentなどもあり、歴史的にも政治的にも重要な地区。ゴシック地区の南西に位置するランブラス通りLas Ramblasは街路樹の緑が目に涼しい遊歩道。花や小鳥を売る露店や、大道芸人などで賑わい、1日中人通りが絶えない。

歴史を感じさせるゴシック地区

ガウディだけでも旅のテーマになる街

また、東にあるシウタデリャ公園Parc de la Ciutadellaの中には、ガウディ作の噴水や、世界でたった1頭しかいない白いゴリラが飼育されていた動物園Zoo-lógicなどがある。

市の北部と一大ショッピングゾーンの新市街

ゴシック地区の北、カタルーニャ広場Plaça de Catalunyaよりさらに北西にあるのがアシャンプラ地区Eixample。目抜き通りはグラシア通りPasseig de Gràciaで、ロエベなどの高級ブティックや、アンテナショップ、カサ・バトリョ、カサ・ミラなどのガウディの作品をはじめとするモデルニスモ建築も多数見られる。

さらにその北のディアゴナル通りAvinguda Diagonalから西寄りのエリアは、新市街と呼ばれるゾーン。リーリャ、セントロ・ペドラルベスなどのショッピング・アーケードや、ルイ・ヴィトンなどの高級ブティック

パセイジ・デ・グラシアは新市街の目抜き通り

が建ち並ぶ一大ショッピングエリアだ。

オリンピックの夢の跡、モンジュイック

町の南西にある小高い丘がモンジュイック Montjuïc。1992年に開催されたバルセロナ・オリンピックのメイン会場となった場所で、オリンピック・スタジアムEstadi Olímpicや記念公園、記念館Galería Olímpicaなどのオリンピック関連のスポットがいくつかある。オリンピック関連施設のほかにも、ミロ美術館、野外劇場のグレッグ劇場Teatre Grec、モンジュイック城、スペインの有名な建造物のレプリカが見られるスペイン村Poble Espanyolなど、見どころが点在している。

若者に人気のベイエリア

シウタデリャ公園の南側に広がるのは、バルセロネータBarcelonetaと呼ばれる地区。昔から海水浴場として賑わっていた海岸地域で、当時から営業する数々のシーフードレストランが、洗練されたかたちで残る。

また、港内に突き出たかたちの埋立地Molld' Espanyaには、バルセロナ水族館や3DシアターのアイマックスImax、ブティック、飲食店などが入った複合ビルのマレマグナムMaremàgnumがあり、若者に大人気のスポットとなっている。

ランブラス通りからモール・ド・エスパーニャへと続く橋

バルセロナは大都市だけにクラブなども多いが、スペインらしい楽しみとしてはフラメンコ（➔p.26）やサッカーがある。サッカーにはシーズンがあるが、フラメンコなら1年中楽しめる。

とっておき情報

バルセロナのツーリストインフォメーションとお得なチケット

ⓘツーリストインフォメーション

カタルーニャ広場▶8:30～21:00／12月25日休
Tel:932 85 38 34

サン・ジャウマ広場▶月曜～金曜8:30～20:00、土・日曜、祝日9:00～15:00／1月1・6日、12月25・26日休

プラット空港T1&T2内▶8:30～20:30／1月1日、12月25日休

サンツ駅構内▶8:30～20:30（土・日曜、祝日8:30～14:30、ハイシーズンを除く）／1月1日、12月25日休

ARTICKET BCN（アーティケット）

バルセロナの6つのアートセンターの共通鑑賞券、€35。ピカソ美術館、カタルーニャ国立美術館、バルセロナ現代美術館、ミロ美術館、アントニ・タピエス美術館、バルセロナ現代文化センターに入館できる。個別に購入するのに比べ、€28のお得。各美術館のチケット売り場、ツーリストインフォメーションで購入できる。
URL:www.articketbcn.org/

BARCERONA CARD（バルセロナ・カード）

フレデリック・マレス美術館ほか12の美術館の入館、一部の美術館は割引鑑賞できる。市内メトロやバス、トラムなども乗り放題。指定レストラン、ショップでの割引も含めると80以上の施設で利用可能。72時間券：€46（ネット41.40）、96時間券：€56（ネット50.40）、120時間券：€61（ネット€54.90）。購入は、カタルーニャ広場、サン・ジャウマ広場、プラット空港などで。
URL:barcelonaturisme.com/

バルセロナを楽しむ10のキーワード

1 ガウディ GAUDÍ

スペインを代表する天才建築家ガウディ。バルセロナの顔ともいえるサグラダファミリアをはじめ、カサミラ、グエル公園、カサバトリョなど、バルセロナ市内にあるガウディ建築物は10を超える。なかには外観見学のみのものもあるが、外観だけでも見応えがある。

おすすめランキング

1. サグラダ・ファミリア(p.175)
2. カサ・バトリョ(p.176)
3. グエル公園(p.180)
4. カサ・ミラ(p.176)
5. シウタデリャ公園(p.174)

2 アート ART

現代アートならなんといってもバルセロナ。ピカソ・ダリ・ミロの御三家を筆頭に、大小併せて15以上の美術館・博物館がある。主に中世のロマネスク美術品を展示したカタルーニャ美術館（p.185）や、膨大な彫刻コレクションに目を見張るフレデリック・マレス美術館（p.177）など、ユニークな美術館も多い。また、広場や遊歩道のあちこちに現代アートオブジェも見られ、アート好きにはたまらない街だ。

3 スイーツ SWEETS

おしゃれで洗練されたスイーツのお店巡りもバルセロナ滞在中の大きな楽しみ。モデルニスモ建築もかわいいエスクリバ（p.198）ではフルーツをふんだんに使ったタルトがおすすめ。チョコレートたっぷりのケーキならカカオ・サンパカ（p.192）で。ほかにもファルガス（p.198）やショコアなどチョコレートショップも多い。

4 街歩き CITY WALKING

雰囲気のあるゴシック地区をあてもなくぶらぶら歩くのが楽しい。特に、昔は治安が良くないとされたラバル地区や、サンタマリアデルマル教会周辺は、ここ数年でがらりと変わり、おしゃれなカフェやセレクトショップが並ぶようになったので要チェック。ただし、手荷物には常に注意しよう。

5 サッカー FUTBOL

F.Cバルセロナの本拠地であるバルセロナ。ホームグラウンドであるカンプノウスタジアムではスタジアム見学ツアーが行われているほか、オフィシャルショップやバルセロナ・サッカー博物館（p.182）も併設されている。また、9〜5月のシーズン中なら、試合観戦にもチャレンジしたい。対レアル・マドリード戦や優勝争いがかかった試合でない限り直接窓口でチケットを買えることも多いが、前売りならより確実。

モデルニスモ建築
MODELNISMO

6

ガウディ作品以外にも、素晴らしいモデルニスモ建築が街のいたるところにちりばめられている。世界遺産にも登録されたサンパウ病院やカタルーニャ音楽堂を始め、ロエベの店舗があるカサ・リェオ・モレラなど、レストランやショップとして利用されている建物も多い。興味のある人は、モデルニスモ建築を集めて紹介した冊子と割引き券がセットになった「ルータデルモデルニスモ」€12が販売されているので参考にしよう。カタルーニャ広場地下にある「ルータデルモデルニスモ」専用のインフォメーションカウンターで買える。また、所在地マップだけなら無料でもらえる。

ショッピング
SHOPPING

8

ブランドショッピングならグラシア通り。ロエベ、カンペール、ザラ、マンゴなどのスペインブランドはもちろん、シャネル、ルイ・ヴィトン、グッチなど一流ブランド店も一通り揃う。雑貨や小物類のお店は旧市街のあちこちにちらばっているので散策がてら探してみよう。

バルセロナのショップカタログ→p.193

音楽鑑賞
MUSICA

9

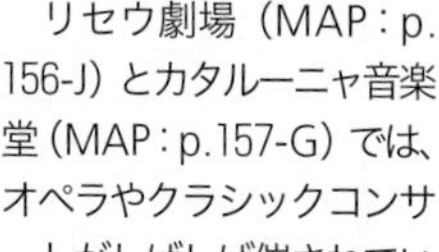

リセウ劇場（MAP：p.156-J）とカタルーニャ音楽堂（MAP：p.157-G）では、オペラやクラシックコンサートがしばしば催されている。演目の確認は各劇場のホームページでできる。チケットは、いずれもホームページから、クレジットカードで購入が可能。メールフォームもあるので、わからないことがあれば問い合わせてみよう。

リセウ劇場 www.liceubarcelona.com/
カタルーニャ音楽堂 www.palaumusica.org/

グルメ
GOURMET

7

フランスやバスク地方にも近いバルセロナは食のレベルも当然高い。伝統的なカタルーニャ料理ならチコア（Map p.156-B）やロスカラコレス（p.190）、新鮮なシーフードならボタフメイロ（p.186）へ。リオハ地方の料理を提供するラ・リオハ（p.189）、バスクのタパス、ピンチョスの専門店イラチ（p.192）など各地方料理も楽しめる。あちこちにあるケバブサンドやピタサンド屋でつまみ食いするのもいい。

バルセロナのレストランカタログ→p.186

サルダーナ
SARDANA

10

毎週日曜日の正午カテドラルの前で行われる、カタルーニャ地方の民族舞踏。輪になり、手をつないで踊るサルダーナは、カタルーニャ人のアイデンティティを表しているといわれている。

ガウディ・コース、街中のゴールはカサ・バトリョになるが、余裕があれば郊外のカサ・ビセンス、グエル公園に足を延ばしたい。
ガウディ・コース
ゴール
Goal!
カサ・コマラー
カサ・デ・ラス・プンシャス
うねるような外観が印象的なカサ・ミラは高級マンション。最上階からはサグラダ・ファミリアが見える。
カサ・ミラ p.176
カサ・アシア
カサ・バトリョ p.176
海をイメージしたカサ・バトリョは2階と屋上部分を見学できる。
カサ・アマトリェール
建物の維持のための募金を募る財団が入っている。
グラシア大通り
カサ・コマラー
外観見学のみだが、パステルカラーの外壁とうねるような造形のファサードが見事だ。
カサ・デ・ラス・プンシャス
トンガリ屋根はセゴビアのアルカサルを彷彿させる。現役の集合住宅なので、外観見学のみ。
カサ・アシア
以前は音楽博物館だった建物。2階部分は建物内部そのものを展示しているスペース、5階にアジア関係の書物を集めた図書館、視聴覚教室などがあり、誰でも自由に入場できる。
C. Consell de Cent
カサ・リェオ・モレラ
C. de la Diputació
ドメネク・イ・モンタネールの作品。ロエベが入っている1階部分のみ内部に立ち入ることができる。
モデルニスモ・コース
スタート
Start!
ウルキナオナ駅
若き日のピカソが仲間と集ったカフェ。一度クローズしたが再オープン、現在は奥にレストランもあり、食事もとれる。
カタルーニャ音楽堂
カサ・マルティ（クアトロ・ガッツ）
内部見学はガイドと回る。時間帯により英語、スペイン語、カタルーニャ語と分かれているので注意。また、1日の入場者数も決まっているので、どうしても見学したい人は早めに購入しよう（前売りは1週間前から、窓口でのみ受付）。
ランブラス通り
ガウディ・コースのスタートはレイアール広場。他のポイントには地下鉄での移動がおすすめ。
ガウディ・コース
スタート
Start!
リセウ駅
レイアール広場 p.174
レイアール広場の治安は改善傾向にある。ガウディが建築学校を卒業後、最初に手がけたといわれる街灯が残っている。
フランサ駅

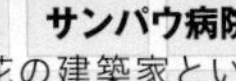

サンパウ病院
花の建築家といわれたドメネク・イ・モンタネールの作品。現役の病院というのも驚きだ。敷地内の奥にはカフェテリアもある。最寄り駅までは地下鉄で。

モデルニスモ・コース
ゴール
Goal!
サンパウ病院

サグラダ・ファミリア p.175

C. de Mallorca

ガウディとバルセロナを代表するモニュメント。一時は完成まであと15～20年ともいわれ、ここ数年でかなり作業が進んだ。

C. de la Diputació

コルツ・カタラネス通り

カサ・カルベット p.176

ガウディにしてはおとなしめの作品だが、第1回バルセロナ建築年間賞受賞作。1階がレストランになっており、食事をすれば内部を見ることができるが料金は高め。

Passeig de CarlesI

C. de Sarenya

郊外の ガウディ・ポイント

カサ・ビセンス
外観見学のみしかできない建物だが、近くまできたらチェックしたい。色とりどりのタイルが美しい。

グエル公園
園内にはトカゲのモザイク、破砕タイルを多用したテラスなどみどころも多いが、バルセロナ市街や地中海の眺めも必見のお楽しみ。

バルセロナの まわり方

ショッピング好きなら

ブランド好きなら、グラシア通り。インテリア小物はアビタ(p.198)、一カ所でショッピングしたいならブルバルド・ロサ(p.196)やエル・トリアングル(p.196)などの複合ショッピングセンターへ。グラシア通りの一本西寄りのランブラ・デ・カタルーニャ通りにも店舗が集まっている。個性的なショップなら旧市街。ランブラス通りの一本東側のポルタルデアンヘル通りや、サンジャウマ広場を東西に貫くフェラン通りなどのほか、サンタ・マリア・デル・マル教会付近などがおすすめ。そばにチョコレートのブボbubó BARCELONAがある。

アート好きなら

ゴシック地区のピカソ美術館（p.177)、ダリ・エスクリトール（p.213)、MACBA（p.178)、新市街のアントニ・タピエス美術館（p.177)を回った後は、ミロ美術館、カタルーニャ美術館のあるモンジュイックの丘を目指す。ただし、一日でこれらを一度に回るのは体力的にもなかなか大変だし、印象も散漫になってしまいがち。できれば2、3日かけてじっくり回りたいところだ。また、ゴシック地区のサンジュセップ・オリオール広場(地図p.156-J）では、毎週末土・日曜に絵画のマーケットが開かれる。とても小さな市だが、日程があえば立ち寄るのもいい。現代美術の掘り出し物がみつかるかも?

自然を感じるお散歩コース

地下鉄1号線アルクダトリオンフ下車、凱旋門からシウタデリャ公園へ向かう。ガウディ作のモニュメントもあるので、のんびりゆっくり回りたい。公園を抜けたら、向かって右手、マルケスデルアルヘンタラ通りを歩き、左手にレストランセッテ・ポルタス（p.188）が見えたら、手前を左へ曲がる。すると前方に海が見えてくる。この辺りがバルセロネータと呼ばれる地域で、昔ながらのシーフードレストランがたくさんあるので、ここでランチをとるのもよい。海岸沿いの店よりも、奥まった路地にある店の方が庶民的で値段も安い。

グエル公園
Parc Güell
ガウディ博物館
Casa Museu Gaudí
ベリェスグアルド
(フィゲーラス邸)
Bellesguard
サンタ・テレサ学院
Collegi de les Teresianes
ジョアン・カルレスI世広場
Pl. Rei Joan Carles I
カサ・ミラ
Casa Milà
アントニ・タピエス美術館
Fundació Antoni Tàpies
ポエタ・エドワルド・マルキーナ庭園
Jardins Poeta Eduard Marquina
フランセスク・マシア広場
Pl. Francesc Macià
スタジアム・エスパニョール
R. C. D. Espanyol
ミラーリェス邸の門
Porta de la Finca Miralles
カサ・バトリョ
Casa Batlló
ドクトル・レタメンディ広
Pl. del Doctor Letamendi
グエル別邸
Finaca Güell
レイナ・マリア・クリスティーナ広場
Pl. Reina Maria Cristina
工業大学
Universitat Industrial
病院
エンサンチャ
ENSANCHE
カンプ・ノウ・スタジアム
バルセロナ・サッカー博物館
Museu del Futbol Club Barcelona
FCバルセロナ・オフィシャルショップ
マクドナルド
バルセロナ現代美術
Museu d' Contempor de Barcelo
スペイン広場
Pl. Espanya
見本市会場
ラ・メタル・ルルヒア宮
議事堂
Palau de Congressos
グレック劇場
Teatre Grec
カタルーニャ美術館
Museu d'Art de Catalunya
スペイン村
Poble Espanyol
オスピタレト
L' HOSPITALET
ホアン・セライマ・スタジアム
Estadi Joan Serrahima
オリンピック・スタジアム
Estadi Olímpic de Montjuïc
野球場
Camp de Beisbol
モンジュイックの丘
Montjuïc
オリンピック公園
軍事博物館
Museu Militar
Transbordador A
空港へ
ティビダボへ
サリア
SARRIÀ
Parc la Creueta del Coll
Parc Turó del Putget
Parc del Guinard
Hospital Militar
A
B
E
F
I
J
P.158〜159
P.160

バルセロナ
Barcelona

0 500m

Sagrera
Estació Sagrera
C. de la Sagrera
C. de Felip II
Camp de L' Arpa
Navas
Avda. de la Meridiana
C. de la Indústria
ン・パウ病院
ospital de la
anta Creu i de Sant Pau
Sant Pau / Dos de Maig
C. de Cartagena
C. dels Enamorats
Clot
C. del Clot
C. de Guipúscoa
Gran Via de les Corts Catalanes
C. de Bac de Roda
C. del Perú
C. de Pere IV
Besòs
Rambla de Prim
Besòs Mar
C. Josep Pla
El Maresme / Fòrum
バルセロナ
自然科学博物館
Avda. Diagonal
Selva de Mar
C. de Pallars
サグラダ・ファミリア駅
Sagrada Familia
ガウディ広場
Pl. de Gaudí
サグラダ・ファミリア教会
Templo de la Sagrada Familia
グラダ・ファミリア公園
de la Sagrada Familia
グロリエス・カタラネス広場
Pl. de les Glòries Catalanes
グロリエス駅
Glòries
Poble Nou
C. de Pujades
C. del Taulat
Cinturó del Litoral
モヌメンタル闘牛場
Pl. de Toros Monumental
モヌメンタル駅
Monumental
ポブレ・ノウ
POBLE NOU
C. dels Almogàvers
リャクーナ駅
Llacuna
C. de Pallars
C. de Badajoz
C. Àvila
Pg. Carles I
Pg. de Calvell
テトゥアン広場
Pl. de Tetuán
マリナ駅
Marina
地下鉄4号線
L4
ボガテル駅
Bogatell
C. de Wad-Ras
テトゥアン駅
Tetuán
地下鉄2号線
地下鉄1号線
Avda. del Bogatell
アルク・ダ・トリオンフ駅
Arc de Triomf
L1
カサ・カルベット
Casa Calvet
C. de Sant Pere
凱旋門
Arc del Triomf
Avda. Icària
シウタデリャ公園
Parc de la Ciutadella
ウルキナオナ駅
Urquinaona
P.156～157
地質学博物館
Museu Geologia
ホテル・アーツ
Via Laietana
動物園
Parc Zoològic
Passeig Marítim
ジャウメ・プリメール駅
JaumeI
フランサ駅
Estació Terme O de França
カテドラル
Catedral
市庁舎
Ajuntament
バルセロネータ駅
Barceloneta
カタルーニャ
歴史博物館
Museu d'Història de Catalunya
リセウ駅
Liceu
サン・ジョセップ市場
Pg. de Colom
カン・ソレ
パコ・アルカルデ
カン・マヨ
エル・レイ・デ・ラ・ガンバ
レイアール広場
Pl. Reial
バルセロネータ
BARCELONETA
ろう人形館
Museu de la Cera
バルセロナ
水族館
ドラサーネス駅
Drassanes
Pl. Portal de la Pau
カン・コスタ
海洋博物館
Museu Marítim
マレマグナム
Maremagnum
地中海
Mar Mediterràneo
ロープウェイ Teleférico
マリティマ駅
Estació Marítima
Litoral
モロ駅
Estació dei Morrot
ナへ

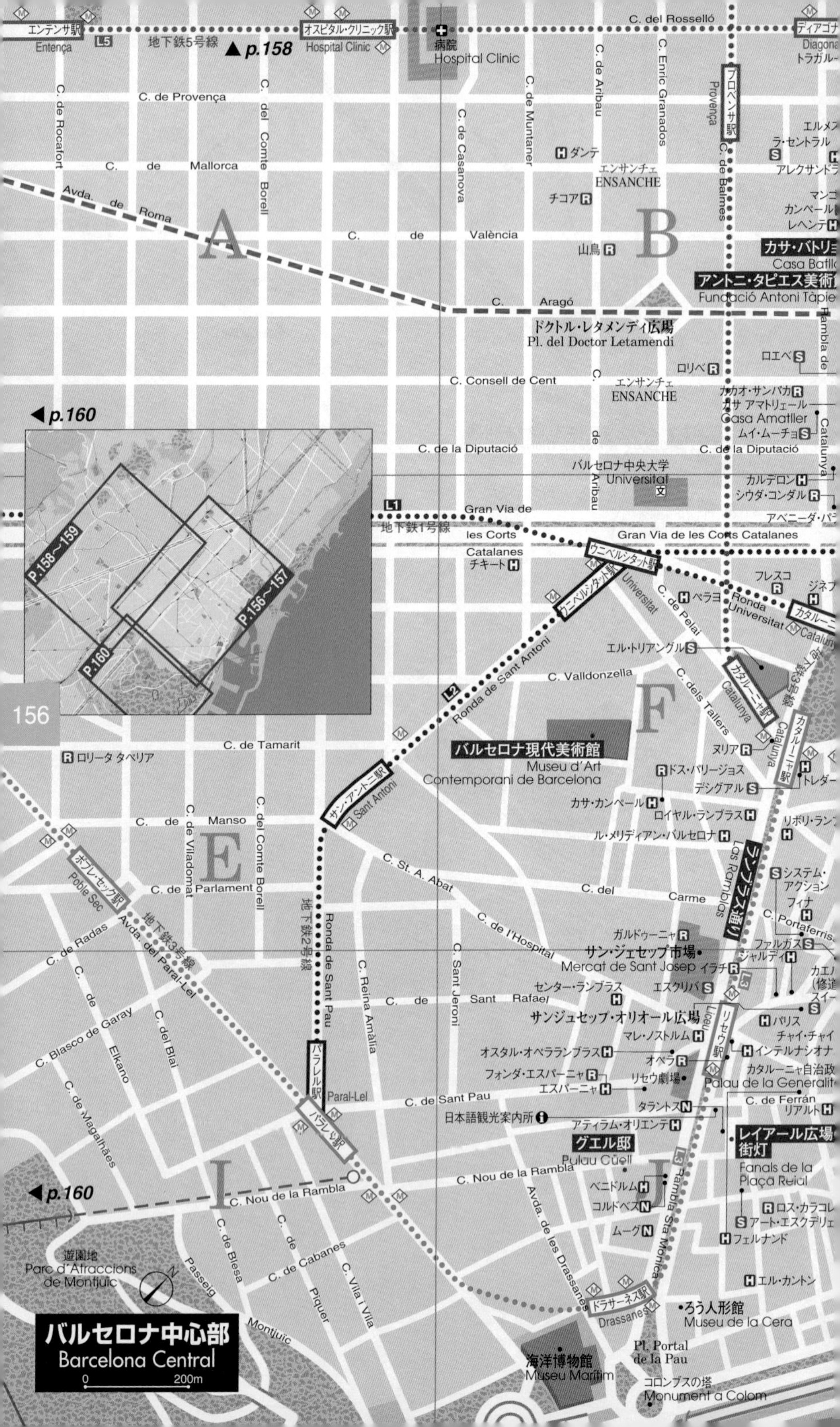

バルセロナ中心部
Barcelona Central
0
200m
156
▲p.158
◀p.160
◀p.160
P.158～159
P.156～157
P.160
A
B
E
F
I
J
エンテンサ駅
Entença
L5
地下鉄5号線
オスピタル・クリニック駅
Hospital Clinic
病院
Hospital Clinic
C. del Rosselló
ディアゴナ
Diagona
トラガルー
C. de Provença
C. de Rocafort
C. del Comte Borell
C. de Casanova
C. de Muntaner
C. de Aribau
C. Enric Granados
プロベンサ駅
Provença
C. de Balmes
C. de Mallorca
Avda. de Roma
C. de València
C. Aragó
ダンテ
エンサンチェ
ENSANCHE
チコア
山鳥
エルメス
ラ・セントラル
アレクサンドラ
マンゴ
カンペール
レベンテ
カサ・バトリョ
Casa Batllo
アントニ・タピエス美術館
Fundació Antoni Tàpies
Rambla de Catalunya
ドクトル・レタメンディ広場
Pl. del Doctor Letamendi
ロエベ
ロリベ
C. Consell de Cent
エンサンチェ
ENSANCHE
カカオ・サンパカ
カサ アマトリェール
Casa Amatller
ムイ・ムーチョ
C. de la Diputació
C. de la Diputació
バルセロナ中央大学
Universitat
カルデロン
シウダ・コンダル
アベニーダ・パ
L1
地下鉄1号線
Gran Via de les Corts Catalanes
Gran Via de les Corts Catalanes
チキート
ウニベルシタット駅
ウニベルシタット駅
Universitat
C. de Pelai
ペラヨ
フレスコ
ジネブ
Ronda Universitat
カタルーニャ
Catalunya
エル・トリアングル
C. dels Tallers
カタルーニャ駅
Catalunya
カタルーニャ駅
Catalunya
地下鉄3号線
Ronda de Sant Antoni
L2
C. Valldonzella
バルセロナ現代美術館
Museu d'Art Contemporani de Barcelona
ヌリア
ドス・パリージョス
トレダー
デシグアル
カサ・カンペール
ロイヤル・ランブラス
リボリ・ランブ
ル・メリディアン・バルセロナ
C. de Tamarit
ロリータ タベリア
サン・アントニ駅
Sant Antoni
C. de Manso
C. de Viladomat
C. del Comte Borell
C. de Parlament
ポブレ・セック駅
Poble Sec
C. St. A. Abat
ランブラス通り
Las Ramblas
システム・アクション
フィナ
C. del Carme
C. Portaferrisa
C. de l'Hospital
地下鉄2号線
Ronda de Sant Pau
C. Reina Amàlia
C. Sant Jeroni
ガルドゥーニャ
サン・ジェセップ市場
Mercat de Sant Josep
イラチ
ファルガス
ジャルディ
カエノ（修道女スイー
センター・ランブラス
エスクリバ
地下鉄3号線
Avda. del Paral-Lel
C. de Radas
C. de Elkano
C. Blasco de Garay
C. del Blai
C. de Sant Rafael
サンジュセップ・オリオール広場
リセウ駅
Liceu
L3
パリス
チャイ・チャイ
インテルナシオナル
マレ・ノストルム
オスタル・オペラランブラス
オペラ
カタルーニャ自治政府
Palau de la Generalitat
フォンダ・エスパーニャ
リセウ劇場
エスパーニャ
パラレル駅
Paral-Lel
パラレル駅
C. de Sant Pau
C. de Ferrán
タラントス
リアルト
日本語観光案内所
アティラム・オリエンテ
グエル邸
Palau Güell
レイアール広場街灯
Fanals de la Plaça Reial
C. de Magalhães
C. Nou de la Rambla
C. Nou de la Rambla
ベニドルム
コルドベス
ロス・カラコレス
アート・エスクデリェル
ムーグ
フェルナンド
Rambla Sta Mònica
Avda. de les Drassanes
C. de Blesa
C. de Piquer
C. de Cabanes
C. Vila i Vila
遊園地
Parc d'Atraccions de Montjuïc
Passeig Montjuïc
エル・カントン
ドラサーネス駅
Drassanes
ろう人形館
Museu de la Cera
Pl. Portal de la Pau
海洋博物館
Museu Marítim
コロンブスの塔
Monument a Colom

▲p.159
カサ・ミラ
Casa Milà
ベルダゲル駅
Verdaguer
ディアゴナル大通り
アシャンプラ
EIXAMPLE
サグラダ・ファミリア駅
Sagrada Familia
地下鉄5号線
サグラダ・ファミリア公園
Pl. de la Sagrada Familia
ガウディ広場
Pl. de Gaudí
サグラダ・ファミリア教会
Templo de la Sagrada Familia
スターバックス・カフェ
Avinguda Diagonal
Passeig de Sant Joan
Passeig de Gràcia
C. Aragó
ジローナ駅
Girona
C. Consell de Cent
パセイジ・デ・グラシア駅
C. de la Diputació
モヌメンタル駅
Monumental
モヌメンタル闘牛場
Pl. de Toros Monumental
テトゥアン広場
Pl. de Tetuán
グラン・ビア・デ・レス・コルツ・カタラネス通り
Gran Via de les Corts Catalanes
テトゥアン駅
Tetuán
地下鉄2号線
C. de Casp
カサ・カルベット
Casa Calvet
C. Ausias Marc
ウルキナオナ駅
Urquinaona
Ronda de Sant Pere
C. de Trafalgar
カタルーニャ音楽堂
Palau de la Música Catalana
北バスターミナル
Estació d'Autobusos
アルク・ダ・トリオンフ駅
Arc de Triomf
凱旋門
Arc de Triomf
地下鉄1号線
マリナ駅
Marina
Passeig de Carles I
Avda. de la Meridiana
フレデリック・マレス美術館
Museu Frederic Marès
カテドラル
Catedral
新広場
Pl. Nova
王の広場
Plaça del Rei
バルセロナ歴史博物館
Museu d'Història de la Ciutat
Passeig de Pujades
シウタデリャ公園
Parc de la Ciutadella
ピカソ美術館
Museu Picasso
地質学博物館
Museu Geologia
ゴシック地区
BARRI GOTIC
ジャウメ・プリメール駅
サンタ・マリア・デル・マル教会
Església de Santa Maria del Mar
サン・ジャウマ広場
フランサ駅
Estació de França
動物園
Parc Zoologic
Passeig de la Circumvallacio
バルセロネータ駅
Barceloneta
シウタデリャ駅
Ciutadella Vila Olímpica
C
D
G
H
K
L

ミラーリェス邸の門
Porta de la Finca Miralles
サンタ・テレサ学院
Collegi de les Teresianes
レス・トレス・トレース駅
Les Tres Torres
ラ・ボナノーバ駅
La Bonanova
地下鉄6号線（カタルーニャ鉄道）
コロニア・グエル教会地下聖堂へ
レイナ・マリア・クリスティーナ広場
Pl. Reina Maria Cristina
マリア・クリスティーナ駅
Maria Cristina
エル・コンテ・イングレス
ペドラルベス・センター
ロンダ・デル・ヘネラル・ミトゥレ
スタジアム・エスパニョール
R. C. D. Espanyol
ヒルトン・バルセロナ
日本総領事館
リーリャ
ポエタ・エドワルド・マルキーナ庭園
Jardins Poeta Eduard Marquina
地下鉄3号線
レス・コルツ駅
Les Corts
ルイ・ヴィトン
メリア・バルセロナ・サリア
フランセスク・マシア広場
Pl. Francesc Macià
グラン・デルビー
JCBプラザ・バルセロナ
プラサ・デル・セントル駅
Plaça del Centre
サンツ駅
Canto Estació
バルセロナ・サンツ駅
Estació Barcelona Sants
エンテンサ駅
Entença
地下鉄5号線
オスピタル・クリニック駅
Hospital Clínic
工業大学
Universitat Industrial
Jardins Montserrat
タラゴナ駅
Tarragona
オスタフランクス駅
Hostafrancs
ペリャーへ
C. del Capità Arenas
C. Benet Mateu
Passeig St. Joan Bosco
C. del Rosarí
C. del Dr. Roux
C. de les Escoles Pies
C. Alacant
C. Alt de Gironella
Passeig de Manuel Girona
Via Augusta
Ronda del General Mitre
C. Freixa
C. Raset
C. de Ganduxer
Avda. de Sarrià
C. J. Sebastian
C. Bori i Fontesta
Avinguda Diagonal
C. Calvet
C. de Galileo
C. de Déu i Mata
Trav. de les Corts
C. del Vallespir
C. de Numància
C. Nicaragua
C. de Equador
C. de Entença
C. Marquès de Sentmenat
Avda. de Josef Tarradellas
C. Buenos Aires
C. de Londres
C. Berlin
C. de Calàbria
C. de Viladomat
C. del Comte d'Urgell
C. de Provença
C. de Rocafort
C. de Mallorca
C. del Comte Borell
Avda. de Roma
C. de Muntadas
C. del Rector
C. de Béjar
C. de València
C. de Llançà
C. de Vilamari
A
B
E
F
J
L3
L5

▼p.160

バルセロナ北部
Barcelona Norte
0
200m
P.158〜159
P.156〜157
P.160
エル・プッチェット駅
El Putxet
パドゥア駅
Pàdua
プラサ・モリーナ駅
Plaça Molina
ムンタネール駅
Muntaner
サン・ジェルバシ駅
Sant Gervasi
グラシア駅
Gràcia
レセップス駅
Lesseps
地下鉄3号線
L3
フォンタナ駅
Fontana
カサ・ビセンス
Casa Vicens
C. de Muntaner
C. de Balmes
C. de Copèrnic
C. de Descartes
C. de Saragossa
C. de Aribau
C. Brusi
C. Dénia
C. Alfons XII
C. de Laforja
C. Avenir
Trav. de Gràcia
C. Astúries
Ros de Olano
ソモド
ラ・タベルナ・デル・クラ
ボタフメイロ
C. Gran de Gràcia
C. de Menéndez Pelayo
C. de Ramón y Cajal
C. Milà i Fontanals
Via Augusta
地下鉄7号線(カタルーニャ鉄道)
トゥセット
メルカドーナ
ジャルディネット
フラッシュ・フラッシュ
アビタ
ディアゴナル通り
ラ・ダマ
アストリア
C. de Paris
カサ・フステル
ピルマ
ジョアン・カルレスI世広場
Pl. Rei Joan Carles I
C. de Còrsega
カサ・コマラー
食事処小雪
C. del Rosselló
Diagonal
ディアゴナル駅
カサ・アシア
カサ・デ・ラス・プンシャス
ディアゴナル大通り
Avinguda Diagonal
地下鉄5号線
L5
ベルダゲル駅
Verdaguer
Hospital Clinic
C. Enric Granados
クリスティーナ・カスタニェール
トラガルース
プロベンサ駅
Provença
カサ・ミラ
Casa Milà
グラシア大通り
Passeig de Gràcia
C. de Provença
グレスカ
スイーツ・アベニュー
エルメス
ダンテ
エンサンチェ
ENSANCHE
アシャンプラ
EIXAMPLE
アレクサンドラ
Rambla de Catalunya
コンデス・デ・バルセロナ
C. de Mallorca
ルイ・ヴィトン
グッチ
クラリス
マンゴ
マジェスティック
C. Pau Claris
C. Roger de Llúria
C. del Bruc
C. de Girona
C. de Bailèn
エンバット
C. de València
レヘンテ
カンペール
リプレイ
パセイジ・デ・グラシア駅
Passeig de Gràcia
山鳥
ドクトル・レタメンディ広場
Pl. del Doctor Letamendi
C. de Balmes
C. Marius
C. Vallmajor
C. de Saragossa
▼p.156
p.157▶

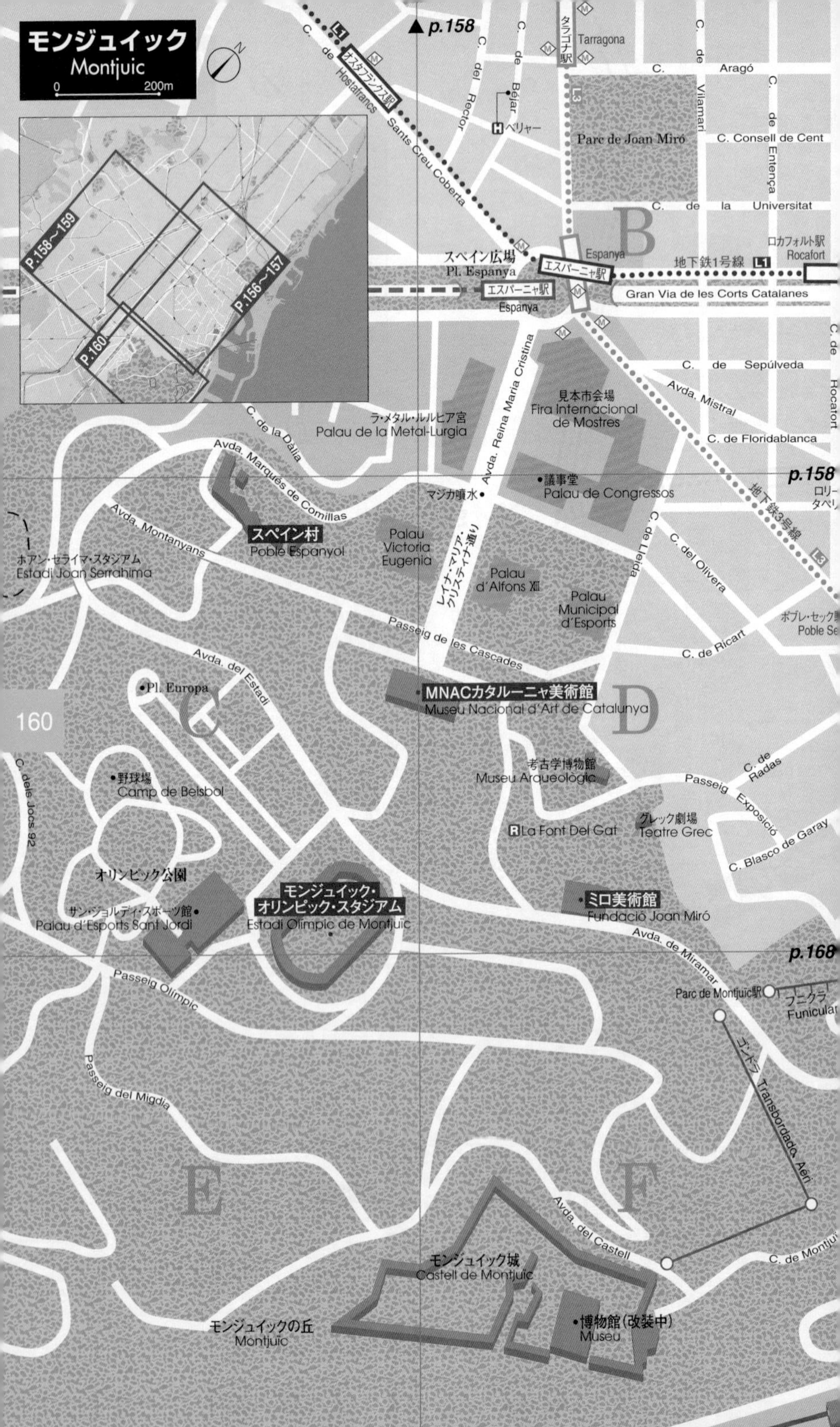

モンジュイック
Montjuïc
0 200m
p.158
P.158～159
P.156～157
P.160
C. de Hostafrancs
オスタフランクス駅
Sants Creu Coberta
C. del Rector
C. de Béjar
ベリャー
タラゴナ駅
Tarragona
C. Aragó
C. de Vilamarí
C. de Entença
Parc de Joan Miró
C. Consell de Cent
C. de la Universitat
ロカフォルト駅
Rocafort
地下鉄1号線
スペイン広場
Pl. Espanya
Espanya
エスパーニャ駅
Espanya
Gran Via de les Corts Catalanes
C. de Sepúlveda
C. de Rocafort
Avda. Mistral
C. de Floridablanca
見本市会場
Fira Internacional de Mostres
ラ・メタル・ルルヒア宮
Palau de la Metal-Lurgia
C. de la Dàlia
Avda. Reina Maria Cristina
Avda. Marquès de Comillas
議事堂
Palau de Congressos
マジカ噴水
地下鉄3号線
スペイン村
Poble Espanyol
Palau Victoria Eugenia
レイナ・マリア・クリスティナ通り
Palau d'Alfons XIII
Palau Municipal d'Esports
C. de Lleida
C. del Olivera
ホアン・セライマ・スタジアム
Estadi Joan Serrahima
Avda. Montanyans
Passeig de les Cascades
C. de Ricart
ポブレ・セック駅
Avda. del Estadi
Pl. Europa
MNACカタルーニャ美術館
Museu Nacional d'Art de Catalunya
160
C. dels Jocs 92
考古学博物館
Museu Arqueològic
C. de Radas
Passeig Exposició
野球場
Camp de Beisbol
La Font Del Gat
グレック劇場
Teatre Grec
C. Blasco de Garay
オリンピック公園
モンジュイック・オリンピック・スタジアム
Estadi Olímpic de Montjuïc
サン・ジョルディ・スポーツ館
Palau d'Esports Sant Jordi
ミロ美術館
Fundació Joan Miró
Avda. de Miramar
p.168
Passeig Olímpic
Parc de Montjuïc駅
フニクラ
Funicular
ゴンドラ
Transbordador Aeri
Passeig del Migdia
Avda. del Castell
C. de Montjuïc
モンジュイック城
Castell de Montjuïc
モンジュイックの丘
Montjuïc
博物館（改装中）
Museu

プラット国際空港

プラット国際空港はターミナル1（T1）とターミナル2（T2）の2つのターミナルに分かれている。ほとんどの国内線・国際線ともターミナル1の利用で、ターミナル2を利用しているのはeasyjetなどに限られる。

空港内の施設

正式名称は、バルセロナ＝エル・プラット空港Aeropuerto de Barcelona-El Pratという。両替ができる銀行は1、2両ターミナルにある。また、ATMも各ターミナルにある。インターナショナル・キャッシュカードやクレジットカードで旅行をする人には便利だろう。

観光案内所は、1・2の両ターミナルにある。バルセロナの見どころや、市内交通マップなどの情報が満載された小冊子は大

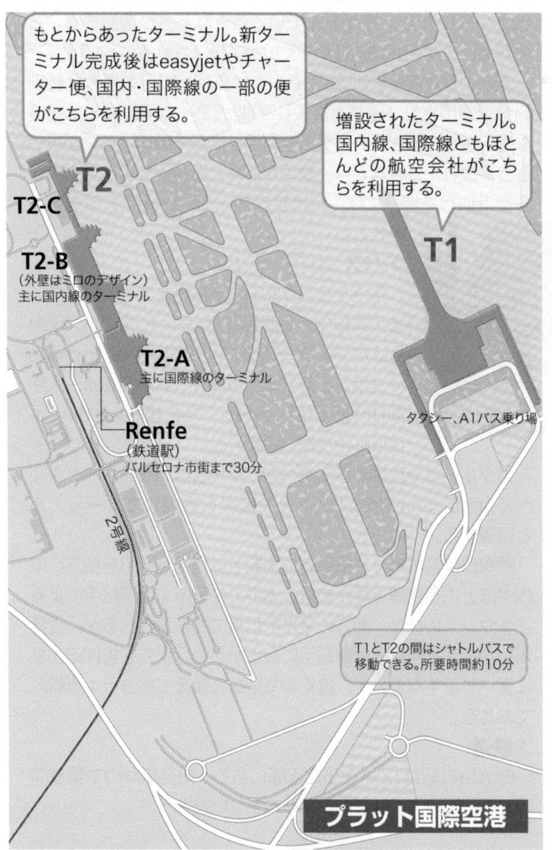

空港内の観光案内所

8:30〜20:30
▶年末年始の営業時間
12月24日　8:30〜18:30
25日　休み
26日　8:30〜19:30
31日　8:30〜19:30
1月1日　休み
TEL:913 21 10 00

銀行／両替所

ターミナル1　7:30〜22:00
ターミナル2-B 7:30〜20:30
▶無休

空港ターミナルの出口

ターミナル1入口

変役立つのでもらっておこう。外国語が苦手な人も安心。

そのほかの施設としては、レンタカー営業所、バル、売店、荷物預かり所、郵便局、遺失物取扱所などがある。

アエロブス Aerobús

空港からカタルーニャ広場へは、A1（T1→カタルーニャ広場）5:35〜翌1:05、5〜10分間隔、A2（T2→カタルーニャ広場）5:35〜翌1:00、10〜20分間隔で運行している。所要時間は約35分。料金は€5.90、往復€10.20（15日間有効）。

荷物スペースもあって便利なアエロブス

鉄道 Renfe（2号線）

列車は5:42〜23:38の間、約30分おきに運行され、エル・プラットEl Plat、ベルビッヘBellvitgeの2つの駅を経て、サンツ駅、パセオ・デ・グラシア駅の順に停車する。

料金は€4.20。サンツ駅までの所要時間は約19分、グラシア駅までは約26分。

空港から市内へ

①タクシー

各ターミナルの出口にタクシー乗り場がある。料金は、バルセロナ市内の中心、カタルーニャ広場までT1から€35、T2から€30くらいだが、道が混んでいるときなど多少増額する。この料金に、空港特別送迎料€3.10がプラスされる。

また、夜8時〜早朝8時、もしくは日曜・祝日の場合は特別料金が適用され、通常運賃より2割ほど高くなる。中には悪質な運転手もいるが、大多数の運転手は陽気で親切。荷物が重いときや疲れたときなどは、臆せずどんどん利用しよう。市内から空港に行く場合には、利用するターミナルがT1かT2を伝えること。

②バス

空港からカタルーニャ広場までを循環しているアエロブスも便利。T1からはA1のバス、T2からはA2のバスでスペイン広場Plaça de Espanya〜グランビアウルヘルGran Via-Urgell〜大学前Univercitat〜カタルーニャ広場Plaça de Catalunyaの順に停車する。

カタルーニャ広場から空港へ向かう場合は、セプルベダウルヘルSepúlveda-Urgell,スペイン広場を経由してターミナルと循環する。

乗車口は前にあり、乗車時に運転手に料金€5.90を払う。車内中ほどに荷物置き場がある。途中の停留所では運転手によるアナウンスのほか、前方の電光掲示板でも表示されるが、言葉がわからず不安な人は運転手にあらかじめ行き先を告げるか紙に書いて示すなどして、近くまで来たら教えてもらうよう頼んでおこう。

③鉄道

Renfeの駅はT2-Aを出た正面にある。始発駅なので乗り間違いの心配も、座れないこともまずないだろう。

バルセロナの市内交通

バルセロナの観光ポイントは散在しており、徒歩だけですべてを見て回るのは、ちょっとつらい。幸いにもバルセロナでは、地下鉄やバスが市内全域をくまなくカバーしているし、タクシーは日本などよりずっと安い料金で利用できる。これら代表的な交通機関のほかにも、ゴンドラやフニクラ、ロープウェイなどいろいろな種類の乗り物がある。これらを、うまく乗りこなして、効率よく観光しよう。

地下鉄　Metro

旅行者が最も利用しやすいのがバルセロナ交通局が運行する地下鉄Metroだろう。ネットワークが整い、ほとんどの観光スポットへ行くことができる。平日は午前5時ごろから深夜12時まで運行している。路線はL1からL11まであり、色と記号で区別されている。このうち、L6〜L8はカタルーニャ鉄道の運行でFGCと呼ばれているが、チケットは共通なので、区別して考える必要はない。

地下鉄は、トラム（Tram、T1〜T6）や、ロダリアスRodalies（R1〜R7）と呼ばれる近郊電車、Renfe（国鉄）などの駅とも接続しているので、上手に活用したい。

乗ってみよう！　乗車券を買う

メトロの入口は赤いMのマークが目印。駅名と路線番号が表示されているので、自分の乗りたい路線かどうかを確かめてから、階段を降りて地下へ。

乗車券を自動券売機で購入するには、まず購入したい乗車券の種類を選び、枚数を選択する。券売機に表示された金額分のコインを入れると、乗車券が出てくる。表示された金額より多い金額を入れた場合には、ちゃんとお釣りも出る。カード払いも可能。

また、窓口で購入することもできる。乗車券の種類と枚数を告げて、料金を支払う。

改札を通る

乗車券を買ったら、自動改札機を通ってホームへ。

地下鉄乗車券 Billet

普通乗車券（シングルチケット）

全線均一料金で€2.20。ただし空港から€4.50。1駅でも終点まで行っても同じだ。

回数券

地下鉄とバス両方に使えるタルヘタ（回数券）10回分€10.20がある。いちいち乗車券を買う手間が省けるし、経済的なのでおすすめ。1綴りを数人で使うこともできる。

キップは改札を入るときのみ

メトロのキップの自動券売機

メトロの電車

市内交通／地下鉄

そのほかの乗車券
Hola BCN（バルセロナ乗り放題）

1日乗車券（T-Dia）は地下鉄とバスが1日乗り放題になる乗車券で€8.60。2日乗車券(2dias)は€15、3日乗車券(3dies)は€22、4日乗車券（4dias）は€28.50、5日乗車券（5dies）は€35。これらは地下鉄乗車券売り場で買える。

路線図のダウンロードや料金の確認は公式HPで。
URL:www.mapametrobarcelona.com/

電車では、降りたい駅に停まったら、ボタンを押して自分でドアを開ける

改札を出た地下通路には地図がある。地上に出る前に確認すれば迷う心配もない

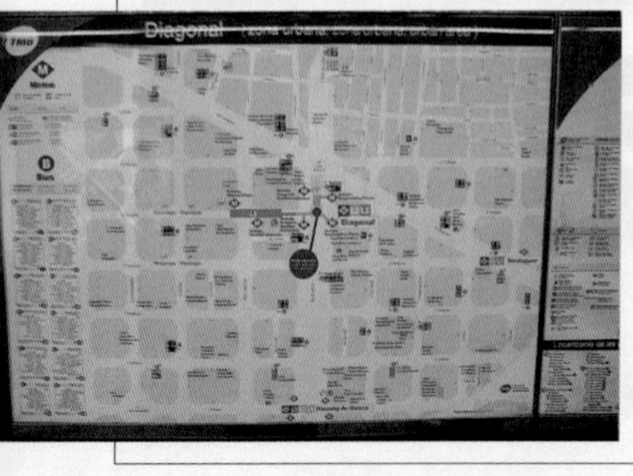

バルセロナの自動改札機は、乗車券の投入口が日本の場合とは逆で、進入者の左手側に設置されている。日本人が普段の感覚で進入しようとすると戸惑うことになる。

スーツケースなど大きい荷物を持っていて、あわてて入ろうとすると自動改札機にひっかかるので、落ち着いて通ろう。また、リセウ駅Liceuなどは行き先によって改札口が異なっているので、表示されている行き先などをよく確かめて入ること。

ホームへ

自分の行きたい方向と逆の電車に乗らないためにも、自分が向かう方面の終着駅名は覚えておこう。通路に終着駅名が表示されているので、表示に従って進むと、その方面に向かう地下鉄のホームに出る。

電車に乗り込むときに注意しなくてはいけないのが地下鉄の「ドア」。その大半が、開くのは手動、閉まるのは自動という半自動扉になっているということ。

ホームに進入してきた電車を、日本にいるときのような感覚で見ていると、ドアがいつまでも開かずに、乗りそこねてしまうことになる。

進入してきた電車のドアが開かなかったら、自分でドアのボタンやレバーを回してドアを開けること。最初は地元の人がするのを観察してみるといい。中にはドアが自動で開閉する電車もあるので列車が停まったら、ちょっと様子を見てみよう。

車内で

車内にはドアの上に地下鉄の路線図が掲示されており、次の駅がランプで表示される。ランプの点灯している駅名を、ガイドブックや駅などでもらえる路線図で参照すれば、降りる駅を確認できるので安心だ。

スリにはくれぐれも注意しよう

車内アナウンスもあり「次は〜です」と放送しているので、行き先を覚えておけば乗り過ごすことはないだろう。

車内での痴漢の話はあまり聞かないが、スリやひったくりなどには充分に注意したい。日本のように身動きがとれないほどのラッシュはないが、通勤・通学の時間帯はやはり混雑する。たとえ疲れていてもボーッとしたりせず、自分のバッグや貴重品への目配り、気配りは欠かさないこと。居眠りは禁物。

目的の駅に着いたら、乗るときと同じ要領でドア

M バルセロナ地下鉄路線図

1号線	8号線
2号線	9号線
3号線	10号線
4号線	11号線
5号線	フニクラ・ロープウェイ
6号線	Tram
7号線	Renfe近郊鉄道

※6～8号線はカタルーニャ鉄道による運営

Les Planes
Baixador de Vallvidrera
Valvidrera Superior
Peu del Funicular
ペウ・デル・フニクラ
Tibidabo
Montbau
Mundet
Canyelles カニェレス
L11
Can Cuiàs カン・クイアス
Ciutat Meridiana
Torre Baró Vallbona
R3
Vall d'Hebron
L5
Valldaura
Roquetes
Reina Elisenda
レイナ・エリセンダ
L6
Pl.del
Funicular
El Coll La Teixonera
Carnel
Casa de l'Aigua
Can Zam
L9
Penitents
Horta オルタ
Trinitat Nova
トリニタット・ノバ
L4
L3
Trinitat
Vella
Singuerlin
Bon Viatge
R1 R4
Llevant
↑Sant Feliuへ
L7
Av.Tibidabo
Sarrià
Vallcarca
Vilapicina
Via Júlia
Llucmajor
Baró
de Viver
L3 L9
Zona Universitària
ソナ・ウニベルシタリア
El Putxet
Cornellà Centre
コルネリャ・セントレ
Les Tres Torres
Lesseps
Torras i
Bages
Palau Reial
Pàdua
Virrei Amat
Sant
Andreu
La Bonanova
Santa Coloma
L5
Can
Boixeres
Maria Cristina
Muntaner
Pl.Molina
Maragall
Gavarra
Alfons X
Fabra i Puig
L8
Moli Nou-
Ciutat
Cooperativa
Sant
Ildefons
Can
Vidalet
Pubilla
Cases
St.Gervasi
Fontana
Guinardó
Congrès
Santa Rosa
L1
Fondo
フォンド
Can Serra
Les Corts
Joanic
Collblanc
Gràcia
Can Peixauet
Almeda
Rbla.
Florida
Just
Badal
Plaça de
Sants
プラサ・デ・
サンツ
Plaça del Centre
Diagonal
ディアゴナル
Sagrada Família
サグラダ・
ファミリア
Camp
de l'Arpa
L9
Torrassa
Sants Estació
サンツ・エスタシオ
Provença
La Sagrera
L10
Bon Pastor
Oliveras
Sant Pau
Dos de Maig
Navas
L'Hospitalet
Av.Carrilet
Santa
Eulàlia
Entença
Hospital
Clínic
Verdaguer
Clot
Verneda
Artigues Sant Adrià
Llefià
St.Josep
Hostafrancs
St.Martí
Bellvitge
Gornal
Tarragona
Passeig
de Gràcia
Girona
Monumental
Encants
L4
Badalona
Pompeu
Fabra
Hospital de Bellvitge
L1
Magòria
La Campana
Universitat
ウニベルシタット
Bac de
Roda
La Pau
ラ・パウ
L10
Rocafort
Tetuan
Sant Roc
Europa
Fira
Ildefons
Cerdá
Espanya
エスパーニャ
Urgell
Arc de Triomf
Glòries
Besòs
Gorg
L2
R2
Sant
Antoni
Catalunya
カタルーニャ
Urquinaona
Marina
Besòs Mar
R2
Aeroport T2
プラット国際空港T2
Poble Sec
L10
Liceu
Jaume I
Llacuna
Parc de
Montjuïc
Foc
Paral-lel
Bogatell
Poble Nou
Estació
de Sant Adria
L9
Aeroport T1
プラット国際空港T1
L2
Drassanes
Ciutadella
Vila Olímpica
Selva de Mar
El Maresme
Fòrum
Castell de Montjuïc
Mirador
Miramar
Barceloneta

※Tram、Renfe近郊鉄道は一部のみ掲載

St. Sebastià

市内交通／地下鉄・バス

ブス・ツリスティック Bús Turístic

ホップオン・ホップオフHop on Hop off バスのバルセロナ版。３ルート（バス停合計44）で、カタルーニャ広場、ランブラス通り、サンツ駅、モンジュイックなど、市内観光名所を循環。9:00～19:00（夏期は～20:00）の運行。料金は1日券€30、2日券€40。URL:www.barcelonabusturistic.cat

バルセロナの市バス

バルセロナの市バスのネットワーク

を開ける。乗り換える場合は、次に乗る路線番号と行き先を確認して、構内に表示してある矢印に従って進む。乗り換える駅によっては、かなりの距離を歩くことになるが、表示に従って歩いて行けば、迷うことはない。

出口へ

目的地の駅に着いたら、出口（Salida／Sortida）の表示へ。バルセロナの地下鉄は、料金均一先払い方式なので、駅を出るときには改札はなく、乗車券の回収もない。しかし、出口を出るまでは乗車券をなくさないように気をつけること。まれに検札をすることがあり、そのときに乗車券を持っていないと、高額の罰金を払わされることになる。

地上への出口は何ヵ所もあるので、出口の地名を確認して目的地に便利な出口を選びたい。

市内バス　Autobús

バルセロナの市バスは、左下の写真のように屋根が赤く塗装された車体をしており、路線数は100近い。

車窓から街並みや風景を眺める楽しみもあるし、多くの路線数を誇る市バスを使いこなすことができれば、ひと味違ったバルセロナと出会えるはず。

乗ってみよう！　路線図を入手する

バスを上手に利用するためには、バスの路線図Transports Metropolitans de Barcelona を手に入れること。サンツ駅やウニベルシタット駅などで手に入れられるほか、バルセロナ市交通局（T.M.B）やツーリストインフォメーションでももらえる。

路線図で目的地へ向かうバスの路線を見つけたら、路線番号を確認して、現在地からいちばん近いバス停へ向かおう。

バス停で

バス停にはそこを通るバスの路線番号が表示されている。また、カタルーニャ広場のように多くの路線が通る場合は、路線番号によってバス停の位置が違うこともある。バス停に着いたら、自分が乗ろうとしているバスの路線番号があるかどうか、バス停の路線番号表示を見て確認すること。

バス停留所。上部（赤丸の部分）の路線番号を確かめて待とう

市内交通／バス・タクシー

乗車する

バスには路線番号と行き先が表示されている。自分の乗りたい路線のバスが来たら、手を挙げて乗車の合図をして乗り込む。乗車口は前扉で、料金は先払い。市バスの料金は一律€2.20。運転席脇の料金皿に料金を置いて、運転手に乗車券をもらう。お釣りは常にあるとは限らないので、小銭を用意。この乗車券も降りるまで失くさないこと。メトロのHola BCNも使える。

キップがない時は運転手に行き先を告げて料金を払う

降車する

車内は日本のバスより奥行きがある

バスに乗るのは、比較的簡単だが、自分の思った通りの場所で降りるのは、ちょっとひと苦労だ。

バルセロナの市バスは、車内アナウンスを行っていないので、地図や窓からの風景をたよりに、降りる場所が近くなってきたことを自分で判断するしかない。自分の判断に自信がない場合は、近くにいる人に尋ねたほうがいい。

地元のバスに乗り慣れていそうで、世話好きそうなおばさんであればなおのこといいだろう。

持っている地図や路線図を見せて、ありったけのスペイン語の知識と勇気をもって、自分の行きたい目的地を示せば、降りるべきバス停を親切に教えてくれるはずだ。

目的のバス停が近づいたらブザーを押して、後ろの扉から降車する。親切に教えてくれた人には、挨拶も忘れずに！

タクシー　Taxi

黒のボディに黄色のドア。これがバルセロナのタクシーの統一されたカラーリング。だからバルセロナのタクシーは町の中でもよく目立つ。

タクシーの運転手はそのほとんどが個人営業。タクシーの免許を取って自分の車をこの統一カラーに塗るそうだ。

そのほかの乗り物

カタルーニャ鉄道 Ferrocarrils de la Generalitat de Catalunya

写真のマークが目印。始発駅は市街の北、カタルーニャ広場とエスパーニャ広場のふたつ。前者はティビダボの丘へ行くときに、後者はモンセラートやガウディのコロニア・グエル教会へ行くときに利用することになる。p.165の路線図のL6～8が該当。

料金は市内のみなら€2.20の均一料金で、タルヘタも使える。それ以上は距離に応じて料金が設定されている。例えばモンセラートまで行くなら、往復切符を買ったほうがお得。

フニクラ（ケーブルカー） Funicular

メトロ3号線のパラレル駅Paral-lelと接続しているフニクラ乗り場からパルク・デ・モンジュイックParc de Montjuïcまで。所要約2分。片道€2.15。ティビダボの丘を登る路線もある。

LIBREの札が掲げてあれば空車

そのほかの乗り物

ブルートラム
Tramvia Blau

カタルーニャ鉄道のアベニーダ・デル・ティビダボ駅Av.del Tibidaboとティビダボ駅のフニクラ乗り場をつなぐスペイン最古の路面電車。片道€5.50、往復€8.60。シーズンオフは土・日曜・祝日のみ運行。平日は代わりにバスが走る。

ロープウェイ
Teleférico de Montjuic

フニクラのパルク・デ・モンジュイックParc de Montjuïcから、ミラドールMiradorを経由してモンジュイック城Castell de Montjuïcまで。途中、眼下には遊園地が広がり、つかの間の空中散歩が楽しめる。片道€8.40、往復€12.70

ロープウェイ
Teleférico del Puerto

モンジュイックの丘の展望台とバルセロネータのポルト・ベイPort Vellをつなぐ。11:00～17:00（夏期は～20:00）、片道€11、往復€16.50。

ゴロンドリーナス
Golondrinas

バルセロナ港の遊覧船。夏は10:00～20:00、冬は10:00～17:00。港内遊覧所要時間40分、港外遊覧1時間30分、€15.20。

料金も安いので、夜間や荷物のあるときなどは積極的に利用したい。

乗ってみよう！

タクシーに乗るには、タクシー乗り場を利用してもいいが、営業している台数が多いので、流しの車も簡単に拾える。空車はフロントガラスにLIBRE（LLIURE）の表示を出しており、夜間は屋根の上にある緑色のランプが点灯する。

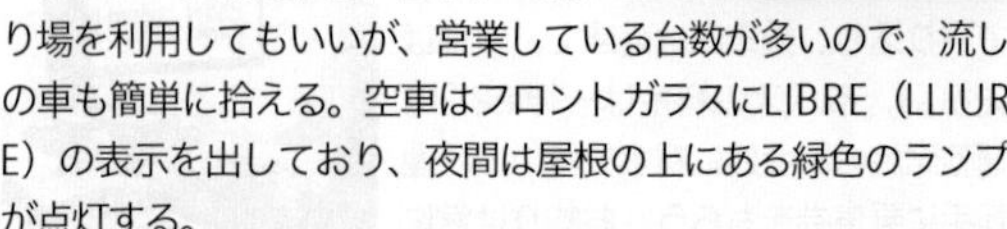

日本の場合と同じように、手を挙げて合図をし、近くに停車してもらう。タクシーのドアは自動で開かないので、自分で開けて乗車、降りるときも自分で開けて降りる。

お客は後部座席に座るのが普通。行き先を告げるときに、目的地の住所を紙に書いておき、それを見せれば確実に伝わるだろう。

料金

市内の料金体系は3種類あり、T-1は平日の8:00～20:00に適用、T-2は土・日曜と祝日の6:00～20:00と、平日の20:00～翌8:00に適用される。初乗り料金は、T-1、T-2ともに€2.20。それから1kmごとに、T-1は€1.17、T-2は€1.40加算される。T3は土・日曜、祝日の20:00～翌6:00の適用で、初乗り料金€2.30、1kmごとの加算が€1.40。

空港へ、あるいは空港から乗った場合、€3.10、荷物1個に付き€1が別途必要。これらの追加料金は支払い時にメーターに加算される。良心的なタクシーは車内、たいてい窓に料金表が貼ってあるので、確認しながら支払いができる。タクシーを使うときは小銭を用意しておくこと。チップは切りのいい数字を加えて支払えばいい。

トラブル回避

概して陽気でおしゃべり好きで親切な運転手が多いが、中には悪質な運転手もいるので注意すること。

空港の中まで「Taxi?」と売り込みに来るような運転手は避けたほうが無難。また、市内は幹線道路を除くとほとんどが一方通行なので、必要があって迂回することはあるが、不案内な旅行者をいいことにわざと遠回りをするような運転手もいる。

メーターを隠していたり、T-1とT-2の切り替えをごまかしたりというのにも注意したい。メーターに表示されている料金は絶対なので、それ以上を請求されても支払う必要はない。

タクシーメーターは絶対。表示以上の料金を払う必要はない

バルセロナから各都市へ

スペイン国内はもちろんフランス国境にも近いため、ヨーロッパ各国からの国際便が鉄道、バスともに多い。バルセロナの鉄道駅はサンツ駅とフランサ駅の2つがある。市街の西にあるサンツ駅はホテルやショッピングアーケードも隣接しており便利。バスターミナルは市街の東側、シウタデリャ公園の北西にある。

鉄道 レンフェ Renfe

バルセロナ・サンツ駅 Estació Barcelona-Sants

バルセロナの玄関口。スペイン各地からのほとんどの列車はこの駅を発着する。地下鉄3/5号線のサンツ駅とも地下通路で連絡している。構内には観光案内所はもちろん、ホテル予約案内所、現金自動支払機、売店、飲食店やコインロッカーもある。また駅舎上にはバルセロ・ホテル・サンツ(➔p.203)があり、早朝・深夜の列車を利用するときに便利だ。

一日中列車の発着が絶えないサンツ駅

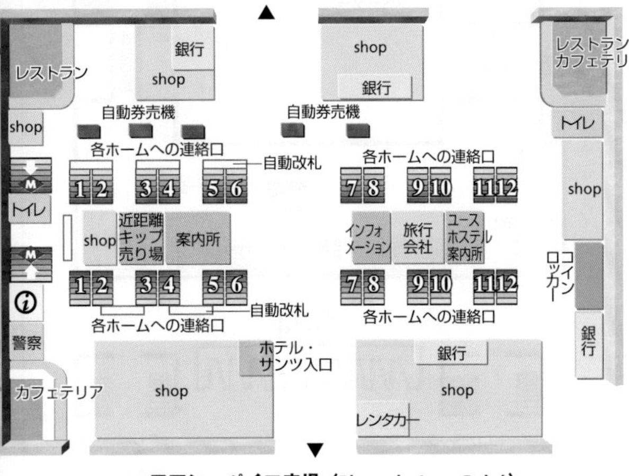

フランサ駅 Estació de França

フランスからの国際列車の発着駅。長い間閉鎖されていたが1992年に再びオープンしたもの。近代的なサンツ駅とはうって変わって古き良き時代を思わせる石造りの内装と、レトロな外観の鉄道駅だ。

バルセロナ・サンツ駅

▶MAP：p.158-I

観光案内所
8:30～20:30（12月24・26・31日は～19:30）
TEL:932 85 38 34
※ホテルの予約も受けている。

銀行
ATMのみ

フランサ駅

▶MAP：p.157-k

鉄道案内所
4:45～24:00／無休
TEL:902 24 05 05

シウタデリャ公園にほど近い場所に位置するフランサ駅

●バス関連サイト

Omio（予約サイト）www.omio.com ／ALSA（バス会社、予約可）www.alsa.es
バルセロナ北バスターミナル www.barcelonanord.cat

北バスターミナル発 バスの主な行き先

マドリッド（ALSA社）
発車時刻：1:00、7:00、8:00、9:30、10:30、11:30、13:00、14:30、15:30、16:30、19:30、22:15、23:00、23:30、23:59
所要時間：約7時間30分
料金：片道€24.30～51.73

バレンシア（ALSA社）
発車時刻：1:00、7:00、8:00、10:00、12:30(日曜運休)、14:30、16:30、18:00、20:00、22:00
所要時間：4時間～4時間30分
料金：片道€34.67～44.28

サン・セバスチャン（VIBASA社）
発車時刻：8:45、14:40、22:05（夜行）
所要時間：7時間～7時間50分
料金：€38.79～39.02

サラゴサ（ALSA社）
発車時刻：1:00、7:00、8:00、9:30、10:30、11:30、13:00、14:30、15:30、16:30、18:30、19:30、22:15、23:00、23:30
所要時間：3時間30分～3時間45分
料金：€18.76～26.60

※時刻は変更される場合がある。また、料金は目安として一例を示した。出発日、出発時刻により、日々変動するので、バス予約サイトなどにより再確認が必要。

長距離バス　アウトカル Autocar

北バスターミナル
Estació d' Autobúsos Barcelona　MAP▶p.157-H

鉄道の旧北駅だった建物を利用している。ここからはスペイン各地へのほとんどのバスと、フランス、モロッコなどへ行く国際バスが発着する。1階の中央にインフォメーションセンターがあり、ここで行き先を告げると、どの窓口へ行けばいいか教えてくれる。また、時刻表と運賃の一覧表ももらえる。近郊の地方都市などは、複数のバス会社が乗り入れており複雑なので、ここで情報を仕入れるのが効率がよいだろう。

モンセラート(➔p.208)へのバスは、鉄道のサンツ駅前からの発着となっている。

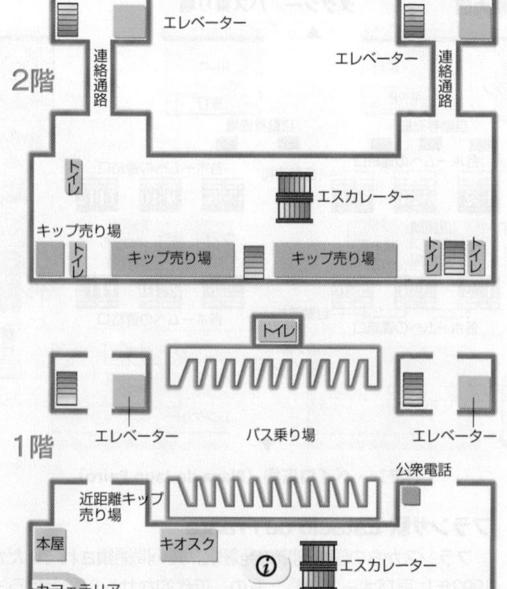

バルセロナの見どころ

バルセロナ中心部

13～15世紀にかけての建造物が建ち並ぶゴシック地区と、カタルーニャ広場から海に向かって延びる緑の多い並木道、ランブラス通り。この2つのエリアが、観光客にとってのバルセロナの中心部といえる。

観光スポットが密集するゴシック地区

ゴシック地区の中心部はカテドラル前に広がる**新広場Plaça Nova**。毎週土曜の夕方と日曜の正午、この広場で民族舞踊サルダーナが踊られる。広場をはさんで**カテドラル**の向かい側に建つカタルーニャ建築家協会の建物には、サルダーナを踊る人々を描いたピカソの壁画が飾られている。

この地区の道は細く入り組み、その狭い路地の両脇に、ブティック、カフェ、バルなどの店がびっしりと建ち並ぶ。"芸術家が集まる町" と呼ばれるバルセロナらしく、小さな画廊もちらほら見られる。

ピカソ美術館から海側の地域は治安が悪く、夜遅くや、昼間でも人通りの少ない通りは要注意だ。

●見どころ

カテドラル
Catedral

MAP：p.157-K
交通：メトロ4号線JaumeⅠ駅から徒歩5分
開館・料金：旅行者は12:30～19:45、土曜12:30～17:30、日曜・祝日14:00～17:30／無休／€7、礼拝は8:30～12:30、17:45～19:30、土曜8:30～12:30、17:15～20:00、日曜・祝日8:30～13:45、17:15～20:00／無休／無料

●ゴシック地区のシンボル

1298～1448年にかけて建てられたものだが、ファサードは19～20世紀に改修されたもの。様式は、この地方独特のカタルーニャ・ゴシックで、実際は、身廊が側廊よりも高いゴシック様式でありながら、身廊と側廊の高さがほぼ等しいロマネスク様式に見えるような造りをしている。

建物内に入ると、聖歌壇が目に飛び込んでくる。聖歌壇を取り巻く白大理石には、バルセロナの守護聖女サンタ・エウラリアが処刑される殉教場面が刻まれている。このきめこまかな彫刻はルネッサンス期の最も優れた彫刻家の一人とされる、バルトロメ・オルドニェスBartolomé Ordóñezの手によるもので、スペインルネッサンス期の彫刻の傑作のひとつだ。エウラリアの遺骨は、美しい棺に納められて地下聖堂に眠っている。

隣接するカテドラル美術

荘厳な美しさを見せるカテドラル

館Museu de Catedralでは、コルドバのバルトロメ・ベルメホBartolomé Bermejoのピエタ Pietàtが有名。

ランブラス通り
Las Ramblas

MAP：p.156-F・J、157-C

●そぞろ歩きの人々が行き交う

バルセロナを訪れた観光客が一度は足を運ぶのが、このランブラス通り。空港バスが発着するカタルーニャ広場から歩き始めて最初に目に飛び込んでくるのは、色とりどりの花々が目にも鮮やかな花屋と、小鳥の店だ。

露店の合間に並んだテーブルは通りの両脇のカフェテリアのもの。席に着くと、ウェイターが車道を越えて出張注文にやって来る。ただし、観光客プライスでかなり高い。ビール1杯でも€10とられた、という話も聞くので注意しよう。

地下鉄リセウ駅のカタルーニャ広場寄り出口付近の右側にはバルセロナで最も規模の大きな市場、サン・ジュセップ市場Mercat de Sant Josep(通称ボケリア Boqueria)がある。このあたりでは、大道芸人がいろいろなパフォーマンスで道行く人の目を楽しませてくれる。

ミロのモザイクを過ぎたあたりの右手には、ヨーロッパでも有数の美を誇るオペラの殿堂、リセウ劇場Gran Teatre del Liceuが建つ。

さらに150mほど行った左手にレイアール広場がある。ここの街灯はガウディが造ったものだ。麻薬の売人がたむろする危険な場所としても有名だが、最近は警察官が常駐しているので、あまり怖いといった印象は受けない。右手のノウ・デ・ラ・ランブラ通りCalle Nou de la Ramblaにはグエル邸がある。レイアール広場から海寄りのあたりには似顔絵描きが多い。デフォルメ調から超写実主義までそろい、お好みで選べる。

コロンブスの塔

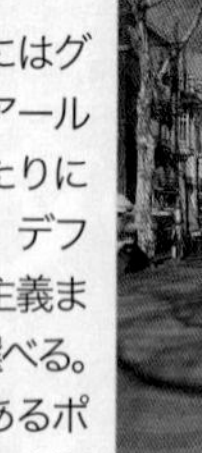

花屋が多いランブラス通り

コロンブスの塔があるポルタル・デ・ラ・パウ広場Plaça Portal de la Pauがランブラス通りの終点だ。海は目の前。突きあたりに遊覧船の乗り場がある。左にある歩道橋を渡ると、映画館や水族館、ショッピングセンターが建ち並ぶマレマグナムMaremagnumに行ける。

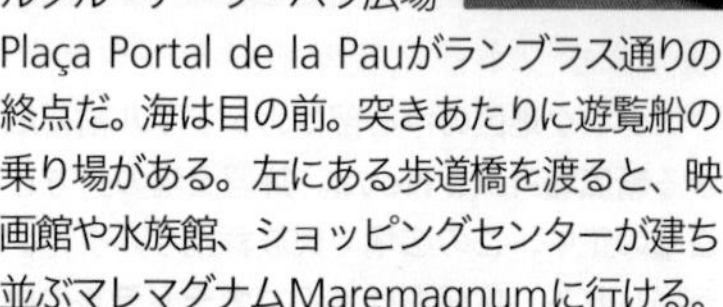

王の広場
Plaça del Rei

MAP：p.157-K
交通：メトロ4号線JaumeⅠ駅から徒歩3分

●中世バルセロナの都市空間

カテドラル正面左横のコンテス通りを建物に沿って海の方向に進み、カテドラルの外れを左に曲がると、三方をいかめしい建物に囲まれた広場に出る。ここが王の広場で、向かって正面の建物がバルセロナ伯兼アラゴン王の大王宮。そのファサードをくぐってすぐの部屋がティネルの間Saló del Tinellで、ここで1回目の航海を終えたコロンブスがカトリック両王に謁見したといわれている。王宮の左上には6階建のマルティ王の望楼Mirador del Rei Martíが、右にサンタ・アガタ礼拝堂Capella de Santa Àga-ta、左にアラゴン王国古文書館 Palau del Lloctinent（リョクティネン宮）が建つ。

大航海時代に思いをはせる

MEMO マルティ王（在位1396～1410） バルセロナ伯爵家、そしてカタルーニャ＝アラゴン連合王国最後の当主。兄ジュアン1世の死により即位。文化、芸術に関心が高く、性格も温和で「人情王」と称された。

自治政庁正面のファサード

サン・ジャウマ広場
Plaça de Sant Jaume

MAP：p.157-K
交通：メトロ4号線Jaume I駅から徒歩5分

●カタルーニャ地方の政治の中心地

サン・ジャウマとは、キリストの十二使徒のひとり、ヤコブのカタルーニャ語読み。市庁舎Ajuntamentと自治政庁Palau de la Generalitatが広場をはさんで向かい合って建っている。

市庁舎は14世紀のもの。シウタ通りLa Ciutatに面している、ゴシック様式のファサードがみごとだ。一方、自治政庁が入っている建物は、15世紀から17世紀にかけて建てられたもの。広場に面する側のファサードは16世紀に造られた純ルネッサンス様式。

サンタ・マリア・デル・マル教会
Església de Santa Maria del Mar

MAP：p.157-K
交通：メトロ4号線Jaume I駅から徒歩5分
開館：9:00〜13:00、17:00〜20:30、日曜・祝日10:00〜14:00、17:00〜20:00／無休

●船乗りたちの守り神

1329〜1384年の建築。当時、この界隈に住んでいた船乗りたちが出し合った浄財により建てられた。カタルーニャ・ゴシック様式としては、最も美しい建物のひとつ。

八角形の尖塔や、入口上部のフランボワイヤン様式のばら窓、15〜17世紀に造られたステンドグラスなどがすばらしい。

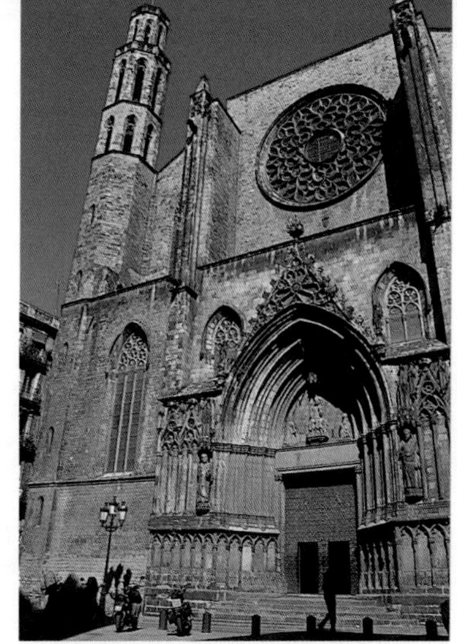

ゴシック地区の奥に建つ教会

カタルーニャ音楽堂
Palau de la Mùsica Catalana

MAP：p.157-G
交通：メトロ1/4号線Urquinaona駅から徒歩7分
開館：10:00〜15:30（7月・聖週間は〜18:00、8月は9:00〜18:00）／無休
料金：€20（見学は30分おきのガイド付ツアー）

●世界遺産指定のモンタネールの傑作

モデルニスモを代表する建築家、ドメネク・イ・モンタネールの1908年の作。色とりどりのモザイク・タイルやステンドグラスで飾られた空間は、まるでおとぎの国のよう。

バルセロナの守護神、サン・ジョルディをはじめとする精巧な彫刻群もみごとだ。

建物の見学のみも可能だが、時間があればここで催されるコンサートにぜひ足を運んで欲しい。耳慣れた楽曲も、この空間ではいっそうすばらしく聞こえることだろう。

MEMO バルセロナ伯兼アラゴン王とは、現在のカタルーニャにあたるバルセロナ伯国のラモン・バランゲー4世と、隣国アラゴン王国のパルネリャが1137年に結婚して両国が連合王国となったことを示す称号。

独創性で評価された作品

シウタデリャ公園
Parc de la Ciutadella

MAP：p.157-L
交通：メトロ1号線Arc de Triomf駅から徒歩10分

1888年の万博会場となった31haの公園。動物園や近代美術館がある。学生だったガウディは公園の滝や鉄柵などの製作にたずさわった。この仕事は優雅で独創的なものという評価を受けるが、それはガウディ作品に対する初めての論評であった。

レイアール広場の街灯
Fanals de la Plaça Reial

MAP：p.156-J
交通：メトロ3号線Liceu駅から徒歩5分

ガウディが学校を卒業後、初めて手がけた仕事。バルセロナ市の公共事業で、当初は市内全域の街路を飾る予定だったが、ここと パラウ広場Plaça Palauしか実現しなかった。ガス灯の笠と先端の飾りは、後の作品にも表れる鉄兜がモチーフ。

サン・パウ病院
Hospital de la Santa Creu i de Sant Pau

MAP：p.155-C
交通：メトロ5号線Sant Pau/Dos de Maig駅から徒歩3分
開館：9:30～17:30（日曜・祝日～15:00）、4～10月9:30～19:00（日曜・祝日～15:00）
料金：€15(ガイド付ツアー大人€20)
TEL：93 553 78 01

●優美な建物は元病院

銀行家パウ・ジルの遺言により建てられた、「花の建築家」と呼ばれたドメネク・イ・モンタネールの作品で、1902年に着工、1923年の彼の死後、工事は息子に引き継がれ1930年に完成、近年まで現役の病院として利用されていた。総面積14万5000㎡の敷地内に大小合わせて48の病棟が建つ。装飾タイルをふんだんに用いたムデハル様式の建物は、病院だったとは思えない優美さ。1997年に世界遺産に登録された。

サグラダ・ファミリア教会
Templo de la Sagrada Família

MAP：p.157-D
交通：メトロ2/5号線Sagrada Família駅から徒歩1分
開館：9:00〜20:00（11〜2月〜18:00、3・10月〜19:00）
料金：€17／教会と塔のセット€32
URL:www.sagradafamilia.org/

バルセロナのシンボルともいえるガウディの未完の大作。1882年、フランシスコ・デ・P・ビリャルが計画に着手し、その翌年に31歳のガウディが引き継いだ。以後、ガウディはこの教会の建設に没頭する。

ガウディの設計図では、教会はラテン十字型、5身廊と5身廊の交差廊という構成。外側には「キリストの生誕」「キリストの受難」「キリストの栄光」の3つのファサード、また各ファサードに4本ずつある計12の鐘塔で十二使徒を表し、交差部の上にキリストに捧げる中央塔を設ける。

ガウディの生前に完成したのは地下聖堂と後陣、「生誕」のファサードのみ。地下聖堂はビリャルの設計に基づいたゴシック様式だが、「生誕」のファサードは自然主義的な彫刻や彫像群で飾られている。聖堂の建設がゆっくりしているのは「ご主人（神）が急がないから」とのガウディの言葉通り、この面の4本の鐘塔のうち、ガウディが完成を見たのは1本だけ。ガウディの死後、工事は一時中断したが、1940年に再開。現在では3つのファサードと8本の鐘塔を見られる。HPでチケットを事前予約すると入場がスムーズだ。

「生誕」のファサード

グエル邸
Palau Güell

MAP：p.156-J
交通：メトロ3号線Liceu駅から徒歩5分
開館：10:00〜17:30（4〜10月は〜20:00）／月曜、1月1・6日、1月の3週目、12月25・26日休
料金：€12

エウセビ・グエル（➔p.180）の住宅として造られたもの。本館につながる別館として建てられたが、グエルはこの建物を大変気に入り、以後はこちらを本館として使用した。

地下1階が馬小屋、1階が馬車庫、中2階が書斎、2階は応接間、3階が寝室、4階は使用人の部屋と厨房という造り。屋上に出ればユニークな煙突群を目のあたりにできる。ファサードはルネッサンス様式、内部はネオムデハル装飾と外見は古典的だが、屋上の煙突群、2階の中央サロンなどに、ガウディの独創性が見られる。

カラフルな煙突群

予算に糸目をつけずに造られたグエル邸

カサ・バトリョ
Casa Batlló

MAP：p.156-B
交通：メトロ2/3/4号線Passeig de Gràcia駅から徒歩1分
開館：9:00～21:00（入場は20:00まで）
料金：€25
TEL：93 216 03 06

繊維業者の邸宅をガウディが大規模に改築したもの。カサ・バトリョが改築（1904～1906年）されたのは、ギリシャの神殿はかつて極彩色であったという研究が発表され、多彩色建築が脚光を浴びた時期のこと。ガウディの多彩色は主にタイルによって施されている。

正面は色ガラスの破片と円形タイルで覆われており、太陽の光を受けると色とりどりに輝く。海をテーマに、うねりやねじれを多用した邸内は、ガウディならではの独特の空間を構成していてみごとだ。

1969年にスペインの歴史文化遺産に指定され、ガウディの傑作のひとつとして高い評価を得ている。モデルニスモ建築が集中する区画に建ち、夜にはライトアップされ、さらに美しい。

内部は屋上と屋根裏部屋、2階部分のノブレの階が見学可能。日本語を含む10ヵ国語の中から選べるオーディオガイド付き。館内にはグッズショップも併設されている。

帆船をモチーフにした外観
「海」をイメージしたといわれる印象的なデザイン

カサ・ミラ
Casa Milà（La Pedrera）

MAP：p.157-C
交通：メトロ3/5号線Diagonal駅徒歩1分
開館：9:00～20:30、21:00～23:00、11月4日～2月9:00～18:00、19:00～21:00
料金：€22、夜は€34

「ラ・ペドレラ（石切り場という意味）」とも呼ばれる。バルセロナのメインストリート、グラシア通りに面して建つ、2つの中庭と地下ガレージを備えたハイグレードなマンション。各階4戸、1住宅400㎡のスペース。最上階はガウディの作品の平面図の展示や、スライド・ビデオなどを上映するエスパイ・ガウディEspai Gaudíになっている。屋上では、グエル邸とはまた違った趣きの煙突群が見られる。

モンジュイックの石切り場から切り出された石灰岩を用いた

カサ・カルベット
Casa Calvet

MAP：p.157-G
交通：メトロ1/4号線Urquinaona駅から徒歩4分

1898年から1900年にかけて造られた、ガウディの作品のひとつ。建築主のカルベットはグエルの友人で、繊維業を営む実業家。この建物は1階がカルベットの繊維工場の事務所、2階がカルベットの自宅、3階以上が賃貸マンションという造り。現在は、1階がChocolates Brescóというチョコレートショップ（9:00～20:30／日曜休）となっている。また事務所用にデザインしたテーブル、椅子、ベンチなどの家具は完成度が高く、一部はグエル公園内のガウディ記念館に保存されている。

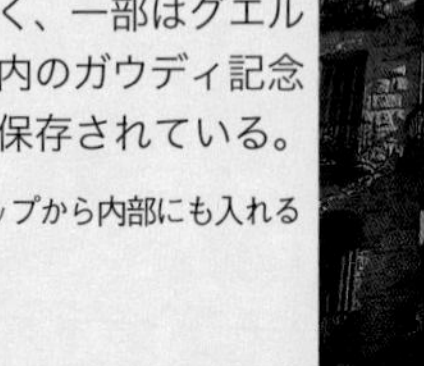
1階のショップから内部にも入れる

ピカソ美術館
Museu Picasso

人の絶えることのない人気の美術館

MAP：p.157-K
交通：メトロ4号線 Ja-ume I駅から徒歩7分
開館：9:00～20:30（木曜～21:30）／月曜、1月1日、5月1日、6月24日、9月30日、10月7日、12月25日休
料金：€12（企画展含む€14）
TEL：93 256 30 00

●天才ピカソの作風の変化をたどる

ゴシック地区の中でも、中世の雰囲気を最も濃くとどめる貴族の館が建ち並ぶモンカダ通りCalle de Montcadaの一画にある。美術館自体もゴシック様式の貴族の屋敷を改装したもので、3つの建物で構成されている。

ピカソの初期と晩年の作品をおもに展示しており、中でも10代の頃の代表作「科学と慈愛Ciencia y Caridad」、「初聖体拝受La primera Comunion」や、「アルルカンHarlequin」、また、晩年の作ではプラド美術館にあるベラスケスの「ラス・メニナスLas Meninas」に触発されて描いた同名の連作、「鳩Los Pinchones」の連作などが有名。ピカソが少年の頃に描いたスケッチや、版画、陶器なども展示されている。企画展示室では、年に数回、企画展が開催される。1階にはカフェレストランとピカソグッズを売っているアート・ショップもある。

ピカソ「アルルカン」1917

アントニ・タピエス美術館
Fundació Antoni Tàpies

MAP：p.156-B
交通：メトロ2/3/4号線Passeig de Gràcia駅から徒歩3分
開館：10:00～19:00（金曜～21:00、日曜～15:00）／月曜、1月1・6日、12月25・26日休
料金：€8　TEL：93 487 03 15

●バルセロナが誇る現代美術の鬼才

1923年にバルセロナで生まれた現代美術の巨匠アントニ・タピエスの絵画、彫刻、版画など、ありとあらゆる種類の作品を展示している。また、館内には図書室やエキジビションホール、アート・ショップなどもある。細いハリガネ状の物体が不規則な模様を描き出す、斬新なオブジェが目を引く建物は、モデルニスモの旗手、ドメニク・イ・モンタネール（➔p.178）の作。

フレデリック・マレス美術館
Museu Frederic Marés

MAP：p.157-G
交通：メトロ4号線Jaume I駅から徒歩5分
開館：10:00～19:00（日曜・祝日11:00～20:00）／月曜、1月1日、5月1日、6月24日、12月25日休
料金：€4.20　TEL：93 256 35 00

●マレスの膨大な個人コレクション

かつての王宮を改装した建物に、カタルーニャ出身の彫刻家フレデリック・マレスのコレクションを展示。中心となるのは、地下～2階に展示された彫刻で、紀元前のイベリア半島の奉納彫刻や、中世に製作された400点もの木造彩色彫刻など、その質と量には圧倒される。3階には15世紀から19世紀までに使用されていたたばこ入れ、傘、食器などの日用品や服飾・宝飾品が展示されている。

マレスの個人コレクションを収蔵

バルセロナで最も美しい近代建築といわれるバルセロナ現代美術館

バルセロナ現代美術館
Museu D'Art Contemporani de Barcelona

MAP：p.156-F
交通：メトロ1/3/6/7号線Catalunya駅から徒歩10分
開館：11:00〜19:30（土曜10:00〜20:00、日曜・祝日10:00〜15:00）／火曜休
料金：€11　TEL：93 412 08 10

●モダンアートを見るならここ
ガラス張りの内装が目を引く真っ白な4階建ての美術館は1995年にオープン。愛称は頭文字をつなぎ合わせたMACBA（マクバ)。ミロ、タピエスをはじめとする、国内外の現代作家による作品を展示している。

本音でガイド　知ってて便利な表記あれこれ
スペインでは、当然ながらスペイン語が使われている。しかし、使用している文字がアルファベットなので、外国語＝英語だと刷り込まれている日本人にとって、かえってまぎらわしかったりする。ことに、単語の頭文字だけが記された、省略表記となるとなおさらだ。そこで、旅行中に知っておくと何かと便利な表記を紹介しよう。

●トイレで:「H」「M」
「H」が男性用、「M」が女性用(「H」＝hombreオンブレで男性、「M」＝mujerムヘルで女性)。「C」「D」とあれば「C」が男性用、「D」が女性用(「C」=caballeroカバジェロが紳士、「D」＝damaダマが淑女の意味)。

●バスルームで:「H」「C」と「C」「F」
蛇口の表記が、「H」「C」とあれば、これは通常通り「H」がホット、「C」がコールドだが、「C」「F」となっている場合は要注意。「C」がお湯、「F」が水だ(「C」＝caliente暖かい、「F」＝fria冷たいの意)。

●住所の：s/n、1°、2°
末尾のs/nは番地無し（sin numero）の意味。また、1°、2°などとあればそれは階数を示す。ただし、日本と数え方が違い、スペインの1階は日本の2階のことなので注意。さらにそのあとにisq、drchaとあればそれぞれ左側、右側のこと。スペインの集合住宅では、ワンフロアに2つの住居が入っていることが多い。エレベーターまたは階段を登りきった方向を正面に見て、左右にひとつずつ扉がある。その左側の扉の家がisq、右側の扉の家がdrchaとなる。

MEMO　ドメニク・イ・モンタネール（1850〜1923）ガウディと同時代の建築家。建築にとどまらず、政治や論壇でも活躍、世紀末カタルーニャ文化の代表的存在。シウタデリャ公園の動物学博物館も彼の作品。

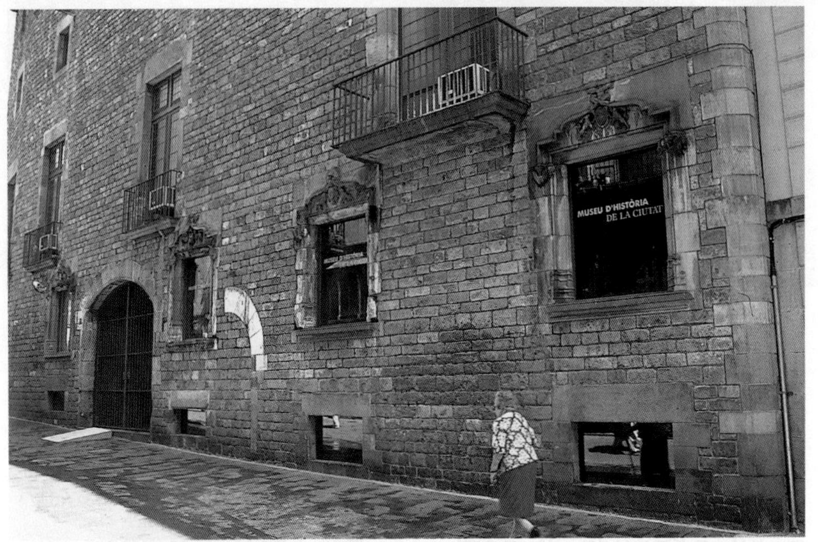

歴史の重さを実感させる歴史博物館の建物

バルセロナ歴史博物館
Museu D'História de la Ciutat

MAP：p.157-K
交通：メトロ4号線Jaume I駅から3分
開館：10:00～19:00、日曜～20:00／月曜・1月1日・5月1日・6月24日・12月25日休
料金：€7　TEL：93 256 21 00

●ローマ時代の城壁の上に建つ

15世紀の貴族の館を現在の場所に移築するための基礎工事の際に、地中からローマ時代の城壁と、公共浴場、水路跡などの町の遺跡群が発見された。市は遺跡を保存することを決定し、建物はそのまま遺跡を守るように上に建てられた。これが現在の歴史博物館である。地下のローマ遺跡のほか、時計や陶器など、市と関わりの深い歴史的な品々を展示。

海洋博物館
Museu Marítim

MAP：p.156-J
交通：メトロ3号線Drassanes駅から5分
開館：10:00～20:00／12月25・26日、1月1日・6日休
料金：€10　TEL：93 342 99 20

大航海時代の船の備品や、さまざまな種類の船の模型などを展示する。レパントの海戦の帆船のレプリカや、世界最初の本格的潜水艦といわれる「イクティネオ」の模型や図面が興味深い。

ろう人形館
Museu de la Cera

MAP：p.156-J
交通：メトロ3号線駅Drassanes駅から徒歩2分
開館：10:00～13:30、16:00～19:30（土・日曜・祝日11:00～14:00、16:30～20:30）、夏期10:00～22:00／無休
料金：€15　TEL：93 317 26 49

古今東西の有名人およそ300体のろう人形を展示。オノ・ヨーコや、ハラキリ人形など、日本に関係した人形もある。

バルセロナ自然科学博物館
Museu de Ciències Naturals de Barcelona

MAP：p.155-D
交通：メトロ4号線El Maresme/Fórum駅から徒歩3分
開館：10:00～18:00（土曜～19:00、日曜・祝日～20:00）／月曜、1月1日、5月1日、6月24日、12月25日休
料金：€6（植物園€3.5）　TEL：93 256 60 02

動物の標本、特に多彩な昆虫標本の博物館と、バルセロナに居ながらにして世界各地の植生に触れられる植物園からなる。

MEMO　イクティネオは1859年に発明家のMonturiolが製作した、本格的なものとしては世界初の潜水艦。全長は7m、排水量は8tで、見学者を乗せてバルセロナ港内水深20mを時速3ノットで航行した。

バルセロナの見どころ

バルセロナ北部

ディアゴナル通りを軸にバルセロナの北部に位置するエリアには、新市街と呼ばれる一大ショッピングゾーンや住宅街が広がり、ゴシック地区やランブラス通りとは違った、バルセロナのもうひとつの顔を見せてくれる。

新市街とガウディの遺産を歩く

サンタ・テレサ学院を中心に、北東はグエル公園、南西はグエル別邸をそれぞれの端としたエリアには、一大ショッピングゾーンを形成する新市街のほか、ガウディの重要な遺産が数多く残っている。

このエリア内にあるガウディの作品は東に位置するグエル公園から西へ、**カサ・ビセンス、ベリェスグアルド（フィゲーラス邸）、サンタ・テレサ学院、ミラーリェス邸の門、グエル別邸**と点在し、さらに西にガウディの最高傑作という人も多い**コロニア・グエル教会地下聖堂**がある。東から西へ、あるいは新市街を起点に西から東へ、ガウディの遺産を訪ね歩いてみたい。

一方、**ディアゴナル通りAvinguda Diagonal**のフランセスク・マシア広場から西寄りのエリアにはショッピングアーケードや高級ブティックが建ち並ぶ、新市街と呼ばれる地域が広がる。旧市街とはひと味違う、バルセロナが楽しめる。

曲線を多用したガウディならではの空間

グエル公園からは、はるかに地中海も望める

●見どころ

グエル公園、ガウディ博物館
Parc Güell,Casa Museu Gaudí

MAP：p.154-B
交通：メトロ3号線Lesseps駅またはVallcarca駅から徒歩15分もしくはバス停Parc Güell下車
開館：公園8:00〜20:30（最終入場19:30）、10月末〜3月8:30〜18:15（最終入場17:30）、ほかにも季節によって変動あり
料金：公園は€10、ガウディ博物館€5.50

ガウディの生涯のパトロンとなるエウセビ・グエルEusebi Güellはイギリス風の静かな住宅街をバルセロナに造ろうと考え、150,000㎡の土地の設計をガウディに依頼。ガウディは中央広場、道路、門番小屋、管理事務所などを設計した。

入口に向かって右が門番小屋、左が管理事務所だが、ファンタスティックな外観からお菓子の家とも呼ばれる。中央広場は、色とりどりの破砕タイルを使ったベンチで囲まれ、バルセロナ市街や地中海などが望める。トカゲの噴水、市場の天井などは必見。現在では市の公園として開放されている。また、ガウディが住んでいた家は博物館として利用されており、ガウディのデザインした家具や、ガウディが使用したベッドなどが保存されている。

カサ・ビセンス
Casa Vicens

MAP：p.159-H　●外観見学のみ
交通：メトロ3号線Fontana駅から徒歩5分

ガウディの処女作。依頼者がタイル業者だったため、タイルがふんだんに使われている。

敷地内によく茂ったシュロの木があり、一

MEMO　エウセビ・グエル（1846〜1918）　カタルーニャの貴族・実業家。紡績業で財を成し、ガウディにとって最大の後援者となった人物。

面を黄色い草花が覆っていたため、シュロをモチーフにした鉄門を造り、黄色の花のタイルを採用したという。緑と白のタイルで市松模様を組んだ外壁が印象的な美しさだ。

食堂の天井はさくらんぼとその枝葉の装飾が、喫煙室のタイル壁にはカーネーションが描かれている。

黄色い花が外壁いっぱいに咲き誇る

ベリェスグアルド(フィゲーラス邸)
Bellesguard

MAP：p.154-A　●外観見学のみ
交通：メトロ7号線Tibidabo駅から徒歩20分

連合王国最後の王であるマルティ王(➔p.172)の離宮があった由緒ある土地に建設するとあって、地元の声も取り入れてゴシック様式を採用。ガウディのよく用いた方法だが、ここでも土地から掘り出した石を外壁に貼り、風景とのみごとな調和を実現した。

ベリェスグアルド（絶景という意味）の名のとおり、閑静な高台からは市街が見渡せる。

なお、フィゲーラス邸という呼び方は、現地ではあまり一般的ではない。

現在は個人の邸宅になっている

サンタ・テレサ学院
Collegi de les Teresianes

MAP：p.158-B　●外部見学のみ
交通：メトロ7号線La Bonanova駅から徒歩5分

前任者が2階の床まで完成させた時点でガウディが引き継いだ。前任者はネオ・ロマネスク、ガウディはムデハル様式を採用し、4階建て、レンガ造りの建物を完成させた。後にガウディ建築のシンボルとなる4本腕の十字架が初めて登場した建築として知られる。2階の連続したパラボラアーチは有名。現在は学校として使用されている。

ガウディにしてはおとなしめの作品

グエル別邸
Finca Güell

MAP：p.154-E
交通：メトロ3号線Maria Cristina駅から徒歩10分
※2019年12月現在、改装工事中のため閉館中

グエルからの初めての注文はバルセロナ郊外のグエル別邸の増改築という仕事だった。

現在はカタルーニャ工学大学建築学部が置かれている

このうちガウディが手がけたのは門番小屋、厩、門。その中でも、ギリシャ神話を題材とした正門は「龍の門」と呼ばれ、広く知られる。鉄製のドラゴンが広大な邸宅を守る番人役として築かれ、門柱の頂部には、産地に近い場所がら、リンゴの代わりにオレンジが飾られている。

ミラーリェス邸の門
Porta de la Finca Miralles

MAP：p.158-A
交通：メトロ3号線Maria Cristina駅から徒歩5分

ガウディの弟子スグラーニェスが設計した母屋は現存していないが、ガウディが担当した門と塀が不完全ながらも残る。門はレンガの上を砕石で覆い、ひさしが張り出した瓦ぶきの屋根が載ったキノコ型をしている。

コロニア・グエル教会地下聖堂
Iglesia de la Colonia Güell

MAP：p.158-A外
交通：FGCS33/S4号線（エスパーニャ駅から）Colonia Güell駅下車徒歩10分
開館：10:00〜19:00（11〜4月は〜17:00）、土・日曜・祝日〜15:00／1月1・6日、聖週間、12月25・26日休
料金：€8.50

グエルは繊維工場をこの地に移転し、同時に住宅、学校、商店、教会などを建てて従業員のための町を造ることにした。

教会堂は1898年にガウディに依頼されたが、その設計のため、模型を使っての「逆吊り」実験に10年間を費やしたので、着工は1908年となった。さらに6年後、ガウディはこの建物から手を引いてしまった。したがって完成したのは地下聖堂のみで、本体の教会堂はほとんど手つかずの未完成作品。

ガウディは「大地から自然に生まれる建築」をめざしたので、この建物も傾斜地という立地を生かした設計がなされた。

内部は教会の管理人が案内してくれ、全体の完成予想模型などが見られる。また、ガウディがデザインした椅子が並んでおり、自由に座れる。のんびりと静かな時間が過ごせる場所だ。

立地を生かした設計で、ガウディの最高傑作にあげる人も

バルセロナ・サッカー博物館
Museú FC Barcelona

MAP：p.154-I
交通：メトロ5号線Collblanc駅から徒歩5分
開館：10:00〜18:30（日曜〜14:30）、4月中旬〜10月中旬9:30〜19:30、試合等によって変更あり／1月1日、12月25日休
料金：€26（スタジアム見学込み、オンライン予約）
TEL：90 218 99 00

カンプ・ノウ・スタジアム内にあり、地元の強豪サッカーチーム、バルサの輝かしい歴史をたどることができる。館内にはこれまでに獲得した優勝カップがズラリと並び、有名選手のスパイクやユニフォームも展示されている。名場面の映像や、スター選手を中心に豊富な写真も見ることもできる。また、スタジアムはもちろん、ロッカールームやプレスルームなども見学できる。

バルサの輝かしい歴史を目近にできる

こっそり故郷マラガで泳いでいた？ピカソ

パブロ・ルイス・ピカソPablo Ruiz Picassoは1881年10月25日、スペイン南部の都市、マラガに生まれた。父親が画家で、美術学校の教師をしていた影響もあり、もの心ついたときには絵筆を握っていたという。

14歳のときにはすでにデッサンの基礎はすべてマスターしていた。美術学校の入学試験のときには、1ヵ月という期間で与えられた課題をわずか1日でこなし、しかもその出来映えは試験委員たちが思わずうなるほどだったという逸話が残っている。

ピカソは次々と自分の作風を変化させていった。初期の写実主義からパリ時代の印象派主義、貧しい人々をブルーを基調にしたもの悲しい色調で描いた「青の時代」、一転して柔らかな色調の「バラ色の時代」、サーカスの風景を主に書いた「ピエロの時代」、直線ですべてを表現し、物議を醸した「キュビスム」、そして立体のすべてを平面上に再構築しようと試みた「シュールレアリスム」。

また、表現手段も絵画だけにとどまらず、エッチングや、コラージュ、彫刻、陶芸にいたるまで、あらゆる方法を用いて精力的に制作を続けた。

そんなピカソが残した作品は膨大な数にのぼるが、有名な作品のひとつに「ゲルニカ」がある。1937年、共和国政府に宣戦布告したフランコの差し金で、ナチス・ドイツ空軍によってスペイン北部の小さな町、ゲルニカに爆弾が落とされた。これに怒りを覚えたピカソが描き上げたのが「ゲルニカ」である。

「マルゴットMargot」は点描法を用いて描いた20歳の頃の作品

「鳩 Los Pinchones」の連作のうちのひとつ

この作品は同年のパリ万博に出展されたあと、紆余曲折を経て、現在はマドリッドの王立ソフィア王妃芸術センター（➔p.78）に展示されている。

やがて共和国政府が崩壊し、スペインがフランコの政権下に置かれるようになると、ピカソは自らを「追放者」と位置づけてフランスに亡命し、1973年に永眠するまで祖国に戻ることなく没した。

ということになっているが、実は夏など、生まれ故郷のマラガの海岸でちょくちょく泳いでいたらしい。フランコはこのことを知っていたようだが、天才に敬意を表して、見て見ぬふりをしていたという。

バルセロナの見どころ

モンジュイック地区

小高い丘の上に広がるモンジュイック。広々とした開放感あふれる丘の上には、オリンピック・スタジアムや記念公園、ミロ美術館、カタルーニャ美術館などの見どころも多い。

中世美術から遊園地まで、観て遊べる小高い丘

市の中心地からは、バスも通っているが、旅行者は地下鉄エスパーニャ駅からエスカレーターに乗って徒歩で登っていくか、もしくはパラレル駅からフニクラ(→p.167)を利用するのがいいだろう。

まずは**スペイン広場**Plaça de Espanyaからスタート。丘に向かってまっすぐ延びる、レイナ・マリア・クリスティーナ通りAv.de la Reina Maria Cristinaを進むと、左手に見えるのは見本市会場Fira de Barcelona。道路の中央にある**マジカ噴水**Font Màgicaでは色とりどりのレーザー光線に浮かび上がった噴水が、クラシックの音楽に合わせてさまざまにかたちを変えるファンタスティックなショーを見せてくれる(11:00〜22:00〈季節により変動あり〉/1月7日〜2月休)。徒歩の場合は上に延びる階段を行こう。階段を登りつめた正面にある、豪壮な建物が**カタルーニャ美術館MNAC**。中世のカタルーニャ・ロマネスク美術を一堂に集めた美術館だ。

スペイン村は家族で楽しめるスポット

バスやタクシーを利用する場合は、噴水手前で大きく右に迂回するマルケス・デ・コミーリャス通りAv.Marqués de Comillasに沿って上がって行くと、スペイン各地の有名な建造物のレプリカが見られる**スペイン村**Poble Espanyolがある。園内にはレストランやバル、タブラオやディスコもあって、金・土曜は夜中まで営業しているので、ナイトスポットとしても人気がある。

丘の頂上に建つモンジュイック城

カタルーニャ美術館の裏手にあたる一帯は、1992年に開催されたバルセロナ・オリンピックのメイン会場となった場所。**オリンピック・スタジアム**Estadi Olímpicや**サン・ジョルディスポーツ館**Palau d'Esports Sant Jordi、**記念公園**などがある。スタジアムには、**オリンピック博物館**Museu de l'Esportがある。

スタジアムを右手に見ながら進んで行くと左手に**ミロ美術館**が現れる。そのすぐそばには野外劇場の**グレッグ劇場**Teatre Grecがあり、夏期にはさまざまな催しが行われている。

なおも進んで行くと**モンジュイック城**Castell de Montjuïcに通じるゴンドラの乗り場がある。モンジュイック城は€5(10:00〜20:00、11〜2月は10:00〜18:00/1月1日、12月25日休)。また、ゴンドラの停車駅でもある展望台Miradorからは、バルセロナ市街が一望のもとに見渡せる。

オリンピック・スタジアム

見どころ

ミロ美術館
Fundació Joan Miró

MAP：p.160-D
交通：フニクラParc de Montjuïc駅から徒歩1分
開館：10:00～18:00（日曜～15:00）、4～10月10:00～20:00（日曜～18:00）／月曜休
料金：€13　TEL：93 443 94 70

近代的なデザインのミロ美術館

●子供の心を持ちつづけた作家

バルセロナの町が一望できるモンジュイックの丘に建つのは、終生、カタルーニャ人でありつづけた芸術家、ミロが私財を投じて造らせた美術館。その徹底したカタルーニャ人ぶりは、友人の建築家、ジュゼップ・ルイス・セルトに依頼して造らせたカタルーニャ・ゴシック様式を取り入れた建物にも反映されている。内部は明るく、開放的で、巨大なタペストリーや、カラフルなオブジェ、椅子をモチーフにした彫塑、おびただしい数のスケッチなど約300点に及ぶ作品が展示されている。

しかし、ミロの狙いは、ここを現代美術研究所として、次世代のアーティストを育てることにあった。入口近くにある企画展示室のスペースはその一例。

数々のオブジェが並ぶ

カタルーニャ・ロマネスクを代表する壁画、「全能のキリスト」

カタルーニャ美術館
Museu Nacional d'Art de Catalunya

MAP：p.160-D
交通：メトロ1/3/8号線Espanya駅から徒歩10分
開館：10:00～18:00（5～9月は～20:00）、日曜・祝日～15:00／月曜、1月1日、5月1日、12月25日休
料金：€12　TEL：93 622 03 60

●ロマネスク美術品の宝庫

略称MNAC。1929年の万国博覧会のパビリオンを改装し、1934年にオープン。開館直前にここを訪れたピカソは、「西洋美術の根源を理解しようとする者にとっては、きわめて本質的で貴重な教えを示す」と絶賛したという。中世にカタルーニャ地方で発達したロマネスク美術のコレクションはつとに有名で、これだけの作品が一堂に会しているのは世界でも類を見ない。

教会の天井や側面に描かれていた壁画などは、実際に教会にあったときと同じ形状に復元され、作品がよりよく理解できる。中でも、ピレネー山脈の山間の村、タウイにあるサン・クレメンテ聖堂から移送してきた壁画「全能のキリスト」は必見。また、2004年にシウタデリャ公園内にあった近代美術館のコレクションを移転させたことにより、中世から現代に至るまでのカタルーニャ芸術を一度に見ることができるようになった。

美術ファンには必見の美術館

食べる

バルセロナのレストラン

カタルーニャに来たからには郷土料理を味わいたい。代表的なものとしては、ソーセージのブティファラ、ブイヤベース風魚介の煮込みのサルスエラ、干ダラが入ったサラダのエスカイシャーダ、焼いた野菜を冷やし、オイルとビネガーで味付けしたマリネ風のエスカリバーダなど。デザートでは焼きクリームのクレマ・カタラナが絶品。

フォンダ・エスパーニャ

FONDA ESPANA

MAP p.156-J

モデルニスモ建築の中でコシーナ・ヌエバを

ホテルエスパーニャ1階にある、トータルで7つの星を持つ、モダンスペイン料理レストラン。平日お昼は€27、金曜夜と土日には€35.50の定食がお値打ち。内容は1週間ごとに変わる。

交 Ⓜ3号線Liseu駅から徒歩3分
住 Sant Pau,9-11
☎ 93 550 00 10
予算 €70～100
営 13:00～15:30、20:00～22:30
休 日曜夜・祝日夜、8月に夏休みあり
URL www.hotelespanya.com/

ラ・ダマ

LA DAMA

MAP p.159-K

モデルニスモの時代の雰囲気

モデルニスモの時代には、身分のある女性のことをダマと呼んでいた。店名はそこからきている。モデルニスモの建物の2階にあり、味、雰囲気、サービスと三拍子そろった気品のあるレストラン。貴族のサロンのような店内で気持ちよく食事ができる。コーヒー・紅茶にはプティフルが付いてくるし、食後には葉巻のサービスもあるなど、至れり尽くせり。要予約。

オレンジの皮を、途中一度も途切れることなく目の前でむいてくれる。こんなパフォーマンスも味のうち

交 Ⓜ3/5号線Diagonal駅から徒歩6分
住 Diagonal,423-425
☎ 93 209 63 28
予算 €60～80
営 20:00～翌2:00
休 月・日曜
URL la-dama.com/

ボタフメイロ

BOTAFUMEIRO

MAP p.159-H

落ち着いた雰囲気のシーフード専門店

1975年創業の市内では有名なシーフード・レストラン。入口近くにカウンター席もある。魚介類はガリシアの海で獲れたものを毎日空輸しているので鮮度は折り紙付き。要予約。

交 Ⓜ3号線Fontana駅から徒歩5分
住 Gran de Gracia,81
☎ 93 218 42 30
予算 €70～
営 12:00～翌1:00
休 無し
URL www.botafumeiro.es/

※予算は前菜、メイン、デザートに飲み物を付けた場合の１人分の目安です。

カルペップ
CAL PEP

MAP p.157-K

カウンターバーで食す新鮮な地中海料理

開店前に行列ができる人気店。毎日コスタブラバの市場で仕入れる新鮮な魚介類を調理。おすすめは、チョリソ、ジャガイモ、玉ネギ入りのオムレツなど。店の奥にはテーブル席もある。

交 Ⓜ4号線Barcelonetaから徒歩5分
住 Plaça de les Olles,8
☎ 93 310 79 61 予算 €45～
営 13:00～15:45、19:30～23:30（土曜は13:15～15:45、19:30～23:30）
休 月曜夜、日曜・祝日、8月3週間
URL www.calpep.com/

ヌリア
RACÓ DEL NÚRIA

MAP p.156-F

ランブラス通りに面したレストラン

店内はモダンな作りでスタッフのサービスも良い。パエリアが自慢だがパスタやリゾットも美味しい。見た目がエレガントなタパスも16種類ほどある。

交 Ⓜ1/3/6/7号線Plaça de Catalunya駅から徒歩1分
住 La Rambla,133
☎ 93 301 0577
予算 €30～
営 13:00～16:00、20:00～23:00
休 日曜
URL www.racodelnuria.com/

ロリベ
L'OLIVE

MAP p.156-B

店内はワインでいっぱい

"上質な素材を用いてシンプルな味付け"がモットーのカタルーニャ料理店。肉料理を得意とする。アヒルのもも肉のコンフィ、ポテト添え€16.90。英語のメニューあり。予約が望ましい。

交 Ⓜ2/3/4号線 Passeig de Gràcia駅から徒歩5分
住 Balmes,47
☎ 93 452 19 90
予算 €50～
営 13:00～16:00、20:00～23:30
休 無し
URL restaurantlolive.com/

カン・マヨ
CAN MAJO

MAP p.155-K

米料理がおいしいレストラン

創業時は魚介類のタパスを出すバルだった。おすすめは魚介のパエリャ。大エビのパエリャ（注文は2人前から）もボリュームたっぷりで人気。

交 Ⓜ4号線Barceloneta駅から徒歩10分
住 Almirall Aixada,23
☎ 93 221 54 55
予算 €30～
営 13:00～16:00、20:00～23:30
休 日曜夜、月曜
URL www.canmajo.es/

トラガルース
TRAGALUZ

MAP p.156-B、p.159-K

オープンエアで食す地中海料理

2、3階部分が地中海料理の店。テラス風の内装で、天井が開閉し、天気のいい日はオープンエアになる。1階はバースペースで、串焼きなどの日本風タパスもある。2、3階は要予約。

交 Ⓜ3/5号線Diagonal駅から徒歩3分
住 Passatge de la Concepcio,5
☎ 93 487 06 21
予算 €65～
営 13:30～16:00、20:00～23:30
休 無し
URL grupotragaluz.com/

グレスカ
GRESCA

MAP p.159-K

季節の地中海創作料理を

モダンな地中海創作料理を提供する、家族経営のアットホームなレストラン。おすすめは卵のスフレ。テイスティングメニューは9皿で€45。平日昼は定食あり。

交 Ⓜ6/7号線Provenca駅から徒歩3分
住 Provença,230
☎ 93 451 61 93
予算 €45～
営 13:30～15:30、20:30～22:30
休 土曜昼・日曜昼、1月1日、12月25日

セッテ・ポルタス

7 PORTES

MAP p.157-K

おいしいパエリャが自慢

1836年創業の老舗。ピカソ、ダリなど有名人も多数訪れた。パエリャなどの米料理には定評があり、日本人客も多い。おすすめは1人前から注文できるパエリャ・パレリャーダ。

交 Ⓜ4号線Barceloneta駅から徒歩4分
住 Pg.Isabel II,14
☎ 93 319 30 33
予算 €40～
営 13:00～翌1:00
休 無し
URL 7portes.com/

ソモド

SOMODO

MAP p.159-H

地中海料理と和食の融合

昼は日替わりメニュー€18.80、夜はおまかせコース料理（€32、€36.50と火～木曜のみの€27の3コース）のみだが、和洋双方の長所を引き出した創作料理は満足できる味。

交 Ⓜ3号線Fontana駅から徒歩3分
住 Ros de Olano,11
☎ 93 415 65 48
予算 €18.50～
営 13:30～15:15、21:00～23:00
休 月・日曜、夏休みあり
URL www.somodo.es/

エンバット

EMBAT

MAP p.157-C、p.159-L

モダンな創作カタルーニャ料理を

手の込んだ料理が低価格で味わえるとバルセロナっ子に人気のレストラン。おすすめはアロス・ボガバンテ。夜と土曜の昼はティスティングメニューあり。夜は予約が必要。

交 Ⓜ5号線Verdaguerから徒歩4分
住 Mallorca,304
☎ 93 458 08 55
予算 €25～
営 13:00～15:45、20:30～23:00
休 月～水曜夜、日曜
URL embatrestaurant.es/

カン・コスタ

CAN COSTA

MAP p.155-K

海を眺めながら食事ができる

1922年の創業。地中海を意識し、ブルーでまとめられた内装がさわやか。俳優や闘牛士などの有名人も多数来店する。おすすめは1人前から注文できる魚介類のパエリャ。

交 Ⓜ4号線Barceloneta から徒歩10分
住 Passeig de Joan de Barbo,70
☎ 93 221 59 03
予算 €35～
営 12:00～24:00
休 無し

エル・レイ・デ・ラ・ガンバ

EL REI DE LA GAMBA

MAP p.155-K

店の名は「エビの王様」

1号店と2号店が間をおかずに並ぶ。店頭には特大の水槽があり、エビ、カニが泳ぎ回る。おすすめはもちろんエビ。エビの鉄板焼き€22前後は、30匹ものエビに圧倒される。

交 Ⓜ4号線Barcelonetaから徒歩7分
住 Passeig Joan de Barbo,53
☎ 93 225 64 01
予算 €30～
営 12:00～翌1:00
休 無し
URL elreydelagamba.com/

カン・ソレ

CAN SOLE

MAP p.155-K

調理に自信、のオープンキッチン

2階には、常連客だったミロやタピエスなどの絵画が飾られている。おすすめは土鍋で作るスープたっぷりのリゾット、アロス・カルドソ・カンソレ風。

交 Ⓜ4号線Barceloneta駅から徒歩7分
住 Carrer de Sant Carles,4
☎ 93 221 50 12　予算 €40～
営 13:00～16:00、20:00～23:00（金・土曜20:30～）
休 日曜夜、月曜、8月
URL restaurantcansole.com/

アグット
AGUT

MAP p.157-K

壁いっぱいの絵画を見ながら食事を

ゴシック地区の路地の奥まった場所にある、くつろげる雰囲気のカタルーニャ料理店。火〜金曜の昼間は定食がある。バカラオ（干鱈）の自家製アリオリソース添え€15.75。

交 Ⓜ4号線Jaume I 駅から徒歩10分
住 Gignas,16
☎ 93 315 17 09
予算 €35〜40
営 13:30〜16:00、20:00〜23:00
休 日曜夜、月曜、8月

ラ・タベルナ・デル・クラ
LA TABERNA DEL CURA

MAP p.159-H

構想7年、こだわりのレストラン

1998年3月に開店した肉料理の専門店。ウサギや鶏肉は炭火で、仔豚の丸焼きは特製の石窯でじっくりと焼き上げる。木樽から直接注がれるリンゴ酒Cidraもおいしい。

交 Ⓜ3号線Fontana駅から徒歩5分
住 Gran de Gracia,83
☎ 93 218 17 99
予算 €40くらい
営 12:00〜翌1:00
休 無し
URL monchos.com/

フラッシュ・フラッシュ
FLASH FLASH

MAP p.159-G

おいしいオムレツならおまかせ

女性カメラマンがたくさん描かれた斬新な内装で有名。オムレツの専門店で、バリエーションはなんと70種類にも及ぶ。人気はトミー風リンゴのオムレツ€6.70。

交 Ⓜ6/7号線Gràcia駅から徒歩8分
住 La Granada del Penedes,25
☎ 93 237 09 90
予算 €30〜
営 13:00〜翌1:30
休 12月25日
URL www.flashflashtortilleria.com/

ラ・リオハ
LA RIOJA

MAP p.157-G

リオハ産ワインと料理の店

リオハ地方の料理とワインを出す店。この地方も海に近いので、魚介類が中心だが、ほかにも赤ピーマン、トマト、チョリソをよく使うのが特徴だ。赤ピーマンの魚介詰め€10.50〜。

交 Ⓜ1/4号線 Urquinaonaから徒歩7分
住 Duran i Bas,5　☎ 93 301 22 98
予算 €35〜40
営 9:00〜16:00（土曜10:00〜）、夜はグループのみで要予約
休 日曜
URL www.restaurantelarioja.com/

パコ・アルカルデ
PACO ALCALDE

MAP p.155-K

1921年創業。3代目が味を守る

バルセロネータの活気ある店のひとつ。おすすめはパスタで作るイカスミのパエリャ風フィデウス・ネグロ€15やブイヤベース€23.85など。週末は混むので予約したほうがいい。

交 Ⓜ4号線Barceloneta駅から徒歩8分
住 Almirall Aixada,12
☎ 93 221 50 26
予算 €30〜
営 13:00〜23:30
休 火曜
URL pacoalcalde.es

ジャルディネット
IL GIARDINETTO

MAP p.159-G

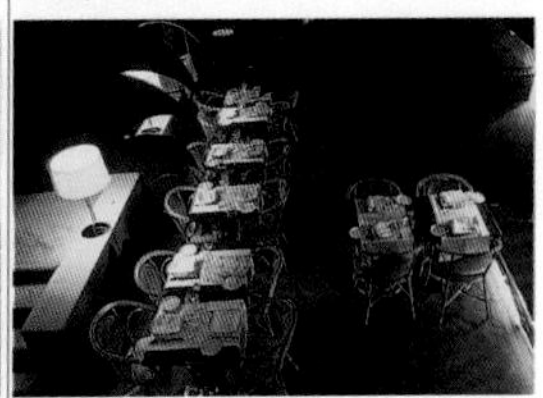

中庭風の店内は大人のムード

中庭をイメージした内装はミライコルティーヤの手によるもの。料理のジャンルは地中海料理全般だが、スペインでは珍しくアルデンテで供される自家製手打ちパスタが人気。

交 Ⓜ6/7号線Gràcia駅から徒歩8分
住 La Granada del Penedes,28
☎ 93 218 75 36
予算 €45〜
営 13:00〜16:30、20:00〜翌2:00（金曜〜翌3:00）
休 土曜昼、日曜・祝日、8月、聖週間
URL www.ilgiardinetto.es/

ライエ
LAIE

MAP p.157-G

本を片手に定食をどうぞ

1階が本屋、2階がカフェ&レストラン。平日の13～16時は€15.80の定食がある。また、手早くすませたい、少しだけ食べたいという人は前菜なしのクイックメニューを。

交 Ⓜ2/3/4号線Passeig de Gràcia駅から徒歩3分
住 Pau Claris,85
☎ 93 318 17 39　予算 €20～
営 9:00～21:00（土曜10:00～）
休 日曜・祝日
URL www.laie.es/

ロス・カラコレス
LOS CARACOLES

MAP p.156-J

入口横のローストチキンが目印

手前がバル、厨房を通り抜けた奥がレストラン。カタツムリという店名の通り、特製カタツムリが看板料理。パエリャ（注文は2人前～）も人気のメニューだ。

交 Ⓜ3号線Liceu駅から徒歩8分
住 Escudellers,14
☎ 93 301 20 41
予算 €25～
営 13:00～23:45
休 無し
URL www.loscaracoles.es/

フレスコ
FRESCCO

MAP p.156-F

野菜が思いっきり食べたくなったら

ベジタブルビュッフェの店。とはいえ、スープ、パスタ、フルーツ、アイス、コーヒー、紅茶が食べ・飲み放題プラス1ドリンク付きでおなかも満足。税込みで平日の昼間なら€9.95。

交 Ⓜ1/3/6/7号線Catalunya駅から徒歩3分
住 Ronda de la Universitat,29
☎ 93 301 68 37
予算 €9～
営 12:00～24:00
休 12月25・26日、1月1日・6日
URL www.frescco.com/

ラ・リタ
LA RITA

MAP p.157-C

庶民的な価格でカタルーニャ料理を

グラシア大通りそばの料金が安く、味もよいので行列が絶えない店。予約は受け付けない。平日の昼は2皿にパン、飲み物、デザートの日替わり定食が税込みで€16。

交 Ⓜ2/3/4号線Passeig de Gràciaから徒歩2分
住 Arago,279
☎ 93 487 23 76　予算 €8.95～
営 13:00～15:45、20:00～23:00（金・土曜20:30～23:30）
休 12月24・25日
URL www.grupandilana.com

山鳥
YAMADORY

MAP p.156-B、p.159-K

2階席のお座敷は見晴らし良好

純和風造りの内装で、スペイン人にも人気の老舗日本料理店。カウンターで店主が握る、にぎり寿司は1人前€19.40。ほかにすき焼き1人前€25.25（2名より）などもある。予約が望ましい。

交 Ⓜ1/2号線Universitat駅から徒歩8分
住 Aribau,68
☎ 93 453 92 64
予算 €30～40
営 13:00～15:30、20:30～23:30
休 日曜

バルセロナ、フェラン通り

RESTAURANT

飲む

バルセロナのバル&カフェ

バルセロナのカフェは、芸術の香り高い街にふさわしく、ピカソが通ったというような洗練された雰囲気の店が多い。一方バルも負けてはおらず、自慢のタパスを取りそろえている。バルでは席により料金が異なる場合が多く、一般的にカウンター、テーブル、テラスの順に1割程度ずつ高くなる。

オペラ

ÒPERA

MAP p.156-J

オペラ鑑賞のあと立ち寄るのが通

リセウ劇場の向かいに建つ、瀟洒な外観のカフェ。入口付近の席はランブラス通りを眺められる特等席。オペラを見た帰りにここで1杯、というのが粋なバルセロナっ子だとか。

交 Ⓜ3号線Liceu駅から徒歩1分
住 La Rambla,74
☎ 93 317 75 85
営 8:00～翌1:00
休 無し
URL www.cafeoperabcn.com/

シウダ・コンダル

CIUDAD CONDAL

MAP p.156-F

タパスがユニークなセルベッセリア

タパスのうまさで地元の人に人気のセルベッセリア。おすすめはいろいろな具がのったオープンサンドのモンタディートス。12種類あるサラダもおすすめ。イタリアンサラダが人気。

交 Ⓜ2/3/4号線Passeig de Gràcia駅から徒歩5分
住 Rambla de Catalunya,18
☎ 93 318 19 97
予 €20～
営 8:00～翌1:30（土・日曜9:00～）
休 12月24日・25日

クアトロ・ガッツ

4GATS

MAP p.157-G

若き日のピカソも通ったカフェ

19世紀末、パリのキャバレー「黒猫」を模して開店。当時はバルセロナに集う世紀末カタルーニャの芸術家のたまり場で、中にはピカソもいたとか。レストランも併設している。

交 Ⓜ1/4号線Urquinaona駅から徒歩5分
住 Carrer de Montsio,3
☎ 93 302 41 40
営 9:00～24:00
休 無し
URL 4gats.com/

チャイチャイ

CAJ CHAI

MAP p.156-J

ゆったりくつろげる隠れ家的なティーハウス

メニューはお茶とお茶うけのみだが、中国、台湾、インドなど100種類以上のお茶がそろう。50～60年代のソファが並べられた店内は禁煙で、お茶の香りと味を心ゆくまで堪能できる。

交 Ⓜ4号線Jaume I 駅から徒歩7分
住 Carrer de Salomó ben Adret,12
☎ 93 301 95 92
予 €5～
営 10:30～22:00
休 火・水曜、1月1日
URL cajchai.com/

カカオ・サンパカ
CACAO SAMPAKA

MAP p.156-B

チョコレート好きにはたまらない
フルーツ、ナッツ入りなど72種そろうボンボンをはじめ、店内にはおいしそうなチョコが並ぶ。カフェテリアでのおすすめは冷たいチョコドリンク、チョコラーテリキド€2.80〜。

交 Ⓜ2/3/4号線Passeig de Gràcia駅から徒歩2分
住 Consell de Cent, 292
☎ 93 272 08 33
営 9:00〜21:00（カフェテリア〜20:30）、8月は12:00〜20:00
休 日曜・祝日（8月は土曜も休み）
URL www.cacaosampaka.jp/

ロリータ タペリア
LOLITA TAPERIA

MAP p.156-E、p.160-D

人気バル「イノピア」がリニューアル
名前は変わっても、良質の素材を使って提供されるタパスのおいしさと行列は変わらず。23時でキッチンが閉まるのでタパス目当ての人は早めに来店しよう。テーブル席のみ予約が可能。

交 Ⓜ3号線Pobre Sec駅から徒歩2分
住 Tamarit,104
☎ 93 424 52 31
予 €25〜30
営 19:00〜24:00（金・土曜13:00〜16:00、19:00〜翌2:30）
休 日・月曜
URL www.lolitataperia.com

イラチ
IRATI

MAP p.156-J

バスクのワインとつまみがうまい
ひと口大のパンの上にいろいろな具をのせ、スティックを刺したバスク地方のつまみ、ピンチョ約50種類が並ぶ。バスクのワイン、チャコリにぴったり。

交 Ⓜ3号線Liceu駅から徒歩2分
住 Carrer del Cardenal Casañas,17
☎ 93 302 30 84
営 11:00〜24:00
休 無し
URL gruposagardi.com

タパスベインテクアトロ
TAPAS 24

MAP p157-C

ミシュラン1つ星シェフのバル
もつ煮込みのカジョスやトルティーリャなどの定番メニューのほか、日替わりのタパスも人気。タパスが出揃うのは昼12半以降。夜は行列ができるので、20時より前に来店しよう。

交 Ⓜ2/3/4号線Passeig de Gràcia駅から徒歩2分
住 Diputació,269
☎ 93 488 09 77
予 €20〜
営 9:00〜24:00
休 無し
URL www.carlesabellan.com

ビルバオ・ベリア
Bilbao Berria

MAP p157-K

混んでいるので開店直後がねらい目
本格的なバスク料理の店。長いカウンターに並ぶ大皿に盛られた見た目も美しいピンチョの数々は、食べるのも惜しいほどで写真を撮る観光客も多い。ピンチョは€1.85から。

交 Ⓜ4号線Jaume Ⅰ駅から徒歩5分
住 Plaça Nova, 3
☎ 93 317 0124
予 €30〜
営 9:00〜翌1:00（日曜9:30〜）
URL www.grupobibaoberria.com

SHOPPING

買う

バルセロナのショップ

バルセロナはスペインを代表するファッショナブルな町。ブランド品を扱う店はひと通りそろっているし、センスのいいショップも多い。ディアゴナル通り沿いには高級ブティックやショッピングセンターが建ち並び、庶民的な店はゴシック地区などの旧市街に集まっている。

Fashion
ファッション

アントニオ・ミロやマッシモ・ドゥッティなど、バルセロナ生まれのデザイナーやブランドが目白押し。洗練されたファッションの若者が多いのもバルセロナならでは。

システム・アクション
SYSTEM ACTION

MAP p.156-F

バルセロナの女の子に人気のカジュアルブランド

スペインの若い女の子に圧倒的な人気のカジュアルブランド。店はほかにもポルタル・デ・ランヘル通りや、グラシア通りなどバルセロナ市内だけで7店舗ある。

交 Ⓜ3号線Liceu駅から徒歩5分
住 Portaferrissa,12
☎ 93 301 25 26
営 10:00〜20:30
休 日曜、9月24日
URL systemaction.es

ロエベは1847年、革小物の店から始まった

メンズ、レディース両方がそろっているので、売り場面積はロエベのショップの中では世界最大級

ロエベ
LOEWE

MAP p.156-B

スペインを代表するブランド

1847年創業のスペイン王室御用達ブランド。普通、染色は染料を皮革にスプレーなどで吹きつけて行うが、ロエベの場合は、革を染料の中に漬け込み、ゆっくりと時間をかけて染色する。こうしてあの柔らかな手触りと、鮮やかなカラーが生まれる。また、ドメニク・イ・モンタネールがデザインした、モデルニスモの建物も一見の価値がある。

交 Ⓜ2/3/4号線Passeig de Gràcia駅から徒歩1分
住 Passeig de Gràcia,35
☎ 93 216 04 00
営 10:00〜20:30
休 日曜
URL www.loewe.com/

ビアリス
VIALIS

MAP p.157-K

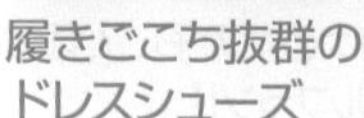

履きごこち抜群の ドレスシューズ

1996年、バルセロナで誕生したレディースシューズ&バッグのブランド。上質な天然皮革を使ったフェミニンなデザインが特徴で、そのクオリティの高さには定評がある。

交 Ⓜ4号線Barcelonetaから徒歩5分
住 Vidrieria,15
☎ 93 319 94 91
営 10:30～21:00
休 日曜・祝日
URL www.vialis.es/

アドルフォ・ドミンゲス
ADOLFO DOMíNGUEZ

MAP p.157-C

天然素材で作られた 人気デザイナーの店

流れるようなラインのデザインが特徴。初期の頃よく用いていた麻に代表されるように、洋服の多くは天然素材で作られている。バルセロナ市内だけで14軒の支店がある。

交 Ⓜ2/3/4号線Passeig de Gràcia駅から徒歩1分
住 Passeig de Gràcia,32
☎ 93 487 41 70
営 10:00～21:00 休 日曜
URL www.adolfodominguez.com/

ベアトリス フレスト
BEATRIZ FUREST

MAP p.157-K

オリジナルのカバンなど 個性豊かな商品がずらり

カタルーニャ人姉妹がデザインする牛・羊革専門のバッグ店。軽くて丈夫な上、シンプルなデザインが中心で日常使いに重宝する。バッグのほか、サイフやベルトなどの革小物も。

交 Ⓜ4号線Jaume I から徒歩6分
住 Esparteria,1
☎ 93 268 37 96
営 11:00～21:00
休 土・日曜、12月25・26日、1月1・6日
URL www.beatrizfurest.com

カンペール
CAMPER

MAP p.156-B、p.159-K

キッチュなシューズなら この店におまかせ!

スニーカーやモカシン、スリッポンなどカジュアルシューズが中心。野菜プリントのサンダルなど、いかにもスペインらしいユニークなデザインのものが多い。値段は€140～150ぐらい。

交 Ⓜ2/3/4号線Passeig de Gràcia駅から徒歩3分
住 Valencia,249
☎ 93 215 63 90
営 10:00～21:00
休 日曜
URL www.camper.com/

マッシモ・ドゥッティ
MASSIMO DUTTI

MAP p.156-B

シンプルで飽きのこない スペインで人気のブランド

スペインではポピュラーなブランド。クラシックなデザインが主流で、価格もリーズナブル。もともとはメンズブランドだったが、レディースも扱うようになっている。

交 Ⓜ3/5号線Diagonal駅から徒歩1分
住 Passeig de Gràcia,96
☎ 93 217 73 06
営 10:00～21:00
休 日曜
URL www.massimodutti.com/

クリスティーナ・カスタニェール
CRISTINA CASTAÑER

MAP p.159-K

素敵なサンダル、エスパドリーユは 履き心地が抜群

靴底を縄で編んだ伝統的なサンダルをファッショナブルな履物に変えたカスタニェール一族の1人、クリスティーナが開いたお店。彼女独自のデザインサンダルほか靴やアクセサリーも。

交 Ⓜ3/5号線Diagonal駅から徒歩1分
住 Rosselló,230
☎ 93 414 24 28
営 10:30～20:30
休 日曜・祝日
URL www.cristinacastaner.com

マンゴ
MANGO

MAP p.156-B、p.159-L

日本でもブレイク中の若者が支持するブランド

カジュアルなデザインと安めの価格設定で、スペインだけでなく日本をはじめ世界中の若者たちに大人気のブランド。バルセロナ市内だけでも17軒もの支店がある。

交 Ⓜ2/3/4号線Passeig de Gràcia駅から徒歩3分
住 Passeig de Gràcia,65
☎ 93 215 75 30
営 10:00～21:00
休 日曜
URL www.mango.com/

ルイ・ヴィトン
LOUIS VUITTON

MAP p.157-C、p.159-L

日本でも人気のブランドのショップ

イベリア半島でいちばん大きなショップ。バッグ類はもちろん、プレタポルテ、靴、宝石、時計も取りそろえている。

交 Ⓜ2/3/4号線Passeig de Gràcia駅から徒歩3分
住 Passeig de Gràcia,80
☎ 93 467 09 60
営 10:30～21:00
休 日曜、9月11・24日
URL www.louisvuitton.com/

グッチ
GUCCI

MAP p.157-C、p.159-L

優雅な空間でゆっくりと買い物ができる

スペイン国内では一番の売場面積を誇り、洋服、靴、香水などトータルにそろう。店内はすっきりとしたディスプレイで見やすい。あまり混んでいないのでゆっくりと買い物ができる。

交 Ⓜ2/3/4号線Passeig de Gràcia駅から徒歩2分
住 Passeig de Gràcia,76
☎ 93 416 06 20
営 10:00～20:30　休 日曜・祝日
URL www.gucci.com/

エルメス
HERMÈS

MAP p.156-B、p.159-K

エレガントなデザインで定評のブランド

馬具用品店からスタートしただけに、皮革製品には定評がある。カラフルでポップなデザインのスカーフ、ネクタイもエルメスならではのデザインで人気を博している。

交 Ⓜ2/3/4号線Passeig de Gràcia駅から徒歩3分
住 Passeig de Gràcia,77
☎ 93 488 05 40
営 11:00～20:00
休 日曜
URL www.hermes.com/

リプレイ
REPLAY

MAP p.157-C、p.159-L

イタリア生まれのカジュアルブランド

ジーンズやトレーナー、セーターなどカジュアルな装いながらも、流行を先取りしたアクセントを利かせたデザインが評判のブランド。メンズ、レディース、キッズも扱っている。

交 Ⓜ2/3/4号線Passeig de Gràcia駅から徒歩2分
住 Passeig de Gràcia,60
☎ 93 467 72 30
営 10:00～21:00
休 日曜・祝日
URL www.replayjeans.com/

デシグアル
DESIGUAL

MAP p.156-F

個性的でアバンギャルドなスペインブランド

「同じではない」というブランド名のとおり、大胆なプリント柄や、個性的なデザインが人気のブランド。バルセロナ市内だけで17店舗ある。

交 Ⓜ1/3/6/7号線Catalunya駅から徒歩1分
住 Ramblas,136
☎ 93 318 68 58
営 10:00～22:00
休 日曜・祝日
URL www.desigual.com

ベルーシュカ
BERSHKA

MAP p.157-G

日本にも支店がある ZARAの妹ブランド

1階がレディース、2階がメンズとキッズ。カジュアルで手ごろな値段設定は、ティーンエイジャーに人気が高い。マレマグナム内ほかバルセロナ市内に16店舗ある。

交 Ⓜ1/3/6/7号線Catalunya駅から徒歩5分
住 Portal del Ángel,24
☎ 93 667 35 61
営 10:00〜21:00
休 日曜・祝日
URL www.bershka.com

Department Store & Shopping Center
デパート・ショッピングセンター

巨大ショッピングセンターはディアゴナル通り沿いにある。このあたりには高級ブティックも多く、ショッピング好きにはたまらないエリア。

エル・コルテ・イングレス
EL CORTE INGLÉS

MAP p.157-G

スペイン唯一にして 最大のチェーンデパート

1階にはみやげコーナー、地下1階にはスーパー、地下2階に両替所があり、お菓子や食料品などのみやげ探しにも重宝する。疲れたら最上階のカフェレストランで一休みしよう。

交 Ⓜ1/3/6/7号線 Catalunya駅から徒歩1分
住 Plaça de Catalunya,14
☎ 93 306 38 00
営 9:30〜21:00
休 日曜、11月1日、12月25・26日
URL www.elcorteingles.es/

リーリャ
L'ILLA

MAP p.158-E

広大な店内にさまざまなショップがずらり

広大な建物には100店以上もの店舗が入っており、洋服、化粧品、靴、雑貨、本、CDとあらゆるものがそろう。旅行代理店、レストランもあるので旅行者には便利。

交 Ⓜ3号線Maria Cristina駅から徒歩10分
住 Avenida Diagonal,557
☎ 93 444 00 00
営 9:30〜21:00（6〜9月〜22:00）
休 日曜
URL www.lilla.com/

エル・トリアングル
EL TRIANGLE

MAP p.156-F

三角形の建物がユニークな人気店が集るセンター

カンペール、マッシモ・ドウッティなどの女性に人気のブランドのブティックや、サングラス、本、CD、家具などを扱う専門店、ファストフードとカフェが入っている。

交 Ⓜ1/3/6/7号線Catalunya駅から徒歩1分
住 Plaça de Catalunya,1-4
☎ 93 318 01 08
営 9:30〜21:00（6〜9月〜22:00）
休 日曜、11月1日、12月25・26日
URL www.eltriangle.es/

エル・コルテ・イングレス

Books, Arts, Craft & Goods
本・工芸品・雑貨

外国に行っても、ちょっとのぞいてみたくなるのが本や文具、雑貨を扱う店。グラシア通り付近に多いが、ゴシック地区にも小さな店がちらほら。気のきいたおみやげを探すのにも、ぴったり。

ラ・セントラル
La Central

MAP p.156-B

専門書からマンガまでいっぺんに揃う

ほとんどすべての種類の書籍が手に入る。2階にはカフェがあり軽食から質の高い本格的な料理まで揃っており雰囲気も抜群。観光に疲れたらここでひと休みするのもいい。

交 Ⓜ3/5号線Diagonal駅から徒歩4分
住 Mallorca, 237 ☎ 90 288 49 90
営 10:00～21:00(土曜10:30～、日曜11:00～)
休 無し
URL www.lacentral.com/

ムイ・ムーチョ
Muy mucho

MAP p.156-B

スペイン版フライングタイガー

低価格から多少高いものまでクール&モダンで飾り気のないシンプルな色やデザインの商品が揃っている。グラシア通りにも近く、バルやレストランも多い便利なロケーション。

交 Ⓜ2/3/4号線Passeig de Gràcia駅から徒歩3分
住 Rambla de Catalunya, 35
☎ 93 488 36 66
営 9:30～18:00（金曜～14:30)
休 土・日曜
URL muymucho.es/

パピルム
PAPIRUM

MAP p.157-K

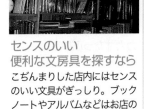

センスのいい便利な文房具を探すなら

こぢんまりした店内にはセンスのいい文具がぎっしり。ブックノートやアルバムなどはお店の手作り。壁の上方に飾ってあるお面もすべて売り物。レターセット€16。

交 Ⓜ4号線Jaume I 駅から徒歩2分
住 Baixada de la Llibreteria,2
☎ 93 310 52 42
営 10:00～20:30、土曜10:00～14:00、17:00～20:30
休 日曜・祝日

Furniture & Pottery
家具・陶器

スペインはヨーロッパの近代陶器発祥の地のひとつだ。厚手の地に、カラフルな色づけが施された陶器はあたたかみがある。割れ物だし、かさばるので持ち帰る際には注意が必要だ。

1748
1748 ARTESANIA I COSES

MAP p.157-K

小さい店内にはかわいい陶器がぎっしり

ピカソ美術館の通りにある、陶器専門のお店。アンダルシア産の小皿が値段も手頃でおみやげ探しにも重宝。陶器製の時計や、人形などもかわいい。日本への発送も可能だ。間口が小さいので見逃さないで。

交 Ⓜ4号線Jaume I から徒歩5分
住 Placeta de Montcada,2
☎ 93 319 54 13
営 10:00～21:00
休 12月25日

アート・エスクデリェルス

ART ESCUDELLERS

MAP p.156-J

スペイン各地の魅力的なセラミカがそろう

スペインの陶芸家が集まって作ったお店。各地の陶器、工芸品、絵タイル、ガラス製品から、著名な陶芸家の一点ものまで、約9000点の商品がそろう。日本への発送もしてくれる。

交 Ⓜ3号線Liceu駅から徒歩7分
住 Carrer dels Escudellers,23
☎ 93 412 68 01
営 11:00～23:00(火・土・日曜11:00～)
休 無し
URL www.artescudellers.com

アビタ

HABITAT

MAP p.159-G

見るだけで楽しいインテリア雑貨がいっぱい

ヨーロッパ各地に支店を展開するインテリア・日用雑貨のお店。1階はキッチン用品などの小物売り場、2階にソファ、カーテンなどの大型家具やインテリア商品が置かれている。

交 Ⓜ3/5号線Diagonal駅から徒歩8分
住 Diagonal,514
☎ 90 123 37 46
営 10:30～21:00
休 日曜
URL www.habitat.es/

ピルマ

PILMA

MAP p.159-K

オリジナル家具と家庭用品が充実の店

1階が家具、2階が家庭用品。店内の商品約1万点のうち50～60％がオリジナルで、スペイン国内の工場で作らせており、残りはヨーロッパ全土から取り寄せている。

交 Ⓜ3/5号線Diagonal駅から徒歩4分
住 Diagonal,403
☎ 93 416 13 99
営 10:30～20:30
休 日曜
URL es.pilma.com/

Cake & Chocorate

ケーキ・チョコレート

Bomboneriaボンボネリアは隣国フランスに負けない味でおみやげにも最適。スペインのチョコレートは日本のチョコレートより味が濃いのが特徴。

エスクリバ

ESCRIBA

MAP p.156-J

モデルニスモの建物もお菓子みたいにかわいい

チョコレート10種、ボンボン15種などが常時そろう。果物をふんだんに使ったケーキも人気。購入したチョコやケーキは奥のカフェテリアで食べられる。レングア・デ・ガト30個入り€17.35。

交 Ⓜ3号線Liceu駅から徒歩2分
住 Rambla de les Flors,83
☎ 93 301 60 27
営 9:00～21:00
休 無し
URL escriba.es/

ファルガス

FARGAS

MAP p.157-K

カカオたっぷりの手作りチョコが人気

1827年創業の老舗。カカオを70％も使用した板チョコは、味が濃くておいしい。すべて計り売り。8種の異なるボンボンが入ったセットはおみやげにもいい。

交 Ⓜ3号線Liceu駅から徒歩4分
住 Carrer Del Pi,16
☎ 93 302 03 42
営 10:00～20:30(日曜11:00～15:00)
休 無し
URL www.xocolatesfargas.cat

※レングア・デ・ガトは猫の舌の意味。フランス語ではラング・ド・シャ

HOTEL

泊まる

バルセロナのホテル

バルセロナはマドリッドと並んで物価が高いので、ホテルの料金もやや高め。とはいえ、5つ星の最高級ホテルから1つ星のオスタルまで、さまざまなクラスのホテルが豊富にそろっているので、旅のスタイルや予算に合わせて自在に選べる。また、見本市などの大きなイベントのない週末は、宿泊料金が割引きになるホテルも多い。

カサ・フステル

CASA FUSTER

MAP p.159-L

優雅なモデルニスモ建築ホテル

花の建築家、ドメニク・イ・モンタネールの手がけた歴史的建造物を改装したホテル。スタンダードの部屋はさほど広くはないが、アールデコ調の内装でゴージャスな気分に浸れる。

交 Ⓜ3/5号 線Diagonalから徒歩5分
住 Passeig de Gràcia, 132
☎ 93 255 30 00
部 105部屋　英 常駐
料 S€177～　T€177～
URL www.hotelcasafuster.com

レイ・フアン・カルロス1世

REY JUAN CARLOS Ⅰ

MAP p.154-E外

広大な敷地の中に建つ

スペイン国王の名前を冠しているだけあって、最高の設備と広さを誇る。スタッフのサービスもきめこまやかで、ここに泊まればまさに王さまになった気分が味わえる。

▲中庭のレストランは夏期のみの営業

◀中央が吹き抜けになった、開放的な内装

H ★★★★★

交 Ⓜ3号線Zona Universitària駅から徒歩3分
住 Avenida Diagonal, 661-671
☎ 93 364 40 40
部 432部屋　英 常駐
料 S€185～　T€185～
URL www.fairmont.jp/

25,000㎡もの面積がある中庭には、プールやジョギングトラックまである。市街にあるホテルではスペイン最大の広さだとか

※料金は1泊分の室料です。朝食はホテルにより含まれている場合と、別料金の場合とがあります。ホテルのカテゴリーについてはp.346を参照してください。

スイーツアベニュー

SUITES AVENUE

MAP p.159-K

カサミラが望める部屋もある

日本人の設計による、斬新なデザインが目を引くアパートホテル。グラシア通り沿いの部屋はカサ・ミラが望めるが、内側の部屋でも屋上テラスに上ればカサ・ミラの全景を楽しめる。カサ・ミラが望める部屋は€173～。各部屋は寝室とリビングに分かれており、キッチンにはコンロ・カトラリー・冷蔵庫はもちろん、食器乾燥機、洗濯乾燥機にアイロン台と暮らしの設備は完璧に整っている。

プールもついて、特徴的な外観

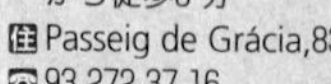

交 Ⓜ3/5号 線Diagonal から徒歩3 分
住 Passeig de Grácia,83
☎ 93 272 37 16
FAX 93 445 25 21　部 41部屋
英 常駐
料 S€124～　T€148～
URL www.suitesavenue.com

メリア・バルセロナ・サリア

MELIÁ BARCELONA SARRIÁ

MAP p.158-F

「町でいちばん」を受賞した朝食

アメリカンスタイルの機能的なホテルで、バスルームは白で統一、アメニティグッズも完璧。見どころからはやや離れているが、周辺にはブランドショップやモールが多く、買い物に便利。

交 Ⓜ3号線Maria Cristina 駅から徒歩15分
住 Avenida de Sarrià,50
☎ 93 410 60 60　FAX 93 321 51 79
部 333部屋
英 常駐
料 S€98～　T€98～
URL www.melia.com/

プリンセサ・ソフィア

PRINCESA SOFÍA

MAP p.154-E

近代的な一流チェーンホテル

市の西郊、グエル別邸やカンプ・ノウ・スタジアムそばの立地。フィットネスセンター、屋内外プール、サウナ、ショッピングアーケードなど施設が充実。高層ホテルなので眺めがいい。

交 Ⓜ3号線Maria Cristina 駅から徒歩5分
住 Plaça Pius XII, 4
☎ 93 508 10 00
部 465部屋
英 常駐
料 S€219～　T€219～
URL sofiabarcelona.com/

クラリス

CLARIS

MAP p.157-C、p.159-L

オリエンタルとモダンの融合

近代的な建物と、アンティークな内装のコンビネーションがおもしろい。各部屋で内装が異なる。2階にはネコのミイラなど、古代エジプトの遺物を展示したコーナーがある。

交 Ⓜ2/3/4号 線Passeig de Gràcia駅から徒歩5分
住 Pau Claris,150
☎ 93 487 62 62　FAX 93 215 79 70
部 124部屋　英 常駐
料 S€159～　T€159～
URL www.hotelclaris/

マジェスティック

MAJÉSTIC

MAP p.157-C、p.159-L

屋外プールからの眺めは最高

客室全室に衛星放送テレビ、ミニバー、無線LANが付いている。レストラン、スコッチバーなどの館内施設や屋外プールなど、近代的な機能を満載したホテル。

交 Ⓜ2/3/4号 線Passeig de Gràcia駅から徒歩2分
住 Passeig de Gràcia,68
☎ 93 488 17 17
部 275部屋　英 常駐
料 S€233～　T€233～
URL www.majestichotelgroup.com/

コンデス・デ・バルセロナ
CONDES DE BARCELONA

MAP p.157-C、p.159-L

カサ・ミラが望める部屋もある
1992年に増築した新館と、バトリョ邸を改装したプレ・モデルニスモの旧館が道をはさんで建つ。バルセロナの中心という立地と眺望が魅力で、ディアゴナル駅にも近い。

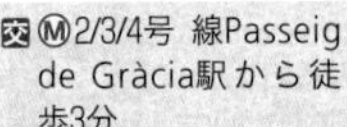

交 Ⓜ2/3/4号 線Passeig de Gràcia駅から徒歩3分
住 Passeig de Gràcia,73
☎ 93 445 00 00　FAX 93 445 32 32
部 126部屋　英 常駐
料 S€111～　T€140～
URL www.condesdebarcelona.com/

グラン・ホテル・ハバナ
GRAN HOTEL HAVANA

MAP p.157-G

外観はクラシック、内部は超モダン
外観は1872年の建物をそのまま利用、内装はカタルーニャの建築家がデザインしたネオクラシック様式。最上階の部屋は全室テーブルセットが設置されたベランダ付き。

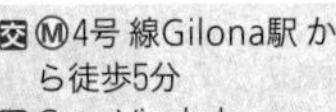

交 Ⓜ4号 線Gilona駅から徒歩5分
住 Gran Via de les Corts Catalanes, 647
☎ 93 341 70 00
部 145部屋　英 常駐
料 S€111～　T€111～
URL www.granhotelhavana.com/

レヘンテ
REGENTE

MAP p.156-B、p.159-K

ステンドグラスは一見の価値あり
1913年創業のホテルで、モデルニスモの外観や凝った装飾の共有スペースとは対照的に、客室はシンプルなデザイン。屋上にはプールもある。朝食は€20.90。

交 Ⓜ2/3/4号 線Passeig de Gràcia駅から徒歩4分
住 Rambla de Catalunya,76
☎ 93 487 59 89
部 79部屋　英 常駐
料 S€98～　T€98～
URL www.hcchotels.com/

ロイヤル・ランブラス
ROYAL RAMBLAS

MAP p.156-F

ランブラス通りの近代的なホテル
カタルーニャ広場寄りのランブラス通りに面し、最高の立地。部屋はコンパクトだが必要なものはみんなそろっている。1階にレストラン「ラ・ポマ」La Pomaがある。

交 Ⓜ1/3/6/7号線 Catalunya駅から徒歩3分
住 Ramblas,117
☎ 93 301 94 00
部 119部屋　英 常駐
料 S€105～　T€105～
URL www.royalramblashotel.com

ホテル・アーツ
HOTEL ARTS BARCELONA

MAP p.155-H

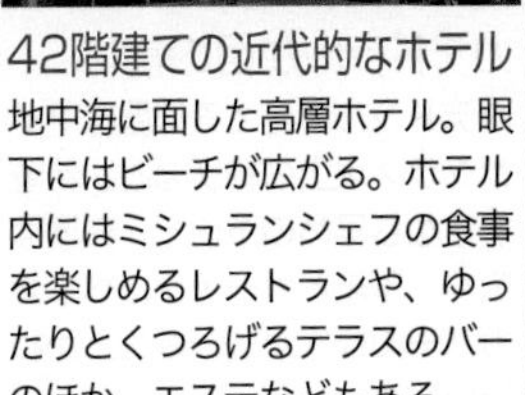

42階建ての近代的なホテル
地中海に面した高層ホテル。眼下にはビーチが広がる。ホテル内にはミシュランシェフの食事を楽しめるレストランや、ゆったりとくつろげるテラスのバーのほか、エステなどもある。

交 Ⓜ4号 線Ciutadella Vila Olímpica駅から徒歩3分
住 Carrer de la Marina,19-21
☎ 93 221 10 00
部 483部屋　英 常駐
料 S€268～　T€273～
URL www.hotelartsbarcelona.com

カルデロン
CALDERÓN

MAP p.156-F

ベージュで統一された室内
全室にテレビ、モジュラージャック、ミニバーが付いている。レストラン、バル、屋外プール、サウナ、ミニジム、サロンなど設備も万全。朝食ビュッフェは€21。

交 Ⓜ2/3/4号 線Passeig de Gràcia駅から徒歩4分
住 Rambla Catalunya,26
☎ 93 301 00 00
部 255部屋　英 常駐
料 S€181～　T€181～
URL www.nh-collection.com/

リボリ・ランブラ
RIVOLI RAMBLA

MAP p.156-F

アールデコ調の内装が人気
バルセロナの目抜き通り、ランブラス通り沿いだが、部屋は防音設備が整い静か。全室金庫、ミニバー、衛星放送テレビ付き。設備もフィットネスルーム、ジャクジー、サウナと充実。

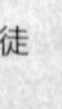

交 Ⓜ1/3/6/7号線Catalunya駅から徒歩3分
住 Ramblas,128
☎ 93 481 76 76
部 126部屋　英 常駐
料 S€90〜　T€90〜
URL www.hotelserhsrivolirambla.com/

H ★★★★

アストリア
ASTORIA

MAP p.159-K

洗練された雰囲気のホテル
彫刻や壁画が随所にちりばめられた優雅なホテル。全室エアコン、衛星放送テレビ、電話、ミニバー付き。朝食は専用のサロンで食べる。ペットを連れての宿泊も可能。

交 Ⓜ3/5号 線Diagonal駅から徒歩6分
住 Paris,203
☎ 93 209 83 11　FAX 93 202 30 08
部 117部屋　英 常駐
料 S€53〜　T€62〜
URL www.hotelastoria-barcelona.com/

H ★★★

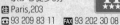

アベニーダ・パラセ
AVENIDA PALACE

MAP p.156-F

きめこまやかなサービスに定評
1952年創立の建物だが、中は改装され防音設備がしっかりしているので、賑やかな通りに面していながらホテル内はとても静か。広いサロン、ピアノバー、レストランなど施設も充実。

交 Ⓜ2/3/4号 線Passeig de Gràcia駅徒歩1分
住 Gran Via de les Corts Catalanes, 605
☎ 93 301 96 00
部 153部屋　英 常駐
料 S€112〜　T€112〜
URL www.avenidapalace.com/

H ★★★★

エイチ・ディエス　カサ・ミモーサ
H10 Casa Mimosa

MAP p.157-C

2016年オープンの四つ星のホテル
屋上にはプールもありバル&レストランからはカサ・ミラのライトアップされた屋根を眺められる。部屋は清潔でスタッフも親切だ。新しいのに既にリピーターの多いホテル。

交 Ⓜ3/5号線Diagonal駅から徒歩3分
住 Pau Claris, 179
☎ 93 214 23 30
部 48部屋　英 常駐
料 S€121〜　T€121〜
URL www.h10hotels.com

H ★★★★

コロン
COLÓN

MAP p.157-K

カテドラルが目の前に
カテドラルが見える部屋はツインクラス以上の約50部屋。希望するなら早めの予約を。部屋は広く、壁紙とカーテン、ベッドカバーの模様が統一されたかわいい造り。

交 Ⓜ4号線Jaume I駅から徒歩5分
住 Avenida de la Catedral,7
☎ 93 301 14 04
部 135部屋　英 常駐
料 S€142〜　T€142〜
URL hotelcolonbarcelona.es/

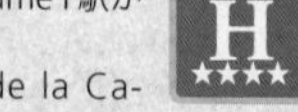

ダンテ
DANTE

MAP p.156-B、p.159-K

機能的なアメリカ系チェーンホテル
エントランス、ロビーなどはブルーを基調としたインテリアで涼しげ。アメリカ的な機能性を追求しながらも、室内にはアンティークの家具を配するなど、バランスのいいホテル。

交 Ⓜ5号 線Hospital Clinic駅から徒歩8分
住 Mallorca,181
☎ 93 323 22 54
部 80部屋　英 常駐
料 S€67〜　T€80〜
URL www.bestwestern.com/

グラン・デルビー
GRAN DERBY

MAP p.158-F

ゆったりしたリビングでお酒を
部屋はジュニアスイートとメゾネットタイプのドゥプレックスのみで、ゆったりとした造り。全室リビングスペースが独立している。中庭にはミニプールもある。

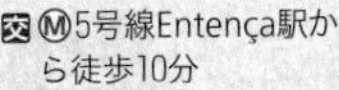

交 Ⓜ5号線Entença駅から徒歩10分
住 Loreto,28
☎ 93 445 25 44　FAX 93 419 68 20
部 41部屋
英 常駐
料 S€97〜　T€114〜
URL www.hotelgranderby.com/

バルセロ・サンツ
BARCELÓ SANTS

MAP p.158-I

早朝の移動でもここなら安心
サンツ駅の上にあり、入口も駅構内と直結しているので、移動に大変便利。地の利だけでなく、地中海料理のレストランや、フィットネスジムなどの施設も整っている。

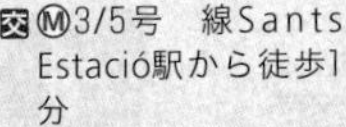

交 Ⓜ3/5号　線Sants Estació駅から徒歩1分
住 Pl.Paisos Catalans,s/n
☎ 93 503 53 00
部 378部屋　英 常駐
料 S€136〜　T€136〜
URL www.barcelo.com/

アレクサンドラ
ALEXANDRA

MAP p.156-B、p.159-K

機能的な都市型ホテル
ディアゴアナル、プロベンサの駅からも近く、交通至便で歩いて観光するにも良い。周りにはレストランも多い。全室にミニバー、無線LAN、衛星放送テレビ付き。

交 Ⓜ2/3/4号　線Passeig de Gràcia駅から徒歩4分
住 Mallorca,251
☎ 93 467 71 66　FAX 93 488 02 58
部 116部屋　英 常駐
料 S€137〜　T€148〜
URL curiocollection3.hilton.com

ル・メリディアン・バルセロナ
LÉ MERIDIEN BARCELONA

MAP p.156-F

レストランの朝食ビュッフェも人気
ピンクを基調とした外観で、モダンな雰囲気の客室が女性に人気がある。サービスも超一流だ。朝食はビュッフェ€25。すいてる時期のみ週末割引きあり。要問い合わせ。

交 Ⓜ1/3/6/7号線Catalunya駅から徒歩4分
住 La Rambla,111
☎ 93 318 62 00　FAX 93 301 77 76
部 231部屋　英 常駐
料 S€195〜　T€195〜
URL www.marriott.co.jp/

カサ・カンペール
CASA CAMPER

MAP p.156-F

ユニークで快適なプチホテル
スペインのシューズメーカー、カンペールが経営するホテル。部屋は廊下を挟んで寝室とリビングに別れている。フリーミールや各部屋にハンモックがあるなど、サービスもユニーク。

交 Ⓜ1/3/6/7号線Catalunya駅から徒歩6分
住 Carrer Elisabets,11
☎ 93 342 62 80
FAX 93 342 75 63　部 40部屋
英 常駐
料 S€132〜　T€132〜
URL www.casacamper.com/

カタロニア・スクエア
Catalonia Square

MAP p.157-G

観光には絶好のロケーション
デパートのエル・コルテ・イングレスやグラシア通り、ランブラス通りに近い。午後には無料でサンドイッチなどの軽食がふるまわれる。館内や部屋はモダンで清潔、コスパの良いホテル。

交 Ⓜ1/4号線Urquinaona駅から徒歩2分
住 Ronda Sant Pere, 9
☎ 93 302 33 86
部 58部屋
英 常駐
料 S€149〜　T€149〜
URL cataloniahotels.com/

グラン・オテル・バルシノ
GRAN HOTEL BARCINO

MAP p.157-K

古い建物を利用した最新のホテル

ゴシック地区の古い建物を改築したホテル。客屋はさほど広くはないが、全室防音設備、ミニバー、衛星放送テレビ、金庫、BGM付き。スイートルームにはジャクジーもある。

交 Ⓜ4号線Jaume I 駅から徒歩3分

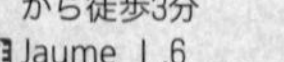
住 Jaume I,6

☎ 93 302 20 12　FAX 93 301 42 42

部 68部屋

英 常駐

料 S€78～　T€78～

URL www.hotelbarcino.com/

エウロ・パルク
EURO PARK

MAP p.157-C

ガウディ作品を徒歩でめぐれる

グラシア通りにもサグラダ・ファミリアにも徒歩で行ける。室内はさほど広くはないが、防音設備が施され、静か。エアコン、ミニバー、金庫などの設備も整っている。

交 Ⓜ4号線Girona駅から徒歩5分

住 Aragó,323-325

☎ 93 457 92 05

部 105部屋

英 常駐

料 S€77～　T€77～

URL www.hoteleuropark.com/

アティラム・オリエンテ
ATIRAM ORIENTE

MAP p.156-J

創業1842年のホテルは建物にも歴史あり

市の文化財に指定された建物は、もと修道院だったもの。部屋はパステル調でやわらかな感じ。朝食は天窓から光がいっぱい降りそそぐサロンで、格調高く楽しめる。

交 Ⓜ3号線Liceu駅から徒歩3分

住 Ramblas dels Caputxins,45

☎ 93 133 42 76

部 147部屋

英 常駐

料 S€71～　T€71～

URL www.atiramhotels.com/

グランビア
GRANVIA

MAP p.157-G

1890年創業のミニホテル

クラシカルな内装で、パティオ風のテラスがかわいい。全室電話、エアコン、ミニバー、テレビ付き。朝食€14は専用のサロンでビュッフェスタイルでとる。観光スポットへの交通の便もいい。

交 Ⓜ2/3/4号線Passeig de Gràcia駅から徒歩1分

住 Gran Via de les Corts Catalanes, 642

☎ 93 318 19 00　FAX 93 318 99 97

部 58部屋　英 常駐

料 S€112～　T€112～

URL www.hotelgranvia.com/

ヒルトン・バルセロナ
HILTON BARCELONA

MAP p.158-E

スタンダードな快適さを求めるなら

硬質な質感の外観とはうらはらに、温かみのある内装。各種レストランや設備が揃う他、近くにはショッピングモールもあり、中心部から離れているとはいえ観光にも便利。

交 Ⓜ3号線Maria Cristina駅から徒歩5分

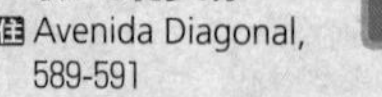
住 Avenida Diagonal, 589-591

☎ 93 495 77 77　FAX 93 495 77 00

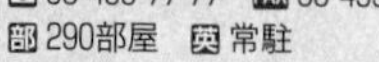
部 290部屋　英 常駐

料 S€148～　T€148～

URL www3.hilton.com/

リアルト
RIALTO

MAP p.156-J

ミロの生家があった場所に建つ

1900年にペンションとしてオープン、近年改装されたので内部はきれい。部屋は木目調のインテリアで、ミロの絵画が飾られた部屋も。朝食は雰囲気のある地下のバルで。

交 Ⓜ3号線Liceu駅から徒歩4分

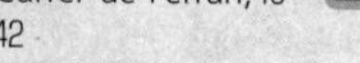
住 Carrer de Ferran,40-42

☎ 93 268 90 70

部 205部屋　英 常駐

料 S€78～　T€78～

URL www.hotel-rialto.com/

アンティベス
ANTIBES

MAP p.157-D

広めの部屋でくつろげる
中心地からは少し離れたところにあるが、モヌメンタル闘牛場に近く、グラシア通りへも1駅。部屋は広めで落ち着ける。2階のサロンにはテレビや飲み物の自動販売機がある。

H ★★

交 Ⓜ2号線Monumental駅から徒歩4分
住 Diputación,394
☎ 93 232 62 11　FAX 93 265 74 48
部 71部屋
料 S€57～　T€80～
URL www.hotel-antibesbcn.com/

スイソ
SUIZO

MAP p.157-K

ゴシック地区のプチホテル
地下鉄ジャウメ・プリメロ駅の地上に通じる出口のそば、ゴシック地区にあるため観光にはぴったりの立地。間口は小さいが、1階奥のバルや、2階のサロンなど施設は充実している。

H ★★★

交 Ⓜ4号線Jaume I 駅から徒歩1分
住 Plaza del Ángel,12
☎ 93 310 61 08　FAX 93 315 04 61
部 59部屋
英 常駐
料 S€131～　T€131～
URL www.hotelsuizo.com/

エスパーニャ
ESPAÑA

MAP p.156-J

モデルニスモの内装が素敵
内装はモデルニスモの旗手ドメネク・イ・モンタネール（➔p.178）のデザインで、20世紀初期に建てられた。全室バス付きで広めの部屋。グエル邸やリセウ劇場の近くとロケーションも良い。

H ★★★★

交 Ⓜ3号線Liceu駅から徒歩3分
住 Sant Pau,9-11
☎ 93 550 00 00　FAX 93 550 00 07
部 83部屋
英 常駐
料 S€107～　T€107～
URL www.hotelespanya.com/

レヘンシア・コロン
REGENCIA COLÓN

MAP p.157-G

シックなトーンのホテル
コロン（➔p.202）と同系列のホテルなので、サロン、レストランはコロンのものも利用できる。ベージュと茶色でまとめられたシックな造り。Wi-Fiは無料で利用できる。

H ★★★

交 Ⓜ4号線Jaume I 駅から徒歩5分
住 Carrer dels Sagristans,13-17
☎ 93 318 98 58
部 50部屋　英 常駐
料 S€67～　T€67～
URL www.hotelregenciacolon.com/

マレ・ノストルム
MARE NOSTRUM

MAP p.156-J

日本の衛星放送も見られる
ランブラス通りにあり、路面のミロのモザイクを見おろせる部屋もある。室内はやや狭い感じがするがモダンなインテリアで清潔。部屋はすべてバス付き。4人用のファミリールームもある。

HS ★★

交 Ⓜ3号線Liceu駅から徒歩1分
住 Sant Pau,2
☎ 93 318 53 40
部 30部屋
英 常駐
料 S€72～　T€80～
URL hostalmarenostrum.com/

インテルナシオナル
INTERNACIONAL

MAP p.156-J

旧市街の歴史あるホテル
ランブラス通りのミロのモザイクの横に位置する。1894年の創業で歴史を感じさせる外観だが、たびたび改装しているので室内はきれい。朝食はコンチネンタルスタイルで€17。

H ★★★

交 Ⓜ3号線Liceu駅から徒歩1分
住 Ramblas,78-80
☎ 93 302 25 66
部 52部屋
英 常駐
料 S€53～　T€65～
URL www.atiramhotels.com/

ジャルディ
JARDI

MAP p.156-J

バルコニー付きの部屋もある
サンタ・マリア・デル・ピ教会そばの、サン・ジョセップ広場とピ広場に面する2棟からなる。1880年の創業で、当時の雰囲気を今に残すホテル。全室にバス、電話、暖房付き。

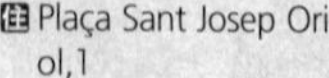

H★★

交 Ⓜ3号線Liceu駅から徒歩4分
住 Plaça Sant Josep Oriol,1
☎ 93 301 59 00
部 40部屋　英 常駐
料 S€75～　T€75～
URL eljardi.com/

ペラヨ
PELAYO

MAP p.156-F

アットホームな雰囲気のミニホテル
ブラウン系でまとめられたシックな内装。料金は税込み。なお、料金は前払い制になっている。インターネット上から予約もできる。駅、繁華街に近い立地も魅力。

H★

交 Ⓜ1/2号線Universitat駅から徒歩2分
住 Pelai,9
☎ 93 302 37 27
部 14部屋　英 常駐
料 S€40～　T€65～
URL www.hotelpelayo.com/

パリス
PARIS

MAP p.156-J

1階がビアホールのオスタル
ゴシック地区にあり、リセウ駅から1分と便利な立地で近くにはレストランも多い。全室バス、エアコン、暖房テレビつき。部屋は非常にシンプルで、インターネットの利用も可能。

HSR★

交 Ⓜ3号線Liceu駅から徒歩1分
住 Cardenal Casañas,4
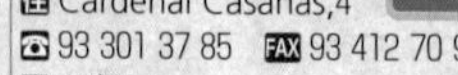
☎ 93 301 37 85　FAX 93 412 70 96
部 41部屋
料 S€71～　T€80～
URL www.hostalparisbarcelona.com

ジネブラ
GINEBRA

MAP p.156-F

好立地なプチホテル
カタルーニャ広場そばで、ランブラス通りやグラシア通りも近い。窓が二重なので、中心部ながら静かに過ごせる。部屋はシャワーのみだが改装したばかりでとてもきれい。

H★

交 Ⓜ1/3/6/7号線Catalunya駅から徒歩1分
住 Rambla de Catalunya,1
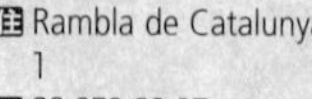
☎ 93 250 20 17
部 10部屋　英 常駐
料 S€50～　W€70～
URL www.hotelginebra.com.es/

チキート
CHIQUITO

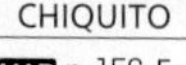

MAP p.156-F

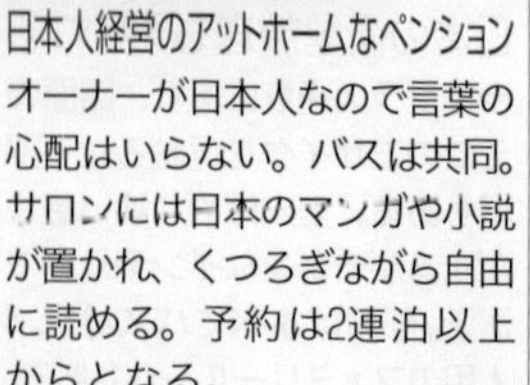

日本人経営のアットホームなペンション
オーナーが日本人なので言葉の心配はいらない。バスは共同。サロンには日本のマンガや小説が置かれ、くつろぎながら自由に読める。予約は2連泊以上からとなる。

P★

交 Ⓜ1/2号線Univercitat駅から徒歩3分
住 Gran Via,576
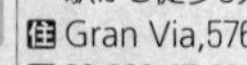
☎ 93 323 47 06
部 12部屋
料 S€42～　T€66～
URL puchichiquito.wordpress.com/

カサ・デ・バルサ
CASA DE BARCA

MAP p.157-G

日本人経営で何かと頼れる宿
バス付きと共同の部屋があり、シンプルだが清潔。料金は提携バルでの朝食込み。サロンには無料で使えるパソコンやコーヒー・紅茶の無料サービスがある。有料の夕食や夜景のツアーあり。

P★

交 Ⓜ1/4号線Urquinaonaから徒歩3分
住 Calle Girona,4,3-2
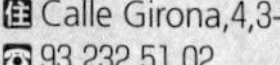
☎ 93 232 51 02
部 7部屋
料 S€40～　W€64～
URL casadebarca.com

バルセロナの格安ホテル

バルセロナの格安ホテルは、地下鉄のパセイジ・デ・グラシア駅からドラサーネス駅にかけて、ランブラス通りをはさむようにして点在している。ホテルの多い地域なので、バルセロナに数日滞在するのなら、１泊目は中流クラスに予約して宿泊し、２日目以降は町歩きを兼ねて格安ホテル探しをするという手もある。

最近は格安ホテルでもHPを持つところが増えたので、サイトで見当をつけ、あらかじめ日本から e-mailで予約する方法もおすすめ。

下記のホテルの料金は、すべてバス付き。マドリッドと同様、さらに格安の、バス共同の部屋を持つホテルも多い。

ホテル名	種別	住所・交通・部屋数	電話・ウェブサイト	料金
エル・カントン El Cantón MAP:p.156-J	H★	住 Nou de Sant Francesc,40 交 Ⓜ3号線Drassanes駅から徒歩5分 部 40	☎ 93 317 30 19 hotelcanton-bcn.com	Single:€42～ Twin:€80～
ベニドルム Benidorm MAP:p.156-J	P★★	住 Rambla dels Caputxins 37 交 Ⓜ3号線Liceu駅から徒歩3分 部 16	☎ 93 302 20 54 www.hostalbenidorm.com	Single:€38～ Twin:€50～
オスタル・オペラランブラス Hostal Opera Ramblas MAP:p.156-J	H★★	住 Sant Pau,20 交 Ⓜ3号線Liceu駅から徒歩2分 部 68	☎ 93 318 82 01 operaramblas.com	Single:€58～ Twin:€63～
フェルナンド Fernando MAP:p.156-J	HS★	住 Ferran,31 交 Ⓜ3号線Liceuから徒歩3分 部 38	☎ 93 301 79 93 hfernando.com	Single:€60～ Twin:€75～
フィナ FINA MAP:p.156-F	HSR★	住 Portaferrissa,11 交 Ⓜ3号線Liceu駅から徒歩5分 部 19	☎ 93 317 97 87 hostalfina.com	Single:€45～ Twin:€70～
オスタル・オリーバ Hostal Oliva MAP:p.157-C	HA★★	住 Passeig de Gràcia, 32 交 Ⓜ2/3/4号線Passage de Gracia駅から徒歩3分 部 16	☎ 93 488 01 62 www.hostaloliva.com/	Single:€50～ Twin:€79～
カサブランカ Casa Blanca MAP:p.157-K	P★★	住 Via Laietana.23 交 Ⓜ4号線Jaume I駅から徒歩1分 部 8	☎ 93 319 30 00	Single:無し Twin:€60～
ベリャー Bejar MAP:p.160-B	HS★★	住 Bejar,36 交 Ⓜ3号線Tarragona駅から徒歩3分 部 11	☎ 93 325 59 53 www.hostalbejar.com	Single:€32～ Twin:€41～
トレダーノ TOLEDANO MAP:p.156-F	H★	住 La Rambla,138 交 Ⓜ1/3/6/7号線Catalunya駅から徒歩1分 部 17	☎ 93 301 08 72 www.hoteltoledano.com/	Single:€50～ Twin:€60～
サンズ Sans MAP:p.154-I	HS★★	住 Antoni de Capmany,82 交 Ⓜ1/5号線Plaza de Sants駅から徒歩4分 部 80	☎ 93 331 37 00 www.hostalsans.com	Single:€51～ Twin:€55～
センター・ランブラス Center Ramblas MAP:p.156-J	YH★	住 Hospital,63 交 Ⓜ3号線Liceu駅から徒歩4分 部 ベッド数188	☎ 93 412 40 69 www.center-ramblas.com	ドミトリー:€21～ 個室:€48～

MONTSERRAT
モンセラート

バルセロナから日帰りで行ける観光スポットとして人気が高いモンセラート。奇岩が連なる不思議な風景には、あのガウディもインスピレーションを得たという。

岩壁にはりつく修道院

鉄道 バルセロナのエスパーニャ駅からカタルーニャ鉄道で約1時間。7:36～17:41まで1時間に1～2本。モンセラート・アエリ駅でロープウェイに乗り換え、または1つ先のモニステロル・デ・モンセラート駅でクレマジェラ（登山鉄道、8:35より1時間おき）に乗り換える。料金は鉄道＋クレマジェラは往復€21.50（夏季のみ€22.50）鉄道＋ロープウェイは往復€22.20。

バス バルセロナのサンツ駅前ターミナルからJulia社バス1日1本、9:15。所要1時間30分。帰りは夏期は18:00、それ以外は17:00。€5.10

町歩き ロープウェイ駅を起点に約1時間30分。美術館や、頂上へも行くなら半日～1日。大聖堂▶7:30～20:00／無休　無料

概　要

バルセロナの北西約60kmのところに、灰白色の岩が連なってそびえる、不思議なかたちをした山がある。それが「のこぎりで挽かれた山」という意味の名を持つモンセラートだ。サグラダ・ファミリアのモデルともいわれている標高1,235mのこの山には、11世紀にはベネディクト派の修道院が建てられ、マリア信仰の聖地としてカタルーニャの人々の信仰を集めてきた。

修道院は山の中腹725mのところに建っている。ナポレオン戦争で破壊されたため、現存の建物は19～20世紀のもの。

見のがせない黒いマリア像

いちばんの見どころはなんといっても、ラ・モレネータLa Morenetaと呼ばれる黒いマリア像。12世紀に、修道院から30分ほどのサンタ・コバ洞窟Santa Covaの中から発見されたこのマリア像、もとから黒かったわけではなく、長年の間に信者が供える灯明の煤によってこのような色になったといわれている。

MEMO メトロ2回分とエスパーニャ駅からモンセラートの往復、フニクラ乗り放題がセットになったTrans Montserrate€31.80がある。さらに美術館とランチがセットのTot Montserrat€49.95も。

信仰厚き人々に守られた黒いマリア像

1811年にナポレオン軍の侵攻により修道院が破壊し尽くされたときも、敬虔な信者によって守られ、1881年には教皇レオ13世によりカタルーニャの守護聖母とされた。

もうひとつの見どころはエスコラニアEscolaníaと呼ばれる少年合唱団で、その起源は13世紀までさかのぼることができ、ヨーロッパでも最も古い少年合唱団のひとつといわれている。約50人の少年たちで構成され、澄んだボーイソプラノはまさに天使の歌声。合唱は土曜、4月初旬、聖週間、7月を除き毎日13:00（日曜・祝日12:00）、18:45に行われるミサで聴くことができる。ただし日曜、祝日の夕方の部を聴く場合はロープウェイはもうすでに止まっているので、帰りのタクシーか宿を確保してからにしよう。

黒いマリアが見つかったサンタ・コバ洞窟

標高976mにあるサン・ジョアンSant Joanの礼拝堂へはフニクラ（ケーブル・カー）を使って行く。礼拝堂跡はわずかな痕跡を残すのみだが、フニクラから眺めるモンセラートの眺めはすばらしい。運行時間は10:00～16:30（夏期は～18:24）、往復€13.50。詳細はHPで。www.cremallerademontserrat.cat/

モンセラート美術館 Museu de Montserrat

MAP p.208

開館：月～金曜10:00～17:45(夏期～18:45)、土・日曜、祝日10:00～18:45
料金：€8

●考古学から近代美術まで

考古学関係の史料や展示物のほか、近代絵画・彫刻、金銀細工などが展示されている。考古学関係では聖書の舞台になったメソポタミアやエジプト、キプロスなどの品々、近代絵画では13～18世紀のコレクションが中心となっている。現代絵画では、ピカソ、ミロなどの作品も並べられている。

泊 アバット・シスネロス Abat Cisneros

MAP p.208

H ★★★

交 ロープウェイ駅から徒歩2分
住 Plaza del Monestir,s/n
☎ 93 877 77 01　FAX 93 877 77 24
部 82部屋
料 S€54～　T€89～
URL www.montserratvista.com/

アバット・シスネロスの外観

MEMO 黒いマリア像は珍しく思われるが、モンセラートのほかにも南仏などに例がある。灯明の煤が原因とも、表面に施された銀箔が酸化したともいわれるが、古代信仰に起源があると唱える説もある。

GIRONA(GERONA)

ジローナ

カタルーニャの北に位置する、ジローナ県の中心都市。城壁に囲まれ、しっとりとしたたたずまいの旧市街には、中世の雰囲気が今なお色濃く残る。人口約7万人。ヘローナGERONAはカスティーリャ語での表記。

GIRONA
MADRID

鉄道	バルセロナのサンツ駅から38分～1時間40分、1時間に3～5本、€8.40～31.30。
バス	バルセロナの北バスターミナルからSagalés社バスで約1時間35分、1日に7本、€15～17.44。
町歩き	ざっと回るなら、3時間もあれば充分だが、旧市街を散策したいなら、半日から1日はみておきたい。
観光案内所	旧市街のランブラ・デ・ラ・リベルタット通り▶9:00～20:00（土曜9:00～14:00、16:00～20:00、日曜・祝日9:00～14:00）TEL：972 01 00 01

オニャール川

概要

ジローナは紀元前5世紀にイベロ人（イベリア半島の語源となった先住民族のひとつ）が築いた歴史の古い町。今も旧市街には城壁が残る。市街の中心を流れるオニャール川Riu Onyarをはさんで、旧市街と新市街に分かれている。

鉄道駅は新市街にある。バスターミナルも駅の裏手だ。なお、ジローナはジローナ県の県都でもあるので、コスタ・ブラバの各地方へのバス便がある。フィゲラスやカダケス行きのバスもここから出る。

中世の雰囲気が残る旧市街を歩く

さて、鉄道駅を出たら目の前の大きな通り、バルセロナ通りCarrer Barcelonaを左手に進んで行こう。マルケス・デ・カンプス広場Plaza Marqués de Campsを通り越して右手のノウ通りCarrer Nouをまっすぐ進むと、橋のたもとに出る。この橋の向こう側が**旧市街**だ。観光案内所は橋を渡ってすぐ左手、ランブラ・デ・ラ・リベルタット通りRambla de la Libertatにある。道の両側にはカフェやブティック、パステレリア（ケーキ屋）などが建ち並び、そぞろ歩きも楽しい。

この通りが終わるあたりから、道は複雑に入り組んでくる。右に折れたら、ふたつ目のフォルサ通りCarrer Forçaを左に登って行こう。このあたりは、9世紀から15世紀にかけてユダヤ人の町だったところだ。突きあたりの階段を登ると、ようやくカテドラルの前に出る。駅からここまで、ゆっくり歩いて30分くらい。カテドラル周辺には、**美術館**、**アラブ浴場**、**市歴史博物館**など見どころが集中している。

ジローナ
Girona
0 200m
サン・ニコラス教会 Església de Sant Nicolau
ガリシアの
サン・ペレ博物館教会 Església Museu de Sant Pere de Galligants
アラブ浴場 Banys Àrabs
カテドラル Catedral
ラ・デベサ庭園 Parque de la Devesa
市歴史博物館 Museu d'Historia de la Ciutat
ベルミラル
ジローナ美術館 Museu de Girona
フォルサ通り C. Força
Gran Via de JaumeI
Riu Onyar
オニャール川
ランブラ・デ・ラ・リベルタット通り Rambla de la Libertat
映画美術館
ノウ通りCarrer Nou
ペニンシュラ
サンタ・エウヘニア通り C. de Santa Eugènia
バルセロナ通り C. Barcelona
グラン・ビア・ジャウメ1世通り
カタルーニャ広場 Pl. de Catalunya
レス・ペドレレス広場 Pl. de les Pedreres
マルケス・デ・カンプス広場 Pl. del Marqués de Camps
バスターミナル、鉄道駅へ
エウロパへ
コンダル

川沿いにカラフルな建物が並ぶ

カテドラル Catedral

MAP p.210

交通：鉄道駅より徒歩20分
開館：10:00～18:30（7・8月～19:30、11～3月は～17:30）／1月1・6日、聖金曜日、12月25日休
料金：€7

●900年前のタペストリー

1312年に着工された、ゴシック様式の大聖堂。宝物館には、有名な天地創造のタペストリーがある。中央にキリスト、その周りに天地創造の場面を描いたものだが、絵柄はどことなくコミカルでユーモラス。1100年頃の作だといわれているが、現在でも色あせないその色彩の鮮やかさには、目を見張るものがある。

高台に建つゴシック様式の大聖堂

映画美術館 Museu del Cinema

MAP p.210

交通：鉄道駅より徒歩10分
開館：10:00～18:00（7・8月は～19:00）、日曜・祝日の月曜10:00～14:00／月曜（祝日の場合を除く、7・8月は開館）、1月1・6日、12月25・26日休
料金：€6

観光客に人気の話題のスポット

●映画の歴史をたどる美術館

スペインの映画監督、トマス・マヨルのコレクションによって、映画の歴史をたどろうという美術館。ここでいう映画とは、2000年前の中国の影絵を使った語りものなど、映画の原形ともいうべきものも含んでいる。

また、視聴覚室では、オーディオビジュアルによる展示や、名画・アマチュア監督の作品の上映など、さまざまな催しも行われている。

泊

ペニンシュラ PENINSULAR

MAP p.210

交 鉄道駅から徒歩10分
住 Avinguda de ,Sant Francesc,6
☎ 972 20 38 00　FAX 972 21 04 92
部 48部屋　料 S€58～　T€59～
URL www.hotelpeninshulargirona.com/

エウロパ EUROPA

MAP p.210外

交 鉄道駅から徒歩3分
住 Juli Garreta,21-23
☎ 972 20 27 50
部 25部屋　料 S€42～　T€58～
URL www.hoteleuropagirona.com/

ベルミラル BELLMIRALL

MAP p.210

交 カテドラルから徒歩2分
住 Carrer de Bellmirall,3
☎ 972 20 40 09
部 7部屋　料 S€44～　T€83～
URL bellmirall.eu/

コンダル CONDAL

MAP p.210

交 鉄道駅から徒歩5分
住 Joan Maragall,10
☎ 972 20 44 62　FAX 972 20 44 62
部 28部屋　料 S€37～　T€60～
URL www.hotelcondalgirona.com/

※料金は１泊分の室料です。朝食はホテルにより含まれている場合と、別料金の場合とがあります。

フィゲラスのダリ美術館内にある、ダリがよく昼寝をしていたというベッド

自らをパラノイア（偏執狂）と公言してはばからなかったサルバドール・ダリSalvador Dalí。その特異な画風は、第二次世界大戦中のアメリカで好評を博し、アンディ・ウォーホルをはじめ、ポップアートの世界に大きな影響を与えた。

Salvador Dalí

偉大なるシュールレアリスムの旗手 ダリを訪ねて

Dalí ダリ劇場美術館（フィゲラス）

　人口約3万人のこの静かな田舎町は、ダリが生まれ、育ち、そして数多くの作品とともに眠る町。ダリ劇場美術館には、今でも世界中から訪問客が後を絶たない。

　内戦中に焼失した市民劇場を改装したこの美術館は、卵が載った奇抜な外観、建物の近辺に配置された風変わりなオブジェなど、周りを取り囲む空間までがすべてダリの作品だ。

　ダリは1989年に84歳で亡くなるまで約1万点の作品を残したが、そのうちの600点がこの美術館に展示されている。近くで見ると窓の外の景色を見ながらたたずむ裸のダリの妻ガラだが、遠くから見るとリンカーンの顔に変身する作品や、ふつうに見るとただの応接間、しかし2階の高さから見ると女優のメイ・ウエストの顔が現れる作品など、ダリお得意の「だまし絵」の有名な作品が数多く展示されて

女性の顔にも見える3階入口部分。館内にはだまし絵が随所に

卵が載った外観で有名なダリ劇場美術館。壁一面に張り付いている黄色い物体はパンのオブジェ

いる。別館のダリ・ホイェスDali Joiesでは、ダリがデザインした美しくも妖しい宝飾品の数々を見ることができる。

交通：鉄道フィゲラス駅から徒歩15分
開館：9:00〜20:00（11〜2月は10:30〜18:00、3・10月は9:30〜18:00）、7月末〜8月のみ20:00〜翌1:00も開館／10〜6月の月曜、1月1日、12月25日休
料金：€15
住所：Plaça Gala-Salvador Dalí,5
TEL：97 267 75 00

Image by LoggaWiggler from Pixabay

Dalí 卵の家（カダケス）

カダケスは、コスタ・ブラバを代表するリゾート地となった今でもなお静けさの残る地だ。

この町へのアクセスはバス。本数も限られているうえ、ダリが最愛の妻ガラと晩年を過ごした卵の家があるPort Lligatポル・リガットまではバスを降りてから徒歩で約20分かかるので、近郊から日帰りする場合、町へは早めに到着しておきたい。1泊するのもいいが、真夏のハイシーズンは予約が取りにくいし、真冬はクローズしているところも多いので注意が必要。

卵の家は現在はダリ美術館Casa-Museu Salvador Dalíとして開放され、ダリのアトリエや書斎などが当時のままに残されている。なお、見学には時間指定の事前予約が必要。ホームページ上からで、スペイン語、フランス語、英語でのガイドが付く。予約時間の30分前までに来館すること。

交通：カダケスのバスターミナルから徒歩20分
開館：10:30〜18:00（6月中旬〜9月中旬9:30〜21:00）／11〜3月中旬の月曜、1月1日、1月上旬〜2月中旬、12月25日休
料金：€12
住所：Port Lligat,17488
TEL：97 225 10 15
URL：www.salvador-dali.org/

Image by LoggaWiggler from Pixabay

Image by LoggaWiggler from Pixabay

卵の家があるポル・リガットは静かな入り江

SITGES

シッチェス

バルセロナにほど近い、コスタ・ドラダの中心に位置する高級ビーチリゾート。カーニバルの町として、また、芸術家やゲイの多く集まる町としても知られる。

SITGES
MADRID

海岸沿いのバー

鉄道　バルセロナのサンツ駅から30〜40分、1時間に4本、€4.10。

町歩き　町なかをひと通り歩いても2〜3時間で回れる。

観光案内所　鉄道駅前▶10:00〜14:00、16:00〜18:30（土曜10:00〜19:00、日曜10:00〜14:00）、夏期〜20:00
TEL：938 94 42 51

概　要

バルセロナからタラゴナまでの間、約100kmの海岸は、コスタ・ドラダ（黄金海岸）Costa Doradaと呼ばれる美しい海岸地帯で、その中心地がシッチェスだ。ローマ時代には商業港として栄えたが、今では芸術家とゲイが多く集まる、スペインでも屈指の高級ビーチリゾートとして知られ、夏にはカタルーニャはもちろんのこと、ヨーロッパ中から多くのバカンス客が押し寄せ、大変なにぎわいをみせる。**マリセル美術館、カウ・フェラット美術館、ロマンチック美術館**など、美術館が多い「芸術の町」だ。

カーニバルでにぎわうビーチリゾート

また、シッチェスはお祭りの多い町としても有名だ。2月のカーニバルには男性という男性が女装して騒ぎ、5〜6月頃に行われる**聖体祭**では、路地中にびっしりと花を敷きつめた「花のじゅうたん」が作られ、秋には恐怖映画祭が開かれる。シッチェスならではのこのようなユニークなフィエスタを数え上げればきりがない。

鉄道駅からは駅を背にまっすぐ下って行けばいい。方向さえ誤らなければ、どの道を通ってもやがて海岸に行き着くし、どの通りも両側にびっしりと店が並んでいるので、たとえ迷ったにしても楽しく歩ける。

ロマンチック美術館
Museu Romàntic

交通：鉄道駅から徒歩5分
※2019年12月現在、改装のため休館中

豪華な邸宅の中に、400体以上のクラシック人形とミニチュア模型を展示している。

マリセル美術館
Museu Maricel

交通：鉄道駅から徒歩10分
開館：10:00〜19:00（7〜9月 〜20:00、11〜2月〜17:00）／月曜、1月1・6日、5月1日、12月25日・26日休（そのほか地元の祭日に休館あり）
料金：€5

地中海を背に建ち、中世の調度品や絵画、彫刻などを展示する美術館。

TARRAGONA

タラゴナ

バルセロナから南へ約1時間。古代ローマ時代にはタラコネンシスの首都として繁栄を極めた。今ではよく整備された遊歩道と、数多く残るローマ時代の遺跡が美しい町。

鉄道	バルセロナのサンツ駅から1時間〜1時間20分、1時間に2〜6本、€8.05〜21.20。マドリッドのアトーチャ駅からAVEで2時間40分、1日10本、€77.50〜96.40。
バス	バルセロナの北バスターミナルからALSA社で1時間30分、1日6本、€11.05。
町歩き	見どころがわりと多いので、3〜4時間はかかる。悪魔の橋も見たいなら、1日はみたほうがよい。
観光案内所	カテドラル前▶夏期：月〜土曜10:00〜20:00、日曜10:00〜14:00／無休 冬期：10:00〜14:00、15:00〜17:00（土曜〜19:00）、日曜・祝日10:00〜14:00／1月1日、12月25・26日休

ローマ円形劇場の廃墟

概要

世界遺産のローマ時代の遺跡が見どころ

紀元前218年、スペインの先住民イベリア人の都市コッセはローマ人に征服され、名前もタラーコと変えられた。タラゴナという町の名はここからきている。それ以来、ローマの植民市となったタラゴナは、この地方の中心として繁栄を極め、紀元前1世紀には人口100万人を超える大都市に発展した。ローマ市と同じ特権が与えられ、アウグストゥスやハドリアヌスといったローマ皇帝も好んでこの地に滞在したという。現在は人口約11万人の地方商業都市に過ぎないが、今に残るローマ時代の遺跡が、当時の繁栄をしのばせる。

タラゴナへのアクセスは本数が多い鉄道が便利。駅を背にして右手の坂道を登っていくと、やがて階段が見えてくる。この階段に続く遊歩道が有名な**「地中海のバルコニー」**Barcó del Mediterraniだ。右手に地中海のすばらしい眺望、右前方に**ローマ円形競技場**が現れる。ランブラ・ベリャ通りRambla Vellaより北東側が旧市街で、**カテドラル**をはじめとする見どころが集中している。

観光案内所はカテドラルの近く、**マヨール通り**Majorと、ランブラノバ通りRambra Novaのバスターミナル近く、フォーチュニー通りFortuny、カンポデマートCamp de Martの中の4ヵ所にある。

カテドラル
Catedral

MAP p.215-B

交通：鉄道駅から徒歩20分
開館：10:00～19:00（夏期～20:00、冬期～17:00、日曜15:00～20:00）／日曜（6月中旬～9月中旬除く）、祝日休
料金：€5　TEL：977 22 69 35

●長きにわたり町の歴史を見つめてきた

旧市街の中でもいちばんの高台にあるこの場所は、ジュピター神殿が建っていたローマ時代からの中心地。カテドラルはその跡地に12世紀から建設が始められ、数百年のときを経て16世紀に完成した。このため、ファサードの一部と後陣はロマネスク様式だが、残りのほとんどはゴシック様式。

内部の回廊は一辺が45mもある。内陣のアラバスター（p.139）製の祭壇には、聖母子や聖テクラ殉教の場の精緻な彫刻が見られる。回廊の奥は宗教美術やローマ遺跡からの出土品を展示する宝物館。また併設の司教区美術館Museu Diocesaには充実したタペストリーコレクションがある。

ローマ円形競技場
Amfiteatre Roma

MAP p.215-B

交通：鉄道駅から徒歩10分
開館：9:00～19:00（土曜9:30～18:30、日曜・祝日9:30～14:30）、4～9月9:00～21:00（日曜・祝日～15:00）／月曜休
料金：€3.30　TEL：977 24 25 79

●タラゴナ・ローマ遺跡のハイライト

地中海に臨んで建つこの競技場は、1世紀にローマ人によって造られたもの。当初は剣闘士と猛獣が闘う見世物の場だったが、3世紀にはキリスト教徒の処刑場としても使われ

入口に比べ内部は驚くほど広いカテドラル

MEMO　タラコネンシスは古代ローマ帝国の植民地、ヒスパニア属州（現在のイベリア半島）のひとつ。半島の北部と東部を占め、首都はタラーコ、現在のタラゴナ。

たといわれる。

12世紀にはロマネスク様式の聖母マリア教会が建てられたが現在では教会は廃墟となって残っている。

考古学博物館
Museu Arqueològic

MAP p.215-B

交通：鉄道駅から徒歩12分
開館：9:30～18:00（6～9月 ～20:30）、日曜・祝日10:00～14:00／月曜、1月1日、5月1日、12月25・26日休
料金：€4.50　TEL：977 25 15 15

●充実したコレクションを誇る

タラゴナとその近辺で発掘された、ローマ時代から中世に至るまでの遺物を展示している。特に、メデューサや魚介類をモチーフにした、まるで絵画のようなモザイクは必見だ。また、端正なヘレニズム彫刻群や直径50cmはあろうかという巨大な壺、コインやメダルなどのゼウス神殿からの出土品など、見るべきものが多い。

古代ローマの遺物を数多く展示する考古学博物館。建物の一部はローマ時代の遺跡

ラス・ファレラス水道橋
L'Aqüeducte de les Ferreres

MAP p.215-B外

交通：インペリアル・タラーコ広場前のバス停からバスで約10分。帰りはルートが変わるため約30分

●通称「悪魔の橋」Pont del Diable

2世紀頃、約30km北のガイア川Ríu Gaiaから町に水を供給するために造られた、ローマ時代の水道橋。タラゴナ市街の北、約4kmの地点にある。水道橋へ向かう道は途中で歩行者用ゾーンがなくなり危険なので、タクシーかバスを利用するのが無難だ。インペリアル・タラーコ広場Plaça Imperial Tarraco前のバスターミナルから、サン・サルバドールSant Salvador 行き5番か85番のバスでPont del Diable下車。1時間に約2～3本の割合で運行している。

スペインで２番目の規模を誇る「悪魔の橋」と呼ばれる水道橋

泊

ウルビス
URBIS

MAP p.215-A

交 鉄鉄道駅から徒歩7分
住 Plaça de Corsini,10
☎ 977 24 01 16
部 44部屋
料 S€49～　T€52～

ラウリア
LAURIA

MAP p.215-B

交 鉄道駅から徒歩4分
住 Rambla Nova,20
☎ 977 23 67 12　FAX 977 23 67 00
部 72部屋　料 S€43～　T€50～
URL www.hotel-lauria.com/

ノリア
NORIA

MAP p.215-B

交 鉄道駅から徒歩12分
住 Plaça de la Font,53
☎ 977 23 87 17　FAX 977 23 87 17
部 24部屋　料 S€29～　T€45～
URL www.hostalnoria.com/

HS ★★

※料金は１泊分の室料です。朝食はホテルにより含まれている場合と、別料金の場合とがあります。

VALENCIA

MADRIDo VALENCIA

バレンシア

地中海に面し、カタルーニャ地方の南に位置するスペイン第三の都市。しかし、青い海にオレンジの木が映える、どこかのんびりとした町だ。パエリャの故郷でもある。

バレンシアの中心部

 鉄　道	マドリッドのアトーチャ駅からAVEでバレンシア・ホアキン・ソロジャ駅まで1時間40分、1日15本、€39.45～97.35。バルセロナのサンツ駅からバレンシア北駅まで3時間30分、1日7本、€28.36～33.13。
 バ　ス	バルセロナの北バスターミナルからALSA社で約4時間15分、1日10本、€30～38。マドリッドの南バスターミナルからAvanza社で4時間15分、1日9本、€29～36。
 町歩き	観光客がめざすのは旧市街。カテドラル、美術館など、観光ポイントが散在しているので半日はかかる。
 観　光 案内所	北駅構内▶月～金曜10:00～17:50、土・日曜・祝日10:00～14:50　TEL:963 80 36 23　シティホール▶9:00～18:50(日曜・祝日10:00～13:50)

概　要

オレンジとパエリャの町

人口約80万人。気候は１年中温暖で、色濃く緑の繁るこの町は、スペイン第３の都市というよりも、オレンジとパエリャの町というほうがしっくりくる。実際、世界有数の収穫高を誇るバレンシアオレンジは、その名の通り、この地方でとれるし、バレンシア近郊のアルブフェラ湖La Albufera周辺は、スペインきっての米どころで、米を使った名物パエリャの種類も豊富だ。

そして、もうひとつ忘れてはならないのが、毎年３月12日から８日間開催される(人形は15日から)サン・ホセの火祭りLas Fallas de San Joséだ。スペイン三大祭りのひとつであるこの祭りは、１年かけて作り上げた何百という張り子の巨大な人形を、祭りの最後の夜にすべて燃やし尽くすという勇壮なものだ。

バレンシアへのアクセスは、バスより鉄道を利用したほうが便利。カテドラルや美術館などの見どころの集まる旧市街はバレンシア北駅の北に広がり、ホテルや飲食店が集まる繁華街は鉄道駅のすぐそばにある。また、駅の隣には闘牛場もある。旧市街の核となるカテドラル周辺へも駅から歩いて15分くらいだ。

バスを利用する場合は、町の北西のはずれにあるバスターミナルに到着するが、このターミナルから８番のバスで市庁舎前広場まで行ける。

カテドラル
Catedral

MAP p.218

交通：バレンシア北駅から徒歩15分
開館：10:00～17:30（日曜・祝日14:00～）、6～9月 10:00～18:30（日曜・祝日14:00～）／無休
料金：€7

●長い年月を要して完成した大聖堂

レイナ広場に面してそびえている。

1262年、イスラム時代のモスク跡に建設が始められ、15世紀におおよその完成を見るまで、およそ200年の歳月を要した。建設期間が長期にわたったため、南側のエル・パラウの門Puerta del Palauはロマネスク、北側の使徒の門Puerta de los Apóstolesはゴシック、正面入口の主ファサードPuerta de los Hirrosはバロックと様式がバラバラになっている。内部には聖杯の礼拝堂Capilla del Sánto Calizがあり、キリストが「最後の晩餐」で用いたとされる、瑪瑙（めのう）でできたすばらしい聖杯が飾られている。

また、カテドラルに付属した美術館には2枚のゴヤの大作をはじめ、リバルタ、リベラなどの作品が展示されているので、鑑賞を。

■カテドラル付属美術館

開館：10:00～17:30（日曜・祝日～14:30）、6～9月10:00～18:30（日曜・祝日14:00～）／11～3月の日曜休
料金：€3（カテドラルツアー込み€8）

高さが70mもあるミゲレテの塔

ミゲレテの塔
Miguelete(Torre del Catedral)

MAP p.218

交通：バレンシア北駅から徒歩15分
開館：10:00～日没まで（11～3月19日は13:00～17:00の間入場不可）／無休
料金：€2

●地元の人が呼ぶ愛称は「ミカレット」

カテドラル左脇に建つこの八角形の塔は、1420年に完成した鐘楼。中に入れるが、らせん状の石段は207段もあるうえ、上に行くにしたがってだんだん幅が狭くなっていくの

諸様式が混在し、複雑な外観を見せるカテドラル

MEMO カテドラルの鐘楼の正式名称はミゲレテの塔だが、地元ではミカレットと呼ばれる。これは塔に掛けられた大鐘の名前が、聖ミカエルの日（5/8または9/29）に命名されたことに由来している。

で、屋上にたどり着くのはひと苦労。屋上は展望台になっており、市内に時を告げる鐘が掛けられ、バレンシア市街が一望できる。

バレンシア現代美術館IVAM Instituto Valenciano de Arte Moderno

MAP p.218

交通：カテドラルから徒歩12分
開館：10:00〜19:00、金曜〜21:00／月曜、1月1日、12月25日休
料金：€6（日曜、金曜19:00〜、土曜15:00〜は無料）
TEL：96 317 66 00

●ゆったりとしたスペースの美術館

バレンシア出身の彫刻家、フリオ・ゴンザレスの常設展示室があるほか、常時5〜7作家の作品を展示している。絵画だけでなく、オブジェ、写真などさまざまなジャンルの作品を扱う。また、国立陶芸博物館のコレクションの一部が地下フロアに展示されており、ピカソの作品も数点ある。

入口右手には、絵画鑑賞のあい間のひと休みに便利なカフェ・レストランや、美術書や絵はがき、遊び心のあるデザインの文具などを扱うアート・ショップもある。2006年の増築時には、デザインを日本人の建築家、妹島和世氏と西沢立衛氏が担当し、話題になった。

ムセウ通りCalle Museoには、企画展を開催する時だけオープンする別館のIVAMセントロ・デル・カルメンIVAM Centro del Carmenがある。

国立陶芸博物館 Museo Nacional de Cerámica

MAP p.218

交通：カテドラルから徒歩４分
開館：10:00〜14:00、16:00〜20:00（日曜・祝日10:00〜14:00）／月曜、1月1日、5月1日、12月24・25・31日休
料金：€3（土曜の16:00〜と日曜無料）
TEL：96 351 63 92

●陶器と建物で2倍楽しめる

バレンシアの三大陶器、マニセス焼、パテルナ焼、アルコラ焼を中心にスペイン内外から集めた約5000点もの陶器を展示。中にはピカソの作品もある。3階には絵タイルがふんだんに使われた19世紀のバレンシアの典型的な台所が復元されている。

展示品もさることながら、ドス・アグアス侯爵の宮殿であった建物自体も見ものだ。内部の装飾や家具・調度品はもちろん、ロココ調の正面入り口のファサードは必見。

重厚な外観の建物も必見

重厚な宗教画には食傷気味という人にもおすすめのIVAM

MEMO ソローリャ（1863〜1923）バレンシア生まれの画家。1900年のパリ国際展で最優秀賞を受賞。光の表現や、地中海の漁師を描いた作品で評価される。マドリッドにも彼の作品の美術館（→p.80）がある。

ラ・ロンハには自由に出入りでき、ひと休みできる

ラ・ロンハ
La Lonja

MAP p.218

交通：カテドラルから徒歩5分
開館：9:30〜19:00、日曜・祝日〜15:00
料金：€2（日曜・祝日は無料）

●バレンシア繁栄の夢のあと

ロンハとは「取引所」「市場」という意味。15世紀に建てられたゴシック様式の建物で、絹の取引所として使用されていた。入口正面や天井などの彫刻、ゆるやかにねじれた柱などが見もの。1996年に世界遺産に登録された。現在は各種イベントの会場として利用されている。

県立美術館
Museo de Bellas Artes

MAP p.218

交通：カテドラルから徒歩7分
開館：10:00〜20:00／月曜、1月1日、12月25日休
料金：無料　TEL：96 387 03 00

●緑がいっぱいの公園の横に建つ

修道院サン・ピオ学院Colegio San Pioだった建物を改修して造られた。14〜15世紀のスペイン絵画を中心に、ゴヤ、ベラスケス、ムリーリョ、ボッシュそしてバレンシア生まれの近代画家ソローリャなど約2000点の作品が並ぶ。

建物はかつての修道院

本音でガイド

バレンシアが世界に誇る文化発信基地
芸術科学都市（CAC）
Ciudad de las Artes y las Ciencias

広大な土地に大規模な複合娯楽施設が登場した。プラネタリウムやIMAXシアターが入ったレミスフェリック館L'Hemisféric、科学博物館Museu de les Ciéncies、オペラやコンサートを楽しめる芸術館パラウ・デ・レス・アルツPalau de les Arts、海洋博物館オセアノグラフィックL'Oceanográficはヨーロッパ最大級の水族館だ。前衛的な建物は、地元バレンシア生まれの建築家サンティアゴ・カラトラバと、フェリックス・カンデラによるもの。

交通：地下鉄3/5号線Almeda駅から徒歩15分。市内バスターミナルから路線バス95番利用。その他のバレンシア近郊からは19、35、40番バスの利用も可能
TEL:96 197 46 86 URL:www.cac.es/

プラネタリウム、シアター L'Hemisféric
開館:10:00〜最終上映まで（上映スケジュールにより異なる。€8）

恐竜の骨格を思わせる美しい外観も印象的

科学博物館 Museu de les Ciéncies
開館:10:00〜19:00、ロウシーズン〜18:00（金〜日曜〜19:00）、ハイシーズン〜21:00
料金:€8

海洋博物館 L'Oceanográfic
開館:10:00〜20:00、ロウシーズン〜18:00（土曜〜20:00）、ハイシーズン〜24:00
料金:€31.30
※共通チケットもあり。上映スケジュールや祭日はインターネットで確認できる。

MEMO ロンハはサラゴサ（→p.142）やパルマ・デ・マヨルカにもある。これらの都市がカタルーニャ＝アラゴン連合王国の都市であった名残で、交易が盛んだった王国の主要都市には取引所が設置されていた。

食べる

バレンシアのレストラン

お米を食べるのはもともとはイスラムの食文化。長くイスラム教徒の支配が続いたバレンシアはパエリャの本場だけあって、種類も豊富。近郊には水田も広がるこの町に来たからには、日替わりでいろいろなパエリャを試してみるのもいい。本格的なバレンシア風にはウサギ肉が入るといわれる。また海と湖にも近いので魚介類もおすすめだ。

ロス・ゴメス・タベルナ
LOS GÓMEZ TABERNA

MAP p.218

観光にも絶好のロケーション

内装が素敵で価格がリーズナブルなレストランだが料理の質は高い。ランチは€18程度。スタッフも親切で、メニューに迷ったら好みやおすすめを親切に教えてくれる。市場や闘牛場、大聖堂にも近い。

交 Ⓜ3/5/7/9号線Colón駅から徒歩4分
住 Correos,10
☎ 96 119 37 99
予算 €25～
営 8:30～23:45、火曜8:30～16:30、18:00～23:45、土・日曜12:00～23:45
URL www.losgomeztaberna.com/

ナバーロ
Navarro

MAP p.218

いつも人であふれている人気の有名店

シーフードはもちろん、バレンシアだけにお米料理は特に美味しい。バレンシア風パエリアはおすすめ。モダンな店内はサービスもよく、気持ちよく食事ができる。夏はテラスでも食事ができる。

交 Ⓜ3/5/9号線Xàtiva駅から徒歩4分
住 Arzobispo Mayoral,5
☎ 96 352 96 23　予算 €22～
営 13:00～16:00
休 日曜
URL restaurantenavarro.com/

ラ・リウア
LA RIUA

MAP p.218

地元の人にも人気の店

16種類あるパエリャは2人前からの注文。近郊のアルブフェラ湖でとれるメルルーサ（タラの一種）のサルサソースなど、地元の素材を使ったメニューもおすすめ。

交 カテドラルから徒歩4分
住 Mar,27
☎ 96 391 45 71
予算 €35～
営 14:00～16:15、21:00～23:00
休 月曜夜、日曜
URL www.lariua.com

エル・ヘネラリフェ
EL GENERALIFE

MAP p.218

1人でも気軽にパエリャを味わえる

定食のみ。料理2品に、飲み物、パン、デザート付きで平日の昼なら€12、休日は€14。内容は日替わりだが、パエリャ、もしくは小型パスタで作るフィデウアは必ずメニューにある。

交 カテドラルから徒歩3分
住 Navellos,11
☎ 96 391 48 22
予算 €12～
営 7:30～16:00
休 日曜

HOTEL

泊まる

バレンシアのホテル

安くて手頃なホテルは鉄道駅近くのリベラ通りとルッサファ通り、さらに市庁舎近くのエンリョップ通りのあたりに集中していて探しやすい。火祭りラス・ファリャスのシーズンには旅行者が増えるので宿の手配は難しくなる。早めに予約を入れるか、祭りの日をはずして訪れるようにしたほうがいい。

イングレス
INGLÉS

MAP p.218

英国調の内装がすばらしい

国立陶芸博物館の隣に位置する。部屋は木目を基調に、インテリアをカラフルなストライプでまとめた英国調の内装でくつろげる。各種設備やアメニティも充実している。

H ★★★★

交 鉄道駅から徒歩7分
住 Marqués de Dos Aguas,6
☎ 96 351 64 26
部 63部屋
料 S€92～ T€92～
URL www.inglesboutique.com

ワン・ショット・パラシオ・レイナ・ビクトリア04
ONE SHOT PALACIO REINA VICTORIA 04

MAP p.218

市庁舎広場そばの白亜のホテル

市庁舎広場近くに位置し、観光に便利。室内は白を基調とした淡い色調で、広さも充分。全室に衛星放送テレビ、金庫、ミニバー付き。ホテル内にレストランとバルがある。

H ★★★★

交 鉄道駅から徒歩4分
住 Barcas,4
☎ 96 351 39 84
部 85部屋
料 S€96～ T€96～
URL www.hoteloneshotpalacioreinavictoria04.com

カタロニア・エスセルシオール
CATALONIA EXCELSIOR

MAP p.218

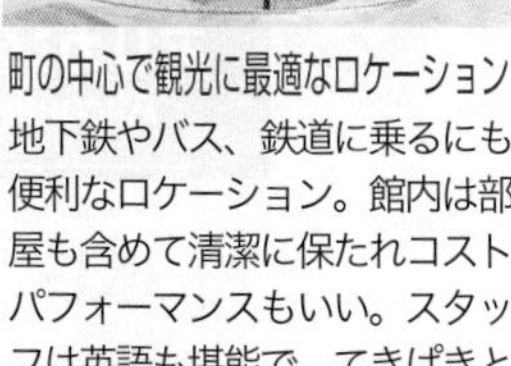

町の中心で観光に最適なロケーション

地下鉄やバス、鉄道に乗るにも便利なロケーション。館内は部屋も含めて清潔に保たれコストパフォーマンスもいい。スタッフは英語も堪能で、てきぱきと対応し親切だ。

H ★★★

交 Ⓜ3/5/7/9号線Colón駅から徒歩8分
住 Barcelonina, 5
☎ 96 351 46 12
部 84部屋
英 常駐
料 S€65～ T・W€74～
URL www.cataloniahotels.com

ソローリャ・セントロ
SOROLLA CENTRO

MAP p.218

オーナーは日本びいき

駅前の繁華街にあり、観光に便利。シングルは7室で、すべてバスタブ付き、全室衛星放送テレビ、エアコン付きでシンプルモダンな内観。JCBカードが使用できる。

H ★★★

交 鉄道駅から徒歩2分
住 Convento Sta. Clara,5
☎ 96 352 33 92
部 58部屋
料 S€66～ T€77～
URL www.hotelsorollacentro.com/

アルカサル
ALKAZAR

MAP p.218

食いしん坊におすすめの宿

シャワーのみの部屋もあるが、全室テレビ、電話、暖房付き。隣は同経営のレストラン。また付近には生ハムで有名なレストラン、パラシオ・デラ・ベジョータなどの飲食店も多い。

H ★

交 鉄道駅から徒歩4分
住 Mosén Femades,11
☎ 96 351 55 51
FAX 96 352 23 26
部 17部屋
料 S€50～ T€74～
URL www.hotelalkazar.es

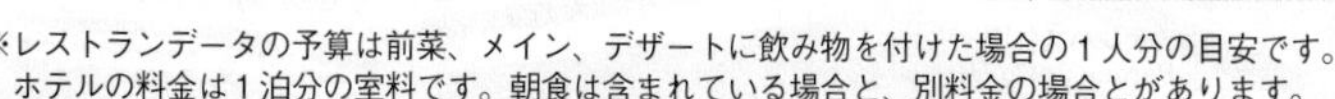

※レストランデータの予算は前菜、メイン、デザートに飲み物を付けた場合の1人分の目安です。
ホテルの料金は1泊分の室料です。朝食は含まれている場合と、別料金の場合とがあります。

ALICANTE

アリカンテ

ローマ時代から「光の都」と呼ばれて栄えてきた海岸沿いの町。年間を通して温暖な気候に恵まれ、現在はリゾート地として有名な白い海岸、コスタ・ブランカの中心地。

MADRID
ALICANTE

鉄道	マドリッドのアトーチャ駅から高速列車で2時間30分、1日11本、€31.75～77.20。バルセロナからは5時間～5時間40分、1日8本、€21.05～81.70。
バス	マドリッドの南バスターミナルからALSA社で5時間～5時間45分、1日8本、€32.36～47.83。バルセロナの北バスターミナルから7時間15分～9時間45分、1日8本、€48.30～60.37。バレンシアから2時間30分～5時間30分、1日21本、€21.65～26.05。
町歩き	主な見どころはサンタ・バルバラ城くらいなので、あとはスペイン遊歩道や旧市街を散策して2～3時間くらい。

サンタ・バルバラ城より海岸を望む

概 要

典型的な地中海性気候のこの町は、古代ギリシャ人からは「白い砦」、ローマ人からは「光の都」と呼ばれてきた。その陽光のまばゆさは今もなお変わっていない。711年にイスラム教徒に占拠されたが、1296年にアラゴン王ハイメ2世（➔p.225）がアラゴン王国の1都市として併合した。

温暖な気候に恵まれたリゾート

現在はリゾート地、コスタ・ブランカの中心地としても有名だが、ワイン、アーモンドなどの農作物の産地でもあり、アルミ、重金属などの工業も盛んだ。

鉄道で行った場合もバスを利用した場合も町の西側に着くので、海の方向をめざそう。海岸沿いに突きあたり、左に進んで行けば**スペイン遊歩道Explanada de España**に出る。この通りには観光案内所もあり、遊歩道突きあたりの広場には、レストランやカフェなどが軒を連ねている。広場を越えてそのまままっすぐ歩いて行くと左手に**サンタ・バルバラ城**へ通じるエレベーターがある。

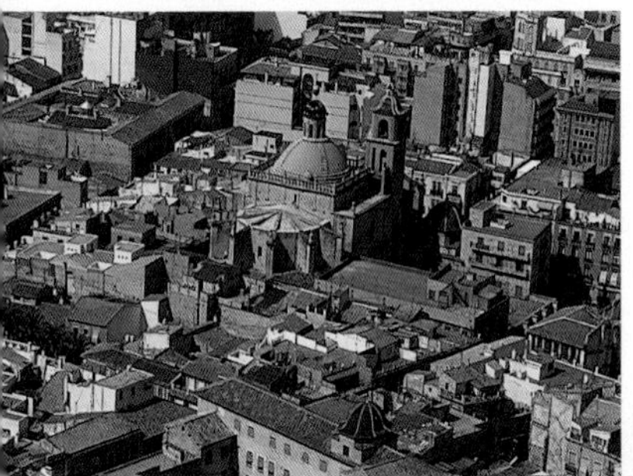

美しい市街地

サンタ・バルバラ城は古代カルタゴの将軍、ハミルカール・バルカによって建てられたといわれている

サンタ・バルバラ城
Castillo de Santa Bárbara

MAP p.224-B

開館：10:00～22:00、10～3月～20:00、7・8月～24:00
料金：エレベーター利用料 往復€2.70

丘の頂上、地上から約150mの高さにある城からは地中海とアリカンテの街並みが一望のもとに見渡せる。海岸通り沿いに山をくり抜いたエレベーターが設置されており、城まで一気に上がることもできる。

城郭は3つのブロックからなり、城内に残る建物は16～17世紀のものだ。小さな博物館もある。帰りは徒歩でゆっくり降りれば、旧市街のサンタ・クルス街Barrio de Santa Cruzに出る。

メリア・アリカンテ
MELIÁ ALICANTE

MAP p.224-B外

交 カテドラルから徒歩10分
住 Plaza del Puerto,3
☎ 96 520 50 00 FAX 96 514 26 33
部 545部屋 料 S€88～ T€88～
URL www.melia.com/

トリップ・グラン・ソル
TRYP GRAN SOL

MAP p.224-B

交 カテドラルから徒歩3分
住 Rambla Méndez Nuñez,3
☎ 96 520 30 00 FAX 96 521 14 39
部 123部屋 料 S€80～ T€80～
URL www.melia.com/

トリップ・シウダー・デ・アリカンテ
TRYP CIUDAD DE ALICANTE

MAP p.224-B

交 カテドラルから徒歩3分
住 Gravina,9
☎ 96 521 07 00 FAX 96 521 09 76
部 92部屋 料 S€59～ T€59～
URL www.melia.com/

ランブラ
RAMBLA

MAP p.224-B

交 カテドラルから徒歩5分
住 Tomás López Torregrosa,11
☎ 96 514 36 59
部 85部屋 料 S€56～ T€56～
URL www.nh-hotels.com/

リアルト
RIALTO

MAP p.224-B

交 カテドラルから徒歩4分
住 Castaños,30
☎ 96 520 64 33
部 30部屋 料 S€33～ T€47～
URL www.hotelrialtoalicante.com

HR ★

サン・レモ
SAN REMO

MAP p.224-B

交 カテドラルから徒歩6分
住 Calle Navas,30
☎ 96 520 95 00
部 27部屋 料 S€33～ T€41～
URL www.hotelsanremo.net/

MEMO アラゴン王ハイメ2世（在位1291～1327）カタルーニャ語ではジャウマ2世。兄の死により即位。父と叔父により分割されていたカタルーニャ＝アラゴン連合王国を再統一し、シチリアの領有にも成功した。

MADRID
MALLORCA

MALLORCA
マヨルカ

地中海に浮かぶマヨルカ島は、バレアレス諸島の玄関口。気候は温暖で、年間の晴天日数300日以上を誇る。世界各国からバカンス客が押し寄せる、屈指のリゾートだ。

海から見たパルマ市街

飛行機 マドリッド から1時間20分、1日14～16便、€26～€121、バルセロナから45分～1時間、1日16～18便、€26～€121、バレンシアから55分、1日7～8便、€16～€92。

フェリー バルセロナから週19便、7時間30分、往復€41～125。バレンシア から週13便、7時間40分～9時間、€104～€117など。
●フェリー予約サイトDirect Ferries
www.directferries.jp

観光案内所 空港▶月～土曜8:00～20:00 日曜8:00～14:00／無休 ☎：971 78 95 56
鉄道駅▶9:00～20:00／無休 ☎：902 102 365

概　要

双眼鏡のような形をしたマヨルカ島は、バレアレス諸島Islas Baleares第一の大きさ。ラ・マンチャ地方のように風車がよく見られるが、雨があまり降らないこの島、地下水だけは豊富に湧く。風車はその水を汲み上げるためのものだ。

マヨルカの空港は島の中心地パルマ市内から約8kmのところにある。観光案内所は空港、鉄道駅の構内などにあり、有名な観光・リゾ

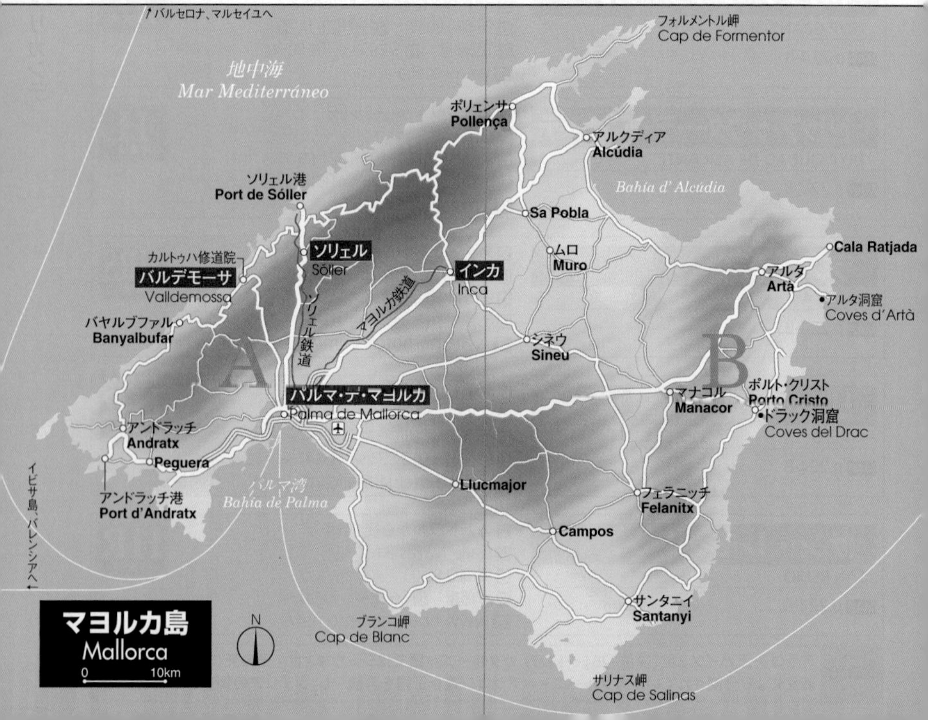

↑バルセロナ、マルセイユへ
地中海
Mar Mediterráneo
フォルメントル岬
Cap de Formentor
ポリェンサ
Pollença
アルクディア
Alcúdia
Bahía d' Alcúdia
ソリェル港
Port de Sóller
Sa Pobla
ムロ
Muro
Cala Ratjada
カルトゥハ修道院
バルデモーサ
Valldemossa
ソリェル
Sóller
インカ
Inca
マヨルカ鉄道
ソリェル鉄道
アルタ
Artà
アルタ洞窟
Coves d'Artà
バヤルブファル
Banyalbufar
シネウ
Sineu
A
B
パルマ・デ・マヨルカ
Palma de Mallorca
マナコル
Manacor
ポルト・クリスト
Porto Cristo
ドラック洞窟
Coves del Drac
アンドラッチ
Andratx
Peguera
アンドラッチ港
Port d'Andratx
パルマ湾
Bahía de Palma
Llucmajor
フェラニッチ
Felanitx
Campos
イビサ島、バレンシアへ←
サンタニイ
Santanyi
マヨルカ島
Mallorca
0 10km
N
ブランコ岬
Cap de Blanc
サリナス岬
Cap de Salinas

ートだけあって、ホテル・レストランリスト、観光地リスト、バス時刻表など資料は充実している。

空港から市内までの交通はバスかタクシーの利用になるが、路線バス（1番）は15分に1本、€5。タクシーなら約€22に、大きな荷物ひとつに付き€0.60が加算される。

フェリーを利用した場合はポルトピPortpiに着く。ここから1番のバス（15分に1本の割合で運行）で市内まで行ける。タクシーを利用する場合は、料金の目安は€10程度。市内のバスターミナルは鉄道駅そば。

パルマ市街では**カテドラル**、**アルムダイナ宮殿**、**マヨルカ博物館**Museo de Mallorca、市街から少し離れたところにある**ベルベル城**、**ミロ美術館**などが主な見どころ。

世界最大の地底湖を持つドラック洞窟

マヨルカは無数の洞窟があることでも知られ、中でも特に有名なのがパルマから65km、島の東にある**ドラック洞窟**Coves del Drac。直訳すると洞窟だが、実際は鍾乳洞。ここには世界最大の地底湖、**マルテル湖**Lago Martelがある。見学の最後に湖に浮かべたボートに乗った楽団がすばらしい演奏を聴かせてくれる。ドラック洞窟へは路線バスが1日に4本（日曜・祝日は1本）出ていて、パルマから約1時間30分。観光バスもあり、旅行会社で申し込める。

ほかの見どころとしては、ショパンとサンドが暮らした**バルデモーサ**や、皮革製品の工場が集まる**インカ**、1921年製の木製の列車に乗って向かう**ソリェル**などがある。

カテドラル
Catedral

MAP p.227-B

交通：レイナ広場から徒歩3分
開館：4・5・10月10:00～17:15、6～9月は～18:15、11～3月は～15:15、土曜は通年10:00～14:15／日曜・祝日休
料金：€8

●パルマのシンボル

1229年にイスラム教徒からマヨルカを奪回したアラゴン王、ハイメ1世（カタルーニャ語ではジャウマ1世、1208～76、在位1213～76）は、翌年の1230年からパルマ市内の海を望む地にゴシック様式を代表する大聖堂を建て始めた。これが1601年に完成したカテドラルである。奥行き121m、幅55m、そして、最も高い中央部分は高さ44mもあるが、これはフランスにあるボーヴェ大聖堂の47mに次ぐ高さだ。19世紀に地震のため一部損傷したが、正面のファサードなどがネオゴシック様式で再建されている。祭壇上部から吊るされている天蓋飾りや、王の礼拝堂は改築の際に参加したガウディの1912年の作品。

ステンドグラスも美しい

左がアルムダイナ宮殿、右がカテドラル

アルムダイナ宮殿
Palacio Real Almudaina

MAP p.227-B

交通：レイナ広場から徒歩2分
開館：10:00〜18:00（4〜9月は〜20:00）／月曜休
料金：€7（ガイド付の場合€11）

●地中海に面して建つ王宮

イスラム支配時代の領主館を14世紀頃、当時のマヨルカ王らが改造し王宮とした。タペストリー、絵画などの調度品で飾られた王の部屋などを見学できるが、現在でもスペイン国王の公邸として機能しているので国賓の来場時などは入場できない。敷地内には軍の施設もあり、こちらは写真撮影禁止なので注意。

ベルベル城
Castillo de Bellver

MAP p.227-A

交通：バスターミナルからバス15分
開館：10:00〜18:00（4〜9月は〜19:00）、日曜・祝日10:00〜15:00／月曜休
料金：€4　TEL：971 73 50 65

●屋上からの眺めがすばらしい

バレアレス諸島を統治したハイメ1世の息子、ハイメ2世の離宮として13世紀に建設された。18世紀から19世紀のはじめまで監獄として使用されていたこの城は、スペインでは非常に珍しい円柱形のフォルムをしている。また、「美しい眺め」という意味の名前の通り、屋上からパルマ市街はもちろん、パルマ湾、地中海を一望できる。

パルマ市街からは少し離れているが、訪れる価値はある

ミロ美術館
Fundació Pilar y Joan Miró

MAP p.227-A外

交通：バスターミナルからバス20分
開館：10:00〜18:00（5月16日〜9月15日は〜19:00）、日曜・祝日〜15:00／月曜、1月1日、12月25日休
料金：€7.5　TEL：971 70 14 20

●高台に建つミロのアトリエ

現代美術の研究所を造りたいと願うミロ夫妻がパルマ市に寄贈し、1992年にオープンした美術館。建物はマドリッドのティッセン・ボルネミッサ美術館を設計したことで知られるモネオの手による。ミロがマヨルカに住んでいた頃の作品を中心に構成され、裏手にはミロが晩年住んでいたアトリエもある。

子どもの心を持ち続けたミロの美術館

屋外にも作品がいっぱい

MEMO　ハイメ2世（1243〜1311、マヨルカ王として1276〜85）カタルーニャ語ではジャウマ2世、父王ハイメ1世が興隆させたカタルーニャ＝アラゴン王国を兄のペラ2世と分割相続した。P.225のハイメとは別人。

インカ
INCA

MAP p.226-A

●皮革製品の町、インカ

パルマからインカ鉄道で35〜40分。皮革工場がたくさんあるこの町は、革製品が安く買えることで観光客に人気が高い。鉄道駅を背にして左へ道を進むと皮革を使ったコートやジャケット、ベルト、靴を製造する1877年創業の老舗のメーカー、ロトッセLOTTUSSEの工場がある。ロトッセとは反対側、駅を背に右方向に10分歩き、ガード下をくぐって最初の四つ角を左折して、ひたすら真っ直ぐ7〜8分ほど進むと、カンペールの工場がある。この一角にアウトレットショップのリカンペールRECAMPERがあり、型落ち商品が時期によっては€60程度から買える。

そのほかにも、アウトレット価格の皮革製品の皮革製品の店が点在しているので、散歩がてら探してみよう。ただし、町そのものにはそれほどの見どころはないため、観光案内所もない。マヨルカ滞在中、午後早めにその日の観光が終わってしまったというようなとき、時間つぶしをかねてちょっと足を延ばしてみるにはいい町だ。

工場によってはショップを併設

マヨネーズはマヨルカ生まれ!?

日本のふだんの食卓にも欠かせない脇役になっているマヨネーズ。日本に限らず世界中で愛されるこのソースがいつ、どこで生まれたかには諸説あるが、有力な説の一つはスペイン・マヨルカ島生まれというもの。マヨルカ島のほか、同じスペインのメノルカ島のマオン起源説や、フランス起源説もある。

ソリェル
Soller

MAP p.226-A

●オレンジやレモン畑の中のかわいい町

なんといっても、1912年以来、現役で活躍しているソリェル鉄道が白眉。木製のおもちゃのような列車に乗ってソリェルまで行くのはとても楽しい行程だ。

電車は1日6本（冬期は4本）ある。10:10と10:50、12:15分発の列車のみが途中の展望台で約5分ほど停車する。料金はパルマ〜ソリェル片道€25。

ソリェルはオレンジやレモン畑に囲まれた清潔な小さな町。特別な観光ポイントがあるわけではないが、鉄道駅を出て、ミニ・トレイン（路面電車）の停留所の横にある観光案内所でもらった地図を片手に歩けば、ところどころに15世紀の建物を見ることができる。町を走るミニ・トレインは3両編成の前1両のみが箱型で、あとの2両は屋根があるだけの、まるで遊園地の汽車のよう。これに乗って港まで行くのも一案だ。片道€7（パルマから港との往復€32.17）。

ソリェル鉄道の途中停車する展望台からの眺め

ソリェル鉄道の車両
ソリェル市内の路面電車

バルデモーサ VALLDEMOSSA

ショパンとサンドがひと冬を過ごした村

バルデモーサは静かな山あいの村

パルマの北18kmにある静かな村、バルデモーサ。1838年、ショパンと詩人のジョルジュ・サンドは胸を病んだショパンの療養のためと、パリ社交界の口さがない人々から逃れるためにここを訪れる。2人は、カルトゥハ修道院に部屋を借りてひと冬を過ごすが、ショパンの病状はいっこうに良くならず、結核の伝染を恐れる村人ともうまくいかなかったので、翌年、失意のうちに島を去った。しかし、ショパンはここであの有名なピアノ曲「雨だれ」を作曲している。

さて、この村へのアクセスだが、パルマから1日6～11便バスが出ている。乗り場はスペイン広場向いに入口がある地下のバスターミナルで、9番乗り場から210番のバス利用で乗車時間は約30分、€2.10。タクシーだと約20分、料金は約€40。

修道院に入るとまず礼拝堂がある。続いて中庭のある回廊を歩いて行くと、いくつもの部屋があるが、ショパンの住んでいた部屋は入口にそれと書かれているのですぐわかる。ショパンが使っていたピアノも展示してある。内部には、これでもか、といわんばかりにみやげもののコーナーがあり、少し興ざめの感がなくもないが、窓の外につながる庭に出て、緑が広がる風景を眺めていると、2人がなぜここを逃避行の場として選んだのかがわかるような気がしてくる。

修道院を出て、右斜め前にサンチョ王の宮殿Palacio del Rey Sanchoがあり、こちらも同じチケットで入場できる。ホールでは1日5回程度、ピアノコンサートが開かれている。

●カルトゥハ修道院・サンチョ王の王宮
Reial Cartoixa de Valldemossa

MAP:p.226-A
開館：10:00～16:30／日曜休
11～1月は休館
料金：€10
TEL：971 61 29 86

ショパン愛用のピアノも展示されている

サンチョ王の宮殿内のホールで催される民族舞踊

RESTAURANT

食べる

マヨルカのレストラン

リゾート地なので、ホテルの数は多いが、海沿いは高級ホテル中心で安宿はあまりない。ここではパルマ市内のホテルとレストランを紹介している。

マヨルカのホテル

泊まる

HOTEL

サ・クランカ
SA CRANCA

MAP p.227-A

一人でもできたてパエリャが楽しめる

パエリヤなど、米料理の種類が豊富なレストラン。月替わりの定食は、前菜、米料理または、肉・魚料理から選べる。デザート、ドリンクつきで2人前€60、夜も注文可能だ。

交 カテドラルから徒歩15分
住 Avinguda de Gabriel Roca,13
☎ 971 73 74 47
予算 €30～
営 13:00～16:00、20:00～24:00（日曜13:00～16:00）
休 月曜
URL www.sacranca.com/

セレール・サ・プレムサ
CELLER SA PREMSA

MAP p.227-B

地元の客で賑わう庶民的な店

マヨルカの郷土料理を食べるならここ。土曜・祝日も食べられるランチは2皿にパン、飲み物、デザートかカフェも付いて€12.75と格安。いつも地元客で賑わっているので味は確かだ。

交 バスターミナルから徒歩5分
住 Plaza Obispo Berenguer de Palou,8
☎ 971 72 35 29
予算 €15～
営 7:30～23:30
休 日曜・7・8月の土曜
URL www.cellersapremsa.com/

パラシオ・カサ・ガレサ
PALACIO CASA GALESA

MAP p.227-B

17世紀のお城に泊まる

17世紀のお城を改装し、1995年にオープン。当時を再現し、アンティークの調度品でととのえた食堂とキッチンはため息もの。パティオもすばらしい。地下にはプールもある。

H ★★★★★

交 カテドラルから徒歩2分
住 Carrer de Miramar,8
☎ 971 71 54 00
部 12部屋
料 S€204～　T€204～
URL www.palaciocasagalesa.com/

ミラドール
MIRADOR

MAP p.227-A

最上階のレストランは眺望最高

広めの客室は茶系のインテリアでまとめられ、落ち着いた雰囲気。7割の部屋にテラスがある。最上階のレストランはテラス席もあり、パルマ市街を一望できる。

交 カテドラルから徒歩15分
住 Paseo Marítimo,10
☎ 971 73 20 46
部 109部屋
料 S€109～　T€136～
URL www.thbhotels.com

ボルン
BORN

MAP p.227-B

中世の雰囲気を味わう

16世紀の富豪の家を改装したホテル。スイートの寝室には天井画が描かれ、中世の雰囲気満点。白いテーブルセットが置かれたパティオもかわいい。

H ★★★★★

交 カテドラルから徒歩9分
住 San Jaume,3
☎ 971 71 29 42　FAX 971 71 86 18
部 36部屋　英 常駐
料 S€95　T€98～
URL www.hotelborn.com/

※レストランデータの予算は前菜、メイン、デザートに飲み物を付けた場合の１人分の目安です。
ホテルの料金は１泊分の室料です。朝食はホテルにより含まれている場合と、別料金の場合とがあります。

EIVISSA(IBIZA)

イビサ

バレアレス諸島第3の大きさのこの島は、無国籍の雰囲気が漂う、地中海屈指のリゾート・アイランド。イビサ旧市街に残る城壁は、その歴史の古さを物語っている。IBIZAはカスティーリャ語でのつづり方。

イビサ旧市街

飛行機 マドリッド から1時間15分、1日4〜8便、€14〜83、バルセロナから1時間、1日5〜9便、€30〜103、バレンシアから45分、1日3〜4便、€32〜70。

フェリー バルセロナから週9便、9時間、往復€103〜125。バレンシアから週10便、4時間45分〜6時間45分、往復€79〜85など。
●フェリー予約サイトDirect Ferries
www.directferries.jp

町歩き イビサ市街のダルト・ビラなど史跡、旧跡だけなら2時間で充分。郊外のビーチなどへ行っても、飛行機利用で日帰り可能。

観光案内所 カテドラル広場▶9:00〜15:00、土・日曜・祝日10:00〜14:00(4〜6月の月〜土曜は10:00〜14:00、17:00〜20:00、7〜9月は10:00〜14:00、18:00〜21:00) 空港内▶月〜土曜9:00〜15:30 TEL:971 809 118

概　要

イビサ島の歴史は古く、紀元前10世紀にはすでにフェニキア人の貿易中継地として機能していたという。

飛行機でイビサへ入った場合、空港10番から市内まではバスかタクシーを利用。バスは20〜30分に1本の割合で、朝7時から夜11時50分まで運行している。料金€3.50、市内までは約20分ほど。タクシーは、市内まで€23〜26程度、所要15分。フェリーの場合はイビサ港Puerto de Eivissaに着く。

観光案内所はバラ・デ・レイ通りPaseo Vara de Reyにある。イビサ市街のホテルは小規模のものがほとんどで、しかも散在しているので、ここでホテルリストと市街マップをもらっておくといい。また、タウンガイドやスポーツ・アクティビティガイドなどももらえる。空港内にも観光案内所(TEL:971 809 118)がある。

城壁に囲まれた旧市街をのんびり散策

イビサ市街のいちばんの見どころは**城壁**とそれに囲まれた旧市街の**ダルト・ビラDalt Vila**だろう。タブラス門Puerta de Tablasをくぐって城壁内へ入ると、レストランやみやげもの屋が軒を連ねる区画に出る。手作りの革小物を売る店などをのぞきながら、**カテドラル**をめざして登って行こう。道は狭く、そのうえ曲がりくねって複雑に交差しているが、上をめざして行けばカテドラルにたどり着けるので心配ない。

歩き疲れたら城外に出て、港に近いラ・マリーナ地区La Marinaやバラ・デ・レイ通りなどに散在するおしゃれなカフェでひと休み。夜遊ぶならサ・ペーニャSa Penya地区の裏路地などにあるバルやディスコで。

ビーチでのんびりしたいなら、イビサの北15kmのところにある**サン・エウラリア・デス・リウSanta Eulària des Riu**や、島の反対側にある町**サン・アントニ・デ・ポルトマニィSant Antoni de Portmany**などへ行ってみよう。

港から旧市街を望む

※イビサ島は、島全体が「イビサ島の生物多様性と歴史地区」として、世界複合遺産に登録されている。

グラナダの街並み

Andalucía

アンダルシア

- コルドバ
- グラナダ
- ロンダ
- マラガ
- ネルハ
- ミハス
- アルヘシラス
- ジブラルタル
- ヘレス・デ・ラ・フロンテラ
- カディス
- セビーリャ

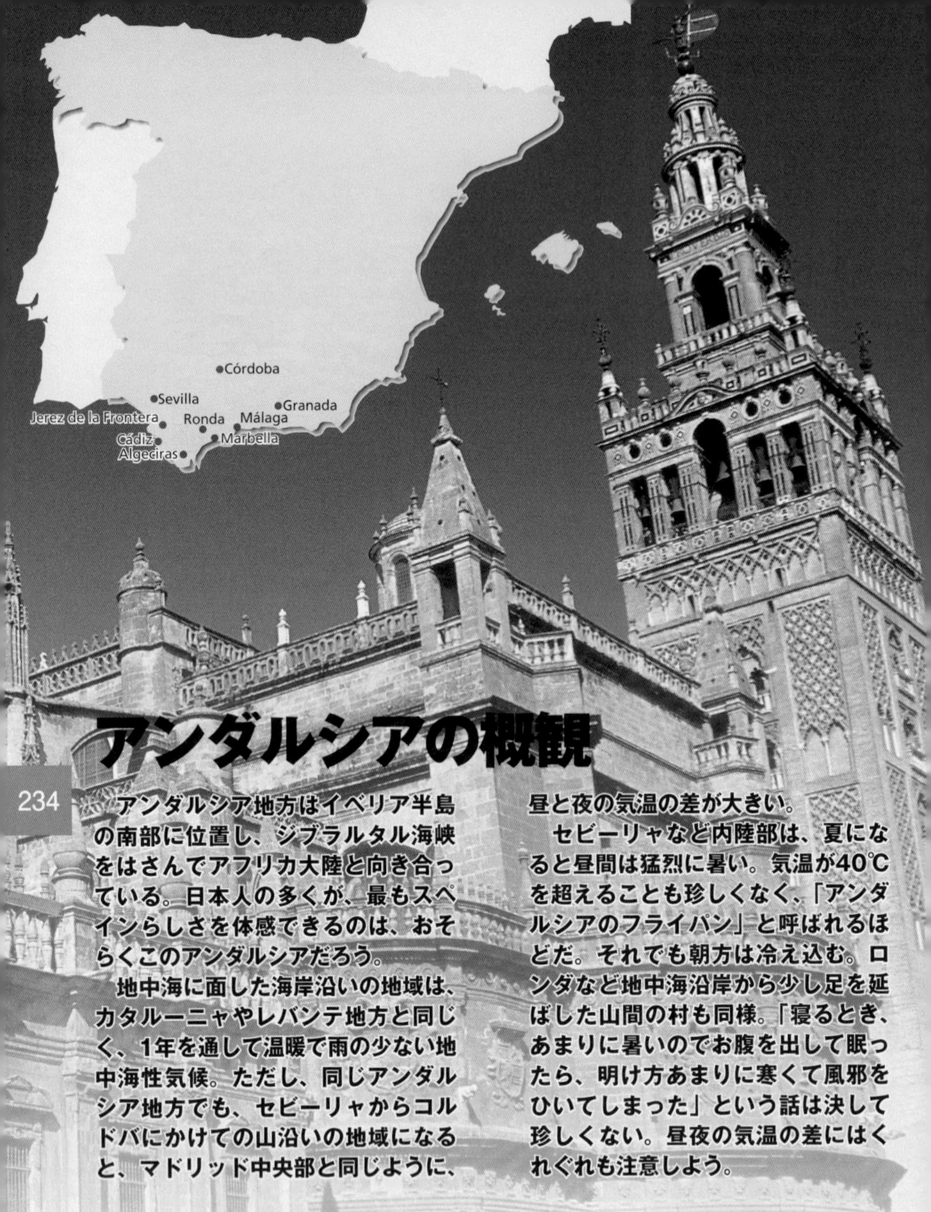

Córdoba
Sevilla
Granada
Jerez de la Frontera
Ronda
Málaga
Cádiz
Marbella
Algeciras

アンダルシアの概観

アンダルシア地方はイベリア半島の南部に位置し、ジブラルタル海峡をはさんでアフリカ大陸と向き合っている。日本人の多くが、最もスペインらしさを体感できるのは、おそらくこのアンダルシアだろう。

地中海に面した海岸沿いの地域は、カタルーニャやレバンテ地方と同じく、1年を通して温暖で雨の少ない地中海性気候。ただし、同じアンダルシア地方でも、セビーリャからコルドバにかけての山沿いの地域になると、マドリッド中央部と同じように、昼と夜の気温の差が大きい。

セビーリャなど内陸部は、夏になると昼間は猛烈に暑い。気温が40℃を超えることも珍しくなく、「アンダルシアのフライパン」と呼ばれるほどだ。それでも朝方は冷え込む。ロンダなど地中海沿岸から少し足を延ばした山間の村も同様。「寝るとき、あまりに暑いのでお腹を出して眠ったら、明け方あまりに寒くて風邪をひいてしまった」という話は決して珍しくない。昼夜の気温の差にはくれぐれも注意しよう。

セビーリャの月別降水量

31.2
54.6
71.6
95.8
16.6
0.2
0
0.2
23.2
54.4
75.6
4.8
1月
2月
3月
4月
5月
6月
7月
8月
9月
10月
11月
12月
100
80
60
40
20
0
(mm)

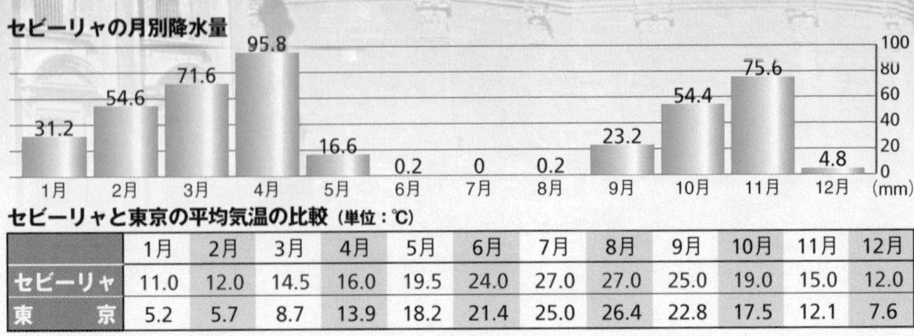

セビーリャと東京の平均気温の比較（単位：℃）

	1月	2月	3月	4月	5月	6月	7月	8月	9月	10月	11月	12月
セビーリャ	11.0	12.0	14.5	16.0	19.5	24.0	27.0	27.0	25.0	19.0	15.0	12.0
東京	5.2	5.7	8.7	13.9	18.2	21.4	25.0	26.4	22.8	17.5	12.1	7.6

必見の観光スポットが集まるエリア

アンダルシア地方の中心都市セビーリャ、イスラム王朝時代には100万もの人口があったというコルドバ、アルハンブラ宮殿で有名なグラナダなどは内陸部にある。

南の海岸線に沿っては、マラガをはじめとするコスタ・デル・ソルCosta del Sol（太陽の海岸）の町、少し内陸に入ればカサレス、ロンダなどのカサ・デ・ブランカCasa de Blanca（白い家の村）、西にはシェリー酒で有名なヘレス・デ・ラ・フロンテラやカディスなどがある。人気の観光スポットが多く、アンダルシアのもうひとつの魅力を創り出している。

スペイン南端の町アルヘシラスまで来れば、アフリカ大陸はもう目の前。ジブラルタル海峡を越えて、モロッコのタンジールまでは日帰りも可能だ。最近は、ショッピングなどを目的としてタンジールを訪れる観光客が増えている。

諸文明の交差点

古代にはローマ人、ついでゲルマン系の西ゴート人、さらには711年にイスラム教徒が侵入・定住したアンダルシアは、多様な歴史と文化が混じり合う土地だ。

その中で、とりわけ大きな影響を現代のスペインに残しているのがイスラム文化。コルドバを中心に756～1031年に栄えた後ウマイヤ朝は、もとはシリアから逃れて来た人々の国。イベリア半島に、当時としては先進的だったイスラム教とその文化を持ち込んだ。今日でもコルドバを歩いていて見かける涼しげなパティオ＝中庭は、北アフリカにも見られるイスラム的な文化だ。

▲こんな光景はアルダルシアでは珍しくない

◀コルドバの町角ではよくパティオを見かける

イスラム文化の面影が、アルダルシアの各地に残る

侵入当時は優勢だったイスラム勢力も、キリスト教徒側の態勢が整うにつれしだいに南に追いつめられ、1212年にはイスラムの大国ムワッヒド朝がキリスト教徒軍に大敗。1230年に成立したナスル朝グラナダ王国は、1492年に滅ぼされるまで後退・縮小しつつイスラム文化の残影をとどめ、その結晶ともいえるアルハンブラ宮殿を残して北アフリカへと去っていった。

スペインの文化について、「イスラム教文化とキリスト教文化の融合」という言い方がよくなされるが、アンダルシアは地理的な条件もあってその性格がより強く、街並みひとつとっても独特の情緒を醸し出している。

コルドバのポトロ広場のみやげもの屋

また、アンダルシアといえばフラメンコ（➔p.26）の本場。フラメンコのフェスティバルやコンクールが、1年を通してよく開かれている。そして町には、タブラオ（フラメンコのショーが見られるレストラン・バー）も多い。

気質的には、スペインの中でも最もラテン的・享楽的だともいわれている。しかし、経済的にはアンダルシア地方の平均所得は、スペインの中でも下位に低迷している。

アルハンブラ宮殿など
魅力的な観光スポットの宝庫

観光スポットが多いのも、アンダルシアの魅力。内陸部にはコルドバ、グラナダ、セビーリャという3つの大きな都市があるが、それぞれが個性的な魅力にあふれている。

セビーリャはカルメン、フラメンコ、「セビリヤの理髪師」などで日本でもよく名前を知られているアンダルシアの中心都市。「セビーリャを知らないことは、この世のすばらしさを知らないことだ」とさえいわれる。毎年４月または５月初めにかけて開催される春祭り（フェリア）は、スペイン三大祭りのひとつで、町中がフラメンコの仮装であふれる楽しいイベント。フラメンコだけではなく、闘牛が盛んに行われることでも有名だ。

イスラム文化の強い影響を感じさせる建物が多いのもアンダルシアの特徴。特にコルドバのメスキータ、グラナダのアルハンブラ宮殿は見のがせない観光スポットだ。壮大で、しかも荘厳ともいえるその美しさには、心を奪われる。

アンダルシアのもうひとつの顔
コスタ・デル・ソルとカサ・デ・ブランカ

アンダルシアの南端で、地中海に面する地域がコスタ・デル・ソル（太陽の海岸）。きれいな海岸線だけではなく、冬でも温暖な気候であることから、リゾートとして人気が高い。ここには、マラガを筆頭にトレモリーノス、マルベーリャなどの町があり、主にヨーロッパからのリゾート客で1年中にぎわっている。

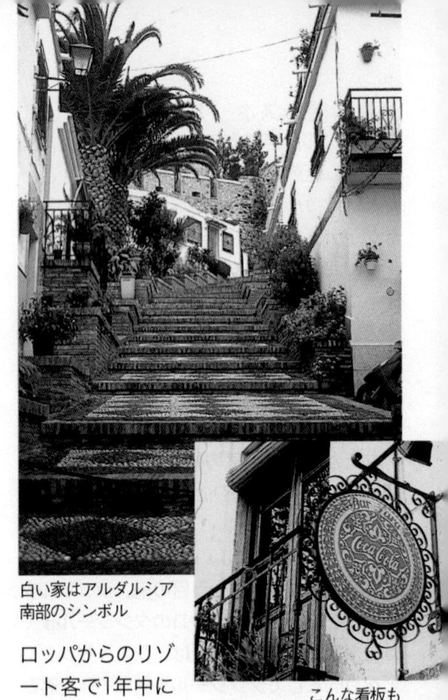

白い家はアルダルシア南部のシンボル

こんな看板も

アンダルシアの南部にはカサレス、ネルハ、ロンダ、ミハスなど、カサ・デ・ブランカCasa de Blanca（白い家の村）といわれる村々が点在している。ひまわりの咲き乱れる中に文字通り、白い壁の家が固まるように建っている。ひまわりは6月頃から咲き始める。

白い村で代表的なのがカサレスで、丘の上からは、白い家が寄り添うように建つ景色が一望できる。これもアンダルシアの美しい風景のひとつだ。

グラナダの美しい街並み

●アンダルシアの交通

マドリッドから入るか、バルセロナから入るかで所要時間が大きく異なるのがこのエリア。マドリッド〜コルドバ〜セビーリャ間は、高速列車AVEが2時間30分で結んでいる。一方バルセロナからは、東寄りのグラナダまででも列車で7時間40分ほどかかる。グラナダへはマドリッドからでも最短でも4時間35分かかるので、飛行機の利用（→p.366）も検討に値する。

エリア内では、鉄道がコルドバ〜グラナダ、セビーリャ〜グラナダ、アルヘシラス〜ロンダ〜グラナダ、セビーリャ〜ヘレス〜カディスを結ぶのが主要なところ。そのほか、各都市間の長距離バスがつないでいて便利だが、ロンダやミハス、ヘレスなど小さな町への本数は少ない。

エリアの外へは、セビーリャが銀の道とエストレマドゥラ（→p.295）への入口となっているほか、西のウエルバHuelva経由でポルトガル方面へ長距離バスが出ている。

アンダルシア地方とバルセロナ、バレンシア、アリカンテとの連絡はあまりよくない。バレンシア〜グラナダ間もバスで8〜10時間くらいかかる。

●アンダルシアの祭り

2月上旬〜中旬※	**カーニバル**
3月または4月※	**セマナ・サンタ（各地）**
4月または5月※	**春祭り・フェリア（セビーリャ）**
5月上旬〜中旬※	**パティオ祭り(コルドバ)**
5月上旬※	**馬祭り（ヘレス・デ・ラ・フロンテラ）**
5月15日	**守護聖人祭（ネルハ）**
5月20〜22日	**フェリア（ロンダ）**
7月末〜8月初	**フェリア（マラガ）**
9月初旬※	**シェリー祭（ヘレス・デ・ラ・フロンテラ）**
9月29日	**フェリア・デ・サン・ミゲル（グラナダ）**

※の祭りは、年によって変動する

●アンダルシアの世界文化遺産

- **セビーリャの大聖堂、アルカサル、インディアス古文書館**
- **グラナダのアルハンブラ、ヘネラリーフェ、アルバイシン**
- **コルドバの歴史地区**
- **ウベダとバエーサのルネサンス様式の記念碑的建造物群**
- **アンテケラのドルメン遺跡**

▲セビーリャの大聖堂内観
◀コルドバのメスキータ

●アンダルシアの料理

さいの目に刻んだトマトやキュウリ、ピーマンなど野菜がたくさん入った冷製スープ、ガスパチョGazpacho。アンダルシアの代名詞のようなスープだが、ほかにも気候風土に恵まれた土地だけあって、素材のうまみを生かした比較的素朴な料理が多い。特に地中海に面したマラガなどでは、新鮮な魚のフライFritos de Pescados a la Maragueñaに塩、コショウしただけの、シンプルな料理が好まれる。

内陸部では地場野菜を使った料理や、オックステールの田舎風シチューなど煮込み料理も多い。料理ではないが、ヘレス・デ・ラ・フロンテラはシェリー酒Sherryの産地。これが目的で訪れる観光客も多い。

魚のフライや、素材のうまみを生かした料理が多い

MEMO アンダルシアのおみやげものなら、扇や衣装などのフラメンコのグッズ、中世のアラブ音楽のCD、グラナダの寄木細工、ヘレスのシェリー酒、エキゾチックな模様の焼き物などがある。

CORDOBA

コルドバ

中世にはヨーロッパのイスラム世界の中心地として栄え、100万人が生活する大都市だったコルドバ。現在の静かなたたずまいの中に、当時の喧噪が聞こえてきそうだ。

コルドバの街並み

鉄道 マドリッドのアトーチャ駅からAVEまたは特急で1時間40分～2時間40分、1時間に1～3本、€40.35～105.60。セビーリャから45分～1時間20分、1時間に2～4本、€14～31.70。

バス マドリッド南バスターミナルからSocibusで約4時間50分、1日8便、€23.38～€31.48、グラナダからALSA社で約2時間45分、1日9便、€17.66～20.58。

町歩き メスキータを中心に、主要な観光スポットは歩いて回れる。見どころが多く、町そのものに味わいがあるので、できれば1泊してゆっくり過ごしたい。

観光案内所 メスキータ前▶9:00～19:00、土・日曜9:30～14:30／テンディーリャス広場▶9:00～13:30、17:00～19:15
コルドバ駅▶9:00～14:00、16:30～19:00

概要

コルドバは紀元前のローマの植民地時代からアンダルシアの中心地だった。ローマ帝国の皇帝ネロの家庭教師であり、哲学者としても名が残っているセネカはこの町の生まれだったといわれている。

8世紀にイスラム教徒の侵入が始まり、後ウマイヤ朝が成立すると、コルドバはヨーロッパ・北アフリカのイスラム教国の中心として大きく発展していった。929年にカリフの宣言をしたアブドゥル・ラフマーン（ラーマンとも）3世の時代にコルドバは最盛期を迎える。なんと当時、コルドバの人口は100万、モスクの数は300を超えていたという。文化的にもイスラム、キリスト教、ユダヤの3つの文化が共存し、融合していくことで世界の中心といえるほどの隆盛を迎えた。また、イスラム圏からは貴重な文献が持ち込まれ、アリストテレスの名はこの町の資料によって、ヨーロッパ世界に知られるようになったといわれている。

後ウマイヤ朝はその後分裂し、レコンキスタによってイスラム教徒が去っていくと、コルドバの町は次第に衰退していった。現在は人口33万人の静かな町だが、メスキータやユダヤ人街などの中に、当時の繁栄の足跡を垣間見ることができる。

巨大なメスキータがコルドバのシンボル

メスキータはイスラム教徒が建てたモスクだった建物で、観光客が多く集まるということもあって、観光案内所も近くに2ヵ所ある。

コレデラ広場

MEMO アブドゥル・ラフマーン3世（889～961、在位912～961）後ウマイヤ朝8代目の領主。国内を整備してスペイン南部にある所領を固め、北アフリカをも勢力下に置き、王国の最盛期を現出させた。

メスキータを背にしてその前が**ユダヤ人街**。小路が入り組み、その両側に白壁の家が並び迷路のように複雑だが、それほど広いエリアではないので、迷っても大丈夫。

メスキータからグアダルキビル川に沿って5分ほど歩くとポトロ広場があり、この近くには**コルドバ美術館**、**フリオ・ロメロ・デ・トーレス美術館**、**考古学博物館**、セルバンテスが泊まった、かつての旅籠(はたご)**ポトロ**などの観光スポットがいくつもある。

コルドバの町を歩いていると、華やかな花や鉢植えで飾られた手入れの行き届いた**パティオ（中庭）**をよく見かける。コルドバに限らず、アンダルシアでは多くの人がきれいなパティオを造ることに最大の情熱を傾けているように見える。人をほめるなら、その家のパティオをほめるのがいちばんといわれるほどだ。こうしたコルドバ人のパティオ好きを反映してか、5月にはパティオの美しさを競うコンテストも開かれる。

メスキータ Mezquita

MAP p.239-D

交通：コルドバ駅から徒歩25分
開館：10:00～19:00（冬期～18:00）、日曜・祝日8:30～11:30、15:00～19:00（冬期～18:00）
料金：€10（ベルタワー€2）

●イスラム教とキリスト教とが混じり合う大建築

メスキータとはスペイン語でモスク（イスラム教寺院）のこと。メスキータは、780年にアブドゥル・ラフマーン1世によって西ゴート王国の教会の跡地に建立され、その後3回の拡張を経て現在の規模になった。拡張にあたって充分に用地を確保できなかったため、本来ならばメッカの方向にあるミフラーブMihrab（メッカの方向を指すくぼみ）に向かって左右対称であるべきはずのモスクのバランスが崩れている。当時イスラム教徒は、祈りを捧げる前にオレンジの中庭Patio de los Naranjosにあった池で体を清めていたが、現在その池はなく、今も残っている井戸だけが当時の面影をしのばせる。モスク内部へはレコンキスタ後の教会への改修の際、唯一埋められずに残った棕櫚の門Puerta de las Palmasから入る。

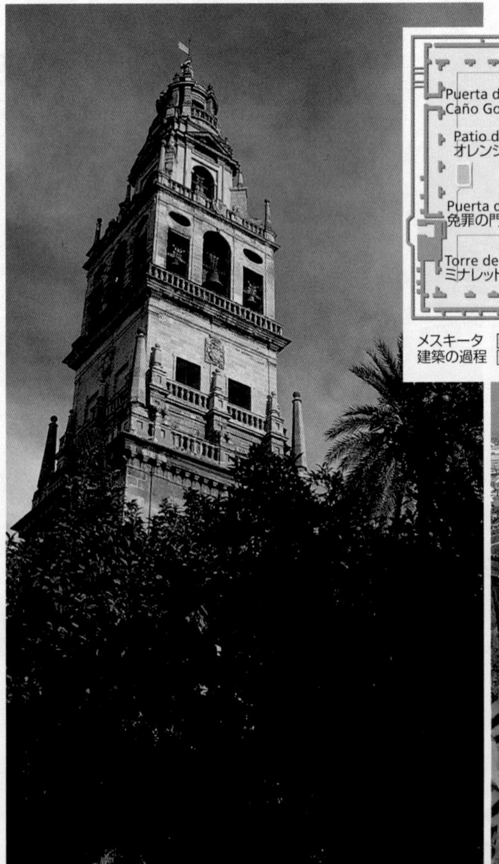

イスラム文化とキリスト教文化が混じり合ったメスキータ

Puerta del Caño Gordo
Patio de los Naranja
オレンジの内庭
Catedral
大聖堂
Puerta del Perdón
免罪の門
Puerta de las Palmas
棕櫚の門
Mihrab
ミフラーブ
Torre del Alminar
ミナレット

メスキータ建築の過程
ラフマーン1世785年竣工
ラフマーン2世848年増築
ハカム2世961年増築
マンスール987年増築

赤白模様のアーチ。手前は重量を分散させるために二重にしたアーチ。建物の細部にも見どころがある

MEMO アブドゥル・ラフマーン１世（731～788、在位756～788）バグダッドのアッバース朝によってシリアを追われたウマイヤ朝の領主。北アフリカ経由でスペインに逃れ、後ウマイヤ朝を建国した。

美しい花が咲くアルカサルの庭園

白壁が印象的なアルカサル

入口付近は最も古くからある部分だ。重量を分散して、天井をより高くするために二層式にしたアーチの赤白の模様は一見すると彩色のようだが、白色の石と赤色のレンガを交互に組み合わせて造られている。

そのまま進むと、奥の2回目の拡張部分にミフラーブがある。これはイスラム教寺院においては祭壇の代わりになるもので、正面、側面、天井に至るまで精密に彫り込まれた装飾がすばらしい。建物の中央部分には、聖職者たちがときのローマ皇帝カール5世を説き伏せて16世紀に造ったカテドラルがある。しかし、完成後にこれを見た王は「お前たちはどこにもないものを壊して、どこにでもあるものを造った」と嘆いたという。だが、イスラム文化とキリスト教文化の様式が混じり合うことにより、結果的にこの寺院は「どこにもない建築物」となったともいえる。ミサ中はカテドラルへの入場はできない。

アルカサル
Alcázar

MAP p.239-C

交通：メスキータから徒歩5分
開館：8:15～20:00
（土曜9:30～18:00、日曜8:15～14:45）／月曜休
料金：€5

14世紀にアルフォンソ11世によって改築された、ムデハル様式の城。グラナダのレコンキスタの際にはカトリック両王の居城となり、また、1490年から1821年にかけてはキリスト教の異端審問所としても機能した。現在、内部にはローマ時代の石棺やモザイクなどが展示されている。

ポトロ広場
Plaza del Potro

MAP p.239-D

交通：メスキータから徒歩6分

●ドン・キホーテの名残をとどめる

いささかくたびれた、何の変哲もない広場だが、「ドン・キホーテ」に登場したことで有名になった。ポトロとは4歳半以下の仔馬という意味で、広場にある噴水の中央部分に仔馬の小さな像があることに由来する。

「ドン・キホーテ」の作者のセルバンテス（➔p.125）が泊まったといわれる旅籠がこの広場にあり、現在は展示会などの催しがある時だけオープンしている。またその向かいには黒髪の女性ばかりを描き続けた画家、フリオ・ロメロ・デ・トーレスの美術館Museo Julio Romero de Torresとゴヤ、ムリーリョ、スルバラン（➔p.301）などの作品を所蔵するコルドバ美術館Museo Provincial de Bellas Artesがある。

のどかな雰囲気のポトロ広場

MEMO

カール5世（➔p.110）　スペインの王、カルロス1世。父からネーデルランドを、外祖父フェルナンド2世（➔p.255）からスペインとその植民地を相続したが、広大な帝国を戦乱と宗教改革の動乱に陥らせた。

ユダヤ人街と花の小路
La judería y Calleja de las Flores

MAP p.239-C,D

交通：メスキータから徒歩3分

狭い路地に咲き誇る花が美しい

●花が咲きこぼれる白壁の迷路

人がやっとすれちがえるほどの細い道が、迷路のように複雑に入り組んでいるユダヤ人街。ここにはスペインに今では3つしか現存していないシナゴガ（ユダヤ人教会、あとの2つはトレドにある。p.110参照）が残っており、壁一面に施された精緻な石膏模様が美しい。

町の南側、メスキータから小道に入ってすぐのところには、白い壁の両側に植木鉢がびっしり吊るされ、赤やピンクの花が咲き乱れる、ひときわ美しい小路がある。ここが「花の小路」といわれる場所で、いつでもカメラを持った観光客でいっぱい。通りの奥には小さなみやげ店もある。

ただし、これはコルドバの旧市街全般にもいえることだが、この界隈ではとりわけ狙った人物の後ろにぴったりとくっついて歩き、隙を見てカバンから財布を抜き取るスリが出没するので、荷物はしっかりと前に抱え込んで歩くこと。

考古学博物館
Museo Arqueológico

MAP p.239-B

交通：メスキータから徒歩6分
開館：9:00～21:00（6～8月～15:00）、日曜・祝日9:00～15:00／月曜、1月1・6日、5月1日、12月24・25・31日休
料金：€1.50

●ローマ時代の遺跡の上に立つ

ルネッサンス様式の2階建て邸宅を利用した博物館。主にローマ時代からイスラム時代の遺物を展示。パティオの回廊部分に多数の彫像が置かれ、1階には発掘されたローマ時代のパブリックスペースの一部も展示されている。

ローマ橋
Puente Romano

MAP p.239-D

交通：メスキータから徒歩２分

ローマ橋と対岸に建つカラオーラの塔

●ローマ時代の貴重な遺構のひとつ

ローマのアウグストゥス帝の時代に築かれた橋で、町でくり広げられた戦争のたびに破壊と修復をくりかえしてきた。現在の橋は、イスラム教徒が整備した橋に、レコンキスタ後に修復を加えたもの。331mの橋の中ほどには大天使聖ラファエルの像がある。

時にはライトアップされたコル…も見られる

夜の花の小路

MEMO マノレテ（1917～47）コルドバ生まれの闘牛士。1939年セビーリャで正闘牛士となり、端正な容姿と巧妙な剣さばきで絶大な人気を博したが、闘牛の興行中に牡牛との闘いで亡くなった。

カラオーラの塔
Torre de la Calahorra

MAP p.239-D

交通：メスキータから徒歩5分
開館：10:00～18:00（5～9月10:00～14:30、16:30～20:30）
料金：€4.50

●橋詰を守った要塞

市街の対岸、ローマ橋を渡ったところにある建物は、イスラム教徒時代に要塞として築かれたもので、1931年に歴史芸術記念物として登録された。現在は歴史博物館になっており、見学の際は入口でヘッドフォンを貸してくれる。入場者はこのヘッドフォンから流れてくる解説を聞きながら見学できる。屋上からはグアダルキビル川の向こう側に広がるコルドバ市街が見渡せ、眺めがいい。

燈火のキリスト像
Plazuela del Christo de los Faroles

MAP p.239-B

交通：メスキータから徒歩20分

●キリスト像に守られた広場

観光ポイントから少しはずれた場所にあり、2つの修道院にはさまれた小さな広場に、磔にされたキリストの像が立つ。夜になり、周りを取り囲む8本のカンテラに灯がともされると神々しい姿が浮かび上がり、見ている者を厳粛な気持ちにさせる。

厳粛な気持ちになるキリスト像

ビアナ宮殿
Palacio de los Marquéses de Viana

MAP p.239-B

交通：メスキータから徒歩25分
開館：10:00～19:00（日曜～15:00)、7・8月9:00～15:00／月曜休
料金：€8（パティオ見学のみは€5）

●美しいパティオが見どころ

ビアナ公爵夫人の屋敷。建物は14世紀のもので、重厚な内装や家具類に貴族の生活をかいま見ることができる。必見は12のパティオと美しい庭園だ。スペイン語か英語のガイド付きで、約1時間で回る。

12のパティオが美しいビアナ宮殿

コルドバ美術館
Museo Provincial de Bellas Artes

MAP p.239-D

交通：メスキータから徒歩7分
開館：9:00～21:00（夏期～15:00)、日曜・祝日9:00～15:00／月曜休
料金：€1.50

●コルドバ派の作品を展示

ポトロ広場の前にある美術館。15世紀に建てられた建物は、以前は施療院だったもの。ここには17世紀以降に活躍したコルドバ派と呼ばれる画家たちの作品が数多く展示されている。ポトロ広場の前には、コルドバ生まれの近代画家、フリオ・ロメロ・デ・トーレスの作品を集めた美術館もある。

緑も美しいコルドバ美術館

MEMO ユダヤ人は西ゴート王国、イスラム教徒支配時代を通じて商人や官僚として活躍したが、キリスト教への改宗を拒否しユダヤ教信仰を堅持したため、1492年にカトリック両王によりスペインから追放された。

RESTAURANT

食べる

コルドバのレストラン

コルドバのレストランはメスキータを中心とした主要観光スポットの周辺に比較的多く点在している。町歩きのついでに小さなレストランをのぞいたり、バルで軽い食事をすることも可能だ。コルドバの名物料理では牛のしっぽを野菜と煮込んだオックステールのシチューEstofado de Rabo de Toroがおすすめ。

エル・カバーリョ・ロホ
EL CABALLO ROJO

MAP p.239-C

コルドバを代表するレストラン

格式は高いが、スタッフもフレンドリーでリラックスして食事ができる。伝統的スペイン料理の他、バカラオ（干し鱈）のシナモン風味などオリジナルレシピも多数。自家製ケーキもおいしい。

交 メスキータから徒歩1分
住 Cardenal Herrero,28
☎ 957 47 53 75
営 9:00〜24:00
休 無し
URL www.elcaballorojo.com

HOTEL

泊まる

コルドバのホテル

コルドバのホテルは、高級ホテルから格安オスタルまでバラエティ豊か。予算に合わせて自在に選べる。観光スポット周辺に点在している場合が多く、使い勝手がよい。

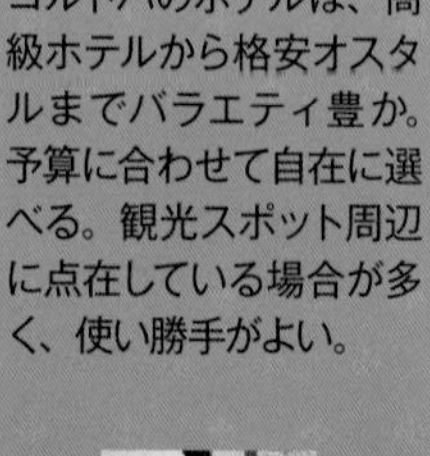

パラドール・デ・コルドバ
PARADOR DE CÓRDOBA

MAP p.239-A外

近代的設備と眺望が魅力

ここから見下ろすコルドバの町の眺望はすばらしい。緑豊かな庭園や清涼感あふれるプール、テニスコートなども完備した、近代的なリゾートホテルといった趣きだ。

H ★★★★

交 鉄道駅からバスで約10分
住 Avenida de la Arruzafa,37
☎ 957 27 59 00
部 94部屋　英 常駐
料 S€75〜　T€75〜
URL www.parador.es/

マリサ
MARISA

MAP p.239-C

旧市街の観光には最高の立地

メスキータの前に建つ白い壁のホテル。明るい日差しを受けた各部屋は清潔で、オーナーの人柄も親しみやすい。なによりも花の小路の入口に位置する立地が魅力的。

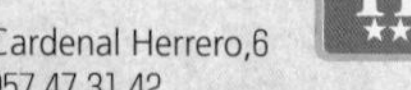

H ★★

交 メスキータから徒歩1分
住 Cardenal Herrero,6
☎ 957 47 31 42
部 38部屋
料 S€44〜　T€59〜
URL hotelmarisacordoba.es

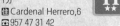

※料金は１泊分の室料。朝食は宿泊料金に含まれる場合と、ホテルにより別料金の場合とがあります。
ホテルのカテゴリーについてはp.346を参照してください。

バンドレロ
BANDOLERO

MAP p.239-C

日本人観光客にも人気のレストラン
貴族の館だった建物を使った、メスキータ真正面に位置する伝統的なレストラン。ライトアップされたパティオでの食事を楽しめるほか、バルも併設。日本人にも人気のあるレストランだ。

交 メスキータから徒歩1分
住 Torrijos,6
☎ 957 47 64 91
予算 €30～
営 9:00～24:00
休 無し
URL www.restaurantebandolero.com/

エル・チュラスコ
EL CHURRASCO

MAP p.239-C

ワインも自慢の老舗の高級レストラン
食事だけでなく、約2万本という豊富なワインコレクションが自慢のレストラン。クロアンコウを使った料理やナスBerenjenasの揚げ物など、手頃な値段で楽しめる料理もある。

交 メスキータから徒歩3分
住 Calle Romero,16
☎ 957 29 08 19
予算 €30～
営 13:00～16:00、20:00～24:00
休 8月

タベルナ・サリナス
TABERNA SALINAS

MAP p.239-B

手頃な値段で郷土料理を
1879年創業の郷土料理店。ラボ・デ・トロやサルモレホ・コルドベスなど、典型的なコルドバ料理が手頃な値段で食べられる。日本語メニューあり。

交 メスキータから徒歩12分
住 Tundidores, 3
☎ 957 48 29 50
予算 €20～
営 12:30～16:00、20:00～23:30
休 日曜
URL www.tabernasalinas.com/

ボストン
BOSTON

MAP p.239-B

一人旅でも安心して泊れるホテル
全室の1/4がシングルというのが特徴。各部屋とも広く、電話などの設備も整った清潔なホテル。広場に面しているので、ちょっと騒がしい部屋もあるので部屋選びには注意。

H ★

交 メスキータから徒歩10分
住 Malaga,2
☎ 957 47 41 76　FAX 957 47 85 23
部 39部屋
料 S€25～　T€35～
URL www.hotel-boston.com/

NH アミスタッド・コルドバ
NH AMISTAD CÓRDOBA

MAP p.239-C

アラブ時代の城壁内に建つ
18世紀の大邸宅を改築した本館とマイモニデス広場を挟んだ別館からなる。ムデハル様式のパティオや別館屋上のプールサイドなどくつろげるスペースもたくさん。

H ★★★★

交 メスキータから徒歩4分
住 Plaza de Maimónides,3
☎ 957 42 03 35
部 83部屋
料 S€72～　T€77～
URL www.nh-collection.es/

マエストレ
MAESTRE

MAP p.239-D

細やかな対応が嬉しいホテル
各部屋はやや小ぶりだが、料金の割には様々な設備が整いきれい。ロビーから見えるパティオも美しい。近くにある同系列のオスタルで朝食がとれる。

HS ★★

交 メスキータから徒歩5分
住 Romero Barros,4 y 6
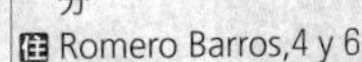
☎ 957 47 24 10　FAX 957 47 53 95
部 26部屋
料 S€26～　T€38～
URL www.hotelmaestre.com/

※レストランデータの予算は、前菜、メイン、デザートに飲み物を付けた場合の１人分の目安です。

GRANADA
グラナダ

華麗なイスラム文化と質実なカトリック文化が渾然と混じり合う古都。底抜けの明るさの陰に、数奇な歴史を刻んできたこの町ならではの、独特の哀感も漂う。

飛行機 マドリッドから1時間、1日4～5便、€124～253。バルセロナから1時間30分、1日5便、€85～130。空港から市内へはタクシーで20分、€35～40、バスで45分、€3。

鉄道 マドリッドのアトーチャ駅からAVEで3時間20分、1日3便、€36.95～80.30。バルセロナのサンツ駅からAVEで6時間30分～7時間20分、1日5便、€47.25～123.80。セビーリャから2時間50分～3時間15分、1日5便、€31.20～61.50。

バス セビーリャからALSAで3時間、1日11便、€27.12～35.03。コルドバから1日9便、2時間40分～4時間10分、€17.74～20.67。

町歩き 主な観光名所の見学は徒歩が中心だが、約3時間の観光バスツアーや名所を連絡するアルハンブラ・バスもある。

観光案内所 マリアナ・ピネダ広場▶9:00～20:00（冬期～19:00)、土曜10:00～19:00、日曜・祝日10:00～15:00　TEL958 24 71 28
日本語情報センター▶日本人スタッフが情報提供をしてくれるほか、宿やアルハンブラ宮殿の手配（有料）も可能。市庁舎から30秒／10:00～13:30、17:00～20:00／日曜・祝日休（オフシーズンのみ）
TEL&FAX：958 22 78 35　www.jp-spain.com/

概　要

紀元前５世紀頃、ローマ帝国支配下の都市として歴史上に初めて姿を現したグラナダは、イスラムの支配下に入った８世紀以降も発展を続け、やがて13世紀、ナスル朝グラナダ王国の建国によってその繁栄は絶頂期を迎える。世界有数の歴史遺産であるアルハンブラ宮殿の建築が始められたのもこの頃だ。その後15世紀末までの約250年間、グラナダ王国は経済・文化・芸術など多くの分野で隆盛をきわめた。1492年、キリスト教徒の手に落ちるが、781年間にわたったイスラム支配の影響が色濃く残されている。

市街は、ダロ川Río Darroの南の**アルハンブラ**、北西の**アルバイシン**、北東の**サクロモンテ**の３つの丘と、アルハンブラの西、カテドラルを中心に広がる繁華街とで形成されている。観光の目玉はアルハンブラだが、サン・ニコラス教会Iglesia de San Nicolasの展望台から眺めるアルハンブラの全景も美しい。サクロモンテの丘はロマ（ジプシー）が暮らす地区。タブラオが集まり、観光客で賑わう。カテドラルを中心に東のヌエバ広場と西のトリニダー広場を結んだあたりが飲み食いどころ。アルカイセリア（公設市場）や、カトリック両王の墓所、王室礼拝堂も近い。

レストランやショップが建ち並ぶ、アルカイセリア界わい

とっておき情報
グラナダ観光の強い味方

グラナダ・カード
Granada Card

アルハンブラ宮殿、カテドラルなど計7のモニュメント入場に観光バス1日乗車券と市内バスの9回分の回数券が付いたお得なチケット。5日間有効€40。イサベル・ラ・カトリカ広場のCaja Gra-nadaで購入できる。URL:www.granadatur.com/granada-card

this is : granada

CDとCDウォークマン、MP3を使ったオーディオガイド。グラナダ市内を4つの区域に分け、そのひとつはアルハンブラ宮殿内に対応。日本語版もあり、イヤホンが2つあるのでふたりで同時に利用できる。ヌエバ広場のブースで借りられる。URL:www.thisis.ws/

グラナダ
Granada
0
100m
↑サクロモンテの丘へ
ヘネラリーフェ
Generalife
Cuesta del Chapiz
C. San Luis
Río Darro
ダロ川
アルハンブラ宮殿
チケット売場
ラ・ミンブレ
アルハンブラ宮殿
Alhambra
パラドール・デ・グラナダ
ナスル宮殿
Palacios Nazaries
パルタル庭園
Jardines del Partal
アメリカ
コマレスの塔
Torre de Comares
C. de Pagés
カルメン・ミラドール・デ・アイシャ
サン・ニコラス教会
Ig. de San Nicolás
サン・ニコラス広場
Pl. San Nicolás
Los Reyes
考古学博物館
Museo Arqueológico
カルロス5世宮殿
Palacio de Carlos V
裁きの門
Puerta de la Justicia
アルテサニア・デル・アルボル
ファリャ博物館
Casa Museo
Manuel de Falla
サンタ・カタリーナ・デ・サフラ修道院
Convento de Santa Catalina de Zafra
アルカサバ
Alcazaba
アルハンブラ・パラセ
アラブ浴場跡
Baños Árabes
ベラの塔
Torre de la Vela
アルバイシン
Albaicín
C. San Juan de
Carrera del Darro
グラナダ門
Puerta de las Granadas
サンタ・アナ広場
Pl. Santa Ana
ピラール・デ・トーロ
Campo Príncipe
Calle de Molinos
ヌエバ広場
Pl. Nueva
ラス・クエバス
ゴメレス坂
Cuesta de Gomérez
C. de Santiago
C. del Zenete
マシア・プラザ
ムニラ・レザー
ロス・マヌエレス
C. de Pavaneras
Santa Escolástica
C. de Elvira
イングラテラ
Calle
サント・ドミンゴ教会
Ig. Santo Domingo
空港行きバス停
アナカプリ
Gran Vía de Colón
ACパラシオ・デ・サンタパウラ
イサベル・ラ・カトリカ広場
Pl. Isabel la Católica
Reyes
カテドラル
Catedral
グラナダ・スウベニルス
C. San Matías
ダウロ・セグンド
メ・ディエボ
日本語情報センター(3F)
マリアナ・ピネダ広場
Pl. Mariana Pineda
Católicos
Navas
王室礼拝堂
Capilla Real
アルカイセリア
Alcaicería
Les
C. de San Jeronimo
ビブ・ランブラ広場
Pl. Bib-Rambla
Ángel Ganivet
チキート
クニーニ
市庁舎
Ayuntamiento
メリア・グラナダ
Carrera del Genil
Paseo del Salón
ロス・ティロス
エル・コルテ・イングレス
C. de la Duquesa
C. de los Mesones
プエルタ・レアル
Puerta Real
トリニダー広場
Pl. Trinidad
Acera del Darro
オスタル・リマ
C. Alhóndiga
カルメン
サルバドル
C. san Isidro
C. Gran Capitán
マグダレナ教会
Ig. la Magdelena
Calle de San Antón
Calle de las Recogidas
C. Tejeiro
C. Mulhacen
C. del Sargento
Calle de Alhamar
Calle Agustina de Aragón
Calle Alférez Provisional
Río Genil
P.247
カルトゥハ修道院
アルバイシン
マシア・コンドル
バスターミナル
鉄道駅
Camino de Ronda
↓ロルカ博物館へ
A
B
C
D
E
F

グラナダを楽しむ7のキーワード

別格1位:アルハンブラ宮殿
ALHAMBRA

グラナダに来たからには外せない必見のポイント。マドリッドの王宮のような絢爛豪華さ、巨大さはないが、繊細かつ洗練されていて、実際に住んでみるにはアルハンブラ宮殿の方が快適そう。グラナダで一番人気のポイントなので年中混雑。王宮はもちろん、周辺の眺めが素晴らしいベラの塔、しっとりと落ち着いた風情のヘネラリフェも必見。

豪華な王室礼拝堂
CAPILLA REAL

グラナダを攻略してスペインをキリスト教の下に再統一した、カトリック両王イザベルとフェルナンドの墓がある。隣接のカテドラルに比べて建物の大きさは小さいが、装飾や宝物室の収蔵品の豪華さでは圧倒。

アルバイシンをそぞろ歩き
ALBAICÍN

もともとイスラム教徒の居住区のあったエリアで、歩いているとふと北アフリカのカスバにいるような気にとらわれることがある。時間によってスリが出るとか、大麻を吸っている人がいるとかいわれたりするので、治安が不安という人は、深入りしない方がいいかも…。

足をのばす価値あり カルトゥハ修道院
CARTUJA

外観は質素なくらいだが、中に入ると印象は一変。ねじれた柱や壁の渦巻の文様、極彩色の彫像で飾られていて、過剰に思えるほどの装飾が不思議な世界をかもし出している。

フラメンコも満喫
FLAMENCO

サクロモンテの洞窟タブラオで見るも良し、観光客になじみやすいシアターレストラン形式のタブラオも良し、グラナダにはフラメンコを見せるタブラオがいくつもある。

アルカイセリアをひやかす
ALCAICERÍA

王室礼拝堂に隣接して延びるのが、アルカイセリアと呼ばれる、かつての市場だったエリア。今ではみやげ屋が集まり、絵ハガキや小物、貴金属やガラス製品などが、麗々しくきらびやかに並んでいる。

バル街ではしご酒
BAR

ヌエバ広場周辺、市庁舎周辺、プリンシペ広場にはバルが集まっている。特にプリンシペ広場には、何故だかバルが10軒並んでいて、あっという間にはしご酒ができてしまう。もちろんソフトドリンクもあるので、お酒が飲めても飲めなくても、街歩きに疲れた時は、ちょっとひと休みにおすすめ。

グラナダのまわり方

誰もが訪れる別格のアルハンブラの他にも、見どころが多いグラナダ。徒歩と、宮殿のチケット売場の前を発着するアルハンブラ・バスとを組み合わせ、定番コースに自分好みのポイントを加えてオリジナルのコースを作ってみよう。

ヘネラリーフェ p.253

アルハンブラ宮殿
チケット売り場

アルハンブラ宮殿 p.250

ナスル宮殿 p.251

サン・ニコラス
広場

アルハンブラの絶景を収めようと、いつも観光客がカメラを構える。

チケット売り場は敷地のずっと奥。ハイシーズンには入場制限もかかるので、予約が無難。曜日限定の夜間入場も魅力的。詳しくはp.250へ。

アルハンブラ・バスC31ルート
アルハンブラ・バスC30ルート
モデルコース

アルバイシン p.254

ちょっと迷宮っぽいアルバイシンの街並みは、探検気分で歩くと楽しい。治安がちょっと不安、という人は、サン・ニコラス広場からバスに乗るといい。

ゴメレス街

バル街

プリンシペ広場

スタート&ゴール
Start&Goal!
ヌエバ広場

街歩きで疲れたら、バルでちょっとひと休み。バルはヌエバ広場周辺など町中いたる所にあるが、プリンシペ広場には何軒も並んでいて面白い。アルバイシンのテテリア（p.255参照）でアラブ風のミントティーもおいしい。

王室礼拝堂 p.254

カテドラル p.254

バルでひと休み Bar

アルカイセリア

イスラム時代には市場だったエリア。今ではみやげ屋が並んで、いつも観光客でにぎやか。

グラナダを征服したカトリック両王の墓がある。宝物室の収蔵品が名品揃いなので圧倒される。

足をのばして

夏期は20:00まで、冬期でも18:00まで開いているので、疲れていなければ、他の見どころの後に訪れられる。中心部からはちょっと離れているので、往復、または片道だけでもタクシーを利用した方がいい。

カルトゥハ
修道院 p.255

アルハンブラ宮殿

フラメンコ Flamenco

サクロモンテの丘の洞窟住居を利用して見せてくれる所や、シアターレストラン式の所など、フラメンコを見せる店にもいろいろある。観光案内所や日本語情報センターでも情報は集められるし、市内の観光ポイントにチケット売りが現れたりもする。ショーは夜。

Palacio de la Alhambra

アルハンブラ宮殿

イスラムロマン漂う世界的遺産

MAP p.247-B

ワシントン・アーヴィング（➔P.251）が『アルハンブラ物語』でその美と歴史的価値を再発掘し、フランシスコ・ターレガが『アルハンブラの想い出』で哀切きわまりないトレモロとともに歌い上げたアルハンブラ宮殿。壮大にして精緻・優美なこの世界的遺産を訪れることは、スペイン旅行最大の喜びのひとつといっていいだろう。

13世紀前半、以前からこの地にあった城塞（アルカサバ）の補修・拡張から着手されたアルハンブラ宮殿の造営は、歴代のグラナダ王に引き継がれ、14世紀の後半に至ってほぼ現在の姿に整えられた（カルロス5世宮殿の建設は16世紀）。アルハンブラ宮殿は大きく分けて、ナスル宮殿・カルロス5世宮殿・アルカサバ・ヘネラリーフェの4つの部分から構成される。アプローチはグラナダ門。

交通：ヌエバ広場から徒歩20分（グラナダ門経由）、アルハンブラ・バス（イサベル・ラ・カトリカ広場から乗車できる小型バス）C30またはC31ルート、€1.40でヘネラリーフェ下車すぐ

開館：3月15日 ～10月14日8:30 ～ 20:00（夜間開場は火～土曜の22:00～23:30）、10月15日 ～ 3月31日8:30 ～18:00（夜間開場は金・土曜の20:00～21:30）／1月1日、12月25日休

料金：€14（ヘネラリーフェを含む、夜間は別料金）

●チケット入手法

入場者数制限があるので、ハイシーズンは予約（要手数料）したほうが無難。前日までにホームページ（tickets.alhambra-patronato.es）か電話（858 95 36 16）で予約する。発券は当日チケット売り場の奥にある自動発券機か、アンダルシア州のservicaixaのATMで。

●チケットについての注意点

チケットは14時を境に午前入場と午後入場で分かれていて、午前入場の人は14時までしかいられない。さらに、ナスル宮殿（Palacios Nazaries）の入場時間も30分刻みで決められており、その時間帯に入場しなくてはならないので注意（ナスル宮殿に30分しかいられないわけではない）。たとえば午前券でナスル宮殿の入場時刻が13時とあれば、ヘネラリフェやアルカサバはその前に見ておいたほうがいい。

モカラベの精緻な装飾が美しい二姉妹の間

詳しくはアルハンブラ宮殿のホームページ（www.alhambradegranada）で確認できる。有料になるが、グラナダ市内の日本語情報センター（➔p.246）では、日本語で手配してもらえるので、不安な人は利用しよう。

当日券を購入する場合は、宮殿入口付近のチケット売り場で。売り場に並ぶ列は2つある。当日券購入はVENTA DIRECTAの列へ。1日の入場者数に制限があるので、ハイシーズンは

MEMO ナスル朝グラナダ王国はスペインに残った最後のイスラム教王国。1230年に成立し、巧みな外交と経済力で生き残りをはかったが、1492年、カトリック両王により滅ぼされ、領主は北アフリカに逃亡。

早朝から並ばないと券が買えないことも。
※チケット売り場の営業は8:00～20:00、21:30～22:45（10月15日～3月31日8:00～18:00、19:00～20:45）

ボノ・ツリスティコ・グラナダ（p.246）にはアルハンブラの入場券（前日までに要予約）が含まれている。

アルカサバ（城塞）

Alcazaba MAP：p.247-B

9世紀にはすでにこの地にあった城塞を、ナスル朝グラナダ王国の創始者ムハンマド1世が現在の規模に整備・拡張したもの。現存するのは13世紀の建築で、アルハンブラでは最も古い。最盛期には24もの塔や兵舎、倉庫、空堀に浴場まで備えた堅固な城塞であったとされる。今ではいくつかの塔と外城壁、内城壁、建物の基礎などに、かつての姿をしのぶのみ。

しかし城塞のほぼ中央に現存するベラ（夜警）の塔Torre de Velaからの眺めはすばらしく、近くはヘネラリーフェからダロ川をはさんで広がるアルバイシン地区、サクロモンテの丘、グラナダ中心部、そして遠くシエラ・ネバダ山脈までの大景観を楽しめる。

ベラの塔からアルカサバを眺める

ナスル宮殿

Placios Nazaries MAP：p.247-B

王宮は、14世紀中・後半、ユスフ1世とムハンマド5世父子の時代に建設されたイスラム文化の精華ともいうべき傑作建築で、アルハンブラ観光の白眉。増改築を繰り返して完成された複合型の宮殿だ。

メスアルの間から始める王宮見学

見学は、学問所の中庭とマチューカの中庭を抜けた先の**メスアルの間**Sala del Mexuarから。ここは王が政務を執り行った部屋で、壁面や天井を飾るアラビア模様の絵タイルや漆喰細工の美しさに圧倒される。この装飾は

アラヤネスの中庭

MEMO アーヴィング（1783～1859）アメリカの外交官、作家。ヨーロッパ滞在が長く、スペイン公使を務めた際にアルハンブラ宮殿を訪れ、『アルハンブラ物語』を執筆した。スペイン語ではイルビング。

アルハンブラ観光の白眉、ライオンの中庭

すべて、レコンキスタ後のキリスト教時代に手を入れられたものだ。部屋の北側奥に壁を漆喰細工で仕上げた礼拝室があり、窓からは白く輝くアルバイシンの家並みが見渡せる。

メスアルの間から、**アラヤネスの中庭Patio de los Arrayanes**へ。中庭には南北35m、東西7mの大きな長方形の池があり、両脇にアラヤネス（天人花）の植え込みがあることからその名が付けられた。

ここでは、小さな円形の噴水をしつらえた池の南側から全体を眺めてみよう。正面に細い優美な石柱に支えられた7つのアーチが見え、その先に赤く輝く高さ45mの**コマレスの塔Torre de Comares**、そして頭上には抜けるように青いアンダルシアの空。これらの景観を鏡のような水面に映している。

北側の柱廊から、天井がバルカ（小型の

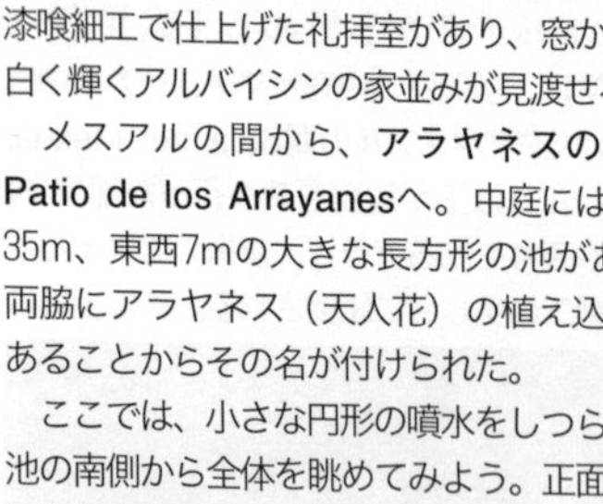

絵タイルと化粧漆喰で飾られた内部

黄金色の王の間の天井画

ライオンの中庭を囲む大理石のアーケード

船）の船底の形をしたバルカの間を経て、コマレスの塔へ。中に入ると、そこは壮大なホール。王宮で最も広い一辺11mの正方形の部屋で、**大使の間Salón de Embajadores**と呼ばれる。諸国から来た使節の謁見など、公式の行事に使われた場所だ。天井の嵌木細工、壁の漆喰細工、腰壁に張り詰められたアスレホ（絵タイル）はもちろん床に至るまで、精緻きわまりないアラベスク文様のみごとさには、ただただ魅了されるばかり。塔の東・北・西面にはバルコニーがあり、サクロモンテの丘やアルバイシン地区をぐるりと眺めることができる。

ハイライトはライオンの中庭

そしていよいよ王宮見学のハイライト、**ライオンの中庭Patio de los Leones**へと進む。この中庭と、庭を囲むいくつかの部屋や施設は、王のハーレムだったので、王以外の男性は立ち入り禁止。これらをまとめてライオンの宮殿と呼ぶ。中庭を囲む大理石のアーケードは、124本もの細い柱頭をアーチで結ぶすべての壁面に、神業ともいえる細緻で流麗な漆喰細工がびっしりと施されている。

庭の中央には、この庭の名前の由来となった12頭のライオンに支えられた**ライオンの噴水**がある。

中庭南側のアベンセラヘスの間Sala de

MEMO アベンセラヘスはグラナダ王国の有力者の一族。王国末期の政争で謀反を疑われ、一族のおもだった男たちが処刑された。殺害現場は宮殿内といわれ、今もアベンセラヘスの間として名前が残っている。

中庭を囲んで回廊が取り巻くカルロス5世宮殿

Abencerrajesと、北側の**二姉妹の間Sala de las Dos Hermanas**は、それぞれ丸天井のモカラベMocárabeに特色がある。モカラベとは、天井を覆う無数の鍾乳石状の複雑な装飾のことだ。両室ともモカラベ独特の一種異様ともいえる美しさにあふれている。

庭の東側は、天井に10人の王の姿が描かれた**王の間SaladelosReyes**。内部は複数の小部屋に分かれ、歴代の王の寝室だったといわれる。偶像を禁じるイスラム教徒の王宮に人物画があるのは珍しい。

ライオンの宮殿から**パルタル庭園Jarddines del Partal**へ出ると、ここは花と緑に包まれた池に貴婦人の塔が影を落とす明るい庭だ。ここから二姉妹の間の北側、アヒメセスの間にあるリンダラハの出窓に向かう。出窓からは中庭を眺めるよりも、振り返ってみることをおすすめしたい。モカラベやアスレホを華麗にまとった天井や腰壁に賛嘆しながら視線を正面に転じると、連なるほの暗いアーチの先に、陽光に輝くライオンの中庭と、きらめく噴水の水が見えるはずだ。

カルロス5世宮殿

Palacio de Carlos V MAP:p.247-B

18世紀になってカルロス5世がスペイン帝国のシンボルとして、王宮の南側に隣接して建てさせたルネサンス様式の宮殿。正方形のどっしりした建物に真円形の中庭を配した、変わった造りをしている。中庭を囲んで2階建の回廊があり、1階をめぐる柱はドーリア式、2階はイオニア式になっている。

1階南側が**アルハンブラ博物館**(8:30〜18:00、夏期は〜20:00、日曜と火曜〜14:30／月曜休／無料)、2階はアルハンブラの工芸品などを展示する**県立美術館**(9:00〜18:00、夏期は〜19:30、日曜・祝日〜15:30／月曜休／€1.50)になっている。

ヘネラリーフェ

Generalife MAP:p.247-B

14世紀初期に整備されたグラナダ王の夏の離宮。王宮の東、徒歩約10分の場所にある。建設当初の施設はあまり残されていないが、水をふんだんに利用した庭園は美しい。

中でもみごとなのは、庭園の奥に位置する**アセキアの中庭Patio de la Acequia**だ。アセキアとは水路のことで、全長50mほどの縦長の庭の中央に細長い水路が設けられ、左右に並ぶたくさんの噴水から水が絶え間なく降り注いでいる。

この庭から少し山側にある**水の階段**も見ておきたい。長い階段の石造りの手すりの上に浅く水路が彫られ(掘る、という感じではない)、せせらぎの音を小さく響かせながら澄んだ水が流れている。水を愛する文化を育んできた日本人には、懐かしさを感じさせる庭園だ。

刈り込まれた緑が美しいヘネラリーフェ

アルバイシン地区より望むアルハンブラ全景

空を圧して建つ堂々たるカテドラル

カテドラル Catedral
MAP p.247-C

交通：ヌエバ広場から徒歩5分
開館：10:00～18:30（日曜・祝日15:00～17:45）
料金：€5

●市の中心に建つ荘重な大聖堂

グラナダ最大のキリスト教建築。16世紀前半から18世紀初頭にかけて建設され、当初はゴシック様式、後にルネッサンス様式に移行。ひとつの建物の中にヨーロッパの代表的なふたつの美術様式が見られる。周歩廊に囲まれた巨大な黄金色の主祭壇、二連窓の豪奢なステンドグラス、ひざまずいて祈るカトリック両王の2枚の画像など、見どころはつきない。運がよければ、著名なオルガニストが身廊に置かれたパイプオルガンを弾いている姿を見ることもできる。

王室礼拝堂 Capilla Real
MAP p.247-C

交通：カテドラルに付設
開館：10:15～18:30（日曜・祝日は11:00～18:00）／1月1日、聖金曜日、12月25日休
料金：€5

●栄華を極めたカトリック両王の墓

建物はスペイン後期ゴシック様式の傑作。16世紀初頭、イサベル（➔p.335）、フェルナンド2世両王の希望で建設に着手し、2人の孫にあたるカール5世（➔p.241）によって完成された霊廟。中央の金色の鉄格子の中に、大理石に豪華な彫刻をほどこした墓が2対、どっしりと鎮座する。向かって右の大きい方が両王の、左は夫への愛と嫉妬が高じて狂ったとされる両王の娘フアナと、美男で知られた夫フェリペの墓だ。墓の脇の階段を下りた小さな地下室に4つの柩が並び、4人はそこで今も静かに眠っている。礼拝堂の内部を飾るスペイン・キリスト教美術の精華の数々はもちろん、聖具室に収められたイサベル女王個人の収集品、特にフランドル派の巨匠たちの作品はつぶさに見ておきたい。

カトリック両王が眠る王室礼拝堂

アルバイシン Albaicín
MAP p.247-C

交通：ヌエバ広場から徒歩5分

●アルハンブラの全景を一望する丘

ダロ川をはさんでアルハンブラの北に位置する丘に広がる。グラナダで最も古い地区で、アルハンブラ宮殿ができる前はこの丘の上にグラナダ王の居城があった。頂上から何本もの細い石畳の急坂が放射状に下り、ヌエバ広場に近い一帯には流行りの洞窟バルやアラブの茶店、焼物の店などが集まっている。頂上付近、サン・ニコラス教会 Iglesia de San Nicolás の展望台から眺めるアルハンブラ宮殿とシエラ・ネバダの景観はあまりにも有名。

アルバイシンの街並みとサン・ニコラス教会（右上）

MEMO フアナ（1479～1555）カトリック両王の娘で、カルロス1世（➔p.110）の母。美男の夫への嫉妬で発狂し、1509年以降はトルデシーリャスの城に軟禁され、父のフェルナンド2世が摂政となった。

ファアリャ博物館
Casa Museo Manuel de Falla

MAP p.247-B

交通:アルハンブラ宮殿入口の裁きの門から徒歩7分
開館:10:00～17:00(日曜～15:00)、6～9月9:00～14:30／月曜・祝日(7・8月は火曜も)休
料金:€3

●気鋭の芸術家たちが集った家

バレエ組曲『三角帽子』などで知られるスペインの代表的な作曲家マヌエル・デ・ファリャ（1876～1946）が、中・壮年期の18年間を過ごした家。内部はファリャが住んだ頃のままに保存され、愛用のピアノや『三角帽子』でデザインを担当したパブロ・ピカソのデッサンなどが飾られている。

2階のテラスからは、グラナダ市街やベガを一望でき、詩人のガルシア・ロルカやギタリストのセゴビアらも、この眺望を楽しんだという。

カルトゥハ修道院
Monasterio de la Cartuja

MAP p.247-E

交通：ヌエバ広場からタクシー10分、グランビアから8番のバスで10分
開館：10:00～20:00（土曜10:00～13:00、15:00～20:00）、冬期10:00～18:00（土曜 10:00 ～ 13:00、15:00 ～ 18:00）／無休　料金：€5

●堂内を埋める異形・異様な装飾群

グラナダ市街の北のはずれにあり、スペイン・バロック美術独特の、チュリゲラ様式の装飾で知られる。複雑にねじれた柱、壁面や天井を埋める白い漆喰細工の蔦や渦巻の文様、極彩色をまとって一見グロテスクな、今にもギョロリと目を剥いて見せそうな怪奇な彫像など、これらの過剰とも思える装飾にあふれ、不思議な空間になっている。

複雑な装飾をまとった祭壇

ロルカ博物館
Casa Museo Federico García Lorca

MAP p.247-E外

交通:ヌエバ広場からタクシー10分
開館:ガイド付見学で10:00、10:45、11:30、12:15、13:00、13:45、15:00、15:45、16:00、夏期は9:00、9:45、10:45、11:30、12:15、13:00、13:45、14:30／月曜・祝日休
料金:€3

●夭折した天才の在りし日をしのぶ

『血の婚礼』などの戯曲や数多くの珠玉の詩編を残して、38歳の若さでスペイン内戦のさなかに暗殺されたフェデリーコ・ガルシア・ロルカFederico García Lorca（1898 ～ 1936）。スペインが生んだ最も有名な、そして今なお世界中で愛されているこのグラナダ生まれの詩人・劇作家の生家を、博物館として保存・整備した施設がここだ。各部屋には、ロルカ愛用のピアノや家具が在りし日のままに置かれ、中でも子供部屋の小さな揺りかごが心を打つ。中庭をはさんだ建物の2階は展示室で、日本をはじめ世界各国で上演されたロルカの戯曲のポスターが並んでいる。1階の売店には、詩集やポストカード、ロルカ自身のピアノ演奏を収めたCDなどがある。

本音でガイド　TETERIA（テテリア）でアラブ気分

テテリアとはお茶を中心に提供するアラブ風のティーハウス。アンダルシア一帯に点在しているが、特にグラナダに多く、ヌエバ広場の北西方向に延びるカルデレリア・ビエハ通りCaldereria Viejaと、その通りを上って行って最初に交わるカルデレリアヌエバ通りCaldereria Nueva沿いにかたまっている。生葉がたっぷり入ったミントティー、フレーバーティー、リキュールなどを加えたブレンドティーから世界各国のお茶まで、その種類の豊富さには目を見はる。またアラブ風ミルクシェイクのバティードやクレープ類もおいしい。アラブ菓子、水タバコを置いてある店も多く、金曜の夜にベリーダンスショーを開催するところもある。歩き疲れたらしばし憩いのひと時を過ごしてみては。

MEMO　フェルナンド2世（1452～1516、在位1479～1516）アラゴン王。父王ファン2世を助け早くから政治に関与し、妻イサベルのカスティーリャ王国とは共同で、最後のイスラム王国グラナダ攻略に尽力した。

RESTAURANT

食べる

グラナダのレストラン

観光名所もさることながら、グラナダは食の町でもある。豊かな山海の幸を求めて店をめぐろう。グラナダ焼や寄木細工などおみやげもいろいろ。

グラナダのショップ

買う

SHOPPING

クニーニ
CUNINI

MAP p.247-C

地元で評判のシーフード・レストラン

扉を開けると手前に賑やかなバル、突きあたり左奥に上品なレストラン。ガラスケースには新鮮な魚介類があふれている。鮮魚のほかエビ入りサラダやコロッケもおすすめ。

交 ヌエバ広場から徒歩8分
住 Plaza Pescadería,14
☎ 958 25 07 77
予算 €45～
営 12:00～16:00、20:00～24:00
休 月曜
URL www.marisqueriacunini.com/

チキート
CHIKITO

MAP p.247-D

ロルカやファリャも集った老舗レストラン

伝統的なスペイン料理が楽しめる店。夏は広場にテラス席が出る。壁にはここを訪れた有名人の写真がズラリ。バカラオ(タラ)のチキート風€18.10、定食€22.95～。予約が望ましい。

交 ヌエバ広場から徒歩10分
住 Plaza del Campillo,9
☎ 958 22 33 64
予算 €20～30
営 12:00～16:30、19:30～23:30
休 水曜・12月25日・1月1日
URL www.restaurantechikito.com/

ラ・ミンブレ
LA MIMBRE

MAP p.247-B

木立ちの中で猫と一緒に

緑に覆われた小さなバルは10人も入ればいっぱい。食事は広いガーデンテラスで。アルハンブラの森に包まれて料理を待てば、どこからか野良猫たちも集まってくる。

交 アルハンブラ宮殿の敷地内
住 Paseo del Generalife,s/n
☎ 958 22 22 76　予算 €25～30
営 12:00～16:00、20:00～23:00（月・日曜12:00～20:00)、冬期は12:00～17:00
休 無し
URL restaurantelamimbre.es/

ロス・マヌエレス
LOS MANUELES

MAP p.247-C

老舗レストランが再オープン

1917年創業の地元客に人気の高かったレストランが場所を変えて再びオープン。アバス・コン・ハモンやラボ・デ・トロなど典型的なアンダルシア料理を楽しもう。

交 ヌエバ広場から徒歩１分
住 Reyes Catolicos,61
☎ 958 22 46 31
予算 €20～
営 12:00～24:00
休 12月31日の夜
URL www.losmanueles.es/

ラス・クエバス
LAS CUEVAS

MAP p.247-C

夏涼しく冬暖かい洞窟バル

店名通り、うねうねと地下につづく洞窟（クエバ）のような造りの店。椅子もテーブルも素朴な木造りで内装はごく簡素だが、それが逆にいかにも古都のバルらしい。

交 ヌエバ広場から徒歩3分（アルバイシン地区内)
住 Caldereria Nueva,30
☎ 958 22 68 33
予算 €10～
営 11:00～23:00
休 無し

ピラール・デ・トーロ
PILAR DEL TORO

MAP p.247-C

パティオを眺めつつディナーを
17世紀の邸宅を利用したレストラン。鉄格子の扉を開けてバルを通り抜けると、中央に噴水を配したすばらしいグラナダ風のパティオがある。レストランは2階。

交 ヌエバ広場から徒歩1分
住 Hospital de Santa Ana,12
☎ 958 22 54 70
予算 €40〜50
営 8:00〜24:00
休 無し
URL pilardeltoro.es/

ムニラ・レザー
MUNIRA LEATHER

MAP p.247-C

皮革製品で地元で有名な店
店内はエレガントでデザインも素敵な商品があふれる。バッグからお財布や携帯ケースなどの小物まで品数も豊富。皮製品のクラフトワークの教室もある。

交 ヌエバ広場に面している
住 Plaza Nueva 15
☎ 958 22 19 39
営 11:00〜20:00
休 日曜
URL www.munira.net/

アルテサニア・デル・アルボル
ARTESANIA DEL ARBOL

MAP p.247-B

タラセア（寄木細工）の店
門に「グラナダ民芸品展示販売所」と日本語の看板がかかっている。この店オリジナルのタラセア（寄木細工）は精緻な作りで美しい。日本語版のグラナダ写真集なども人気がある。

交 ホテル・アルハンブラ・パレスの斜め前
住 Plaza Arquitecto Garcia de Paredes,s/n
☎ 958 22 38 33
営 8:30〜20:00　休 無し
URL delarbol.net/

カルメン・ミラドール・デ・アイシャ
CARMEN MIRADOR DE AIXA

MAP p.247-A

価値ある景色と料理を堪能
アルバイシン地区にあるレストラン。アルハンブラ宮殿の景色を眺めながらゆっくりと食事ができる。値段は多少高めだが質の高い料理を提供する。サービスも行き届き地元でも人気。

交 ヌエバ広場からタクシー5分
住 Carril de San Agustín, 2
☎ 958 22 36 16　予算 €35〜
営 夏期（6〜10月）19:30〜23:00、冬期13:30〜15:30、20:00〜23:00（日曜夜、月・火曜昼は休み）
休 夏期の月曜、冬期は11月〜聖週間（3月か4月）まで休み
URL www.miradordeaixa.com/

グラナダ・スウベニルス
D'GRANADA SOUVENIRS

MAP p.247-C

大聖堂の横にある
素敵なデザインの扇子や傘、キーホルダー、マグカップ、手帳、コースター、ポストカードなど豊富に揃う。値段も安く、お土産を探すにはちょうどいいお店。

交 ヌエバ広場から徒歩6分
住 C/ oficios 6
☎ 958 21 00 75
営 10:15〜20:00
休 無し
URL www.dgranadasouvenirs.com/

メ・ディエボ
ME DIEVO

MAP p.247-C

グラナダ産の農産加工品
ブレンドティーを中心とする100種類以上のお茶と香辛料、チョコや蜂蜜、石鹸やアロエクリームなどの自然派スキンケア商品を扱う。商品のほとんどはグラナダ産のもの。

交 ヌエバ広場から徒歩6分
住 Pasaje Diego de Siloé, s/n
☎ 686 24 28 57
営 9:30〜21:30
休 無し
URL medievogranada.com/

※レストランデータの予算は、前菜、メイン、デザートに飲み物を付けた場合の1人分の目安です。

HOTEL

泊まる

グラナダのホテル

グラナダは、世界中から観光客が集まることもあって、古都らしい由緒あるホテルや豪華なリゾート風のホテルに加えて、リーズナブルなオスタルやペンションにもこと欠かない町だ。パラドールはアルハンブラ宮殿の敷地内にあって、とりわけ人気が高い。部屋数も少ないので、予約はかなり早めにする必要がある。

パラドール・デ・グラナダ

PARADOR DE GRANADA

MAP p.247-B

人気が高い憧れのパラドール

建物は、レコンキスタ後の15世紀、イスラムのモスクがフランシスコ派修道院として建て直されたもの。部屋からはヘネラリーフェ庭園が望める。レストランもよい。

交 アルハンブラ宮殿の敷地内
住 Real de la Alhambra, s/n
☎ 958 22 14 40
部 40室　英 常駐
料 S€225～　T€225～
URL www.parador.es/

アルハンブラ・パラセ

ALHAMBRA PALACE

MAP p.247-D

アルハンブラの夢の続きを

赤褐色の外壁が印象的な丘の上のホテル。アルハンブラ宮殿を彷彿とさせる精緻な内装が美しい。東側の部屋からは、グラナダのベガと町の眺望がほしいままだ。

交 アルハンブラ宮殿入口の裁きの門から徒歩5分
住 Pl.Arquitecto Garcia de Paredes,1
☎ 958 22 14 68
部 108室　英 常駐
料 S€130～　T€140～
URL www.h-alhambrapalace.es/

アメリカ

AMÉRICA

MAP p.247-B

花に飾られたプチホテル

19世紀の民家を改造したアットホームなホテル。白壁にジャスミンのつるがからまり、窓辺にはゼラニウムが咲く。グラナダ風パティオもよく手入れされている。12～2月は休業。

交 アルハンブラ宮殿の敷地内
住 Real de la Alhambra, 53
☎ 958 22 74 71
部 17室
料 S€61～　T€87～
URL www.hotelamericagranada.com

カルメン

CARMEN

MAP p.247-F

屋上テラスの眺めも良い

エル・コルテ・イングレス向かいでショッピングにも観光にも好立地。屋上にテラスがあり、夏にはプールとバルがオープン。アルハンブラを眺めながらプールサイドで日光浴できる。

交 市庁舎から徒歩8分
住 Acera del Darro,62
☎ 958 25 83 00
部 222室
料 S€69～　T€71～
URL carmen.granada-hotels.net

マシア・コンドル

MACIA CÓNDOR

MAP p.247-E

近代的で設備も充実

部屋は広めで全室に電話・テレビが付いている。プライベートサロンや美容院のほか、テラス付きの部屋もある。朝食はビュフェ・スタイル。鉄道駅に近く、ほかの町への移動に便利。

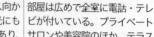

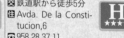

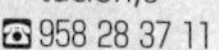

交 鉄道駅から徒歩5分
住 Avda. De la Constitucion,6
☎ 958 28 37 11
部 103室
料 S€46～　T€50～
URL www.maciacondor.com/

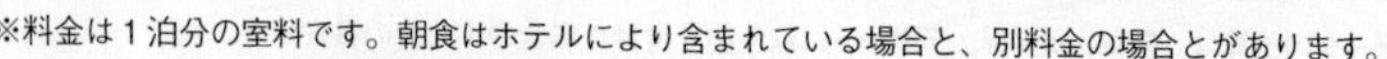

※料金は１泊分の室料です。朝食はホテルにより含まれている場合と、別料金の場合とがあります。

マシア・プラサ
MACíA PLAZA

MAP p.247-C

女性向きの安らぎのホテル
周辺にはレストランやバル、バス乗り場があって便利。広場に面した上階の部屋からはアルハンブラの城塞アルカサバが望め、応対もよく、居心地がよいホテルだ。ネット予約がおトク。

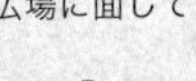

交 ヌエバ広場に面している
住 Plaza Nueva,5
☎ 958 22 75 36
部 44室
料 S€46～　T€50～
URL www.maciaplaza.com/

ロス・ティロス
LOS TILOS

MAP p.247-E

小鳥のさえずりで目を覚ます
客室から見下ろすビブ・ランブラ広場には、小鳥のさえずりと元気のいい物売りの声が響き、生活の息吹や下町情緒にあふれている。全室バス・電話・テレビ付き。

交 ヌエバ広場から徒歩8分
住 Plaza de Bib-Rambla,4
☎ 958 26 67 51
部 30室
料 S€36～　T€39～
URL www.hotellostilos.com/

ACパラシオ・デ・サンタパウラ
AC PARACIO DE SANTAPAULA

MAP p.247-C

中世の雰囲気たっぷりのデラックスホテル
16世紀の修道院と14世紀のアラブ式住居を改装したホテル。ただし、スタンダードルームは新館になるので注意。雰囲気を楽しみたい人はスーペリア以上のクラスの部屋を予約しよう。

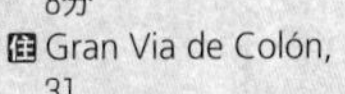
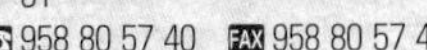

交 ヌエバ広場から徒歩8分
住 Gran Via de Colón, 31
☎ 958 80 57 40　FAX 958 80 57 41
部 75室　英 常駐
料 S€123～　T€123～
URL www.marriott.com

アナカプリ
ANACAPRI

MAP p.247-C

パティオが心なごむホテル
カテドラルにほど近い、ヌエバ広場とグランビアの間に位置し、ロケーションは抜群。18世紀のグラナダ風パティオに囲まれた客室はロッジ風でくつろげる。スタッフもフレンドリーだ。

交 ヌエバ広場から徒歩2分
住 C/Joaquin Costa,7
☎ 958 22 74 77
部 49室
料 S€60～　T€65～
URL www.hotelanacapri.com/

ダウロ・セグンド
DAURO 2

MAP p.247-D

使いやすく観光にも便利
市庁舎のそばに位置する。周辺はバルやレストランが多く、食事に困らない。また、館内にもカフェテリアがある。部屋はシックな落ち着いた雰囲気。ロビーにインターネットを設置。

交 ヌエバ広場から徒歩8分
住 C/Navas,5
☎ 958 22 15 81
部 48室
料 S€34～　T€48～
URL www.hotelcomfortdauro2.com/

イングラテラ
Inglaterra

MAP p.247-C

大聖堂やヌエバ広場のそば
ベランダからアルハンブラ宮殿を眺める部屋もあるので予約の際には聞いてみるといい。部屋はきれいに保たれ料金もリーズナブルでコストパフォーマンスも良い。

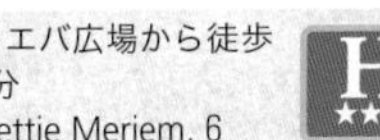

交 ヌエバ広場から徒歩2分
住 Cettie Meriem, 6
☎ 958 22 15 59
部 36室　英 常駐
料 S€36～　T€46～
URL www.hotelinglaterragranada.com/

RONDA

ロンダ

深い峡谷をはさんだ崖の上に広がる町。「ヌエボ橋」と峡谷の雄大な景観は、夕暮れどきは特に感動的だ。

白壁も優美な闘牛場の正面入口

鉄道	マラガから急行で約2時間、1日1本、€15。アルヘシラスから1時間45分、1日5本、€11.50～19.90。グラナダから1日3本、3時間30分、€20.80。
バス	マラガからAvanza社で2時間45分、1日4本、€16.29。セビーリャからDamasで1時間45分～2時間30分、1日7本、€16.31。
町歩き	歴史的建造物が多く残るのは旧市街。狭い町なので、主な建物をひと通り見ても2時間程度で回れる。
i	闘牛場そば▶10:00～18:00、夏期～19:00（土曜10:00～17:00、日曜10:00～14:30）TEL:952 18 71 19

概　要

ロンダ山地を流れるグアダレビン川Río Guadalevínが作る「タホTajo」と呼ばれる深い峡谷を臨む岩山の上に広がる町。谷をはさんで、風情ある白壁の家並みが続く旧市街と、ショップやレストランなどが並ぶ新市街とに分かれている。人口3万4000人という小さな町ながら、両市街をつなぐ**ヌエボ橋Puente Nuevo**との雄大な景観、スペイン最古の闘牛場など、見応えのあるポイントが多い。

歴史に出合う新旧市街めぐり

交通の要は新市街。そして町の中心は、駅前のアンダルシア通りCalle de Andalucíaから絶景が眺められる展望台のある**アラメダ・デル・タホ公園Alameda del Tajo**の前を通り、ヌエボ橋まで続くビルヘン・デ・ラ・パス通りC/Virgen de la Paz一帯だ。公園の隣に

眺めても歩いても楽しめるヌエボ橋

バーニョ・アラベ周辺

は、ロンダで最も有名なスペイン最古の**闘牛場**がある。

通りの突きあたりにある2つの市街をつなぐヌエボ橋は、1793年に造られたもので、牢獄として使われたこともあった。橋の下は100mもある断崖になっており、吸い込まれそうな深い谷と、谷の向こうに広がる原野の眺めは感動的だ。橋の手前の**スペイン広場**Plaza de Españaにはテラスからその景色を眺められるレストランやパラドールなどもある。また、パラドールの裏から峡谷沿いに遊歩道が設けられており、迫力ある景観が楽しめる。

ヌエボ橋の感動的な景観を堪能

さらに、橋を渡って右に道を取ると、住宅地の谷側に小さな公園があり、脇の階段から谷に降りられる。下から見上げるヌエボ橋の威容は圧巻だ。夕暮れどきには沈む夕陽の残光を受けて、特に美しい。ただし、道は舗装されていない細い坂道なので、谷に降りるときは歩きやすい靴が望ましく、暗くなる前に戻るようにしたい。また坂の途中にある家の庭は、ヌエボ橋を撮影するのに好適だが、家の人にチップを要求されることがあるので覚えておこう。

ヌエボ橋の向こうはシウダーLa Ciudadと呼ばれる旧市街。1485年まで続いたイスラム支配の名残が町のあちこちに見られる。橋から左に道を取ると、**マルケス・デ・サルバティエーラ宮殿**や13世紀のアラブ時代の**風呂跡バーニョ・アラベ**Baños Arabesが、そして南に向かってまっすぐに進むと、**サンタ・マリア・ラ・マヨール教会**などの見どころがあり、城壁の一部も残っている。

また、町からちょっと足を延ばせば、古代洞窟壁画で有名な**ピレタ洞窟**や**グラサレマ自然公園**Parque Natural de Grazalemaなどがある。まだまだ観光地化されていない、スペインの素朴な風景にふれてみたい。

闘牛場/闘牛博物館
Plaza de Toros/Museo Taurino

MAP p.260

交通：鉄道駅から徒歩15分
開館：10:00～20:00、3・10月～19:00、11～2月～18:00／無休
料金：€8

●スペイン最古の闘牛場

観客席の下が博物館になっている

1785年にホセ・マルティン・アルデウェラによって建てられたバロック様式の闘牛場。近代闘牛の発祥の地としても知られ、ロメロ一族をはじめとする数多くの高名な闘牛士を輩出した。5,000人を収容する巨大なドームに136本もの石柱が並び、歴史を感じさせる。

場内には闘牛博物館があり、闘牛士たちが身にまとった衣装や写真、ポスターなどが展示されている。また毎年9月には、ゴヤ時代の衣装を身に付けて行う、伝統的な「ゴヤ式闘牛」も行われる。

バーニョ・アラベ
Baños Arabes

MAP p.260

交通：スペイン広場から徒歩10分
開館：10:00～19:00(10月25日～3月26日は～18:00)、土曜・日曜・祝日～15:00
料金：€3.50

●規模の大きなイスラム式浴場跡

川を挟んだ対岸の旧市街の外れにある。ロンダがアンダルシアに乱立したイスラム系小王国の首都だった14世紀頃に建てられたもので、屋根は落ちているもののアーチなどが残り、保存状態は良好。スペイン南部に残るイスラム式浴場の中でも、状態が良く規模の大きいもののひとつだ。近くにはサルバティエーラ宮殿があり、入口部分のファサードのバロック様式の彫刻が興味深い。

MEMO ロメロ一族はフランシスコ・ロメロ（1695～1763）を開祖とする闘牛士一家。それ以前は貴族が馬上から行っていた闘牛に、徒歩で赤いマントを使って闘うスタイルを持ち込んだ。

サンタ・マリア・ラ・マヨール教会
Iglesia Santa María la Mayor

MAP p.260

交通：スペイン広場から徒歩8分
開館：10:00～20:00、3・10月～19:00、11～2月～18:00／1月1日、12月25日休
料金：€4.5

●ロンダの守護聖人を祀る教会

15世紀から16世紀にかけてモスクの跡地に建てられたもので、13世紀（モスク時代）の鉄製アーチやムデハル様式の塔を改造したという鐘楼が残っている。バロック様式の祭壇、ゴシック様式の身廊、プラテレスコ様式の内陣など、さまざまな様式が混在。

印象的な鐘楼

ピレタ洞窟
Cueva de la Pileta

MAP p.260外

交通：ロンダから車で30分
入洞：冬期11:30、13:00、16:00（土・日曜・祝日11:00、12:00、13:00、16:00、17:00）、夏期10:30、11:30、13:00、16:30、18:00（土・日曜・祝日10:30、11:30、13:00、16:00、17:00、18:00）／無休
料金：€10。1回定員25人、要予約
TEL：687 13 33 38

●旧石器時代の壁画が残る洞窟

ロンダの西約22㎞に位置する洞窟。洞内には2万5,000年ほど前に描かれたという動物や魚の絵のほか、洞窟内で発見された骨や陶器なども見られる。所要約1時間、カンテラの明かりだけを頼りにグループごとに進む。

公共交通で洞窟に行くには、ロンダから途中の町ベナオハンBenaojánにバスや電車で行き、残り4.5㎞を歩くかタクシーを利用することになる。タクシーは見学中の待ち時間込みで往復€70ぐらい。洞内は滑りやすく、夏でも涼しいため、服装には注意を。

食

ペドロ・ロメロ
PEDRO ROMERO
MAP p.260

交 闘牛場の前
住 Virgen de la Paz,18
☎ 95 287 11 10　予算 €40～50
営 12:00～16:00、19:00～22:30
休 12月24・31日夜　URL www.rpedroromero.com/

ドン・ミゲール
DON MIGUEL
MAP p.260

交 スペイン広場から徒歩１分
住 Plaza de España,4
☎ 95 287 77 22　予算 約€30～
営 12:00～24:00
休 無し　URL www.hoteldonmiguelronda.com/

泊

パラドール・デ・ロンダ
PARADOR DE RONDA
MAP p.260

交 スペイン広場前
住 Plaza de España,s/n
☎ 95 287 75 00
部 78部屋　料 S€127～　T€143～
URL www.parador.es/

ポロ
POLO
MAP p.260

交 スペイン広場から徒歩５分
住 Mariano Soubirón,8
☎ 95 287 24 47
部 36部屋　料 S€34～　T€36～
URL hotelpolo.net/

ビルヘン・デル・ロシオ
VIRGEN DEL ROCíO
MAP p.260

交 スペイン広場から徒歩１分
住 Nueva,18
☎ 95 287 74 25
部 14部屋　料 S€23～　T€28～
URL www.hostalvirgendelrocio.com

※レストランデータの予算は前菜、メイン、デザートに飲み物を付けた場合の１人分の目安です。
ホテルの料金は１泊分の室料です。朝食はホテルにより含まれている場合と、別料金の場合とがあります。

MÁLAGA

マラガ

コスタ・デル・ソルへの玄関口として、また最近では手頃なリゾート地として人気がある町。ヒブラルファロ城などの見どころも多い。人口約55万人。

MADRIDo
MÁLAGA

マラガの景観

 飛行機	マドリッドから1時間10分、1日6便、€37～208。バルセロナから1時間35分、1日8便、€33～156。
 鉄　道	マドリッドのアトーチャ駅からAVEで2時間30分～50分、1日12本、€55.65～134。バルセロナからAVEで6時間、1日8本、€58.45～122.90。
 バ　ス	マドリッドの南バスターミナルからInter Busで6時間、1日9本、€16.85。セビーリャからALSA社で約2時間30分～4時間、1日10本、€19.09～24.12。バスターミナル、鉄道駅から3番、16番のバスで市の中心へ行ける。
観光案内所	マリナ広場▶9:00～18:00、(4～10月は～20:00)、無休 TEL：951 92 60 20

概　要

古くはフェニキア、ローマ、そしてアラブの支配を受け続け、レコンキスタ(国土再征服運動)の中で1487年に、イスラム教国のグラナダ王国からキリスト教徒がその支配を取り戻したという古い歴史を持つ町でもある。

また、海と山に囲まれたマラガは、ちょっと郊外に足を延ばせば、豊かな自然にも恵まれている。ワインやオリーブオイルなど、スペインの味覚が生まれる美しい風景に出会いたい。

スペインらしさがギュッとつまった町

地元の人たちが「パニュエーロPañuelo(ハンカチ＝狭いところの意)」と呼ぶだけあって、マラガの見どころはほぼグアダルメディナ川を渡った東側の旧市街に集まっている。

メインストリートのアラメダ・プリンシパル通りAvenida Alameda Plrincipal終点に

ピカソの生家 Casa Natal de Picasso
ヒブラルファロ城 Castillo de Gibralfaro
メルセド広場 Pl. de la Merced
パラドール・デ・マラガ・ヒブラルファロ
Alamos
Carretería
グアダルメディナ川 Río Guadalmedina
ラ・カンパーナ
カルメン・ティッセン美術館 Museo Carmen Thyssen Málaga
ピカソ美術館 Museo de Picasso
ローマ劇場跡 Teatro Romano
アルカサバ Alcazaba
Alcazabilla
コンスティトゥシオン広場 Pl. de la Constitución
エル・チニータス
A
B
Sta. Isabel
Larios
Marqués de Larios
カテドラル Catedral
カルロス・キント
市庁舎 Ayuntamiento
闘牛場 Pl. de Toros
民俗博物館 Museo de Artes y Costumbres Populares
ドン・クロ
Molina
Málaga Palacio
Paseo del Parque 公園通り
Pasillo
メルカード Mercado
バーガーキング
アンティグア・カサ・デ・グアルディア
アラメダ・プリンシパル通り Alameda Principal
マリナ広場 Pl. de la Marina
ベネシア
マラガ港 Puerto
N
マラガ Málaga
0 200m

あるマリナ広場Plaza de la Marinaの左手にそびえる**カテドラル**、町の東側の**アルカサバAlcazaba**と、その上に続く**ヒブラルファロ城Castillo de Gibralfaro**は必見だ。ただし、ヒブラルファロ周辺の坂道にはひったくりが出没することがあるので、カテドラルの横から出ているバスを利用するほうがいい。

ピカソのファンなら、メルセド広場Plaza de la Mercedにある**ピカソの生家**、カテドラル近くの**ピカソ美術館**は見たい。

カテドラル Catedral

MAP p.263-B

交通：マリナ広場から徒歩5分
開場：10:00〜20:00（7〜9月〜21:00、11〜3月〜18:30）、土曜〜18:30、日曜14:00〜18:30／無休　料金：€6

●片腕と呼ばれるカテドラル

ルネッサンス様式を基調にした建物は、16世紀初めから建築が始められたが、1782年資金不足のため片方の塔を残し建築中止になったといういわくつきのもので、地元の人たちは「ラ・マンキータLa Manquita（片腕）」と呼んでいる。内部には、18世紀に作られたばら色の石の座席やバロック様式のパイプオルガンがある。平日は横にある入口Entrada Turismoから入る。

町の中心部にそびえる

ピカソ美術館 Museo Picasso Málaga

MAP p.263-B

交通：マリナ広場から徒歩7分
開館：10:00〜19:00（7・8月〜20:00、11〜2月〜18:00）／1月1日・6日、12月25日休
料金：常設展€8、企画展は別料金€6.50

●ピカソのファン必見の美術館

16世紀の建造物であるブエナビスタ宮殿を改装した美術館。ピカソの親族から寄贈された作品を中心に約240点を年代別に展示している。

ピカソのファンならぜひ見たい

また地下には宮殿を美術館に改装する際に偶然発掘されたフェニキア、ローマ時代の遺跡が保存展示されている。中庭にテラス席を設けたカフェテリア、ピカソの関連書籍が豊富な書店も併設。

ピカソの生家 Casa Natal de Picasso

MAP p.263-B

交通：マリナ広場から徒歩15分
開館：9:30〜20:00／1月1日・12月25日休
料金：€3

●ピカソの生涯を知る美術館

1881年にピカソが生まれ、1歳半まで住んでいたという「生家」を改修した美術館。当時の居室などは残ってはいないが、建物の1階がピカソや、父で画家でもあったホセ・ルイス・ブラスコの作品を展示するスペースになっている。また、ピカソの産着や、写真なども展示されており、3階はピカソの生涯をたどることができる、資料をそろえた図書館になっている。

ピカソに関する貴重な資料を集めた生家

アルカサバ/ヒブラルファロ城 Alcazaba/Castillo de Gibralfaro

MAP p.263-B

交通：マリナ広場から徒歩10分／20分
開館：アルカサバ9:00～20:00（11～3月～18:00）／1月1日、12月24・25・31日休。ヒブラルファロ城9:00～20:00（11～3月～18:00）／無休
料金：アルカサバ€3.50、ヒブラルファロ城€3.50、共通券€5.50

●中世の城から美しい市街を眺める

イスラム教支配者の城塞として11世紀に建てられたもの。水をたたえた噴水が涼しげなパティオからは港が一望できる。また入口のすぐ横にはテアトロ・ロマーノTeatro Romanoというローマ時代の劇場跡があり、発掘が進められている。

ローマ植民地時代の史跡「テアトロ・ロマーノ」

ヒブラルファロ城はアルカサバの防衛のために建てられた城で、14世紀の城壁が続く。アラブ語で「山の灯台」という名の通り、ここからはマラガの旧市街はもちろん、闘牛場や地中海までが一望できるすばらしい眺めが楽しめる。また少し下ったパラドールからの眺めもいい。

エル・チニータス
EL CHINITAS

MAP p.263-A

交 マリナ広場から徒歩5分
住 Moreno Monroy,4
☎ 95 221 09 72 予算 €35～45
営 12:00～24:00
休 無し

アンティグア・カサ・デ・グアルディア
ANTIGUA CASA DE GUARDIA

MAP p.263-A

交 マリナ広場から徒歩5分
住 Alameda Principal,18
☎ 95 221 46 80 予算 €10～€15
営 10:00～22:00、金・土曜～22:45、日曜11:00～15:00
休 無し URL antiguacasadeguardia.com/

ラ・カンパーナ
LA CAMPANA

MAP p.263-B

交 マリナ広場から徒歩10分
住 Granada,35 ☎ 95 221 92 02
予算 €15～
営 12:30～16:00、20:30～24:00
休 日曜夜、1月1・6日、12月25日

パラドール・デ・マラガ・ヒブラルファロ
PARADOR DE MÁLAGA GIBRALFARO

MAP p.263-B

交 ヒブラルファロ城内
住 Castillo de Gibralfaro,s/n
☎ 95 222 19 02
部 38部屋 料 S€140～ T€140～
URL www.parador.es/

ドン・クロ
DON CURRO

MAP p.263-A

交 マリナ広場から徒歩2分
住 Sancha de Lara,9
☎ 95 222 72 00 FAX 95 221 59 46
部 118部屋 料 S€60～ T€69～
URL www.hoteldoncurro.com/

ベネシア
VENECIA

MAP p.263-A

交 マリナ広場から徒歩2分
住 Alameda Principal,9
☎ 95 221 36 36 FAX 95 221 36 37
部 47部屋 料 S€48～ T€57～
URL www.hotelveneciamalaga.com/

カルロス・キント
CARLOS V

MAP p.263-B

交 マリナ広場から徒歩5分
住 Cister,10
☎ 95 221 51 20 FAX 95 221 51 29
部 40部屋 料 S€49～ T€62～
URL www.hotel-carlosvmalaga.com/

※レストランデータの予算は前菜、メイン、デザートに飲み物を付けた場合の1人分の目安です。
ホテルの料金は1泊分の室料です。朝食はホテルにより含まれている場合と、別料金の場合とがあります。

NERJA

ネルハ

地中海の絶景と大鍾乳洞、白い村。ネルハはコスタ・デル・ソルCosta del Solを代表する、見どころの多いリゾート地だ。

MADRID
NERJA
TORREMORINOS

バス	マラガからネルハまではALSA社で1時間～1時間40分、1時間に1～2本、€4.65。ネルハからクエバ・デ・ネルハまでは約15分、1日13本、€1.16。
観光案内所	バルコン・デ・エウロパの入口▶10:00～14:00、16:30～20:30（土・日曜10:00～13:45） TEL：95 252 1531

ヨーロッパのバルコニーと呼ばれているネルハ

概　要

バス停の前の道を10分ほど下って行くと、地中海に突き出て切り立った断崖、**ヨーロッパのバルコニーBalcón de Europa**に出る。9世紀にアラブ人が建てた要塞があったところで、見晴らし台からの眺めは絶景。町の周りには美しい入り江が多く、近くのホテル横から水際に下れば、ビーチがあって泳げる。

町からバスで約15分行くと重要文化財の**クエバ・デ・ネルハCueva de Nerja**という洞窟がある。1959年に発見された壮大な洞窟は古代人が居住していたところで、さまざまな遺物が発見された。天変地異の部屋Sala de Cataclismoと呼ばれる広場や巨大な滝のような鍾乳石のほか、古代の洞窟画などを見ることができる（9:00～15:30、7・8月は9:30～18:00／1月1日・5月15日休）　入場料€14）。

洞窟に行く手前の道、ネルハから向かって左手に見える大きな橋は、**プエンテ・デル・アギラPuente del Aguila**という19世紀に造られた水道橋。地元の人が付近でいちばん美しいというビーチ、**マロMaro**まで続いている。

「白い村」で地ワインを味わう

ネルハの町からフリヒリアナFrigiliana行きバスで15分ほど登った山の上には、“白い村” **フリヒリア**

鍾乳洞の洞窟入口

ナがある。石畳の道をはさんで続く白い壁の家々は、ドアがそれぞれ違う色に塗られている。ここではぜひビノ・デ・モンテVino de Monteという地ワインを味わってみたい。町に数軒ある酒屋では試飲もできるし、頼むとその場で樽から瓶に詰めてその家のラベルを貼ってくれる。VINO DE MONTEの看板が目印（1杯€2ぐらい）だ。

バルコン・デ・エウロパ

BALCÓN DE EUROPA

MAP p.266

交 ネルハのバス停から徒歩10分
住 Balcón de Europa,1
☎ 95 252 08 00　FAX 95 252 44 90
部 108部屋　料 S€95〜　T€115〜
URL www.hotelbalconeuropa.com/

プラサ・カバナ

PLAZA CAVANA

MAP p.266

交 バルコン・デ・エウロパに入る前の道
住 Plaza Cavana,10
☎ 95 252 40 00
部 40部屋　料 S€68〜　T€68〜
URL www.hotelplazacavana.com/

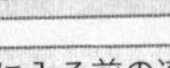

近くの町へ　Visitando los Pueblos Aledaños

トレモリーノス

TORREMOLINOS

交通：マラガ空港から海岸列車で10分、20分おきに運行、€1.80。バスはマラガのバスターミナルからAvanza社で20分、1日14本、€3.46。

観光案内所：市庁舎内▶月〜金曜9:30〜13:30（午前中のみ）／土・日曜休　TEL：95 237 4231

インファンテ広場▶9:30〜13:30／土・日曜・祝日休　TEL:95 237 9511

●フルシーズン賑やかな国際的マリンリゾート

コスタ・デル・ソル最大のリゾート。マラガから近いということもあり、1年を通じて賑わっている。夏のバカンスシーズンになると世界各地から観光客が殺到する人気エリア。

トレモリーノスの中心部Centro Torremolinosのバス停からすぐのコスタ・デル・ソル広場Plaza Costa del Solが町の中心。そこから海岸へ向かうサン・ミゲル通りSan Miguelにかけて、レストランやみやげもの屋などのショップが建ち並んでいる。ほかに海岸へ向かう道としておすすめなのが、鉄道駅を背に降りていく道。道の途中に夜には閉まる門があり、そこをくぐって坂道（C/M Teresa）を下る。途中にある小さなプンタ・タリファ広場Plaza Punta Tarifaからの海岸線の眺めがすばらしい。

メリア・コスタ・デル・ソル

MELIÁ COSTA DEL SOL

交 マラガ空港からはタクシーで10分、AVEのマラガ駅からタクシーで15分
住 Paseo Marítimo, 11　☎ 95 238 66 77
FAX 95 238 64 17　部 540部屋　料 S€90〜　T€90〜
URL www.melia.com/

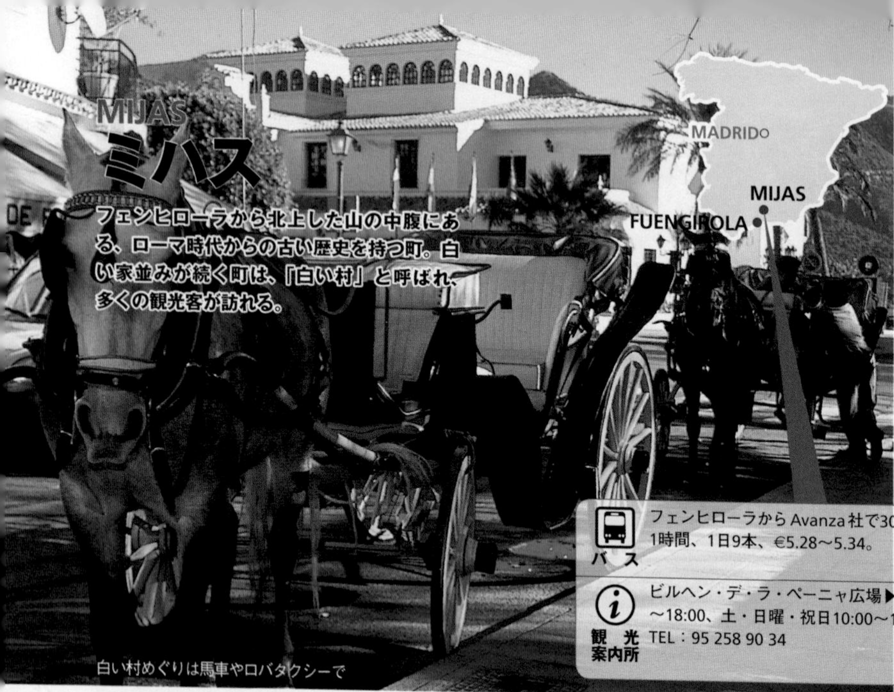

MIJAS

ミハス

フェンヒローラから北上した山の中腹にある、ローマ時代からの古い歴史を持つ町。白い家並みが続く町は、「白い村」と呼ばれ、多くの観光客が訪れる。

MADRID
MIJAS
FUENGIROLA

白い村めぐりは馬車やロバタクシーで

バス	フェンヒローラから Avanza 社で30分～1時間、1日9本、€5.28～5.34。
観光案内所	ビルヘン・デ・ラ・ペーニャ広場▶9:00～18:00、土・日曜・祝日10:00～14:00 TEL：95 258 90 34

概　要

古い歴史を持つ白い村

バスを降りたら、バス停のある広場の近くにある**ビルヘン・デ・ラ・ペーニャVirgen de la Peña教会**へ。自然の岩をくり抜いて造られた珍しい教会で、内部にはこの町の守護聖女だという、長い髪の女性の像が祀られている。またここの見晴らし台からは、家並みや青く美しい地中海を見渡すことができる。

サン・セバスチャンSan Sebastián通り周辺は、絵葉書のような**白い家並み**の美しい光景に出会える場所だ。また、珍しい四角い**闘牛場**(€4)や**ミニチュア博物館Museo Miniaturas**(大人€3)などもある。小さな町なので1時間もあれば1周できるが、名物の**馬車やロバのタクシー**に乗るのも楽しい(ロバ1匹€10、ロバ車2人乗り€15、馬車4人乗り€20)。

ビルヘン・デ・ラ・ペーニャ教会。教会前から眺める家並みは最高

美しい白壁が続くミハスの町

ラ・アルカサバ

LA ALCAZABA

MAP p.268

交 バス停から徒歩5分
住 Plaza de la Constitución,La Alcazaba
☎ 95 259 02 53 予算 €30〜
営 12:30〜16:00、19:00〜23:00
休 月曜 URL www.restaurantelaalcazabamijas.com

ミハス

TRH MIJAS

MAP p.268

交 バス停から徒歩5分
住 Tamisa,2
☎ 95 248 58 00
部 204部屋 料 S€86〜 T€86〜
URL www.trhmijas.com/

近くの町へ Visitando los Pueblos Aledaños

フェンヒローラ

FUENGIROLA

交通：マラガ空港から海岸列車で34分、5:30頃〜22:30頃まで30分おき、€2.70。バスはマラガから1時間、1日22本、€3.18〜3.24。

観光案内所：鉄道駅を出て左へ少し歩いた右手▶9:00〜18:00（土・日曜・祝日10:00〜14:00）

TEL：95 246 74 57

●長い海岸線を持つのどかな町

マラガを出た海岸列車の終点。トレモリーノスとマルベーリャという二大リゾート地の中間に位置する、のどかな雰囲気を残した町だ。全長7km、スペイン最大の長さを誇るプエブロ・ロペスPuebulo Lopez海岸が人気のリゾート地として賑わっているが、かつては漁港として栄えていたところ。

今ではエリアきってのリゾートとなっているが、町の中心部にある市場Mercadoの裏には、昔のままの美しい「白い家並み」も残っているので、ぜひ訪れてみよう。

ビーチでは、ヨットや釣りなどのマリンレジャーも楽しめる。市内でも、コンサートや演劇が年中行われている。

アグル

AGUR

交 鉄道駅から徒歩5分
住 Calle Tostón,4
☎ 95 247 66 66 FAX 95 131 12 62
部 68部屋
料 S€32 T€37 URL www.hotelagur.net/

スペインでもっとも長いフェンヒローラの海岸

ALGECIRAS

アルヘシラス

スペイン南端に位置する港町。アフリカ航路のフェリーがひっきりなしに発着し、彫りが深く、色の浅黒いイスラム系の人々が行き交い、独特の雰囲気を醸し出している。

MADRID

ALGECIRAS

アルヘシラスの広場

鉄道 マドリッドのアトーチャ駅から約5時間30分、1日4本、€45.25〜60.20。グラナダから約4時間30分、1日3本、€31.20。

バス マドリッドの南バスターミナルからInterBusで9時間、1日3本、€21.29。セビーリャからComps社で3時間30分、1日4本、€21.16。マラガからAvanza社ほかで1時間45分〜3時間、1日19本、€15〜18.70。グラナダからALSA社で4時間、1日4本、€26.75〜27.21。

観光案内所 サン・キンティン通り▶9:00〜19:30、土・日曜・祝日9:30〜15:00

概　要

モロッコへの日帰り観光の拠点

町の中心部はアルタ広場周辺。広場をはさんで**パルマ教会Igresia de Palma**と**ヨーロッパ礼拝堂Capilla Europa**が建つ。また、このあたりには飲食店、ブティックなどが軒を連ねている。小さな町だが、モロッコやジブラルタルへの日帰り観光の拠点にするには非常に便利のよい町だ。

グラナダやロンダ方面から鉄道で来ると町中心部より南にある鉄道駅に到着する。港までは一本道で徒歩２〜３分。また、バスターミナルは鉄道駅から一本通りをはさんだサンベルナルドSan Bernardo通りにあり、各方面からのバスはすべてここに発着する。

観光案内所はサンベルナルド通りと並行するサン・キンティン通りを港方面へ向かって進むと同じ通り沿いの右側にある。ここからフェリー乗り場へは歩いて6〜7分くらいだ。

モロッコへの日帰り観光を考えているなら、ラ・マリーナ通り沿いに軒を連ねている旅行代理店でツアーを申し込もう。ツアー料金や内容はどこもほとんど同じだ(詳細はp.272参照)。

港沿いに大きなビルが並ぶ

カサ・ディオーニ
CASA DIONI

交 アルタ広場から徒歩2分
住 Calle Sevilla,44
☎ 956 66 10 91
予 €10～ 営 12:00～16:00、20:00～24:00
休 火・水・日曜の夜、月曜

泊

レイナ・クリスティーナ
REINA CRISTINA

交 バスターミナルから徒歩10分
住 Paseo de la Conferencia,s/n
TEL 956 60 26 22 FAX 956 60 33 23
部 189部屋 料 S€39 · T€53～
URL www.hotelesglobales.com

ちょっとよりみち1

GIBRALTAR

ジブラルタル

スペイン南部、ジブラルタル海峡をはさんでアフリカ大陸を目の前に望む位置にあるイギリス領。かつては軍事上の要衝として、現在はフリーポートの買い物天国として知られる。

MADRID
GIBRALTAR

バス　アルヘシラスからラ・リネアLa Línea行きのバスで40分、30分～1時間おき、€2.45。

観光案内所　ケースメイツ広場内（CASEMATES SQUARE）月～金曜9:00～17:30、土・日曜10:00～15:00
TEL：350 200 45000

スペイン南端部、アルヘシラスの港からちょうど対面に屹立する岩山がある。ここがイギリス領ジブラルタルだ。アルヘシラスからはコメス社のバスターミナルで国境手前のラ・リネア行きのバスに乗り、終点のバスターミナルからは徒歩で。入国審査場までは3分程度。入国はパスポートを見せるだけと、いたって簡単。

国境から市中心部までは9番のバスでも行けるが、歩いても15分くらい。また、ケーブルカー乗り場へは3番のバスに乗る。

●スペイン国内より安いフリーポートの町

さて入国後、まっすぐ道路を進んで行くとすぐに線路もないのに踏み切りの遮断機のようなものが信号とともに設置してあるのに気付く。実は、ここは飛行機の滑走路としても使われている場所で、運悪く（良く？）足止めをくらうと飛行機の離発着を至近距離から見ることができる。「飛行機の離発着時に危険なのでごみを捨てないで！」という看板も。

この町の特徴は、なんといってもフリーポートの町だということ。たばこ、香水、酒などはスペイン国内に比べてもかなり安く買えるので、週末ともなるとスペイン人の買い物客でごったがえす。だが、飲食物やホテル代などは高く、フィッシュアンドチップス一皿が日本円換算で1,000円以上したりする。なるほどここは確かにイギリスだ、と実感する一瞬だ。なお、領内はポンドとユーロ、どちらでも使用できるので、ポンドに両替する必要はない。買い物に興味のない人はケーブルカーに乗り、自然保護地区Upper Rockをめざそう。区域内には野生の猿が生息していることで有名だ。また、ムーア城や第二次世界大戦中に使われたトンネルなどもある。

ケーブルカー運賃：£29（約4,100円、自然保護区・施設入場料込み）
運行時間：9:30～19:15（11～3月は～17:15）
／1月1日、12月25日休

道路が飛行機の滑走路に変身!?

ちょっとよりみち２

ジブラルタル海峡を越えて、安心・便利な日帰りツアーでモロッコをめざそう

アルヘシラスからのモロッコ・ツアーのコースは数種類あるが、最近ポピュラーなのはアフリカ大陸にあるスペイン領セウタへ渡り、テトゥアン、タンジェと回ってその後来た道を戻るもの。このコースだとフェリー利用で乗船時間は１時間～１時間30分。

相場は€65～75（交通、ガイド、昼食込み、ただしガイドへのチップは別。フェリーの片道券は約€30～35)。タンジェだけのツアーも、セウタとテトゥアンだけのツアーも、いずれも€65～75くらいだ。

出発前日までラ・マリーナ通りに並ぶ旅行会社のオフィスで申し込むことができ、空きがあれば当日の朝いちばんでも参加は可能なようだ。フェリーの出発時間は7時半くらいだが、30分ほど前にオフィス前に集合することになっており、そこで往復のフェリーのチケットと目印のためのツアーワッペンを手渡される。このシールが現地で待機している現地ガイドが自分の客を見分ける目印になるので、恥ずかしくても目立つところに貼っておこう。また、乗船中はガイドが付かないが、乗り場まではオフィスの人が案内してくれるので迷う心配はまずないだろう。

船は会社ごとに仕様が多少違うので、どれに乗れるかは運次第だが、いずれも一定レベル以上のクラス。テレビ、免税品店、バーカウンターなどが備わっている。特に、EURO FERRYは豪華客船という形容がぴったりで、もっと乗っていたい、と思うほど快適だ。

さて、セウタに着くとガイドが迎えてくれる。バスに乗り込み、瞬く間に国境へたどり着くので、セウタの観光はバスから窓外を眺めるのみ。出国・入国手続きはガイドがやってくれるので、バスの中でおとなしく待っているだけと非常にラクチン。日帰りツアーの場合は出国時までここでパスポートを預ける。

●カスバの魅力を堪能しよう

セウタを出ると、いよいよモロッコだ。「Welcome to Africa」とガイドが英語とスペイン語で案内を始める。最初の目的地であるテトゥアンに向かう途中、道端の原っぱにラクダが待機しているところで下車。乗りたい人はチップを払って乗る。そのあと、テトゥアン市内へ。目ざすはカスバだ。迷路のように複雑に入り組んだ狭い路地、あふれるほどの人々、その両側にはスパイス、パン、オリーブ、洋服などさまざまな物が売られている。次に、蛇使いがいる広場へ。ここでもチップを払えば蛇に触ったり、記念撮影もできる。続いてカーペット屋に入ってから昼食となる。シシカバブ、クスクス、ミントティーがお決まりのメニューだ。お腹がいっぱいになったところでテトゥアンを後にし、バスはひた走ること１時間30分、タンジェに到着。ここでもカスバを歩き、見晴らしのいい展望台へと誘われる。約１時間の滞在の後、再びバスに乗ってセウタまで戻る。アルヘシラス到着は夜7～8時くらい。丸１日の行程だ。

このツアーの魅力は、一にも二にもカスバ歩きに尽きる。複雑に入り組んだ迷路そのままの石畳の道、見上げても空が見えないほどに軒を接した石造りの家々、まっ暗な路地を抜けた先に突然広がるジブラルタル海峡。町角にはかすかにスパイスの香りが漂い、黒いつぶらな瞳の子どもたちが、少しはにかみながら異国からの客を見つめる。ほんの半日の滞在でも、カスバの魔力はいったんとらえた旅人の心をつかんで放さないだろう。

迷路のような路地には忙しく働くモロッコの人々が

JEREZ DE LA FRONTERA

ヘレス・デ・ラ・フロンテラ

スペインの銘酒シェリー酒Sherryのふるさとで、フラメンコの発祥の地。美酒と美味に恵まれ、文化の薫りも豊かなこの町の人々は誇り高く、しかも人なつこい。

MADRID
JEREZ DE LA FRONTERA

鉄道 マドリッドのアトーチャ駅から特急で3時間35分～4時間25分、1日12本（1回乗り換え。直通は2本）、€49.05～79.80。セビーリャから約1時間、1日15本、€11.50～19.90。

バス マドリッドの南バスターミナルからSocibusで7時間30分、1日4本、€29.45～39.45。セビーリャからComes社で約1時間15分、1日7本、€9。

町歩き 主なホテルはバス・鉄道どちらの駅からも近い。荷物を置いて、身軽になって市内観光に出かけよう。

観光案内所 アレナル広場▶9:00～15:00、16:30～18:30（夏期は17:00～19:00）、土・日曜・祝日9:30～14:30　TEL：956 34 17 11

シェリーの広告も目立つヘレスの繁華街

概　要

シェリー酒とフラメンコの町

人口2万人弱と規模は小さいながら、ヘレスは**シェリー酒**、**馬場馬術**、そしてフラメンコの本場中の本場。シェリー酒は天日乾燥させた地場のブドウを、特殊なカビとアンダルシアの温暖な気候で醸造したちょっと強めのワインだ。

人々は親切でやさしく、初対面の外国人にも明るく心を開いてくれる。この町の魅力は毎年9月から10月にかけて行われる**秋祭りFiesta Otoño**（収穫祭、日程は年によって異なる）に凝縮されている。シェリーが酌み交わされ、騎馬行列が華やかに練り歩き、フラメンコ・フェスティバルでは聞き手の心を熱く揺さぶるカンテ・ホンドCante Jondo（魂の歌）も披露される。

むろんこの時期に限らず、ヘレスの町はいつでも旅行者の期待を満足させる魅惑に満ちている。大西洋の海の幸を肴に、シェリーグラスを傾ければ、いっとき自分が、旅行者であることを忘れてしまうに違いない。

ヘレスのホテルには比較的高級な**シェリー・パーク**(URL www.hipotels.com/、シングル€68～、ツイン€60～)、中級の**ドニャ・ブランカ**（URL www.hoteldonablanca.com/、シングル€40～、ツイン€45～)、安めなら**エル・コロソ**（URL www.elcolosohotel.com、シングル€30～、ツイン€36～）などがある。

創業者ビアス氏の銅像が立つビアス社の工場

ボデガ Bodega

MAP p.273

●街歩きの前にまずシェリーを

ボデガとはシェリー醸造所のこと。市内に30軒前後あり、大手のボデガではガイド付きの見学や試飲ができる。貯蔵庫に積まれた樽の中には、著名な政治家や映画俳優のサインが記された"売約済み"もあったりして楽しい。主なボデガの見学要領は次のとおり。

■ゴンサレス・ビアス Gonzalez Byass

ドライシェリー「ティオ・ペペ」が有名

住所：Manuel María González,12

TEL：956 35 70 00

見学：12:00、13:00、14:00、17:00、18:00（日曜は12:00、13:00、14:00）季節により増減

料金：€16（タパス込み€19）

■ボデガ・フンダドール Bodegas Fundador

ヘレス最古のボデガ

住所：San Ildefonso,3　TEL：956 15 15 00

老舗のペドロ・ドメク、ジョン・ハーベイズ、トリーガが1つのワイナリー「Bodegas Fundador」として再出発。

見学：12:00、14:00、16:00（夏期12:00、14:00、18:00、20:00）、土曜12:00のみ／日曜休

料金：€12～（コースによって異なる）

王立アンダルシア馬術学校 Real Escuela Andaluza de Arte Ecuestre

MAP p.273

交通：観光案内所から徒歩15分

開館：馬術ショー、ショートツアー：火・木曜12:00～（8～10月は金曜も、12月2週目～2月は木曜のみ）、フル見学：3～7月・11～12月初週は月・水・金曜（12月2週目～2月は木曜も、8～10月は月・水曜のみ）、博物館：10:00～14:00／日曜休

料金：ショートツアー€6.50、フル見学€11、博物館€4.50、ショーは内容により異なる

●人馬一体のエレガントなバレエ

スペインの馬場馬術はヨーロッパ随一の技術と伝統を誇るが、騎手の養成や馬の血統の選抜などを行っているこの学校は、いわばその原点。見ものは、「アンダルシアの馬たちが踊る」と題された馬術ショー。伝統衣装をまとった騎手たちのみごとな手綱さばきに、華麗に着飾った馬たちが馬場狭しと優雅なダンスを舞ってみせる。予約は前日までにホテルか代理店で。

馬術の殿堂にふさわしく優雅な建物

アンダルシア・フラメンコ・センター Centro Andaluz de Flamenco

MAP p.273

交通：観光案内所から徒歩10分

開館：9:00～14:00／土・日曜・祝日休

料金：無料

●フラメンコのすべてが一堂に

建物はバロック・ロココ調のパティオを擁する18世紀後半建築の2階建て。パティオを囲む2階の回廊にはフラメンコを踊る姿を描いた版画などが展示され、関連書籍を集めた図書館や視聴覚室、稽古場など施設も充実している。書籍やビデオライブラリーの閲覧にはパスポートが必要。

ラ・アタラヤ（時計博物館） Museo de los Relojes

MAP p.273

交通：観光案内所から徒歩15分

開館：ガイドツアー：9:30、10:30、11:30、12:30、13:15／土・日曜・祝日休

料金：€6

●機能と芸術性を備えた逸品ぞろい

新古典様式建築のアタラヤ宮殿の中に、17～19世紀製作の大小約300のヨーロッパの時計が展示されている。いずれも精緻な装飾で、形も変化に富んだみごとなものばかり。時計はすべて動いており、毎正時にはいっせいに鳴る。宮殿の屋根にも庭園にも、孔雀が鳩のように群れていて壮観。

MEMO スペインと同じくハプスブルク家の領地だったオーストリアのウィーンにも、アンダルシアの馬と馬術を導入した馬術学校（1572年創立）があり、ヘレス同様音楽に合わせて集団演技を披露している。

CÁDIZ
カディス

MADRIDO
CÁDIZ

紀元前11～10世紀にフェニキア人によって造られた要塞・港湾都市。古くから景色の美しさで知られ、詩聖バイロンも『カディスの乙女』でそのみごとな風光を讃えている。

鉄道 マドリッドのアトーチャ駅から特急で4時間30分～5時間、1日10本、€40.10～82.30。セビーリャから1時間50分、1日15本、€10.65～23.80。ヘレス・デ・ラ・フロンテラから40分、1日16本、€6.25～14.90。

バス マドリッドの南バスターミナルからSociBusで8時 間、1日4本、€35.61～47.19。セビーリャからComes社で1時間45分、1日9本、€16。アルヘシラスからComes社で2時間、1日10本、€16。バスはカディス港近くに着く。

町歩き 旧市街の観光は徒歩で。坂道は少なく、歩きやすい。所要2～3時間。

i カナレーハス通り▶9:00～19:00（冬期8:30～18:30）、土・日曜・祝日9:00～17:00
TEL：956 24 10 01

夕陽を浴びて輝くカテドラルのドーム屋根

概　要

市内は新市街と旧市街に大別されるが、主な見どころは半島先端の旧市街に集中している。鉄道駅からタクシーでカディス博物館に向かい、あとは徒歩で旧市街を散策しよう。

豊富な収集品を誇るカディス博物館

カディス博物館Museo de Cádizは考古学・美術・民俗学の３部門に分かれ、古い歴史の町らしく収集品は豊富だ。特に考古学部門に収められたフェニキア人の石棺と、美術部門のスルバラン（➔p.301）の作品は必見（9:00～21:00、日曜・祝日～15:00／月曜、1月1・6日、5月1日、12月24・25・31日 休、€1.50）。

博物館を出たら、北岸の海岸遊歩道を歩こう。緑したたるアポダカの並木道、マルケス・デ・コミリャスの並木道を西へたどった先はヘノベス公園Parque Genovésだ。目の前に果てしなく大西洋が広がり、微風が頬をなでてゆく。

公園の南詰めにはリゾート色の濃いパラドール・デ・カディスParador de Cádizがある。

岬の先端には、16世紀に築かれた**城塞サンタ・カタリナ城**Castillo de Santa Catalinaの城壁が残っている。

大西洋の波が打ち寄せるカディスの海岸通り

カディス名物アサリのワイン蒸し

旧市街地方面に戻ると、ムリーリョが描いた聖母像で知られる**サン・フェリペ・ネリ教会Iglesia de San Felipe Neri**がある。

旧市街の中心部では、**タビラの塔Torre Tavira**に上ってカディス市街を一望してから、みやげものや気のきいた小物を商う店が賑やかに軒を連ねる**花の広場Plaza Flores**、**市場Mercado**を抜けて**カテドラルCatedral**へ。海岸通りに沿って建つ壮大な建物で、残照を浴びて輝く黄色いドーム屋根がみごとだ。カテドラルの地下聖堂にはバレエ組曲『三角帽子』を生んだ当地出身の作曲家マヌエル・デ・ファリャが埋葬されている。また、建物の一画は膨大な金銀細工のコレクションを擁する**博物館**として利用されている(10:00～15:00、7・8月～16:00、11～3月～14:30／日曜休、€6)。ここからは、海産物がおいしい気楽なバルが並ぶサン・フアン・デ・ディオス広場までほんのひと足だ。

船を使ってカディスへアプローチ

どこの町から来るのにせよ、カディスへのアプローチは鉄道またはバスが一般的だが、もしヘレス・デ・ラ・フロンテラからカディスへ入るのなら、ちょっと気分を変えて船を利用してみたい。まずヘレスの鉄道駅からアンダルシア特急で1駅の、エル・プエルト・デル・サンタ・マリアへ。ヘレス特産のシェリー酒の積み出し港として有名なこの町には、おいしいシェリーのボデガ(酒蔵)もある。鉄道駅から船着き場まではほんの数分、一本道だから迷うことはない。船便は日中で平日は1日に17本、土・日曜は1日5～10本(€2.65)で、約25～30分の船旅。桟橋にまだ船が着いていなければ、船着き場前のバルのテラスでカーニャ(生ビール)を軽くひっかけながら待とう。

さて、やって来た船は東京湾でよく見かける釣船とほとんど変わらない大きさだ。潮風にあたり続けて古色蒼然、お世辞にもおしゃれとはいえない。やがてふだん着姿のおじいさんが、手動でガラガラと手すりの引戸を開け、板1枚のタラップを引っ張り出して客を招じ入れてくれる。操縦するのもやはりふだん着のおじいさんで、乗組員はこのふたりだけ。もちろん船内に飲食の施設などはない。船が動き始めると、先ほどガラガラやっていたおじいさんがキップを売りに来る。

カディス港内より市街を望む

船着き場の前にはバルがある

岸壁で釣り糸を垂れる人に手などを振っているうち、船は港の狭い水路を抜けて湾内に出る。右手には目の届く限りに広がる大西洋。乗っている船のエンジン音をいっとき忘れれば、遠くアジアをめざした往時のコロンブスの不安と高揚感が少しは理解できるかもしれない。

30分も過ぎた頃、目の前にカディスの港がくっきりと見えてくる。貨物船が碇泊していたりクレーンが林立していたりで一部の景色には風情がないが、陽を照り返す旧市街の白い建築群、黄色く輝いて他を圧するカテドラルのドーム屋根、そして豊かな緑を茂らせた海岸遊歩道などに目を転じると、まさに「異国」というにふさわしいみごとな景観が広がる。カディス、3,000年にわたって現役の港であり続ける町。その底知れない歴史の迫力は、海から眺めてこそより強く伝わってくる。

エル・プエルト・デル・サンタ・マリアからカディスまで、わずか30分ほどのごく質素でささやかな船旅。船を降りるとすぐバスターミナルがあり、タクシーも並んでいる。市内への足に不便はない。

RESTAURANT

食べる

カディスのレストラン

カディスのレストランやホテルは、新・旧両市街にバランスよく配置されている。観光のついでに食事をとるなら旧市街のレストランが便利。

カディスのホテル

泊まる

HOTEL

エル・ファーロ

EL FARO

MAP p.275

有名人や名士が集う店

壁にはこの店を訪れた著名人たちの写真がずらり。木の内装や家具は、いつでもピカピカに磨き上げられている。モダンなアンダルシア料理で、味には定評がある。要予約。

交 ヘノベス公園から徒歩8分
住 San Felix,15
☎ 956 21 10 68
予算 €25～
営 13:00～16:00、20:00～23:00
休 無し
URL www.elfarodecadiz.com/

バランドロ

BALANDRO

MAP p.275

カディス湾の海の幸をたっぷりと

店内中央にバル、海に面した窓側にレストラン。新鮮な魚介類がおいしく、店員のサービスもよい。魚のパテ、スモークフィッシュのクスクスなどおすすめ。

交 アポダカの並木道沿い
住 Alameda Apodaca,22
☎ 956 22 09 92
予算 €30～
営 13:00～16:30、20:00～23:30
休 無し
URL www.restavrantebalandro.com

パラドール・デ・カディス

PARADOR DE CÁDIZ

MAP p.275

開放感いっぱいのパラドール

2012年に改装・リニューアルオープンした近代的なリゾートホテル。海に面して建ち、客室やプールからは、光あふれる大西洋の大眺望がほしいままだ。レストランの魚料理がおすすめ。

H ★★★★

交 ヘノベス公園の隣
住 Avda.Duque de Najera,9
☎ 956 22 69 05
部 124室　英 常駐
料 S€101～　T€117～
URL www.parador.es/

フランシア・イ・パリス

FRANCIA Y PARíS

MAP p.275

レセプションのサービスは抜群

木材を多用した内装が目に優しいクラシックなホテル。広めの部屋はすべてテレビ・電話付きで、窓から光がたっぷり差し込んでくるバスルームも気持ちがいい。

H ★★★

交 鉄道駅から徒歩12分
住 Plaza de San Francisco,6
☎ 956 21 23 19
FAX 956 55 74 25
部 57室　英 常駐
料 S€57～　T€59～
URL www.hotelfrancia.com/

ラス・コルテス

LAS CORTES DE CADIZ

MAP p.275

街歩きの拠点にぴったり

カディスの歴史的な街並みにとけこむ美しいパティオが自慢のホテル。全室エアコン、バス・トイレ、ミニバー、さらにバルコニーを完備。フィトネスセンターやジャクジーもある。

H ★★★

交 鉄道駅から徒歩10分
住 calle San Francisco,9
☎ 956 22 04 89
FAX 956 21 26 68
部 36室
料 S€49～　D€65～
URL www.hotellascortes.com/

※レストランデータの予算は前菜、メイン、デザートに飲み物を付けた場合の１人分の目安です。
ホテルの料金は１泊分の室料です。朝食はホテルにより含まれている場合と、別料金の場合とがあります。

SEVILLA

セビーリャ

アンダルシア地方の中心都市でフラメンコの本場。ビゼーの「カルメン」、ロッシーニの「セビリヤの理髪師」の舞台となった街としてもなじみ深い。

飛行機 マドリッドから1時間、1日8便、€22～38。バルセロナから1時間30分、1日9便、約€27～75。空港から市街地まで車で約20分、空港バス利用の場合は所要35分程度、€4。

鉄 道 マドリッドのアトーチャ駅からAVEで2時間30分、1日22本、€29～67.20。バルセロナのサンツ駅からAVEで5時間30分、1日5本、€62.40～87.35。コルドバから45分、1時間に2～3本、€14～31.70。

バ ス マドリッドの南バスターミナルからSocibusで6時間20分、1日9本、€29.45～39.29。コルドバからALSAで2時間、1日7本、€14.67。グラナダからALSAで3時間、1日11本、€27.02～34.89。マラガからALSAで3時間、1日9本、€27.02～34.89。

町歩き 駅からは、バスかタクシーを利用。駅から32番のバスで終点のドゥケ・デ・ラ・ビクトリア広場まで約10分。シェルペス通りなどを南下して行くとカテドラル。

観 光 案内所 トリウンフォ広場▶9:00～19:30（土・日曜・祝日9:30～15:00）TEL：95 478 75 78／市庁舎そば▶9:00～19:30（土・日曜10:00～14:00）TEL：955 47 12 32

概 要

セビーリャはローマ時代にはすでにこの地方の中心都市のひとつで、西ゴート王国の首都だった時期もある。8世紀以降は侵入してきたイスラム勢力の下でさらなる発展を遂げる。街のシンボル、**ヒラルダの塔**が建てられたのは12世紀の終わりのことだ。

カスティーリャ王フェルナンド3世がセビーリャを奪還したのは1248年のこと。大航海時代には、新大陸との交易港として栄える。この繁栄は街の中心付近を流れるグアダルキビル川Río Guadalquivirに負うところが大きい。コロンブスの新大陸発見以後、セビーリャはアメリカ大陸への旅の拠点となった。1519年に世界1周の旅に出たマゼランもセビーリャから出発している。さらに1503年に南米植民地との取引をするインディオ通商院が設立されると、新大陸との交易を一手に独占することとなり、セビーリャの町は大いに活況を呈することになった。

この時代のセビーリャは、芸術面でも大きな飛躍を遂げた。人物像に新境地を見いだしたスルバラン（→p.301）、バロック絵画の巨匠ムリーリョ（→p.289）やバルデス・レアル（→p.287）、宮廷画家としても成功を収めたベラスケスなどの画家、セビーリャの教会に多数の作品を残したマルティネス・モンタニェス、サン・ロレンソ教会の「大いなる力をもつキリスト」の作者ファン・デ・メサなどの彫刻家といった多くの芸術家を輩出した。

町の中心はセビーリャのシンボルでもある**ヒラルダの塔**。町のあちこちから見えるので、迷いそうになったときには目印にすればいい。**カテドラル、アルカサル、闘牛場**なども近い。セビーリャで最も賑わう繁華街は、カテドラルから2分ほど歩いたところにある市庁舎の北側のシェルペス通りSierpes。ここにはショップ、レストラン、バルなどが建ち並び、1日中人通りが絶えない。

歌い、踊る祭りの町

セビーリャといえば、春祭り**フェリア**Feriaも有名だ。フェリアは毎年4月に1週間にわたって開催される、スペインの三大祭りのひとつ。男女とも着飾り、歌い、踊る。その狂乱がひと晩中くりかえして行われる楽しい祭りだ。

そして、セビーリャといえばフラメンコ。セビーリャを訪れたなら1度はタブラオに足を運んでみたい。タブラオはフラメンコのショーが見られるレストラン・バー。ここでショーを見ながら食事やお酒を楽しむのもセビーリャの夜の過ごし方のひとつといえるだろう。

MEMO フェルナンド3世（1201～52、在位1217～52、→p.107）カスティーリャ王。レオンとカスティーリャの2王国を統合し、レコンキスタを推進。領土はイベリア半島の3分の2を占めるまでに拡大した。

セビーリャ
Sevilla
0
400m
N
1992年万博会場
ロープウェイ Telecabina
バルケタ橋
Puente de la Barqueta
ラス・シンコリャーガス病院
Hospital de las Cincollagas
Resolana Andueza
C.Munos León
サン・クレメンテ修道院
Monasterio de San Clemente
マカレナ教会堂
Basílica de la Macarena
A
B
Calle del Torneo
サンタ・クララ修道院
Convento de Santa Clara
Calle San Luis
Ronda de Capuchinos
Alameda de Hércules
Ig.de San Luis
Calle Juan Rabadán
カルトゥハ橋
Pasarela de la Cartuja
サンタ・パウラ修道院
Convento de Santa Paula
エル・パラシオ・アンダルース(タブラオ)
ラス・ドゥエニャス宮殿
Palacio de las Dueñas
C.Bustos Tavera
【サンタ・フスタ駅】
セントロ
CENTRO
280-281
ボンセ・デ・レオン広場
Pl. Ponce de León
C.Saturno
エル・コルテ・イングレス
ドゥケ・デ・ラ・ビクトリア広場
Pl. del Duque de la Victoria
サンタ・カタリナ教会
Parroquia Santa Catalina
展望塔
Torre Panoramica
C.Alfonso XII
マルケス・デ・パラダス通り
C. Marqués de Paradas
Calle de Gravina
県立美術館
Museo de Bellas Artes
エンカルナシオン広場
Pl.de la Encarnación
バスターミナル
Estación de Autobuses Plaza de Armas
マグダレナ教会
Parroquia de la Magdalena
Velázquez Tetuán
シエルペス通り Sierpes
サルバドル教会
Parroquia El Salvador
C. del Rey D. Pedro
ピラートの家
Casa de Pilatos
Calle Recaredo
チャピナ橋
Puente de Chapina
Calle Arjona
Reyes Católicos
San Pablo
Aguilas
C. de Luis Montoto
Chapina Jesús Montero
ヌエバ広場
Pl. Nueva
市庁舎
Ayuntamiento
Sta. María la Blanca
279
Calle Castille
Calle Alfarería
グアダルキビル川
C
Plaza San Francisco
Argote de Molina
D
オレンジのパティオ
コンスティトゥシオン通り
Av. de la Constitución
ヒラルダの塔
La Giralda
イサベル2世橋
Puente de Isabel II
コロン通り
Paseo de Colón
Calle Adriano
サンタ・マリア・ラ・ブランカ教会
Ig. de Santa María la Blanca
マエストランサ闘牛場
Plaza de Toros de la Real Maestranza
カテドラル
Catedral
サンタ・クルス街
Barrio de Santa Cruz
救済病院
Hospital de la Caridad
メネンデス・ペラヨ通り
Av. Menéndez Pelayo
D. de los Ríos
マエストランサ劇場
Teatro de la Maestranza
アルカサル(王城)
Real Alcázar
インディアス公文書館
Archivo de Indias
Calle San Jacinto
Pagés del Corro
サンタ・アナ教会
Parroquia de Santa Ana
Calle Betis
黄金の塔
Torre del Oro
アルカサル庭園
Jardines del Alcázar
サン・ベルナルド地区
SAN BERNARDO
San Fernando
トリアナ地区
TRIANA
サン・テルモ橋
Puente San Telmo
クリスティーナ公園
Jardines de Cristina
バスターミナル
Estación de Autobuses Prado de San Sebastián
Av. Carlos V
クーバ広場
Plaza de Cuba
サン・テルモ宮殿
Palacio de San Telmo
Rio Guadalquivir
セビーリャ大学
Universidad de Sevilla
(旧タバコ工場)
ラ・ラサ
Av. de Portugal
López de Gomara
Av. República Argentina
Calle Asunción
Paseo de las Delicias
Av. María Luisa
スペイン広場
Plaza de España
パサレラ
Avenida de la Borbolla
Calle Turia
E
F
Av. Blas Infante
ヘネラリシモ橋
Puente del Generalísimo
Calle Virgen de Luján
ロス・レメディオス地区
LOS REMEDIOS
ロス・プリンシペス公園
Parque de Los Príncipes
マリア・ルイサ公園
Parque de María Luisa
Av. Santiago Montoto
Av. de Ramón de Carranza
Av. de Carrero Blanco
考古学博物館
Museo Arqueológico
カディスへ

セビーリャ市街
Centro de Sevilla
0
200m
N
A
B
E
F
I
J
展望塔
Torre Panoramica
Calle del Torneo
マルケス・デ・パラダス通り
Calle Alfonso XII
Calle de Gravina
プラサ・デ・アルマス
県立美術館
Museo de Bellas Artes
プラザ・デ・アルマス・バスターミナル
Estación de Autobuses Plaza de Armas
マラガ、グラナダ、マドリッド、バルセロナ方面行き
ウエルバ、メリダへ
Plaza de Armas
マドリッド
ナランホ
S. Roque
San E
メリア・コロン
マグダレナ教
Parroquia la Magda
チャピナ橋
Puente de Chapina
Calle Arjona
C. Marqués de Paradas
Canalejas
グラヴィーナ51
San Pablo
Chapina
タベルナ・デル・アラバルデロ
Zarag
RENFE（キップ販売
グアダルキビル川
Calle Castille
Calle Alfarería
Jesús Montero
Reyes Católicos
コロン通り
ポルタ・ロサ
Calle Adriano
イサベル2世橋
Puente de Isabel II
エル・パティオ・セビリャーノ
（タブラオ）
マエストランサ闘牛
Plaza de Toros de
Real Maestranza
A. Díaz
Paseo de Colón
P.280～281
サンタ・フスタ駅
Calle de José Laguillo
ピラートの家
カテドラル
アルカサル
スペイン広場
Calle Betis
Pagés del Corro
サンタ・アナ教会
Parroquia de Santa Ana
トリアナ地区
TRIANA
José María Martínez
クーバ広場
Plaza de Cuba
Salado
Av. República Argentina

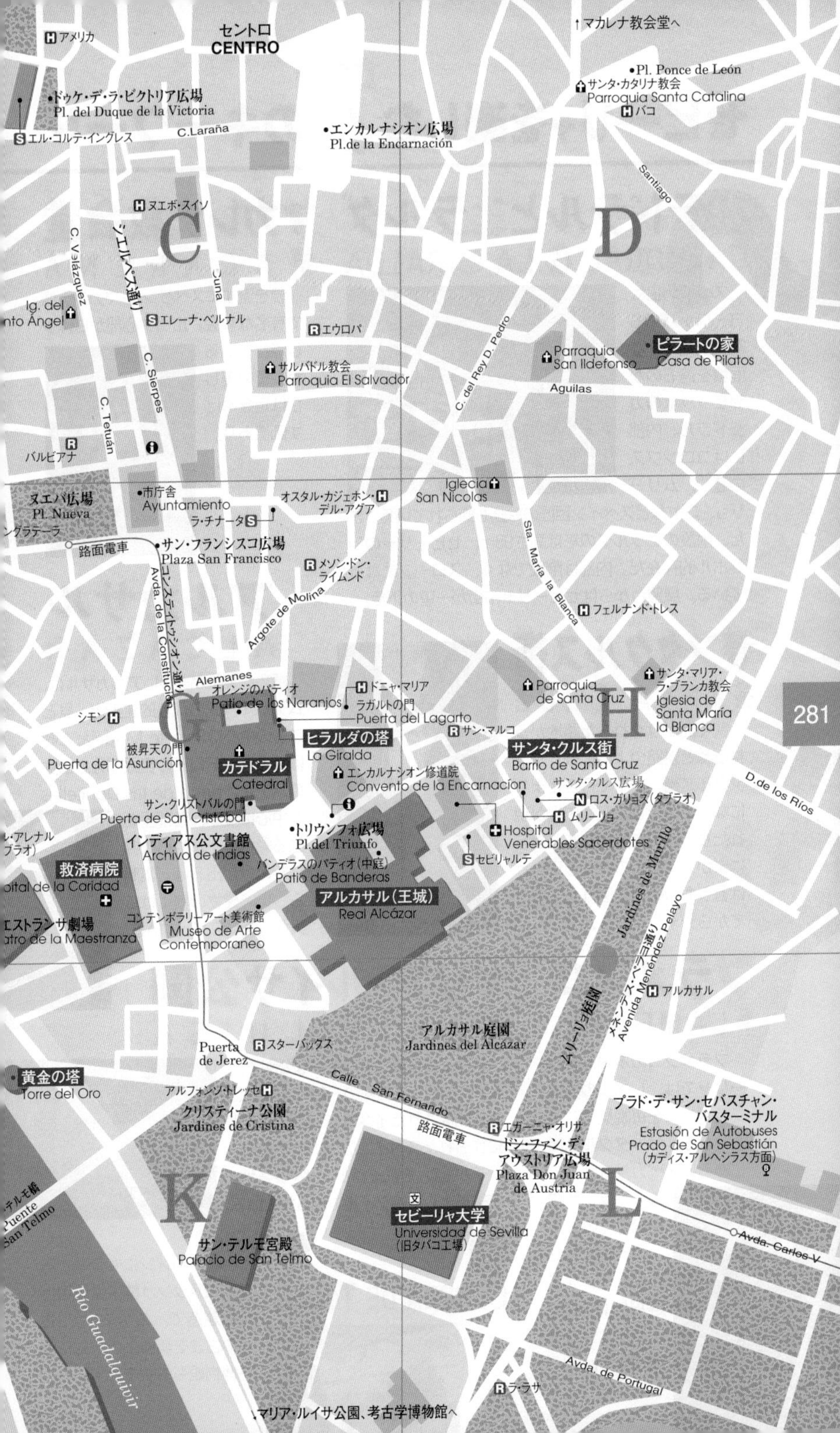
セントロ
CENTRO
アメリカ
ドゥケ・デ・ラ・ビクトリア広場
Pl. del Duque de la Victoria
エル・コルテ・イングレス
C.Laraña
エンカルナシオン広場
Pl.de la Encarnación
↑マカレナ教会堂へ
Pl. Ponce de León
サンタ・カタリナ教会
Parroquia Santa Catalina
バコ
Santiago
ヌエボ・スイソ
C
D
C. V Valázquez
シエルペス通り
Cuna
Ig. del
nto Ángel
エレーナ・ベルナル
エウロパ
C. del Rey D. Pedro
Parraquia
San Ildefonso
ピラートの家
Casa de Pilatos
サルバドル教会
Parroquia El Salvador
Aguilas
C. Sierpes
C. Tetuán
バルビアナ
Iglecia
San Nicolas
ヌエバ広場
Pl. Nueva
市庁舎
Ayuntamiento
ラ・チナータ
オスタル・カジェホン・デル・アグア
ングラテーラ
路面電車
サン・フランシスコ広場
Plaza San Francisco
メソン・ドン・ライムンド
Sta. María la Blanca
フェルナンド・トレス
Argote de Molina
コンスティトゥシオン通り
Avda. de la Constitución
Alemanes
オレンジのパティオ
Patio de los Naranjos
ドニャ・マリア
ラガルトの門
Puerta del Lagarto
Parroquia
de Santa Cruz
サンタ・マリア・ラ・ブランカ教会
Iglesia de Santa María la Blanca
シモン
G
H
ヒラルダの塔
La Giralda
サン・マルコ
被昇天の門
Puerta de la Asunción
カテドラル
Catedral
サンタ・クルス街
Barrio de Santa Cruz
エンカルナシオン修道院
Convento de la Encarnacíon
サンタ・クルス広場
ロス・ガリョス(タブラオ)
D.de los Ríos
サン・クリストバルの門
Puerta de San Cristóbal
ムリーリョ
トリウンフォ広場
Pl.del Triunfo
Hospital
Venerables Sacerdotes
ル・アレナル
ブラオ)
インディアス公文書館
Archivo de Indias
セビヤルテ
救済病院
oital de la Caridad
バンデラスのパティオ(中庭)
Patio de Banderas
Jardines de Murillo
アルカサル(王城)
Real Alcázar
エストランサ劇場
atro de la Maestranza
コンテンポラリーアート美術館
Museo de Arte
Contemporaneo
メネンデス・ペラヨ通り
Avenida Menéndez Pelayo
アルカサル
ムリーリョ庭園
アルカサル庭園
Jardines del Alcázar
Puerta
de Jerez
スターバックス
黄金の塔
Torre del Oro
アルフォンソ・トレッセ
Calle San Fernando
クリスティーナ公園
Jardines de Cristina
プラド・デ・サン・セバスチャン・バスターミナル
Estasión de Autobuses
Prado de San Sebastián
(カディス・アルヘシラス方面)
路面電車
エガーニャ・オリサ
ドン・ファン・デ・アウストリア広場
Plaza Don Juan
de Austria
テルモ橋
Puente
San Telmo
K
L
セビーリャ大学
Universidad de Sevilla
(旧タバコ工場)
Avda. Carlos V
サン・テルモ宮殿
Palacio de San Telmo
Río Guadalquivir
Avda. de Portugal
ラ・ラサ
マリア・ルイサ公園、考古学博物館へ

セビーリャを楽しむ7のキーワード

カテドラルとヒラルダ CATEDRAL & LA GIRALDA

スペイン最大、ヨーロッパでも3番目に大きな面積を誇るのがセビーリャのカテドラル。内部にはコロンブスの墓や、ムリーリョ、ゴヤなどスペイン巨匠の絵画も飾られている。また、附設のヒラルダの塔は高さ98m、セビーリャのシンボル的存在だ。内部は階段でなく、スロープになっている。展望台からはセビーリャ市街が一望の下だ。

1

マカレナ教会堂 MACARENA

涙を流すエスペランサ・マカレナ像で有名な教会。市街中心部からは少し離れているが、その美しさは足をのばす価値あり。

2

サンタクルス街 SANTA CRUZ

狭く曲がりくねった路地がうねうねと迷路のように続くサンタクルス街。途中で行き止まりになっていたり、突然広場が現れたり。時間を気にせず、迷うにまかせて歩くのが楽しい。とは言うものの、地図は必ず持ってからチャレンジしよう。

3

アルカサル ALCÁZAR

精巧な装飾が美しいアルカサルは、ムデハル様式の代表的建築物。見どころの中心はPalacio Mudejarと呼ばれる、ペドロ王の宮殿部分。乙女のパティオpatio de las Doncellasを中心に並ぶ、各部屋を飾る彩色タイルや格天井はため息が出るほど素晴らしい。建物の奥には広大な庭園が広がっている。

4

フラメンコ FLAMENCO

フラメンコの本場、セビーリャでは、レベルの高いフラメンコを毎晩見ることができる。サンタクルス街にあるロス・ガリョスやマエストランサ闘牛場近くのエル・パティオ・セビリャーノなど選択肢は多様。→フラメンコを満喫するp.26

5

マリア・ルイサ公園 MARÍA LUISA

市南部に位置する緑豊かな公園で、もとはサンテルモ宮殿の一部だった。1929年に開催されたイベロ・アメリカ展の際に作られたスペイン広場には58基のベンチが並び、それぞれがスペイン各地の特徴を表した絵タイルで飾られている。

6

闘牛 CORRDA DE TOROS

小説カルメンにも登場するマエストランサ闘牛場は18世紀の建造で、スペインで2番目の古さを誇る。内部には闘牛博物館も併設されている。

7

セビーリャのまわり方
定番の見どころは中心部に集まっているので、最初にざっとまわった後、自分の興味のあるポイントを気ままに歩けばいいだろう。
C. Laraña
エンカルナシオン広場
C. Velázquez
シエルペス通り
みやげ物やショップ、レストランが軒を連ねる、目抜き通り。
ピラートの家 p.287
C. del Rey D. Pedro
オブジェと街路樹に囲まれた、アートな広場。ベンチで一休みするのにいい。
狭く曲がりくねった路地が複雑に入り組むサンタクルス街は旧ユダヤ人街。散策に疲れたら一休みできるカフェやバルも点在している。
ヌエバ広場
セビーリャ観光の中心地といえばここ、カテドラル周辺だ。観光馬車もこの付近に停車している。
コンスティトゥシオン通り
サンタ・クルス街 p.287
カテドラル p.284
マエストランサ闘牛場
スタート
Start!
アルカサル p.285
イスラム建築の美しさに思わずため息。パティオや庭園の緑もすがすがしい。
Paseo de Colón
黄金の塔 p.286
メネンデス・ペラヨ通り
Calle San Fernando
グアダルキビル川
足をのばして
セビーリャ大学 p.286
マリア・ルイサ公園 p.286
シュロやプラタナスに覆われた緑豊かな公園で、午後の一時をのんびり過ごすのもよい。なかでもスペイン広場の絵タイルは圧巻。
大航海時代にセビーリャに繁栄をもたらしたのが街の中心を流れるグアダルキビル川。黄金の塔近くからは周遊クルーズ船が発着する。
サン・テルモ宮殿
マカレナ教会堂 p.288
涙を流すマカレナはセビーリャっ子のマドンナ。セマナサンタのプロセシオン（行列）はここから始まる。
ゴール
Goal!
マリア・ルイサ公園へ p.286

カテドラル
Catedral

MAP p.281-G

交通：バスターミナルから徒歩15分
開館：11:00～17:00（月曜～15:00、日曜14:30～18:00）、7・8月10:30～18:00（月曜～16:00、日曜14:00～19:00）／1月1・6日、12月25日休
料金：€9（ヒラルダの塔含む）

●スペイン最大を誇る荘重な聖堂

この地にあったイスラムのモスクを取り壊した跡に、1402年から1世紀余をかけて建てられたゴシック様式主体の大聖堂。幅116m、奥行76mの規模はローマのサン・ピエトロ寺院、ロンドンのセント・ポール寺院に次ぐヨーロッパで3番目の大きさを誇る。

建物の西側中央に位置する正面入口の被昇天の門Puerta de la Asunciónは、ふだんは閉まっているため、拝観はサンクリストバルの門Puerta de San Cristobal（変更されることもある）から。通用門から足を踏み入れることになるわけで、巨大な石柱が並んだカテドラル内部の堂々たる全体像を見渡すには、被昇天の門を背にして立つのがよい。

正面に聖職者席Coro、その奥に交差廊Cruceroをはさんで内陣Capilla Mayorが続く。豪華な格子に囲まれた内陣の、金色に輝く世界最大の木製祭壇には聖書に依拠した数々の場面の繊細な彫刻が施され、絢爛さに驚かされる。さらにその奥に向かい、高いアーチをくぐった先が王室礼拝堂Capilla Realで、左右にアルフォンソ10世とその母ベアトリスの墓が安置され、主祭壇中央にはセビーリャの守護神である諸王の聖母Virgen de los Reyesが据えられている。

周囲の小礼拝室や聖具室、総会室などにはムリーリョ、ゴヤ、スルバラン、バルデス・レアルなどの名画が飾られ、豪華なコレクションは美術館も顔負けだ。南側のサン・クリストバルの門近くには、スペインの4つの王国、カスティーリャ、レオン、ナバラ、アラゴンを象徴する4基の巨人像に担がれたコロンブスの墓Sepulcro de Cristóbal Colónが鎮座する。柩にはコロンブスの遺灰が納められているという。建物北側のオレンジのパティオPatio de los Naranjosは、噴水を中心にオレンジの木が整然と並ぶ。梢越しに見上げるヒラルダの塔が美しい。

ヒラルダの塔
La Giralda

MAP p.281-G

交通：バスターミナルから徒歩15分
開館：カテドラルと同じ
料金：€9（カテドラルと共通）

●街を見下ろす華麗なシンボルタワー

カテドラルに付設された高さ98mの鐘楼。12世紀末のイスラム建築で、もともとは現在のカテドラルの場所にあった大きなモスクのミナレット（尖塔）だった。展望台のある高さ70mまでがほぼオリジナルのままのイス

スペイン最大規模を誇るカテドラル

上部が展望台になっているヒラルダの塔

ラム様式、そこから上の鐘楼部分は、16世紀にキリスト教徒が付け加えたものだ。塔のてっぺんに「信仰の勝利」を象徴する青銅の女性像が飾られており、この像が風によってくるくる向きを変えることから、ヒラルダ（風見鶏）の名が付けられた。

正方形の塔の内部は展望台まで階段がなく、スロープが設けられているが、これは王様が馬にまたがったまま乗り入れられるようにしたためとも、戦闘を頭に入れて設計されたためともいわれている。塔からの眺めは眼下に広がるセビーリャ市街の家々の白い壁を夕陽が朱に染めてグアダルキビル川の彼方に沈む夕暮れどきがすばらしい。1614年にセビーリャを訪れた支倉常長も、このみごとな眺望を堪能したという。

アルカサル（王城）
Real Alcázar

MAP p.281-G

交通：カテドラルから徒歩2分
開館：9:30〜19:00、10〜3月〜17:00／1月1・6日、聖金曜日、12月25日休
料金：€11.50

●ペドロ1世が情熱を傾けた宮殿

もとは12世紀後半にイスラム教徒によって建てられた城塞であったが、当時の面影はほとんど残っておらず、現存するのは14世紀中・後期、残酷王El Cruelと呼ばれたペドロ1世が建設したペドロ残酷王の宮殿Palacio de Pedro el Cruelの施設が大部分だ。

スペイン独特のイスラム様式であるムデハル様式の代表的な建築で、均整のとれた乙女のパティオPatio de las Doncellasの細緻な装飾、このパティオを囲んで並ぶアラブ王の寝室Dormitorio de los Reyes Morosや、大使の間Salón de Embajadoresを飾る彩色タイル、彫刻を施した格天井、そして小さな愛らしい人形のパティオPatio de las Muñecasなど、いずれも息を呑むほどに美しく“アルハンブラ宮殿の妹”とでも呼びたいほど。それもそのはずで、一説にはグラナダ王国の建築家たちもこの宮殿の造営に参加したといわれている。

ペドロ宮以外にも、コロンブスが乗ったサンタ・マリア号の模型や「航海士の聖母」と題された壮麗な祭壇画のある提督の間Cuarto del Almirante、カルロス1世のチュニス征服の様子を描いた巨大なタペストリーを飾るカルロス1世の宮殿Palacio de Carlos V、泉水のある小さな築山を中心に緑の木々の並木がみごとな庭園など、数多くの見どころを備えている。入館は閉館の1時間前まで。

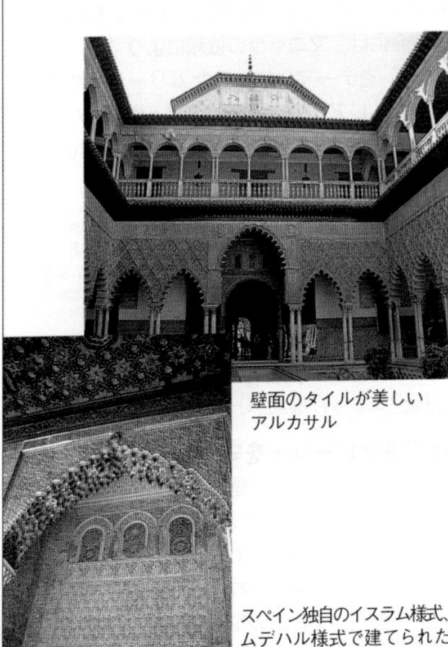
壁面のタイルが美しいアルカサル

スペイン独自のイスラム様式、ムデハル様式で建てられた王城（アルカサル）の外観

MEMO ペドロ残酷王（1334〜69、在位1350〜69）カスティーリャ王。疫病流行など社会不安のなか即位。残酷王の名は敵対する王族や貴族を多数処刑したことから。異母弟のエンリケ２世との戦いに敗れ刺殺。

ドン・フアンのモデルが建てた病院

救済病院
Hospital de la Caridad

MAP p.281-G

交通：カテドラルから徒歩5分
開館：9:00～13:30、15:30～19:30、日曜・祝日9:00～12:30、15:30～19:30
料金：€8

●悔い改めたドン・フアンをしのぶ

希代の放蕩児ドン・フアンのモデルとされるセビーリャの貴族ミゲル・デ・マニャラ。莫大な遺産に支えられて放蕩の限りを尽くした彼は、妻の死をきっかけに行いを改め、以後は修道僧のような生活を送ったという。そのマニャラが建てたのがこの病院で、現在でも身寄りのない人々を収容している。病院内の教会には、マニャラの依頼により“死”と“慈悲”をテーマに描かれたムリーリョやバルデス・レアルの作品が並ぶが、中でもバルデスの「世の栄光の終わりFinis Gloria Mundi」は必見の傑作。

黄金の塔
Torre del Oro

MAP p.281-K

交通：カテドラルから徒歩10分
開館：9:30～18:45、土・日曜10:30～18:45／祝日休
料金：€3（月曜無料）

●川港セビーリャを守った望楼

セビーリャを守る防壁でもあるグアダルキビル川を見下ろして建つ、正12角形の堂々たる塔。イスラム教徒による13世紀前期の建築で、立地からも推測される通り、もとは敵の侵入を監視するための望楼だった。かつては塔の上部が金色の陶板で覆われていたためにこの名が付いた。建設当初は対岸にも同じような造りの「銀の塔」があり、両塔の間を太い鎖で結び、昼間は鎖を川床深く沈めておき、夜間は水面すれすれの高さに引き上げて、敵船の侵入を防いだという。現在は海洋博物館として使用されている。

セビーリャを守った監視台、黄金の塔

セビーリャ大学
Universidad de Sevilla

MAP p.281-L

交通：カテドラルから徒歩10分

●熱い恋の舞台も今は学び舎

18世紀中期築のバロック様式の建物。どっしりしたファサードと繊細な造りのパティオが見どころ。建設当初はたばこ工場Fábrica de Tabacosで、ビゼーのオペラ『カルメン』の舞台として知られる。工場を警備する兵士ドン・ホセは、ここのパティオでたばこ工場勤めのカルメンと出会ってその妖しい魅力に溺れ、やがて海賊にまで身を落とした末に刑場の露と消えていく……。悲劇の舞台は、現在は大学の法学部。キャンパスは元気いっぱいのホセやカルメンであふれている。

マリア・ルイサ公園
Parque de María Luisa

MAP p.279-F

交通：カテドラルから徒歩20分

●緑陰をアンダルシアの風が吹く

さまざまな樹々の並木が涼しい影を落とす、爽やかで広大な公園。かつては19世紀に建てられたサン・テルモ宮殿の施設の一部だった。

MEMO 作家の澁澤龍彦もレアルの「世の栄光の終わり」を見に1970年10月にセビーリャを訪れている。その時の感想は『ドラコニア綺譚集』(河出文庫)に「スペインの絵について」として収載されている。

園内で目を引くのは、両端に2本の塔を備える大きな半円形の建物に抱かれたスペイン広場Plaza de Españaだ。夏の夜には、腕を組んで散策する老夫婦や、愛を囁くカップルなどで遅くまで賑わうところ。建物は1929年のイベロ・アメリカ博覧会の開催に合わせて造られたもので、建物に沿って並ぶ58基のベンチには、美しい彩色タイルでそれぞれにスペイン各地の地図や歴史が描かれている。

考古学博物館 Museo Arqueológico

MAP p.279-F

交通：カテドラルから徒歩25分（マリア・ルイサ公園南端）
開館：9:00～21:00（日曜・祝日～15:00）、7・8月は9:00～15:00／月曜、1月1・6日、5月1日、12月24・25・31日休
料金：€1.50

●ヘラクレスゆかり（？）の至宝を展示

イベロ・アメリカ博覧会の際に建てられたプラテレスコ様式の建物に、先史時代からローマ時代に至る数々のコレクションを収蔵・展示する。セビーリャ郊外のローマ時代の都市遺跡イタリカから出土した女神ヒスパニアの頭部像、皇帝トラヤヌスや美神ヴィーナスの像などが知られているが、中でも特筆すべきは1958年、セビーリャ西北のカラムボロの丘で発掘されたカラムボロの宝物Tesoro de Caramboloだ。全21点の黄金製の装身具は、紀元前5～3世紀頃のタルテソス人のものと推定されているが、その精妙な細工と洗練されたデザインには目を見張らされる。タルテソスはギリシア神話のヘラクレスの故事にも登場する民族。「セビーリャはヘラクレスが造った町だ」とするこの地の伝説を合わせて考えると、ただ美しいばかりでなく、歴史的にも非常に興味深い遺品といえる。

サンタ・クルス街 Barrio de Santa Cruz

MAP p.281-H

交通：カテドラルから徒歩5分

●昼は昼、夜は夜の魅力がいっぱい

カテドラルの東側に広がる、市内で最も色濃く旧市街の情緒を残している町。かつてはユダヤ人街で、17世紀以降はセビーリャの貴族が住みついた。華奢な小路が迷路のように入り組み、びっしりと軒を接して並ぶ白い壁の古風な家々には、無数の花が飾られている。そこここに緑を茂らせた広場が散らばり、陶器など粋な小物を商う何軒もの店が観光客を誘う。夜になると広場を取り巻くレストランやカフェのテーブルに客が群がり、ざわめきは途切れることがない。“セビーリャらしさ”を心ゆくまで味わえる、魅惑にあふれたエリアだ。しかし、道の分かりにくさは半端ではない。正確な観光マップを観光案内所などで手に入れ、ヒラルダの塔などをつねに目印にして、時間にも余裕をもって行動したい。

ピラートの家 Casa de Pilatos

MAP p.281-D

交通：カテドラルから徒歩15分
開館：9:00～18:00（4～10月～19:00）／無休
料金：1階のみ€10、全館€12

●アラブの宮殿を思わせる大邸宅

15世紀後期に着工、16世紀前期に完成したセビーリャの名門貴族の邸宅。イスラム様式にヨーロッパ建築の要素を加味したムデハル様式建築の傑作のひとつ。最大の見どころはパティオ。中央にイタリア・ルネッサンス風の彫刻をまとった泉を据え、ローマ皇帝やアテナ女神などの像を配したパティオの周囲を、上部に繊細なイスラム風の漆喰細工をほどこしたアーチが取り巻き、アーチに沿った歩廊の壁を、色彩や意匠に粋を凝らした彩色タイルと二連窓が飾っている。彩色タイルのすばらしさはこの邸宅全体についてもいえ、焼物の好きな人なら何時間いても飽きないだろう。エルサレムにあったローマ提督ピラー

みごとな色彩の花々が咲き誇るピラートの家

MEMO バルデス・レアル（1622～90）　セビーリャ出身の画家。ポルトガル人の父とスペイン人の母の間に生まれる。色彩感覚と表現力に優れ、ムリーリョとともにスペイン・バロック絵画を代表する。

トの館をモデルにしていると伝わることからピラートの家と呼ばれる。

県立美術館 Museo de Bellas Artes

MAP p.280-B

交通：カテドラルから徒歩15分
開館：9:00〜21:00（日曜・祝日〜15:00）、8月9:00〜15:00／月曜、1月1・6日、5月1日、12月24・25・31日休
料金：€1.50

●全館を埋める黄金世紀の傑作群

スペイン全盛期の名画の数々を収蔵する美術館。中でも、セビーリャの人々が愛してやまないムリーリョの作品を集めた第5展示室は絶対に見のがせない。受胎告知を受ける聖母マリアをあたたかな慈愛に満ちた目で描いた「無原罪の御宿り」は、マドリッドのプラド美術館が所蔵するムリーリョの同題の作品と並び称される最高傑作のひとつで、キリスト教徒ならずとも深い感銘を受けるだろう。第2展示室のエル・グレコ作の肖像画「ホルヘ・マヌエルJorge Manuel」や、第10展示室を飾るスルバランの細緻を極めた宗教画群も念入りに見ておきたい。収蔵作品ばかりでなく、17世紀建立の修道院を利用した建物とその外・内装も一見の価値あり。

スペイン全盛期の名画にふれる美術館

サンタ・パウラ修道院 Convento de Santa Paula

MAP p.279-B

交通：カテドラルから徒歩25分
開館：10:00〜13:00／月曜休
料金：€4

●セビーリャ有数の豪華建築

15世紀後期の建築で、陶器で飾られたファサードが美しい。ムデハル、ゴシック、ルネッサンス各様式が混在しながらなお全体のハーモニーがすばらしく、この町でも屈指の壮麗な建物だ。内部には見ごたえのある宗教画や彫刻、聖具などを展示している。

マカレナ教会堂 Basílica de la Macarena

MAP p.279-B

交通：カテドラルからタクシーで5分
開館：9:00〜14:00、17:00〜21:00（日曜・祝日は9:30〜）、夏期は9:00〜14:30、18:00〜21:30
料金：教会は無料、美術館€5

涙を流す聖母マカレナ

●美女の誉れ高いマリア像

ヒラルダの塔と並ぶセビーリャのシンボルである、われらが希望の聖母“マカレナ”Nuestra Señora de la Esperanza Macarenaを安置することで知られる。

艶やかな頬に涙の滴をとどめ、つぶらな瞳にわずかな憂いを含んだこのマリア像は、スペイン国内でも特にマリア信仰の厚いセビーリャ市民の尊崇と敬愛を一身に集めている。教会堂にはマカレナ像がセビーリャ市内を練り歩く際の資料などを展示した、美術館も併設している。

MEMO スペインでは聖母マリアへの信仰が極めて篤く、セビーリャのほかグアダルーペも有名。カトリックの教理に基づいた信仰はもちろん、古代の大地母神への信仰が託されている面も認められる。

とっておき情報

フェリア　Feria de Primavera
セビーリャの町がはじける陽気な祭り

バレンシアのファリャFalla（火祭り、3月上〜中旬）、パンプローナのサン・フェルミンSan Fermin（牛追い祭り、7月上〜中旬）と並ぶ、スペイン三大祭りのひとつ。正しくは**フェリア・デ・プリマベーラFeria de Primavera（春祭り）**といい、その名の通り春たけなわの4月下旬の月曜深夜から日曜まで、1週間にわたって昼夜をわかたず催される（期日は年によって異なる）。主会場のグアダルキビル河畔のカンポ・デ・フェリアCampo de Feriaには200〜300棟もの大小のカセタCaseta（仮設小屋）が建ち並び、カセタの中でも外でも、人々は誰かれとなくワインを酌み交わし、ギターに合わせて手拍子を打ち、セビリャナスSevillanas（セビーリャの民謡、舞曲）を歌い、踊る。

祭りの主役は、色鮮やかなフラメンコ衣裳ときらびやかなアクセサリーで精一杯身を飾った、無数のセニョリータやセニョーラたちだ。粋なアンダルシアの伝統衣裳をまとった伊達男が手綱をとる馬車に揺られ、あるいは馬の背に愛らしく腰かけて、嬌声をふりまきつつ会場内を闊歩する。夜ともなれば、あちらにもこちらにも歌と踊りの輪ができる。むろん人なつこいセビーリャ人のことだから、遠来の観光客にもワインがふるまわれ、踊りの輪にも誘ってくれる。「これこそアンダルシア」としみじみ実感できる、底抜けに明るいお祭りだ。フェリアはもともと、馬や牛などの家畜を売買する市だったという。会場内を行き交うたくさんの華麗な馬車や馬たちが、往時をしのばせてくれる。

なお、フェリアに先だって行われる**「セマナ・サンタ（聖週間）」**（3月末〜4月）も大規模なもので、フェリアに至るこの間の約1ヵ月は、ホテルの料金も特別価格（通常の2〜3倍）になり、何よりホテルそのものが満杯状態となる。この期間にセビーリャを訪れるなら、早い時期に予約や手配を済ませておこう。

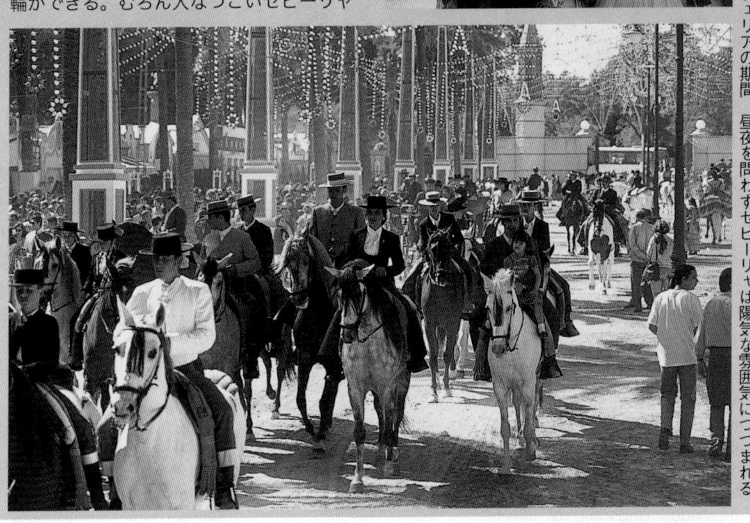

フェリアの期間、昼夜を問わずセビーリャは陽気な雰囲気につつまれる

MEMO ムリーリョ（1617〜82）セビーリャ生まれの画家。明るい色彩と構図の巧みさで評価される。聖母像を多く描いたが、民衆を画題にした風俗画にも才能を発揮。後進のためにアカデミーを創設した。

RESTAURANT

食べる

セビーリャのレストラン

気軽に入れるレストランが集中しているのは、カテドラルからサンタ・クルス街にかけて。ショップはヌエバ広場からシエルペス通りに数多く集まる。

ラ・ラサ
LA RAZA

MAP p.281-L

創業40年を超える落ち着いた雰囲気の老舗

マリア・ルイサ公園の入口にある創業40年以上になるレストラン。この店のおすすめは牛の尾の煮込み料理。メルルーサ(鱈)のグリーンソース添えもおすすめ。英語のメニューあり。

交 カテドラルから徒歩15分
住 Avda. Isabel La Católica,2
☎ 95 423 20 24
予算 €40～
営 13:15～16:00、21:00～23:45
休 無し
URL www.grupolaraza.com

メソン・ドン・ライムンド
MESON DON RAIMUNDO

MAP .p.281-G

美術品に囲まれて楽しむとっておきの優雅な食事

古い修道院を改装した店内には、オーナーのコレクションである古い美術品が飾られている。食事を楽しみながらベラスケスの絵画が鑑賞できるという贅沢な時間が過ごせる。

交 カテドラルから徒歩3分
住 Argote de Molina,26
☎ 95 422 33 55
予算 €45～
営 12:00～16:00、19:30～24:00
休 無し
URL mesondonraimundo.com/

エウロパ
EUROPA

MAP p.281-C

典型的なセビーリャのバルでタパスを楽しむ

サルバドル教会そばにある、1925年創業のバル。雰囲気のある店内でタパスを楽しめる。おすすめはセビーリャのタパスコンクールで賞をとったハモンイベリコのコロッケ。

交 カテドラルから徒歩10分
住 Siete Revueltas,35
☎ 95 421 79 08
予算 €10～
営 8:30～24:00
休 無し

タベルナ・デル・アラバルデロ
TABERNA DEL ALABARDERO

MAP p.280-F

ホテルの高級レストランでアンダルシア料理を楽しむ

19世紀の邸宅を改装した4つ星ホテル内の2階にあるレストラン。1997年オープンと決して古い店ではないが、伝統的なセビーリャの味とモダンとの融合に定評がある。

交 カテドラルから徒歩8分
住 Zaragoza,20
☎ 95 450 27 21
予算 €40～
営 13:00～16:00、20:00～23:00
休 8月
URL www.tabernadelalabardero.es/

※レストランデータの予算は、前菜、メイン、デザートに飲み物を付けた場合の1人分の目安です。

バルビアナ
BARBIANA

MAP p.281-C

バルを併設した気軽に楽しめるレストラン

プラサ・ヌエバ近くの店。バルの奥がレストランになっているので、タパスも楽しめる。おすすめ料理は魚介のリゾット、小エビのスペイン風オムレツ。

交 カテドラルから徒歩7分
住 Albareda,11 ☎ 95 422 44 02
予算 €30〜45
営 12:30〜16:30、20:30〜24:00、冬期12:30〜16:30、20:00〜23:30(金〜日曜〜24:00)
休 日曜
URL www.restaurantebarbiana.com

ポルタ・ロサ
PORTA ROSSA

MAP p.280-F

メニューも豊富なモダンなイタリアンレストラン

闘牛場の近くにあるイタリアンレストラン。入口はシンプルだが、店内は明るくモダン。パスタからデザートまでバリエーションが豊富。

交 カテドラルから徒歩10分
住 Arenal,5
☎ 95 421 61 39
予算 €25〜
営 14:00〜15:45、21:00〜23:45
休 日曜夜、月曜

サン・マルコ
SAN MARCO

MAP p.281-H

石造りの店内で味わう本格的なイタリア料理専門店

アラブ浴場を改造した石造りの店内は、奥行きがあり、カジュアルなイタリアンレストランになっている。本格的なパスタ料理や肉料理も人気だが、ピザもおすすめ。

交 カテドラルから徒歩3分
住 Mesón del Moro,6
☎ 95 421 43 90
予算 €15〜
営 13:00〜16:30、20:00〜24:00
休 無し
URL www.sanmarco.es

SHOPPING

買う
セビーリャのショップ

ラ・チナータ
LA CHINATA

MAP p.281-G

エクストラバージンオリーブオイルの専門店

店内にはオリーブオイルとオイルを使ったコスメがずらり。エクストラバージンオリーブオイルは250mlで€3.90〜と格安。300gと大ぶりのオリーブ石鹸も人気がある。

交 カテドラルから徒歩4分
住 Calle Francos,27
☎ 95 506 35 36
営 10:00〜14:30、17:00〜20:30(土曜11:00〜19:00)
休 日曜・祝日

エレーナ・ベルナル
ELENA BERNAL

MAP p.281-C

手頃な価格のフラメンコ用マント専門店

フラメンコ用マントの専門店。品ぞろえは豊富で、すべて手作りにもかかわらず、価格は€139〜とお手頃。おみやげに使える扇やアクセサリーも豊富に揃っている。

交 カテドラルから徒歩10分
住 Sierpes,59
☎ 95 422 61 38
営 10:00〜13:30、17:00〜20:30
休 日曜・祝日

HOTEL

泊まる

セビーリャのホテル

セビーリャは各国の観光客で賑わう観光都市。それだけにホテルも多くバラエティに富む。ただし、セマナ・サンタ、フェリアの時期は値段が高騰し、予約も難しくなるので、早目の予約が無難だ。

アルフォンソ・トレッセ

ALFONSO XIII

MAP p.281-K

セビーリャを代表する高級ホテル

1929年の博覧会の時に創業したセビーリャを代表するホテル。大理石やタイル、石膏などを贅沢に使った、ネオムデハル様式の建物が美しい。レストランのクオリティにも定評がある。

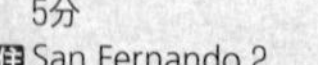

交 カテドラルから徒歩5分
住 San Fernando,2
☎ 95 491 70 00　FAX 95 491 70 99
部 148 部屋　英 常駐
料 S€254〜　T€254〜
URL www.marriott.com/

H ★★★★★

メリア・コロン

MELIÁ COLÓN

MAP p.280-B

ゆとりある旅にはおすすめ

ゴージャスなロビー、シックで落ち着いた部屋。セビーリャでも1、2を争う高級ホテル。各部屋はもちろん、共有スペースの設備も充実。ゆとりのある旅を志向する人にはおすすめ。

交 カテドラルから徒歩12分
住 Canalejas,1
☎ 95 450 55 99　FAX 95 422 09 38
部 189部屋　英 常駐
料 S€146〜　T€146〜
URL www.melia.com/

H ★★★★★

フェルナンド・トレス

FERNANDO III

MAP p.281-H

心配りが嬉しい快適ホテル

サンタ・クルス街に近い4つ星ホテル。設備面の充実もさることながら、身体障害者への配慮も行き届いた、快適で安心して利用できるホテル。プール、駐車場も完備。

交 カテドラルから徒歩7分
住 San José,21
☎ 95 421 73 07
部 157部屋　英 常駐
料 S€89〜　T€89〜
URL www.hotelfernandoiii.es/

H ★★★★

パサレラ

PASARELA

MAP p.279-F

祭り時にはお得なホテル

広々としたロビーを持つ高級ホテル。広大な公園に面している。清潔な部屋からはスペイン広場が眺められ、各部屋にミニバーがあるなど、設備面でも申し分ない。

交 カテドラルから徒歩20分
住 Avda.de la Borbolla, 11
☎ 95 441 55 11
部 82部屋　英 常駐
料 S€57〜　T€65〜
URL www.hotelpasarela.com/

H ★★★★

プラサ・デ・アルマス

PLAZA de ARMAS

MAP p.280-B

安心して泊まれる大型ホテル

マドリッドやサフラ、カセレスなど銀の道方面のバスターミナルの近くに建つ、大規模ホテル。国内有数のホテルチェーンのひとつだけに設備や安全性の面では間違いない。

交 カテドラルから徒歩20分
住 Marqués de Paradas,s/n
☎ 95 490 19 92
部 262部屋　英 常駐
料 S€92〜　T€92〜
URL www.nh-hotels.com/

H ★★★★

※料金は1泊分の室料です。朝食はホテルにより含まれている場合と、別料金の場合とがあります。
ホテルのカテゴリーについてはp.366を参照して下さい。

イングラテーラ
INGLATERRA

MAP p.281-G

好立地の近代的ホテル
ユニークなオブジェとベンチが配置され、一休みするのにも便利なヌエバ広場の前に建つホテルで、ツアー客の利用も多い。設備も充実し、各部屋とも広々として使い勝手がいい。

交 カテドラルから徒歩7分
住 Plaza Nueva,7
☎ 95 422 49 70
部 86部屋　英 常駐
料 S€82～　T€98～
URL www.hotelinglaterra.es/

H ★★★★

ドニャ・マリア
DOÑA MARÍA

MAP p.281-G

落ち着いた雰囲気で居心地がいい
市の中心部にあり、カテドラルやヒラルダの塔がよく見える部屋もある。クラシカルな雰囲気を重視した内装は、各部屋ごとにその造りが異なる。プールもある。

交 カテドラルから徒歩1分
住 Don Remondo,19
☎ 95 422 49 90　FAX 95 421 95 46
部 64部屋　英 常駐
料 S€87～　T€97～
URL www.hdmaria.com/

H ★★★★

アルカサル
ALCÁZAR

MAP p.281-L

マラガ方面へのバス移動に便利
ムリーリョ庭園が正面にあり、上の階の部屋からはカテドラルも眺められる。マラガ方面に向かうバスターミナルにも近く、コスタ・デル・ソルへの移動にも便利。

交 カテドラルから徒歩10分
住 Avda. de Menéndez Pelayo,10
☎ 95 441 20 11
部 94部屋　英 常駐
料 S€48～　T€54～
URL www.hotelalcazar.com/

H ★★★

アメリカ
AMÉRICA

MAP p.281-C

ショッピングに最適の大型ホテル
入口が黄色の大きなホテル。エル・コルテ・イングレスの前に位置し、1階にはバルがある。フロントの対応もしっかりし、何よりバスルームが広く清潔なのが嬉しい。

交 カテドラルから徒歩15分
住 Plaza del Duque de la Victoria,9
☎ 95 422 09 51
部 100部屋　英 常駐
料 S€58～　T€58～
URL www.hotelamericasevilla.com/

H ★★★

バコ
BACO

MAP p.281-D

快適な設備が整った手頃なホテル
1929年開業、2010年にリニューアルした、セビーリャスタイルの昔からの家を改装したホテル。広々としたバスタブやドライヤーなど、値段の割に室内の設備が充実している。

交 カテドラルから徒歩15分
住 Plaza Ponce de León,15
☎ 67 341 71 00
部 25部屋　英 常駐
料 S€40～　T€53～
URL www.hotelbaco.es/

H ★★

シモン
SIMÓN

MAP p.281-G

古きセビーリャを感じるホテル
18世紀の典型的なセビーリャの家を使い、パティオの一画にフロントがある、いかにもセビーリャらしいホテル。道に面した部屋にはバルコニーも付いている。

交 カテドラルから徒歩1分
住 García de Vinuesa, 19
☎ 95 422 66 60
部 35部屋　英 常駐
料 S€42～　T€50～
URL www.hotelsimonsevilla.com/

H ★

グラヴィーナ 51
GRAVINA 51

MAP p.280-B

4つ星で高級感を味わう

フロントの対応もしっかりしたホテル。フロント脇のロビーでゆっくりくつろぐこともできる。シングルルームはやや狭い感じがするが、設備面では問題ない。

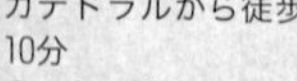

交 カテドラルから徒歩10分
住 Gravina,51
☎ 95 421 75 01　FAX 95 421 68 25
部 38部屋
料 S€151～　T€151～
URL www.hotelgravina51.com/

ムリーリョ
MURILLO

MAP p.281-H

中世の雰囲気漂うシックなホテル

サンタ・クルス街の細い道を入った場所にある。1階ロビーには中世の家具や武具が置かれ、落ち着いた雰囲気を演出している。部屋は明るく清潔感にあふれている。

交 カテドラルから徒歩7分
住 Lope de Rueda,7-9
☎ 95 421 60 95
部 64部屋
料 S€51～　T€51～
URL www.hotelmurillo.com/

ナランホ
NARANJO

MAP p.280-B

アットホームな対応になごむ宿

気軽なフロントの対応に心がなごむオスタル。全室エアコン、テレビ、電話つき。4人客にも対応した部屋があり、うまく利用すればより割安に。料金は朝食ブッフェ込み。

交 カテドラルから徒歩12分
住 San Roque,11
☎ 95 422 58 40
部 25部屋
料 S€25～　T€34～
URL www.bandbsevilla.com/

マドリッド
MADRID

MAP p.280-B

庶民感覚で使いやすいホテル

いかにも庶民感覚の小規模なホテル。造りはやや古いものの、部屋は広く、設備も整っている。1階のフロントと反対側にバルがあり、ちょっとした息抜きに使える。

交 カテドラルから徒歩12分
住 San Pedro Mártir,22
☎ 95 421 43 07
部 21部屋
料 S€36～　T€45～
URL www.hotelmadridsevilla.es/

オスタル・カジェホン・デル・アグア
Hostal Callejón del Agua

MAP p.281-G

街の中心の奥まった場所にある

隠れ家のようなこじんまりしたホテル。館内は清潔に保たれ部屋もきれいで落ち着ける。屋上にはテラスもある。フロントの対応も親切で家庭的。リピーターも多い。

交 カテドラルから徒歩5分
住 Corral del Rey, 23
☎ 95 421 20 98
部 16部屋
料 S€55～　T€55～
URL www.callejondelagua.com/

ヌエボ・スイソ
NUEVO SUIZO

MAP p.281-C

使いやすく日本人にも好評

日本人の個人観光客の利用も多いオスタル。アットホームな感じで、ホテル内には小さな図書室もある。バス付きの部屋は、ツインで€76。ショッピング街は近い。

交 カテドラルから徒歩12分
住 Callejón Azofaifo,7
☎ 95 422 91 47
部 27部屋
料 S€34～　T€54～

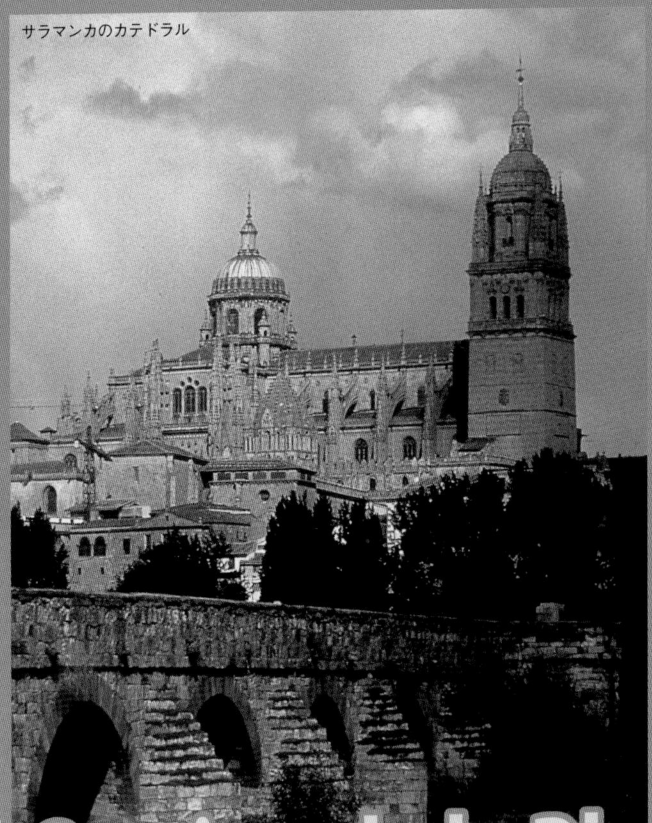
サラマンカのカテドラル

El Camino de la Plata y Extremadura

銀の道とエストレマドゥラ

サフラ
メリダ
トルヒーリョ
グアダルーペ
カセレス
サラマンカ
バダホス

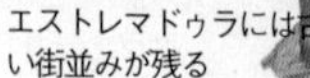
エストレマドゥラには古い街並みが残る

銀の道とエストレマドゥラの概観

ポルトガルと国境を接し、イベリア半島中央部に広がる高原地帯・メセタの西部に位置するのが、エストレマドゥラとカスティーリャ・イ・レオンのふたつの地方。

気候は、スペイン中央部と同じく、夏と冬、昼と夜の寒暖の差が激しい大陸性気候。夏の暑さ、冬の寒さともに充分に注意を払っておこう。特に冬は、スペイン中央部よりも寒さが厳しいと思ったほうがいい。

この地方には、スペイン最古の大学があるサラマンカや、多くの遺跡を擁するメリダなど、ローマ時代から現代に至るまで、スペインの歩んできた波瀾の歴史を知るための手がかりとなる遺跡や建造物、博物館などを持つ町が多い。荒涼としたメセタの大地に刻まれたスペインの歴史を、味わいながら旅を楽しもう。

バダホスの月別降水量

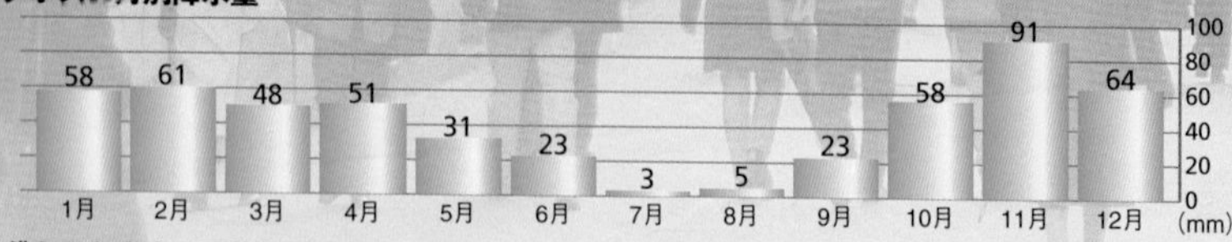

バダホスと東京の平均気温の比較（単位：℃）

	1月	2月	3月	4月	5月	6月	7月	8月	9月	10月	11月	12月
バダホス	7.4	7.1	13.4	13.1	20.5	24.1	26.1	26.5	23.5	18.2	13.1	10.0
東京	5.2	5.7	8.7	13.9	18.2	21.4	25.0	26.4	22.8	17.5	12.1	7.6

車窓から眺めるエストレマドゥラの風景

ローマ人が造った壮大な交易路 銀の道

セビーリャからカンタブリア海に面する北の町、ヒホンGijonまでを結ぶ国道630号線。かつて、ほぼこの国道沿いに延びる街道があった。銀の道 Ruta de la Plataと呼ばれたこの街道は、カンタブリアで採掘された金や銀などの鉱物資源をローマへ運ぶために、ローマ人の手によって築かれた交易路であった。

ローマ人たちは、金・銀の鉱物資源だけではなく、街道沿いで産出されるさまざまな農産物をセビーリャに運び、大西洋から地中海へとつながるグアダルキビル川を使ってローマへと送った。当時、いかにこの道がローマ人にとって重要なものであったかは、この道沿いに点在する主要な町々を拾い上げてみると納得できる。アストゥリアス地方の町ヒホン、オビエドに始まり、カンタブリア山脈を越えてカスティーリャ・イ・レオン地方のレオン、サモラ、サラマンカ、エストレマドゥラ地方に入ってプラセンシア、カセレス、メリダ、サフラ。

いずれも魅力的な古都のたたずまいを残すこれら街道沿いの町。先住民だったイベロ・ケルト人が築いた町を礎に、ローマ人が「銀の道」を守るためにそそぎこんだ並々ならぬ精力と時間、その成果を今に伝えているのかもしれない。

ローマ人の交易路として、紀元前の昔から人々が行き交ったエストレマドゥラは、しかしスペインでも最も貧しい土地だ。ドゥロ川の向こう＝extra Duroに由来する地方名は、川を境にイスラム教徒とキリスト教徒が対峙し、激しい戦いが繰り返されたことを暗示している。過酷な気候と貧弱な農業、強大な敵は人々を戦いに駆り立てたのだ。

サフラの大広場

1492年にグラナダが陥落すると、レコンキスタの戦士たちは、新たな戦場を求めて海を渡る。アステカを征服したオルテガ、インカを征服したピサロはこの地方の出身。多くの若者があとに続き、ある者は富と名声を得、あるいは再び帰らぬ者もあった。貧しさゆえに戦い続けたエストレマドゥラの人々は、トルヒーリョのピサロの銅像にあえてこう名付けている。El Fundador del Peru、「ペルーの征服者」ではなく「建国者」と。

気ままに散策したいサフラ、メリダの見どころはローマの遺跡

サフラから銀の道を外れること約15km。山の上に城跡が見えるブルギリョス・デル・セロBurguillos del Cerroという小さな村を通過する

銀の道の主要な町々を訪れるには、マドリッドを起点に運行されている長距離バスを利用するのが一般的だ。しかし、道沿いのいくつかの町を続けて訪れるなら、セビーリャを起点にバスを乗り継いで行くほうがいい。

セビーリャを出て最初に着く町がサフラ。町の中心部にあるのは、アラブ時代の要塞を改築したパラドールだ。パラドール周辺の大小の広場をはじめ、散策にはもってこいの大きさの町で、1時間もあれば充分に楽しめる。

サフラから北へ70km進むと、ローマの遺跡が残る町メリダに着く。ローマ劇場や円形劇場、ローマ橋など、ローマ帝国の威光をしのばせる貴重な建造物があり、見のがせない。

観光客で賑わうメリダのローマ劇場

ポルトガルとの国境に近いバダホス、中世の面影を今に伝える町カセレス

メリダからは、銀の道をいったん外れ、西約60kmにあるバダホスの町へと向かう。ポルトガルとの国境に近いこの町は、しばしば戦乱の渦に巻き込まれた。そのため古い建造物は少ないが、時間が許せばカテドラルにあるスルバランやリベラ、モラレスなどの作品を見ておきたい。

バダホスからメリダに戻り、今度は東に約130km行くと、聖母マリアの信仰の聖地であるグアダルーペの町がある。人口約3,000人のごく小さな町だが、多様な建築様式が混ざった修道院の規模は大きく、修道院前の広場は人の途絶えることがない。

サラマンカに残る古い石橋

銀の道から少し離れてしまったので、グアダルーペからは銀の道の方へ戻ろう。グアダルーペの西約50kmにあるのが、インカを征服したフランシスコ・ピサロが生まれた町トルヒーリョ。マヨール広場に立つピサロ像をはじめ、征服者たちに関係した博物館などがある。

プラセンシアの聖堂内

そして、トルヒーリョから再び銀の道へ戻り、カセレスへ。カセレスは城壁に守られた町で、旧市街には中世の面影が色濃く残る。この旧市街は世界遺産に登録されており、ゆっくりと町歩きを楽しみたい。

スペインの田舎町を味わい、大学の町サラマンカへ

カセレスを出て、85kmほど北上すると、プラセンシアPlasenciaの町に着く。ヘルテ川に囲まれた高台にある町で、ロマネスク・ゴシック様式のカテドラルと、中世の街並みが見どころだ。

プラセンシアからサラマンカへ向かう途中に、モンテマヨールMontemayorという小さな村がある。ここには温泉があるが、日本の温泉とは違い、療養のための施設という感じが強い。ここの街並みも古く、木製のバルコニーを持つ家屋に特徴がある。

モンテマヨールからベハルBéjarへ入り、銀の道を4kmほど南東へ向かうと、カンデラリオCandelarioという村に着く。石を敷き詰めた小路が、迷路のように張りめぐらされ、雪よけのための独特の玄関を持つ家々が、ひっそりと建っている。これといった建造物はないが、村そのものが味わい深く、スペインの田舎の雰囲気を楽しもうと、フランスやドイツから訪れる観光客も多い。散策を楽し

グアダルーペの修道院と家並み

木製のバルコニーが珍しいモンテマヨールの家屋

カンデラリオ。冬は厳しい寒さに耐える

んだあと、小さなレストランに入り、チーズや腸詰めのランチをとりながら、のんびりと過ごしてみるのもいい。カンデラリオから約80km北上すると、このエリアの最終目的地であるサラマンカに到着する。

●銀の道とエストレマドゥラの交通

エリア内では、サラマンカへはマドリッドから往復した方が便利。カセレスやメリダからサラマンカへ向かう場合はバスになる。全体に鉄道の運行本数は少なめで、バスが移動手段の中心となるだろう。

本数が比較的多いのはセビーリャ～サフラ～メリダ間、トルヒーリョ～カセレス間で1日4～7本程度運行されているが、休日には本数が減ることもあり、旅行日程の組み立てには余裕を持ちたい。マドリッドからトルヒーリョ、カセレス、メリダの間も運行本数が比較的多い。1つのエリアではあるが、各都市間を結ぶ路線よりもむしろ、マドリッドやセビーリャとの個別のバス路線の方が充実しているといえる。

エリアの西にあるバダホスはポルトガル国境までわずか6km。ポルトガルのエルバスElvasへバス（1日3～6本、15分程度）が出ている。

●銀の道とエストレマドゥラの祭りと祝日

2月上旬～中旬※	**カーニバル**
3月または4月※	**セマナ・サンタ（全国）**
4月23日	**サン・ホルヘ祭（カセレス）**
6月下旬※	**フェリア（バダホス）**
9月8日	**聖母生誕祭（グアダルーペ）**

メリダのセマナ・サンタ

※の祭りは、年によって変動する
全国共通の祝日はp.10参照

●銀の道とエストレマドゥラの世界文化遺産

- **サラマンカの旧市街**
- **カセレスの旧市街**
- **サンタ・マリア・デ・グアダルーペ王立修道院**
- **メリダの遺跡群**

メリダのロス・ミラグロス

●銀の道とエストレマドゥラの料理

イベリア・ハムやポークが多く使われる地方。豚の国といわれるスペインの中でも、ここは一級品の生ハムJamón Serranoの産地として知られる。だんだん少なくなっているが、この地方の農家では秋にマタンサと呼ばれる豚を屠殺・解体する儀式があり、豚のすべてを食材として活かして加工することが伝統的に守られている。

豚肉の料理のほか、羊肉料理や、エスカベチェスという南蛮漬けのルーツになったフライの冷たいマリネ、パンを野菜や端肉と炒めたミーガスMigas、シチューなどの郷土料理を、町なかのレストランで気軽に食べることができる。

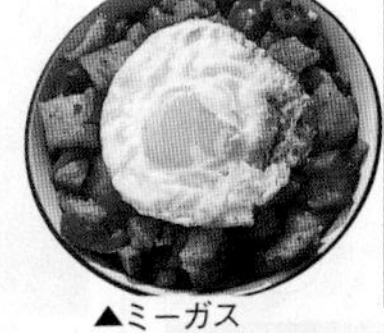
▲ミーガス

エストレマドゥラは生ハムで有名

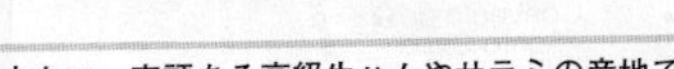

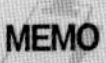
MEMO エストレマドゥラ地方には特徴的なおみやげが少ない。定評ある高級生ハムやサラミの産地であるのだが、肉製品は日本への持ち込みに検疫証明が必要なため、おみやげにすることはできない。

ZAFRA
サフラ

アンダルシアの空気を感じさせる白壁の家並み。この町の観光名所は、15世紀の城塞宮殿や後期ゴシック様式の華麗な教会など。気ままに散策できるのどかな町だ。

MADRID
ZAFRA

鉄道	メリダから50分、1日3本、€6.30～7.60。セビーリャから3時間、1日1本、€15.85。
バス	セビーリャからLeda社で1時間45分、1日8本、€6.80。
町歩き	バス停は町外れにあり、国鉄RENFEの駅も町の中心部から少し外れるが、2時間もあれば回れる。
観光案内所	鉄道駅から徒歩約20分、スペイン広場▶10:00～14:00、17:30～19:30（日曜10:00～14:00） TEL：924 55 10 36

町の中心部には大小2つの広場がある

概要

アンダルシアにほど近い陶器の町

銀の道の要所として発展したメリダから、約60km南下したのがサフラの町だ。町をめぐる細い道の両側には、美しい花で彩られた白壁の家並みが続き、アンダルシア地方が近いことを実感させる。1時間も歩けば町の様子がわかるほど小さな町だが、スペインでは「陶器の大地」と呼ばれるほど、陶器の有名な産地として知られている。

町の入口には、15世紀に造られた**フェリア公爵の城塞宮殿**が建っている。この宮殿の見どころは、回廊で囲まれた中庭やゴシック・ムデハル様式の礼拝堂、そして随所に大理石を用いた豪華な内装だ。現在は4つ星ランクのパラドールになっているので、1泊して中世の歴史と触れるのもいいだろう。

●町の中心部にある2つの広場

町の中心部には大小2つの広場があり、大広場はプラザ・グランデ Plaza Grande、小広場はプラザ・チカPlaza Chicaと呼ばれている。この付近には6軒ほどのホテルも固まっている。規模こそさほどではないが、ヤシが植えられた広場は、周囲の家並みと調和し

白い家並みが美しい。塔の上にはコウノトリが巣をつくる

かつては公爵の城塞宮殿だったパラドール

た美しい景観を楽しませてくれる。小広場の周辺には白い家並みが広がり、みごとな**ヘレス門Puerta de Jerez**が建っている。

●カンデラリア教会

町のもうひとつの見どころは、1546年に造られた**カンデラリア教会Iglesia de la Candelaria**だ。後期ゴシック様式の華麗な建築物で、赤レンガの鐘楼が目印となっている。厳粛な空気の漂う聖器室には巨匠スルバランの手による聖画が飾られており、サフラを訪れたなら、ぜひ見ておきたい（10:30〜13:30、17:00〜19:00、日曜・祝日10:30〜13:30／月曜休　無料）。

また、10月上旬に開かれる**サン・ミゲルの縁日**では、広場で家畜市が盛大に行われる。大小2つの広場とカンデラリア教会があるあたりには、小さな店が並んでいる。

赤いレンガの鐘楼が目印のカンデラリア教会

パラドール・デ・サフラ

PARADOR DE ZAFRA

MAP p.300

交 スペイン広場から徒歩2分
住 Plaza Corazón de María,7
☎ 924 55 45 40
部 51室　料 S€75〜　T€75〜
URL www.parador.es/

ウエルタ・オンダ

HUERTA HONDA

MAP p.300

交 スペイン広場から徒歩3分
住 López Asme,30
☎ 924 55 41 00　FAX 924 55 25 04
部 48室　料 S€55〜　T€65〜
URL www.hotelhuertahonda.com/

MEMO スルバラン（1598〜1664）バダホスの小村生まれの画家。宗教画に優れ、セビーリャを中心に修道院や教会のために活躍。後にマドリッドの宮廷にも招かれ名声を得るが、晩年は貧困のうちに死去。

MÉRIDA

メリダ

2000年のときを越え、今なおその姿を残す古代ローマの遺跡群。メリダはまさに“小さなローマ”そのもの。神殿のようなローマ劇場と美しいアーチのローマ橋には息を呑む。

MADRID
MÉRIDA

グアディアナ川に架かるローマ橋

鉄道	マドリッドのアトーチャ駅から5～6時間、1日2本、€47。セビーリャから3時間40分、1日1本、€21.15。サフラから50分、1日3本、€6.30～7.60。
バス	マドリッドの南バスターミナルからAuto Res社で4～5時間、1日8本、€27.03～40.15。セビーリャからALSA社で2時間、1日15本、€17.76。サラマンカからALSA社で4～5時間、1日7本、€24.72。
町歩き	見どころをざっと見て回る所要時間は2～3時間。見どころ間の移動は徒歩で充分。バスターミナルからは距離があるので、劇場方面へはタクシーが便利。
観光案内所	ローマ劇場▶9:00～18:30／無休 TEL：924 33 07 22

概　要

スペインは、紀元前218年から6世紀もの長きにわたりローマ人によって支配され続けた。メリダには属領ルシタニア州の首都も置かれ、ローマ帝国支配のもと、重要な拠点として発展。そして、イベリア半島の交易路「銀の道」でもルートの要所となり、繁栄を極めていった。この時代に、町にはローマ帝国によって巨大な劇場や橋が造られた。これらの建造物が今も残り、スペイン最大のローマ遺跡群として世界遺産に登録されている。

古代ローマをしのばせるローマ劇場

「小さなローマ」といわれるメリダ観光で最初に訪れたいのは、巨大な神殿のような**ローマ劇場**だ。鉄道駅からは徒歩約10分。隣に建つ**円形劇場（競技場）**も古代ローマの姿をほうふつとさせ、実際にローマのコロセウムを訪れた気分になるだろう。劇場の北側には床のモザイク模様が美しいローマ人の別荘が残り、西側にはメリダ周辺から発掘された遺跡を展示する**国立古代ローマ博物館**がある。

劇場をあとにし、グアディアナ川方面へ向かって1kmほど歩くと、9世紀のイスラム教徒の城塞跡**アルカサバ**があり、その向こうに美しい**ローマ橋**が見える。城塞は橋を守るために築かれたもので、ローマ劇場などと共通のチケットで入場できる。その先には、町の中心となるスペイン広場があるのでひと休みできる。スペイン広場からメリダ駅までは歩いて15分ぐらいで戻れる。

町中にはディアナ神殿も残る

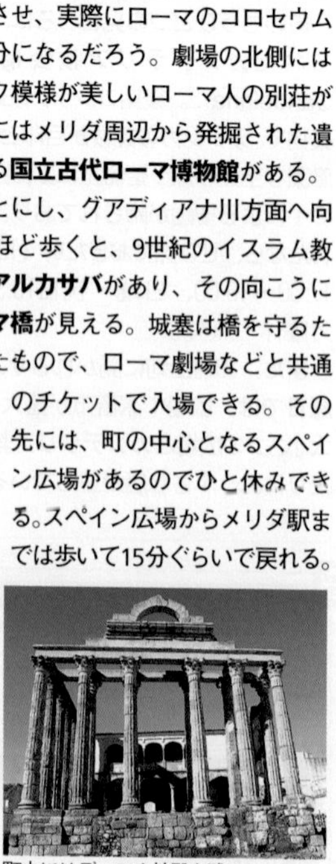

円形劇場

ローマ劇場
Teatro Romano

MAP p.302

交通：メリダ駅から徒歩10分
入場：9:00～18:30（4～9月は～21:00）／1月1日、12月24・25・31日休
料金：円形劇場との共通券€12

●6,000人が収容できる大劇場

紀元前24年に築かれた古代ローマの劇場で、すりばち状に広がる階段式の客席の前には、舞台、その背景にはまるで神殿のような舞台壁が広がっている。数十本の大理石の列柱と天井は風化し、美しい彫像も損壊しているが、それでもなお、ローマ文化の栄華が充分に感じられる。客席の収容人数も6,000人とスケールが大きい。舞台壁の後方にも、当時の公衆トイレなどのローマ時代の遺構が残っている。

神殿のような舞台が広がるローマ劇場

円形劇場（競技場）
Anfiteatro Romano

MAP p.302

交通：メリダ駅から徒歩10分
入場：9:00～18:30（4～9月は～21:00）／1月1日、12月24・25・31日休
料金：ローマ劇場との共通券€12

●楕円の形をした古代ローマの競技場

紀元前1世紀頃の建造物で、ここではスポーツや猛獣との戦い、さまざまなイベントが行われたという。収容人数は1万5,000人と、ローマ劇場を上回る大きさだ。

国立古代ローマ博物館
Museo Nacional de Arte Romano

MAP p.302

交通：メリダ駅から徒歩8分
入場：9:30～18:30（4～9月は～20:00）、日曜・祝日10:00～15:00／月曜、1月1・6日、5月1日、12月24・25・31日休
料金：€3

●ローマ時代の繁栄をかいま見る

メリダの町で発掘された、彫刻や陶器、宝飾品、ガラス製品、モザイクの装飾物など、多数の遺物を展示している。

泊

パラドール・デ・メリダ
PARADOR DE MÉRIDA

MAP p.302

交 メリダ駅から徒歩5分
住 Almendralejo,56
☎ 924 31 38 00　FAX 924 31 92 08
部 82部屋　料 S€80～　T€80～
URL www.parador.es/

セルバンテス
CERVANTES

MAP p.302

交 メリダ駅から徒歩3分
住 Camilo José Cela,10
☎ 924 31 49 61　FAX 924 31 49 61
部 29部屋　料 S€40～　T€50～
URL hotelcervantesmerida.com/

ルシタニア
LUSITANIA

MAP p.302外

交 アルカサバから徒歩3分
住 Oviedo,12
☎ 924 31 61 12　FAX 924 31 61 09
部 19部屋　料 S€30～　T€35～
URL www.hotellusitania.es

ランブラ・エメリタ
RAMBLA EMERITA

MAP p.302

交 メリダ駅から徒歩3分
住 Rambla Mártir Santa Eulalia,17
☎ 924 38 72 31
部 18部屋　料 S€55～　T€55～
URL www.hotelemerita.com

MEMO イベリア半島のローマ植民地には、現在のポルトガルとエストレマドゥーラ地方にあたるルシタニア州、アンダルシアにあたるバエティカ州、カタルーニャ・バレンシアにあたるタラコネンシス州があった。

CÁCERES
カセレス

城壁に守られた旧市街に点在する貴族の館。そびえる塔や壁に刻まれた一族の紋章は、今もなお中世の面影を残している。

MADRID
CÁCERES

中世の面影を残すカセレスの家並み

鉄道 メリダから1時間、1日6本、€6.10～11。

バス マドリッドの南バスターミナルからAvanza社で4時間、1日5本、€24。セビーリャから3時間15～50分、1日4本、€21.08。メリダからALSA社で1時間、1日12本、€5.70～6.10。

町歩き 鉄道駅とバスターミナルはすぐそば。町の中心のマヨール広場へはバスターミナルで1番のバスに乗り、所要時間約10分。観光名所は小さな旧市街に集まっているので、すべて徒歩で回れる。

観光案内所 マヨール広場▶10:00～14:00、16:30～19:30／無休
TEL：617 36 17 45

概　要

かつては「銀の道」の中心地として栄えたカセレス。城壁に囲まれた旧市街Ciudad Monumentalでは、15～16世紀に建てられた多くの建物を見ることができる。中世の面影を色濃く残す家並みは、1986年、旧市街全体が世界遺産に登録された。

旧市街の入口となるマヨール広場までは、バスターミナルと、隣接する鉄道駅から広場行きのバスを利用すると便利だ。広場の一角には観光案内所もあるので、ここで町の地図を入手すると歩きやすいだろう。

中世の面影を残す旧市街は世界遺産にも

見どころは旧市街に集まっているので、ざっと見るだけなら1時間もあれば充分だ。旧市街の中心部となるサンタ・マリア広場Plaza de Santa Maríaには、後期ゴシック様式の**サンタ・マリア教会**が建っている。周囲には塔を備えた貴族たちの豪華な館が点在し、これらをたどって歩くと旧市街を一周できる。必見はカトリック両王が滞在した**ゴルフィネス下屋敷**や2つの塔を持つ**サン・マテオ教会**Iglesia de San Mateo。また**風見鶏の家**には、**カセレス博物館**も併設されている。旧市街の外れにある**パラドール・デ・カセレス**は、14世紀の館を修復したもので、中庭が美しい。

ゴルフィネス下屋敷

後期ゴシック様式の教会

サンタ・マリア教会 Iglesia de Santa María

MAP p.304

交通：サンタ・マリア広場から徒歩1分
開館：10:00〜19:00（3・4月〜20:00、5〜9月〜21:00）、日曜10:00〜12:30、14:00〜18:00（5〜9月〜19:00）／無休
料金：€4

●町の中心に建つゴシック様式の教会

サンタ・マリア広場に面した16世紀の建築物で、カセレスがイスラム教徒から奪回されたあと、城壁内に最初に造られた教会だ。建物は後期のゴシック様式。意匠を凝らした彫刻や、聖具室の扉などは見ごたえがある。

ゴルフィネス下屋敷 Palacio de los Golfines de Abajo

MAP p.304

交通：サンタ・マリア広場から徒歩1分
開館：ガイドツアー10:00〜19:00に7回（10〜4月は〜18:30）、日曜は10:00〜13:00に4回／月曜休　料金：€2.50

●百合や家紋の彫刻が見もの

1530年頃に建てられた貴族の館。玄関脇にそびえる2つの塔が特に目を引き、旧市街の中でも最大の規模を誇っている。装飾にはゴシックやイスラムの様式が見られ、細かく施された彫刻などが見どころ。

カトリック両王がカセレスを訪問した際には、この下屋敷が滞在先となった。

風見鶏の家・カセレス博物館 Casa de las Veletas/Museo de Cáceres

MAP p.304

交通：サンタ・マリア広場から徒歩5分
開館：9:30〜14:30、16:00〜20:00、土曜10:00〜14:30、16:00〜20:00、日曜10:00〜15:00／月曜、1月1・6日、4月23日、5月31日、12月24・25・31日休　料金：€1.20

●11世紀の貯水槽が今も残る

モーロ人（イスラム教徒）の宮殿の跡に建てられた風見鶏の館が、県立博物館となっており、地下には11世紀の貯水槽が遺構として残されている。館内では、1階に青銅器時代やローマ時代の遺物が、2階にこの地方の民芸品や民族衣装などが展示されている。

地下の貯水槽

泊

パラドール・デ・カセレス PARADOR DE CÁCERES

MAP p.304

交 マヨール広場から徒歩5分
住 Ancha,6
☎ 927 21 17 59
部 39室　料 S€100〜　T€100〜
URL www.parador.es/

アルフォンソIX ALFONSO IX

MAP p.304

交 マヨール広場から徒歩3分
住 Parras,9
☎ 927 24 64 00　FAX 927 24 78 11
部 37部屋　料 S€40〜　T€55〜
URL www.hotelalfonsoix.com/

アラメダ・プラザ・マヨール ALAMEDA PLAZA MAYOR

MAP p.304

交 マヨール広場そば
住 Plaza Mayor,33
☎ 927 21 12 62
部 6室　料 S€36〜　T€36〜
URL www.alamedaplazamayor.com/

MEMO かつてカセレスの貴族の館には装飾性豊かな塔が付設され、その家の主の権勢を示していたが、貴族の増長を好ましく思わなかったイサベル女王（→p.335）の命令で、1477年にその多くが削り取られた。

SALAMANCA
サラマンカ

スペイン最古の大学がある旧市街は、学生街特有ののびやかな雰囲気につつまれ、親しみやすい雰囲気が広がる。繊細な装飾を施した美しい建物が多く、旧市街全体が世界遺産に登録されている。

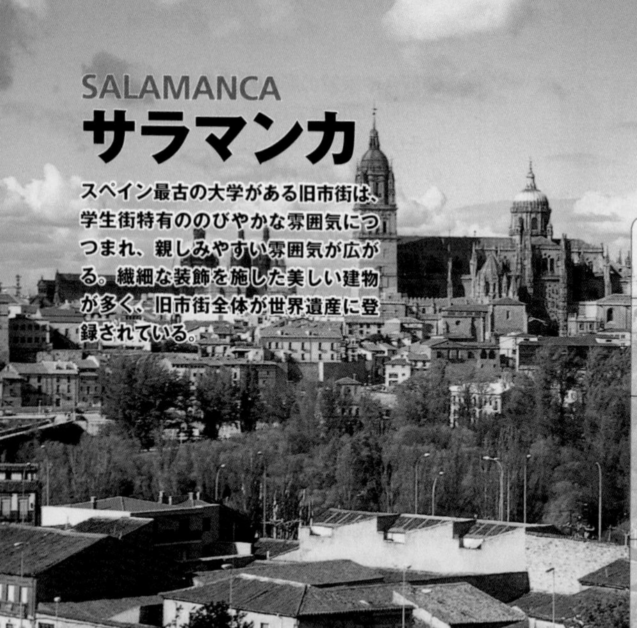

サラマンカの街並み

鉄　道　マドリッドのチャマルティン駅から1時間40分、1日9本、€13.95～16。

バ　ス　マドリッドの南バスターミナルからAvanza社で約2時間30分～3時間、1日17本、€18.17～25.80。

町歩き　鉄道駅とバスターミナルのいずれからも、旧市街の中心マヨール広場へは徒歩なら20分、バスで約5分くらい。観光名所はマヨール広場周辺に集中し、すべて歩いて回れる。

観光案内所　マヨール広場▶9:00～19:00、(土曜10:00～、日曜・祝日10:00～14:00)
☎ :923 21 8342

概　要

旧市街は芸術的な建物の宝庫

トルメス川のほとりに広がるサラマンカの町。旧市街の中心となるマヨール広場には、チュリゲラ一族によって完成されたスペイン風バロックであるチュリゲラ様式で統一された豪華な装飾の建物が建ち並び、スペインで最も美しい広場といわれている。ここから300mほど南には、**サラマンカ大学**がある。コロンブスも学んだという大学には海外からの留学生も多く、人口の10%近くを学生が占めるといわれる、サラマンカの中心になっている。外壁の装飾や建物自体の造りもすばらしく、大学周辺の建物が造る旧市街そのものが、1988年に世界遺産に登録されている。

バスターミナルから旧市街の**マヨール広場**へは徒歩20分。ターミナルを出て右手方向にフィリベルト・ビリャロボス通りAvenida de Filiberto Villalobosを進み、旧市街を囲むカルメリタス通りPaseo de Carmelitasを横断してまっすぐに行ったところにある。鉄道駅からはエスタシオン通りPaseo de Estación、スペイン広場を経て、同じく徒歩20分。広場を抜け、マヨール通りを4～5分南へ歩くと、壁一面に貝の装飾が施された**貝の家**がある。マヨール広場には観光案内所がある。

貝の家の先にはスペイン最古のサラマンカ大学があり、向かいには新・旧２つの**カテドラル**が建つ。新カテドラルの手前を左に進めば、息を呑むほどの装飾が見られる**サン・エステバン修道院**に着く。マヨール広場から修道院までは徒歩10分。

マヨール広場 Plaza Mayor

MAP p.306

交通：鉄道駅、バスターミナルからそれぞれ徒歩20分、鉄道駅前からタクシーで約5分

●多くの行事が行われる旧市街の中心

18世紀初頭にフェリペ５世（➔p.128）の命を受けたチュリゲラ兄弟によって整備された。広場を囲む各建物は細密で豪華な装飾が特徴のチュリゲラ様式で統一されている。広場の景観はスペイン随一といわれ、地元学生や観光客たちの憩いの場となっている。広場の北側の鐘を備えた建物は市庁舎。

スペインで一番美しいといわれるマヨール広場

貝の家 Casa de las Conchas

MAP p.306

交通：マヨール広場から徒歩3分
開館：9:00～21:00（7月3日～9月10日は～15:00）、土曜～14:00／日曜休
料金：無料

●帆立貝は巡礼の旅のシンボル

石の壁一面に400個もの帆立貝を埋め込んだユニークな建物で、15世紀後半の建築。帆立貝は、十二使徒のひとり、聖ヤコブ（サンチャゴ）の墓がある聖地サンチャゴ・デ・コンポステラへの巡礼のシンボルである。この建物は、巡礼者の保護活動をしたサンチャゴ騎士団の団員の屋敷だった。イザベル様式といわれる細やかな彫刻を施した窓にも注目したい。館内には国立図書館がある。

帆立貝の飾りを埋め込んだ家

サラマンカ大学 Universidad de Salamanca

MAP p.306

交通：マヨール広場から徒歩7分
開館：10:00～19:00（4月～9月15日は～20:00）、日曜・祝日～14:00
料金：€10

●学園都市サラマンカの象徴

1215年に開校した、スペイン最古の大学。「ドン・キホーテ」の作者セルバンテスや、アメリカ大陸を発見したコロンブスも、ここで学んだことがあると伝えられる。いちばんの見どころは、リブレロス通りLibrerosに面して建つ、プラテレスコ（スペイン語で銀細工）様式を取り入れた大学のファサードだ。1534年に造られたファサードの外壁には、カルロス1世の像や王国の紋章、カエルが頭にのった死者の肖像などが無数に浮き彫りにされ、正面から見上げると、緻密な彫刻群に圧倒される。

13世紀に開校した学校

MEMO サラマンカで活躍したチュリゲラ兄弟は祖父、父も建築･彫刻に携わった建築家一族の出。過剰な装飾、捻り柱などを特色とするチュリゲラ様式で17世紀から18世紀にかけスペイン・バロックを完成させた。

新・旧カテドラル
Catedral Nueva/Vieja

MAP p.306

交通：マヨール広場から徒歩8分
開館：10:00〜19:15、
10〜3月10:00〜17:15
料金：€6（新・旧カテドラル共通）

●内部の彫刻や祭壇画は見ごたえ充分

新カテドラルは旧カテドラルが手狭になったため、1513年から1560年にかけて旧カテドラルに覆いかぶさるように増築されたもの。見どころはファサードの彫刻群。聖堂内陣はチュリゲラ兄弟（➔p.307）による。

旧カテドラルはスペイン・ロマネスク様式を代表する12世紀の建築で、新カテドラル内部の右側廊にある入口から入る。後陣にはイタリアの画家ニコラス・フロレンティーノがマリアの誕生から昇天までを描いた53枚の祭壇画があり、その上方にひときわ大きく描かれているのは、最後の審判の場面。堂内南側には採光の役割を果たす雄鶏の塔Torre del Galloがあるので、柱頭に施された彫刻に注目したい。中世の鐘楼からは新旧のカテドラルを上から眺めることができる。

サン・エステバン修道院
Convento de San Esteban

MAP p.306

交通：マヨール広場から徒歩10分
入場：10:00〜13:15、16:00〜19:15（11月5日〜3月29日は〜17:15） 料金：€4

●チュリゲラ一族の代表作

16〜17世紀に建てられたもので、サラマンカ大学と同様、プラテレスコ様式のファサードの彫刻群がすばらしい。修道院の中では礼拝堂や回廊、聖歌隊席などが見学できる。祭壇の衝立はスペイン独特のバロック様式である美しいチュリゲラ様式。

サラマンカの象徴、新・旧のカテドラル

食

エル・メソン・デ・ゴンサロ
EL MESON de GONZALO

MAP p.306

交 マヨール広場から徒歩1分
住 Plaza del Poeta Iglesias,10
☎ 923 21 72 22　予算 €35〜
営 13:00〜16:00、20:00〜24:00
休 日曜夜　URL www.elmesondegonzalo.es

エル・アルキミスタ
EL ALQUIMISTA

MAP p.306

交 マヨール広場から徒歩7分
住 Plaza de San Cristbal,6
☎ 923 21 54 93　予算 €16.50〜(昼) €30〜(夜)
営 13:45〜15:30、20:45〜22:45（金・土曜は〜23:15）
休 火曜夜、水曜　URL www.elalquimistarestaurante.es

※レストランデータの予算は前菜、メインにデザート、飲み物を付けた場合の1人分の目安です。

HOTEL

泊まる

サラマンカのホテル

サラマンカのホテルは、マヨール広場の近辺に数多く集まっている。古い街並みを堪能するには、ぜひこの広場周辺に1泊したいもの。
食事はやはり郷土料理を楽しみたい。肉の入ったまぜごはん風のChanfaina、ピーマンと挽肉と卵を煮込んだPiccadillo de Tejaresなどがおすすめだ。

パラシオ・デ・カステリャーノス
PALACIO DE CASTELLANOS

MAP p.306

質の高いサービスに満足
落ち着いたインテリア、パラドール並みの質の高いサービスと近代的な設備が自慢のホテル。フロント前の、広いサロンの吹き抜け越しに射してくる太陽の光が印象的だ。

H ★★★★

交 マヨール広場から徒歩7分
住 San Pablo,58-64
☎ 923 26 18 18
部 62部屋
料 S€60〜　T€67〜
URL www.nh-hotels.es/

レクトール
RECTOR

MAP p.306

ゆっくりくつろげる静かな空間
町の中心部から少し離れた、静かな場所にある。設備も充実しており、ホテルのサービスも合格点。サロンにあるステンドグラスが落ち着いた雰囲気を演出している。

H ★★★★

交 マヨール広場から徒歩8分
住 Paseo Rector Esperabé,10
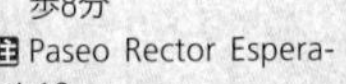
☎ 923 21 84 82

部 13部屋
料 S€132〜　T€169〜
URL www.hotelrector.com/

サン・ポロ
SAN POLO

MAP p.306

車で旅する人に便利
トルメス川の近くにあり、車で市街部に入るときにすぐ目につく。外壁の雰囲気と違って内部は新しく快適だ。町の中心部から離れているが、充分徒歩圏内で、かつ静か。

H ★★★

交 マヨール広場から徒歩10分
住 Arroyo de Santo Domingo,2
☎ 923 21 11 77　FAX 923 21 11 54
部 37部屋　料 S€34〜　T€34〜
URL www.hotelsanpolo.es/

アルダ・プラサ・マヨール
ALDA PLAZA MAYOR

MAP p.306

使い勝手のいい機能的ホテル
落ち着いた雰囲気の部屋の造りだが、どこか日本のビジネスホテルを思わせる小さいながら使い勝手のいいホテル。フロントの横にカフェテリアもあり、簡単な食事をとるには便利。

HR ★★

交 マヨール広場から徒歩1分
住 Quintana,6
☎ 923 70 00 05
部 14部屋
料 S€32〜　T€35〜
URL www.aldaplazamayor.es

エンペラトリス・セグンド
EMPERATRIZ Ⅱ

MAP p.306

低料金でも設備は充実
各部屋には電話、テレビ、バスなどの設備が完備されている。近くにはレストランやバルが多く食事にも便利で、市内観光にも最適の場所に位置している。

H ★★

交 マヨール広場から徒歩2分
住 Rua Mayor,18
☎ 923 21 91 56
部 26部屋
料 S€26〜　T€33〜
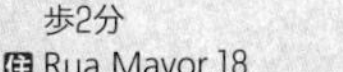
URL www.emperatrizhotel.com/

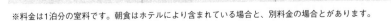

※料金は1泊分の室料です。朝食はホテルにより含まれている場合と、別料金の場合とがあります。

国境の町へ

BADAJOZ バダホス

ポルトガル国境まで、わずか6km。数々の戦いの舞台となったバダホスは、歴史に翻弄された、ポルトガルに最も近いこの地方を代表する古都だ。

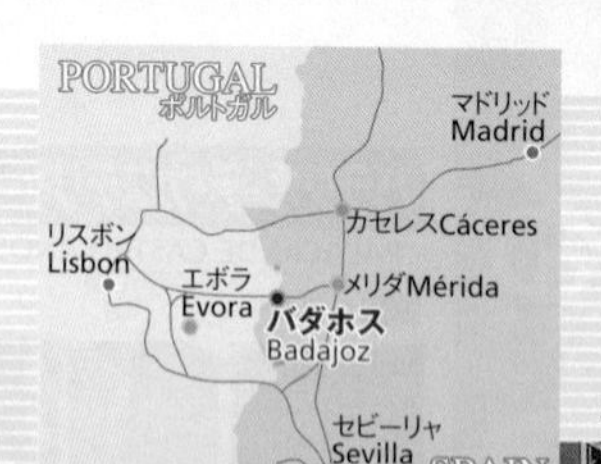

メリダから西へ約60km進んだバダホスは、ポルトガルまで6km足らずという国境の町だ。位置こそ国のはずれになるが、バダホス県はスペイン最大の県であり、バダホスの町はその県都になっている。町は丘の斜面に位置し、城壁に囲まれた旧市街の周囲に新市街が大きく広がっている。

スペインにはイスラムの侵略やレコンキスタの舞台となった土地が数え切れないほどあるが、バダホスもまた、歴史に翻弄された町のひとつだ。もとはメリダの町に支配されるローマ人の町であったが、11世紀にはイスラム教徒のタイファ王国の首都が置かれていた。

その後、レオン王アルフォンソ9世によって奪回されたが、キリスト教徒同士の激しい権力争いはとどまることを知らず、戦いが絶えることはなかった。また、ポルトガル国境に近いことから領有権をめぐって両国の間で常に戦火にさらされてきた苦い歴史がある。そのため、町には古い建築物が意外に少ないという特徴がある。

バダホスの遠景

ポルトガルからの観光バス

鉄道：メリダから45分、1日5～7本、€5.40～13.45。カセレスから1時間45分、1日2本、€14.98～16.44。
バス：メリダからBlaBlaCar(カーシェアリング)で50分、1日5本。マドリッドから5時間～5時間50分、1日8本、€31.83～44.90。
街歩き：旧市街を歩くのなら20～30分ほどで見て回れる。
観光案内所：アルカサバ近く▶10:00～14:00、17:00～19:30
TEL：924 20 13 69

●神聖なるカテドラル

バダホス最初の見どころは、町の北の入口に位置する**パルマス橋**だ。これはエレーラ様式と呼ばれる花崗岩造りの橋で、銃眼の施された堅牢な城門と一直線に並ぶ様子は、戦乱の厳しさを今に伝えている。

バダホスでいちばんの見どころは**カテドラル(大聖堂)**だろう。13世紀に建築された当初はゴシック様式だったが、後のルネッサンス期に大幅な改修がなされた。聖具室にはフランドル製の古いタペストリーが収蔵されているほか、堂内ではリベラやスルバランなど、スペインが誇る絵画の巨匠の作品も見ることができる。ほかにも、1557年頃に彫られた聖歌隊の座席や、カテドラルの外壁に施された細かな装飾など、時間をかけて見学したい箇所もある。

このほか、町の北にある**城壁アルカサバ**Alcazabaやイスラム時代に建てられた**アペンディスの塔**Torre de Apendis、塔に隣接する**県立考古学博物館**Museo Arqueológico Provincialなどが観光ポイントとなる。

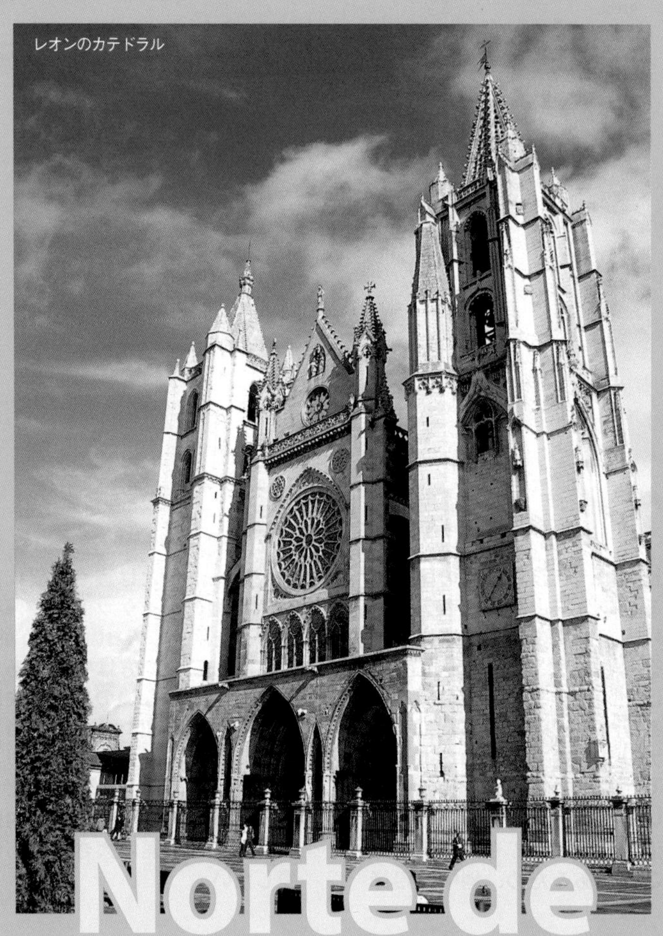
レオンのカテドラル

Norte de España

スペイン北部

サンチャゴ・デ・コンポステラ
ア・コルーニャ
レオン
ブルゴス
ゲルニカ
パンプローナ

スペイン北部の概観

北部地方は、フランスとの国境に横たわるピレネー山脈の南西側にあり、入り組んだ海岸線で大西洋に面している。

気候は、メキシコ湾流の影響を受けて、冬暖かく夏涼しい海洋性気候。中でもガリシア地方は四季を通じて雨が多く、湿潤で緑豊かな大地に恵まれている。ただし、温暖とはいっても水温は低く、夏でも急に気温が下がることがあるため、地中海沿岸のリゾート地とは違う。夏に訪れる際も長袖のジャケットや、薄手のセーターを用意しておいたほうがいい。

一方、この地方は冬でもあまり冷え込むことはないので、中央部のような防寒の準備は必要ない。1年中雨が多いので、厚いコートよりも、フード付きのレインコートなどが役に立つことが多い。ただし、内陸部に入ると寒暖の差は大きくなるので注意したい。

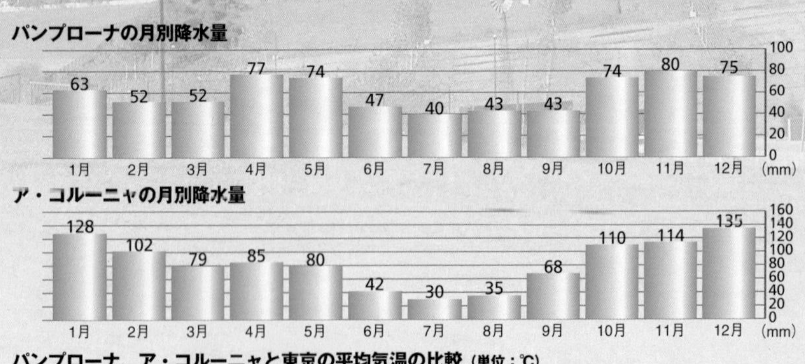

パンプローナ、ア・コルーニャと東京の平均気温の比較 (単位：℃)

	1月	2月	3月	4月	5月	6月	7月	8月	9月	10月	11月	12月
パンプローナ	6.0	3.7	10.2	10.0	16.3	20.0	21.0	24.3	19.3	14.9	9.5	7.0
ア・コルーニャ	10.4	10.9	11.7	12.5	14.4	16.7	18.7	19.2	18.2	15.6	13.0	11.5
東　　京	5.2	5.7	8.7	13.9	18.2	21.4	25.0	26.4	22.8	17.5	12.1	7.6

スペイン北部を旅する2つのルート

スペイン北部は自然環境に恵まれた観光地を持つ一方で、漁業だけではなく、商工業の発達した都市も多く、スペインの近代化の原動力にもなっている。北部の住民は、カタルーニャと並んで、スペインの中でも最も勤勉だといわれる。この北部地方を旅するには、2つのルートがある。ひとつは巡礼の道と、その中継都市として発展してきた町をめぐるコース。ナバーラ地方のパンプローナ、カスティーリャ・イ・レオン地方の北部に位置するブルゴス、レオン、巡礼の道の目的地であるガリシア地方のサンチャゴ・デ・コンポステラといった町が1本のルートとして結ばれている。

もうひとつは、ビスケー湾南部のカンタブリア海の海岸線で結ばれた町々をめぐるコースである。ここには、ガリシア地方の大西洋に面したア・コルーニャ、アストゥリアス地方のオビエド、美しい街並みとパラドールで有名なサンティリャーナ・デル・マル、カンタブリア地方のサンタンデル、バスク地方に属するサン・セバスチャンといった魅力的な観光地が点在している。

レオンの街角

ライトアップされたレオンのカテドラル

レコンキスタの本拠地となったアストゥリアス

北部地方の歴史で特に注目したいのは、この地方がレコンキスタの本拠地になったことだ。711年にジブラルタル海峡を渡ってスペインに侵入してきたイスラム教徒は、あっという間にほぼスペイン全土を席巻してしまう。キリスト教徒は、北部のアストゥリアスの山岳地帯にまで追い込められてしまうが、ここを本拠地にしてレコンキスタが開始されることになる。

718年にペラヨ1世がイスラム教徒をコバドンガの戦いに破り、アストゥリアス王国が成立。以降キリスト教徒は南をめざして戦い続け、レコンキスタは、1492年に最後に残ったイスラム王朝がグラナダから撤退するまで、800年近くの歳月をかけてやっと完遂する。後にスペインの中心となるカスティーリャ王国もこの地方のブルゴス、レオンにその礎を置いている。

北部地方にはその後も、19世紀初めのナポレオン率いるフランス軍との戦争、1936年に始まったスペイン内戦などの戦闘で激戦地になり、壊滅的な打撃を受けた苦難の歴史を持つ町も多い。

アストゥリアス地方の中心都市オビエドも、1934年の鉱山労働者の蜂起とスペイン内戦によって徹底的な破壊を受けたが、現在は新しい工業都市として再生している。

巡礼の道の目的地でキリスト教の聖地、サンチャゴ・デ・コンポステラ

この地方を語るときに欠かせないものに、巡礼の道がある。イベリア半島の西北端にあ

ガウディ作、アストルガの司教館

るガリシア地方で、9世紀の初めに聖ヤコブのものとされる墓所が発見されて以来、墓所のあるサンチャゴ・デ・コンポステラはキリスト教の一大聖地となり、中世にはヨーロッパ中から年間50万人にもおよぶ巡礼者を集めることになった。カテドラル周辺は、キリスト教の聖地にふさわしい荘厳な雰囲気を持っている。

そして、ブルゴス、レオンなど巡礼の道の中継地として発展してきた町も多い。当然ながら、これらの町には宗教的な建築物が多く、町の成り立ちにスペイン・カトリックの影響が強く出ている。

魅力的な港町が点在する大西洋岸

大西洋に面してはサン・セバスチャン、サンタンデル、ア・コルーニャなどの港町が点

アストゥリアス王国の遺構

巡礼の町、ビリャフランカの家並み

在している。これらの町はナポレオンとの戦いで大きなダメージを受けたこともあったが、現在は魅力にあふれた港町やリゾートとして生まれ変わっている。美しい海岸線だけではなく、地元で獲れる新鮮な魚介類を食材に使った料理を味わうこともでき、観光地としても人気が高い。

こうした北部の町の中でも、バスク地方のサン・セバスチャンやビトリアーガスティスなどは、スペインでも少し変わった雰囲気を持っている。もともとバスクは民族的にも大多数のスペイン人とは異質で、バスク語という独自の言語を持っている。それだけに、自由・自治の意識が強い。

バスク地方にはスペインからの独立を目指す組織「バスク祖国と自由（Euskadi Ta Askatasuna)」があり、かつて数々のテロ事件を起こしたが、現在では武装闘争を放棄し、情勢は落ち着いている。

北部の祭りで特に有名なのが、ヘミングウェイによって世界的に知られるようになったパンプローナのサン・フェルミン祭。町の中を牛が疾走する光景はテレビなどでもよく紹介されるので、覚えている人も多いだろう。そのほか、中世の雰囲気がそっくり残っているサンティリャーナ・デル・マルや、古代の壁画で有名なアルタミラの洞窟もこの地域の観光スポットだ。

北部にはスペインを代表する高級リゾートも多い

スペイン北部の交通

サンチャゴ・デ・コンポステラはイベリア半島の西北端に位置し、鉄道・バスとも所要時間が長いので、飛行機（→p.366）の利用がおすすめだ。サンチャゴとア・コルーニャとの間は鉄道・バスとも運行本数が多く、日帰りも可能。レオン～オビエド間、バリャドリードとレオン、ブルゴス間のバスも各1日6～12本あり便利なほうだが、そのほかの都市間の移動はローカル線のためあまりよくない。余裕のない旅行計画を立てるより、1日1都市を見るのが適当だろう。

このエリアは、今でも巡礼者が歩いて聖地へ向っている。いくつかの町へは鉄道があるが、多くの町へはバス利用になる。巡礼路を公共交通だけでたどるのは難しいが、どうしても歩き以外で巡礼の道を見て回りたいなら、レンタカーかタクシーのチャーターになる。

スペイン北部の祭りと祝日

1月20日	太鼓祭り（サン・セバスチャン）
2月上旬～中旬※	カーニバル
3月または4月※	セマナ・サンタ（全国）
6月24～29日	守護聖人祭（レオン）
7月6～14日	サン・フェルミン祭（牛追い・パンプローナ）
7月24～25日	サンチャゴ・アポストル祭（サンチャゴ・デ・コンポステラ）
8月第2週※	古楽・演劇文化祭（ブルゴス）
9月15～22日	リオハの収穫祭（ログローニョ）

※の祭りは、年によって変動する
全国共通の祝日はp.10参照

パンプローナに立つヘミングウェイの像

スペイン北部の世界文化遺産

- サンチャゴ・デ・コンポステラ巡礼の道、カミオフランセスとスペイン北部巡礼の道
- アルタミラの洞窟とスペイン北部旧石器洞窟美術
- ブルゴス大聖堂
- サンチャゴ・デ・コンポステラの旧市街
- オビエド歴史地区とアストゥリアス王国の建造物群
- ラス・メドゥラス
- サン・ミジャンのユソ修道院とスソ修道院
- ルーゴのローマ城壁
- アタプエルカの考古遺跡
- ビスカヤ橋
- ヘラクレスの塔

スペイン北部の料理

北部は、スペインの中でもおいしい料理がそろう地方だ。アストゥリアス地方にはファバダFabadaと呼ばれる独特の豆料理や、特産のリンゴ酒Cidraを使った料理などがある。ガリシア地方は、スペイン第一の漁獲高を誇るだけあって、新鮮で種類豊富な魚料理が堪能できる。中でも有名なのは、ゆでダコPulpo Gallego。ガリシア風パイEmpanadas de Gallegaもおすすめだ。

バスクは四季折々の素材を使った家庭料理が特徴。メルルーサMerluza（タラ科の深海魚）や小イカChipironesなど海の素材も豊富。ちなみにバスク地方のサン・セバスチャンにはミシュランの１つ星から３つ星までのレストランが４軒もあるなど、食文化のレベルが高い地域でもある。

ガリシア風パイ▼
▲タコのガリシア風
新鮮なイカ墨を使った料理▶

MEMO 北部のおみやげには巡礼の道にちなんだグッズ、木彫や銀細工、中世音楽のCDなどがある。サンチャゴ・デ・コンポステラにはみやげもの屋も多い。エリア東部のリオハはワインの産地として有名。

MADRID

SANTIAGO DE COMPOSTELA
サンチャゴ・デ・コンポステラ

9世紀に聖ヤコブの墓が発見されたことから、キリスト教の聖地として多くの巡礼者を受け入れてきた町。

飛行機	マドリッドから1時間20分、1日5〜9便、€35〜40。バルセロナから1時間50分、1日3便、€30〜70。
鉄道	マドリッドのチャマルティン駅から5時間30分、1日3〜6本、€19.70〜36.75。ア・コルーニャから約30〜40分、1日23本、€6.30〜7.60。1〜2本、€6.30〜7.60。
バス	マドリッドの南バスターミナルからALSA社で9時間、1日9〜11本、€47.78〜59.97。ア・コルーニャからMonbusで1時間20分、1時間に1〜2本、€6。
観光案内所	カテドラルから徒歩2分、ビラール通り ▶9:00〜19:00、土・日曜・祝日9:00〜14:00、16:00〜19:00／無休 TEL：981 555 129

サンチャゴ・デ・コンポステラの丘に立つ巡礼者の像

概　要

エルサレム、ローマと並ぶキリスト教の聖地

キリストの十二使徒のひとり、聖ヤコブ（サンチャゴ）はスペインでのキリスト教伝導の旅のあと、パレスチナで殉教し、その遺体は再びスペインに運ばれて埋葬されたといわれていた。その聖ヤコブの墓が9世紀の初めに発見され、そこにカテドラルが建設されたことから、サンチャゴ・デ・コンポステラはエルサレム、ローマと並ぶキリスト教の聖地として、多くの巡礼者を集めることになる。このため、今でも町には聖地にふさわしい荘厳な雰囲気に満ちたカテドラルをはじめとする教会、修道院が多い。

駅から北へ10分ほど歩くと、ガリシア広場Plaza de Galiciaに着く。ここから**カテドラル**のあるオブラドイロ広場までは徒歩8分くらい。オブラドイロ広場には、もとはラクソイ宮殿だった**市庁舎**、パラドールになっている**旧王立病院**、**サン・ヘロニモ神学校Colegio de San Jerónimo**などが建ち並び、カテドラルの北側には**サン・マルティン・ピナリオ修道院**が隣接している。

サンチャゴ・デ・コンポステラの街並み

サンチャゴ・デ・コンポステラ
Santiago de Compostela
0 500m

バスターミナル Estación de Autobuses
サンタ・クララ修道院 Convento de Santa Clara
サン・フランシスコ
オクーロ・ダ・バーラ
R. das Rodas
巡礼博物館 Museo do Pobo Galego
オブラドイロ広場
サン・マルティン・ピナリオ修道院 Monasterio de San Martín Pinario
パラドール・デ・サンチャゴ
カテドラル Catedral
タフォナ
キンターナ広場 Plaza de la Quintana
Rúa de Galeras
アバストス市場
マルチェロ
カサ・カミロ
オー・クアレンタ・イ・ドス
Rúa das Trompas
ベルビス修道院 Convento de Belvís
交番
Rúa do Franco
Rúa Nova
R. da Fonte de Santo Antonio
Parque de Belvís
サンタ・スサーナ小聖堂 Igrexa de Santa Susana
セスト・セグンド
ガリシア広場 Plaza de Galicia
ラ・コルーニャへ
Avenida de Lugo
Rúa de Montero Ríos
アラグアネイ
ヘルミレス
ロサ広場 Plaza Roxa
ガリシア議会 Parlamento de Galicia
Rúa do Hórreo
ルーゴ大通り
Rúa da República Arxentina
サンタ・マリア・デル・サル教会 Colegiata de Santa María del Sar
Río Sar サル川
ペレグリーノ
ビゴへ
サンチャゴ・デ・コンポステラ駅

カテドラル
Catedral

MAP p.320

交通：鉄道駅から徒歩20分
開館：カテドラル7:00～20:00／無休
料金：無料（博物館€12）

●荘厳な雰囲気に満ちた大聖堂

イベリア半島の北西端にあり、いわばヨーロッパの端ともいえるサンチャゴ・デ・コンポステラ。大地の終わるところ、という意味のフィニステレ岬にも近いこの僻遠の地に人々を駆り立てたのが聖ヤコブの墓だ。9世紀頃、発見された聖ヤコブの墓の上にまず教会が建てられ、その後、増改築が繰り返されて大聖堂が誕生した。ロマネスク建築の傑作といわれるが、外観は16世紀から17世紀にかけてバロック様式に改められている。

オブラドイロ広場に面した正面入口から入ると栄光の門Pórtico de la Gloriaがある。巨匠マテオ（➔p.323）によって1168年から20余年の歳月をかけて建造され、そこに施された華麗な彫刻、彫像群はロマネスク芸術の最高傑作ともいわれている。門はカテドラル内部に通じる3本の通路に対応する形で分けられている。中央がキリスト教徒、左側がユダヤ教徒、右が異教徒のためのものだ。門の中央の支柱には聖ヤコブの像があり、遠くからの旅を終えた巡礼者はその支柱に手をついて巡礼の旅の達成を感謝する。

身廊をまっすぐ進むと正面が主祭壇。金色に輝く彫像や装飾に囲まれるような形で聖ヤコブの像がある。巡礼者は必ずこの祭壇裏の階段を上って、聖ヤコブ像にふれたという。祭壇の下は地下墓地になっており、聖ヤコブとその2人の弟子、テオドロとアタナシウスが埋葬されている。また、7月の聖ヤコブの大祭の時には、主祭壇手前の交差廊のドームから直径2mもの巨大な香炉が吊り下げられるよ

荘厳な雰囲気のカテドラル内部

荘厳なカテドラルの外観

香炉ボタフメイロが振られる

ミサを目にすることもある

カテドラル平面図

地下墓地
大時計の塔
主祭壇
交差廊
銀細工の門
宝物庫の塔
ヘルミレス宮殿
香部屋
身廊
回廊
宝物庫
宝物室入口（Tesoro）
聖遺物の礼拝堂
栄光の門
タペストリー美術館（2階）
地下聖堂入口（Cripta）
図書館
博物館入口
参事会会議室
コロナの塔
オブラドイロ広場へ

うな形で引き出される。

交差廊を右に行ったところには2つのアーチを持つ美しい門がある。これが銀細工の門Puerta de las Plateríasで、聖書に出てくるさまざまなエピソードを素材にした彫刻で飾られている。有名なアダムとイブの楽園追放を描いた部分には、特に興味をひかれる。

美術館2階のバルコニーからの眺め
ガリシア地方は雨が多い

大聖堂右側には広い回廊が隣接し、その回廊を囲むような形で、香部屋、宝物庫、聖遺物の礼拝堂、参事会会議室、コロナの塔、図書館が並んでいる。香炉ボタフメイロは7月のヤコブ大祭のとき以外は図書館に置かれている。

カテドラルの南に隣設して博物館・美術館がある。1階にはカテドラルの歴史を遺跡やコンピュータグラフィックスで見られる施設があり、2階はタペストリーや彫刻を展示するスペースとなっている。

タペストリー美術館では収蔵品も必見だが、開いていればバルコニーにもぜひ出てみよう。石畳の道と赤い瓦屋根の街並みを見下ろせる。

広々としたオブラドイロ広場に面してパラドールがある

オブラドイロ広場
Plaza del Obradoiro

MAP p.320

交通：ガリシア広場から徒歩8分

●歴史的建造物に囲まれた広場

カテドラルの周りにはオブラドイロ広場のほか、キンターナ広場、プラテリアス広場、インマクラーダ広場のあわせて4つの広場がある。オブラドイロ広場Plaza del Obradoiroはこの中で最も広々としているだけでなく、カテドラルをはじめとした歴史的な建築物に囲まれている。カテドラルに向かって左隣がヘルミレス宮殿Palacio Gelmírezで、ここにはかつて大司教座が置かれていた。内部の部屋をいくつか見ることもできる。

カテドラルを背にすると右側に旧王立病院Hostal de los Reyes Católicósがある。1489年にカトック両王によって巡礼者のための宿泊施設兼病院として設立されたもので、現在は5つ星のパラドールとなっている。広場の向かい側が市庁舎で、かつてはラクソイ宮殿だった建物。そして広場の左手、南側には美しい彫刻で飾られた入口を持つサン・ヘロニモ神学校がある。

サン・マルティン・ピナリオ修道院
Monasterio San Martín Pinario

MAP p.320

交通：オブラドイロ広場から徒歩2分
開館：11:00～19:00／無休
料金：€4

●バロック様式の説教者席は必見

サン・マルティン広場に面して建つ。899年にベネディクト派の修道院として設立された。ファサードの円柱には多くの聖人像が彫られている。内部ではカサス・イ・ノボアによる祭壇のレターブル、バロック様式で造られた内陣の説教者席をぜひ見ておきたい。教会の中を通ってインマクラーダ広場に出ることができる。

バロック様式の説教者席は必見

ピナリオ修道院のファサードのサンチャゴ像

キンターナ広場
Plaza de la Quintana

MAP p.320

交通：オブラドイロ広場から徒歩1分

●免罪の門に面する広場

カテドラルの後ろ側にあり、免罪の門Puerta del Perdón（聖なる門Puerta Santaともいう）に面している。免罪の門は1611年にフェルナンデス・レチューガによって造られ、名匠マテオ作の予言者像などで飾られている。この門は7年に1度、7月25日の聖ヤコブの大祭が日曜と重なった**「大聖年」**のとき以外、決して開かれることはない。

サンタ・マリア・デル・サル教会
Colegiata de Santa María del Sar

MAP p.320

交通：オブラドイロ広場から徒歩20分
開館：11:00～14:00、16:30～19:30／無休
料金：€2

●巨匠マテオの彫刻が残る教会

12世紀に建立され、建物の上部の重みで傾いてしまった教会。13世紀に回廊の増築、そして、18世紀には外装の修復と倒壊防止のための控え壁の増設がなされている。内部に入ると見ただけで分かるくらい柱や壁が傾いているが、内部の見学は博物館部分のみ。

MEMO マテオ・デ・コンポステラは12世紀末に活躍した建築家兼彫刻家。建築・彫刻の先進地フランスの職人に学んだと考えられ、表現力に富むその技法は、ロマネスクからゴシック様式への橋渡しを務めた。

食べる

サンチャゴ・デ・コンポステラのレストラン

レストランは旧市街の細い道沿いに並ぶ。新鮮で種類も豊富な魚介類を使った伝統的なガリシア料理を食べさせる店なども、やはり旧市街に集っている。

カテドラルへ向かう旧市街にあるレストラン。ガリシア料理に定評がある

オー・クアレンタ・イ・ドス

Ó 42

MAP p.320

ガリシア料理を味わい尽くす店

伝統的ガリシア料理がずらり。カブの葉やインゲン入りのスープ、ツナや野菜を包んだパイEmpanadaなどが評判。地元で焼いた器で飲むコーヒーにはリキュールをたらして。

交 カテドラルから徒歩3分
住 Rúa do Franco 42
☎ 981 58 10 09
予算 €25〜
営 13:00〜17:00、20:00〜24:00
休 無し
URL www.meson42.com/

オクーロ・ダ・パーラ

O CURRO DA PARRA

MAP p.320

くつろげるプチレストラン

ガリシアの伝統的料理を今風にアレンジ。おすすめはガリシア豚のほほ肉の煮込みやイベリコ豚の自家製コロッケなど。平日昼は定食あり。

交 カテドラルから徒歩5分
住 Rúa Travesa,20
☎ 981 55 60 59
予算 €12〜
営 13:30〜15:30、20:30〜23:30
休 月曜、1月1日、12月25日
URL www.ocurrodaparra.com/

カサ・カミロ

CASA CAMILO

MAP p.320

低価格で味わえる名店の味

国際グルメ祭の金賞を受賞したこともある名店。スープ、肉または魚のメインコース、飲み物、デザートからなる日替り定食のセットが€13.50〜。日本人の観光客も多い。

交 カテドラルから徒歩2分
住 Rúa de Raiña,24
☎ 981 58 45 93
予算 €13.50〜
営 11:30〜23:30
休 無し

セスト・セグンド

SEXTO II

MAP p.320

ロブスター料理で人気

落ち着いた雰囲気で味わう魚介類を使った前菜や、アーモンド、かりんのジャムを用いたガリシア伝統のデザートがおすすめ。ロブスターの炊き込みごはんはドリンク付。

交 カテドラルから徒歩3分
住 Rúa de Raiña,23
☎ 981 56 05 24
予算 €25〜
営 13:00〜15:00、20:00〜23:30
休 火曜
URL www.restaurantesexto.com/

※レストランデータの予算は、前菜、メイン、デザートに飲み物を付けた場合の1人分の目安です。

HOTEL

泊まる

サンチャゴ・デ・コンポステラ の ホテル

巡礼の道の最終地点にふさわしく、旧市街のみならず広範囲に、高級ホテルから手頃なホテルまで数多く点在。おすすめはパラドール。早めに予約し、ぜひ1泊してみたい。

パラドール・デ・サンチャゴ・デ・コンポステラ

PARADOR DE SANTIAGO DE COMPOSTELA

MAP p.320

自分の時間を磨くとっておきの空間

サンチャゴ巡礼者のための、王立病院が前身のパラドール。ななめ向かいには大聖堂がある絶好のロケーションで、館内のパティオや壁に施された彫刻も見どころ。格式も高く、5つ星のパラドールはレオン、グラナダのほかはここだけ。中世の雰囲気を残した回廊で1日を過ごすだけでも価値がある。もちろん各客室はきれいにリフォームされており、水周りも安心。朝食ビュッフェも豪華だ。

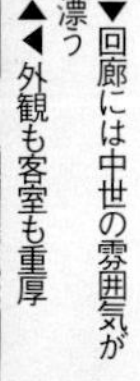

▼回廊には中世の雰囲気が漂う ▲◀外観も客室も重厚

交 オブラドイロ広場、カテドラルの斜め前
住 Plaza do Obradoiro,1
☎ 981 58 22 00
部 137部屋　英 常駐
料 S€137～　T€142～
URL www.parador.es/

アラグアネイ

ARAGUANEY

MAP p.320

新市街のモダンな外観のホテル

新市街にあるセンスのいいハイグレードなホテル。古い街並みと対照的なモダンな外観だが、内部も落ち着きがあり、周囲の自然とも溶け込み、快適な時間が過ごせる。

交 ガリシア広場から徒歩5分
住 Alfredo Brañas,5
☎ 981 55 96 16　FAX 981 59 02 87
部 81部屋
料 S€71～　T€71～
URL www.eurostarshotelcompany.com/

H ★★★★★

サンフランシスコ・ホテル・モニュメント

SAN FRANCISCO HOTEL MONUMENT

MAP p.320

修道院だった建物がホテルに

サンチャゴらしさを感じられる点ではパラドールと双璧のホテル。プールなどの施設も充実しており、朝食にはガリシア地方ならではのパンが並ぶ。客室も雰囲気がある。WiFiも無料。

交 オブラドイロ広場から徒歩5分
住 Campillo de San Francisco, 3
☎ 981 58 16 34　FAX 981 57 19 16
部 82室
料 S€91～　T€103～
URL www.sanfranciscohm.com/

H ★★★★

ヘルミレス

GELMÍREZ

MAP p.320

使い勝手のいいホテル

フロント周りは狭く派手な飾り気もないが、その分、機能性を重視した近代的な大型ホテル。旧市街からは少しはずれるものの、鉄道駅に近く、移動するには便利な立地だ。

交 ガリシア広場から徒歩4分
住 Hórreo,92
☎ 981 56 11 00
FAX 881 97 80 10
部 132部屋
料 S€52～　T€52～
URL www.hotelgelmirez.com/

H ★★★

※ホテル料金は1泊分の室料です。朝食はホテルにより含まれている場合と、別料金の場合とがあります。

A CORUÑA
ア・コルーニャ

ローマ時代からの港町で、ガリシア地方の中心として栄えた港湾都市。16世紀のスペイン無敵艦隊の根拠地のひとつでもあった。カスティーリャ語ではLa Coruña。

今も活躍するヘラクレスの塔

鉄道	マドリッドのチャマルティン駅から6時間15分、1日2本、€57.80、寝台列車で10時間30分、1日1本、€53.20。サンチャゴ・デ・コンポステラから30～40分、1日23本、€6.30～7.60。
バス	マドリッドの南バスターミナルからALSA社で約6時間45分～8時間、1日に6本、€47.78～58.92。サンチャゴ・デ・コンポステラから1時間、1時間に1～2本、€6.30～7.60。
町歩き	旧市街は約1時間で歩き回れる。ヘラクレスの塔へはタクシーを使ったほうが便利。
観光案内所	マリア・ピタ広場▶9:00～19:30（土曜10:00～14:00、16:00～19:00、日曜10:00～19:00） TEL：981 92 30 93

概　要

大西洋に面する重要な港湾都市として古い歴史を持つ。ローマ時代から港町として栄え、その名残はその時代に建造された灯台、ヘラクレスの塔に見ることができる。といってもひなびた港町というわけではなく、25万人の人口を持つガリシア地方最大の都会で、観光だけでなく、ガリシア地方の行政の中心地でもある。

輝く「ガラスの街」

大西洋に突き出すような半島の南側が旧市街。この地域には**サンタ・マリア・デル・カンポ教会**、**サンチャゴ教会**などの観光スポットが集まっている。海に沿って走っているのが、ア・コルーニャでいちばん賑やかな**マリナ大通りAvenida de la Marína**で、観光案内所もこの通りに面している。港町だけに、ヨーロッパでは珍しいタコ料理など新鮮な海鮮料理をたっぷり味わうことができる。マリナ大通りはまた、海からの光が建ち並ぶ建物の窓ガラスに反射してキラキラ輝くことから「ガラスの街」とも呼ばれている。

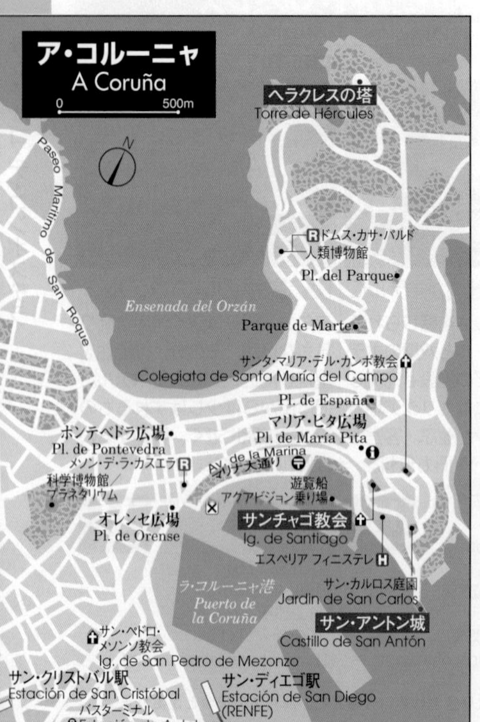

陽の光をあびて白く輝く建物

ヘラクレスの塔
Torre de Hércules

MAP p.326

交通：マリア・ピタ広場からタクシー10分
開館：10:00～18:00（6～9月は～21:00）／無休　料金：€3

●今も活躍する世界最古の灯台

2世紀、ローマ時代に建てられ、今も現役で稼働している世界最古の灯台といわれている。高さは104mで、展望台から眺める海や市街の眺めはすばらしい。塔の地階にはローマ時代の遺構もある。2009年に世界文化遺産に登録。

サン・アントン城
Castillo de San Anton

MAP p.326

要塞として築かれたサン・アントン城

交通：マリア・ピタ広場から徒歩15分
開館：10:00～19:30（日曜・祝日～14:30）、7・8月10:00～21:00（日曜・祝日～15:00）／月曜、1月1日、12月24・25・31日休　料金：€2

●16世紀の要塞

16世紀に海上からの侵入を防ぐための要塞として築かれた。当時のスペイン無敵艦隊の基地であり最後の寄港地でもあった。1588年、ここから遠征に出たスペインの無敵艦隊はイギリス艦隊との海戦で大敗を喫し、以後、スペインは大西洋の制海権を失うことになった。現在、内部は考古学博物館になっていて、ローマ時代の装飾品などを展示。

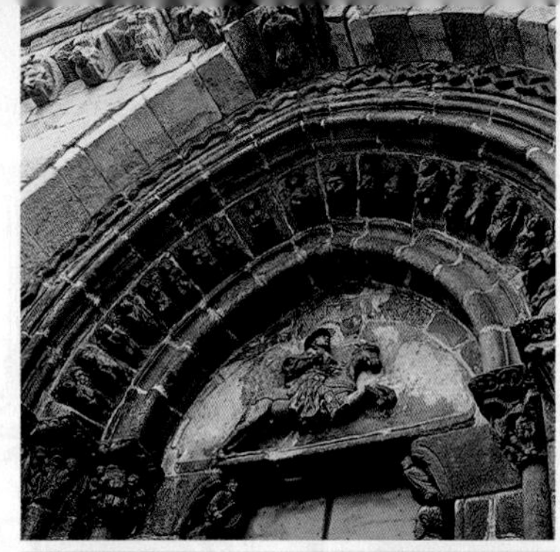

ゴシック様式のサンチャゴ教会

サンチャゴ教会
Iglesia de Santiago

MAP p.326

交通：マリア・ピタ広場から徒歩5分
開館：11:00～13:30、18:30～19:30／土・日曜休　料金：無料

●歴史のあるゴシック様式の教会

サン・アントン城そばの、ア・コルーニャで最も古い教会といわれる。歴史を感じさせる落ち着いた雰囲気を持った教会だ。ゴシック様式の正面入口を入ると、サンチャゴ・マタ・モロス（モーロ人＝イスラム教徒殺しのサンチャゴという意味）の像とともに、聖ヨハネ、聖マルコの像も見ることができる。アスカーラ広場に面する後陣と北の入口はロマネスク様式で造られている。

食 ドムス・カサ・パルド
Domus Casa Pardo

MAP p.326

交 マリア・ピタ広場から徒歩20分
住 Angel Rebollo,91
☎ 981 20 11 36　予算 €30～35
営 13:30～15:30、21:00～23:00（夜は金・土曜のみ）
休 月曜

泊 エスペリア・フィニステレ
Hesperia Finisterre

MAP p.326

交 マリア・ピタ広場から徒歩7分
住 Paseo del Parrote, 2-4
☎ 916 00 81 46
部 92部屋　料 S€83～　T€83～
URL www.hotels.com/

サンチャゴ・マタ・モロスとは、モーロ人（アラブ人）殺しの聖ヤコブを意味する言葉。スペインではレコンキスタのキリスト教徒がアラブ人と戦う時には、聖ヤコブが助けてくれるとの信仰があった。

LEÓN

レオン

カスティーリャ王国とともに、スペイン統一の原動力となった旧レオン王国の首都で、巡礼の道の中継地としても発展した。

LEÓN
MADRID

多くの美術品や写本を収蔵するサン・イシドロ教会

鉄道	マドリッドのチャマルティン駅から直通で2時間15分、1日6本、€19.10〜49.70。バルセロナのサンツ駅から8時間、1日3本、€40.85〜88.90、ブルゴスから2時間、1日3本、€14.90〜39.70。
バス	マオリッドの南バスターミナルからALSA社で3時間45分〜4時間45分、1日12本、€25.98〜35.10。バリャドリードから1時間45分、1日6本、€0.60〜12.68。
案内所	レグラ広場前▶9:30〜14:00、16:00〜19:00、日曜9:30〜17:00　TEL：987 23 70 82

概要

アストゥリアス王オルドーニョ2世は914年、都をオビエドからレオンへ遷した。これにより成立したレオン王国は1230年、カスティーリャ王国と合併し、スペイン統一の礎となった。さらに中世には、サンチャゴ・デ・コンポステラへの巡礼の道の中継として発展を遂げ、今では近代的工業の発達した産業都市に変わりつつある。

スペイン北部では珍しいガウディの作品

駅からグスマン・エル・ブエノ円形広場Glorieta de Guzmán el Buenoを通ってまっすぐ行くと、徒歩7分くらいで町の中心サント・ドミンゴ広場Plaza de Santo Domingoに着く。この広場から何本もの通りが放射状に延びている。

駅から来た道をそのまままっすぐに進むと、すぐ左にガウディの設計した**カサ・デ・ボティネス**がある。ガウディの作品はスペイン北部では珍しい。そこから5分ほどで、ステンドグラスの美しさで知られる**カテドラル**に行き着く。その向かいには観光案内所がある。

ロマネスクの塔が印象的な**サン・イシドロ教会**はサント・ドミンゴ広場から北へ約4分くらい。現在は5つ星の人気パラドール、パラドール・デ・レオンになっている、**旧サン・マルコス修道院Antiguo Convento de San Marcos**も必見。ぜひ足を延ばしてみたい。

カテドラル
Catedral

MAP p.328

交通：サント・ドミンゴ広場から徒歩5分
開館：9:30〜13:30、16:00〜19:00（日曜9:30〜14:00）、5〜9月9:30〜13:30、16:00〜20:00（土曜9:30〜12:00、14:00〜18:00、日曜9:30〜11:00、14:00〜20:00）／無休
料金：€6

●スペイン三大カテドラルのひとつ

13世紀後半に建てられたゴシック様式の傑作で、調和のとれたたたずまいから「ゴシックの理想像」と呼ばれる。正式の名前をサンタ・マリア・デ・ラ・レグラといい、スペイン三大聖堂のひとつとされる。

正面と南側の入口は、ともに贅沢なほどの彫刻で飾られている。120枚以上にも及ぶステンドグラスの美しさでもよく知られている。

中に入ると、ステンドグラスで飾られた高い円形のバラ窓から太陽の光が差し込み、内部をスポットライトのように照らしている。アラバスター（➔p.139）の浅浮彫りが施された内陣入口のアーチもすばらしい。ニコラス・フランセス作の主祭壇のレターブルの左には「キリスト降架」という力作があるが、この作者ははっきり分かっていない。回廊は落ち着いた雰囲気を持ち、その壁はフレスコ壁画や墓碑などで飾られている。

美術館(料金：€5)も併設されており、ここには聖カタリナの彫像、ファン・デ・フニ(➔p.133)のキリスト像、13世紀の版画などが展示されている。

華麗な装飾を施されたカテドラル

サン・イシドロ教会
Basílica de San Isidoro

MAP p.328

交通：サント・ドミンゴ広場から徒歩4分
開館：9:00〜21:00(日曜〜15:00)、10〜4月10:00〜14:00、16:00〜19:00(日曜10:00〜14:00)、7〜9月10:00〜14:00、16:00〜19:00(金・土曜〜20:00、日曜10:00〜15:00)／1月1日、12月25日休　料金：€5

●大司教に捧げられた教会

セビーリャの大司教イシドロに捧げるために、1062年に着工、12世紀の中頃に完成した教会。内部では王家の霊廟の曲線的な柱頭と天井画が印象的だ。また、宝物庫には多くの美術品が収められている。

カサ・デ・ボティネス
Casa de Botines

MAP p.346

交通：サント・ドミンゴ広場から徒歩1分
開館：11:00〜14:00、16:00〜20:00

●ガウディ設計の建築物

ガウディの作品はほとんどがカタルーニャ地方に集中しているが、このカサ・デ・ボティネスはカタルーニャ地方以外で造られた数少ない建築物のひとつ。1894年に完成したネオ・ゴシック様式の建物。館内の見学も可能となった。

ガウディ設計のカサ・デ・ボティネス

レオン美術館
Museo de León

MAP p.328

交通：サント・ドミンゴ広場から徒歩1分
開館：10:00〜14:00、17:00〜20:00(10〜6月は16:00〜19:00)、日曜・祝日10:00〜14:00／月曜休
料金：€1

●中世から19世紀の作品を展示

象牙で作られたカリソのキリスト像FL Cristo de Carrizoが収められていることでも有名だ。ほかには浅浮彫模様の施された「キリスト生誕」ファン・デ・フニの作品が目を引く。

MEMO　サン・イシドロ(560？〜636)　西ゴート人、ユダヤ人のキリスト教への改宗に功績のあった宗教家。教育制度の整備、カトリック教会の基盤拡充に努める一方、学識も豊かで当代に比類無き学者と呼ばれた。

RESTAURANT

食べる

レオンのレストラン

レオンの郷土料理は肉のシチューレオン風、マスとニンニクのスープSopa de Ajo con Truchasなど。ホテルは可能ならパラドールに泊まりたい。

レオンのホテル

泊まる

HOTEL

ラ・ヒターナ
LA GITANA

MAP p.328

レオンの郷土料理を食べるなら

工場を持っているので、牛の生ハムのセシーナや血入りソーセージのモルシーリャなどもすべて自家製。おすすめはテーブル上で、熱した石の上で好みの焼き加減に仕上げて食べるステーキentrecot de buey a la piedra。

交 カテドラルから徒歩3分
住 Carnicerías,7
☎ 987 21 51 71
予算 €30～
営 13:00～16:00、21:00～24:00
休 水曜夜、木曜

エル・ティソン
EL TIZON

MAP p.328

地元で人気の気軽な店

カテドラルそばの、気軽ながらワインコレクションが自慢の上品な店。イベリコ豚の最高級生ハム、レオン名物のセシーナ（牛肉の生ハム）や腸詰料理が自慢。レストランは賑やかなバルの奥にある。

交 カテドラルから徒歩3分
住 Carnicierías,1
☎ 987 25 60 49
予算 €30～
営 12:00～24:00
休 無し

パラドール・デ・レオン
PARADOR DE LEÓN

MAP p.328

2020年に改装オープン予定

1530年頃サンチャゴ騎士団が建てた建物。プラテレスコ様式のファサードが美しい。パティオ回廊を歩いたり、サロンで静かに休んだりと、優雅に旅の疲れを癒してくれる。

H ★★★★★

交 サント・ドミンゴ広場から徒歩15分
住 Plaza de San Marcos,7
☎ 987 23 73 00
部 184部屋　英 常駐
料 S€100～　T€120～
URL www.parador.es/

コンデ・ルナ
CONDE LUNA

MAP p.328

余裕のある静かな空間

各部屋の間取りが広く、ゆったりとくつろぐことができる。大型ホテルだが、ロビーなどの共有部分も高級感が保たれ、もの静かな落ち着きがある。施設も充実している。

H ★★★★

交 サント・ドミンゴ広場から徒歩3分
住 Avenida Independencia,7
☎ 987 20 66 00　FAX 987 21 27 52
部 142部屋　英 常駐
料 S€70～　T€70～
URL www.hotelcondeluna.es/

リオソル
RIOSOL

MAP p.328

機能性重視の近代的なホテル

町の中心につながる通りに面し、まっすぐ歩けば15分ほどでカテドラル。室内は茶色系でまとめられた、シンプルで上品な雰囲気。鉄道駅に近い、都会的な大型ホテルだ。

交 レオン駅から徒歩3分
住 Avenida de Palencia,3
☎ 987 21 66 50　FAX 987 21 69 97
部 126部屋　英 常駐
料 S€35～　T€37～
URL www.hotelriosolleon.com/

MEMO レオンのパラドールはサンチャゴ、グラナダのパラドールと並んで、3つしかない最高ランクの5つ星。巡礼のための宿泊施設兼修道院を改装した、歴史ある重厚なホテルで一夜を過ごしたい。

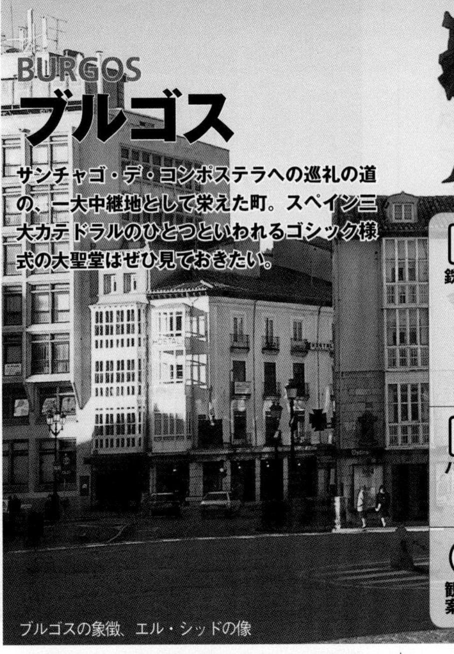

BURGOS
ブルゴス

サンチャゴ・デ・コンポステラへの巡礼の道の、一大中継地として栄えた町。スペイン三大カテドラルのひとつといわれるゴシック様式の大聖堂はぜひ見ておきたい。

ブルゴスの象徴、エル・シッドの像

鉄道 マドリッドのチャマルティン駅から2時間30分～5時間20分、バリャドリード乗り換えで1日13本（内3本は直通）、€25.85～52.10。バルセロナのサンツ駅から5時間30分～6時間30分、1日４本、€39.85～82.20。レオンから2時間～5時間30分、バリャドリード乗り換え1日10本（内3本は直通）、€14,90～41.40。

バス マドリッドのアベニーダ・デ・アメリカバスターミナルからALSA社で2時間45分、1日18本、€19.32～26.43。サンタンデルからBlaBlaCarで2時間～3時間20分、1日4本、€11～18.50。

観光案内所 カテドラルから徒歩6分、アロンソ・マルティネス広場前▶9:30～14:00、16:00～19:00、日曜9:30～17:00）TEL：947 20 31 25

概　要

11世紀にはカスティーリャ・レオン王国の首都であったブルゴス。1492年のグラナダ陥落後、首都はバリャドリードに移ったが、以後もこの地方の中心地として発展した。巡礼の道の一大中継地でもある。

ゴシックの傑作カテドラルは必見

ブルゴスで注目されるのはまず、カテドラル。ゴシックの傑作といわれ、セビーリャ、トレドに次ぐスペイン第3の規模を誇る。またブルゴスは、レコンキスタの英雄として叙事詩にまで謳われたエル・シッドの生誕地でもある。現在彼は妻のヒメーナとともに**カテドラル**の中に埋葬されている。

この町のアクセスだが、鉄道駅は市街北東約5㎞にあるのでバス利用が便利。バスターミナルからは徒歩5分ほどで町の中心地、**サンフェルナンド広場Pl.del San Fernando**につく。カテドラルもこの広場に面している。ここから北東に約6分歩いたところに**サン・ロレンソ教会Ig.de San Lorenzo**があり、観光案内所はその先のアロンソ・マルティネス

広場Pl.de Alonso Martínezに面している。サンタ·マリア門から**王立ラス・ウエルガス修道院**までは徒歩で15分。**ミラフローレス修道院**は少し離れているので、タクシーを使ったほうがいい。

カテドラル
Catedral

MAP p.331-B

交通：サンタ・マリア門から徒歩1分
開館：9:30〜19:30、11月1日〜3月中旬は10:00〜19:00／1月1日、聖金曜日、12月25日休 料金：€7

●ステンドグラスが美しいスペイン三大聖堂のひとつ

セビーリャ、トレドに次ぎスペイン第3の規模を持つ大聖堂で、その建造は2段階に分けて行われた。まず1221年、フェルナンド3世（➔p.107）がフランスから招いたエンリケらによって着工され、このときには身廊と入口が、そして15世紀にドイツ人ファン·デ·コロニアによる新たな工事で、鐘楼、コンデスタブレの礼拝堂、側廊の礼拝堂などが造られた。ゴシック様式で統一され、内部には多くの美術品が収められている。

外部からはファサードの装飾と透かし模様のある鐘楼、コロネリア門Portada de la Coroneríaの優雅な彫刻などに注目したい。

中に入ると、広い身廊の先にクルミ材でできた103個の聖職者席があり、ここには聖書の場面をテーマにした彫刻が施されている。その先には袖廊との交差部があるが、その下には映画にもなったレコンキスタの英雄エル·シッドとその妻ヒメーナの墓標がある。

祭壇裏の周歩廊に沿って、いくつも礼拝堂が設けられており、中には多くの彫像、美術品が収められている。それぞれがひとつの美術館という感じさえする。正面奥のコンデスタブレの礼拝堂Capilla del Condestableは天井にある星形の採光窓が印象的。壁などの装飾を完成させるために当時のブルゴスの著名な彫刻家がほとんど全員参加したという。この礼拝堂の右奥の聖具室にはマグダラのマリア像があるが、これはレオナルド・ダ・ヴィンチの作品だといわれている。

カテドラルの王座の門

ひときわ美しいカテドラル

また、2階の美術館には16世紀頃のタペストリーが展示されているほか、おみやげにぴったりの絵はがき、アクセサリーなどが置いてある売店もある。回廊の正面にあるサンタ·カタリナ礼拝堂Capilla de Santa Catalinaには彫刻のほかに、エル・シッドの結婚証書などの古文書も展示されており、見るべきものは多い。

王立ラス·ウエルガス修道院
Real Monasterio de Las Huelgas

MAP p.331-A

交通：サンタ・マリア門から徒歩15分
開館：10:00〜13:00、16:00〜17:30、日曜10:30〜14:00／月曜、1月1日・6日、聖週間の金曜日、5月1日、12月24・25・31日休
料金：€6

MEMO エル·シッド（1043?〜99） 本名Rodorigo Diaz de Vivar。エル·シッドはアラビア語の「主人」に由来する通称。主君サンチョ2世の死後、弟王に疎まれサラゴサに亡命。後にバレンシアを征服し領主となった。

ラス・ウエルガス修道院

●ロマネスク様式の回廊が優雅

1180年にアルフォンソ8世（➔下欄外）とその后エリナーによって、王族のウエルガス（行楽という意味）のための別荘の敷地内に設立され、その後はシトー派女子修道院として運営された。教会には設立者のふたりの墳墓や王族の石棺が置かれている。

併設されている修道院の美術館には、13世紀の墓の中から発掘された王家の衣服や装飾品が展示されている。中でもフェルナンド・セルダ王子の墓から発見された絹と銀糸で織られたズボンやケープなどは史料としても貴重なものだ。

ミラフローレス修道院 Cartuja de Miraflores

MAP p.331-B外

交通：サンタ・マリア門からタクシー10分
拝観：10:15～15:00、16:00～18:00、日曜11:00～15:00、16:00～18:00／1月1・6日、12月25日休
料金：無料

●目を見張らされる祭壇の彫刻群

15世紀に、フアン2世（1405～54、在位1407～54）によって、建造が開始された。教会は簡素な外観に比べ、内部の装飾の豪華さに驚かされる。特にヒル・デ・シロエがディエゴ・デ・ラ・クルスの手を借りて制作した祭壇飾りには目を見張らされる。

王廟Mausoleo Realにはこの修道院の設立者で、女王イサベル1世(➔p.335)の両親でもある、フアン2世とその后の像がある。この王廟もまた、彫刻、紋章などによる豪華絢爛な装飾が施されている。イサベル女王の兄で若くして亡くなったアルフォンソ王子の墓の隣には、「祈る王子」の像が置かれているが、これはディエゴ・シロエの作品。祭壇の右手にあるフランドル派の三連画、アラベスク模様で飾られた聖職者席もぜひ見ておきたい。

ブルゴス美術館 Museo de Burgos

MAP p.331-B

交通：サンタ・マリア門から徒歩5分
開館：10:00～14:00、17:00～20:00（10～6月は16:00～19:00)、日曜10:00～14:00／月曜、1月1・6日、6月11・29日、11月1日、12月24・25・31日休　料金：€1.20

●貴重な考古学史料と美術品を展示

先史・考古学部門と美術部門の2つの部門に分かれている。先史・考古学部門はミランダ館Casa de Mirandaにあり、ブルゴス地方で発掘されたローマ時代の墓石などの遺物を展示。美術部門があるのは、アングロ館Casa de Anguloで、9世紀以降の絵画、彫刻が展示されている。とりわけ、彫刻された象牙でできた小型の櫃、七宝が施された祭壇の前飾り、シロエの華麗な彫刻で飾られたファン・デ・パディリャの墓などはすばらしい。

食 **メソン・デル・シッド** MESÓN DEL CID

MAP p.331-B

交 サンタ・マリア門から徒歩2分
住 Plaza Santa María, 8
☎ 947 20 87 15　予算 €30～50
営 14:00～16:00、21:00～23:00
休 日曜夜、12月24・25日　URL www.mesondelcid.es/

泊 **リセ** RICE

MAP p.331-B外

交 カテドラルから徒歩15分
住 Av. Reyes Catolicos,30
☎ 947 22 23 00　FAX 947 22 35 50
部 50室　料 S€51～　T€55～
URL www.hotelrice.com/

泊 **コロナ・デ・カスティーリャ** CORONA DE CASTILLA

MAP p.331-B

交 カテドラルから徒歩8分
住 Madrid,15
☎ 947 26 21 42　FAX 947 20 80 42
部 87部屋　料 S€71～　T€71～
URL www.hotelcoronadecastilla.com/

MEMO　アルフォンソ8世（1158～1214）カスティーリャ王サンチョ3世の子。レコンキスタに注力し1177年にはクエンカを奪回。1195年にはイスラム教徒に敗れるも再起、1212年にパレンシア大学を創設した。

GERNIKA

MADRID

GERNIKA

ゲルニカ

バスクの聖地、ゲルニカは、1937年の悲劇的な爆撃によって歴史にその名をとどめる町だ。あまりにも有名なピカソによる大作「ゲルニカ」は、今も人類の消すことのできない汚点として、その意味を問いかけ続けている。

ゲルニカ市民が憩う広場

鉄道	ビルバオのアチューリ駅からEusko Tren社の鉄道、ベルメオBermeo行きで45分。30分おきに運行、€3。
バス	ビルバオのアバンド駅近くのPl.CircularからBizkaiBusで約45分。平日は30分間隔、土・日曜・祝日は1時間間隔で運行、€2.5。
町歩き	鉄道駅やバスターミナルを起点にのんびり歩いても、2時間もあれば充分に回れる。
観光案内所	鉄道駅から徒歩5分、Artekalea通り8 ▶10:00〜18:00（夏期は〜19:00）、土・日曜10:00〜14:00 TEL：94 625 58 92

概　要

ピカソの大作で有名なバスクの聖地

スペイン北部、ビスケー（ビスカヤ）湾に面する海岸線はコスタ・バスカと呼ばれ、小さな港町がいくつも続いている。このコスタ・バスカから少し内陸部に入ったところにゲルニカがある。ビルバオからは約20km、バスか鉄道で約45分の位置にある。人口１万5,000人ほどの小さな町だが、スペインの人たちにとって、特別な意味と性格を持っている町だ。

●ゲルニカの悲劇とピカソ

ゲルニカと聞いてまず思い浮かべるのは、ピカソが描いた傑作「ゲルニカ」だろう。スペイン内戦下の1937年4月26日、市が開かれて賑わう町に、フランコ派に加担するナチス・ドイツの空軍による徹底的な爆撃が行われた。

議事堂の横に立つゲルニカの木

ゲルニカの当時の人口は7,000人程度だったが、この攻撃によってその3分1近い2,000人以上の住民が死んだといわれる。史上初めての無差別絨毯爆撃だった。

小さなゲルニカの町に、なぜこのような徹底した攻撃が加えられたのか。この地方は自治の伝統が強く、スペイン内戦が起こると右派も左派もバスクの自治を尊重する共和国政府側に立ったため、あるいはドイツによる戦

かつて廃虚と化したゲルニカも、今はそのつめあとも残さず復興した

線後方の輸送網破壊の実験として行われたのではないか、などの推測はあるものの、本当のところははっきりわかっていない。

だが、この大量虐殺に激怒したピカソが「ゲルニカ」という大作を描き上げたことはあまりにも有名だ。この作品はピカソと同様、長い間スペインに戻ることができなかったが、フランコが死亡した後、ピカソの生誕100周年にあたる1981年にスペインに帰ってきた。現在はマドリッドの国立ソフィア王妃芸術センターに展示されている。

●バスクの自由と自立の象徴

ゲルニカが持つもうひとつの意味、それはこの町がバスクの自由、自立を象徴する聖地とみなされていることだ。町の中心にはバスクの議事堂Casa de Juntasがあり、その横に**ゲルニカの木**と呼ばれる樫の木が立っていた。バスクの人々は古くからこの木の下に集まってバスクの自主・独立を誓い合い、この地を治める国王もまた、ゲルニカの木の下でバスクに一定の自治を与えるという宣誓をしてきた。1483年にはイサベル女王もこの地を訪れている。

また、内戦前夜の1931年にはゲルニカの木の下でバスクの自治が宣言され、バスク自治政府が成立している。

バスクがこのように自治・独立にこだわる理由には、バスク民族の独自性がある。バスク人はその起源がはっきりわかっていない古い歴史を持つ民族だが、それは彼らの言語、バスク語からも明らかだ。南ヨーロッパ諸国の言葉はほとんどがラテン語かゲルマン語をベースにできているが、バスク語は言語体系そのものが基本的に異なっている。このことからバスク語はバスクのアイデンティティの象徴としてとらえられている。

内戦終結後、フランコによってバスクの独立運動に徹底した弾圧が加えられ、バスク語は口にすることさえ禁じられた。その中で、1973年にバスクの独立を目指す急進組織、エタETA（バスク祖国と自由）が結成される。ETAは現在でも継続してテロ活動を行っており、旅行者であっても充分な注意が必要だ。

バスク地方を旅していると、道路の交通標識がスペイン語とバスク語の両方で書かれているのに気が付く。ときにそのうちのスペイン語のほうがスプレーで消されているのを見ると、改めてバスクがかかえる問題の複雑さを思い知らされるような気がする。

ゲルニカ駅

泊

ゲルニカ
GERNIKA

MAP p.334-B

交 ゲルニカ駅から徒歩7分
住 Carlos Gangoiti,17
☎ 94 625 03 50
部 40室　料 S€67～　T€87～
URL www.gernika.costa-vasca-hotels.com/

H ★★★

ボリーニャ
BOLIÑA

MAP p.334-B

交 ゲルニカ駅から徒歩2分
住 Barrenkale,3
☎ 94 625 03 00
部 16室　料 S€36～　T€45～
URL www.hotelbolina.com/

H ★

MEMO イサベル女王（1451～1504、在位1474～1504）カスティーリャ王の異母妹で、本来は王位継承権を持たなかったが、政争に打ち勝ち即位。フェルナンド2世（→p.255）と結婚しカトリック両王と呼ばれた。

PAMPLONA

PAMPLONA パンプローナ

フランスとの交易都市として栄えた、かつてのナバーラ王国の首都。今ではサン・フェルミン祭の牛追いで、世界にその名が知られる。人口は約19万人。

MADRID

鉄道	マドリッドのアトーチャ駅から特急で3時間5～20分、1日4本、€17.85～35.60。バルセロナから3時間45分、1日7本、€54.65～65.20。サラゴサから1時間50分、1日6本、€14.05～23.10。
バス	マドリッドのアベニーダ・デ・アメリカバスターミナルからALSA社で5時間～6時間45分（ソリアまたはサラゴサで乗り換え）、1日15本、€30.72～45.70。バルセロナからBivasa社で5時間30分～6時間30分、1日6本、€28.10～33。
徒歩	鉄道駅から町の中心部までは駅前で9番のバスに乗り約5分。バスターミナルからは徒歩約6分。
案内所	カテドラルから徒歩5分、市庁舎前▶10:00～14:00、15:00～17:00、日曜10:00～14:00 TEL：948 42 07 00

貴重な祭具が保存されるカテドラル

概要

パンプローナはローマの植民市として建設され、イスラム教徒の侵入を経て、10世紀にはナバーラ王国の首都となる。中世には巡礼の道の中継地として、また、フランスとの貿易の拠点として発展した。15～16世紀にはカスティーリャかフランスかという帰属問題が起きたが、フェルナンド2世（➔p.255）によって住民の紛争は収束した。

町の中心が**カスティーリョ広場Plaza del Castillo**。カスティーリョ広場に出る道でいちばんにぎやかなのが、**サラサーテ通りPaseo de Sarasate**。この通りは「チゴイネル・ワイゼン」で有名なパンプローナ出身の作曲家、サラサーテにちなんでその名が付けられている。

サン・フェルミン祭の熱狂に酔う

ところでパンプローナを世界的に有名にしたのは、なんといっても**サン・フェルミン祭Los Sanfermines**。この祭りは毎年7月6日から14日まで開催され、ふだん静かなパンプローナの町を熱狂の渦に巻き込む。メイ

サン・フェルミン祭の牛追いがスタートする市役所前

ン・イベントはなんといっても町の中から闘牛場まで、牛を追い、牛に追われ、ときには牛に突かれたり、踏みつけられたりして死者が出ることもあるエンシエロEncierro（牛追い）。この様子はヘミングウェイの『日はまた昇る』に描かれていて、テレビで見たことのある人もいるだろう。ちなみに、パンプローナはそのヘミングウェイとスペインで最も関わりが深い町としても知られている。

世界的に知られるパンプローナのサン・フェルミン祭

カテドラル
Catedral

MAP p.336-B

交通：カスティーリョ広場から徒歩5分
開館：10:30～18:00（冬期10:30～16:00）／日曜休
料金：€5

●カルロス3世とその后が眠る

もともとはロマネスク様式の教会だったが、15世紀にゴシック様式、18世紀にはバロック様式で増・改築が行われた。15世紀の改築を命じたカルロス3世（➔p.75）とその后の墓碑がこのカテドラルの中に建つ。かつて教会の食堂、厨房だったところは現在、司教区美術館となっており、絵画のほか、聖母像、キリスト像、聖遺物箱などの貴重な祭具が展示されている。

ナバーラ美術館
Museo de Navarra

MAP p.336-B

交通：カスティーリョ広場から徒歩7分
開館：火～土曜9:30～14:00、17:00～19:00、日曜・祝日11:00～14:00／月曜、1月1日、7月6・7日、12月25日休
料金：€2

●旧カテドラルで使われた柱頭を所蔵

1556年に建てられた病院の建物を利用した美術館。内部は時代ごとに区分され、ローマ時代のエリアには墓碑、墓石が多い。改築される前のカテドラルに用いられた柱頭がここに展示されており、ロマネスク美術を代表するものとして人気が高い。この柱頭には聖書の中の3つの場面が独創的なタッチで刻み込まれている。

ゴシック及びルネッサンスのエリアはゴヤの「サン・アドリアン侯爵」などの絵画や壁画が中心。また、コルドバで作られたという象牙製の小箱もぜひ見ておきたい。

カテドラルの柱頭を展示するナバーラ美術館

MEMO ナバーラはピレネー南西部にあった王国で領土は現在のフランスにも拡がっていた。ために領主にはフランス系の貴族がしばしば立ったが、1512年にフェルナンド2世によりカスティーリャ王国に吸収合併。

RESTAURANT

食べる

パンプローナのレストラン

レストラン、ホテルともカスティーリョ広場近くに多い。サン・フェルミン祭のときにはどこも混み合うので、あらかじめ予約しておく必要がある。

パンプローナのホテル

泊まる

HOTEL

オステリーア・デル・テンプレ

HOSTERIA DEL TEMPLE

MAP p.336-B

生ハム料理で人気の店

中世の武具や騎士の絵に囲まれたムーディな店内。ロシアから伝わったという生ハムや卵を使ったモスコビータや、生ハムのコロッケ、エビのフライなどがおすすめ。

交 カテドラルから徒歩1分
住 Curia,3
☎ 948 22 51 71
予算 €30～
営 9:30～23:00（土曜10:00～、日曜11:00～17:00）
休 月曜

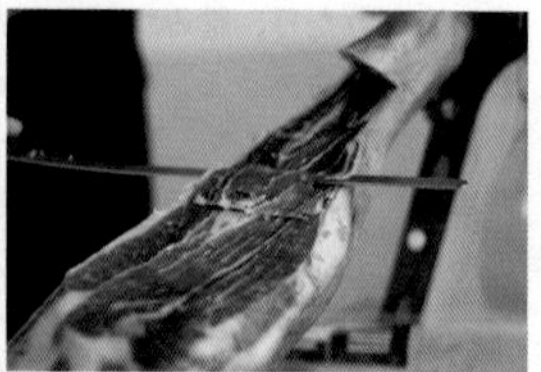

トレス・レイエス

TRES REYES

MAP ●p.336-A

洗練された大型高級ホテル

パンプローナを代表する高級ホテル。大型ながら洗練され細かな配慮が感じられる。団体客や、ビジネスマンの利用も多い。サロン、アーケード、スポーツ施設も充実している。

H ★★★★

交 カスティーリョ広場から徒歩8分
住 Jardines de la Taconera,s/n
☎ 948 22 66 00
部 160部屋
料 S€71～　T€71～
URL www.hotel3reyes.com/

エウロパ

EUROPA

MAP ●p.336-B

小規模ながら落ち着く雰囲気

家具にこだわりがあり優美さが感じられる。同名の高級レストランの階上にある。こぢんまりとしながらも高級感にあふれ、市内観光にも最適な場所に位置する。

H ★★★

交 カスティーリョ広場から徒歩1分
住 Espoz y Mina,11
☎ 948 22 18 00　FAX 948 22 92 35
部 25部屋
料 S€60～　T€74～
URL www.hoteleuropapamplona.com/

ラ・ペルラ

LA PERLA

MAP ●p.336-B

ヨーロッパ人に人気のピンクの建物

カスティーリョ広場に面した便利なロケーション。日本人の利用は少ないが、スペイン人以外のヨーロッパ人たちに人気がある。サンフェルミン祭の時期は、料金が高くなる。

HR ★★★★★

交 カスティーリョ広場の一角
住 Plaza del Castillo,1
☎ 948 22 30 00
部 44部屋
料 S€155～　T€165～
URL www.granhotellaperla.com/

※レストランデータの予算は、前菜、メイン、デザートに飲み物を付けた場合の１人分の目安です。
ホテルの料金は１泊分の室料です。朝食はホテルにより含まれている場合と、別料金の場合とがあります。

Travel Information in Japan

トラベルインフォメーション日本編

- 出発日検討カレンダー
- 旅のスタイルを決める
- 個人で旅行を手配する
- 航空券を賢く選ぶ
- ホテルの種類と予約
- パスポートと保険
- 旅のお金
- 旅の持ち物
- スペインの気候と服装
- 日本での情報収集
- 空港に行く

出発前やることチェックリスト

- □パスポートの有効期限を確認する
- □パスポートのコピーをとる
- □パスポート紛失時のために証明写真を2枚、戸籍抄本を用意する
- □航空券の予約、日時を確認する
- □空港までの鉄道、バスのチケットの手配をする
- □忘れ物はないか旅行荷物を確認する
- □新聞、郵便を留め置きにする
- □旅行中の連絡先を家族、知人に伝える

出発日検討カレンダー

最高
32万9000円
日付は2020年の例。祝日、祭りは、年により変動するものもある。
この色は全国共通ではなく当該の州や市町村のみが休みとなる祝日
スペインの祝日
1月1日 新年
1月6日 公現祭
3月19日 サン・ホセの日（マドリッド）
4月9日 聖木曜日（マドリッド）
4月10日 聖金曜日
4月13日 イースター・マンデー（カタルーニャ）
5月1日 メーデー
5月15日 サン・イシドロの日（マドリッド）
6月12日 セグンダ・パスクアの日（カタルーニャ）
6月24日 サン・ジョアンの日（カタルーニャ）
スペインの三大祭
セビーリャの春祭り
(4～5月頃、セビーリャ) アンダルシアの民族衣装を着飾った男女が歌って飲んで大騒ぎ。開催時期は年によって変わるので詳細はスペイン政府観光局 (p.355) へ。
バーゲンのシーズン 1月
サッカーのシーズン
優勝争い
サン・ホセの火祭り
(3/15～3/19、バレンシア) 高さ数メートルに達する特大のハリボテを祭りの最終日の晩にいっせいに燃やす様子が圧巻。
ツアー料金の変動
30 万円
25
20
15
スペイン周遊9日間
観光・食事付きプラン
(料金の一例)
1月 2月 3月 4月 5月 6月
上旬 中 下
聖週間 セマナ・サンタ(イースター)
2020年は4月5日～12日
狩猟とジビエのシーズン
10月～2月頃
「ジビエ」とは、狩猟による鳥獣肉のこと。トレドの山ウズラなど、狩猟肉の料理が旬をむかえるのが10月から2月頃。
スペインの気候
マドリッドと東京ではそれほど気候に変わりがない。ただし暖冬続きの日本と違い、冬の朝晩はかなり冷えるのでそれなりの用意が必要。南のセビーリャは3月ともなれば日中はシャツ1枚で過ごせるほど暖かく、真夏にはたまらなく暑い。
平均気温 ℃
マドリッドの平均最高気温
マドリッドの平均最低気温
東京の平均最高気温
東京の平均最低気温
8.5 6.6 1.4 0.6
11.0 8.4 2.1 1.6
14.8 10.3 5.2 4.8
18.3 15.9 10.6 7.1
21.4 20.7 15.1 10.2
26.8 24.4 18.3 14.5
平均降水量 mm
マドリッドの平均降水量
東京の平均降水量
50.0 45.1
47.0 60.4
41.0 99.5
47.0 125.0
43.0 138.0
30.0 185.

8月15日
聖母被昇天
9月11日
カタルーニャ自治州の日(バルセロナ)
9月24日
聖母メルセの日(バルセロナ)
10月12日
イスパニア・デー
11月1日
諸聖人の日
11月9日
聖母アルムデナの日(マドリッド)
12月6日
憲法記念日
12月8日
聖母受胎告知の日
12月25日
クリスマス
サン・フェルミン祭
(7/6〜7/14、パンプローナ)牛追い、というより牛に追われる様子は毎年日本のテレビでもおなじみ。
スペインのクリスマス
家族を大事にするスペインでは、クリスマスは帰省シーズン。交通は混雑するし、田舎に帰らない人も、家で家族と過ごすので町は閑散とする。観光施設も主な所は12/24・25・31、1/1は休みになる。
バーゲンのシーズン
7〜8月
サッカーのシーズン
スペイン1部リーグは通常8月末から9月初め〜翌年の6月にかけて開催される。佳境をむかえるのは、優勝争いが白熱する3〜4月頃。
バカンスのシーズン
7月〜9月初
最低
13万4000円
7月
8月
9月
10月
11月
12月
旬 中 下 上旬 中 下 上旬 中 下 上旬 中 下 上旬 中 下 上旬 中 下
闘牛のシーズン
3月〜10月19日
闘牛は3月のバレンシアのサン・ホセの火祭りにあわせて興業が始まり、10月12日前後1週間のサラゴサのピラール祭りが興業納めとなる。
狩猟とジビエのシーズン
31.3
27.8
21.8
17.5
30.1
28.9
22.2
17.2
25.5
25.3
19.3
14.2
19.6
18.6
13.4
9.5
14.8
12.8
7.5
5.2
10.4
10.2
3.3
1.7
11.0 126.1
12.0 147.5
34.0 179.8
54.0 164.1
56.0 89.1
52.0 45.7

ツアーで？フリープラン？それとも個人？

旅のスタイルを決める

添乗員が案内してくれるツアーで楽々と旅するもよし、フリータイムの多いツアーを選んで自分なりのアレンジを加えるもよし、航空券もホテルも自分で予約して、こだわりのスペイン旅行にするもよし…自分に合う旅のスタイルを見つけよう。

スペインのツアーの傾向

マドリッド、バルセロナの2大都市プラス、グラナダ、コルドバ、セビーリャのアンダルシア3都市が組み込まれたコースが主流だが、巡礼の道と聖地サンチャゴ・デ・コンポステラをコースに入れたツアーも見られる。マドリッド、バルセロナ1都市滞在型や、地方の個性豊かな小さな町へのツアー、世界遺産をめぐるものなどバリエーションは広がっている。**ダイナミックパッケージ**についてはp.345へ。

パッケージツアーの種類

Type-A　フルパッケージ

航空券、ホテルから観光、食事まで、すべてセットになったツアー。基本的にはこのタイプのツアーの場合、日本から添乗員が同行することがほとんどなので、アクシデントが起こったときでも迅速に対応してくれるので安心。お金を払い契約すれば、あとは出発まで自分ですることはほとんどなく、出発日を楽しみに待つだけでいい。

Type-B　フリープラン

半日観光などもあるが、フリータイムの多いツアー。ホテルの予約や移動の際のわずらわしい手配の必要がないというツアーの長所と、フリータイムには自分の行きたいところに自由に行けるという個人旅行の長所の両方を備えたタイプだといえる。食事は付いていないか、付いていても朝食のみ、というものが多い。航空券とホテルのみをセットにしたプランをスケルトンと呼ぶこともある。

ツアーのスタイルの選び方

初めての海外旅行という人には、迷わずフルパッケージ旅行がおすすめ。高齢者や小さい子どもが一緒という場合も無難だ。ただし、あまりにもいろいろな要素を詰め込み過ぎているために、超ハードスケジュールになっているものがあるので、特に高齢者が一緒の場合は内容をよく吟味してから選ぼう。

ある程度海外旅行には慣れているが、スペインへ行くのは初めて、または旅の目的のひとつにグルメがある人などには、自由度の高いフリープランかスケルトンがおすすめ。ただ、この2つは内容的にほとんど差がなく、旅行会社によっては同じ意味で使っている場合もある。

ツアーの申し込みから出発まで

①申し込み
申し込み書に所定の事項を記入の上、申し込み金を添えて申し込む。
申し込み金は代金が30万円以下の場合30,000円、30万円以上の場合50,000円が一般的。

▼

②渡航手続き
パスポートを持っていない人や期限切れの人は旅券課へ申請する。

▼

③旅行代金の支払い
旅行開始日の前日から起算してさかのぼって21日目にあたる日までに、申し込み金を差し引いた金額を支払う。

▼

④最終旅行日程表の送付
出発の14日前〜7日前までに最終旅行日程表が渡される。

▼

⑤出発
最終旅行日程表に記載された時間・場所に集合。

自分だけの旅を作るために
個人で旅行を手配する

自分で旅のテーマを決め、旅行に使える日数と予算をベースに自分なりの旅を組み立てる。個人旅行の醍醐味は、何の制約も受けず、自由な発想で自分の時間を思う存分活用できるという点にある。そのための前提として、まず次の3つを自分で手配する必要がある。ダイナミックパッケージ(p.345)も念頭に。

航空券
賢く旅行するために割安な航空券を探す（➔p.344）
ホテル
日本で予約するか現地で探すかを決める（➔p.347）
日本で用意するもの
現地での移動がスムースに行くための手配をする(➔p.352)

個人旅行のスタイル

上級編 旅行会社にまかせずすべてを自分で手配する

航空券からホテルまで、自分の集めた情報で旅を組み立てるスタイル。航空券の選定は航空会社のHPや航空券予約サイトに照会して、自分で出発日や料金、経由地などを比較し、自分の旅行のスタイルに最も合致する航空会社を選ぶ。ホテルもインターネットや情報誌、ガイドブックをもとに、日本で手配する場合は、あらかじめ予約を入れておく。

中級編 航空券は格安チケット、ホテルは現地で

上級編と同様、基本的な情報は自分で収集するが、時期や航空券は旅行会社と相談し、手配を依頼する。予算次第ではホテルの予約も旅行会社に依頼し、安宿を利用するなら自分で予約を入れるか、多くの場合は現地で探す。ただし、到着時間によっては最初の1泊だけは日本で予約しておく。

初級編 航空券、ホテルとも旅行会社で手配する

航空券の手配やホテルの予約など、旅のアウトラインが決まったら、旅行会社に依頼してスケジュールに合わせた予約をする。ホテルの予約を依頼することで、現地でのわずらわしさはないものの、ある程度出費は増える。

上級と中級の比較検討

上級と中級の間には大きな差はないが、いちばんの違いは、手配した航空券によって、滞在日数の自由度が違ってくることだ。つまり、旅行会社で格安チケットを予約した場合、ほぼ自動的に帰りのフライトも設定されるが、正規の割引チケットを直接航空会社で予約した場合など、帰りの便の変更など比較的容易にでき、キャンセル料なども安い。

個人旅行でも便利 オプショナルツアー

フリープランやスケルトンタイプのツアーでスペインに行く場合、日本の旅行会社、または現地でオプショナルツアーに参加することもできる。英語、スペイン語なら現地の旅行会社のプランを利用できるが、「日本語で」となるとマドリッド、バルセロナ発に限定されるだろう。

マドリッドには日本人旅行者向けのミカミトラベル（☎91 542 43 00マドリッド、日本語対応）があり、マドリッド発、バルセロナ発の半日ツアーを行っており、マドリッドやバルセロナ市内、近郊の見どころを日本語で案内してもらえる。

ツアーにもよるが、申し込みは前々日まで対応しており、毎日、または週に2日ほど行われている。最新のツアー情報はホームページでチェックできる。
www.mikamitravel.com.es/

わがまま旅行をするなら

航空券を賢く選ぶ

リーズナブルで楽しい旅にするには、スペインまでのアクセスを上手に手配することが大事。どんなルートがあるのだろう。

スペインへのルート

直行便はイベリア航空が成田から週5便。ほかにヨーロッパ各都市を経由して北回りで行くか、韓国の仁川などアジアのハブ空港を経由して行くことになる。イスタンブル～マラガ、サンチャゴ・デ・コンポステラ便など運行しているターキッシュエアラインズなどを利用すれば、直接地方都市にも入れる。

航空券だけを手配するなら

リーズナブルな旅の必需品、格安航空券と、種類豊富な正規割引航空券の違いを確認しておこう。

格安航空券

旅行会社が団体用の割引チケットを個人にバラ売りしたもの。出発2、3日前まで予約がとれたか確認できない、事前に航空券を入手できない、座席指定ができない、ほかの便に変更ができない、などの制約があるが、正規運賃の6分の1以下という料金設定は大きな魅力だ。旅行会社によって料金が違うので、購入は何社かあたって比較することが大切。旅行会社のホームページや格安航空券情報を集めたサイトで調べてみたほうがいい。

正規割引航空券（ペックスチケット）

航空会社が売り出す正規のチケットには、IATA加盟の主要航空会社一律の普通運賃とIATAペックスのほか、航空会社ごとに設定する正規割引運賃（ゾーンペックス）がある。日本～ヨーロッパの普通運賃は、エコノミークラスでも往復で80万円ぐらいで、驚くほど高い。正規割引運賃のひとつ、IATAペックス運賃はその半額程度になるが、それでもまだ高い。

格安航空券の浸透で売り上げが脅かされる中、各航空会社が独自に設定するようになったのが、ゾーンペックスというもうひとつの正規割引運賃で、呼び名は航空会社ごとに違う。格安チケットやツアー料金と同様にシーズンごとに料金は変動する。早めに予約ができる、座席指定や予約変更が可能、キャンセル料も格安より安い、マイレージ加算の条件がいいなど、正規割引ならではの利点も多い。また、各航空会社のホームページには、空席状況に合わせて価格が変動する割安な運賃やWEB 予約・購入限定の価格設定などもあるし、「前割り14・21」など「事前購入型」ペックス運賃を採用しているところもある。航空会社によっては、価格が格安航空券に限りなく近いところも出てきた。より安心・快適に旅をしたければ、正規割引航空券も検討の余地は多い。

航空券はeチケット

現在の主流は「eチケット」。紙の航空券を発券しないスタイルで、旅行会社から渡されるのは、QRコード（2次元バーコード）掲載の「eチケット控え」のみ。webで予約・購入した場合も、該当の「控え」のページをプリントアウト。パスポートとこの控えを搭乗当日空港へ持参してチェックインする。「控え」はチケットそのものではないが、乗り継ぎや帰国時の搭乗時にも使うので重要。なくさないようにしっかり保管しておこう。

国内線も利用価値が大きい

格安航空券比較予約サイト

「海外格安航空券」の料金比較や予約ができるサイトの一例を紹介する。航空券だけでなく、ホテル予約が同時にできるサイトもある。

●スカイチケット
www.skyticket.jp

●トリップアドバイザー
www.tripadvisor.jp

●トラベルコ
www.tour.ne.jp

●スカイスキャナー
www.skyscanner.jp

●エアトリ
www.airtrip.jp

チケットの種類あれこれ

航空券には値段の違いだけではなく、機能の違いでも種類が分けられている。機能別にまとめてみよう。

オープン、フィックス

帰国日の変更ができないチケットをフィックス、一定の期間内なら変更できるチケットをオープンチケットという。自由気ままな旅がしたいという人にはオープンチケットがおすすめだが、もちろん価格は高くなる。スケジュールがきっちりと決まっているのなら価格が安いフィックスチケットを選ぶほうがお得。

オープンジョー

行きはバルセロナに到着し、帰りはマドリッドから乗るなど、行きと帰りで利用する空港が違うことをオープンジョーという。ヨーロッパを周遊するときは、わざわざ最初の都市まで戻らなくていいので大変便利。

格安航空券でも、ヨーロッパ系の会社では、日本からその会社の拠点空港（例えばエールフランスならパリ）までの往復に、ヨーロッパ域内での2フライトを無料でプラスして販売するものもあり、行きと帰りとで別の都市を利用でき、これも便利。

ストップオーバー

目的地への行き帰りの途中に立ち寄る空港に、24時間以上滞在すること。もちろん、空港を出てその地に滞在することも可能。アジア系の航空会社利用の場合、スペインまでの所要時間はかかるが、行き帰りにアジアに寄り道できるので、時間に余裕があれば一度にふたつの地域の旅行を楽しめる魅力がある。

航空券とホテルをセットで予約するなら

最近急速に人気が高まっているのが、航空券とホテルをセットで予約する**ダイナミックパッケージ**と呼ばれるプラン。旅行社のWebページ上で利用したい航空券を選ぶと、旅行日程にあわせて宿泊可能なホテルが表示されるので、予算などの条件があったものを選んでセットで申し込めるので便利で簡単だ。

申し込み方としては個人手配旅行に近いが、旅行商品としてはフルパック型などのパッケージツアーと同じ募集型企画旅行になる。そのため何らかのトラブルの際にも、旅程が保証されるのも魅力。

ただしいわゆるツアー旅行と違って、空港〜ホテル間の送迎がつかないことが多く、ホテルでのチェックインも自分で行う。リーズナブルな旅の手配方法だが、ある程度の慣れは必要。

旅行サイトからの予約もできる

世界最大級の総合旅行サイトのエクスペディアでは、出発日・目的地を入力すると、予約できる日本からスペインへの飛行機の便が確認できる。料金や所要時間なども一覧できるので、予算や好みにあわせた検討が簡単にできるので便利だ。

URL：www.expedia.co.jp

航空券に加算される税金類に要注意！

航空運賃だけ見て、これで飛行機に乗れると考えたら大間違い！　ツアー料金にはあらかじめ含まれていることが多いが、航空券のみ購入した場合には、上記の運賃のほか、燃油サーチャージや空港使用料、税金などが加算される。空港使用料は乗り継ぐ空港や到着空港など、空港ごとに異なる。また、燃油サーチャージも各航空会社ごとに異なる。

どこで乗り継ぐか、それが大問題！

添乗員が日本から同行するツアーでないかぎり、乗り継ぎがどこかも重要なポイント。ロンドンやパリ、フランクフルトなどの大きな空港の場合、日本からの便が到着するターミナルとヨーロッパ内路線のターミナルが遠く離れていることもある。乗り継ぎ時間が1時間しかないと、かなり迅速に動かなければ乗り損なうことになりかねない。

高級から格安まで
ホテルの種類と予約

よい宿選びは快適な旅の必須条件。さまざまな宿泊施設の中から、自分に合うものを選ぼう。

スペインの宿泊施設

スペインには、格安料金の宿からフレンドリーなもてなしのペンション、最上のサービスと設備を誇る最高級ホテルまでさまざまな宿泊施設がそろい、政府が設備や規模、サービスなどによってカテゴリー分け、ランク分けしている。カテゴリーにはオテル、オスタル、ペンシオンなどがあり、星の数でランク付けがなされ、旅行者の宿探しの道案内になってくれる。

●オテル(H)

この本の中ではこのマークで表しています

代表的な宿泊施設となるのは、やはりホテル。スペイン語ではHを発音しないので「オテル」と呼ばれる。建物全体が宿泊施設としての機能を持ち、入口が1階にあるものと規定されている。ランクは1つ星から5つ星まであり、ランクに比例して料金も高くなっていく。

2つ星以上ならシャワーやトイレ付きが基本､3つ星以上なら、オテルによってはバスタブが加わったりする。また、3つ星以上のクラスなら朝食をとれるところがほとんどだが、宿泊料金に含まれている場合と、別途請求される場合とがある。スペイン人はあまり朝食をとらないため、予約時には朝食抜きの宿泊料金のみを答えておいて、朝食をとった場合は合算して請求することもある。なお、レストラン施設がないオテルは「オテル・レジデンシア（HR)」と呼ばれ、区別されている。

●オスタル(Hs)

この本ではこのマークで表しています

オテルの次にポピュラーなのがオスタルだ。建物の一部や1フロアを宿泊施設にした、10部屋、15部屋といった少ない客室のところが多い。大都市では、同じ建物の中にいくつかのオスタルが同居している場合も多いので、個人旅行者にとっては探しやすく、比較・検討しやすいという利点もある。ただし、オテルより英語は通じにくくなるので、予約や値段交渉のための簡単なスペイン語はぜひ覚えておきたいものだ。

オスタルのランクは1つ星から3つ星までで、レストランのないものは「オスタル・レジデンシア（HsR)」と呼ばれる。設備・規模の面ではオテルより格付けが下となるが、一般的にはオテルの1つ星よりオスタルの3つ星の方がランクは上とされているので、自分の目できちんと確かめよう。ちなみにオスタルの1つ星は、客室には小さな机とベッドのみ、トイレやシャワーは共同利用となるのが一般的。

宿泊施設のランク

宿泊施設の入口にはその施設の種類を示した看板が掲げられ、政府が定めた1つ星から5つ星までのランクが、太陽のようなマークで表示されている。

5段階のランクは、客室数や各種設備、サービスなどによって評価されている。そのため、設備やサービスがよく快適なホテルでも、客室数が少ないと4つ星になってしまうことがある。同様に、雰囲気のある老舗のホテルでも、老朽化のためにランクが下がることもある。ランクはあくまでも目安だということを、覚えておこう。

宿泊施設の看板

オテル（4つ星）

オスタル（2つ星）

ペンシオン（2つ星）

●安宿の予約

▶本書では、宿は幅広く紹介するようにしているが、安宿はスペインに着いてから探したほうがいい。安い宿ほど部屋の良し悪しは自分の目で確認するのが原則。部屋をチェックすることなく、日本からメールなどで予約を申し込む客には、高い部屋や悪い部屋をあてがうこともある。

●ペンシオン(P)

この本ではこのマークで表しています 

日本でいうペンションや民宿と同様に、家族経営が中心。部屋数も少なく、一流オテルのような設備やサービスは期待できないが、家庭的なもてなしを好む人なら楽しめるはず。

宿の予約

●インターネットで探す、予約する

インターネットが利用できるのなら、ホテル探しや予約に大いに活用しよう。ホテルの設備や立地条件など、画面で確認してから予約できるので安心。ホームページがあってオンライン予約ができるホテルも多いし、後述のレップも多くがホームページを開設している。また、ホテルの検索・予約を専門にするサイトも数多い。ネットで「スペイン　ホテル」と入力すれば、そうした専門サイトが出てくる。ホテル宿泊クーポン券をあらかじめ購入するところや現地で精算するところなど、支払い方はさまざま。料金の中に何が含まれているか、予約の前に確認を。また、専門のサイトの中には手数料が必要なところもあるので、それも忘れずに確認してから予約しよう。

●旅行会社で予約する

自分で宿を手配するのが苦手なら、旅行会社に手配してもらえる。ハイシーズンは大混雑するうえ、料金も高騰するのが常だ。そんなときには日本の旅行会社を通したほうが予約しやすいことも多い。ただし、旅行会社が扱っているのは4つ星以上の高級ホテルになることが多いし、手数料も必要。

●レップを利用する

レップとは日本にあるホテルの予約事務所のこと。複数のホテルを取り扱う独立系レップと、ヒルトンなどのホテルチェーンが自社のホテルの予約のみを受ける場合とがある。どちらも希望を満たすホテルがあるかどうかを瞬時に探してくれるので、予算に合わせたホテル探しに便利だ。

●電話、FAXで予約する

自分で電話やFAXで予約を入れるという方法もある。レップのないエコノミーなホテルの予約ができるうえ、手数料もかからない。FAXなら時差も気にしなくていい。ただし手書きの場合は誤読されることもあるので、パソコンからプリントするのがおすすめ。予約が取れたら、その旨を記した確認書が現地から返送されてくる。チェックインの際はそれを提示すればOK。

スペインに着いてからホテルを探す

●主要な空港や駅にあるホテル予約案内所を利用する

紹介先はホテル（オテル）が中心で、オスタルやペンシオンなど、宿泊料金が安い施設の紹介はない。窓口で人数や予算などの条件を提示すると、その条件に近いホテルを探して予約確認書を発行してくれる。予約時に紹介手数料（€3くらい）とデポジットが必要になることもある。

●駅のインフォメーションを利用する

予約はしてくれないが、案内所よりも安い宿についての情報を持っていることがある。予算や部屋の条件をしっかり伝えて、宿探しの参考にするとよい。

●ガイドブックを片手に自力で探す

スペイン語で交渉できるなら、自力でホテルを探し、電話をかけるか直接ホテルのフロントへ。この方法を取るなら、安全面を考えても、できるだけ早い時間帯に行動しよう。昼頃までに目的地に着くようにすれば、イベントや大きな祭りでもない限り部屋を見つけられないということはないはず。また仮に部屋を見つけられなかったとしても、時間が早ければほかの町に移動するのも簡単だ。

海外旅行の必需品
パスポートと保険

パスポート（旅券）Passport

パスポートは、日本国政府が発行する身分証明書。これを取得しないと海外旅行はできない。日本の出入国や渡航先での入出国のとき、ホテルのチェックインのとき、レンタカーを借りるときなど、海外滞在中は提示を求められることが多い。現在、一般用のパスポートは有効期限が5年（紺色）のものと10年のもの（赤色。20歳以上のみ）の2種類がある。

●スペインに入国するための要件

スペインへの入国には、スペインでの滞在を終え、最後にシェンゲン協定加盟国（欧州26ヵ国➔p.360）を出国する予定日から3ヵ月以上の有効期間が残っているパスポートが必要である。経由便を利用したり、シェンゲン協定加盟国を複数旅行する場合には、特に有効期間の確認に注意が必要だ。

●新規に申請する場合

左記の必要書類をそろえ、住民登録している都道府県の旅券課で申請する。土・日曜・祝日を除いて7〜10日程度で発給されるので、指定された日以降6ヵ月以内に、申請時にもらった受領書、必要な場合は印鑑を持参し、印紙（5年は1万1000円、10年は1万6,000円、12歳未満は6,000円）を添えて受領する。

●パスポートを持っている場合

所持しているパスポートの有効期限を必ず確認すること。残存有効期間が1年未満になったら更新が可能なので、残り期間が3ヵ月に近づいたら早めに切替申請しておこう。ただし、残存期間は新しい旅券に加算されない。

パスポートの申請に必要なもの

①一般旅券発給申請書１通：旅券申請窓口にある

②戸籍謄(抄)本(６ヵ月以内のもの）１通

＊更新の人で氏名や本籍に変更がなければ不要

③本籍地記載の住民票の写し（６ヵ月以内のもの)１通。住基ネットを運用している地域では不要。

④写真１枚(規定が多いので、詳細は旅券窓口にある資料を参照・縦4.5cm×横3.5cm。6ヵ月以内に撮影のもの)

⑤本人確認の書類(コピー不可)１通または２通

１点提示すればよいもの

失効後６ヵ月以内のパスポート／運転免許証／運転経歴証明書／官公庁職員身分証明書／宅地建物取引主任者証／船員手帳など、公益法人が発行した写真付き証明書

２点提示する必要があるもの

下記の場合はAとBから各１つ,またはAから2つ(B2つは不可)

A

健康保険・国民健康保険・船員保険などの被保険者証／共済組合員証／国民年金・厚生年金などの手帳か証書／印鑑登録証明書と登録印／身体障害者手帳

B（すべて写真付きのもの）

会社身分証明書／学生証／公の機関が発行した資格証明書／失効パスポート(６ヵ月以上経過したもので本人確認ができるもの)

ETIAS（エティアス）2021年以降導入予定

日本からシェンゲン協定加盟国(欧州26ヵ国。p.360参照)にはビザなしで入国できるが、2021年以降には事前にオンラインでの渡航認証の申請が必要になる。ETIAS(European Travel Information and Authorisation System、欧州渡航情報認証制度）と呼ばれる制度で、スペインも必要。2021年以降の導入予定だが、2020年3月時点で詳細は未定なので、スペインなど欧州への渡航計画がある人は、詳細・最新情報をURL：etias-euvisa.com 等で必ず確認を。

ビザ（査証）Visa

ビザは、外国人に発給される入国・滞在許可証で、その国の在外公館によって発行される。スペインの場合は90日以内の観光滞在ならビザは不要。留学、就労など長期滞在や目的によっては必要になるので、その場合は種類、申請方法など詳細をスペイン大使館領事部（p.349右欄外参照）で必ずチェックしておこう。

●必要とされる残存期限

▶スペインのパスポート残存有効期間はp.348に記してあるが、期限ギリギリの場合、入国に難色を示されることがごくまれにある。法的な残存期限を満たしていても、急病等で滞在が延びる可能性はあるから、余裕を持って出かけたい。

国外運転免許証

International Driving Permit

スペインで自動車を運転するには、国外運転免許証と日本の運転免許証の両方が必要。日本で有効な運転免許証（有効期間1年以上。1年未満の場合は更新が必要とされることもある）を持っていれば、国外運転免許証は簡単に取得できる。

取得は、住民票のある都道府県の運転免許試験場（居住地を管轄する警察署でできる県もある）に、①運転免許証、②パスポート（申請中の場合は受領書)、③写真1枚（6ヵ月以内に撮影したもので、無帽・無背景、縦5cm×横4cm）を持参して行う。試験場にある申請書に記入し、手数料2,350円分の印紙を添えて提出すれば、1時間ほどで交付される。有効期間は発行後1年間だ。問い合わせは都道府県の運転免許試験場へ。

国際学生証（ISIC）

International Student Identity Card（ISIC）

国際学生証（ISIC）は、ユネスコ承認の世界共通の学生身分証明書で、中学・高等学生、大学・大学院生、短大生、専門学校生などが取得できる。国際学生証があると、美術館や博物館、交通機関などで割引が受けられる。取得条件や割引対象などの詳細は、各大学生協店舗（www.univcoop.or.jp/uct/）かISICジャパン（www.isicjapan.jp/）へ問い合わせを。現在はヴァーチャルカードで発行され、発行代金は1,800円。

海外旅行傷害保険

Overseas Travel Accident Insurance

海外旅行中の不慮の事故や病気、盗難などに備えた掛け捨ての任意保険。国内で使っている健康保険の通用しない海外では、ほんのちょっとしたケガや病気で医療機関にかかっても、高額の費用を支払うことになる。また、スペインでは盗難事故も少なくない。掛け捨てはもったいない気がしても、トラブルが起きてからでは遅過ぎる。万一に備え、保険には必ず加入しておきたい。

保険は、携行品までをセットでかける方法と、必要と思われる項目と金額を選ぶ方法がある。例えば救援者費用や携行品の補償は必要ないという場合には、選択型にすれば、経済的でニーズに合った保険になる。

加入の申し込みは旅行会社や保険会社のウェブサイトなどでできるが、補償の内容は保険会社や掛金によって異なってくるので、自分の旅行スタイルなどに合ったものを選びたい。また加入を忘れていても、出発前に空港で簡単に加入できるが、万一のものという点から、旅程を把握している旅行会社で加入することをすすめる。

ETIAS、ビザの詳細・情報

●ETIASについて
URL：etias-euvisa.com
●スペイン入国ビザについて
スペイン大使館領事部
☎03-3583-8531
E-mail：emb.tokio@maec.es

主要保険会社連絡先

損保ジャパン日本興亜
0120-666-756
ジェイアイ傷害火災保険
0120-877-030
AIG損保会社
0120-207-207

保険会社の緊急連絡先を確認！

旅行保険を有効に活用するには、万一の際に連絡する「緊急連絡先」を確認しておくこと。クレジットカードやキャッシュカードなどの緊急連絡先とともにメモにまとめておけば、緊急時にもすばやく対処できる。

英文診断書

病院に日本人医師がいる町は少ないうえ、既往症や血圧などを英語で伝えるのは大変なこと。特に持病を持っている人は、有料だが英文診断書を持参して行けば不安は少なくなる。
●旅の医学社
☎03-5414-7100
www.obm-med.co.jp/

＊パスポートの残存有効期間、ETIAS、ビザ等の情報は変更されることがあるので、渡航の前に必ず最新情報の確認を。

キャッシュ？ それともキャッシュレス？
旅のお金

スペインの通貨

スペインではEU統一通貨のユーロ（€）が使われている。ユーロはEU加盟28ヵ国のうち19ヵ国で利用できる共通通貨である。単位はユーロ（€）とユーロセント(¢)で、下の写真の７種類の紙幣と８種類のコインがある。
１ユーロ＝125円
（2020年2月現在）

宿泊、移動をはじめ、食事やショッピングなど、旅に欠かせないお金。持って行く方法としては、①現金、②クレジットカード、③デビットカードやプリペイドカードなどのトラベルマネーカード、がある。安全性や使い勝手を考え、旅の内容などに合わせて使い分けるといいだろう。両替など現地での事情はp.364参照。

現金（キャッシュ）

安全性を考えると、現金は必要最小限にとどめるのが基本。日本円で持って行き、必要に応じて現地の銀行や両替所などで両替する。空港からホテルまでのバスやタクシー代など到着後すぐに必要になる現金も、マドリッドやバルセロナの空港内にある両替所でいつでも両替できる。ただし、最近ではスペインよりも日本の方が両替レートが良い。加えて、スペインの銀行ではテロ対策として、その銀行に口座を持っていないと外貨両替に応じない規則となっている。実際には観光客が多いエリアでは両替に応じているようだが、ある程度の額はあらかじめ日本で両替しておくのも一案だ。

クレジットカード

クレジットカードは、海外旅行では最低でも１枚は持参するべき必需品である。個人旅行では言うまでもないが、ツアー旅行でも必ず持参したほうがよい。

スペインではクレジットカードは日本より普及していて、よほど小さな店でない限り、ショッピングや食事はもちろん、美術館や博物館、みやげ物店などで使える。また、ホテルのチェクインやレンタカーを借りるときなどには、クレジットカードでのデポジットを求められる。パスポートに次ぐ身分証明書ともいえる重要な必需品である。さらに、イザというときには、キャッシング機能で提携先のATMから現金を引き出すこともできる便利さがある。

クレジットカードには、VISA、MASTER、AMEX、JCBなど

左から¢1、¢2、¢5、¢10、¢20、¢50、€1、€2。上段が表面、下段が裏面。
裏面は使用各国でデザインが異なるが、共通で使用できる。

●リスク管理はしっかりと

▶旅行中は、手持ちの現金やカード類をまとめて1ヵ所にしまわないこと。つねに分散して持つように心がけよう。人前で不用意に財布やカード入れを出し入れしないような注意も必要だ。

いろいろあるが、使用範囲の広さはVISAとMASTERが抜きん出ているので、このどちらか、あるいは両方のカードを1枚ずつ持参することをおすすめする。また安全面から、海外旅行ではICチップ搭載カードの持参が必須となっている。磁気ストライプ式カードでは、スキミング（カード情報を読み取る）の被害を被る恐れがあるが、ICチップ搭載カードでは安全性が格段に向上している。所有するカードが古い磁気式カードだったら、ICチップ搭載カードに作り変えてもらうとよい。

クレジットカードは、年会費無料のベーシックカードから、年会費が数万円かかるカードまでいろいろなランクがある。ランクによってサービス内容に大きな違いがあるが、少なくとも最低限の海外旅行保険が付帯しているカードを選びたい。

デビットカード

クレジットカード以外でも、海外のATMから現地通貨が引き出せる機能の付いたカードがある。その代表格がデビットカードだ。デビットカードは、買い物などの支払いに使えると同時に、ATMから現地通貨を引き出すことができるカードである。クレジットカードとの違いは、カードを使ったときに、自分の銀行口座から即座に引き落とされること。自分の銀行口座の残高範囲内であれば、クレジットカードのように支払いに使ったり、ATMから現金を引き出すこともできる便利なカードだ。VISAデビットカードが有名だが、現在は多くの銀行がVISAデビットやJCBデビットと提携したデビットカードを発行している。

どのカードをもっていけばいいのか

クレジットカードは、契約時に設定した利用限度額まで使えるので、現地で高額の買い物をする予定がある場合などには便利だ。利用限度額を超える買い物を予定している場合は、複数のカードを持参することもありうる。また、手持ちの現金がなくなったときなどの緊急避難的な使い方もできる。

一方、デビットカードは銀行口座からその場で引き落とされるので、口座残額を超える使いすぎの心配がない。旅先でもスマホなどで口座残額を確認できるので、お金の管理をしっかりとしたい人には向いている。

また、航空券を購入するときにカードで決済した場合には、本人証明のためにそのカードの提示を求められる場合もあるので、必ず持参しよう。海外のATMでは、使えるはずのATMでもカードが受け付けられなかったり、途中でエラーになってしまい現金が引き出せない場合がある。クレジットカードとトラベルマネーカードなど、複数のカードを持っていると安心だ。

各種カード問い合わせ先

●クレジットカード

VISAカード
www.visa.co.jp/personal
マスターカード
www.mastercard.co.jp/
アメリカン・エキスプレス
www.americanexpress.com/jp/content/allcards/
ダイナースクラブカード
www.diners.co.jp/
JCB
www.jcb.jp/

主なデビットカード発行先

●VISA系デビットカード

三菱UFJ-VISAデビットカード
www.bk.mufg.jp/tsukau/debit/visa/
りそなVisaデビットカード
www.resonabank.co.jp/kojin/visa_debit/
ソニー銀行WALLET（Visaデビット付きキャッシュカード）
moneykit.net/lp/sbw/daily/
デビットカード（SMBCデビット）
www.smbc.co.jp/kojin/debit/
ジャパンネット銀行（VISAデビット）
www.japannetbank.co.jp/service/payment/cardless/

●JCB系デビットカード

セブン銀行デビット付きキャッシュカード
www.sevenbank.co.jp/
楽天銀行デビットカード（JCB）
www.rakuten-bank.co.jp/card/debit/jcb/

市場など小額の支払いでは現金も必要だ

事前予約や必需品

旅の持ち物

個人で旅行を設計する場合、出発前に日本国内で手配しておきたいのがスペイン国内の航空券、各種パスやレンタカー。必要なチケット類やクーポン券などは、インターネットや代理店で事前予約しておくと安心だ。

鉄道パス　航空券

ヨーロッパには鉄道を使って旅をする人のための割引パスがいくつかあるので、上手に利用すれば時間とお金の節約になる。これらのパスは原則として現地では購入できないので、出発前にレイルヨーロッパ（www.raileurope-japan.com）や旅行会社を通して日本で入手しておくこと。ただし、スペイン国内航空便のチケットは日本で手配できるが、インターネットとカード決済でスペインから購入するとかなり安い。

ユーレイルパスの使用開始の日には駅の窓口でパスとパスポートを提示し、使用開始日、終了日を記入してもらい、スタンプを押してもらわなければならない（この手続きのことをバリデーションという）。この手続きをしないで列車に乗ると、罰金と乗車区間の正規運賃を取られることになる。

レンタカーは日本での予約が安心

現地でレンタカーを利用する場合は、事前に日本で予約するほうが無難でお得だ。特に何日間にもわたって使用する場合、割引料金などの特典付きのプリペイドシステムのクーポン券を購入すると便利だ。レンタカー会社によって若干異なるが、1枚のクーポン券で1日（24時間）、あるいは4〜7日間借りられる。またクーポン券には各種保険もセットになっているので安心だ。申し込みをするときは、国外免許証と日本の運転免許証の両方が必要になる。また、クレジットカードがデポジットになる場合があるので、予約時に確認しておいたほうがいい。

料金の目安は、1日レンタルの場合、マニュアル車で€100〜、オートマチック車で€120〜、1週間でマニュアル車で€400〜、オートマチック車で€480〜と断然お得になる。

ないと困る・あると便利な小物

なくてもガマンできるか、現地で買えば済むものも多いが、ないと困る、ぜひとも日本から準備していきたいものがある。

●**変圧器**／スペインの電圧は220ボルト。古い建物の中には、まれに125ボルトのところもある。コンセントの形状も違う。いずれにしても日本の電気製品をそのまま使うことはできないので、変圧機能付きのものを準備するか、旅行用の小型変圧器と「C型」のアダプターを準備しよう。（➔p.10）

●**デジカメの充電器&メモリーカード**／毎日使っていると電池切れになるので充電器を忘れずに。たくさん撮影したい人は、

ユーレイル・グローバルパス

ユーレイルパスは、ヨーロッパ31カ国の主要都市を結ぶ列車のほとんどに使えるパス。高速列車など一部の列車では座席指定や追加料金が必要となる。事前にネットで購入もできる。国をまたがって使えるグローバルパスと、国を限定した1ヵ国パスがある。また、有効期間内のどの日からでも旅行が開始できるパスと、あらかじめ指定日を決めるパスがある。
www.eurail.com/jp/

グローバルパス

日数	料金	有効期間
5日間	€290	1ヵ月
7日間	€444	1ヵ月
10日間	€531	2ヵ月
15日間	€587	指定期間
22日間	€686	指定期間

（大人1名、1等の料金）

ユーレイル・スペインパス

スペイン国内の鉄道利用に便利なのが、ユーレイルのスペイン限定の1ヵ国パス。Renfeが乗り放題で有効期間は1ヵ月。その間の3〜8日の利用期日を決めて使用する。AVEなどの高速列車では別に座席指定が必要。使うときは駅の窓口でパスとパスポートを提示し、使用開始日と終了日を記入してスタンプを押してもらう、バリデーションの手続きをしてもらう。

スペイン1ヵ国パス

日数	料金	有効期間
3日間	€226	1ヵ月
4日間	€262	1ヵ月
5日間	€293	1ヵ月
6日間	€322	1ヵ月
8日間	€372	1ヵ月

（大人1名、1等の料金）

●出発当日の必需品を忘れずに

▶ぜったい忘れてはいけないのが、パスポート、eチケット控えとクレジットカード。パスポートのナンバー記載のページは、念のため1枚コピーをとっておくこと。キャッシュカードやクレジットカード、旅行保険証書など、緊急時の連絡先をまとめてメモにしておこう。

容量の大きいメモリーカードと予備の電池を準備していこう。

●携帯電話／グループで旅行をするときやレンタカーを利用するときなど、あると便利なのが現地で使える携帯電話。日本の通信各社のローミングサービスも利用できるが、便利で使いやすいのは現地で流通している携帯電話をレンタルする方法。レンタルについての詳細は、p.375参照

●常備薬／持病のある人はもちろん常備薬は必携だが、そうでなくても風邪薬や胃腸薬、下痢止め薬などは使いなれたものを持っていったほうが安心。寒い季節だったら使い捨てカイロも意外に役立つ。バンドエイドや目薬、湿布薬、爪切り、耳かきなどの小物もあると重宝する。

●機内持ち込み手荷物用のビニール袋／手荷物の中の化粧品など液状のもの（医薬品や乳児用品を除く）は、100mℓ以下の容器に入れ、約20cm×20cmの透明の密封式ビニール袋に入れなければならない。これをしないと没収になるので要注意。また、ハサミや爪きりなどは手荷物に入れないこと。ライターを持って行く場合は、手荷物に入れる。

●携帯用枕＆スリッパ／長いフライトで活躍するのが旅行用の空気枕。飛行中はスリッパに履き替えるとラク。スリッパはホテルにないこともあるので、あると便利だ。

●たばこ＆ライター／たばこは日本で購入しておいたほうがいい。ライターは1個まで。スーツケースには入れず、手荷物に入れておくこと。禁煙の動きはスペインでもすすんでいる。屋外ぐらいしか吸えないので、携帯用灰皿を持参しよう。(➔p.11)

本音でガイド

出発前の重量チェックを忘れずに！

荷造りが終わったら、一度スーツケースの重さを測ってみよう。日本からの直行便があるイベリア航空のエコノミークラスでは、チェックイン時に預けることができる受託手荷物は1個で重量は23kgまでは無料。この重量を超えると重量超過料金（1kg 1万円が目安）が必要となるが、その場合でも1個最大32kgまでの制限がある。複数の荷物を預ける場合には、事前にオンラインで追加手荷物の申し込みが必要で、料金もわかる。

一方、機内に持ち込める手荷物は、1つの手荷物（55×45×25cm以内）と1つの身の回り品（40×30×15cm以内）に限られる。液体類の持ち込み制限にも注意が必要だ。刃物や鋭利な金属、スプレー類は機内持ち込み手荷物には入れないこと。パソコンやモバイルバッテリー、予備のリチウム電池は、委託手荷物に入れずに、機内持ち込みにする必要がある。

ユーレイルパスの各種割引

ユース割引：利用初日の時点で28歳未満であれば、23%の割引が適用される。

家族割引：同伴する子どもが4～11歳であれば、大人1人につき2人まで無料となる。

シニア割引：利用初日の時点で60歳以上であれば、10%の割引が適用される。

レンタカーの日本での予約先

ハーツ　Hertz
☎0120-489-882
www.hertz.com/

エイビス　Avis
☎0120-311-911
avis-japan.com/

ヨーロッパカー　Europcar
☎0120-08-5656
www.europcar.jp/

旅先で快適に過ごすために
スペインの気候と服装

オススメの本

世界の建築・街並みガイド1 フランス/スペイン/ポルトガル
羽生修二・入江正之・西山マルセーロ編（エクスナレッジ）

▶建築と美術の専門家が、おすすめの建築を厳選し案内する、建築と街並みのガイドブックの「フランス・スペイン・ポルトガル」編。目的地への地図はもちろん、簡単な建築史も掲載されている。旅の奥行きが広がりそうな1冊。

闘牛はなぜ殺されるのか
佐伯泰英著（新潮社）

▶著者が間近で見た1970年代の闘牛黄金時代、闘牛の起源と歴史、社会・文化と闘牛との関わりを愛情を持って、ときには冷静に、何より敬意とともに概観する良書。絶版本だが、入手できる機会があればぜひ一読をおすすめする。

スペインは味な国
東理夫・菅原千代志著（新潮社）

▶スペイン全土の地方色豊かな料理を紹介している。単に食べ物の紹介だけでなく、その土地で生きる庶民の暮らしも、食を通して生き生きと伝わってくる。すぐにでも旅じたくを始めたくなる、そんな一冊だ。

教会は信仰の場であることを忘れずに

旅の準備のためには、旅先の気候を知ることが欠かせない。気候に合わせて、持って行く服を調整しよう。

スペインの気候

スペインというと、“燦々と降りそそぐ陽光、青い空……”と思いがちだ。しかし実際は、アンダルシアのセビーリャで福島県の会津若松市と同じ緯度、マドリッドは青森県の八戸、北のサンタンデルに至っては札幌に相当する、高緯度の国なのだ。

一般のイメージに近いのはコスタ・デル・ソル付近の地中海沿岸ぐらいなもので、当然のことながら、冬もしっかりとある。しかも雨期にあたる冬は、曇天と雨の続く、いわゆる“ヨーロッパの冬”となる。北部や山沿いでは雪が降るところも多い。国土がイベリア半島のほとんどを占めるスペインでは、シーズンと地方によって大きな違いがあることを頭に入れておこう（地方別の気候は各エリアの概観を参照）。

スペインでの服装

全般的に服装は、出発時期の日本の服装と同じ程度と考えていいが、特に注意が必要なのは7～8月のサマーシーズン。スペインは夏でも湿度が低いため、日陰に入ると涼しく、夜になると急激に温度が下がるので、上着は必携だ。また陽射しが強いので、帽子と、できればサングラスも用意したい。

観光で訪れるような古い町は石畳の道が多いので、スニーカーのような履きやすい靴を１足は用意して行ったほうがいい。

また、旅行に持って行く服を選ぶ際に考えておきたいのは、洗濯のしやすさ。自分で洗うつもりなら、乾きやすい素材の服を選んだほうがいい。

ドレスコードがある場合の服装は？

町歩きの際にはカジュアルな服装が基本だが、教会や修道院によっては「ショートパンツ不可」というところもある。また特に指示はなくても、宗教施設に入る際には、タンクトップ&ショートパンツといったリゾート気分丸出しの服装は控えるようにしたい。

スペインの人たちは、夜、ちょっとおしゃれをしてナイトスポットへ繰り出す。ドレスコードは店によって異なるが、高級レストランやオペラ観劇などランクの高い場所へ出かけるのでない限り、それほど堅苦しく考えず、常識の範囲内で判断するといい。例えば、男性ならポロシャツなどの襟のあるシャツとスラックス、女性ならシワになりにくい素材のワンピースを用意しておけば、ある程度ランクの高いレストランでも気後れすることなく楽しめるだろう。また、女性の場合、大判のスカーフやストールが、さまざまな場面で活躍してくれる。

快適な旅を演出する
日本での情報収集

限りなく時間のある人ならともかく、大多数の人は日程にさほどの余裕はないはず。限られた時間で効率よく観光するには、何といっても事前の情報収集がカギとなる。旅を設計し、実行に移す前に、できうるだけの情報や知識を仕入れておくことで、いっそう旅が楽しくなる。

スペイン政府観光局

政府観光局やスペイン各地の観光局が発行する観光情報、観光パンフレット、主要都市間や観光地への交通情報、エリアごとの交通機関やバスの情報、各地のお祭りや行事のカレンダーなどが手に入る。交通時刻表などはウェブサイトからのほうがリアルタイムで詳細な情報が得られる。その場で質問に答えたり調べてくれるので、事前に質問事項をまとめてから訪ねるとむだがない。電話での質問は受け付けていないので、遠方の場合はメールかファックスで問い合わせをすれば答えてもらえる。

▶スペイン政府観光局
〒105-0001
東京都港区虎ノ門3-1-10
第二虎ノ門電気ビル6階
9:30～16:00、土・日曜・祝日休み
☎03-3432-6141(音声テープ)
FAX03-3432-6144
www.spain.info/ja/

スペイン大使館

3ヵ月以上の長期滞在や留学する人はビザが必要で、申請先は大使館。ビザの申請は遅くとも出発の1ヵ月前までに済ませる。また、スペインの語学学校や、専門学校に関する資料を閲覧することも可能だ。

▶開館／月～金曜、窓口は9:30～12:30、電話は9:30～17:00
▶交通／地下鉄南北線「六本木一丁目」駅、日比谷線「六本木」駅より徒歩5分▶☎03-3583-8531▶FAX03-3582-8627

スペインの本

スペインに関する本は数多く出版されている。本書のような旅のガイドブックにプラスして読んでおくと、スペインの旅がいちだんと面白くなる。左ページに紹介した本のほか、スペインの歴史についてなら中公新書の『物語スペインの歴史』や『物語カタルーニャの歴史』がコンパクトにまとまっていて面白い。

歴史本のほか、岩波文庫から出ている野上弥生子の『欧米の旅』は、第二次世界大戦直前のヨーロッパを回った旅行記で、内戦直後のスペインが描写されているのが貴重。現在の旅に直接役立つわけではないが、おすすめの1冊。

スペイン関係のホームページ

総合スペイン旅行ガイド
allabout.co.jp/gm/gt/330/
ディスカバー・マドリッド
www.esmadrid.com/
バルセロナ市観光局
www.barcelonaturisme.com/
アンダルシア(セビーリャ)情報
www.andalunet.com/
プラド美術館
www.museodelprado.es/
イベリア航空
www.iberia.com/
スペイン国鉄 (RENFE)
www.renfe.com/
マドリッド発・長距離バス
www.avanzabus.com/
パラドール予約センター
www.parador.es/

問い合わせ先

日本スペイン協会
日本とスペイン、スペイン語圏との友好親善のために活動している。留学相談にも対応。
〒108-0014
東京都港区芝4-5-18
月～金曜10:00～12:00、13:00～17:00
土・日曜・祝日休み
www.casa-esp.com/

外務省海外安全ホームページ
www.anzen.mofa.go.jp/

海外安全アプリ

スマートフォンのGPS機能を利用して、今いる旅先の安全情報が入手できる。外務省が提供しており、App Store や Google play で無料で手に入る。

空港に行く 海外旅行の出発点 主要な国際空港

Narita International Airport
成田国際空港　NRT
URL www.narita-airport.jp
▶成田国際空港インフォメーション　☎0476-34-8000(24時間)

Kansai International Airport
関西国際空港　KIX
URL www.kansai-airport.or.jp
▶関西国際空港情報案内　☎072-455-2500(24時間)

Tokyo International Airport
東京国際空港(羽田) HND
URL www.haneda-airport.jp
▶国際線ターミナルインフォメーション　☎03-6428-0888(24時間)
▶国内線総合案内所　☎03-5757-8111(5:00～翌1:00)

Fukuoka Airport
福岡空港　FUK
URL www.fukuoka-airport.jp
▶国際線旅客ターミナル　☎092-621-0303(5:00～21:30)

Central Japan International Airport
中部国際空港(セントレア)　NGO
URL www.centrair.jp
▶セントレアテレホンセンター　☎0569-38-1195(6:40～22:00)

Naha Airport
那覇空港(沖縄)　OKA
URL www.naha-airport.co.jp
▶国際線インフォメーション　☎098-840-1350(8:30～21:00、月・金・日曜は7:30～)

New Chitose Airport
新千歳空港(札幌)　CTS
URL www.new-chitose-airport.jp
▶新千歳空港総合案内　☎0123-23-0111(6:20～23:00)

鉄道ダイヤの乱れや道路渋滞で遅れて飛行機に乗れなかったとしても、航空券の弁償はしてもらえない。ツアーの場合は旅行会社、個人旅行の場合も利用航空会社の緊急連絡先は控えておき、すぐに連絡をして善後策を相談。

出国手続きの流れ

空港には飛行機の出発時刻の2時間前には到着していることが原則。チェクインの手続きは通常、出発時刻の3時間前から開始。Webチェックインをすませ、預け入れ荷物（受託手荷物）がなければ1時間前でも間に合う。

チェックイン

空港に着いたら、利用航空会社のチェックインカウンターに行き、パスポートを提示してチェックインする。チェックインカウンターには列ができていることが多いが、自動チェックイン機を使えば、並ばずにすむ。チェックインが無事にすむと、搭乗券（ボーディングパス）が受け取れるので、搭乗ゲートに集合する時刻をチェックしておく。

預ける荷物がある場合は、カウンターで荷物を預ける手続きが必要。荷物の重量は、ここでチェックされる。荷物と引き換えにクレームタグ（荷物の預かり証）が渡されるので、なくさないようにしよう。

預けた荷物は、ベルトコンベアーに載せられて、カウンター後方のX線装置で検査される。自分の荷物が通過したことを見届けてから、その場を離れよう。

※ダブルブッキングなど、万一のトラブルに備えて、航空券を購入したときに使ったクレジットカードは、すぐに出せるように用意しておくとよい。
※荷物にモバイルバッテリーや予備のリチウム電池、不審物が入っていると、荷物を開けるように指示される。
※海外旅行傷害保険は保安検査場に入る前なら、出発前の空港でも加入できる。

保安検査場（セキュリティーチェック）

機内持ち込み手荷物のX線検査と、金属探知機での身体検査がある。見送りの人は、ここから先には入れない。液体物は持ち込めないので、持参の水などは前もって捨てておく。ポケットのコインや腕時計、ベルトのバックルなどに反応することもあるので、小物類はトレイにのせるか、荷物の中に移しておくと検査がスムーズ。

検査を通過したら、そのまま出国審査のカウンターへ向かう。

※パソコンは検査のときは手荷物から出しておく。
※上着や帽子は脱ぐこと求められる。ブーツも脱ぐように指示されることがある。
※保安検査場が混雑している場合には、早めに通過しておこう。

出国審査

出国審査場では、日本人の出国手続きをスムーズに進めるために、顔認証ゲートが導入されている。顔認証ゲートでは、自分でパスポートの写真ページを読み取り画面に起き、カメラが組み込まれたミラーの前に正面を向いて立つだけ。顔認証ゲートでは、パスポートのICチップに記録が残されるので、認証スタンプを受けることなく手続きが完了する。記念にスタンプが欲しい場合には、職員のいるゲートに行くと、押してもらえる。

搭乗ゲート

出国審査を終えたあとは、搭乗券に指定された時刻まで、しばしの自由時間。すでに免税エリアに入っているので、ここでの買い物は免税となる。成田空港など広い空港では搭乗ゲートまで時間がかかる場合があるので、余裕を持って行動しよう。搭乗ゲートでも、搭乗券とパスポートの提示を求められる。

※飛行機の整備の都合などで、搭乗ゲートが変更になることもあるので、早めに搭乗ゲートを確認しておくとよい。
※搭乗時刻に遅れると飛行機の離陸を遅らせることになり、多大な迷惑をかけるので、絶対に遅れることのないようにしよう。

空港利用のプラスワザ

荷物は空港宅配サービスで

スーツケースなど重い荷物を空港まで運ぶのは大変。宅配便を利用すればそんな苦労も無縁。帰りも空港から自宅に荷物を送ることができる。航空会社と提携したサービスを使えば、マイレージが付くなどのメリットも。2日前までに荷物を出し、空港の配送会社カウンターで受け取る。

●ヤマト運輸空港宅急便（国内17空港）
0120-01-9625
☎050-3786-3333（IP電話から）
www.kuronekoyamato.co.jp
（ネット申し込み可）
（料金例）関東から成田空港へ。160サイズ（3辺合計160cm以内、重さ25kgまで）2678円。復路も空港カウンターから発送可能。

●主要空港宅配便連絡先
JAL ABC（成田・羽田・関空・中部）
0120-919-120　☎03-3545-1131（携帯から）
www.jalabc.com/（ネット予約可）
ANA手ぶら・空港宅配サービス（成田・羽田・関空）
☎0570-029-333
www.ana.co.jp/ja/jp/international/prepare/baggage/delivery/

Webチェックインで時間を有効活用

パソコンやスマホからチェックインができるサービスがWebチェックイン。eチケットがあれば誰でも可能。出発の72時間前からでき、座席指定も可能。搭乗券を印刷するかモバイル搭乗券をスマホで受け取れば完了。その代表例がANAの「オンラインチェックイン」や日本航空の「QuiC」。当日預ける手荷物がなければそのまま保安検査場へ。ある場合は手荷物専用カウンターで預けてから。空港には搭乗60分前までに着けばいいので楽だ。詳細は各航空会社のHPで。

手ぶらサービスで荷物を現地空港まで

日本航空と全日空は、成田・羽田・関空・中部（中部は日本航空のみ）発の国際線（グアムやハワイを含む米国路線、米国経由便、共同運航便を除く）の利用者に対して、自宅で宅配便に預けたスーツケースを渡航先の空港で受けとれる手荷物チェックイン代行サービスを行なっている。前述のWebチェックインと併用すれば、空港での手続きがなく楽。料金は、日本航空が従来の空港宅配便プラス210円、全日空がプラス324円。

申し込みは日本航空はwww.jalabc.com/。全日空はwww.ana.co.jp/ja/jp/international/prepare/baggage/delivery/。

定番みやげは予約宅配で

旅先で限られた時間を、みやげ探しに費やしたくない。そんな場合に活用したいのが、海外旅行みやげの予約宅配システム。成田にある海外おみやげ予約受付（第1北4F）では、チョコレートやお酒など、世界各国の定番のおみやげを豊富に揃えており、全国一律972円で指定の日に配達してくれる。出発前に商品カタログを自宅に取り寄せて（0120-988-275）申し込むか、空港の受付で注文しておけば、身軽に海外旅行が楽しめる。羽田、関空、中部にも同様のサービスがある。

成田空港までマイカーで行くなら

成田空港までのアクセスに車を使う場合、問題になるのが駐車場。空港周辺の民間駐車場をネット予約すれば、空港までの送迎付きで4日間3000円、7日間で5000円くらい。高速代を加味しても、同行者がいるなら成田エクスプレス利用よりは安くなるが、時間がかかる。

成田空港の駐車場を利用すると利便性は高まるが、料金は民間より高くなる。第1ターミナルならP1かP5駐車場、第2・第3ターミナル利用ならP2かP3駐車場が近くて便利。このうち予約ができるのはP2とP5のみ。料金はP1、P2駐車場の場合、5日駐車で1万300円。それ以降は1日につき520円加算となる。GWや夏休みは混むので、予約は早めに。

成田空港駐車場ガイド（民間）
www.narita-park.jp/
成田国際空港駐車場案内
www.narita-airport.jp/jp/access/parking/

Travel Information in Spain

トラベルインフォメーションスペイン編

- 入国と通関手続き
- 帰国の流れ
- ATMと両替
- 航空路線／鉄道／バス
- レストラン
- ショッピングと免税
- 携帯電話とWi-Fi
- 郵便・水・電圧・トイレ
- トラブル対策
- マドリッドとバルセロナの要注意ゾーン

忘れ物チェックリスト

- □パスポートおよびコピー
- □不測の事態に備えた顔写真
- □航空券（eチケット控え）
- □お金、クレジットカード
- □ホテル等の予約シート
- □海外旅行傷害保険証
- □国外運転免許証
- □辞書、ガイドブック
- □電卓、時計
- □常備薬

いよいよスペイン到着
入国と通関手続き

主要航空会社 スペインでの連絡先

イベリア航空
☎902 400 500
日本航空
☎901 174 777
全日空
☎900 958 199
ルフトハンザ ドイツ航空
☎902 883 882
アエロフロート・ロシア航空
☎914 313 706
ブリティッシュ・エアウェイズ
☎902 111 333
エールフランス
☎902 207 090
アリタリア-イタリア航空
☎902 100 323
スイスインターナショナルエアラインズ
☎901 116 712
KLMオランダ航空
☎902 222 747
ターキッシュ エアラインズ
☎902 111 235

シェンゲン協定 加盟国（26ヵ国）

オーストリア、ベルギー、チェコ、デンマーク、エストニア、フィンランド、フランス、ドイツ、ギリシャ、ハンガリー、アイスランド、イタリア、ラトビア、リヒテンシュタイン、リトアニア、ルクセンブルク、マルタ、オランダ、ノルウェー、ポーランド、ポルトガル、スロバキア、スロベニア、**スペイン**、スウェーデン、スイス

日本からスペインへ

スペインへのノンストップ便は、イベリア航空が運航中。他に日本からは、ヨーロッパまたはアジアの都市で乗り継いで、スペインに向かうことになる。

ヨーロッパ系航空会社の便を使い、その会社の拠点空港を経由してスペインへ入る場合、パリ、フランクフルト、アムステルダム、イスタンブルなどへ毎日出ている直行便を利用する。

注目したいのは、上記の都市のうち、パリ、フランクフルト、アムステルダムはシェンゲン協定加盟国の都市であること。同条約に加盟している国同士は、入国審査について協定を結んでおり、日本から行く場合は、協定加盟国で最初に入った国で入国審査をすることになる。例えば、パリ経由でマドリッドをめざす場合は、入国審査はパリでフランスの入国審査として済ませることになり、スペインには協定加盟国域内の移動となるので入国審査はない。

アエロフロートは、他のヨーロッパの航空会社に比べて所要時間も比較的短く、値段も安い。また時間に余裕があるなら、アジア系の航空会社を使うという方法もある。時間はかかるが、オープンチケットが使えたり、途中でストップオーバーできるというメリットがある。

●入国カードが配られたら

現在では入国カードを配られることはほとんどないが、万一配られた場合には、下記のように記入すればいい。

❶Apellidos : 姓 : Surname
❷Nombre : 名前 : Name
❸Fecha de nacimiento : 生年月日（日/月/年の順）: Date of birth
❹Lugar de nacimiento : 出生地 : Place of birth
❺Nacionalidad : 国籍 : Nationality
❻Dirección en España : スペインでの住所（ホテル名）: Address in Spain
❼Ciudad : 滞在するスペインの都市名 : City
❽Pasaporte n.° : パスポート番号 : Passport No.
❾Ciudad donde embarcó : 飛行機の乗機地 : City where you boarded
❿Vuelo n.° : 航空機の便名 : Flight No.
⓫Fecha : 日付 : Data（日/月/年の順）

スペイン語 : 日本語 : 英語の順

●税関で申告の必要がなく持ち込めるもの

たばこ→紙巻きたばこ200本、葉巻50本
香水→香水50cc、オーデコロン250cc
アルコール→ワイン2ℓ、ウイスキー1ℓ
カメラ→2台
※現金を€10,000相当額以上持ち込むときには申告が必要となる。

●ロスト・バゲージの場合

▶機内に預けた荷物を紛失されたら、クレームタグ(荷物受取証)を持って利用航空会社のカウンターか遺失物窓口へ。荷物の形状、色、滞在先を伝えて届けてもらう。通常2〜3日でホテルに荷物は届くが、滞在するホテルが決まっていないと面倒。ホテルを決めてから空港への連絡が必要になる。

到着から入国まで

到着 Entrada en ESPAÑA

飛行機の中で出入国カードが配られる場合、到着までに記入しておくこと。スペインでの住所を書く欄があるが、ホテルがまだ決まっていないときは滞在する予定のホテル名を書いておけばよい。ただし、最近ではカードの提出を求められることはほとんどない。到着したら、ENTRADAの標識に従って進む。

入国審査 Control de Pasaporte

入国審査のカウンターは、EU諸国の住民 Ciudadano de E.U.と、そのほかに分かれているので、日本人はそのほかのほうへ。カウンターではパスポートと帰国便のeチケット控えを示せば審査は簡単にすむ。シェンゲン協定加盟国の空港ですでに入国審査を受けた場合は、さらに簡単。

手荷物受け取り Recogida de Equipajes

自分が乗って来た飛行機のフライトナンバーが表示されているターンテーブルのところで、日本でのチェックインの際に預けた荷物が出てくるのを待つ。似たような旅行カバンが多いから、くれぐれも他人のものと間違えないように。また、万が一荷物が出て来なかったら、チェックインのときにもらったタグが貼られた航空券を持って、ロスト・バゲージ・カウンターReclamacion de Equipajesへ届け出ること。荷物が見つかりしだい、滞在するホテルに届けてもらえる。

通関 Despacho de Aduanas

申告の必要がある場合は赤のゲートを通って、申告書を提出して手続きをする。免税枠を超えて物やお金を持ち込む場合以外、特に申告の必要はないので、その時は緑のゲートからそのまま外へ出ればよい。

市内へ En la Ciudad

空港を出たらそのままタクシー、空港バスなどで市内へ。空港を出たところには呼び込み、スリなども多いので充分注意すること。

税関での申告

スペイン入国の際の通関では、よほど大きな荷物でもない限りチェックされることはないだろう。所持品を申告の必要がない範囲にすれば、スムースに入国できるはずだ。

免税範囲の変更

旅行中に消費する酒やたばこなどは、日本の空港の免税店または機内で購入しておいたほうがいい。EU域内の旅行では免税品の購入はできなくなっている。経済や通貨の統合など、EUを同じ経済圏としてとらえる政策の一環からだ。免税品を購入できるのは、日本からEU域内へ入るときと、日本へ帰る直前の都市になる。

南部のアルヘシラスからはアフリカに渡ることもできる

荷物をどこに預けるか

出発時刻が夕方や夜の場合、荷物をどこかに預けられれば1日の行動が楽になる。宿泊したホテルに事情を話せば預かってくれることも多いし、駅や空港には一時預けConsignaがあることも多い。コインロッカーConsigna Automatica形式になっている場合、ロッカーに直接硬貨を投入する場合と、窓口や自動販売機で専用のメダルFichasを購入する場合がある。

飛行機に乗り込む前に
帰国の流れ

リコンファームに必要なスペイン語

キシエラ レコンフィルマール ミ ブエロ
Quisiera reconfirmar mi vuelo.
リコンファームをしたいのですが
エス エル ブエロ ヌメロ オーチョセロウノ パラ
Es el vuelo No.801 para
トーキョー ケ サーレ エル ベインティシンコ デ
Tokio que sale el 25 de
フニオ ポル ラ コンパニーア エル
junio por la Compania Air
フランス
France.
6月25日のエールフランス801便で東京まで

残ったユーロ

両替したユーロはできれば使いきってしまったほうがいい。ただし、最後の空港まで行くための交通費だけは必ず残しておくこと。

そのうえで残ってしまったユーロは空港で両替することができるが、また再びユーロ圏へ行こうと思っているのなら、少しくらいのユーロは残しておいたほうがいい。着いたときに小銭を持っているのはとても助かるからだ。

日本入国時の免税範囲

酒類　1本760cc程度のもの3本
たばこ　葉巻たばこ50本、紙巻きたばこ200本、そのほかのたばこ250g（2種類以上のたばこを持ち込むときは総重量が250g以内）
香水　2オンス（約50g）
そのほか　上記以外の品で海外市価で20万円以内、また、同一の品目ごとの合計が1万円以内の物品

帰国の準備

荷造りは必ず出発の前の晩までに済ませておくこと。気を付けるのは荷物の重量。預けられるのはエコノミークラスで20〜23kgまでなので、オーバーするようなら機内持ち込みの手荷物（1人1個）にするか、別送しなければならない。

空港までの移動手段はきちんと決めておくこと。また、パスポート、航空券、お金などの貴重品は入国のときと同じように必ず身に付けておく。

リコンファーム

リコンファームとは、飛行機の予約の再確認のことで、予約した便に確かに乗るということを、航空会社に伝えることをいう。基本的に出発の72時間前までに、済ませておかなければならない。しかし、現在では日本やヨーロッパの航空会社をはじめ、ほとんどの航空会社ではリコンファームは不要となっている。また、ツアーで往復便が決まっている場合なども不要となっている。

しかし、一部の航空会社では今でもリコンファームが必要な場合があるので、航空券の予約時や日本からの出発時に確認しておくとよい。リコンファームが必要なのにしておかないと、最悪の場合、予約が取り消されていて、当日空港へ行っても搭乗できないことがある。リコンファームが必要な場合は、現地に入国した時点で済ませておくと安心だ。

空港で

空港ガイドは以下のページを参照。マドリッド・バラハス国際空港（➔p.55）、バルセロナ・ブラット国際空港（➔p.161）。スペインの出国手続は簡単で、以下のような流れだ。

搭乗手続き

空港に着いたらまず最初にしなければいけないのが、チェックイン。掲示板で自分の乗る便を確認し、該当する航空会社のカウンターへ行く。ここで預ける荷物があるときは渡して搭乗券と荷物受取証（バッゲージ・クレーム・タグ）をもらう。チェックインは出発の2時間前までには済ませておきたい。途中の交通状況を考えて、余裕を持ってホテルを出ること。

出国手続き

チェックインをして、空港で必要な用事を済ませたら出国手続きをする。ただしシェンゲン協定を結んでいるドイツやフランスを経由して帰国する場合は、スペインでの出国手続きはない。

免税手続き

●税金還付の手続き

▶タックスフリー・ショッピング加盟店で単品€90.15（店により若干異なる）以上の買い物をした場合、最大で13%の税の還付が受けられる。店で作成した書類、未使用状態の商品を税関に示して、現金・小切手・クレジットカードの口座振込かを選ぶ。(➔p.374)

ショッピングの際、税金の還付を受けられるよう書類を整えてもらっていたら、空港の税関で還付の手続きをする。EU域内を移動する際は、最後にEU加盟国から出国するときにまとめて行う。したがってパリ経由で日本に向かう場合、手続きはパリですることになる。スペインを出たあと、ほかのEU諸国に入らない場合は、スペインで手続きをする。

搭　乗

搭乗券には搭乗時間とゲート番号が書いてあるので、あらかじめ確認しておく。時間に余裕があれば空港の免税店で酒やたばこなどを買うこともできる。搭乗時間がきたら、決められたゲートに行き、指示に従って乗り込む。

日本到着

日本に到着してからは以下のような流れになる。

検　疫

日本に到着して到着ロビーに入る前にまず、しなければいけないのが検疫。特に体調が悪くなければ、検査の必要はない。動植物、加工肉などを持ち込みは、禁止されている。

入国審査

カウンターは日本居住者と外国人用に分かれている。日本居住者のカウンターでパスポートを出せば、スタンプを押してくれる。

荷物の受け取り

搭乗した飛行機のフライトナンバーを確認して、そのターンテーブルで自分の荷物を受け取る。

税　関

荷物を受け取ったら、それを持って税関のカウンターへ。免税の範囲内の買い物しかしていなかったら緑表示の検査台へ、免税範囲を超えたときや別送品があるときは赤表示の検査台で申告書を提出して申告する。申告書は帰国便の飛行機の中でもらえる。別送品がある場合2通、そうでない場合も1通の提出が義務づけられている。

帰　宅

到着ロビーに出たら、帰りの交通手段を選んで帰路に着く。大きな荷物を持っているときは、空港から荷物の宅配便などを利用すると便利だ。

持ち込み規制品目

下記のものを持ち込むときには輸入許可証が必要になる。
植物（果実・切り花、野菜を含む）、動物（生肉、乾燥肉、ハム、ソーセージを含む）、銃砲・刀剣類、ワシントン条約で規制の対象となっている動植物とその加工品、（象牙製品、ワニ・トカゲ・ヘビなどの皮革製品、毛皮・敷物、蘭、サボテンなど）

おいしいスペインの生ハムやサラミも規制品目のひとつ。真空パックになっていても、スペイン政府機関発行の検疫証明書が添付してある商品でなければ、日本の空港で没収される。

持ち込み禁止品目

麻薬類、通貨・証券の偽造品、猥褻物、ブランドのコピー商品

別送品の受け取り

別送品がある場合、税関で申告書を2通提出し、1通は本人が保管しておく。別送品は日本に到着してから所轄の中央郵便局に届き、そこでチェックを受けたあと、発送される。無税品の場合は受取人のところに直接配送されるが、課税品の場合は「通関のお知らせ」が送られてくるので、保管しておいた申告書を所轄の中央郵便局へ持って行かなければならない（郵送も可）。申告書と実際の別送品の中身が合っているかどうか、税額が正しいかどうかのチェックを受けてから荷物を受け取ることになる。

主なクレジットカード会社の緊急連絡先(紛失・盗難)

出発前に、所持するクレジットカード発行元のHPなどで、緊急連絡先の電話番号を確認しておくとよい。日本語対応が可能な窓口だと安心だ。VISA、MasterCard、銀聯などの提携カードも、発行元クレジットカード会社に連絡するのが原則。

●アメリカン・エキスプレス(AMEX)
メンバーシップ・サービス・センター
☎900-99-4447(現地フリー、グローバルホットライン)

●三菱UFJ ニコス
NICOS盗難紛失受付センター
☎00-800-99-860860
(現地オートコレクトコール)
☎81-3-3514-4091(日本着信)

●DCカード
DCホットライン24
☎00-800-37701818
(現地オートコレクトコール)
☎81-3-3770-1818(日本着信)

●三井住友カード
VJ紛失・盗難受付デスク
☎00-800-12121212
(現地オートコレクトコール)
☎81-3-6627-4067(日本着信)

●ジェーシービー(JCB)
JCB紛失盗難受付デスク
☎9009781-78(現地フリー)
☎81-422-40-8122(日本着信)

旅のお金を入手しよう

スペインのATMと両替

ATMの使い方

スペインではATMが空港や駅構内、銀行をはじめ、町のいたるところに設置されている。手持ちのクレジットカードやキャッシュカードの種類により異なるところもあるが、ほぼ下記のような手順で現金を引き出せる。引き出せる金額は、カードによって異なる。

ATMを使う

画面1
使えるカードの一覧。JCBなど日本でおなじみのカードも使用可能なこともある。インターナショナル・キャッシュカードは、Cirrus、PLUSとも対応していることが多い。

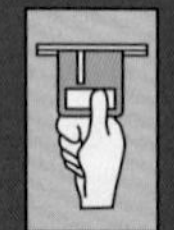

画面2
使用できるカードを確認したら、カードを挿入する。

画面3
5～6ヵ国語の中から使える言語を選択する。英語なら右中段のボタンを押す(シティバンクのATMは日本語表示の選択も可能)。

画面4
暗証番号を入力し、問題なければ緑色のボタンを押す。訂正の場合は黄色のボタンを押してやり直す。

画面5
引き出し金額が指定されている場合は必要な金額のボタンを押す。自分で金額を指定することもできる。

カードが戻ってくるので、30秒以内にカードを取り出すこと。時間がオーバーするとメッセージが表示され、カードは機械の中に取り込まれてしまう。カードを取り戻すには職員に説明して、翌日の朝からその場所で待機することになる。1日に1回しかATMを開かないので注意。カードの受け取りにはパスポート(コピー不可)を持参すること。

●最初の両替はいつするか？

▶最近の両替レートは、スペインより日本でのほうが有利なことが多いが、日本での両替は紙幣のみで、硬貨はもらえない。そこで、チップや買い物など、すぐに必要になりそうな硬貨は、到着時に空港などの両替所で両替しておくほうがいい。

両替

スペイン滞在中には、ホテルの宿泊代、食事代、交通費、おみやげ、チップなど、さまざまな支払いの場面がある。最近の海外旅行では、支払いにはクレジットカードを使うのが一般的となっている。ほとんどの場面でカードが使えるし、安全面でも現金を持ち歩かないで済ませることができる。スペイン旅行でも、基本的にはクレジットカード、デビットカードなどのカードでの支払いをおすすめする。少額の支払いでも嫌な顔をされることは、まずないので、カードがOKかを確認して、使えるところでは積極的に使うのがよい。

そうはいっても、交通費やチップなど、小口の支払いでは現金が必要な場合があるので、ある程度の現金は両替しておこう。両替にはいくつかのケースが考えられる。それぞれに、メリット、デメリットがあるので、自分の旅行スタイルに合わせて利用しよう。

交換レートは、一般的には、その日の為替レートに銀行やクレジット会社、両替業者が、それぞれに設定した手数料を加算していると考えればよい。店によっては別に手数料を取るところもある。ふつうは、銀行窓口ではレートがよく、市中の両替業者の交換所やホテルの両替サービスではレートがよくない。

●両替パターンによるメリット、デメリット

ケース1　**出発前に日本でユーロを用意する。**
レートはよい。ただし、外貨を扱っている銀行は限られている。実際には空港の銀行窓口や両替専門店で両替することが多いが、混 んでいる場合もある。日本での両替は紙幣のみに限られる。

ケース2　**空港の両替所で両替する。**
レートは市内の銀行とだいたい同じで、よい。営業時間も長いので、空港内の両替所での両替はおすすめ。

ケース3　**現地の銀行で両替する。**
レートはよい。ただし、すべての銀行で円を扱っているとは限らない。土・日曜は休みだし、営業時間も短いので旅行者には不向き。

ケース4　**市内の両替所で両替する。**
レートは悪い。主な観光スポットに点在しているので便利だが、緊急の場合だけに限るのがよい。

ケース5　**ATMでキャッシングする。**
レートはよい。ATMはいろいろなところにあるので便利で使いやすい。手数料のほか、カードの種類によっては金利がかかる。

主な両替所の営業時間

空港
●マドリッド
バラハス国際空港　24時間
（T1 Sala1）
●バルセロナ
プラット国際空港 7:30〜22:00
（T1）と7:30〜20:30（T2B）

銀行（日曜・祝日休）
月〜金曜　8:30〜14:15
土曜　8:30〜13:00
（土曜営業は一部の銀行のみ）

一般両替所
月〜金曜
10:00〜14:00、16:00〜20:00
（10:00〜20:00の店もある）
土曜　10:00〜14:00
両替所により多少異なる。

ATM利用の際の注意

ATMを利用する際は周囲に十分注意すること。利用するATMも、カードを使って建物内に入って利用できるタイプを探したり、スペイン人が使っているのを確認してから、その機械を使えばより安心だ。お金が出たら金額を確認してすぐにしまう。後ろで待っている人がいても、財布を手に持ったままその場を離れて歩き出さないこと。

再両替

使い切れなかったユーロの円への再両替は、空港の両替所で。両替できるのは紙幣のみなので、コインは上手に使い切るとよい。

移動時間をぐっと短縮する

スペイン国内の航空路線

飛行機で各都市へ

スペインの広さは日本の1.3倍ぐらい。時間がそれほどないなかで多くの都市を訪れたいというのなら、ちょっとお金がかかるが、空路を利用するのがいいだろう。スペイン国内では、イベリア・エクスプレスの名前で運行しているイベリア航空、ブエリング航空、エアエウロパ航空、ライアンエア（ライアネール）航空などが、国内線を運行している。

マドリッドはスペインのほぼ真ん中に位置しているので、飛行機を利用すれば、どの都市までもだいたい１時間くらいで行ける。また、需要の多いマドリッドとバルセロナ間は、プエンテ・アエレオと呼ばれるシャトル便が運航されている。これは、事前に購入したオープンチケットを持って入れば、チェックインするだけで乗れるサービスのことで、イベリア・エクスプレスやブエリング航空の定期便で利用できる。空席さえあればすぐに乗れるので便利。

国内線航空券は、日本でも旅行会社で買えるし、インターネットでも簡単に買える。ただし、料金は出発日や便の出発時刻によって大きく違うし、割引運賃も設定されている。料金だけを考えると、こまめにネットでチェックする手間が必要になる

イベリア航空の問い合わせ先

スペイン国内共通
☎901 111 500
最初にオペレーターが対応する。
1）チケットの予約はインターネットがおすすめ。しかし質問がある場合にはオペレーターが対応してくれる電話で。
2）料金や情報の確認、希望時刻や空港を伝える。さらなる質問は別のオペレーターが対応する。
www.airlineroutemaps.com/maps/loeria

www.iberia.com
（スペイン語）

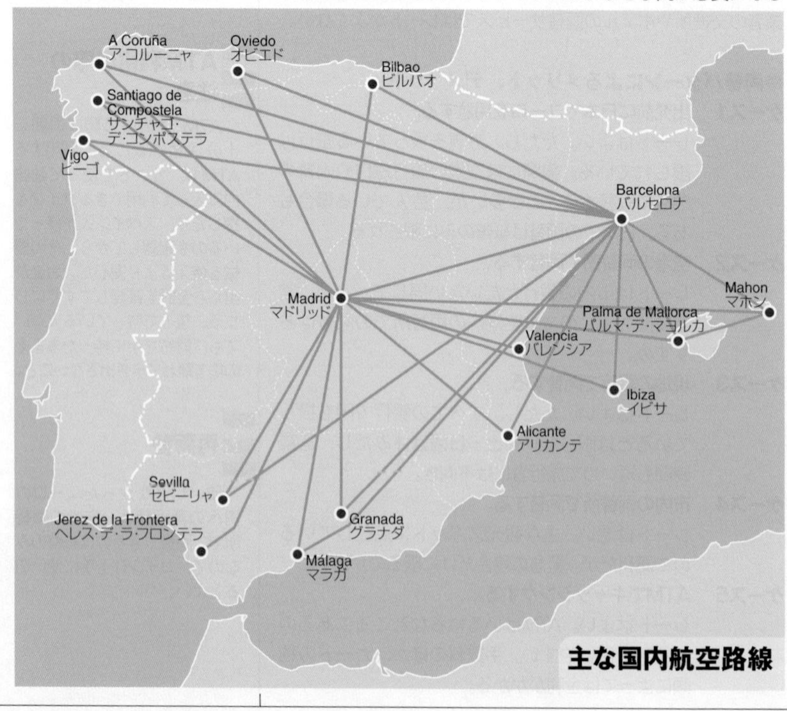

主な国内航空路線

●地方都市間の空路

▶スペインの国内航空は発達しているが、マドリッドとバルセロナが中心になっている。つまり両都市からの便は多いが、地方都市間を結ぶ路線や便数は少ない。南部のグラナダから北部のサンチャゴ・デ・コンポステラを目指す場合、直接飛べれば便利なのだが、実際にはマドリッドでの乗り換えが必要になる。

国内主要航空路線

航　　路	便　数	所要時間	料　金
マドリッド→バルセロナ	1日約30便	1時間10分	€30〜
マドリッド→バレンシア	1日約20便	55分	€80〜
マドリッド→グラナダ	1日約5便	1時間	€167〜
マドリッド→セビーリャ	1日約6便	1時間	€43〜
マドリッド→マラガ	1日約12便	1時間10分	€42〜
マドリッド→サンチャゴ・デ・コンポステラ	1日約6便	1時間20分	€35〜
マドリッド→オビエド	1日約9便	1時間	€25〜
マドリッド→イビサ島	1日約8便	1時間15分	€195〜
マドリッド→マヨルカ島	1日約20便	1時間20分	€30〜
バルセロナ→グラナダ	1日約10便	1時間50分	€40〜
バルセロナ→セビーリャ	1日約15便	1時間40分	€40〜
バルセロナ→マラガ	1日約13便	1時間50分	€40〜
バルセロナ→サンチャゴ・デ・コンポステラ	1日約4便	1時間50分	€20〜
バルセロナ→オビエド	1日約5便	1時間30分	€48〜
バルセロナ→イビサ島	1日約9便	1時間	€30〜
バルセロナ→マヨルカ島	1日約8便	45分〜1時間	€26〜

が、予定が決まっているなら早めに用意しておいたほうが安心だ。

飛行機に乗る

利用空港の国内線専用のターミナルに行き、チェックインする。ただし空港によっては国際線・国内線の別ではなく、航空会社によってターミナルが異なることもある。マドリッドのバラハス国際空港だとT2が国内線と国際線、T3が国内線、T4とT4Sが国際線と一部国内線になっている。マドリッド〜バルセロナ間の便は、イベリア航空とブエリング航空はT4から、エアエウロパはT2から出ている。

バルセロナのプラット国際空港は現在T1、T2（A、B、C）とあり、国内線・国際線の別ではなく、航空会社によってT1かT2かになる。イベリア航空、ブエリング航空ともT1。

チェックインなどの搭乗手続きは入国審査、税関への申告を除けば、国際線に乗るときとだいたい同じで、パスポートが必要。自分の乗る便の受付カウンターでチェックインをして搭乗券をもらい、指定されたゲートから搭乗する。祝日や週末はフライトの遅延が多いので、時間に充分余裕を持とう。

目的地に到着したら、手荷物を受け取り、そのまま空港から出ればいい。

国内線の格安航空券

スペインの格安航空会社はV-uelingブエリング。払い戻し不可など制約もあるが、マドリッド〜バルセロナ便で€35〜45と価格が安いのは魅力だ。ウェブ上から購入し、支払いはクレジットカードで。イベリアなど大手でもウェブ上で早割り航空券を販売している。

ブエリング
vueling.com/
イベリア航空（イベリア・エクスプレス）
iberia.com/

新幹線からローカル線まで
スペイン国内の鉄道

鉄道でスペインの各都市へ

スペインの国鉄はレンフェRenfeという名で親しまれ、マドリッドを中心に全国の主要都市を結んでいる。移動の時間だけでいえば空路が便利だが、スペインの空気を味わい、ゆっくり景色を楽しみながらの旅というのもいいものだ。

スペイン人の気質を考えると、時刻表通りに列車が走っているか心配する人がいるかもしれない。確かに以前は時間通りに運行しているほうが珍しいという状況だったが、最近はほぼダイヤ通りに運行され、遅れることもほとんどないようだ。

レンフェのほか、カンタブリア地方のスペイン狭軌鉄道、バスク沿岸を走るバスク鉄道など、地方には私鉄もいくつかある。

列車の種類と料金

レンフェの路線のなかでも特別なのは、スペインの新幹線といわれる高速鉄道アベAVE（Alta Velocidad Española）で、マドリッドからセビーリャまで２時間30分、バルセロナまで２時間30分で到着する。AVEにはほかに運行区間、サービスの違いなどにより、アバントAVANT、アルビアALVIA、AV Cityなどがある。

レンフェにはほかに、長距離特急のグランデス・リネアス(Grandes Lineas)、中距離列車のレヒオナレス(Regionales)、県をまたいで運行されるメディア・ディスタンシアMD(Media Distancia)、県内で運行される近距離のセルカニアス（Cercanias）などがある。

セルカニアスや一部のMDを除いて全席指定なので、乗車には予約が必要。またAVEなどの特急列車にはシート配列やサービスの違いで３種類の座席クラスがある。2-1列座席で飲食やラウンジサービスがあるプレフェレンテ、2-2列座席でサービスのないトゥリスタ、座席は2-1列だがサービスのないトゥリスタプラスで、料金も異なる。

乗車券の購入と予約

乗車券は基本的には日本と同じように、駅で乗車前に買えばよい。切符の購入の際、言葉が心配だというなら、時刻表に印をつけたり、行き先、乗車日、列車の番号か種類、プレフェレンテかトゥーリスタかなどをメモして持って行くとよい。また、Renfeの公式サイトwww.renfe.com.jpや、レイルヨーロッパwww.raileurope-japan.comなどの鉄道チケット予約サイトで購入することも可能だ。

スペインの長距離鉄道は基本的に定員制なので、乗車距離が長くなると座席指定が必要になる。タルゴ、エウロメッドで250km以上、アバント、レヒオナルで100km以上の場合、予

改札と検札

スペインに限らずヨーロッパの鉄道駅には基本的に改札口がない。スペインでもマドリッドやバルセロナなどの大都市と、AVEやAVANT、EUROMEDなど一部の特急列車を除き改札がない。その代わり、列車が発車するとすぐ車掌が検札にやってくるので、切符は失くさないように。

乗車時の注意

スペインの長距離列車は行き先の違う列車がいくつか連結されて始発駅を出ることが多い。途中の駅で切り離されてそれぞれの目的地に向かう。気が付いたら違う町に連れて行かれていたなどということがないように、乗車するときには車両の横にかかっている行き先表示板で、自分の目的地へ行く列車なのかを確認すること。

Renfeのスペインパス

現地のRenfeの窓口でも買えるパス。AVEをはじめ長・中距離鉄道を利用でき、利用期限は購入から6ヵ月以内で、使用期限は使用開始日から1ヵ月以内有効。購入にはパスポートの提示が必要。種類は4回、6回、8回、10回、12回券の5種類で、プレフェレンテかトゥリスタが選べる。料金はツーリストクラスの4回券が€195。

パス利用者の予約

ユーレイルなどの鉄道フリーパスの利用者は、パスだけでは乗車券の働きしかないので、別途列車の座席指定をしなければならない。AVEやタルゴなどの特急に乗車する際は、指定席料金を支払って駅の窓口で席を予約する。

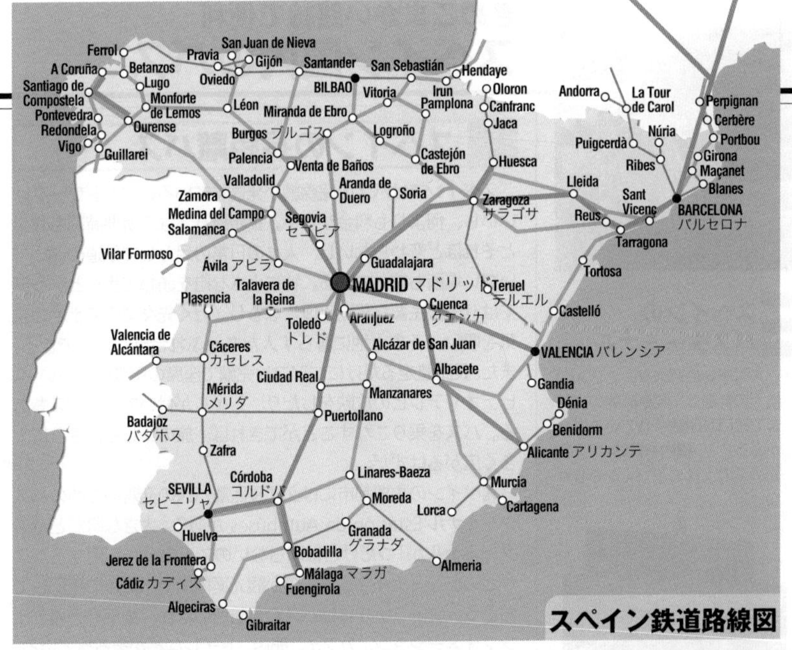

スペイン鉄道路線図

約をしなければならないが、AVEなどは、日時を指定して切符を買えば自動的に席の予約もされる。

予約は2ヵ月前から出発時間の2時間前まで受け付けているので、乗車券を買うとき、その日その切符を使わないにしても一緒に予約しておけば安心だろう。往復割引は10%。一度に買う必要はなく、帰りの切符を買うときに行きの切符を提示すると割引が受けられる。有効期間は近距離15日、長距離60日。

▲路線図は概略図。赤の路線は新幹線AVE

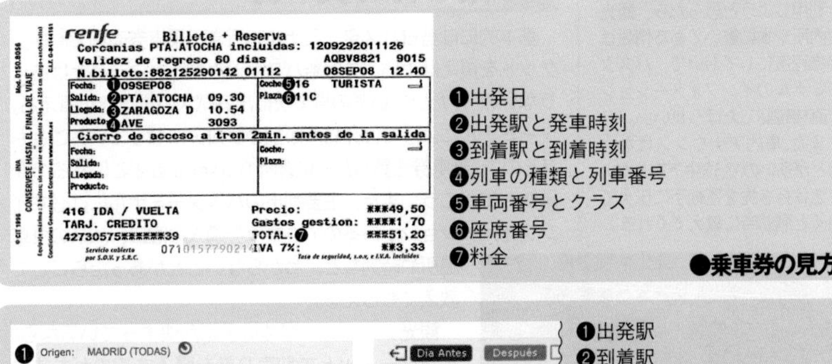

renfe Billete + Reserva
Cercanias PTA.ATOCHA incluidas: 1209292011126
Validez de regreso 60 dias AQBV8821 9015
N.billete:882125290142 01112 08SEP08 12.40

Fecha: ❶09SEP08		Coche❺16 TURISTA	
Salida: ❷PTA.ATOCHA	09.30	Plaza❻11C	
Llegada: ❸ZARAGOZA D	10.54		
Producto: ❹AVE	3093		

Cierre de acceso a tren 2min. antes de la salida

Fecha:
Salida:
Llegada:
Producto:
Coche:
Plaza:

416 IDA / VUELTA
TARJ. CREDITO
42730575※※※※※※39

Precio: ※※※49,50
Gastos gestion: ※※※※1,70
TOTAL:❼ ※※※51,20
IVA 7%: ※※3,33

Servicio cubierto por S.O.V. y S.R.C.
0710157790214
Tasa de seguridad, s.o.v, e I.V.A. incluidos

© CIT 1996 INA Mod. 0150.8056
CONSERVESE HASTA EL FINAL DEL VIAJE

❶出発日
❷出発駅と発車時刻
❸到着駅と到着時刻
❹列車の種類と列車番号
❺車両番号とクラス
❻座席番号
❼料金

●乗車券の見方

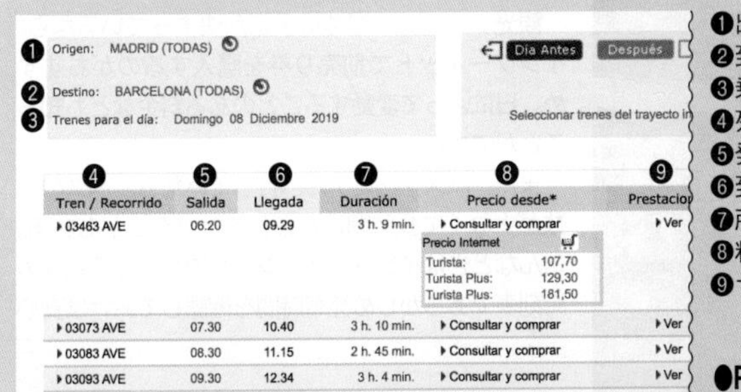

❶ Origen: MADRID (TODAS)
❷ Destino: BARCELONA (TODAS)
❸ Trenes para el día: Domingo 08 Diciembre 2019

Día Antes　Después

Seleccionar trenes del trayecto i

❹ Tren / Recorrido	❺ Salida	❻ Llegada	❼ Duración	❽ Precio desde*	❾ Prestacio
▸03463 AVE	06.20	09.29	3 h. 9 min.	▸Consultar y comprar Precio Internet Turista: 107,70 Turista Plus: 129,30 Turista Plus: 181,50	▸Ver
▸03073 AVE	07.30	10.40	3 h. 10 min.	▸Consultar y comprar	▸Ver
▸03083 AVE	08.30	11.15	2 h. 45 min.	▸Consultar y comprar	▸Ver
▸03093 AVE	09.30	12.34	3 h. 4 min.	▸Consultar y comprar	▸Ver

❶出発駅
❷到着駅
❸乗車年月日
❹列車番号と種類
❺発車時刻
❻到着時刻
❼所要時間
❽料金
❾サービス

●Renfe公式サイトのTimeTable

きめこまかい路線で便利

スペイン国内のバス

スペインの長距離バス

スペインではバスの路線網が発達している。フットワークはいいし、何よりも料金が安い。長距離バスなら所要時間も列車とそれほど変わらないし、人々の日常の足として鉄道の通っていない場所も結んでいる。特に小さな町を訪ねて歩くという旅ではバスが主要な移動手段になるし、行く先々でその土地の空気を吸い、その土地に暮らす人たちとふれ合うこともできる。また、長距離走るだけにエアコン完備で座席の座り心地もいい。ビデオやテレビの放映をしたり、トイレが付いているバスもある。バスを乗りこなすことができれば、旅の楽しみはさらに大きく広がるはずだ。

スペインの主要都市には必ず長距離バスの発着のためのバスターミナル Estación de Autobúses がある。大きな町だとバスターミナルが1つだけとは限らないので、自分が利用するバスがどのターミナルから出るのか観光案内所やホテルで確認しておこう。ターミナルにはバスの発着所のほか、乗車券売場とインフォメーション、カフェ、売店、トイレなどがそろっている。

近くに観光案内所があることも多いが、バスのことはターミナルのインフォメーションのほうが安全、確実に情報をキャッチできる。カフェや売店はバスが発着している時間なら早朝でも開いており、簡単な食事を取ることもできる。また、バスターミナルは鉄道駅より町の中心に近いことが多いので、着いてからの移動にも便利だ。ただしスリも多いので注意のこと。

乗車券の買い方

基本的には当日バスターミナルへ行き、乗車券売場で直接チケットを買えばよい。長距離バスが混み合うということはあまりないので、たいていその場で次に出るバスの乗車券が買える。ターミナルによっては発着所が別のフロアになっていることもあるので、乗車券を買ったら発着所 Dársena がどこにあるのか確かめておこう。また、主要都市のバスターミナルには必ずインフォメーションがあるので、乗車券購入の窓口、バスの乗車場所や時刻など、わからないことがあったらここで教えてもらえる。

観光シーズンで早めに予定が決まっているなら、インターネットで前売り券を購入するのがおすすめ。日によって変動することのある料金なども知ることができる。

また、バスターミナルへ行ってみたら、バスの本数が少なくて長時間待たされるということもある。こんなときはインフォメーションでもらえるバスの時刻表であらかじめ発車時間を確認しておけば安心

スペインのバスターミナル

スペインのバスターミナルの最大の特徴は、発車時間の直前まで窓口が閉鎖されている場合があること。構内も薄暗いので、初めての人はまごつくかもしれない。

流動的な運行スケジュール

バスはフットワークがいい分、その運行もフレキシブルで、曜日によって発着本数が変わったり、運行スケジュールが変更になったりすることが多い。バスを利用しようと思ったら、観光案内所や本に書いてある情報は参考程度にしておいて、バスターミナルのインフォメーションで直接確認したほうがいい。

また、車内アナウンスはないことが多いので、途中下車したいときは行き先を運転手に伝えておくと到着時に教えてくれる。

●バス利用のスペイン語

▶～行きのバスの切符売り場はどこですか？　¿Dónde está la ventanilla para ～？▶次の～行きのバスは何時ですか？　¿A qué hora sale el próximo autobús para ～？▶～行きの切符を２枚下さい。Dos billetes para ～, por favor.▶どれが～行きのバスですか？　¿Cuál es el autobús que va a ～？

だ。時刻表は行き先ごとに分かれており、料金表も付いていて、見やすくて便利。乗車券を買ったら、間違いがないかチェックしておこう。

バスの乗り方

乗車は発車時刻の5～10分くらい前に始まるので、乗車券に示されているバス番号を確認してバス乗り場に並ぶ。バスの乗り場が出発直前に変更になることもあるので、わからなかったら運転手に乗車券を見せて確認すればよい。

大きな荷物は乗車時に預けてバゲージスペースに入れてもらうが、貴重品は必ず身に付けておくこと。運転手にチケットを渡してチェックを受け、チケットに座席の指定があるときはその席に座る。乗客が少なくて座席の指定がないときはあいている席に座ればいい。

長距離バスの場合、途中でトイレなどのための休憩がある。休憩でバスを降りるときも貴重品をバスに置いたままにせず、必ず持って出ること。休憩は3時間に1回くらいで、長時間乗る場合は、食事休憩も取ってくれる。ただし休憩時間はそれほど長くないことが多い。車内での飲食は原則として禁止されている。

●主要な長距離バス会社URL

ALSA社　www.alsa.com

Avanza社　www.avanzabus.com

ALSA社の長距離バスネットワークと公式サイト（写真上）

●乗車券の見方

❶発車地
❷目的地
❸料金
❹乗車日
❺発車時刻
❻バスの番号
❼座席番号
❽乗車券の種類
IDAは片道、
IDAyVUELTAは往復

Origen: ❶ MADRID		Destino: ❷ ALICANTE			
Núm.: 799774	Total Precio: ❸ 20.83	Fecha de Salida ❹ 19/02/02	Hora ❺ 12:00	Bus ❻ 2	Plaza ❼ 7

GRUPO ENATCAR S.A.　A-8205509
MADRID-DENIA
Tipo de Billete :❽IDA
I.V.A. Incluido.
3.465,00 Pts

Num.Billete : 560-01-0392-00000799774
8501056014741119　19/02/02
Le atendió:Sr/a.LOPEZ　Madrid

▶バスの乗車券の形は、バス会社や利用する窓口の発券機によっていろいろ。ただし掲載される内容に違いは少ない。

楽しくおいしく食べるために
スペインのレストラン

スペインのファストフード

スペインでも、若者にはマクドナルドやケンタッキーフライドチキンといったファストフードの店が人気だ。しかし、スペインに来たからにはスペイン独自のファストフードも試してみたい。
「パンズ＆カンパニーPANS & COMPANY」、「ボカッタBocatta」がそれで、2軒ともスペインのサンドイッチ・ボカディーリョBocadilloのファストフード店だ。生ハム、ツナ、ゆで卵、チーズ、トマト、レタス、チョリソ、トルティーリャなど、さまざまな具を組み合わせて何十種類ものボカディーリョが売られている。

小さなフランスパン１本のボリュームがあり、これだけでもお腹一杯になるが、さらにポテトとドリンクが付いたお得なセットもある。ただし、いつも地元の若者で行列ができているので、覚悟して並ぼう。

余談だが、スペインのマクドナルドにはガスパチョがあり、これが結構美味。ビールも飲める。また、トルコからの移民も多いのでトルコ風サンドのドネルケバブ屋も多い。

スペインの食

スペイン人は食べることが大好きだ。1日に5回食事をするといわれるが、朝食デサユーノDesayunoは軽く済ませる。パンとエスプレッソ、もしくはチューロスChurrosという小麦粉を練って油で揚げたものをチョコラーテChocolate（ココア）に浸して食べるのが一般的。そして11時頃になると仕事場近くのバルで、軽いつまみを食べる。昼食の買い物に出かけた主婦たちもバルでおやつを食べる。これがメリエンダ・メディア・マニャーナMerienda media mañanaだ。

昼食、コミーダComida（またはアルムエルソAlmuerzo）は2時～3時半の間に取る。昼食に重きを置くお国柄ゆえ、前菜、主菜、デザートにコーヒーというフルコースで、しかもたっぷりと時間をかけ、食事の前の一杯も欠かさない。昼下がりにはシエスタ（昼寝）という風習が残っているので、昼休みも2～3時間ほどあり、職場と住居が近いとわざわざ家に帰って食事をし、昼寝をする。もっとも、最近は、この麗しい風習もすたれる傾向にはある。

夕方になると、人々は仕事帰りの一杯をひっかけながら、つまみ（タパス）を楽しむ。これはメリエンダMeriendaで、その際友人たちと店をハシゴすることをチャテオChateoという。何軒もハシゴすることも珍しくない。そして夕食、セーナCenaは10時過ぎに軽く取る。「食事の間に仕事をする」などと揶揄されるのもうなずける話だ。

ともあれ、スペイン人にとって食事は人生における最大の楽しみのひとつ。我々もスペインでは大いに食べ、飲み、そして語ろう。料理のおいしさとともに、生きている喜びをも味わえるかもしれない。

レストランの選び方

スペインでは、ホテル同様、レストランもランク付けがなされており、1～5本のフォークの数で表される。

フォークの数が多いほど高級とされる。ただし、この評価は店の味だけで決められるものではなく、雰囲気、広さ、設備、サービスなどを加味して決定される。だからフォーク１本の店でも、おいしい店はたくさんある。一般的には予約も要らないし、カジュアルな服装で出かけてもいっこうにかまわない。しかし、５つフォークの最高級店はあらかじめ予約を入れ、それなりの格好で出かけるほうがいいだろう。

また、政府から義務付けられているため、レストランのランチタイムには飲み物に前菜、メイン、デザートがセットになった、本日の定食メヌ・デル・ディアMenú del Díaが用意されている。値段は安いところでは€８くらいから。

●ルームサービス

▶スペインでは、4つ星以上のホテルならルームサービスを頼めるのが普通だ。料金は同じような内容のものを外で食べるよりやや高めだが、疲れて外に食べに行くのが面倒なときは利用してみたい。内容はホテルにより異なるが、軽食から定食（前菜・メイン・デザート・飲み物）まで用意されていることが多い。

バル Bar

スペイン人にとって、バルはなくてはならない存在。スペインのバルはカフェであり、食堂であり、居酒屋であり、社交場であり、コンビニであり、またある時は公衆トイレでもある。スペインではどんな小さな町にも、どんな辺鄙な村にも教会とバルだけはある、といわれるくらい数が多い。バルを知らなければ、スペインを理解することはできない。積極的に利用しよう。

バルのお楽しみといえば、カウンターに並ぶおつまみ＝タパスTapas。スペイン語ができなくても、欲しいタパスを指差せば皿に盛って出してくれる。ただし何も言わないと大きな皿にびっくりするほど盛られて出てくることもあるので、ポキートpoquito（少し）とか、ノームーチョno mucho（たくさんはいらない）と言った方が良いだろう。お皿の大きさには、数人で取り分けるための大皿フエンテfuente、1人分のプラトplato、プラトより小さい皿プラティーリョplatilloがある。またラシオンracionが日本でいう大で、メディアラシオンmediaraciónは中、タパtapaが小。量としてはメディアラシオンはプラトとタパの中間の量になる。

煮込み料理もタパスの定番

オリーブを小イワシで巻いたおつまみ

カフェ Café

お酒が飲めない人、昼間から飲むのに抵抗がある人はカフェテリアCafeteríaでゆっくりしよう。スペインで飲まれているコーヒーはドリップ式ではなくマシンで抽出する、アロマも濃いエスプレッソ。日本のように豆の種類を選べるところはほとんどなく、ミルクの割合による種類分けがあるくらい。カフェソロcafé soloはストレート。カフェ・コルタードcafé cortadoは少しミルクの入ったコーヒー。カフェ・コン・レチェcafé con lecheは、ミルクたっぷりのいわゆるカフェ・オレ。ほかに、カフェイン抜きのデスカフェイナードdescafeinado、濃いコーヒーが苦手な人にはお湯で薄めたアメリカーノamericanoがある。

なおアイスコーヒーはカフェ・コン・イエロcafé con hieloというが、スペインで頼むと、ホットコーヒーと氷入りのグラスが出てくるので、適宜砂糖を加えたあと、ホットコーヒーをグラスに移して自分で作らねばならない。ここ数年、マドリッド、バルセロナなどでは日本でもおなじみのスターバックスコーヒーがものすごい勢いで店舗を増やしているので、手軽にアイスコーヒーが飲みたい人はそちらへどうぞ。

紅茶はティーバッグが普通。おしゃれなカフェテリアでは茶葉でサービスしてくれるところもあるが、値段はコーヒーより高めで、€2〜。またアンダルシア地方にはテテリアteteríaと呼ばれるアラブ風のティーハウスがある（➔p.255）。

町なかにはカフェが増えている

甘いものとコーヒーでホッとひといき

おみやげ探しを楽しむ
ショッピングと免税

スペインらしいおみやげや、好みのブランドものを自分へのご褒美にすれば、いつまでも残る旅の記念になるだろう。

スペインらしいおみやげ

色あざやかなグラナダやマヨルカの焼物、黒地に金の彫刻が美しいトレドのダマスキナード、さまざまなフラメンコグッズなど、おみやげの種類はいろいろ。観光客の多いエリアにはたいていおみやげ屋があるし、ワンランク上の品物が選びたければ専門店へ。お菓子や缶詰、調味料なども、安くて珍しいおみやげになるので、スーパーや食料品店ものぞいてみよう。

店の種類とその魅力

●ブランドショップ

ロエベやカンペール、リヤドロといったスペインブランドはもちろん、フランス、イタリアの有名ブランド店も数多く進出している。マドリッドとバルセロナの二大都市に店は多い。

●デパート／ショッピングセンター

スペイン唯一のデパートチェーンがエル・コルテ・イングレス。一度に様々な品物が揃うのが魅力。多くの店が集まるショッピングセンターは、専門店とデパートの良さが同時に楽しめる。

●専門店

長い歴史を持つ国だけに、街角の専門店も魅力的。伝統の逸品、センスのいい小物など、こだわりの品に出合えるだろう。人とは違うアイテムや掘り出し物狙いならぜひ立ち寄りたい。

●市場

スペイン人の暮らしが見えてくる市場は、何も買わなくても楽しい場所。大きな町に限らず、中小の町にも規模に応じてあるのでMercadoの表示を探してみよう。

ショッピングのスペイン語

これを見せてください
エンセニェメ　エスト　ポル　ファヴォール
Enseñeme esto, por favor.

試着してもいいですか？
プエド　プロバルメロ
Puedo probarmelo?

手にとってみてもいいですか？
プエド　コヘールロ
Puedo cogerlo?

いくらですか？
クアント　クエスタ
Cuanto cuesta?

これをください
エスト　ポルファヴォール
Esto, por favor.

バーゲンのシーズン

スペインのバーゲンRebajasは1～2月と、7～8月の年2回。当然ながら、始まったばかりの時期が、品数もサイズの選択肢も多い。割引率は店や品物にもよるが、定価の30～60％オフくらいになる。

IVA（付加価値値税）とは？

スペインでは大半の商品やサービスに付加価値税が課せられている。税率は16％と高額だが、「TAX FREE SHOPPING」の表示を掲げた店での買い物に限り、最大13％（通常は10％くらい）まで免税扱いになる。免税対象になるのは、非居住者で3ヵ月以内にEU圏外へ商品を持ち出すことが条件。最低取り扱い額は店によって異なるが、€90.15以上というのが一般的だ。払い戻しの方法は以下の通り。

①店で／支払いの時にパスポートを見せて所定の用紙をもらい、必要事項を記入。店員が品数や値段を記入した後、用紙を渡してくれる。この用紙は税関での手続きに必要になるので、大切に保管しておこう。

＊購入商品を店から直接日本に発送する場合は、あらかじめ価格からIVAが差し引かれる。

②空港で／空港の窓口に未使用の商品とともにこの用紙を提出してスタンプを押してもらい、払い戻しの手続きをする。払い戻しはクレジットカードの口座振込、小切手送金のほか、空港で直接現金で払い戻してもらうこともできる。

＊グローバル・ブルーの加盟店は、成田空港、関西空港でも払い戻しを受け取ることができる（☎03-4530-3623）。スペインのデパート、エル・コルテ・イングレスが加盟しているイノヴァ・タックス・フリー・グループも、成田と関空での日本円での還付に対応している（成田☎0476-35-2855）。

スペインから日本へ、日本からスペインへ
携帯電話とWi-Fi

携帯電話

海外で携帯電話を利用したいなら、一番手軽なのがレンタル携帯を利用する方法だろう。多くの会社でサービスを実施している。レンタル期間や料金設定が異なるので、自分の用途に合わせて選択しよう。手順はほぼ次の通り。

①HPで使えるエリア、料金等をチェックして利用する会社を選び、事前に申し込み
②宅配で送ってもらうか、または出発当日、空港カウンターで受け取り
③帰国後②と同じ方法で返却
④清算・支払い（クレジットカード）

また、普段使用している携帯電話番号を、そのまま海外でも使えるローミングサービスもある。現在使っている電話機が海外対応の機種であれば、申し込みと設定だけで、そのまま同じ電話番号で海外でも使える。海外対応の機種でない場合でも、レンタルできる場合が多く、契約キャリアを利用すれば、割引きになることも。携帯サイトやインターネットで事前申し込みをすると、1日の使用料金がさらに割引きになるサービスもあるので、よく検討して選ぼう。

日本でパケット通信（データ通信）定額サービス（パケ放題など）に入っていても、海外では適用されない。別途に海外パケ放題などの手続きが必要なので注意が必要だ。

Wi-Fi環境

多くのレストランなどで無料で利用できる。スペインの街中には必ずあるバル（p.373参照）でも、その多くで対応環境を整えている。ただし利用するには、店員にパスワードを聞かなければならない。

ホテルでも環境を整えているところが多いが、中には1時間あたりの料金を請求するところもあるので、確認したほうがいい。

固定電話

町のあちこちに設置されている公衆電話からは国内・国際電話ともかけられ、テレホンカードも使える青色のものと、わずかだがコイン専用の緑色の2種類がある。

コインは€0.50あるいは€1以上でないと電話をかけられない場合もあり、カードが圧倒的に便利だ。国際電話はそのままかけるダイヤル直通通話と、国際通話サービスを行っているKDDIなどを利用する方法がある。

テレホンカードは€5、€6と€12の3種類。国際電話もできる。町のエスタンコESTANCO（たばこ屋）やキオスコKIOSCO（売店）で買える。

スマホとWi-Fiルーター

世界的にスマホが普及し、Wi-Fi環境が整うにつれて、海外での電話事情は大きく変化している。日本でスマホを使っているなら、国際ローミングサービスが受けられるように設定し、海外では通常はホテルやカフェなどのフリーWi-Fiの環境で無料インターネットや無料通話、非常連絡の必要が生じたときだけは国際ローミングで通話するのが一般的。海外でのパケット通信は非常に高額になるので、スマホは機内モードなどに設定して、つながらないようにしておくのがよい。行動中も街中などでネット接続したいのなら、スペイン対応のWi-Fiルーターを日本でレンタルして持参するのがおすすめ。

携帯各社のローミングサービス

NTT docomo
国際ローミングサービス
www.nttdocomo.co.jp/service/world/roaming/
ドコモインフォメーションセンター…… ☎0120-800-000
（ドコモ携帯から）151

au
グローバルパスポート
www.au.kddi.com/service/global/global-passport/
AUお客様センター
…………………… ☎0077-7-111
（au携帯から）157

ソフトバンクモバイル
国際ローミング
www.softbank.jp/mobile/service/global/
ソフトバンクカスタマーサポート
………… ☎0800-919-0157
（ソフトバンク携帯から）157

その他
郵便・水・電圧・トイレ・

さまざまな
柄や形の切手がある

郵便に関するスペイン語

ポスト	BUZÓN（ブソン）
航空書簡	AEROGRAMA（アエログラマ）
手紙	CARTA（カルタ）
郵便局	CORREOS（コレオス）
小包	PAQUETE（パケーテ）
切手	SELLO（セーリョ）
速達	CORREO URGENTE（コレオ ウルヘンテ）
封筒	SOBRE（ソブレ）
ハガキ	TARJETA/POSTAL（タルヘタ ポスタル）

スペインのチップ

アメリカやイギリスほど強制的なものではないが、スペイン人はレストランやタクシーを利用したときに、お釣りの小銭を置いていくようだ。目安はレストランでは1人€1、タクシーでは料金の10%くらい、ホテルのスタッフに何か頼んだときも€1くらい。

スペインの郵便

スペインから日本に郵便物を送る場合の料金は、ハガキは€1.35、封書も20gまでなら€1.35。通常ならば1週間前後で届くが、ストライキや、郵便局員も休みをとる8月などにあたると時間がかかることもある。

小包は、優先国際小包が1kgまで€40.91で10日ぐらいで日本まで届く。支局により異なるが、およそ9:00～21:00、土曜は9:00～14:00、日曜・祝日は休み。デパートのエル・コルテ・イングレス内の支店は土・日曜も営業。

水事情

スペインの水事情は場所により異なる。バルセロナやバレンシア、マラガなどの海に近い地域では水質が良くないので、ミネラルウォーターを買ったほうがよい。逆に水質が良いのは、マドリッドやグラナダなど。これらの地域では地元の人は水道水を飲んでいるが、日本よりもマグネシウムなどが多く含まれた硬水なので、慣れないとお腹をこわす場合がある。

ミネラルウォーターはデパート、スーパーのほか、バルでも買え、自動販売機を設置しているホテルも多い。値段はまちまちで、例えば同じ500㎖サイズでも、スーパーの特売だと€0.30くらいで買えるが、バルやキオスクでは€1～1.25くらいかかる。

電圧・電源

スペインの電圧は220V。古い建物などでは、まれに125Vのところもある。いずれにしても日本製品をそのまま使うことはできないので、変圧器が必要になる。コンセントの形式も日本とは異なり、丸型のCかSEタイプだ。日本のものも差し込める形式もあるが、変圧可能な海外旅行用の製品以外は、変圧器を使用しないと故障するおそれがある。デジカメ・パソコン・スマホ・タブレットなどの充電器は、変圧器の必要がない場合がほとんど。

トイレ事情

マドリッドなどの大都市の街角には有料の公衆トイレが設置されてはいるが、衛生的にも治安的にもあまりおすすめはできない。都市部なら、デパートやホテルのトイレを使用できる。地方なら、どんな辺鄙な村にも一軒は存在するバルで借りられる。

ただし、トイレだけ利用したいときは店の人にひと言断るのが礼儀。また、普段は鍵がかかっていて、店員に鍵を貸してもらわないとトイレの利用ができないバルも多い。

こんなとき、どうする？

トラブル対策

スペインの治安

マドリッドやバルセロナでは要注意。犯罪のほとんどがスリ、ひったくり、置き引きといった、充分に警戒すれば防げるものだが、日本より治安は悪いし、強盗などの凶悪犯罪も起こる。

街歩きの注意点

スリやひったくりに狙われないためには、金めのものを持ち歩かないようにすることだ。一流ブランドの洋服やバッグを身に付けて歩くのは、私は金持ちです、と泥棒にアピールしているようなもの。いちばんいいのは手ぶらで出かけることだが、やむをえない場合、スマートフォンやカメラはカバンの中に入れ、しっかり前に抱え込むようにして歩こう。

万が一、ひったくりや強盗にあっても、抵抗したり深追いするのは危険。命を守るのが第一と考え、素直に手持ちの品を渡したほうがよい。損害を最小限に抑えるために、貴重品や現金は分散しておこう。例えば財布を2つ用意して分けて持つなどの工夫をする。パスポートはホテルの貸金庫に預け、コピーを携帯するようにしよう。

歩道は中央を歩く。路上で地図を見ることは避け、できればバルやカフェなどに入ってゆっくりと見たい。また、手荷物からは絶対に目を離さないことも大事だ。

地下鉄車内では扉付近や連結部分には立たないように。

街角で賭博をしている人たちがいるが、誘われてもゲームに参加しないこと。絶対に負ける。周りの見物人も全員サクラだ。よしんば勝ったとしても、今度は仲間に尾行されてホテルに帰り着くまでに暴行されて、勝ち金ともども有り金を奪われる。

マドリッド、バルセロナなどの大都会には危険地区と呼ばれる治安の良くない区域が存在し、トラブルに巻き込まれやすい。安易な好奇心から立ち入ることは避けたい。

実例①ケチャップ泥棒

古典的な手口。狙った人物の服にケチャップなどを付けたあと、「何か付いてますよ」と親切そうに近づいて来て、拭いてくれるふりをしながら財布などを抜き取る。

実例②花売り泥棒

「1¢でいいから」と花を売りに来て、観光客が「1¢なら」と財布を開いた瞬間にお金を抜き取る。バルセロナのランブラス通りや、セビーリャとグラナダのカテドラル近辺に多い。

実例③道を尋ねるふりをするスリ

「道を教えて欲しい」と地図を広げながら道を尋ねて来て、教えている間に地図の下で財布などをする。

実例④置き引き

マドリッド、バルセロナともファストフード店での置き

治安の良くない地域

マドリッド

カリャオ地区、コロン広場の地下遊歩道（深夜、早朝に強盗出没）、マヨール広場（深夜、早朝）、スペイン広場付近、グラン・ビア通り、アトーチャ駅、アントン・マルティン駅周辺、アトーチャ通り、ティルソ・デ・モリーナ駅周辺、レティーロ公園付近、サンティアゴ・ベルナベウ競技場（試合のない日）、ラ・ラティーナ、ラバピエス

バルセロナ

ランブラス通り周辺、バリオ・チノ地区、レイアール広場付近、ゴシック地区、カタルーニャ広場、カンプ・ノウ・スタジアム

グラナダ

サクロモンテの丘、アルバイシン地区

パスポートの携帯について

スペインでは、不法外国人就労者の取り締まりが厳しく、外国人は警官にパスポートの提示を求められることがある。日本人に関しては、パスポートのカラーコピーでもOK。またクレジットカードで買い物をする際も、本人確認のためパスポートの提示を求められることがあるがコピーは不可なので注意。

●バルセロナのニセ警官

▶ひと頃、治安改善の傾向が顕著だったバルセロナだが、残念なことに、再び治安が悪化しだしている。スリ、置き引き、引ったくりといったお馴染み（？）の犯罪に加えて、財布の中身やパスポートを狙ったニセ警官の出没が報告されている。私服の人物が警察官を名乗ったとしても、指示を鵜呑みにせず制服の警官に助けを求めよう。

サバイバルスペイン語

助けて！　¡Socorro!（ソコーロ）

泥棒！　¡Ladrón!（ラドロン）

財布をすられました
Me han robado la cartera.（メ アン ロバド ラ カルテラ）

泥棒に荷物を盗まれました
Los ladrónes se me han robado mi maleta.（ロス ラドロネス セ メ アン ロバド ミ マレータ）

緊急時の連絡先

日本大使館（マドリッド）
Calle Serrano,109
（MAP：p51-C）
☎915 90 76 00

日本総領事館（バルセロナ）
Avenida Diagonal,640
Edifico Caja Madrid
2a planta D
（MAP：p158-F）
☎932 80 34 33

知っていると便利な番号など

警察・救急・消防　☎112
※番号はひとつ。オペレーターが出たら、警察Policía（ポリシア）、救急Ambulancia（アンブランシア）または消防Bomberos（ボンベロ）と、つないでもらいたいところを告げる。

赤十字
（マドリッド）☎915 32 55 55
（バルセロナ）☎933 00 65 65

外務省海外安全相談センター（日本）　☎03-5501-8162

引きは有名。トイレに行くときも必ず荷物を持って行こう。

また、銀行やATMでお金を両替するときは、不審人物がいないか確認してからにすること。ほかにも地下鉄構内などの人混みではスリに、深夜・早朝は強盗に注意しよう。

実例⑤首絞め強盗

いきなり後ろから首を絞めて気絶させ、金めの物をすばやく持ち去る、マドリッドやバルセロナで悪名高い首絞め強盗。一時期よりは鳴りを潜めたが、まだまだ注意は必要だ。被害は土・日曜・祝日の午後2～4時、つまり休日のシエスタの時間と早朝、深夜に特に多い。この時間帯はできれば街中をうろうろすることは避け、レストランやカフェで食事を取ったり、ホテルに戻って休憩したりしよう。

盗難にあったら

最寄りの警察署で盗難届けを出し、所定の書類（マドリッドでは日本語のものがある）に記入して証明書を発行してもらう。担当の警察官は必ずしも語学に堪能ではないので、「泥棒にあいました」など最低限のフレーズは覚えておこう（右欄参照）。保険に入っていても、証明書がないと保険金がおりない。

また、パスポートを盗まれた場合は盗難届けを出して証明書をもらい（電話で被害届けを出すこともできる。TEL：902 102 112。被害内容を伝え、レファレンス番号をもらう。その後指定された警察署で証明書を受け取る）、日本大使館か総領事館に行って、「紛失一般旅券等届」を提出。紛失届けのためには写真２枚と警察発行の盗難証明書が必要で、この手続きで盗まれた旅券の効力が無効になる。

パスポートの新規発給には戸籍謄（抄）本が２通必要になるが、発給には時間がかかるので、帰国までに時間の余裕がなければ「帰国のための渡航書」を発給してもらう。申請には①写真２枚②日本人であることを確認できる文書（運転免許証、住民票、戸籍謄本、パスポートのコピーなど）③帰国用の航空券④手数料が必要。所要日数の目安は１～２日。

病気になったら

重症の場合、旅行保険加入者なら加入時に手渡される小冊子掲載のサービスセンターに連絡し、契約書番号と症状を訴え、指示に従う。保険未加入ならホテルのフロントで病院を紹介してもらう。重症で動けない場合は救急車を呼んでもらう。

医者にかかった場合、料金は原則的にその場で払わねばならないが、保険に加入していて保険会社の提携病院で診察を受けた場合は、払わなくてよい。保険加入者で自分で医療費を払った場合は、必ず領収書をもらっておくこと。出来れば診断書ももらっておこう。帰国後、保険金を請求する際に必要だ。

スペインでの旅のテクニック

楽しく安全な街歩きのために
マドリッドとバルセロナの要注意ゾーン

要注意ゾーンはあくまで目安、常に目配りを忘れずに

トラブル対策のところでもふれたが、ここでは特にマドリッドとバルセロナの要注意ゾーンについて、少し詳しく説明しよう。まずマドリッドでは、スペイン広場、グラン・ビア通り、マヨール広場、アトーチャ駅周辺、プエルタ・デル・ソル周辺が非常に危険な地域になる。

これに加えて、プラド美術館周辺、地下鉄のTirso de Molina駅（1号線）・Antón Martín駅（1号線）・Lavapiés駅（3号線）を頂点とする三角形の中、王宮の前、地下鉄7号線Pitis駅周辺、地下鉄2/5号線Ventas駅周辺などがあげられる。

レティーロ公園は、土・日曜・祝日の11:30頃からは比較的安全だが、平日の昼間は危険だ。マドリッドの市内観光で疲れたからレティーロ公園で昼寝でも、などということは絶対にやめたほうがいい。土・日曜のサッカー場周辺も危ない。

バルセロナでは、ランブラス通り周辺、レイアール広場周辺、バルセロナ現代美術館周辺、ゴシック地区、グエル公園周辺、モンジュイックの丘や空港周辺などがあげられる。

要するに、多数の日本人が観光で訪れる場所が、要注意ゾーンなのである。スリや泥棒にすれば、お客さんが多い地域だ。

しかし、誤解しないでほしいのは、上記以外の場所も絶対安全ではないということだ。要注意ゾーンとして紹介したところ以外でも、油断していると被害に遭うこともある。

危険な時間帯と曜日――スリのテクニックは抜群

特に危険な時間帯は、夜の11:00過ぎから。特別な理由がない限り11:00を過ぎたら外出しないほうがいい。また、土・日曜・祝日の朝9:00までは人通りが少ないので、やはり危険だ。平日も14:00～16:00の昼食の時間帯は人通りが少なくなる。危険な曜日は、土・日曜・祝日。被害の半数以上がこれらの日に発生している。

ただし、要注意ゾーンのところでも述べたように、ほかの時間帯や曜日が絶対安全というわけではない。昼間の被害件数は増える傾向にあるし、平日でもやはり被害にあう人はいる。くどいようだが、そこはくれぐれも誤解しないでほしい。

スリや泥棒の立場に立って考えるとよくわかる

人通りが多いからといって油断は禁物

スペイン危険MAP

マドリッド：スペイン広場

マドリッド：アトーチャ通り

バルセロナ：ランブラス通り周辺

バルセロナ：ゴシック地区

●狙われるのは外国人？

▶事件が多発しているのに、そこに住むスペイン人はそれほど困っている様子でもない。これはスリや強盗が、主に外国人を狙うため。以前はスペインの裁判制度では被害者の出廷を必要としていたため、すぐに帰国してしまう外国人を狙えば、公判が維持できないので釈放されたからだ。裁判制度は変更され、外国人に被害が集中する傾向はなくなりつつあるが、日本人旅行者はまだ注意が必要だ。

被害を未然に防ぐ9ヵ条

①空港からホテルまでは、必ずタクシーを利用すること。
②タブラオから夜帰る際も、必ず店でタクシーを呼ぶ。
③財布を外から見てわかる場所に持たない。現金は、その日使う分だけを持ち、クレジットカードと現金を同じ財布に入れない。
④高額の買い物は、クレジットカードで。カードの控えは必ずとり、盗まれたらすぐに使用停止の手続きをとる。
⑤大通りでATMは使わない。現金の引き出しは、きちんとした、安全な場所で。
⑥バッグなどはできるだけ持たない。
⑦服装は地味に。金持ちだと思われるような格好は極力避けること。
⑧男性の場合、地下鉄の中などでは現地の新聞を読む（ふりをする）といい。
⑨パスポートはホテルのセーフティボックスなどに保管してもらい、持ち歩かない。携帯するのはコピーでいい。カラーコピーなら申し分ない。

と思うが、仕事がしやすいのは、人出が多くて混雑している場所や、逆に人通りのない場所だ。自分が今どんな状況にあるのかを、常に冷静に把握しておこう。

マドリッドの要注意ゾーンの実例をひとつあげよう。地下鉄1号線のAtocha Renfe駅には、4〜5人グループの少女（日本の感覚では高校生くらい）たちのスリがいる。彼女たちは、地下鉄の駅の外で獲物を物色し、それぞれが役割を決めて旅行者の後をつける。そして、主に地下鉄の車内で仕事をする。少女だからと甘く見てはいけない。彼女たちの技術は相当なもので、ボタン付きのふたができるタイプのズボンのポケットから、被害者にまったく気付かれずに財布を抜き取るなど朝飯前である。もちろんズボンには傷ひとつ付けずにだ。そして彼女たちは、曜日・時間帯にあまり関係なく仕事をする。

そうかと思えば、ダメもとでカバンやポケットに手をのばしてくる輩もいる。いずれにせよ警戒を忘れずに！

いざという時のための マドリッドの薬局情報

たいていの旅行者は、日本から使い慣れた薬を持って行くだろうが、仕方なく現地で薬を買う場合もあるだろう。そんなときに便利なのが、ファルマシアFarmacia（薬局）だ。

マドリッドの薬局も日本とほぼ同じで、24時間営業している店もある。24時間営業ではない店の場合、閉店中は近くの24時間営業の薬局を店のシャッターに掲示してお客の便宜を図る場合が多い。ただ、特に夜に薬局へ行く場合などはホテルのスタッフに場所をよく聞き、できれば一緒に行ってもらったほうがいいだろう。

薬局では、店員が症状を聞いてから薬を出してくれる。だから、まず店員に自分の症状を伝えることが大切だ。あとは、日本の薬局とほぼ同じ。値段は、よく服用される薬を例にすると、風邪薬（Couldina）が€8前後、胃薬（Cleboril）500mg€3.33くらい。鎮痛剤（Gelocatil）が€3前後だ（※カッコ内は商品名。料金は店によって異なる）。

風邪薬には、アスピリンが500mg入っているので、日本人は錠剤の半分を服用するのがいいかもしれない。また、アレルギーのある人や血の固まりにくい人は注意が必要だ。そして、気を付けたいのが、スペインには直接口に入れるタイプの粉薬はないということ。袋入りの粉薬は、コップ一杯の水に溶かして服用する。EFERVESCENTESという表示がある薬は、錠剤でも水に溶かしてから服用するタイプ。間違えて口に直接入れると、すごい勢いでシュワーッと溶け出すから注意しよう。

マドリッドの24時間営業の薬局としては、チェーン店のファルマシア・デル・グロボFarmacia del Globoなどが有名。

町なかで目立つFARMACIAの看板

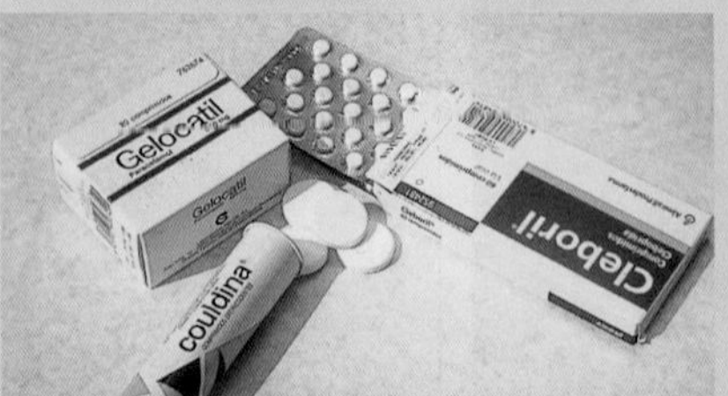

右から胃薬：Cleboril（クレボリール）、風邪薬：Couldina（コウルディナ）、鎮痛剤：Gelocatil（ヘロカティル）

索　引

[た]

[な]

[は]

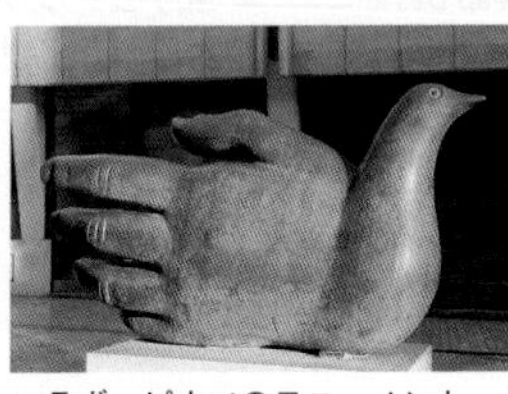

マラガ、ピカソのモニュメント

現地で役立つ電話番号と連絡先

●在外公館

在スペイン日本大使館（マドリッド）
住所：Calle Serrano, 109
28006 Madrid
TEL：91 590 7600　FAX：91 590 1321

在バルセロナ総領事館（バルセロナ）
住所：Av.Diagonal 640
Edificio Caja Madrid 2a Planta D
08017 Barcelona
TEL：93 280 3433　FAX：93 280 4496

●緊急連絡先

TEL：112 エマージェンシコール（日本の110番、119番）
TEL：061 緊急医療相談
TEL：062 治安交通警察
TEL：091 国家警察
TEL：092 市警察
TEL：913 354 545 赤十字（案内）

●生活情報

TEL：010 マドリッド市情報サービス
TEL：012 マドリッド州情報サービス
TEL：010 バルセロナ市民情報サービス
TEL：103 番号案内
TEL：902 197 197 郵便局

●交通情報

空路 www.aena.es/
バラハス国際空港（マドリッド）
TEL：913 058 343、902 353 570
プラット国際空港（バルセロナ）
TEL：932 983 838
国鉄Renfe www.renfe.es/
TEL：902 240 202
地下鉄
マドリッド www.metromadrid.es/
バルセロナ www.tmb.cat/
道路交通情報 www.dgt.es/
TEL：900 123 505

●観光案内など

スペイン政府観光局
TEL：901 300 600
www.spain.info/
バルセロナ観光案内
TEL：906 301 282
www.barcelonaturisme.com
マドリッド観光案内（マドリッド自治州）
www.munimadrid.es/
パラドール予約センター
TEL：915 16 67 00
www.parador.es/

Staff

Writers & Editors —— 田中登貴子 Tokiko TANAKA
鈴木俊之 Toshiyuki SUZUKI
森田圭祐 Keisuke MORITA
中原新吾 Shingo NAKAHARA
菅　明美 Akemi SUGA
桒野淑子 Yoshiko KUWANO
染野久美子 Kumiko SOMENO
加藤朝子 Asako KATO

Coordinators —— 戸泉絵理子 Eriko TOIZUMI
臼井菜穂子 Naoko USUI

Photographers —— 福原ゆり Yuri FUKUHARA
鈴井智彦 Tomohiko SUZUI
高瀬友孝 Tomotaka TAKASE
金　静華 Shizuka KIN
細谷達人 Tatsuhito HOSOYA
田中登貴子 Tokiko TANAKA

Designers —— 品田興世揮 Kouseki SHINADA
手塚みゆき Miyuki TEZUKA
渡邊　真 Makoto WATANABE
オムデザイン OMU
道信勝彦 Katsuhiko MICHINOBU
岡本倫幸 Tomoyuki OKAMOTO

Illustrator —— 根津修一 Shuichi NEZU

Cover Designer —— 鳥居満智栄 Machie TORII

Map Production —— ㈱千秋社 Sensyu-sya

Map Design —— ㈱チューブグラフィックス TUBE
木村博之 Hiroyuki KIMURA

Editorial Cooperation —— ㈱千秋社 Sensyu-sya
舟橋新作 Shinsaku FUNAHASHI
㈲ハイフォン HYFONG
横山　透 Toru YOKOYAMA
横山和希 Kazuki YOKOYAMA
最上真美子 Mamiko MOGAMI
㈲ワイ・ワン・ワイ Y-ONE-Y
オフィス・アンダルシア Office ANDALUCIA
高砂雄吾 Yugo TAKASAGO

Special Thanks to ——
スペイン政府観光局 Tourist Office of Spain
プラド美術館 Museo del Prado
日西協会 Asociación Cultural España-Japón
㈶日本スペイン協会 CASA DE ESPAÑA
カサ・アルティスタ CASA ARTISTA

わがまま歩き…⑰「スペイン」　ブルーガイド

2020年5月11日　第12版第1刷発行

編　集………ブルーガイド編集部
発行者………岩野裕一
DTP………(株)千秋社
印刷・製本…大日本印刷(株)

発行所……株式会社実業之日本社 www.j-n.co.jp
〒107-0062　東京都港区南青山5-4-30　CoSTUME NATIONAL Aoyama Complex 2F
電話【編集・広告】☎03-6809-0452　【販売】☎03-6809-0495

ISBN978-4-408-06049-1（第一BG）　Printed in Japan